Die Sowjetunion unter Gorbatschow

Stand, Probleme und
Perspektiven der Perestrojka

Herausgegeben von

Hannes Adomeit
Hans-Hermann Höhmann
Günther Wagenlehner

Redaktion

Brigitta Godel

Verlag W. Kohlhammer
Stuttgart Berlin Köln

CIP-Titelaufnahme der Deutschen Bibliothek

Die Sowjetunion unter Gorbatschow:
Stand, Probleme und Perspektiven der Perestrojka /
hrsg. von Hannes Adomeit ... –
Stuttgart ; Berlin ; Köln : Kohlhammer, 1990
  ISBN 3-17-010739-9
NE: Adomeit, Hannes [Hrsg.]

Alle Rechte vorbehalten
© 1990 W. Kohlhammer GmbH
Stuttgart Berlin Köln
Verlagsort: Stuttgart
Umschlag: hace
Gesamtherstellung:
W. Kohlhammer Druckerei GmbH + Co. Stuttgart
Printed in Germany

Inhalt

Vorwort 7

Erster Teil: Innenpolitik

Günther Wagenlehner
Die ideologische Basis der Perestrojka 9

Boris Meissner
Partei und Parteiführung unter Gorbatschow 30

Margareta Mommsen
Demokratisierungstendenzen im Zeichen von Glasnost': der neue »Räteparlamentarismus« 65

Hans-Henning Schröder
Strategiediskussion und Streitkräfte in der Ära des »neuen Denkens« .. 86

Uwe Halbach
Brisanz der Nationalitätenfrage 111

Zweiter Teil: Wirtschaft

Hans-Hermann Höhmann
Die Wirtschaft der UdSSR im 12. Planjahrfünft: auf der Suche nach Wegen aus der Krise 140

Ronald Amann
Zur Reform des ökonomischen Systems der UdSSR: Interdependenz
zwischen Politik und Wirtschaft 162

Thomas Sauer
Technologischer Wandel und Innovationspolitik in der UdSSR:
neue Aspekte unter Gorbatschow? 185

Karl-Eugen Wädekin
Alte und neue Elemente in Gorbatschows Agrarpolitik 206

Heinrich Machowski
Die neue sowjetische Außenwirtschaftspolitik 238

Dritter Teil: Außenpolitik

Falk Bomsdorf / Hannes Adomeit
Das »neue Denken«: Grundzüge und Verwirklichung 261

Gebhardt Weiß
»Neues Denken« und Handeln in der sowjetischen Abrüstungs- und
Rüstungskontrollpolitik: Ziele, Motive, mögliche Konsequenzen . 297

Heinz Timmermann
Sowjetunion und Westeuropa: Perzeptionswandel und politische
Neuausrichtung 329

Christian Meier
Sowjetische Osteuropapolitik im Zeichen der Perestrojka 359

Wolfgang Berner
Die sowjetische Dritte-Welt- und China-Politik 383

Mitarbeiter 411

Vorwort

In den fünf Jahren, die seit Gorbatschows Amtsantritt als Generalsekretär der KPdSU vergangen sind, hat sich die Sowjetunion tiefgreifend verändert. Unter dem Vorzeichen der Perestrojka setzte ein Prozeß der Auflösung alter Strukturen von Politik, Wirtschaft und Gesellschaft ein, der in Dynamik und Reichweite ohne geschichtliche Präzedenz ist. Ein neues, politisch stabiles und ökonomisch leistungsfähiges System ist in der UdSSR allerdings noch nicht in Sicht.

In den vergangenen Monaten mehrten sich die Anzeichen dafür, daß die Perestrojka, die das Land aus Krise und Stagnation herausführen soll, selbst in die Krise geraten ist. Drei Entwicklungen vor allem bestimmen die gegenwärtige Lage der Sowjetunion: die sich vertiefende Wirtschaftskrise, die insbesondere in zerrütteter Versorgung und zunehmender Inflation zum Ausdruck kommt; die in dieser Intensität nicht vorhergesehene Aktivierung und Politisierung der sowjetischen Bevölkerung sowie der Autoritätsverlust der KPdSU, der auch ein persönlicher Autoritätsverlust Gorbatschows ist, und der von ihm mit dem Versuch beantwortet wird, mit politischen Reformen eine neue Herrschaftslegitimität zu schaffen.

Ob das bisherige, trotz aller Wandlungen immer noch von traditionellen Vorstellungen beeinflußte und daher konzeptionell begrenzte Angebot sowjetischer Reformpolitik ausreicht, um angesichts anwachsender wirtschaftlicher und sozialer Probleme sowie zunehmender politischer Forderungen aus der russichen und nichtrussischen Bevölkerung eine neue politische und wirtschaftliche Stabilität des Landes zu gewährleisten, oder ob es hierzu – wie mittlerweile überall in Osteuropa – eines wirklichen Systemwechsels statt einer Systemreform bedarf, ist die Grundfage der Perestrojka.

Die Analysen des vorliegenden Bandes wollen die Konzepte, die Implementierungsprobleme und den bisher erreichten Stand der Perestrojka erörtern. Die Autoren sind sich bewußt, daß es gegenwärtig mehr auf ein Erarbeiten tragfähiger Fragestellungen ankommt als auf ein Ermitteln von Sachverhalten, die von der dynamischen Wirklichkeit schnell überholt werden. Der Band gliedert sich in die drei Hauptabschnitte Innenpolitik, Wirtschaft und Außenpolitik. Die Analysen zur *Innenpolitik* konzentrieren sich auf das Wechselspiel zwischen konzeptionellen Veränderungen und realen Prozessen, auf den derzeitigen Stand von Demokratisierung, Pluralisierung und Glasnost', auf das Nationalitätenproblem und nicht zuletzt auf die Frage, inwieweit die marxistisch-leninistische Ideologie in den Prozeß der Perestrojka einbezogen ist. Im *Wirtschaftsteil* werden die krisenhafte Lage der sowjetischen Wirtschaft, der bisherige Verlauf von Wirtschafts- und Wirtschaftsreformpolitik, die Schwierigkeiten und Grenzen der ökonomischen Reformen sowie die Zusammenhänge zwischen politischen und wirtschaftlichen Reformen erörtert. Im Teil *Außenpolitik* schließlich geht es um die Substanz des »neuen Denkens« und um seine Umsetzung in die außenpolitische Praxis sowohl gegenüber den Vereinigten Staaten im zentralen Bereich der Sicherheitspolitik als auch gegenüber Osteuropa, Westeuropa und den Ländern der Dritten Welt.

Die Herausgeber danken der »Studiengesellschaft für Zeitprobleme«, Bad Godesberg, für die finanzielle Förderung des Bandes und Frau Brigitta Godel, Köln, für die Übernahme der koordinierenden Redaktion der Beiträge.

Hannes Adomeit
Hans-Hermann Höhmann
Günther Wagenlehner

Die Umschrift russischer Namen erfolgte nach der wissenschaftlich üblichen Transkriptionsmethode. Lediglich bei Chruschtschow, Breshnew und Gorbatschow wurde die gebräuchliche phonetische Umschrift verwendet.

Erster Teil: Innenpolitik

Günther Wagenlehner

Die ideologische Basis der Perestrojka

Das Votum des Politbüros der KPdSU am 11. März 1985 für Michail Gorbatschow als Generalsekretär war eine prinzipielle Entscheidung für Veränderungen in der Sowjetunion. Gorbatschow nannte sie zunächst »Povorot«, die Wende. Wie diese Wende im einzelnen erfolgen sollte, wußte niemand.

Der Schlüsselbegriff für die Änderungen hieß »Uskorenie«, Beschleunigung der wirtschaftlichen Entwicklung. Dieses Aktionsprogramm Gorbatschows wurde vom XXVII. Parteitag der KPdSU im März 1986 bestätigt. Daß die Wirtschaftsreform der Sowjetunion keineswegs genügt, sondern durch die Umgestaltung des gesamten politischen und sozialen Systems erst ermöglicht werden muß, erspürte Gorbatschow im Laufe der Zeit. Der Schlüsselbegriff wurde nun das bis heute gültige Wort »Perestrojka«, die Umgestaltung.

Diese Perestrojka sollte tiefgreifend sein, wie Gorbatschow betonte; aber von einer Umgestaltung der Ideologie war zunächst nicht die Rede.

Die ideologische Basis des Sowjetsystems wurde in den dreißiger Jahren von Stalin geformt: Sozialismus in einem Lande und allrussischer Nationalismus zum Sowjetpatriotismus vereint sowie die Leitlinien der Sowjetphilosophie in Stalins Artikel »Über dialektischen und historischen Materialismus«, September 1938.[1]

Nach dem Tode Stalins im März 1953 ist in der Sowjetunion jahrelang heftig diskutiert worden, ob im Zuge der »Abkehr vom Persönlichkeitskult« ideologische Änderungen notwendig seien; aber solche Diskussionen endeten stets bei der Bekräftigung der alten ideologischen Grundsätze. Im Kern blieb Stalins ideologisches Fundament der Sowjetunion unangetastet.

30 Jahre wachte der für Ideologie zuständige Sekretär Michail Suslov bis zu seinem Tode im Januar 1982 über die Reinheit der Lehre. Im Jahre 1968 wurde sie mit Gewalt gegen das »humane Antlitz des Sozialismus« in der Tschechoslowakei verteidigt.

Heute wird nun zum ersten Mal durch den Zwang, das gesamte Sowjetsystem umzugestalten, die ideologische Basis der Sowjetunion von der Führung selbst in Frage gestellt. Die beherrschende Frage ist zunächst: Welche ideologische Grundlage ist Gorbatschows Perestrojka angemessen?

---

1 J. Stalin, Fragen des Leninismus, Berlin-Ost 1955, S. 724–759.

Die nächste Frage wird heute schon in der Sowjetunion diskutiert. Sie lautet: Ist die adäquate ideologische Basis der Perestrojka überhaupt noch im Marxismus-Leninismus zu finden, oder müssen ihre Ansätze anderswo gefunden werden?

Wir werden die Antworten durch die Behandlung folgender Problemkreise suchen:
- Gorbatschow und die Sowjetideologie
- Ideologie der Erneuerung
- Negation der Negation
- Die Ideologische Kommission
- Ideologische Unsicherheit

I. Gorbatschow und die Sowjetideologie

Michail Gorbatschow nahm als junger Funktionär am XXII. Parteitag (1961) als Delegierter teil. Einstimmig verabschiedete er mit den anderen Delegierten das neue, von Nikita Chruschtschow entworfene »Programm für den Aufbau des Kommunismus«. Es sollte ein ideologischer Aufbruch sein zu den »lichten Höhen des Kommunismus«; aber schon drei Jahre später wurde sein Autor, Nikita Chruschtschow, gestürzt. Es war nur zu offensichtlich, daß die Ziele dieses Programms unerreichbar waren.

Gorbatschow erlebte diesen Niedergang der kommunistischen Ideologie, die einst der Antrieb für die Oktoberrevolution gewesen war, und ihre Entartung zur bloßen Rechtfertigung des Sowjetsystems: Lernsoll für alle, die Karriere machen wollen, und Heuchelei für diejenigen, die nicht daran glauben. Von Weggefährten Gorbatschows aus jener Zeit wissen wir, daß er kein ideologischer Dogmatiker ist, sondern Pragmatiker, der eher nach der Verbindung der Theorie zur Praxis suchte.

Gorbatschow stieg noch in der Ära Breshnew ins Politbüro auf. Seine Vorstellungen von der sowjetischen Zukunft waren allerdings eher von Andropov geprägt, dem nach Suslovs Tod für Ideologie zuständigen Sekretär.

Andropov hielt im April 1982 den Festvortrag zu Lenins 112. Geburtstag.[2] Hier wurden bereits die Leitlinien der Politik des Nachfolgers von Breshnew deutlich: Die Volksmassen müßten den Sozialismus gegen Bürokratie und Apparate durchsetzen. Das Hauptfeld dieses Kampfes sei die Wirtschaft.

Im November 1982 starb Breshnew. Von Anfang an setzte sein Nachfolger Andropov die Akzente in Politik und Ideologie: Beschleunigung des wirtschaftlichen Wachstums durch Intensivierung und Kampf gegen die Übel des Sowjetsystems. Zur Begründung veröffentlichte Andropov einen ideologischen Grundsatzartikel: »Die Lehre von Karl Marx und einige Fragen des sozialisti-

---

[2] Vgl. dazu G. Wagenlehner, Abschied vom Kommunismus, Herford 1987, S. 454 ff.

schen Aufbaus in der Sowjetunion« in der Zeitschrift »Kommunist«.[3] In diesem Beitrag zog Andropov alle verfügbaren Äußerungen des »großen revolutionären Praktikers« (sic!) Karl Marx über Disziplin und Ordnung zur Rechtfertigung seines Kurses heran. Der Grundtenor des Generalsekretärs: »Das nächste Ziel ist klar: Vor allem muß in dem, was wir haben, Ordnung geschaffen werden (…)«[4]

In der Ära Andropov war Konstantin Černenko für die Ideologie zuständig, der engste Mitarbeiter Breshnews, kritisch gegenüber dem neuen Kurs. Er war kraft Amt der Vorsitzende der Kommission für die Neufassung des Parteiprogramms der KPdSU. Als Andropov im Februar 1984 starb und Černenko überraschend die Nachfolge als Generalsekretär antrat, wurde Michail Gorbatschow der für die Ideologie zuständige Sekretär und damit auch zuständig für die Ausarbeitung des Parteiprogramms. Generalsekretär Černenko bezeichnete den inzwischen fertiggestellten Entwurf in der Sitzung der ZK-Kommission am 25. April 1984 als »das wichtigste ideologisch-theoretische und politische Dokument der Partei«.[5]

Gorbatschow folgte seit dem Tode Breshnews der Linie Andropovs. Noch während dessen Zeit als Generalsekretär wurde Gorbatschow im April 1983 die Festrede zum 113. Geburtstag Lenins übertragen. Nach Andropovs Vorbild stellte er die Hauptaufgabe der wirtschaftlichen Entwicklung heraus. Auch später, als verantwortlicher Sekretär für Ideologie, erklärte Gorbatschow unbeirrt: »Der wichtigste Bereich des Kräfteeinsatzes bei der ideologischen Arbeit wie auch bei der gesamten Tätigkeit von Partei und Volk war und bleibt die Wirtschaft.«[6]

Unmittelbar nach dem Tode Černenkos definierte der neu ernannte Generalsekretär Gorbatschow die »unveränderte« strategische Linie: »Das ist die Linie der beschleunigten sozialökonomischen Entwicklung des Landes (…)«[7]

Mit dem Amt des Generalsekretärs übernahm Gorbatschow auch die Aufgaben, den satzungsgemäß Anfang 1986 fälligen XXVII. Parteitag vorzubereiten und den Entwurf des revidierten Parteiprogramms vorzulegen. Der Termin des Parteikongresses wurde im April 1985 auf den 25. Februar 1986 festgelegt. Das konnte kein Zufall sein; denn 30 Jahre zuvor, am 25. Februar 1956, hatte Nikita Chruschtschow die berühmte Geheimrede der Abrechnung mit Stalin gehalten.

Wenn – wie zu vermuten ist – Gorbatschow vorhatte, am 25. Februar 1986 mit der sowjetischen Vergangenheit abzurechnen, so konnte er diese Absicht nicht verwirklichen, weil er sich im Politbüro nicht durchsetzen konnte. Erst zwei Jahre später ist er systematisch an diese Aufgabe herangegangen.

---

3 Deutscher Text in: Neues Deutschland, 25. 2. 1983.
4 Neues Deutschland, 16. 6. 1983.
5 Vgl. dazu G. Wagenlehner, a. a. O., S. 456 ff.
6 Pravda, 11. 12. 1984.
7 Pravda, 11. 3. 1985.

Offensichtlich blieb Gorbatschow nicht genügend Zeit, seine poltisch-ideologische Grundlinie beim XXVII. Parteitag durchzusetzen. Sein größtes Problem war der von Černenko dirigierte Entwurf des revidierten Parteiprogramms. Hier waren die wichtigsten ideologischen Kernsätze des Programms von 1961 erhalten geblieben. Schon damals, 1986, war deutlich, daß das Programm der KPdSU auch in der neuen Fassung Gorbatschows Intentionen nicht folgte und später zum ideologischen Hemmschuh werden mußte. Gorbatschow erreichte nur noch, daß die Bedeutung dieses Programms herabgemindert wurde.

Im April 1985 war die Tagesordnung des XXVII. Parteitags wie üblich festgelegt worden: Berichte des Zentralkomitees und der Revisionskommission, danach getrennt davon: die Neufassung des Parteiprogramms, des Statuts und als letzter Punkt die Hauptrichtungen der wirtschaftlichen und sozialen Entwicklung. Noch am 30. Juni 1985 erklärte das Politbüro, die Neufassung des Parteiprogramms sei »das wichtigste Dokument des XXVII. Parteitags«;[8] aber im Oktober 1985 hatte Gorbatschow die Herabstufung durchgesetzt. Er faßte seinen Bericht über Programm, Statut und die Hauptrichtungen der Wirtschaftsentwicklung der Sowjetunion zusammen. Zum »Herzstück aller drei Dokumente« wurde nun nach Gorbatschow »die Konzeption zur Beschleunigung der sozialökonomischen Entwicklung des Landes«.[9]

Beim Vergleich der beiden Programm-Parteitage 1961 und 1986 ist der Unterschied noch augenfälliger: 1961 stand im Mittelpunkt des Parteitags die Begründung und eine neuntägige Diskussion des Parteiprogramms. 1986 verwendete der Generalsekretär nur einen kleinen Teil seiner Rede zu den drei Komplexen für die Begründung der Neufassung des Programms. Im Zentrum standen die Wirtschaftsrichtlinien. Alle 85 Diskussionsredner sprachen ausführlich dazu, und nur 14 Redner erwähnten die Programm-Neufassung mit einem Satz. Am ausführlichsten tat das ZK-Sekretär Ligačev mit dem Lob: »Eine große Errungenschaft ist die Neufassung des Programms.«

Gorbatschows Rechnung ging auf: der Parteitag stellte die Wirtschaftsentwicklung in den Mittelpunkt und ließ die ideologische Begründung in Form des Parteiprogramms unbeachtet. Dadurch fiel damals noch nicht auf, wie stark die Neufassung des Programms der ideologischen Tradition verhaftet war.

So beginnt der Zweite Teil des überarbeiteten Parteiprogramms mit der Definition dessen, was Kommunismus sein soll. Sie wurde im Wortlaut aus dem Programm von 1961 für den »Aufbau des Kommunismus« übernommen, enthält also alle Mängel und Widersprüche der alten Fassung:

> »Kommunismus ist eine klassenlose Gesellschaftsordnung, in der die Produktionsmittel einheitliches Volkseigentum und sämtliche Mitglieder sozial völlig gleich sein werden, in der mit der allseitigen Entwicklung der Individuen auf der Grundlage der ständig fortschreitenden Wissenschaft und Technik auch die Produktivkräfte wachsen und alle Springquellen des genossenschaftlichen Reichtums voller fließen werden und wo das große Prinzip herrschen wird: Jeder nach seinen Fähig-

---

8 Pravda, 1.7.1985.
9 Neues Deutschland, 16.10.1985.

keiten, jedem nach seinen Bedürfnissen. Der Kommunismus ist eine hochorganisierte Gesellschaft freier arbeitender Menschen von hohem Bewußtsein, in der gesellschaftlichen Selbstverwaltung bestehen wird, in der die Arbeit zum Wohle der Gesellschaft zum ersten Lebensbedürfnis für alle, zur bewußt gewordenen Notwendigkeit werden und jeder seine Fähigkeiten mit dem größten Nutzen für das Volk anwenden wird.«

Damals, 1961, sollte der »Aufbau« der kommunistischen Gesellschaft« nach dieser Beschreibung »zur unmittelbaren praktischen Aufgabe des Sowjetvolkes« gehören. Daß dieser »Aufbau« nicht funktionieren kann, war schon 1961 offensichtlich.[10] Der von den Sowjetführern vielzitierte Karl Marx pflegte diese Art von Kommunismus, wie er hier beschrieben ist, als »rohen Kommunismus« zu bezeichnen. »Er hat zwar seinen Begriff erfaßt, aber noch nicht sein Wesen.«[11] Das (Staats-)Eigentum hat sich zum politischen Gemeinwesen gesetzt, wie das von den sowjetischen Autoren in ihrer Definition von »Kommunismus« 1961 und gleichlautend 1986 treffend beschrieben wird.

Nach Marx kann es ohne Aufhebung der Entfremdung des Menschen, also ohne Beseitigung des Eigentums und des Staates, keine kommunistische Gesellschaft geben; denn Kommunismus ist die Negation der bürgerlich-kapitalistischen Ordnung.

Die Erfolglosigkeit beim »unmittelbaren« kommunistischen Aufbau hat in der Neufassung des Programms 1986 immerhin zur Streichung des Satzes geführt, daß Kommunismus eine »unmittelbare praktische Aufgabe« sei. Nun ist dieser Kommunismus zum »Endziel der KPdSU« geworden. Dafür ist in die Neufassung der überraschende Satz aufgenommen worden: »Der Kommunismus ist eine Gesellschaftsordnung, in der die freie Entwicklung eines jeden Bedingung für die freie Entwicklung aller ist.«

Dies ist fast ein Zitat aus dem Kommunistischen Manifest 1848; aber die Veränderungen sind bezeichnend für das sowjetische Unvermögen, der Marxschen Idee zu folgen. Immerhin wird hier die Bedeutung der Freiheit des einzelnen für die Freiheit aller erfaßt. Bei Marx/Engels heißt die Fassung im Kommunistischen Manifest 1848:

»An die Stelle der alten bürgerlichen Gesellschaft mit ihren Klassen und Klassengegensätzen tritt eine Assoziation, worin die freie Entwicklung eines jeden die Bedingung für die freie Entwicklung aller ist.«

Die Frage, die durch die Erinnerung an das Manifest in der Neufassung des Parteiprogramms aufgeworfen werden, bleiben unbeantwortet; denn es folgt der Satz: »Die KPdSU stellt sich nicht das Ziel, die Merkmale des vollständigen Kommunismus im einzelnen vorauszusagen.«

Im Hinblick auf die Definition der ideologischen Grundlage der Sowjetunion folgt die Neufassung 1986 dem Parteiprogramm von 1961. Damals wurde der Marxismus-Leninismus definiert »als ein in sich geschlossenes und harmo-

---

10 Vgl. dazu G. Wagenlehner, a.a.O., S. 18ff.; ders., Kommunismus ohne Zukunft, Stuttgart 1962.
11 G. Wagenlehner, Abschied vom Kommunismus, a.a.O., S. 138ff.

nisches System philosophischer, ökonomischer und gesellschaftspolitischer Auffassungen«. In der Neufassung 1986 ist von einer »wissenschaftlichen Weltanschauung« die Rede, »deren Grundlage der Marxismus-Leninismus als ein in sich geschlossenes und harmonisches System philosophischer, ökonomischer und gesellschaftspolitischer Auffassungen ist«.

Unverändert wird 1986 der frühere Totalitätsanspruch der kommunistischen Ideologie erhoben. Gleiches gilt für den Führungsanspruch der Kommunistischen Partei, der in der Neufassung noch deutlicher herausgestellt wird als früher. Nikita Chruschtschow hatte in sein Parteiprogramm 1961 immerhin den Satz aufgenommen: »Die Arbeiterklasse ist die einzige Klasse in der Geschichte, die sich nicht das Ziel setzt, ihre Macht zu verewigen.« Dieser Satz wurde in der Neufassung gestrichen. Die Rolle der Partei, die im Parteiprogramm 1961 zum Schluß unter der Überschrift: »Die Partei in der Periode des umfassenden kommunistischen Aufbaus« beschrieben wurde, definiert die Neufassung konkret: »Die KPdSU als führende Kraft der sowjetischen Gesellschaft«.

In beiden Dokumenten, dem Parteiprogramm von 1961 und der Neufassung 1986, ist am Schluß vom »Triumph des Kommunismus« die Rede. 1961 erschien dieser Triumph noch unmittelbar bevorstehend, 1986 eher als fernes Ziel.

Generalsekretär Gorbatschow hat in seinen Reden bis Ende 1987 stets die traditionellen Vorstellungen von Ideologie zum Ausdruck gebracht. Da er in denselben Ansprachen auch ganz neue Denkweisen zu wirtschaftlichen Grundfragen und zum »neuen Denken« in der Außenpolitik formulierte, stehen die ideologischen Auslassungen im krassen Gegensatz dazu. Einige Beispiele:

Gorbatschow am 27. Januar 1987 vor dem Zentralkomitee der Partei zur Rolle der Ideologie:

> »Die Arbeit an der ideologischen Front muß jedoch in vielen Richtungen, darunter im politischen und ökonomischen Studium, in der Vortragstätigkeit und der außenpolitischen Propaganda sowie der atheistischen Erziehung richtig in Schwung kommen.«

Bei der nächsten ZK-Sitzung stellte Gorbatschow am 25. Juni 1987 die rhetorische Frage:

> »Bedeutet unsere Umgestaltung nicht ein Abgehen von den Grundlagen des Sozialismus oder jedenfalls eine gewisse Schwächung dieser Grundlage? Nein, das bedeutet sie nicht. Im Gegenteil – was wir bereits tun, planen und beabsichtigen, soll den Sozialismus stärken, soll alles beseitigen, was der Entwicklung des Sozialismus im Wege steht und seinen Fortschritt aufhält.«

Vor allem stand die ideologische Kontinuität der Sowjetunion im Mittelpunkt der großen Jubiläumsrede am 2. November 1987 zum 70. Jahrestag der Oktoberrevolution. Zunächst die programmatische Erklärung:

> »Im Oktober 1917 haben wir die alte Welt unwiderruflich hinter uns gelassen. Wir gehen einer neuen Welt entgegen – der Welt des Kommunismus. Von diesem Weg werden wir niemals abweichen.«

In der gleichen Rede definierte Gorbatschow als Hauptziel der Perestrojka:

> »Ziel der Umgestaltung ist es, theoretisch und praktisch die Leninsche Konzeption vom Sozialismus vollständig wiederherzustellen (...) Die wachsende Rolle der Partei ist ein gesetzmäßiger Prozeß.«

II. Ideologie der Erneuerung

In der Festrede zum 70. Jahrestag der Oktoberrevolution hatte Gorbatschow eine Sondersitzung des Zentralkomitees zur Bildungsreform angekündigt. Sein konservativer Widersacher Egor Ligačev war als Hauptredner dieses ZK-Pelnums am 17./18. Februar 1988 vorgesehen.

Gorbatschow nutzte diese Tagung zu einer Grundsatzrede über ideologische Fragen. Als Thema wählte er die provozierende These: »Die revolutionäre Umgestaltung erfordert eine Ideologie der Erneuerung.«[12] Der bis dahin nicht gehörte Kernsatz der Rede lautete:

> »Ohne Abstützung durch die Theorie, ohne ideologische Begründung wäre es nicht einmal möglich gewesen, allein die Aufgaben der Umgestaltung in der Wirtschaft, im politischen, sozialen und geistigen Bereich der Gesellschaft zu stellen.«

Gorbatschow ging nicht darauf ein, daß die bisherigen Maßnahmen der Umgestaltung ohne ideologische Begründung auskommen mußten, weil es keine gab. In einigen Punkten bemühte er sich, diese nachzuliefern.

So sprach Gorbatschow vom Menschen als dem »entscheidenden Faktor« in jeder Hinsicht, aber auch von der Unterschätzung dieses Faktors in der Vergangenheit. Zur Durchsetzung der Parteibeschlüsse sei »zum ersten Mal im Laufe von vielen Jahrzehnten« ein »sozialistischer Meinungspluralismus« entstanden, ungewohnt und daher schwer zu begreifen. Es gebe keine einfachen Antworten auf die neuen Erscheinungen. »Eingepaukte Wahrheiten« genügten nicht zur Erklärung, sondern man müsse »selbst nach Antworten auf zahlreiche Fragen der gegenwärtigen Situation suchen«.

Gorbatschow wies zwar den Vorwurf zurück, man habe sich zu wenig um theoretische Fragen gekümmert, stellte aber »die große Tragweite« der theoretischen und ideologischen Aspekte heraus, die neu bewertet werden müßten. Das Wesen des Sozialismus sei es, mit der für die Ausbeutergesellschaft charakteristischen »sozialen Entfremdung des Menschen« Schluß zu machen, »mit der Entfremdung von der Macht, von den Produktionsmitteln, von den Ergebnissen seiner Arbeit, von geistigen Werten«.

Hier sei die Bedeutung der Oktoberrevolution 1917 zu suchen. Sie habe den Weg gewiesen; aber, so Gorbatschow: »Aus äußeren und inneren Gründen waren wir nicht imstande, die Leninschen Prinzipien der neuen Gesellschaftsordnung in ausreichendem Maße zu realisieren.« Und etwas trotzig: »Nein,

---

12 Zitate aus der Rede Gorbatschows am 18.2.1988, in: Sowjetunion heute, 3/1988.

vom Sozialismus, vom Marxismus-Leninismus (...) rücken wir nicht ab. Aber das dogmatische, bürokratische und voluntaristische Erbe lehnen wir entschieden ab.« Gorbatschow verschwendete keinen Gedanken daran, daß vielleicht das abgelehnte Erbe die unvermeidliche Konsequenz des Marxismus-Leninismus sein könnte.

Gorbatschow hat in dieser Rede am 18. Februar 1988 die Fragen aufgeworfen, die zur ideologischen Erneuerung führen könnten, aber beantwortet hat er sie nicht. Statt dessen verwendete er den größten Teil seiner Rede auf die Erläuterung der Maßnahmen der praktischen Umgestaltung: Wirtschaft, Verteilung, Arbeitsinitiativen, Demokratie, Glasnost' und Medien, internationale Politik. Als er wohl selbst empfand, daß es sich hier nicht um ideologische Probleme handelt, stellte er unvermittelt die Frage: »Was hat das eigentlich mit den ideologischen Aspekten der Perestrojka zu tun?« Seine Antwort war:

> »Meiner Meinung nach besteht hier eine direkte Verbindung, denn davon, wie diese Aufgaben gelöst werden, hängt in starkem Maße das Befinden und das Bewußtsein unserer Menschen, deren Stimmung und Einstellung zur Sache, zur Politik der Partei, zur Umgestaltung ab.«

In der Sichtweise Gorbatschows dürfen Fragen der Theorie nicht durch irgendwelche Verordnungen gelöst werden. »Es ist ein freier Wettbewerb der Gedanken notwendig.«

Gorbatschows Rede über die »Ideologie der Erneuerung« wurde nicht diskutiert. Das Zentralkomitee faßte einen kurzen zustimmenden Beschluß, in dem allerdings die von Gorbatschow als »revolutionär« gekennzeichnete Wirtschaftsreform zur »radikalen Wirtschaftsreform« herabgestuft wurde.[13]

Mit den fortschreitenden praktischen Maßnahmen der Perestrojka wurde das Theoriedefizit in der Sowjetunion immer größer. Schon im Januar 1987 hatte Gorbatschow vor dem Zentralkomitee beklagt, daß die sowjetischen Gesellschaftswissenschaften auf dem Stand der dreißiger und vierziger Jahre stehengeblieben seien. Offensichtlich erwartete Gorbatschow für die notwendige Erarbeitung der ideologischen Grundlagen keine wesentliche Hilfe von den sowjetischen Wissenschaften. Dies hinderte ihn freilich nicht, den Umbau der sowjetischen Gesellschaft weiterzutreiben und sich dadurch immer weiter von der alten ideologischen Basis zu entfernen. Es handelt sich dabei vor allem um folgende Punkte:

1. Die Neueinschätzung der sowjetischen Vergangenheit, insbesondere der Rolle Stalins, wie sie schon in Gorbatschows Rede vom 2. November 1987 anklagt und zur These Nummer 10 des Zentralkomitees der KPdSU für die Parteikonferenz geführt hatte. Mit dem Durchbruch der Glasnost' im Frühjahr 1988 hat sich diese fundamentale Kritik inzwischen auf alle Bereiche der sowjetischen Vergangenheit ausgedehnt.

---

13 Pravda, 20.2.1988.

2. Für die Außenpolitik entwickelte Gorbatschow schon 1986/1987 eine neue, für die Sowjetunion ungewohnte Denkweise: Die Welt sei nicht mehr als Gegensatz zwischen Imperialismus und Sozialismus zu begreifen, sondern sei »wechselseitig miteinander verbunden, voneinander abhängig und bildet ein bestimmtes Ganzes«. Die Kritik an der Außenpolitik seiner Vorgänger führte Gorbatschow in seiner Rede vor der 19. Parteikonferenz am 28. Juni 1988 zu dem Satz: »Deshalb war es notwendig, unsere Außenpolitik nicht einfach zu vervollkommnen, sondern entschieden zu erneuern.«
Gorbatschows »neues Denken« in der Außenpolitik bedeutet: Einheit der Welt statt weltrevolutionären Klassenkampfs; Sicherheit für alle Staaten statt militärischer Überlegenheit; defensive statt offensiver Militärdoktrin in jeder Hinsicht; vernünftige Hinlänglichkeit der Verteidigung statt Überlegenheit; friedliche Koexistenz als universelles Prinzip des Völkerrechts statt der bisher gültigen Einschränkung dieses Prinzips auf das Verhältnis der Staaten unterschiedlicher Gesellschaftssysteme und der damit verbundenen Praxis der Einmischung in die inneren Angelegenheiten anderer Staaten.

3. Nachdem Gorbatschow zu der Erkenntnis gekommen war, daß Erfolge in der Wirtschaftsreform nur möglich sind, wenn das sowjetische Gesellschaftssystem insgesamt umgestaltet ist, wurde zur Standardformel: »Das Wichtigste ist die Demokratisierung« (Rede am 18. Februar 1988). 55 Artikel der Verfassung wurden geändert, ein neues Wahlsystem wurde eingeführt. Im Ergebnis entstand im Volkskongreß und noch deutlicher im Obersten Sowjet ein Parlament nach westlichem Vorbild mit freier Rede, Opposition, Personalaussprachen über die Minister, Ablehnung, Kritik, Tendenzen zur Gewaltenteilung und Verwaltungsgerichtsbarkeit.
Dieses relativ neue politische System seit Mai 1989 hat in der sowjetischen Geschichte kein Vorbild und erscheint auch als Gegensatz zur Leninschen Theorie und Praxis. Lenin wollte »den korrupten und verfaulten Parlamentarismus der bürgerlichen Gesellschaft« durch Kommunen ersetzen, in denen das Volk durch das Volk regiert wird. Gewaltenteilung und parlamentarische Demokratie lehnte er entschieden ab.[14]

4. Nach einigen zaghaften Versuchen ist die Glasnost' seit Anfang 1988 zum Durchbruch gekommen und hat alle Bereiche des Lebens in der Sowjetunion von Tabus befreit. In seiner Rede am 18. Februar 1988 stellte Gorbatschow als Positivum heraus: »Zum ersten Mal im Laufe von vielen Jahrzehnten empfinden wir real einen sozialistischen Meinungspluralismus.« Am 23. Mai 1988 billigte das Zentralkomitee der KPdSU die Thesen zur 19. Parteikonferenz, darunter Festlegungen in These 1, daß die Perestrojka »eine prinzipiell neue politisch-ideologische Situation in der Gesellschaft« geschaffen habe, »die Herausbildung eines realen Meinungspluralismus und die offene Gegenüberstellung von Ideen und Interessen«. Gorbatschow hatte schon früher gesagt, das sei »ungewohnt« und müsse »geklärt« werden.

---

14 G. Wagenlehner, Abschied, a.a.O., S. 195–197.

Im Hinblick auf die bisher gültigen ideologischen Grundauffassungen wirft ein »sozialistischer Meinungspluralismus« freilich Probleme auf. In den einschlägigen sowjetischen Lexika, hier im »Wörterbuch des wissenschaftlichen Kommunismus«, heißt es dazu: »Im Sozialismus gibt es jedoch keine objektiven Grundlagen für einen Pluralismus gleich welcher Art.« Statt dessen gibt es »demokratischen Zentralismus«, die »Zusammenarbeit aller demokratischen Kräfte« unter Führung der marxistisch-leninistischen Partei.[15]

5. Die inzwischen erlassenen Gesetze zur Verwirklichung der Wirtschaftsreform sowie die entsprechenden Thesen des ZK der KPdSU für die 19. Parteikonferenz haben die Grenzen des Sowjetsystems bisher nicht überschritten. Noch ist also die wirtschaftliche Perestrojka der Sowjetunion im ideologischen Rahmen geblieben.

Dies trifft nicht für einzelne praktische Folgen zu. Neu ist die Streikbewegung im Sommer 1989 und die Reaktion der sowjetischen Führung darauf. Daß die Arbeiter ganzer Wirtschaftszweige die Arbeit niederlegen, der Regierungschef mit ihnen verhandelt und der Generalsekretär der KPdSU ihre Forderungen in einem Fernsehinterview als berechtigt anerkennt – dies ist für die Sowjetunion ungewohnt. Selbst der sowjetische Justizminister erklärte bei der Beratung des Gesetzentwurfs für die Rekelung von Arbeitskonflikten im Obersten Sowjet am 2. August 1989, das sei »für unser Rechtssystem ohne Präzedenzfall«. Dies gilt noch vielmehr für die fehlende idologische Absicherung: »Was ist das für ein sozialistischer Staat, der seinen Bürgern keine persönliche Sicherheit und kein ruhiges Leben garantieren kann?«, kritisierte Politbüromitglied Ligačev, der konservative Gegenspieler Gorbatschows.[16]

III. Negation der Negation

Seit 1988 hat Gorbatschow in jeder Ansprache den Menschen in den Mittelpunkt der Perestrojka gestellt, um seinetwillen müsse die sowjetische Gesellschaft umgestaltet werden. In seiner Rede zur »Ideologie der Erneuerung« knüpfte Gorbatschow bei Marx an, freilich ohne ihn zu zitieren.

Das eigentliche Wesen des Sozialismus bestehe darin, »mit der sozialen Entfremdung des Menschen (...) Schluß zu machen«. Heute gehe es um die »Erneuerung des Sozialismus« in Theorie und Praxis. Dies sei »zugleich eine Art Phase ›der Negation der Negation‹, in der wir uns von allem befreien, was sich in eine Bremse verwandelt hat«.[17] Man müsse »von den Werten und Idealen des Sozialismus den Rost des Bürokratismus entfernen«.

---

15 Vgl. z. B. »Wörterbuch des wissenschaftlichen Kommunismus«, Berlin-Ost 1984, S. 293 f.
16 Pravda, 21.7.1989.
17 Rede am 18.2.1988 (siehe Anm. 12).

In seiner Rede am 5. Juli 1989 vor französischen Intellektuellen in der Pariser Sorbonne nahm Gorbatschow dieses ideologische Grundthema wieder auf:[18]

> »Die Perestrojka in der Sowjetunion bringt uns zurück zu den nicht entstellten Werten des Sozialismus: zur Demokratie, zur Macht des Volkes, zur sozialen Gerechtigkeit und zu den Menschenrechten.«

Gorbatschow erkannte zwei ideologische Hauptprobleme:

1. »Der Schlüssel zur Lösung der Aufgaben der Perestrojka liegt in der Überwindung der Entfremdung des Menschen vom Eigentum.« Als »Entfremdung« bezeichnet er das bürokratische Weisungssystem und als erstrebenswertes Ziel »verschiedene Formen des sozialistischen Eigentums«, Markt, Initiativen, Unternehmergeist im »Dienst des Verbrauchers«.
2. »Der Schlüssel zum Erfolg der Perestrojka liegt in der Überwindung der Entfremdung des Menschen von der Macht.« Als »Entfremdung« bezeichnet Gorbatschow in diesem Zusammenhang alle Dogmen und Verbote im gesamten Sowjetsystem. Die Überwindung dieser Entfremdung von der Macht soll erfolgen durch die »Wiederherstellung der Machtvollkommenheit der Sowjets, wirklich freie Wahlen auf der Grundlage des Wettbewerbs«, Glasnost', Rechenschaftspflicht der Exekutive und Unabhängigkeit der Gerichte.

In Paris berief sich Gorbatschow bei der Formulierung seiner Entfremdungstheorie nicht auf Lenin und Marx. Aber in seiner früheren Rede am 18. Februar 1988 hatte er im Hinblick auf »die neue Rolle der allgemeinmenschlichen Werte« die großen Lehrer Karl Marx und Lenin herausgestellt. Sie hätten »die objektive Grundlage der allgemeinmenschlichen Werte« aufgedeckt und »mit den sozialen und Klassenwerten« vereinigt.

Hart steht neben diesen allgemeinen Hinweisen Gorbatschows Satz: »Das neue Denken basiert auf der Leninschen Theorie des Imperialismus und Lenins Analyse der Natur des Imperialismus, die niemals ›gut‹ sein wird.« Ohne weitere Erklärung fügt Gorbatschow hinzu: »In dieser Frage hatten und haben wir keinerlei Illusionen.«

Eine ideologische Begründung für »neues Denken« ist das freilich nicht. Hier wird deutlich, daß Gorbatschows »neues Denken« mit Lenins Imperialismustheorie unvereinbar ist. Die Verfechter dieses »neuen Denkens« werden nicht umhin können, sich mit Lenin auseinanderzusetzen.

Im Hinblick auf die Begriffe »Entfremdung« und »Negation der Negation« kann Lenin nicht viel beitragen. Er hat das Wort »Entfremdung« nicht verwendet. Aber mit Marx, für den es sich um Schlüsselbegriffe handelte, wird sich Gorbatschow präziser beschäftigen müssen, als das bisher geschehen ist. Im folgenden soll verglichen werden, inwieweit Gorbatschow mit Karl Marx übereinstimmt.

---

18 Wortlaut in: Sowjetunion heute, 8/1989.

Ausgangspunkt des Marxschen Denkansatzes ist der Mensch, das »wahre Wesen des Menschen«. Für Marx ist das Individuum ein »gesellschaftliches Wesen«. Das individuelle Leben mag als eine besondere Form erscheinen, dennoch ist das wahre Wesen des Menschen nicht in Individuum und Gesellschaft gespalten. Der wahre Mensch ist »das subjektive Dasein der gedachten und empfundenen Gesellschaft für sich«.[19]

Auch für Gorbatschow ist der Mensch zunehmend zum Ausgangspunkt der Perestrojka geworden: »das Schöpfertum und die Selbständigkeit des Menschen«, ohne die keine Vorwärtsbewegung möglich ist, ebenso wie die »Interessen des Volkes« im Einklang mit den Interessen aller Menschen.[20]

Einwände gegen seine Auffassung vom »wahren Wesen des Menschen« hat Marx nicht gelten lassen. Auch Gorbatschow läßt keine Gegenargumente zu seiner Auffassung von der zentralen Stellung des Menschen zu.

Sehr früh stellte Marx fest, daß der bürgerliche Staat und die kapitalistische Gesellschaft im Gegensatz zum »wahren Wesen« des Menschen stehen, seine Einheit, »die ideelle Totalität« spalten. Letztlich verantwortlich dafür ist in den Augen von Marx das Recht auf Privateigentum. Dieses Recht »läßt jeden Menschen im anderen Menschen nicht die Verwirklichung, sondern vielmehr die Schranke seiner Freiheit finden«. Es ist »das Recht des Eigennutzes«, Grundlage der bürgerlichen Gesellschaft und Ursache für die Spaltung in Besitzende und Besitzlose. Bald gelangt Marx zu der Überzeugung, daß der bürgerliche Staat nur um des Privateigentums willen existiert. Das Kapital wird zum Hauptgegenstand seiner Forschung.

Die Schlußfolgerung: Die bürgerlich-kapitalistische Ordnung ist die Negation des Menschen. Er kann in dieser Ordnung gar nicht Mensch sein; er ist sich selbst entfremdet. Wenn diese Entfremdung aufgehoben werden soll, muß die bürgerlich-kapitalistische Ordnung beseitigt werden. Ihre Negation ist jene Gesellschaft, die dem wahren Wesen des Menschen entspricht. Marx: »Der Kommunismus ist die Position als Negation der Negation.«[21]

Gorbatschow stuft als Negation der menschlichen Werte die Zwangsmaßnahmen der Stalin-Ära, das kommando-administrative Verwaltungssystem sowie das »dogmatische, bürokratische und voluntaristische Erbe« ein; denn dieses »hat weder mit dem Marxismus-Leninismus noch mit echtem Sozialismus etwas gemein«.[22]

Bei beiden, Marx und Gorbatschow, lautet die Hauptaufgabe: Negation der Negation. Das Ergebnis ist bei Marx der Kommunismus als »vollständige, bewußte (...) Rückkehr des Menschen für sich als eines gesellschaftlichen, d. h. menschlichen Menschen«.[23]

---

19 G. Wagenlehner, Abschied, a.a.O., S. 138 ff.
20 Reden am 18.2.1988 (siehe Anm. 12) und 6.7.1989 (Pravda, 7.7.1989).
21 Vgl. dazu G. Wagenlehner, Abschied, a.a.O., S. 139.
22 Rede vom 18.2.1988 (siehe Anm. 12).
23 G. Wagenlehner, Abschied, a.a.O., S. 138 ff.

Bei Gorbatschow sind es die »Werte und Ideale des Sozialismus«, die durch die Perestrojka wiederhergestellt werden sollen. Vorwürfe, daß es sich bei diesen sozialistischen Werten in Wirklichkeit um die Restaurierung des Kapitalismus handeln könne, weist Gorbatschow entschieden zurück und reklamiert die von ihm apostrophierten Werte als ursprüngliche revolutionäre Ziele Lenins.

Dies mag einer exakten Nachprüfung standhalten oder nicht; aber Gorbatschows Kritiker haben es auch nicht leicht, in den Gesammelten Werke Lenins eindeutige Definitionen und kontinuierliche Meinungen zu allen Fragen des Sozialismus und Kommunismus zu entdecken. Als Lenin gerade dazu ansetzte, die Zukunftsgesellschaft zu beschreiben, machte ihm die Praxis einen Strich durch die Rechnung. Er beendete die Schrift »Staat und Revolution« am 30. November 1917 mit dem Satz: »Es ist angenehmer und nützlicher, die ›Erfahrungen der Revolution‹ durchzumachen, als über sie zu schreiben«.[24]

Unbestritten ist Lenins monomanische Konzentration auf die Eroberung und Bewahrung der Macht. Unbestritten ist auch, daß Lenin mit den wirtschaftlichen und sozialen Folgen der bolschewistischen Machteroberung nicht zufrieden war und gegen Ende seines Lebens resignierte. In seinem Testament riet er dem Zentralkomitee dazu, Stalin nicht zu seinem Nachfolger zu machen und einen anderen zu wählen.

Gorbatschow darf sich also durchaus mit Lenin einig fühlen, wenn er deô Stalinschen Zwangsapparat als Negation des Sozialismus betrachtet. Nur kann er diese These nicht mit der ideologischen Basis der Sowjetunion begründen, denn diese wurde von Stalin als dem angeblich konsequenten Nachfolger Lenins formuliert.

Im Hinblick auf Marx hat es Gorbatschow schwerer, denn der von beiden verwendete Begriff der »Negation der Negation« hat ganz offenkundig verschiedene Inhalte: bei Marx soll die bürgerlich-kapitalistische Ordnung negiert werden, bei Gorbatschow dagegen das von Stalin geprägte Sowjetsystem. Aus Gorbatschows »Negation« folgt zwangsläufig die Feststellung, daß aus der Oktoberrevolution 1917 ein Produkt entstand, das heute durch die Perestrojka beseitigt werden muß. Diese Schlußfolgerung wird schon heute von den radikalen Reformern in der Sowjetunion diskutiert.

IV. Die Ideologische Kommission

Im April 1985 wurde E. Ligačev Vollmitglied des Politbüros und als 2. Sekretär des ZK zuständig für ideologische Fragen. Durch seine konservative Grundhaltung sorgte er dafür, daß die Sowjetideologie der Tradition verhaftet blieb. Gorbatschow war auf Ligačev als Koalitionspartner angewiesen, mußte also seine ideologische Verantwortung akzeptieren.[25] Erst im Juni 1987 gelang es

---

24 W. I. Lenin, Ausgewählte Werke, Bd. II, S. 420, Berlin-Ost 1970.
25 Vgl. dazu B. Meissner, Gorbatschow am »Rubikon«, in: Osteuropa, 11/1988.

Gorbatschow, mit der Ernennung seines Gesinnungsfreunds Jakovlev zum Vollmitglied des Politbüros ein ideologisches Gegengewicht zu schaffen. Bald ergab sich eine Rivalität zwischen Ligačev und Jakovlev, weil sich auch dieser für Ideologie zuständig fühlte und dies vor ausländischen Journalisten verkündete.

Die wachsende Glasnost' sorgte dafür, daß ebenfalls ideologische Fragen in der sowjetischen Öffentlichkeit diskutiert wurden. Zuerst machten sich die Dogmatiker bemerkbar. Die »Sovetskaja Rossija« veröffentlichte am 13. März 1988 einen sogenannten Leserbrief (publiziert im Neuen Deutschland vom 2./3. April 1988 auf $1^1/3$ Zeitungsseiten) der Leningrader Dozentin Nina Andreeva. Der provozierende Titel gegen die Neubeurteilung der Sowjetgeschichte: »Ich kann meine Prinzipien nicht preisgeben.« Am Schluß zitierte die Autorin ausgerechnet aus der Gorbatschow-Rede zur Ideologie vom 18. Februar 1988, daß die marxistisch-leninistischen Prinzipien »unter keinerlei Vorwänden« preisgegeben werden dürfen.

Dieser Vorgang konnte nur als Schlag gegen die Perestrojka gewertet werden – so terminiert, daß Gorbatschow einen Auslandsaufenthalt in Jugoslawien begann. Die italienische KP-Zeitung »l'Unità« fand heraus, daß dieser »Leserbrief« zunächst an Ligačev geschickt worden sei. In dessen Büro sei er dann – mit oder ohne Wissen Ligačevs – redigiert und der »Sovetskaja Rossija« zugeleitet worden.[26]

Angeblich brachte Gorbatschow den Affront im Politbüro zur Sprache und setzte eine scharfe Antwort durch, die dann am 5. April 1988 in der »Pravda« unter der Überschrift »Die Prinzipien der Umgestaltung: revolutionäres Denken und Handeln« erschien.[27] Die Protokolle der Politbürositzungen am 24. und 31. März 1988, in denen dieser Vorgang hätte besprochen werden können, geben keinen Hinweis darauf. Aber dies ist kein Gegenbeweis, da am Schluß jedes Protokolls stets vermerkt ist, daß noch weitere Fragen besprochen wurden.[28]

Unbestreitbar ist, daß zwei Presseorgane des Zentralkomitees in einer wichtigen ideologischen Frage gegensätzliche Standpunkte vertraten: die »Sovetskaja Rossija« von einer »konservativen und dogmatischen« Position und die »Pravda« von Gorbatschows Position der Perestrojka aus. Dies kann nur als Beweis für einen Prinzipienstreit in der Parteiführung gewertet werden.[29]

Gorbatschow hat die öffentliche Polemik nicht zur Verschärfung des Streits benutzt, sondern in seiner üblichen Taktik langfristig die Weichen gestellt. In einem von ihm veranstalteten »Medientreffen« am 7. Mai 1988 mit den wichtigsten Chefredakteuren trug er, eingerahmt von Ligačev und Jakovlev, zur Versachlichung des ideologischen Streits bei. Gorbatschow wollte offensichtlich den Grundkonsens in der sowjetischen Führung für den Kurs der 19. Parteikonferenz nicht gefährden.

---

26 Vgl. dazu Anm. 12.
27 Vgl. dazu B. Meissner, a.a.O. (Anmerkung 25).
28 Neues Deutschland, 9./10.4.1988.
29 Vgl. dazu B. Meissner, a.a.O. (Anmerkung 25).

Die späteren Ereignisse zeigen aber, daß Gorbatschow zur Reform des Parteiapparats entschlossen war und eine Neuregelung der Kompetenzen in der sowjetischen Führung zielbewußt anstrebte. Als die 19. Parteikonferenz nicht den gewünschten Erfolg brachte, verwirklichte Gorbatschow seine Pläne im Alleingang Ende September 1988. In unserem Zusammenhang interessiert, daß beide Rivalen, Ligačev und Jakovlev, ihre ideologische Zuständigkeit verloren. Im Zuge der Bildung von sechs Kommissionen des ZK der KPdSU wurde Ligačev Vorsitzender der Kommission für Agrarpolitik und Jakovlev Vorsitzender der Kommission für Internationale Politik. Den Vorsitz der Ideologischen Kommission übernahm V. A. Medvedev, ein Neuling im Politbüro, der erst am 30. September 1988 unter Überspringen des Kandidatenstatus zum Vollmitglied ernannt wurde.

Die Mitglieder der sechs ZK-Kommissionen wurden Ende November 1988 vom Zentralkomitee bestätigt und danach in der Sowjetpresse veröffentlicht. Entsprechend diesen Berichten hat die Ideologie-Kommission 25 Mitglieder: fünf Wissenschaftler, darunter die Rektoren der Akademie für Gesellschaftswissenschaften beim ZK der KPdSU und des Instituts für Marxismus-Leninismus sowie der Präsident der Akademie der Wissenschaften; zwei Chefredakteure (von »Pravda« und »Sovetskaja kul'tura«); vier Minister; vier Verbandsvorsitzende (Schriftstellerverband, Komponistenverband, Theaterschaffende) und neun Funktionäre aus dem Partei- und Staatsapparat. Es handelt sich vorwiegend um Praktiker der Parteiarbeit.[30]

Die beiden wichtigsten Mitglieder der Ideologie-Kommission sind ihr Vorsitzender, V. A. Medvedev, und der Leiter der Ideologischen Abteilung im ZK der KPdSU, A. S. Kapto. Beide sind erst seit 1986 Mitglied im Zentralkomitee. Medvedev ist Doktor der Wirtschaftswissenschaften und Korrespondierendes Mitglied der Akademie der Wissenschaften der UdSSR, seit 21 Jahren im Parteiapparat tätig, 60 Jahre alt.

Kapto ist Doktor der Philosophie, seit 32 Jahren im Parteiapparat tätig, dazwischen allerdings von 1986 bis 1988 Botschafter in Kuba, 56 Jahre alt. Von ihm sind keine Grundsatzartikel zu ideologischen Fragen bekannt – und auch kaum zu erwarten. In der Parteizeitung »Pravda« vom 20. Februar 1989 antwortete Kapto auf Fragen der Leser. Er mahnte die für ideologische Fragen zuständigen Funktionäre, sich mehr mit praktischen Fragen zu beschäftigen statt »Illusionen zu säen«, wie dies früher häufig geschehen sei. Noch seien die zuständigen Ideologiefunktionäre den neuen Anforderungen nicht gewachsen. Ihre Hauptaufgabe sei es, die wirtschaftlichen Reformpläne der Perestrojka populär zu machen.

Auch Medvedev betreibt hauptsächlich die Erläuterung der Wirtschaftspolitik Gorbatschows. Daneben hat er sich seit Oktober 1988 in Zeitungsartikeln mit Fragen der Nationalitäten und der Koexistenz beschäftigt. In allen Meinungsäußerungen handelt es sich um Erklärungen des sowjetischen Kurses, nicht um Grundsatzfragen.

---

30 Pravda, 30.11.1988.

In einem längeren Interview in der Zeitschrift »Kommunist« (Nr. 17, November 1988) erläuterte Medvedev die Arbeit der Ideologie-Kommission. Sie dürfe nicht die Funktion der gewählten Parteiorgane ersetzen. Die Kommission vereinigte die drei früheren Abteilungen für Propaganda, Kultur und Wissenschaft. Das seien ihre Arbeitsfelder. In einer »neuen ideologischen Atmosphäre« werde die Ideologie-Kommission die praktische Arbeit wirksamer als bisher unterstützen.

»Wird dadurch nicht die Rolle der Theorie vermindert?« lautete eine Frage. Und die Antwort Medvedevs: »Nein, unter keinen Umständen.« Es sei notwendig, »eine neue Konzeption des Sozialismus« auszuarbeiten. Anschlußfrage: »Sind wir tatsächlich bereit, einen eigenen Schritt vorwärts zu machen zu neuen Erkenntnissen über den Sozialismus im Vergleich zu den Zeiten von Marx und sogar Lenin?« Kernaussage der Antwort Medvedevs: Das sozialistische Fundament sei dauerhaft, »aber in allen Etagen« sei eine Reparatur notwendig, »nicht oberflächlich, sondern gründlich und solide«.

Medvedev vermied konkrete Festlegungen und begnügte sich mit der Interpretation wichtiger Aussagen Gorbatschows. Als Wirtschaftsexperte plädierte er für den Markt als »unersetzliches Mittel wirtschaftlicher Anpassung der Produnktion an die wechselnden Bedürfnisse der Gesellschaft«. Andererseits sieht Medvedev den Markt aber auch als »wichtiges Instrument der gesellschaftlichen Kontrolle«.

Im April 1989 hielt Medvedev den offiziellen Festvortrag zum 119. Jahrestag von Lenins Geburtstag.[31] Wie Andropov 1982 und Gorbatschow 1983 stellte auch er in seinen Ausführungen die Wirtschaft über die ideologischen Schlußfolgerungen: »Leninismus und Perestrojka«. Aber in Fortführung des Interviews in der Zeitschrift »Kommunist« nannte er ebenfalls als »eine der wichtigsten, wenn nicht die wichtigste Lehre«, daß die Wirtschaft nicht reformiert werden könne, ohne die Eigentumsverhältnisse einzubeziehen. Unantastbar sei, daß im Sozialismus Eigentum gesellschaftlich sein müsse, im Hinblick auf die Verfügungsgewalt aber seien verschiedene Formen denkbar. Hier müßten auch die Erfahrungen anderer sozialistischer Länder genutzt werden, denn es gebe nicht mehr nur ein einziges Modell des Sozialismus. Sogar die Erfahrungen »des nichtsozialistischen Teils der Welt dürfen nicht unberücksichtigt bleiben«.

So, wie die Ausführungen der Verantwortlichen für die »Erneuerung der Ideologie« vor allem der Verbindung zwischen Theorie und Praxis gelten, ist die Arbeit der Ideologie-Kommission bisher verlaufen.

Die erste Sitzung dieser Kommission fand am 25. Januar 1989 statt. 20 Mitglieder der Kommission und 36 geladene Gäste, die Leiter zentraler ideologischer Einrichtungen und Ämter nahmen daran teil.[32] Hauptsächlich zwei Fragen standen auf der Tagesordnung: »Die Hauptrichtung der Arbeit der Kommission im Jahre 1989« und »Über das Projekt des Gesetzes für die Presse und

---

31 Pravda, 22. 4. 1989.
32 Izvestija ZK KPSS, 3/1989, S. 42f.; Pravda, 28. 1. 1989.

für andere Massenmedien« (Chefredakteur Afanas'ev, »Pravda«). An der Diskussion beteiligten sich 15 Redner. Aus dem von Medvedev unterzeichneten Protokoll und aus einer TASS-Meldung geht hervor, daß der Arbeitsplan für 1989 gebilligt wurde, aber nicht, was in diesem Arbeitsprogramm vorgesehen ist. Der Mediengesetzentwurf wurde ebenfalls angenommen. »Breiter Raum« der ersten Sitzung der Ideologie-Kommission nahm ein Bericht des Abteilungsleiters für Ideologie im ZK-Apparat, Kapto, ein über die Arbeitsweise der Ideologie-Abteilung im ZK.

Am 5. Mai 1989 fand unter Leitung von Medvedev eine weitere ordentliche Sitzung der Ideologie-Kommission statt. Im Mittelpunkt standen die ideologischen Aspekte einer Lösung nationaler Fragen in der gegenwärtigen Etappe. Im Protokoll wird von einem »interessanten, scharfen und offenen Meinungsaustausch« gesprochen, aber verschwiegen, worüber man sich konkret gestritten hat.[33] Die Kommission erörterte ebenfalls den Entwurf für ein Religionsgesetz und brachte ihn »in Einklang mit den internationalen Rechtsakten«. Dieser Entwurf soll noch weiter bearbeitet werden, bevor er publiziert und im Obersten Sowjet beraten werden kann.

Die bisherige Arbeit der Ideologie-Kommission läßt den Schluß zu, daß sie sich mit der Prüfung praktischer Maßnahmen der Perestrojka, der Gesetze und Direktiven der Sowjetführung unter theoretischen Gesichtspunkten beschäftigt. Unschwer erkennt man das ideologische Grundverständnis Gorbatschows: die Verbindung zwischen Theorie und Praxis mit absolutem Vorrang der Realität.

V. Ideologische Unsicherheit

In der Theorie wie auch in der Praxis herrscht in der Sowjetunion eine Zeit des Übergangs. Die wiederholten Beteuerungen Gorbatschows, daß es keine Dekrete für ideologische Fragen geben könne, erhalten hier ihre Bestätigung. Nimmt man alles zusammen, findet in der Sowjetunion zur Zeit eine offene Diskussion über ideologische Fragen statt. Die Grenzen werden nur von den individuellen Einschränkungen durch Ausbildung und Gewohnheit gezogen. Dadurch sind freilich auch die alten, zuverlässigen ideologischen Leitlinien und markanten Zitate abhanden gekommen. Die Indikatoren zeigen es an.

Solche Leitsätze boten stets die obligatorischen »Losungen des ZK der KPdSU« jeweils rechtzeitig zwei Wochen vor dem 1. Mai und dem 7. November. Früher gab es ungefähr 100 Losungen, für jeden Bereich und für alle ideologischen Probleme zumindest eine. Am Schluß hieß es in der Regel: »Vorwärts zum Triumph des Kommunismus im Weltmaßstab!« Oder wie zum 1. Mai 1982: »Unter dem Banner Lenins, unter der Führung der Kommunistischen Partei vorwärts zum Sieg des Kommunismus!«

---

33 Pravda, 8.5.1989.

Schon Andropov reduzierte diese markigen Losungen auf etwa 60. Gorbatschow begann zum 1. Mai 1985 mit 60 Losungen und verminderte ihre Zahl auf 36 zum 7. November 1987. Zum 1. Mai 1989 waren es noch 22 Losungen. Die frühere agitatorisch-ideologische Sprache ist weitgehend verschwunden. Identisch sind nur noch die Erinnerungen an den Gedenktag: »Es lebe der 1. Mai!« Oder die Mahnung aus der Vergangenheit: »Proletarier aller Länder vereinigt euch!«[34]

Übergangsprobleme gibt es auch im Bereich der Ausbildung von Funktionären sowie generell im sowjetischen Schulsystem. Im Mai 1988 wurden die Prüfungen für sowjetische Geschichte in den Oberschulen ausgesetzt. Die Lehrbücher sind veraltet, neue noch nicht verfügbar. Die Widersprüche zwischen der alten ideologischen Basis und den Anforderungen an die Kader durch die Perestrojka sind offensichtlich. Wenn sie nicht beseitigt werden, dann bleibt die heutige Misere bestehen: Entweder werden die Funktionäre durch die Kaderschulung zu Kritikern der Perestrojka erzogen oder zur Mißachtung der grundlegenden Parteidokumente.

Drei neue Lehrbücher sind in Arbeit. Ihre Gliederung und Struktur wurden zum Teil schon vorgestellt: Im März 1988 wurde der Grundriß eines neuen Lehrbuchs für »Politökonomie« vorgestellt. Verantwortlicher Leiter der Redaktion ist V. Medvedev, der Vorsitzende der Ideologie-Kommission. In seinem Interview in der Zeitschrift »Kommunist« (17/1988) antwortete er auf eine entsprechende Frage, dies sei »der erste Versuch, die Kunst der politischen Ökonomie unter Berücksichtigung der Betrachtungsweisen, Ideen und Ziele der Perestrojka zu erfassen«.

Im September 1988 wurde in der Zeitschrift »Voprosy filosofii« (»Fragen der Philosophie«) die Herausgabe eines neuen Lehrbuchs zur Sowjetphilosophie angekündigt. Die Leitlinien wurden bestimmt von I. T. Frolov, Mitglied der Ideologie-Kommission und als »Gehilfe des Generalsekretärs des ZK der KPdSU« tätig, also dem ideologischen Berater Gorbatschows. Statt wie bisher »Grundlagen des Marxismus-Leninismus« soll das neue Lehrbuch nur »Einführung in die Philosophie« heißen. Aber was bisher als Text vorliegt, hat Arnold Buchholz zu der Bewertung gebracht, daß »der ›Kernglaube‹ des Marxismus-Leninismus (...) weiterhin für die Sowjetphilosophie bestimmend sein soll«.[35]

Schließlich wurde im Oktober 1988 der erste Teil eines Entwurfs für ein Lehrbuch über den »Wissenschaftlichen Kommunismus« vorgestellt. Im Redaktionsstab sind bekannte Reformer vertreten unter der Leitung des Direktors des Instituts für Marxismus-Leninismus beim ZK der KPdSU, G. L. Smirnov, ebenfalls Mitglied der Ideologie-Kommission.

Unsicherheit und Ungewißheit im Hinblick auf die Zukunft der Sowjetideologie zeigt sich in der immer offener geführten Diskussion in den sowjeti-

---

34 Pravda, 11.4.1982 und jeweils vor dem 1.5. und 7.11.; Zitat aus Pravda, 16.4.1989.
35 Aktuelle Analysen des Bundesinstituts für ostwissenschaftliche und internationale Studien (BIOst), Köln, 54, 55/1988 (21. und 28.11.1988).

schen Medien. Zunächst gibt es auch kurzfristige Voraussagen, die korrigiert werden: So erklärte V. Medvedev Ende November 1988 zu Beginn seiner Ideologie-Tätigkeit, Solšenicyn würde in der Sowjetunion nicht veröffentlicht – schon gar nicht »Archipel Gulag«, weil seine Werke unserer Gesellschaft und unserem politischen System, unserem Verständnis von der Welt (...)« radikal widersprechen. Ein halbes Jahr später, im Juli 1989, kündigte der Sekretär im Vorstand des Schriftstellerverbands, Grigov, an, daß dank Perestrojka Solšenicyns »Archipel Gulag« in der Literaturzeitschrift »Novyj mir« abgedruckt und als Buch in einer Auflage von 300 000 bis 500 000 Exemplaren veröffentlicht würde.[36] Inzwischen hat der Abdruck in »Novyj mir« begonnen.

In einem Interview mit der Pariser Zeitung »Le Monde« erläuterte Medvedev im Mai 1989, daß prinzipiell das Mehrparteiensystem mit dem Sozialismus vereinbar sei – wie andererseits auch ein Einparteisystem mit der Demokratie. Lenins Konzept vom Sozialismus müsse »überdacht« werden. Politbüromitglied V. Vorotnikov erklärte Anfang Juli 1989, das Mehrparteiensystem habe sich nicht bewährt. Es gäbe keine anderen politischen Kräfte außer der KPdSU, die ein Zusammenleben der verschiedenen Kräfte in dem Vielvölkerstaat Sowjetunion gewährleisten können.[37]

Medvedev hat sich mehrfach dafür ausgesprochen, von den Erfahrungen anderer sozialistischer Staaten zu lernen. »Man muß prinzipiell umgestalten«, erklärte Oleg Bogomolov in »Neue Zeit« (27/1988), »das alte System kann seiner Natur nach nicht mehr leisten«.

Das »alte System« ist das durch neun »objektive Gesetze« des Sozialismus beschriebene Sowjetsystem, im November 1957 feierlich von den Führern der sozialistischen Länder als einziges sozialistisches Modell bestätigt, im Parteiprogramm der KPdSU verankert und in zahllosen Artikeln beschworen.

Gorbatschow hat in seiner Rede in Kiew am 24. Februar 1989 den sozialistischen Staaten »bedingungslose Unabhängigkeit, völlige Gleichberechtigung, strikte Nichteinmischung in innere Angelegenheiten« zugesagt und sich seitdem daran gehalten. In den Beratungen der Sekretäre für ideologische Fragen im Oktober und Dezember 1988 ist über die unterschiedlichen Auffassungen vom modernen Sozialismus gesprochen worden. Während einige Länder wie Ungarn und Polen von der ideologischen Selbstbestimmung Gebrauch machen und sogar in der ČSSR der ideologische Totalitätsanspruch in Frage gestellt wird, verteidigte Erich Honecker in der DDR die reine Lehre des Marxismus-Leninismus, zu der sich auch Fidel Castro in Kuba bis heute bekennt. Auch die »Einheit des sozialistischen Lagers« ist ideologisch durch die Perestrojka der Sowjetunion zerbrochen.

Im Zuge des Übergangs zu neuen Formen ist in der Sowjetunion immer mehr »die moderne Konzeption des Sozialismus« gefragt. In der Akademie der Wissenschaften findet monatlich ein Seminar mit der geistigen Elite der Perestrojka über dieses Thema statt. Die Parteizeitung »Pravda« berichtete davon (in ihren

---

36 Radio Moskau am 29.11.1988, 4.7.1989.
37 BPA/Ostinformationen, 26.5.1989, S. 29; 3.7.1989, S. 23.

Ausgaben am 14., 16. und 17. Juli 1989). Leitmotiv der Diskussion: »Es ist nicht möglich, bei Lenin fertige Antworten auf die Fragen der Gegenwart zu suchen.« Also werden alle Fragen in Wirtschaft und Gesellschaft aufgeworfen: Eigentum im Sozialismus, soziale Gerechtigkeit im Sozialismus, Demokratisierung der Planung, sozialistischer Markt, Rechtsstaat.

Ein weiterer Artikel von Butenko in der »Pravda« vom 8. August 1989 fragt: »Wie soll der Sozialismus beschaffen sein?« Drei Problemkreise werden in Frageform aufgeworfen:

1. »Worauf soll sich eine Prognose oder erarbeitete Vision des Sozialismus gründen?«
2. »Welche Mechanismen eignen sich für Prognosen, und worin besteht die neue Vision des Sozialismus?«
3. »Wie kann der Sozialismus, die sozialistische Gesellschaft, im Lichte der heutigen marxistischen Erkenntnisse bestimmt werden?«

Konkrete Nachfragen nach dem Verhältnis Staat und Gesellschaft, nach Formen des Eigentums und der Struktur im Sozialismus sowie nach der politischen Organisation führen den Verfasser in der Konsequenz über den Rahmen des Marxismus-Leninismus hinaus.

Die Theoretiker werden von den Praktikern der Perestrojka unterstützt. Abalkin glaubt an den Sieg des Marktes bis zum Jahr 2000. Burlackij, der Leitartikel der »Literaturnaja gazeta«, rät in der Ausgabe vom 24. Mai 1989 dazu, von den »Reformern« des Auslands zu lernen, aus Japan und China, »wie Kardelj in Jugoslawien, (...) Erhard in der BRD«.

»Ist die Gesellschaft schon soweit, ihre ideologischen Grundlagen einer revolutionären Überprüfung zu unterziehen?«, fragt der sowjetische Jurist Jurij Feofanov (in »Neue Zeit«, 32/1989) und antwortet: »Wir kommen tatsächlich eine ganze Epoche zu spät, die Epoche der parlamentarischen Demokratie. Wir haben nicht genug Zeit, ihren ganzen Weg nachzuvollziehen. Also müssen wir ausgiebiger von fremden Erfahrungen Gebrauch und uns die Aufgabe leichter machen.«

VI. Schlußfolgerungen

Schon die wenigen Jahre der Perestrojka zeigen die Ausbreitung der Erkenntnis, daß die ideologische Erneuerung nicht im Rahmen des Marximus-Leninismus zu leisten ist.

Für Lenin war Marxismus die Theorie der Revolution, des Umsturzes der gesamten Gesellschaftsordnung. Da auch er diesen Umsturz wollte, gab es für Lenin nur die »Einheit der revolutionären Theorie und der revolutionären Praxis«. Die marxistische Theorie war Antrieb, Motivation im wechselvollen Kampf um die Macht. Danach, als die Bolschewiki die Macht in Rußland erobert hatten, wurde die revolutionäre marxistische Theorie zunehmend zum

Störfaktor, zum Hindernis für die als notwendig empfundene Konsolidierung der sowjetischen Staatsmacht.

Spätestens mit dem (von Marx und Lenin nicht vorhergesehenen) Sozialismus in einem Land und Stalins »Revolution von oben« war es mit dem revolutionären Antrieb des sogenannten Marxismus-Leninismus vorbei.

Der Sieg im Großen Vaterländischen Krieg und der Aufstieg der Sowjetunion zur Weltmacht haben dieses ideologische Versagen verdeckt. Erst als die Umgestaltung der gesamten Sowjetunion infolge der vorherigen Versäumnisse und Fehler unumgänglich war, wurde das theoretische Defizit offenbar.

Mit Gorbatschows Alternative, die Perestrojka sei weder eine »kosmetische Auffrischung« noch eine »totale Demontage« oder eine »radikale Phrase«, ist die ideologische Erneuerung nicht zu leisten. Unsere Abhandlung kommt zu dem Schluß:

1. Der Versuch einer ideologischen Erneuerung in der Sowjetunion läßt bisher nur Ansätze und Fragestellungen aus dem Marxismus-Leninismus erkennen.
2. Der künstlich zusammengepreßte »Marxismus-Leninismus« ist aber schon bisher ein Hindernis für praktische Erfolge oder pure Heuchelei. Die erfolgsorientierte Perestrojka Gorbatschows läßt sich aus den ideologischen Grundlagen der Sowjetunion, auch in der Neufassung des Parteiprogramms 1986 als »objektive Gesetze der gesellschaftlichen Entwicklung« bestätigt, nicht ableiten.
3. Die Rückführung des Marxismus-Leninismus zur revolutionären Ideologie des Marxismus würde in Theorie und Praxis die Entwicklung der Sowjetunion seit 1918 auslöschen und den weltrevolutionären Prozeß 1971 neu beginnen müssen. Dies steht im Gegensatz zu Gorbatschows Perestrojka.
4. Erfolgreich kann die Perestrojka der Sowjetunion nur sein, wenn der Rahmen des Marxismus-Leninismus in Theorie und Praxis gesprengt wird. Allein dadurch kann die Theorie ihre Rolle als Antriebskraft der sowjetischen Entwicklung zurückgewinnen, wenn sie von nichtmarxistischen Ansätzen ausgeht.
5. Niemand kann voraussagen, ob die »revolutionäre Perestrojka« tatsächlich zum Umsturz des Marxismus-Leninismus führt. Aber die Konsequenz ist zwingend: Je weiter sich Gorbatschow von marxistisch-leninistischen Dogmen entfernt, desto erfolgreicher wird seine Perestrojka in der Praxis sein. Wer Erfolg haben will, wird diesen Weg gehen müssen« bei Strafe des eigenen Untergangs«.

Boris Meissner

Partei und Parteiführung unter Gorbatschow

I. Partei und Parteiführung vor der Perestrojka

Der Sowjetstaat, der seine Entstehung der Machtergreifung durch die bolschewistische Partei und damit einer straff organisierten Minderheit in der »Oktoberrevolution« verdankt, wies seit seiner Gründung zwei bis dahin unbekannte Seiten auf. Sie sollten sich im vollen Umfang erst im Verlauf des Bürgerkriegs herausbilden. Auf der einen Seite handelte es sich um die äußere Staatsform einer Sowjetrepublik, die föderativ auf der Grundlage des Nationalitätsprinzips aufgebaut war. Ihr besonderes Merkmal war das Rätesystem, das die Verwirklichung einer volksnahen Demokratie, die einen kollektivistischen Charakter aufwies, ermöglichen sollte.

Die zweite Seite stellte die Alleinherrschaft einer kommunistischen Partei dar, deren Grundlage die marxistisch-leninistische Ideologie bildete. Der Einparteiherrschaft, die für die innere Staatsform bezeichnend war, sollte sehr bald eine weitaus größere Bedeutung zukommen als den Sowjets, die sich als eine reine Fassade für die tatsächlichen Machtverhältnisse erweisen sollten.[1]

Diese Entwicklung ergab sich keineswegs zwangsläufig aus dem System der Sowjets, der Räte, denen seit der »Februarrevolution« zunächst alle sozialistischen Parteien gleichberechtigt angehörten. Ein wesentlicher Teil der für die spätere sowjetische Staatsordnung charakteristischen Institutionen, insbesondere der zentralen Organe, bestand bereits vor dem bolschewistischen Putsch. Die Errichtung eines Sowjetstaats mit einem sozialistischen Mehrparteiensystem wäre neben einem parlamentarischen System, zu dessen Errichtung die Konstituante, die Verfassungsgebende Nationalversammlung, dienen sollte, durchaus eine mögliche Alternative zur Alleinherrschaft der bolschewistischen Partei auf der Grundlage der »Diktatur des Proletariats« gewesen.

Die ideologische Begründung und damit die Rechtfertigung der Einparteiherrschaft ergab sich aus der Parteilehre Lenins, die in entscheidendem Maße die Umwandlung des ursprünglichen Marxismus in den Leninismus bewirkt hat. Nach Lenin war die bolschewistische Partei als eine straff zentralistisch organisierte »Avantgarde des Proletariats« im Besitz eines höheren politischen

---

1 Vgl. B. Meissner, Das Verhältnis von Partei und Staat, Opladen 1982, S. 7 ff.

Klassenbewußtseins und damit eines gesteigerten Erkenntnisvermögens über die notwendige gesellschaftliche Entwicklung. Als die politisch entscheidende gesellschaftliche Kraft war die Partei aufgrund dieser besonderen Erkenntnisfähigkeit dem Staat, der von Lenin ausschließlich als ein Herrschaftsapparat angesehen wurde, übergeordnet. Das ideologisch bedingte Erkenntnismonopol bildete nicht nur die Grundlage für den alleinigen Führungsanspruch, sondern zugleich auch die Rechtfertigung für das später beanspruchte unbeschränkte Machtmonopol der Partei.

Die Bolschewisten waren es, die auf der Grundlage der Parteilehre Lenins die Räte gegen den Willen ihrer Mehrheit in Staatsorgane, den Staat in einen Sowjetstaat verwandelten. Soweit die Sowjets anfangs wirkliche Macht besaßen, was in der Bürgerkriegszeit der Fall war, wurde sie ihnen schrittweise von der bolschewistischen Partei entzogen, die die gesamte Regierungs- und Organisationsgewalt in ihren Führungsgremien konzentrierte.

Das Ergebnis war die Herausbildung eines neuen Staatstypus in Gestalt des sowjetkommunistischen Einparteistaats. Er beruhte auf der permanenten Diktatur einer sich selbst erneuernden Gruppe, die erst aus Berufsrevolutionären und später aus Berufsfunktionären bestand.

Der bolschewistische Einparteistaat bedeutet im Grunde die Wiederherstellung der Autokratie unter sowjetkommunistischen Vorzeichen. Diese Abweichung von dem ursprünglichen Konzept der »Diktatur des Proletariats« als einer Mehrheitsherrschaft ist von Rosa Luxemburg sehr früh erkannt und kritisiert worden. Sie wies 1918 darauf hin, daß die Beseitigung der Demokratie durch Lenin und Trockij zur »Diktatur einer Handvoll Politiker geführt habe, welche den lebendigen Quell, den das aktive, ungehemmte, energische Leben der breiten Volksmassen darstellen würde, verschüttet habe«.

In der Sowjetunion wird heute zunehmend die Ansicht vertreten, daß die »Oktoberrevolution«, die zur Entstehung eines diktatorischen und repressiven Herrschaftssystems führte, für Rußland verhängnisvolle Folgen gehabt habe. Es wird die Frage gestellt, ob nicht die Fortsetzung des mit der »Februarrevolution« eingeschlagenen Wegs nicht nur günstiger für die Entwicklung des Landes gewesen wäre, sondern es auch ermöglicht hätte, die schweren Verluste, die der Bevölkerung zugefügt wurden, zu vermeiden.

Festzuhalten ist, daß die bolschewistische Einparteiherrschaft zunächst im Zeichen der »Neuen Ökonomischen Politik«, zu der sich Lenin 1921 gezwungen sah, eine freiere, autoritäre Form aufwies, die noch eine Reihe von Freiräumen enthielt. Dazu trug die Zulassung eines freien Markts im begrenzten Umfang wesentlich bei. Eine totalitäre Ausprägung der Einparteiherrschaft ist erst durch Stalins »Revolution von oben« ab 1929 bewirkt worden. Die revolutionären Veränderungen mit Hilfe der Staatsmacht sind von Stalin im Verlauf von zehn Jahren herbeigeführt worden, wobei das Jahr 1934 die entscheidende Zäsur darstellt. Die Zwangskollektivierung der Landwirtschaft und die forcierte Entwicklung der jetzt gänzlich verstaatlichten Industrie auf einer planwirtschaftlichen Grundlage standen im Mittelpunkt der ersten Etappe.

Der mit der blutigen »Großen Säuberung« verbundene Kampf Stalins um die Alleinherrschaft war für die zweite Etappe kennzeichnend. Das Eintreten

Lenins für die Gewalteneinheit, da er die Gewaltenteilung wie Marx entschieden ablehnte, hat mit der autoritären Auslegung des Prinzips des »demokratischen Zentralismus« beim Sowjetstaat früh zu einer Absorption der Legislative durch die Exekutive geführt. Die Entscheidungen sind seitdem, gleich ob in der Partei oder im Staat im engeren Sinne, in den kleinen ständigen Führungsgremien, d.h. den zentralen Organen, getroffen worden. Die zweite Tendenz, die bereits im »Kriegskommunismus« festzustellen war und in der ersten Etappe von Stalins »Revolution von oben« gewaltige Ausmaße annehmen sollte, war die Aufblähung der Verwaltung, deren Leitung die zentralen Parteiorgane nicht minder in Anspruch nahm als die zentralen Staatsorgane. Die schnell anwachsende Bürokratisierung mußte den politischen Entscheidungsprozeß erschweren und zu einer Verkümmerung jeder Initiative von unten führen. Die Schaffung einer administrativen Planwirtschaft auf staatssozialistischer Grundlage und damit einer zentralen Verwaltungswirtschaft führte zur Entstehung eines zentralistisch-bürokratischen Verwaltungsstaats, dem die totalitäre Form der Einparteiherrschaft am besten entsprach.

In der Sowjetunion wird heute das stalinistische Herrschaftssystem meist als »administratives Befehlssystem« bezeichnet. Es gibt aber auch viele Äußerungen, in denen dieses System ganz offen »totalitär« genannt wird.[2]

Die Grundelemente des autokratisch-totalitären Herrschaftssystems waren das Machtmonopol der KPdSU, das im Nomenklatursystem, im Organisations- und Informationsmonopol zum Ausdruck kam, die totale Kontrolle »von oben«, bei der der Staatssicherheitsdienst eine wesentliche Rolle spielte, und eine umfassende zentrale Planung.

Durch die Massensäuberungen, denen unter anderen die meisten Kampfgefährten Lenins zum Opfer fielen, gelang es Stalin, eine persönliche Autokratie zu errichten, die er nach dem für die Sowjetunion siegreichen Ausgang des Zweiten Weltkriegs weiter festigen konnte. Auf der anderen Seite mußte die despotische Entartung seiner Selbstherrschaft die Kluft zwischen Staat und Gesellschaft vergrößern und sich auf die Leistungsfähigkeit des Gesamtsystems negativ auswirken.

Nach dem Tode Stalins im März 1953 wurde unter Chruschtschow, der Malenkov sehr bald von der Macht verdrängte, die »führende Rolle der Partei« im vollen Umfang wieder hergestellt und auch unter Breshnew im wesentlichen gewährleistet.

Die verfassungsrechtliche Verfestigung der diktatorischen Stellung der Partei, die zuerst in der »Stalinschen Verfassung« von 1936 begonnen hatte, wurde in der »Breshnew-Verfassung«, d.h. der geltenden Bundesverfassung der UdSSR von 1977, fortgeführt.[3]

Im Artikel 6 ist der unbeschränkte Charakter einer Einparteiherrschaft, bei der weiterhin die totalitären Wesenszüge überwogen, deutlich zum Ausdruck

---

[2] Z.B. vom damaligen georgischen Parteichef Patiašvili auf der 19. Parteikonferenz im Sommer 1988; vgl. Osteuropa, 12/1988, S. 1073f.

[3] Vgl. M. Fincke (Red.), Handbuch der Sowjetverfassung, Berlin 1983, Bd. I, S. 159 ff.

gekommen. Die KPdSU wird in ihm als »die führende und lenkende Kraft der sowjetischen Gesellschaft, der Kern ihres politischen Systems, der staatlichen und gesellschaftlichen Organisationen« bzeichnet. Sie legt nicht nur »die allgemeine Perspektive der gesellschaftlichen Entwicklung, sondern auch die Linie der Innen- und Außenpolitik der UdSSR« fest. Das bedeutet, daß die Partei, solange diese Verfassungsbestimmungen gültig sind, zwei Aspekte aufweist:

Erstens bildet sie den »Kern« der gesamtstaatlichen Organisation und nicht nur der Gesellschaftsordnung, die unter Breshnew als »entwickelte sozialistische Gesellschaft« bezeichnet wurde. Zweitens stellt sie den hauptsächlichen Träger der Regierungs- und Organisationsgewalt dar. Sie ist dabei als der alleinige Inhaber der Richtliniengewalt, die von ihren Führungsgremien ausgeübt wird, anzusehen.

Infolge des hierarchischen Aufbaus der Parteiorganisation hat sich in der Parteiführung immer ein Ringen zwischen einer monokratischen Tendenz, die seit dem Tode Lenins vom jeweiligen Generalsekretär verkörpert wurde, und einer oligarchischen Tendenz, die ihren institutionellen Sitz im Politbüro hatte, abgespielt. Diese beiden Tendenzen sind auch unter Chruschtschow und Breshnew festzustellen gewesen. Letzten Endes hat sich mit der Festigung der »kollektiven Führung« die oligarchische Tendenz durchgesetzt. Dies ist trotz einer bestimmten Machtkonzentration beim späten Breshnew und seinen beiden kranken Nachfolgern Andropov und Černenko der Fall gewesen.

Am Ausgang der »Breshnew-Ära« nahm mit der wachsenden Bedeutung des Politbüros das Gewicht des oligarchischen Elements im Verhältnis zum monokratischen stetig zu.

Breshnew blieb zwar die dominierende Integrationsfigur, doch sind seiner Macht durch die fortbestehende »kollektive Führung« klare Grenzen gesetzt worden. Infolgedessen besaß der verstärkte Personenkult um ihn in gewisser Weise einen unwirklichen Charakter. Die eigenartige Verbindung von »kollektiver Führung« in der Sache und einer Art Einmannherrschaft im Ritual gewährleistete eine bestimmte Ausgewogenheit im »Führerkollektiv«, das durch die Vollmitglieder des Politbüros gebildet wurde. Es ermöglichte auch ein relatives Gleichgewicht zwischen dem Parteiapparat und den anderen Herrschaftsinstitutionen, die durch den Regierungsapparat, die Streitkräfte und den KGB gebildet werden. Zu ihnen war auch der Apparat des Auswärtigen Dienstes zu rechnen, der durch die weltweite Expansionspolitik an Bedeutung gewonnen hatte.

In der Entwicklung der Einparteiherrschaft sollte sich wesentlicher als die scheinbare Stabilität des Herrschaftssystems seine zunehmende Erstarrung, die mit der wachsenden Bürokratisierung zusammenhing, erweisen.

Der Bürokratisierungsprozeß, der unter Stalin einsetzte, ist auch nach seinem Tod, verbunden mit einer verstärkten sozialen Differenzierung der aus dem Stalinismus hervorgegangenen Klassengesellschaft, weitergegangen.[4] Er

---

4 Zum Wandel in der Sozialstruktur der Sowjetunion und dem Verhältnis zwischen der Bürokratie und den beiden Teilgruppen der Intelligenz siehe die Beiträge in: B. Meissner, Sowjetgesellschaft am Scheidewege, Köln 1985.

führte zur Verfestigung des sozialen Vorrangs der politisch-administrativen und der wirtschaftlichen Bürokratie, die sich beide überwiegend aus der technischen Intelligenz rekrutieren.

Die tatsächliche Herrschaft lag bei der Spitzengruppe einer Hochbürokratie[5], die es verstand, die KPdSU zu ihrer Interessenvertretung werden zu lassen. Unter Stalin war die persönliche Existenz eines leitenden Bürokraten jederzeit bedroht. Unter Chruschtschow konnte er leicht seiner Funktion verlustig gehen. Unter Breshnew war ihm der dauerhafte Charakter seiner Stellung sicher. Dies hatte, zusammen mit der Überalterung der Spitzenfunktionäre, eine Feudalisierung der gesellschaftlichen Beziehungen und die Unfähigkeit zur Folge gehabt, die ständig wachsenden Probleme überhaupt wahrzunehmen, um sie zu lösen. Es war vor allem die wissenschaftlich-kulturelle Intelligenz, mit einer Prestigeelite von Wissenschaftlern, Schriftstellern und Künstlern an der Spitze, die sich dieser kritischen inneren Entwicklung zunehmend bewußt wurde.

Bei ihr nahm am Ende der Herrschaft Breshnews das Gefühl zu, sich in einer ausweglose Lage, in einer Sackgasse zu befinden. Es ist vom Schauspieler und Liedermacher Vladimir Vysockij in seinen Liedern unübertrefflich zum Ausdruck gebracht worden[6] und erklärt, warum Zehntausende seinem Begräbnis in Moskau beiwohnten.

Der wissenschaftlich-kulturellen Intelligenz ging es hauptsächlich um größere Meinungsfreiheit und Überwindung der ideologisch bedingten Reglementierung der wissenschaftlichen und künstlerischen Tätigkeit sowie den dadurch herbeigeführten geistigen und kulturellen Verfall. Die Gefahr der wirtschaftlichen Stagnation wurde viel stärker von einem Teil der Hochbürokratie und der Wirtschaftsmanager empfunden.

In einem System, in dem es nur eine einzige organisierte politische Kraft gibt, konnte eine Wende (povorot) nur von einem Teil der Parteiführung ausgehen. Dies ist auch nach dem Abschluß des Interregnums mit der Wahl Gorbatschows, der innerhalb des Politbüros am klarsten diese Wende anstrebte, der Fall gewesen. Nur mit dieser Einschränkung trifft seine Bemerkung zu, daß die Perestrojka von der Partei ausgegangen ist. Tatsächlich ist die Partei auf diese Wende in keiner Weise vorbereitet gewesen. Die Perestrojka konnte nur darum eine bestimmte Stoßkraft entwickeln, weil sich Gorbatschow auf die Mehrheit der wissenschaftlich-kulturellen Intelligenz stützen konnte. Mit der Glasnost' gewann diese über die Massenmedien an Einflußmöglichkeiten und Macht, die sie bisher nicht besaß, soweit sie nicht im Partei- und Staatsapparat tätig war. Sie war in der Lage, der Umgestaltungspolitik, die anfangs gar nicht Perestrojka hieß, trotz Fehlens einer ausgearbeiteten Konzeption, Konturen zu geben und sie in eine Richtung zu drängen, die zu Beginn gar nicht feststand. Es spielte sicher eine Rolle, daß Gorbatschow als diplomierter Jurist der wissenschaftlich-

---

5 Vgl. G. Wagenlehner, Wem gehört die Sowjetunion? Die Herrschaft der Dreihunderttausend, Köln 1980.
6 Vgl. Vladimir Vysockij – Četyre četverti puti, Moskau 1988.

kulturellen Intelligenz, als Agronom der technischen Intelligenz angehörte und zugleich ein bewährter und erfahrener Parteifunktionär war. So war er in der Lage, Verbündete in allen drei Lagern zu finden.

II. Partei und Parteiführung in der Perestrojka

1. Die Entwicklung vom Aprilplenum 1985 bis zur 19. Unionsparteikonferenz der KPdSU[7]

Der Machtantritt Gorbatschows im März 1985 ließ eine Generation von Parteipolitikern das Ruder des sowjetischen Staatsschiffs ergreifen, die wesentlich durch die Reformbemühungen geprägt worden sind, die mit der Entstalinisierungspolitik Chruschtschows und der Wirtschaftsreform von 1965, die auf Initiative des damaligen Ministerpräsidenten Kosygin erfolgte, verbunden waren.

Bezeichnend war, daß Gorbatschow und seine Verbündeten zunächst nur eine Steigerung der Effektivität der Sowjetwirtschaft durch Intensivierung der Industrie und Modernisierung des Produktionsapparats anstrebten. Sie sahen jedoch allmählich ein, daß es darüber hinaus einer Reform des gesamten Wirtschaftssystems bedurfte.

Die Umrisse des wirtschaftspolitischen Reformprogramms Gorbatschows wurden zuerst auf dem Aprilplenum 1985 sichtbar. Sie sind auf dem XXVII. Parteitag im Februar/März 1986, auf dem die Neufassung des Parteiprogramms und des Parteistatuts erfolgte und auf dem die Direktiven zu dem neuen Fünfjahresplan 1986–1990 sowie dem Langzeitplan bis zum Jahre 2000 verabschiedet wurden, klarer erkennbar geworden.

Die Reformvorhaben auf der Grundlage der als Generallinie bestätigten wirtschaftspolitischen Beschleunigungsstrategie betrafen einerseits den Umbau der Wirtschaftsverwaltung, andererseits die Umgestaltung des gesamten Wirtschaftsmechanismus. Mit ihrer Durchführung ist teilweise vor dem XXVII. Parteitag und in verstärktem Maße nach dem Parteitag begonnen worden. Die einzelnen Reformmaßnahmen sind auf dem ZK-Plenum im Juni 1987 konkretisiert und zu einem geschlossenen Programm zusammengefaßt worden.

Gorbatschow spürte bereits auf dem Weg zum XXVII. Parteitag und danach, daß die Bereitschaft in der Partei, eine tiefgehende Wirtschaftsreform durchzuführen, gering war. Infolgedessen war er bestrebt, die wirtschafts-

---

7 Vgl. B. Meissner, Die Sowjetunion im Umbruch. Historische Hintergründe, Ziele und Grenzen der Reformpolitik Gorbatschows, Stuttgart 1989, S. 103 ff.; ders., Gorbatschow am »Rubikon« (I): Die Perestrojka vom Revolutionsjubiläum bis zum »kleinen Parteitag«, in: Osteuropa, 11/1988, S. 986 ff. (mit Quellenanga ben). Zu den Zitaten aus den Gorbatschow-Reden vgl. M. S. Gorbačev, Izbrannye reči i stat'i, Moskau 1977–1988, 5 Bde.; Deutsch: Michail Gorbatschow, Ausgewählte Reden und Aufsätze, Ost-Berlin 1977–1988, 4 Bde.

politische Beschleunigungsstrategie, die nur langsam vorankam, mit einer gesellschaftspolitischen Erneuerungsstrategie zu verbinden, deren Umrisse er auf dem ZK-Plenum im Januar 1987 entwickelte. Er ließ dabei erkennen, daß er eine umfassende Gesellschaftsreform und insbesondere eine Reform des politischen Systems, ohne die Einparteiherrschaft in Frage zu stellen, als die Grundvoraussetzung für den Erfolg der »radikalen Wirtschaftsreform« betrachtete.

In seinem Grundsatzreferat auf dem ZK-Plenum, das wegen der Unstimmigkeiten in der Parteiführung dreimal verschoben worden war, gab Gorbatschow seiner Überzeugung Ausdruck, daß eine sozialistische Ordnung sowjetkommunistischen Typs, wenn sie den Anforderungen der modernen Zeit entsprechen will, »Demokratie wie Atem braucht«. Nach seiner Ansicht erforderte die zeitgemäße Form einer »sozialistischen Demokratie«, die mit einer diktatorischen Einparteiherrschaft – also ohne eine organisierte Opposition – verbunden ist, zweierlei: erstens Formen einer intensiveren Kommunikation zwischen den Herrschenden und Beherrschten mit Hilfe von Glasnost' und einer stärkeren Betonung plebiszitärer Elemente; zweitens die rechtliche Sicherung einer bestimmten individuellen Freiheitssphäre, die dem einzelnen eine wirkliche Teilnahme an den öffentlichen Angelegenheiten ermöglicht. Ziel der gesellschaftspolitischen Erneuerungsstrategie war es daher, über eine stärkere politische Einflußnahme des einzelnen die Aktivität der Massen zu steigern. Die dadurch gewonnene gesellschaftliche Dynamik sollte entscheidend zur Verwirklichung der Perestrojka beitragen.

Zur Durchführung der »Demokratisierung« von Partei und Gesellschaft wurde von Gorbatschow eine Reihe von Reformmaßnahmen vorgeschlagen. Besonderen Nachdruck legte er auf die Schaffung einer wirklichen Selbstverwaltung. Ihm ging es dabei vor allem darum, den Sowjets, den »Arbeitskollektiven« sowie den gesellschaftlichen Organisationen und Vereinigungen eine eigenständige Rolle zuzuweisen. Zu diesem Zweck sollte ihnen das Recht, selbständige Entscheidungen im Rahmen ihrer Zuständigkeit zu treffen, gewährleistet werden. Ferner sollten die Repräsentativorgane und damit die Legislative in ihrem Verhältnis zur Exekutive gestärkt werden. Eine klarere Abgrenzung zwischen den Parteiorganen einerseits, den Staats- und Wirtschaftsorganen andererseits ist von Gorbatschow erst später gefordert worden.

Ein besonderes Anliegen bildete für ihn ein personenbezogenes Wahlsystem. Zu diesem Zweck sollte die Auswahl zwischen mehreren Kandidaten bei der Besetzung von Wahlämtern sowohl bei den Parteiorganen bis zur Ebene des Zentralkomitees als auch bei allen Staatsorganen und Betriebsleitungen möglich sein. Parteilose sollten als Wahlkandidaten neben Parteikommunisten in stärkerem Maße berücksichtigt werden. Gorbatschow trat ferner für mehr Rechtssicherheit durch eine Reform der bestehenden und weiter auszubauenden Rechtsordnung sowie die Gewährleistung der Unabhängigkeit der Justiz ein. Im Hinblick auf die Partei forderte er mehr »innerparteiliche Demokratie« sowie eine bessere Qualifikation und Verjüngung der Kader.

In viel stärkerem Maße als die Umgestaltung der Wirtschaftsordnung mußten die Pläne zum Umbau des politischen Systems auf Widerstand in der herrschenden Hochbürokratie stoßen. Die Vorschläge Gorbatschows wurden daher von den ZK-Mitgliedern, die zu zwei Dritteln aus der Breshnew-Ära stammten, mit Mißtrauen und teilweise Ablehnung aufgenommen. Dies galt insbesondere für seinen Vorschlag personenbezogener Wahlen, der in begrenztem Umfang nach dem Januarplenum 1987 erprobt wurde. Sein weiterer Vorschlag zur Einberufung einer Unionsparteikonferenz wurde erst auf dem Juniplenum 1987 zusammen mit dem Programm für die Wirtschaftsreform gebilligt.

Gorbatschow konnte mit seinen Reformvorstellungen nur schrittweise vorankommen, weil er auf seine Verbündeten Rücksicht nehmen mußte. Er war anfangs aus zwei Gründen bereit, die »kollektive Führung«, die von den Vollmitgliedern des Politbüros gemeinsam ausgeübt wurde, als eine auf Dauer angelegte Regierungsform zu akzeptieren. Erstens verfügte er persönlich nur über eine schmale Machtbasis. Zweitens entsprach diese Form seiner damaligen Ansicht, daß die von ihm angestrebte »Demokratisierung« auch eine bestimmte Dekonzentration und Aufteilung der Macht in der Parteiführung erforderte.

Dies dürfte der Grund gewesen sein, warum das »kollektive Führungsprinzip« im abgeänderten Parteistatut der KPdSU, d.h. in der Parteiverfassung von 1986, eine wesentliche Aufwertung erfahren hat. Durch die Satzungsänderung ist die Geltung des »kollektiven Führungsprinzips« für alle gewählten Parteiorgane auf allen Ebenen rechtlich verbindlich festgelegt worden. Außerdem ist die Definition des »demokratischen Zentralismus«, die seit 1934 vier Grundsätze aufwies, durch das »kollektive Führungsprinzip« als fünften Grundsatz ergänzt worden.

Den Kern der neuen Parteiführung bildete das Bündnis zweier Gruppen, der »Kaukasier« unter Gorbatschow und der »Uraler« mit Ryžkov und Ligačev an der Spitze. Auf dem XXVII. Parteitag sind mit der Wahl von Zajkov zum Vollmitglied des Politbüros als dritte Gruppe die »Leningrader« hinzugetreten. Der regionale Bezug hat später seine anfängliche Bedeutung eingebüßt. Persönliche Bindungen und Orientierungen sollten sich als wichtiger erweisen. Im Falle der älteren Politbüromitglieder kam ihm von vornherein nicht die gleiche Bedeutung zu.

Gorbatschow hatte unter den zwölf Mitgliedern und sieben Kandidaten des Politbüros, die auf dem XXVII. Parteitag gewählt wurden[8], nur wenige Gefolgsleute. Unter ihnen stand ihm Ševardnadze, der Gromyko 1985 als Außenminister abgelöst hatte, am nächsten. Dagegen gelang es ihm auf dem XXVII. Parteitag, seine Machtstellung im ZK-Sekretariat durch die Aufnahme von

---

8 Zu den zwölf Mitgliedern des Politbüros gehörten außer Gorbatschow in der Reihenfolge des russischen Alphabets: G.A. Aliev, V.I. Vorotnikov, A.A. Gromyko, L.N. Zajkov, D.A. Kunaev, D.A. Ligačev, N.I. Ryžkov, M.S. Solomencev, V.M. Čebrikov, È.A. Ševardnadze, V.V. Ščerbickij. Neue Kandidaten des Politbüros wurden: Solov'ev, der Nachfolger Zajkovs als Leiter der Leningrader Parteiorganisation, und Sljunkov, der weißrussische Parteisekretär, während Ponomarev und V.V. Kuznecov ausschieden. Die sieben Politbürokandidaten waren: P.N. Demičev, V.I. Dolgich, B.N. El'cin, N.N. Sljunkov, S.L. Sokolov, S.L. Solov'ev, Ju.F. Talyzin.

Jakovlev, Nikonov, Razumovskij und Frau Birjukova unter die elf ZK-Sekretäre[9] zu festigen. Dazu trug auch die Wahl seines Studienkameraden Lukjanov zum ZK-Sekretär auf dem Januarplenum 1987 bei. Die gleichzeitige Wahl des Politbürokandidaten Sljunkov zum ZK-Sekretär gab Ryžkov Einflußmöglichkeiten im ZK-Sekretariat, in dem Ligačev als zweiter ZK-Sekretär neben Gorbatschow die dominierende Rolle zufiel. Mit dem Politbüromitglied Kunaev und dem ZK-Sekretär Zimjanin wurden zwei Gefolgsleute Breshnews entfernt, während Jakovlev zum Politbürokandidaten aufrückte.

Auf dem Juniplenum 1987 konnte Gorbatschow seine Position auch im Politbüro durch die Beförderung von Jakovlev und Nikonov zu Vollmitgliedern festigen. Einen Ausgleich für Ryžkov bedeutete die gleichzeitige Wahl Sljunkovs zum Politbüromitglied. Marschall Sokolov wurde nach dem Rust-Zwischenfall als Politbürokandidat durch Armeegeneral Jazov ersetzt.

Im Frühjahr 1987 machten sich im Hinblick auf die Perestrojka zwei unterschiedliche Linien in der Parteiführung bemerkbar. Die konservative Richtung, die in ideologischen Fragen eine dogmatischere Einstellung aufwies, wurde von Ligačev, die liberalere Richtung von Jakovlev repräsentiert. Der einen gehörte der KGB-Chef Čebrikov an, auf den sich Gorbatschow anfangs stärker stützen mußte, der anderen der Moskauer Parteichef El'cin, der auf ein schnelleres Tempo bei den Reformen auch innerhalb der Partei drängte. Während Jakovlev für mehr Glasnost' und mehr Freiheit im wissenschaftlichen und kulturellen Bereich eintrat, gingen Ligačev bereits die bisher auf diesem Gebiet stattgefundenen Veränderungen zu weit. Diese Auseinandersetzung verstärkte sich im Sommer 1987, da Gorbatschow, der Jakovlev zuneigte, nunmehr entschieden für eine Beseitigung der »weißen Flecken« in der sowjetischen Geschichte eintrat.

Der historische Teil in der Festrede Gorbatschows anläßlich des 70. Gedenktags der »Oktoberrevolution« am 2. November 1987 stellte einen Kompromiß zwischen beiden Richtungen dar. Kurz zuvor hatte Ligačev seine Stellung auf dem ZK-Plenum durch die Absetzung El'cins als Moskauer Parteichef und als Politbürokandidat – beim gleichzeitigen Ausscheiden Alievs, eines »Kaukasiers« – festigen können. Nachfolger El'cins als Erster Sekretär der Moskauer Parteiorganisation wurde Zajkov, der seine Position als ZK-Sekretär beibehielt.

Eine geringfügige Stärkung der Position Gorbatschows und Ryžkovs bedeutete die Wahl Razumovskijs und des Ersten Stellvertretenden Ministerpräsidenten Masljukov zu Politbürokandidaten auf dem Februarplenum 1988.

Bis zur Unionsparteikonferenz sollte sich an dieser Machtkonstellation nichts ändern. Gorbatschow hatte zwar seine Machtstellung in Politbüro und ZK-Sekretariat ausbauen können. Im ZK-Sekretariat überwog jedoch der Einfluß

---

9 Die elf Sekretäre wurden im Anschluß an Gorbatschow in der folgenden Alphabetischen Reihenfolge aufgeführt: A.P. Birjukova, A.F. Dobrynin, V.M. Dolgich, L.N. Zajkov, M.V. Zimjanin, E.K. Ligačev, V.A. Medvedev, V.P. Nikonov, G.P. Razumovskij, A.N. Jakovlev.

Ligačevs, während das Präsidium des Ministerrats der UdSSR und damit der Regierungsapparat fest in der Hand Ryžkovs waren.

Gorbatschow blieb daher im Politbüro stärker auf Ryžkov, im ZK-Sekretariat auf Ligačev als zweiten ZK-Sekretär angewiesen. Die Grundstruktur der »kollektiven Führung«, die auf einer bestimmten Machtaufteilung und gegenseitigen Kontrolle beruht, bestand somit drei Jahre nach dem Führungswechsel weiter fort. Die Spitze der Kremlführung bildete weiterhin eine »Koalitionsregierung«, die dem Generalsekretär im Rahmen des »Führerkollektivs«, das durch die Vollmitglieder des Politbüros gebildet wird, Grenzen setzt. Zu den »führenden Oligarchen«, auf die Gorbatschow besonders angewiesen war, gehörte neben Ligačev und Ryžkov in seiner Eigenschaft als Vorsitzender des Präsidiums des Obersten Sowjet der UdSSR auch Gromyko, der als Repräsentant der älteren Politbüromitglieder anzusehen war.

Zusammen bildeten sie den »Ständigen Ausschuß« des Politbüros, den es als besondere Institution nicht gibt, dem aber seit dem Ausgang der »Stalin-Ära« normalerweise immer fünf Mitglieder angehört haben.

Gorbatschow konnte bei dieser Machtkonstellation seinen Willen in der obersten Partei- und Staatsführung nicht ohne weiteres durchsetzen. Im Rahmen der großen Führungsgremien der KPdSU (Zentralkomitee, Zentrale Revisionskommission) und vor allem auf der mittleren Führungsebene mußte er mit einer überwiegend kritischen Einstellung zur Perestrojka und teilweise mit einem starken Widerstand rechnen. In Reden nach dem Reaktorunfall von Tschernobyl im Sommer 1986 hatte Gorbatschow seiner Enttäuschung über das Verhalten der Partei im Umgestaltungsprozeß Ausdruck verliehen. In einer Ansprache vor dem Leningrader Parteiaktiv am 13. Oktober 1987, d. h. am Vorabend der Jubiläumsfeierlichkeiten, setzte er sich noch kritischer mit dem Zustand der Partei auseinander.

Gorbatschow erklärte, daß die Kraft der Umgestaltung in erster Linie von der Partei auf allen ihren Ebenen ausgehen würde. Von der Art und Weise, wie die Partei »ihre gesellschaftliche Funktion als Avantgarde verwirklicht«, werde das Schicksal der Perestrojka abhängen. Ihre führende Rolle müsse sich in der »Umbruchsetappe« der Perestrojka, die durch die »Vertiefung des Umgestaltungsprozesses« gekennzeichnet sei, verstärken. Erneut bezeichnete Gorbatschow die verbleibenden drei Jahre des Planjahrfünfts, die eine »überaus schwierige, überaus komplizierte Zeit« darstellten, als die »kritische Etappe« der Perestrojka.

Er beklagte, daß viele Parteiorganisationen den gestiegenen Anforderungen nicht gewachsen seien. Er sagte: »Ein Teil befindet sich einfach im Nachtrab, wo es doch nötig wäre, in der Vorhut zu sein.« Gorbatschow betonte, daß die KPdSU heute vor dem »akuten Problem« stände, »die Avantgarderolle der Kommunisten, die Kampfbereitschaft jeder Parteigrundorganisation und aller Parteikomitees zu erhöhen«. Es hätten noch längst nicht alle in der Partei begriffen, »daß jeder Kommunist bei der Umgestaltung beispielgebend sein muß und daß es für ihn ein Abwarten und Abseitsstehen nicht geben darf«.

Gorbatschow forderte, daß die Partei »in allen Gliederungen, in allen Organisationen und auf allen Ebenen zulegen« müßte. Sie dürfte kein »Zurückbleibleiben in der Umgestaltung dulden« und müßte »in der neuen, höchst wichtigen Etappe an ihre Spitze treten«. Ihre Aufgabe sei es, »eine äußerst breite und tiefgreifende Integration aller progressiven und schöpferischen Kräfte unserer Gesellschaft« zu vollziehen. Sie könnte dieses nur schaffen, wenn sich im Leben der Parteiorganisation »Demokratie, Offenheit, Kritik und Selbstkritik« immer mehr durchsetzten.

Gorbatschow verglich die erhöhten Anforderungen an den Parteiapparat mit der Lage in der Umbruchsperiode in der sowjetischen Entwicklung als es erforderlich war, »eine jähe Wende von der Politik des Kriegskommunismus zur Neuen Ökonomischen Politik zu vollziehen«. Er erinnerte dabei an die Forderung Lenins, daß der Parteiapparat sein muß«. Wenn sich dagegen »die Festigkeit des Apparats in Verknöcherung verwandelt, so ist ein Kampf unvermeidlich«. Daher müßte »die völlige Unterordnung des Apparats unter die Politik« durchgesetzt werden. Mit dieser Bezugnahme auf Lenin deutete Gorbatschow erstmals die Notwendigkeit einer Umgestaltung des Parteiapparats an. Sie sollte einerseits durch Einbeziehung der KPdSU in den Demokratisierungsprozeß, andererseits durch eine Säuberung der Parteireihen, die noch auf dem XXVII. Parteitag als nicht erforderlich angesehen wurde, erreicht werden. Er schloß zwar eine gewaltsame Säuberung aus, brachte jedoch diese Möglichkeit mit dem Hinweis auf die chinesische Kulturrevolution, der in der Sowjetpresse nicht wiedergegeben wurde, in Erinnerung. Er sagte: »Ich will nicht, daß Sie denken, ich würde dazu aufrufen, auf das Hauptquartier das Feuer zu eröffnen, wie das in China während der Kulturrevolution der Fall war. Das wäre ein Fehler.«

Die Bedeutung der Parteigrundorganisationen, d. h. vor allem der Parteizellen in den Betrieben, im Umgestaltungsprozeß wurde von Gorbatschow besonders hervorgehoben. Vielen Stadt- und Stadtbezirkskomitees warf er vor, »lange genug in den Arbeitszimmern, in den Luxusgemächern, die sie sich eingerichtet haben, herumgesessen« zu haben. Er forderte von diesen »Vorposten der Partei«, ihre Türen weit für das »pulsierende Leben« zu öffnen. Der Parteichef sagte:

> »Das Land ist in Bewegung, es braucht Ideen, Taten und Diskussionen. In dieser Zeit herrscht in den mit Parkett und Teppichen ausgestatteten Arbeitszimmern Stille, und alles verläuft nach Protokoll: wer wen wann empfängt. Man stelle sich vor, die Revolution wäre nach Protokoll gemacht worden!«

Als Mittel zur Bekämpfung dieser Lethargie in der Partei und zur Begründung der Notwendigkeit der Kadererneuerung diente Gorbatschow die verstärkte Auseinandersetzung mit der stalinistischen Vergangenheit.[10] Eine besondere Rolle fiel dabei der Rehabilitierung der Opfer des Stalin-Terrors zu.[11]

---

10 Vgl. die Beiträge in: Ju. Afanas'ev (Hrsg.), Es gibt keine Alternative zur Perestrojka, Nördlingen 1989, S. 355 ff.; G. Meyer (Hrsg.), Wir brauchen die Wahrheit. Geschichtsdiskussion in der Sowjetunion, Köln 1988.
11 Vgl. Vom Bann gelöst, Moskau 1989, sowie die Rehabilitierungsbeschlüsse in: Izvestija CK KPSS, 1–6/1989.

Sie betraf nicht nur prominente frühere Parteiführer wie Bucharin, Rykov, Zinov'ev, Kamenev und hohe Militärführer wie die Marschälle Tuchačevskij und Blücher, sondern auch zahlreiche andere Partei- und Staatsfunktionäre. Trockij wurde vorerst nicht rehabilitiert, verlor jedoch seinen bisherigen Charakter als Unperson. Auch der Sturz Chruschtschows und einige Vorgänge unter Breshnew wurden in diese kritische Betrachtung einbezogen.

Diese Form der Vergangenheitsbewältigung diente Gorbatschow nicht nur als Legitimierung der von ihm vertretenen Linie, sondern auch als zusätzliche Begründung für die von ihm angestrebte soziopolitische Reform. Die Demokratisierung ist von ihm in seiner Jubiläumsrede ausdrücklich als »Seele« (duša) der Perestrojka bezeichnet worden. Ligačev wiederum mußte in dieser Einstellung ein Abgehen vom vereinbarten Kompromiß erblicken, was die Kontroverse zwischen beiden Richtungen verschärfen mußte. Sie kam nach dem Februarplenum 1988 in der Fehde zwischen zwei Presseorganen des Zentralkomitees, der »Sovetskaja Rossija« und der »Pravda«, die durch den Brief der Leningrader Dozentin Nina Andreeva[12] ausgelöst wurde, sowie in einer Massenflut von Leserbriefen, bei denen die Reformer gegenüber den Traditionalisten überwogen, zum Ausdruck.

Gorbatschow verstand es, diese kritische Situation, die er als einen »harten Kampf« bezeichnete, dialektisch geschickt zu meistern und durch seine ausgleichende Art einen Konsens herbeizuführen. Er nutzte dabei die Möglichkeit, die die Medien boten, besser als seine Gegner.

Der Konsens fand auf dem ZK-Plenum am 23. Mai 1988 in den »zehn Thesen«, die der bevorstehenden Parteikonferenz als »Plattform« dienen sollten, seinen Niederschlag.[13] Das Kernstück des Thesenkatalogs, der ein weites Feld umfaßte, bildeten die Thesen, die sich auf die Reform des politischen Systems bezogen. Sie waren durch die Nationalitätenfrage, die aufgrund der Vorgänge im Kaukasus und im Baltikum an besonderer Aktualität gewonnen hatte, ergänzt worden.

Im Vergleich zu den Vorschlägen, die von Gorbatschow auf dem Januarplenum 1987 gemacht wurden, war nun die Abgrenzung zwischen den Partei- und Staatsfunktionen sowie die Trennung von Legislative und Exekutive bei den Sowjets klarer gefordert worden. Neu war die vorgesehene Begrenzung der Amtszeit bei allen Wahlämtern auf zehn Jahre. Nur ausnahmsweise sollte eine weitere Verlängerung um fünf Jahre bei Zustimmung von drei Vierteln der Wähler zulässig sein. Außerdem sollte der Wechsel bei einem Teil des Bestands des Zentralkomitees zwischen den Parteitagen ermöglicht werden.

Neu war in Verbindung mit der Rechtsreform die Forderung nach der Schaffung eines »sozialistischen Rechtsstaats«.

---

12 Vgl. B. Meissner, Gorbatschow am »Rubikon« (I), a.a.O., S. 990ff.
13 Ebenda, S. 997ff.

2. Die 19. Unionsparteikonferenz, Gorbatschows »Coup du parti« – 1. Akt und der Umbau des Parteiapparats[14]

In den »zehn Thesen« des Zentralkomitees wurde das »kollektive Führungsprinzip« besonders betont. In den Reden Gorbatschows auf der Unionsparteikonferenz, die vom 28. Juni bis 1. Juli 1988 stattfand, war dies nicht der Fall. Dem Generalsekretär war aufgrund des Richtungsstreits bewußt geworden, daß ohne einen grundlegenden Umbau des politischen Systems, der über die »Thesen« weit hinausging, die Reform des politischen Systems auf dem Papier bleiben würde und daß damit auch die von ihm als notwendig erachteten Rahmenbedingungen für Fortschritte in der Verwirklichung der Wirtschaftsreform, die nur mühsam voran kam, fehlen würden. Er machte daher in seiner Eröffnungsrede auf der Parteikonferenz Vorschläge, die auf einem völligen Umbau der bisherigen Führungsstruktur hinausliefen.

Die Parteikonferenz, die im Grunde einen Sonderparteitag Gorbatschows darstellte, zeichnete sich durch einen bisher ungewohnten freien Meinungsaustausch aus. Auf diese Weise trat der Richtungsstreit über die Perestrojka offen zutage. Er erreichte mit dem von Gorbatschow bewußt herbeigeführten Zusammenstoß zwischen El'cin und Ligačev einen emotionalen Höhepunkt. Er ermöglichte es dem Parteichef, als ein Mann des Ausgleichs und der vernünftigen Mitte zu erscheinen. Andererseits boten ihm die auf der Konferenz gegen Ligačev und andere ältere Spitzenfunktionäre gerichteten persönlichen Angriffe die Gelegenheit, auf sie und damit auch auf einen wesentlichen Teil der Vollmitglieder des Zentralkomitees, die vorwiegend aus der »Breshnew-Ära« stammten, Druck auszuüben. Auf eine teilweise personelle Erneuerung des Zentralkomitees, an die Gorbatschow früher gedacht hatte, verzichtete er, da er sich hierzu offenbar für noch nicht stark genug hielt. Ihm genügte die Annahme des soziopolitischen Reformprogramms durch die Parteikonferenz, mit dem er, trotz einiger Abstriche, sein Grundkonzept durchbringen konnte.

Es beruhte vor allem auf der Neubewertung der »führenden Rolle der Partei«, die im Sinne einer permanenten Einparteidiktatur beibehalten wurde, und einer »Wiedergeburt« der Sowjets, denen mehr tatsächliche Macht als bisher zugestanden werden sollte.

Im Hinblick auf das Ziel eines konstitutionellen, rechtsstaatlichen Einparteistaats stellte die angestrebte Abgrenzung zwischen Partei- und Staatsapparat sowie das an die Parteiorgane gerichtete Verbot, Weisungen an die Staatsorgane auf der gleichen Führungsebene zu erteilen, einen beachtlichen Schritt in die richtige Richtung dar. Durch die von Gorbatschow beabsichtigte Personalunion zwischen dem jeweiligen Ersten Parteisekretär und dem mit größeren

---

14 Vgl. B. Meissner, Gorbatschow am »Rubikon« (II): Verlauf, Ergebnisse und Folgen der Allunionistischen Parteikonferenz der KPdSU, in: Osteuropa, 12/1988, S. 1061ff.; ders., Der sowjetkommunistische Einparteistaat zwischen »kollektiver Führung und Einmannherrschaft«, in: Beiträge zur Konfliktforschung, 1/1989, S. 23ff.

Machtbefugnissen ausgestatteten Vorsitzenden des jeweiligen Sowjetparlaments wurde diese Wirkung andererseits wieder aufgehoben. Dies galt insbesondere für die Übernahme des Amts des Vorsitzenden des künftigen Obersten Sowjet der UdSSR, der die Machtfülle eines Staatspräsidenten erhalten sollte, durch den Generalsekretär. Seine Wahl sollte durch einen zahlenmäßig starken Kongreß der Volksdeputierten erfolgen, der auch den Bestand eines wesentlich verkleinerten Obersten Sowjet festlegen sollte. Durch eine solche Regelung mußte das monokratische Element in der Parteiführung ungeheuer gestärkt werden. »Die volle Wiederherstellung des Leninschen Prinzips ›der kollegialen Erörterung und Beschlußfassung‹«, von der die Rede war, konnte bei dieser Lage der Dinge kaum von Bedeutung sein. Diese blasse Formulierung ließ vielmehr deutlich die Absicht erkennen, die bisherige Hervorhebung des Prinzips der »kollektiven Führung« bewußt zu umgehen.

Für alle Deputierten und die gewählten Parteifunktionäre wurde eine einheitliche Amtsdauer von insgesamt zehn Jahren vorgesehen. Die künftigen Parteikonferenzen sollten zwischen den im Fünfjahresabstand stattfindenden Parteitagen alle zwei bis drei Jahre durchgeführt werden. Sie sollten dabei das Recht bekommen, den Personalbestand der gewählten Parteikomitees, auf Unionsebene des Zentralkomitees der KPdSU, um 20%, d. h. um ein Fünftel, zu erneuern. Dies ermögliche der jeweiligen Kremlführung eine stärkere Beeinflussung des Zentralkomitees.

Eine endgültige Entscheidung über die tiefgehende Umgestaltung der Führungsstruktur und damit über eine Abkehr von der bisherigen dauerhaften Form einer »kollektiven Führung« ist auf der Parteikonferenz nicht gefallen. In der allgemeinen Entschließung und den Beschlüssen des darauf folgenden ZK-Plenums Ende Juli 1988 war jedoch eine gewisse Abschwächung der Vorschläge des Generalsekretärs, mit denen er die Parteikonferenz zu überrumpeln suchte, festzustellen.

Gorbatschow hatte auf der Parteikonferenz drei Varianten des künftigen Verhältnisses zwischen den entscheidenden Führungsorganen von Partei und Staat aufgezeigt. Es war deutlich erkennbar, daß er dabei der Verbindung der Ämter des Generalsekretärs und des Staatspräsidenten den Vorzug gab. Er hatte sich jedoch nicht festgelegt. Er hätte sich genauso für nur eines der beiden Ämter entscheiden und das andere einem Mann seines Vertrauens übertragen können. Er drängte anfangs durchaus nicht auf die Verwirklichung der Teile seiner Vorschläge, die umstritten waren. Offenbar wollte er den ihm zugefallenen Vorsitz in der neugeschaffenen Kommission des Zentralkomitees »Zur Vorbereitung der Vorschläge, die mit der Verwirklichung der Reform des politischen Systems verbunden sind« nutzen, um seine Absichten allmählich durchzusetzen.

Es waren vor allem zwei Gründe, die ihn plötzlich zu einer Veränderung dieser Haltung veranlaßten. Auf der einen Seite war es die Aktivität bestimmter Mitglieder des Politbüros mit Ligačev an der Spitze, die während seines Urlaubs begannen, nicht nur die von ihm vertretene innenpolitische Linie, sondern auch das »neue Denken« als Grundlage seiner Außenpolitik zu kritisieren. Ligačev tat dies öffentlich in einer Rede in Gorki am 5. August 1988, während sich Gromyko intern noch schärfer geäußert haben soll. Hinzu kam das persönliche Erlebnis Gorbatschows auf seiner Informationsreise nach Sibirien im September 1988, wo er den Volkszorn über die schwierige Versorgungslage und die Enttäuschung der Menschen über die bisherigen unzulänglichen Ergebnisse der Perestrojka unmittelbar erlebte.

Die dadurch verursachte Zuspitzung der Lage bestärkte ihn in seiner Auffassung, daß ohne eine größere Machtkonzentration weder die von ihm vertretene Reformpolitik noch eine schnellere Verwirklichung der vorgesehenen Reformvorhaben gewährleistet werden konnten. Mit einem Handstreich, der offenbar auch einige ihm nahestehende Politbüromitglieder überraschte, schuf er vollendete Tatsachen.[15] Er setzte damit früher als geplant wesentliche personelle und institutionelle Veränderungen in der obersten Partei- und Staatsführung durch.

Auf dem plötzlich einberufenen ZK-Plenum am 30. September 1988 konnte er sich die Zustimmung des Zentralkomitees sichern. Den Änderungen auf der staatlichen Ebene stimmten die Obersten Sowjets der UdSSR und der RSFSR auf ihren Tagungen am 1. und 3. Oktober 1988 ohne Widerspruch zu.

Aufgrund dieses Coup du parti schieden Gromyko und Solomencev, die auf der Parteikonferenz kritisiert worden waren, aus dem Politbüro aus. An ihrer Stelle rückte Medvedev – unter Überspringung des Status eines Politbürokandidaten – zum Vollmitglied auf, so daß sich der Gesamtbestand wieder von 13 auf 12 Politbüromitglieder veränderte. Dagegen nahm die Zahl der Politbürokandidaten von sieben auf acht zu. Diese Position errangen Lukjanov, Birjukova und Vlasov, während Dolgich und Demičev ihrer verlustig gingen.

Die Zahl der ZK-Sekretäre verringerte sich von 13 auf 10, da außer Dolgich auch Sobrynin aus dem ZK-Sekretariat ausschied, während Lukjanov und Birjukova führende Positionen im Staatsapparat übernahmen. Neuer ZK-Sekretär wurde Čebrikov.

Mit der Bildung von sechs Kommissionen des Zentralkomitees, deren Vorsitzende eine gleichberechtigte Stellung haben, wurde mit dem Umbau des Parteiapparats begonnen, der vorläufig noch nicht abgeschlossen ist.

Von den Ausschußvorsitzenden ist Razumovskij für Parteiaufbau und Kaderpolitik, Medvedev für Ideologie, Sljunkov für sozialökonomische Politik, Ligačev, mit Nikonov als seinem Vertreter, für Landwirtschaft, Jakovlev für Internationale Politik und Čebrikov für Rechtspolitik zuständig.

Mit diesen Veränderungen in der Zusammensetzung und Struktur der Parteiführung erreichte Gorbatschow eine bedeutende Stärkung seiner Machtstellung. Sie erfolgte bei den verbliebenen Politbüromitgliedern auf Kosten Ligačevs, der seine bisherige Stellung als zweiter ZK-Sekretär einbüßte, und Čebrikos, der als KGB-Chef durch V. A. Krjučkov ersetzt wurde.

Dieser Machtzuwachs ermöglichte es dem Generalsekretär, auf der Tagung des Obersten Sowjet der UdSSR am 1. Oktober 1988 das Amt des Vorsitzenden des Präsidiums des Obersten Sowjet der UdSSR von Gromyko zu übernehmen. Lukjanov wurde sein Erster Stellvertreter. Eine ähnliche Konstellation wurde

---

15 Vgl. B. Meissner, Gorbatschow am »Rubikon« (II), a. a. O., S. 1087 ff.

auch auf der Tagung des Obersten Sowjet der RSFSR am 3. Oktober 1988 für die größte Unionsrepublik herbeigeführt. Vorotnikov übernahm das Amt des Präsidiumsvorsitzenden, während der bisherige Innenminister der UdSSR, Vlasov – ein Gefolgsmann Gorbatschows – an seiner Stelle Ministerpräsident der RSFSR wurde.

Eine wesentliche Veränderung der Machtlage wurde durch die Wahl Gorbatschows zum Vorsitzenden des Präsidiums des Obersten Sowjet der UdSSR nicht bewirkt. Sie erleichterte ihm jedoch die angestrebte Umgestaltung des bisherigen Amts eines nominellen Staatsoberhaupts in das eines starken Staatspräsidenten.

Veränderungen von geringerer machtpolitischer Bedeutung waren die Herabstufung Talyzins vom Ersten zum gewöhnlichen Stellvertretenden Ministerpräsidenten der UdSSR, das Ausscheiden Antonovs aus dem Präsidium des Ministerrats, der als Stellvertretender Ministerpräsident der UdSSR durch Birjukova ersetzt wurde, und die Ernennung von V. V. Bakatin, der durch Ligačev gefördert wurde, zum neuen Innenminister der UdSSR anstelle von V. A. Vlasov.

Auch bei den Parteiführungen der nichtrussischen Unionsrepubliken sind ähnliche ZK-Kommissionen errichtet worden. Das Ausschußsystem sollte die Tätigkeit der großen Führungsorgane der Partei (ZK, ZRK) intensivieren und damit die kollektive Parteiführung verstärken. Tatsächlich war Gorbatschow mit dem Ausschußsystem bestrebt, die Machtstellung des Politbüros und des ZK-Sekretariats zu beschränken und damit die kollektive Führung zu schwächen.

Die personelle Zusammensetzung der sechs ZK-Kommissionen wurde erst durch Beschluß des ZK-Plenums vom 28. November 1988 festgelegt.[16] Sie wiesen folgenden Bestand auf:

1. *Kommission für Fragen des Parteiaufbaus und der Kaderpolitik*
   Vorsitzender: G. P. Razumovskij, Politbürokandidat, ZK-Sekretär

24 Mitglieder, darunter der Stellvertreter Razumovskijs als Leiter der Abteilung Parteiaufbau und Kaderpolitik, Razumov, der Leiter der Allgemeinen Abteilung, Boldin, der ZK-Geschäftsführer Kručina, der Parteikontrollvorsitzende Pugo, der Erste Komsomolsekretär Mironenko, der Geschäftsführer des Ministerrats, Smirtjukov;

2. *Ideologische Kommission*
   Vorsitzender: V. A. Medvedev, Politbüromitglied, ZK-Sekretär

24 Mitglieder, darunter der Leiter der Ideologischen Abteilung, Kapto, der Assistent Gorbatschows, Frolov, der Direktor des Instituts für Marxismus-Leninismus, Smirnov, der damalige Chefredakteur der Pravda, Afanas'ev, die Präsidenten der Akademien der Wissenschaften und Gesellschaftswissenschaften, Marčuk und Janovskij, der Vorsitzende des Bildungskomitees, Jagodin;

---

16 Pravda, 29. 11. 1988.

3. *Kommission für Fragen der sozialökonomischen Politik*
   Vorsitzender: N. N. Sljunkov, Politbüromitglied, ZK-Sekretär

   20 Mitglieder, darunter der GOSPLAN-Vorsitzende Masljukov, der Regierungschef der RSFSR, Vlasov, die Vorsitzende des Büros für soziale Entwicklung, Birjukova (alle drei Politbürokandidaten), der Gewerkschaftsvorsitzende Šalaev;

4. *Kommission für Fragen der Agrarpolitik*
   Vorsitzender: E. K. Ligačev, Politbüromitglied, ZK-Sekretär
   Stellvertretender Vorsitzender: V. P. Nikonov, Politbüromitglied, ZK-Sekretär

   21 Mitglieder, darunter der Leiter der Agrarabteilung, Skiba, der damalige Vorsitzende des Agroprom, Murachovskij, der damalige Finanzminister Gostev, der Gesundheitsminister Čazov;

5. *Kommission für Fragen der internationalen Politik*
   Vorsitzender: A. N. Jakovlev, Politbüromitglied, ZK-Sekretär

   22 Mitglieder, darunter der Leiter der Internationalen Abteilung, Falin, der Assistent Gorbatschows, Černjaev, der damalige Generalstabschef Achromeev, der KGB-Chef Krjučkov, der Direktor des IMĖMO, Primakov, der Direktor des Amerika-Instituts, Arbatov, der Bürochef Ryžkovs, Bazanov, der Erste Stellvertretende Außenminister Kovalev, der Chefredakteur der Izvestija, Laptev;

6. *Kommission für Fragen der Rechtspolitik*
   Vorsitzender: V. M. Čebrikov, Politbüromitglied, ZK-Sekretär

   20 Mitglieder, darunter der Justizminister Kravcov, der damalige Vorsitzende des Obersten Gerichts, Terebilov, der Innenminister Bakatin, der Erste Stellvertretende KGB-Chef Bobkov, der Politkommissar Liziček, der Kanzleichef des Präsidiums des Obersten Sowjet, Rubcov.

Vor den sechs Kommissionen des Zentralkomitees war mit ZK-Beschluß vom 29. Juli 1988 die »Kommission zur Vorbereitung der Vorschläge, die mit der Verwirklichung der Reform des politischen Systems der sowjetischen Gesellschaft verbunden sind«, eingerichtet worden.[17] Sie weist neben Gorbatschow als Vorsitzenden 77 Mitglieder auf, die sich mit den insgesamt 138 Personen, die den Sonderkommissionen angehören, überschneiden, zum Teil jedoch nicht in ihnen vertreten sind. Zu letzteren gehören: die Politbüromitglieder Ryžkov, Zajkov, Ševardnadze, Vorotnikov, Ščerbickij, die Politbürokandidaten Lukjanov, Talyzin, Solov'ev, Armeegeneral Jazov, der ZK-Sekretär Baklanov.

Bei den 138 Mitgliedern der sechs Kommissionen handelt es sich um Mitglieder und Kandidaten des Zentralkomitees sowie Mitglieder der Zentralen Revisionskommission (insgesamt 34% der Gesamtzahl).

---

17 Izvestija CK KPSS, 1/1989, S. 39 ff.

Die Hauptgruppe bilden 58 Partei- und Staatsfunktionäre aus der Provinz, die besonders stark in den ZK-Kommissionen für Fragen des Parteiaufbaus und der Kaderpolitik sowie der Agrarpolitik vertreten sind. Auf eine Berücksichtigung der einzelnen Regionen wurde besonderer Wert gelegt. So gehören mit den unionsrepublikanischen Ersten Sekretären Väljas, Arutunjan, Vesirov und Nišanov – die Parteichefs der »Problemrepubliken« – als Mitglieder der Kommission für Fragen der internationalen Politik an.

Im Beschluß des Zentralkomitees wurden die ZK-Kommissionen angewiesen, ihre Sitzungen je nach Notwendigkeit, mindestens jedoch einmal in drei Monaten durchzuführen. Ihre Aufgabe ist es, in ihrem jeweiligen Zuständigkeitsbereich Vorschläge für das Politbüro und das ZK-Plenum zu erarbeiten, die Verwirklichung der Parteibeschlüsse zu analysieren und sich zu wichtigen Gesetzentwürfen zu äußern. Zu den Vorarbeiten sollen Angehörige des Parteiaktivs, führende Gelehrte, Spezialisten und gesellschaftliche Aktivisten herangezogen werden.

Die ZK-Kommissionen sollen damit nicht nur für die Festlegung der innen- und außenpolitischen Richtlinien sorgen, sondern auch den Parteiorganisationen und Parteikomitees bei der Verwirklichung der Beschlüsse der Partei durch »praktische Empfehlungen« behilflich sein. Auf dem ZK-Plenum im Juli 1988, auf dem die Bildung der »Reformkommission« erfolgte, ist auch ein Beschluß »Über die Hauptrichtungen des Umbaus des Parteiapparats« gefaßt worden. In ihm wurde eingangs festgestellt, daß die »radikale Strukturänderung« des Parteiapparats mit der genauen Abgrenzung zwischen den Funktionen der Parteikomitees und den staatlichen und gesellschaftlichen Organen sowie mit der Verbesserung der Qualität des Apparats und seiner strengen Unterstellung unter die gewählten »Parteikollegien« verbunden sein soll.

Die Reorganisation des ZK-Apparats sowie der lokalen Parteiorgane sollte unter Verzicht auf den Aufbau nach Verwaltungszweigen und unter Verminderung des Bestands an hauptamtlichen Mitarbeitern durchgeführt werden.

Dafür war vorgesehen, die Untergliederungen, die sich mit grundlegenden Fragen der Innen- und Außenpolitik befassen, zu verstärken. Außerdem sollte die Reorganisation dazu benutzt werden, um eine Intensivierung »wichtiger Abschnitte der staatlichen und gesellschaftlichen Tätigkeit sowie der untergeordneten Parteigliederungen« herbeizuführen. Besondere Beachtung sollte dabei auch der Apparat der Sowjets und der Volkskontrolle finden.

Auf diese Weise soll der politische Charakter der Führung, »der von den Parteikomitees zu verwirklichen ist«, eine stärkere Ausprägung erfahren.

Das Politbüro wurde beauftragt, »die neue Struktur des ZK-Apparats zu prüfen und zu bestätigen« sowie »die grundlegenden Gliederungen des Apparats der örtlichen Parteiorgane zu bestimmen«.

Die Basis für die Durchführung des Parteiumbaus bildete der Beschluß des Politbüros »Zur Frage der Reorganisation des Parteiapparats« vom 8. September 1988, dem die gleichnamige Notiz (zapiska) Gorbatschows vom 24. August 1988 zugrunde lag.[18] Ein entsprechender Umbau des ZK-Apparats erfolgte im

---

18 Ebenda, S. 81 ff.

Oktober 1988 nach dem erfolgreichen Handstreich Gorbatschows, der zu den zuvor behandelten Veränderungen im Politbüro und ZK-Sekretariat führte. Gorbatschow forderte in der vom Politbüro gebilligten »Notiz« eine wesentliche personelle Verringerung des ZK-Apparats und gab dessen damaligen Bestand mit 1940 verantwortlichen und 1275 technischen Mitarbeitern an.

Vor der Reorganisation wies der ZK-Apparat außer der Geschäftsführung folgende 20 ZK-Abteilungen auf:[19]

Allgemeine Abteilung, Parteiorganisationsarbeit, Propaganda, Wissenschaft und Lehranstalten, Kultur, Wirtschaft, Landwirtschaft und Lebensmittelindustrie, Schwerindustrie und Energiewirtschaft, Chemische Industrie, Maschinenbau, Verteidigungsindustrie, Leicht- und Konsumgüterindustrie, Bauwesen und Baustoffindustrie, Handel und Dienstleistungsgewerbe, Verkehrs- und Nachrichtenwesen, Verwaltungsorgane, Auslandskader, Internationale Abteilung, Beziehungen mit den kommunistischen Parteien sozialistischer Länder und Militär.

Die 20 Abteilungen sind außer der Geschäftsführung, die weiterhin von N. E. Kručina geleitet wird, zu folgenden 8 Abteilungen zusammengefaßt worden:

1. *Allgemeine Abteilung*
   Leiter: V. I. Boldin
2. *Abteilung für Parteiaufbau und Kaderpolitik*
   Leiter: G. P. Razumovskij
3. *Ideologische Abteilung*
   Leiter: A. S. Kapto
4. *Sozialökonomische Abteilung*
   Leiter: V. I. Šimko
5. *Agrarabteilung*
   Leiter: I. I. Skiba
6. *Staats-Rechts-Abteilung*
   (gosudarstvenno-pravovoj otdel)
   Leiter: A. S. Pavlov
7. *Internationale Abteilung*
   Leiter: V. M. Falin
8. *Verteidigungsabteilung*
   Leiter: O. S. Beljakov

Die Allgemeine Abteilung ist jetzt nicht nur für das Politbüro, sondern auch für die ZK-Kommissionen zuständig. Ihr fällt weiterhin die Schlüsselstellung im ZK-Apparat zu. Boldin, der Lukjanov in dieser Funktion ablöste, ist als ihr Leiter verblieben. Er steht Gorbatschow ebenso nahe wie der langjährige Geschäftsführer Kručina. Razumovskij als Vorsitzender der ZK-Kommission für Fragen des Parteiaufbaus und der Kaderpolitik leitet unmittelbar die gleichnamige wichtige Abteilung.

---

19 Zur personellen Zusammensetzung der Leitungen der ZK-Abteilungen vgl. Osteuropa, 11/1986, S. 922 ff.

Die Leiter der folgenden fünf Abteilungen sind den jeweiligen Vorsitzenden der gleichnamigen ZK-Kommissionen unterstellt: Kapto war zuletzt Botschafter in Kuba und vorher ukrainischer Ideologiesekretär, Šimko Minister für Rundfunkindustrie, Skiba Erster Stellvertretender Vorsitzender der bisherigen ZK-Abteilung für Landwirtschaft und Lebensmittelindustrie, Pavlov Stellvertretender Leiter der ZK-Abteilung für Verwaltungsorgane. Mit Falin, der von 1971 bis 1978 Botschafter in der Bundesrepublik Deutschland und zuletzt Vorsitzender der Nachrichtenagentur Novosti war, hat ein Kenner der mit Deutschland und Westeuropa verbundenen Fragen Dobrynin, der vorher langjährige Botschafter in den Vereinigten Staaten war, abgelöst.

Beljakov war bisher Leiter der ZK-Abteilung für Verteidigungsindustrie. Unklar ist im Hinblick auf die Abgrenzung der Partei- und Staatsorganisation das Verhältnis der neuen Verteidigungsabteilung zu der von Armeegeneral Lizičev geleiteten bisherigen Militärabteilung des Zentralkomitees, die zugleich die Hauptverwaltung für die Sowjetarmee und die sowjetische Kriegsmarine des Verteidigungsministeriums war.

Die neuen Abteilungsleiter weisen größtenteils eine traditionalistische Grundeinstellung auf. Kapto war in der Dnjepropetrowsker Parteiorganisation Mitarbeiter Čebrikovs, Beljakov ein Mitarbeiter des ZK-Sekretärs Romanov, des einstigen Rivalen Gorbatschows.

Mit Beschluß des Politbüros vom 10. September 1988[20] war bereits vor der Reorganisation des ZK-Apparats ein entsprechender Umbau des Apparats der örtlichen Parteiorgane und eine größere Verringerung ihres Personalbestands in die Wege geleitet worden. Mit einem weiteren Beschluß vom 12. November 1988 wurde in einer Reihe von Parteiorganisationen, darunter Moskau und Kiew, aufgrund eines früheren Vorschlags Gorbatschows mit der Bildung von Kontroll-Revisions-Kommissionen (KRK) begonnen. Auf der Unionsebene wurde an der bisherigen Trennung des Komitees für Parteikontrolle, dessen Leitung als Nachfolger Solomencevs vom früheren lettischen Parteichef Boris Pugo übernommen worden war, und der Zentralen Revisionskommission festgehalten.

Parallel zum Umbau des Parteiapparats erfolgte eine Berichts- und Wahlkampagne, die ebenfalls auf dem Juliplenum 1988 beschlossen wurde. Gorbatschow erhoffte sich von ihr eine Aktivierung des Parteivolks und der Parteikader sowie eine Vergrößerung des Anteils von engagierten Anhängern der Perestrojka unter den Parteifunktionären.

Im Beschluß »Über die Rechenschaftsberichte und die Wahlen in den Parteiorganisationen« wurde betont, daß die Rechenschafts- und Wahlkampagne vor allem der »Aktivierung der Parteimassen« sowie der Stärkung der Rolle und Verantwortung der Parteiorganisationen – und dabei vor allem der Grundorganisationen – dienen soll. Die Durchführung der Rechenschafts- und Wahlversammlungen sollte nach dem Vorbild der Parteikonferenz erfolgen. Die Versammlungen in den Parteigrundorganisationen sollten im September-

---

20 Izvestija CK KPSS, 1/1989, S. 87 ff.

Oktober, die Bezirks-, Stadt- und Kreiskonferenzen im Oktober-November und die Gau- und Gebietskonferenzen im Dezember 1988 stattfinden.

Zu den Wahlen der Mitglieder und Sekretäre der Parteikomitees sollte eine größere Anzahl von Kandidaten aufgestellt werden als Mandate vorhanden waren. Die Laufzeit der Begrenzung der Wahlämter in der Partei auf zwei Perioden sollte mit der Durchführung der Rechenschafts- und Wahlkampagne beginnen. Die Bestätigung der Instruktion »Über die Durchführung der Wahlen der leitenden Parteiorgane« sollte durch das Politbüro erfolgen.

Wie Gorbatschow in seiner Rede vom 6. Januar 1989[21] mitteilte, habe die Berichts- und Wahlkampagne zu tiefgehenden Veränderungen unter den Kadern geführt. Der Personalbestand der Gau- und Gebietskomitees sei um mehr als die Hälfte, der Rayon- und Stadtkomitees um etwa 60% erneuert worden. Wesentliche Veränderungen seien bei den Führungsgremien vor sich gegangen. Neu sei ein Drittel der Sekretäre der Parteigrundorganisationen, wobei jeder zweite aus mehreren Kandidaten gewählt wurde. Die Zusammensetzung der späteren Wahlkandidaten ließ allerdings erkennen, daß durch die personellen Veränderungen auf den mittleren und unteren Ebenen keine deutliche Stärkung der Reformkräfte erreicht worden ist. Dafür konnte eine gewisse Verjüngung der Parteikader erzielt werden.

3. Die Verfassungsnovellierung, die Partei in den begrenzten Wahlen und Gorbatschows »Coup du parti« – 2. Akt[22]

Auf der Unionspartcikonferenz der KPdSU war ein Zeitplan zur Durchführung der Reform des politischen Systems festgelegt worden. Auf dem Juliplenum 1988 wurde die Ausarbeitung von Entwürfen eines Verfassungsänderungsgesetzes, in dem der vorgesehene Umbau des Sowjetsystems seinen Niederschlag finden sollte, und eines neuen Wahlgesetzes vorgesehen.

Beide Gesetze wurden nach einer kurzen »Volksaussprache« vom Zentralkomitee auf seiner Plenartagung im November 1988 gebilligt und anschließend vom Obersten Sowjet der UdSSR am 1. Dezember 1988 verabschiedet.[23] Bei der Verfassungsnovellierung handelte es sich um eine Teilabänderung.[24] Die im Art. 6 geregelte verfassungsrechtliche Sonderstellung der KPdSU wurde nicht angetastet. Trotzdem wurde ihre absolute Machtstellung durch die neuen Verfassungsbestimmungen in zweierlei Hinsicht eingeschränkt: erstens durch die Überschneidung mit bestimmten Kompetenzen des Volkskongresses und

---

21 Pravda, 8.1.1989.
22 Vgl. B. Meissner, Gorbatschows Umbau des Sowjetsystems (I). Erster Akt – Die Verfassungsnovellierung, in: Osteuropa, 7/1989, S. 603ff.; (II) Zweiter Akt – Die begrenzten Wahlen zum »Volkskongreß«, in: Osteuropa, 8/1989, S. 702ff.
23 Wortlaut in: Pravda, 3.., 4.12.1989.
24 Vgl. G. Brunner, C. Schmidt, Die sowjetische Verfassungsreform vom Dezember 1988, in: Osteuropa-Recht, 35. Jg., 1989, S. 79ff.; D. Frenzke, Die geänderten Bestimmungen der sowjetischen Verfassung im Wortlaut, ebenda, S. 96ff.

des Vorsitzenden des neuen Obersten Sowjet, dem die Stellung eines »Staatspräsidenten« zugedacht war, und zweitens durch die Übertragung eines Teils der Regierungs- und Organisationsgewalt, insbesondere der Personalhoheit, die bisher allein von den zentralen Parteiorganen ausgeübt wurde, an die zentralen Staatsorgane. Eine weitere Beschränkung ergab sich aus dem neuen, personenbezogenen Wahlsystem, das die Möglichkeit der Entstehung einer Opposition im Rahmen des Volkskongresses und des von ihm gebildeten kleineren Obersten Sowjets der UdSSR in sich barg.

Eine bestimmte Sicherung der Machtstellung der KPdSU resultierte aus der besonderen Konstruktion des Volkskongresses und dem dadurch bedingten begrenzten und damit halbfreien Charakter der Wahlen.

Aufgrund des Verfassungsänderungsgesetzes bildete nun der Kongreß der Volksdeputierten, der einen Bestand von 2250 Deputierten aufweist, die in drei Gruppen gegliedert sind, die Spitze im institutionellen Aufbau der Sowjets. Zwei Gruppen von je 750 Deputierten werden wie bisher in territorialen oder national-territorialen Wahlkreisen gewählt. Weitere 750 Deputierte gehen dagegen aus Wahlen in allunionistischen gesellschaftlichen Organisationen hervor, die nach einem bestimmten Schlüssel im Wahlgesetz aufgeführt wurden. Beim Volkskongreß war nur eine Tagung im Jahr vorgesehen. Er wählte aus der Mitte seiner Deputierten, unter Berücksichtigung der drei Gruppen, einen Obersten Sowjet mit 542 Abgeordneten, der als ein ständig arbeitendes »Gesetzgebungs-, Verfügungs- und Kontrollorgan«, als ein »Berufsparlament« gedacht war. Auch der Vorsitzende des neuen Obersten Sowjet, d. h. der »Staatspräsident«, ebenso wie der »Vizepräsident« werden vom Volkskongreß gewählt und abgesetzt. Das Präsidium des Obersten Sowjet wird jetzt nicht mehr wie der Verteidigungsrat, die beide vom »Staatspräsidenten« geleitet werden, vom Obersten Sowjet gewählt. Es stellt ein selbständiges Organ, gewissermaßen einen »Staatsrat« dar.

Aus der eigenartigen Konstruktion des Kongresses der Volksdeputierten mit der besonderen Gruppe der Vertreter der gesellschaftlichen Organisationen ergab sich ein abgestuftes Wahlsystem. Es sicherte der KPdSU und den von ihr abhängigen Massenorganisationen automatisch den Hauptanteil an den von den gesellschaftlichen Organisationen nominierten Deputierten zu. Außerdem ermöglichte es den Führungen der großen gesellschaftlichen Organisationen, die Zusammensetzung der ihnen zukommenden Volksdeputierten durch eine komplizierte Ermittlung der Kandidaten zu manipulieren. Außer der Zentralen Wahlkommission, auf deren Zusammensetzung die Parteiführung maßgebenden Einfluß hatte, wurde bei den einzelnen gesellschaftlichen Organisationen eine eigene Wahlkommission vorgesehen. Eine solche Wahlkommission von 13 Mitgliedern ist Anfang Dezember 1988 für die Wahl der Deputierten der KPdSU gebildet worden. Zum Vorsitzenden wurde der Vizepräsident der Akademie der Wissenschaften der UdSSR, Koptjug, und zum Sekretär der Stellvertretende Leiter der Allgemeinen Abteilung des Zentralkomitees, Laptev, bestimmt.

Die Kandidatenaufstellung bei der KPdSU, der von vornherein 100 Deputierte zustanden, erfolgte auf zwei Wegen:[25] Der eine Weg führte über die einzelnen Stufen der Parteiorganisation auf der ZK-Ebene zu 207 Kandidaten. Der andere Weg ergab aus den unmittelbaren Vorschlägen an das Zentralkomitee 382 Kandidaten.

Diese Zahl wurde infolge von Überschneidungen mit Kandidaten der ersten Gruppe gekürzt. Im Ergebnis waren auf beiden Listen 312 Kandidaten übriggeblieben, die vom Politbüro auf seiner Sitzung am 5. Januar 1989 zu einer dritten Liste von 100 Kandidaten zusammengefaßt wurden. Diese bildete die Vorlage für das Zentralkomitee, von dem sie auf seiner Plenartagung im Januar 1989 ohne Widerspruch gebilligt wurde.

Die endgültige Wahl wurde auf dem nächsten ZK-Plenum im März 1989 vorgenommen. Die Möglichkeit, unter den anfänglich mehr als 100 Kandidaten auszuwählen, wurde dem Zentralkomitee jedoch nicht mehr geboten. Die Liste der Deputiertenkandidaten, die von der Wahlkommission der Partei nach ihrer Registrierung veröffentlicht wurde, war daher mit dem ursprünglichen Vorschlag des Politbüros identisch.

Von den zwölf Vollmitgliedern des Politbüros fehlten auf der Liste: Ščerbickij, der ukrainische Parteichef, Vorotnikov als Präsidiumsvorsitzender der RSFSR und Ševardnadze, der als Außenminister und damit Inhaber eines Staatsamts nicht Volksdeputierter sein konnte. Diese Möglichkeit war anfangs nur bei Ryžkov als Ministerpräsidenten der UdSSR vorgesehen. Sie wurde auf der Sitzung des Präsidiums des Obersten Sowjet am 12. Januar 1989 auch auf die Ministerpräsidenten aller 15 Unionsrepubliken ausgedehnt. Von den acht Politbürokandidaten wurden aus den gleichen Gründen nur Lukjanov als Erster Stellvertreter Gorbatschows in seiner Eigenschaft als Staatsoberhaupt, für den ebenfalls die Ausnahmeregelung galt, und Razumovskij als ZK-Sekretär nominiert. Das gleiche Ergebnis hätte auch bei der unmittelbaren Nominierung durch das Politbüro erzielt werden können. Es war bei den Spitzenfunktionären nur wegen des Beliebtheitsgrads von Interesse und ging aus dem Resultat der Abstimmung bei der geheimen Wahl der registrierten 100 Deputiertenkandidaten hervor.[26]

Die Angaben über das Stimmenverhältnis lauten bei den neun Politbüromitgliedern, die als Deputierte der KPdSU vorgesehen waren, in der Reihenfolge des russischen Alphabets folgendermaßen:

	Ja-Stimmen	Nein-Stimmen
Gorbatschow	629	12
Zajkov	616	25
Ligačev	563	78

---

25 Vgl. E. Schneider, Die Kandidaten der Partei für die Wahl zum Kongreß der Volksdeputierten der UdSSR am 26. März 1989, in: Aktuelle Analysen des Bundesinstituts für ostwissenschaftliche und internationale Studien (im folgenden: BIOst), Köln, 10/1989.
26 Vgl. Pravda, 19.3.1989.

	Ja-Stimmen	Nein-Stimmen
Medvedev	619	22
Nikonov	615	25
Ryžkov	631	10
Sljunkov	622	19
Čebrikov	628	13
Jakovlev	582	59

Unter den Vollmitgliedern des Politbüros schnitt Ligačev, der Gegenspieler Gorbatschows, am schlechtesten ab. Das Ergebnis Jakovlevs, des Vertrauten des Generalsekretärs, ließ ebenfalls zu wünschen übrig. Auch Gorbatschow mußte einige Gegenstimmen hinnehmen. Noch günstiger als für Gorbatschow war der Ausgang der Abstimmung für Ryžkov mit 631 Ja- und nur 10 Nein-Stimmen. Ein bemerkenswert gutes Ergebnis wies auch Čebrikov mit 628 Ja- und 13 Nein-Stimmen auf. Bei den beiden Politbürokandidaten übertraf Lukjanov mit 633 Ja- und 8 Nein-Stimmen sogar Ryžkov, während Razumovskij mit 623 Ja- und 18 Nein-Stimmen besser als die meisten Politbüromitglieder abschnitt.

Die Militärs waren nur mit drei Deputierten vertreten: Armeegeneral Lizičev, dem Oberpolitruk, Armeegeneral Moiseev, dem neuen Generalstabschef, und Generaloberst Kalinin, dem Befehlshaber der Luftlandetruppen.

Eine ähnlich manipulierte Nominierung der Volksdeputierten erfolgte bei den Gewerkschaften und dem Komsomol, die jeweils 100 oder 75 Deputierte aufwiesen. Bei den wissenschaftlichen und kulturellen Institutionen, denen eine geringere Anzahl von Volksdeputierten zustand, konnten sich mehr unabhängige und zugleich reformorientierte Kandidaten durchsetzen. Dies galt vor allem für die Akademie der Wissenschaften der UdSSR, wo Professor Andrej Sacharov, dem zunächst die Kandidatur verweigert worden war, zum Deputierten gewählt wurde.

Manipulationsmöglichkeiten dieser Art ergaben sich für die Partei bei den gleichen und geheimen Wahlen in den territorialen und national-territorialen Wahlkreisen nicht. Sie waren am ehesten im Stadium der Kandidatenaufstellung vorhanden, insbesondere, wenn die Wahl auf einen Kandidaten beschränkt werden konnte. Daher hatten Reformer oder unabhängige Kandidaten nur bei der Aufstellung mehrerer Kandidaten, die das neue Wahlsystem zuließ, größere Chancen.

Bei den Wahlen zum Volkskongreß am 26. März 1989 scheiterte eine ganze Reihe von Spitzenfunktionären, die im Partei- und Staatsapparat leitende Positionen bekleideten.[27] Hauptsächlich war dies in Moskau und vor allem in Leningrad der Fall. So konnten von 21 Leningrader Deputiertenkandidaten nur 9 beim ersten Durchgang gewählt werden. Der Leningrader Gebietsparteichef Solov'ev, immerhin ein Politbürokandidat, unterlag, ebenso wie der Stadtparteichef Gerasimov, der nur 15% der Stimmen erhielt.

---

27 Vgl. J. Ivonen, Wahlresultate in der Sowjetunion, in: Aktuelle Analysen des BIOst, 28/1989.

In Moskau wurde in 10 von 26 Wahlkreisen die erforderliche Stimmenanzahl nicht erzielt. El'cin konnte als Befürworter radikaler Reformen mit 89,4% im größten Wahlkreis Moskaus einen triumphalen Sieg erringen. Sowohl beim ersten Durchgang der Wahlen als auch bei den späteren Nachwahlen, die sich fast zwei Monate hinzogen, konnten sich viele radikale Reformer, die sich für eine Ausweitung und Vertiefung des Demokratisierungsprozesses aussprachen, durchsetzen. Das gleiche war in den Unionsrepubliken, in denen »Volksfronten«, wie in den baltischen Republiken bestanden, in noch stärkerem Maße der Fall. Der für viele Parteifunktionäre ungünstige Verlauf der personenbezogenen Wahlen ebenso wie die Auswirkungen des Umbaus des Parteiapparats mußten die Kritik in den Reihen der »Apparatschiki« an der politischen Reform Gorbatschows verschärfen.

In Anbetracht des bevorstehenden »Volkskongresses« mit seinen Ungewißheiten dürfte diese Lage Gorbatschow veranlaßt haben, durch ein geschickt durchgeführtes großes Revirement im Zentralkomitee und in der Zentralen Revisionskommission auf dem ZK-Plenum im April 1989[28] eine wesentliche Kräfteverschiebung herbeizuführen, um sich den Rücken frei zu halten. Die blutigen Ereignisse in Georgien am 9. April 1989 werden ihm dabei zustatten gekommen sein.

Es gelang ihm, mit Druck und Überredung einen bedeutenden Teil der Angehörigen der großen Führungsgremien, insbesondere der ZK-Mitglieder, zu veranlassen, aus ihnen »freiwillig« auszuscheiden. Dafür sicherte er denjenigen, die ohne Ausübung von Funktionen gleichsam »tote Seelen« darstellten, äußerlich einen ehrenvollen Abgang zu.

Insgesamt beantragten 110 Angehörige der großen Führungsgremien, die 1986 gewählt worden waren, ihre Entlassung von ihren bisherigen Pflichten. Darunter waren 74 ZK-Mitglieder, 24 ZK-Kandidaten und 12 ZRK-Mitglieder. Sie begründeten den Antrag mit ihrer Pensionierung beziehungsweise damit, daß sie den Aufgaben der Perestrojka nicht länger gewachsen wären.

Unter den ausgeschiedenen ZK-Mitgliedern befindet sich eine Reihe von Spitzenfunktionären, die nicht nur unter Breshnew, sondern auch unter seinen Nachfolgern eine bedeutende Rolle gespielt haben. Zu nennen sind unter anderen die ehemaligen Politbüromitglieder Aliev, Gromyko, Solomencev, Tichonov, die Politbürokandidaten Demičev, Dolgich, V. V. Kuznecov, B. N. Ponomarev, der ZK-Sekretär Zimjanin. Hinzu kommen der Präsident der Akademie der Wissenschaften der UdSSR, Aleksandrov, und der Vizepräsident Fedoseev, der ehemalige Generalstaatsanwalt Rekunkov, der Vorsitzende des Obersten Gerichts, Terebilov, und der Vorsitzende des Genossenschafts-Zentrosojus, Trunov.

Auffallend war der hohe Anteil von zehn Militärs, darunter die Marschälle Kulikov, Kurkotkin, Ogarkov, Petrov, Sokolov und die Armeegenerale Altunin, Gerasimov, Gribkov, Zaicev, Ivanovskij.

---

28 Pravda, 16. 4. 1989.

Bei einer Reihe von ihnen dürfte ihre Einstellung zur Wehr- und Sicherheitspolitik Gorbatschows bei ihrem Ausscheiden eine wesentliche Rolle gespielt haben. Dafür spricht, daß Luftmarschall Koldunov, der den Rust-Zwischenfall zu verantworten hatte, ZK-Mitglied geblieben ist, desgleichen Armeegeneral Govorov.

Auch unter den ausgeschiedenen ZK-Kandidaten befanden sich zwei Militärs, Admiral Egorov und Luftwaffenmarschall Konstantinov.

Es ist durchaus möglich, daß Gorbatschow mit dieser Fortsetzung seines Coup du parti einer Konspiration gegen sich den Boden entziehen wollte. Jedenfalls ist sowohl auf dem ZK-Plenum des Komsomol vor der Eröffnung des Volkskongresses als auch von drei Deputierten auf dem Kongreß die Möglichkeit eines Staatsstreichs angesprochen worden. Gorbatschow sah sich âaher auf der Schlußsitzung des Volkskongresses veranlaßt, etwaige Umsturz- und Attentatsversuche zu dementieren.

Eine wesentliche Verstärkung bedeutete die gleichzeitige Beförderung von 24 neuen ZK-Mitgliedern für Gorbatschow nicht, da sich unter ihnen relativ viele Arbeiter befanden. Befördert wurden:

Primakov, Direktor des IMĖMO, Akademievizepräsident Velichov, Falin, ehemaliger Botschafter in Bonn, Kvicinskij, derzeitiger Botschafter in Bonn, und als einziger Militärbefehlshaber Generaloberst Osipov.

Die Aussprache auf dem Aprilplenum war erfüllt vom Wehklagen der meist dogmatisch eingestellten Spitzenfunktionäre über die Lage, in welche die KPdSU, die sich immer mehr zu einem »Diskussionsklub« entwickele, geraten sei. Außerdem trat die Angst vor den noch bevorstehenden Wahlen zu den regionalen und lokalen Sowjets deutlich zutage.

Indem Gorbatschow eine Veröffentlichung des Wortprotokolls der ZK-Sitzung in der Sowjetpresse veranlaßte, konnte er seine Kritiker in der Öffentlichkeit bloßstellen.

Nach dem Revirement fiel es ihm nicht schwer, auf dem ZK-Plenum im Mai 1989 seine Nominierung zum Kandidaten für das höchste Staatsamt zu erreichen.[29]

4. Der Abschluß der ersten Phase der politischen Reform, die Machtumschichtung zugunsten der neuen obersten Staatsorgane und die Krise des Einparteisystems[30]

Infolge der Nachwahlen, die durch das komplizierte Wahlsystem notwendig wurden, fand die konstituierende Tagung des Kongresses der Volksdeputierten erst vom 25. Mai bis 9. Juni 1989 statt.[31] Dem Volkskongreß wurde von Gorbatschow eine Tagesordnung oktroyiert, die von vornherein den Verlauf seiner ersten Zusammenkunft festlegte. Außerdem trat er an den meisten Sitzungs-

---

29 Pravda, 23. 5. 1989.
30 Vgl. B. Meissner, Der Umbau des Sowjetsystems (IV). Dritter Akt – Die konstituierende erste Tagung des Kongresses der Volksdeputierten und ihre Ergebnisse, in: Osteuropa, 11–12/1989, S. 995 ff.
31 Pravda, 26. 5.–11. 6. 1989.

tagen als »Parlamentspräsident« auf und sorgte dafür, daß die Tagung den von ihm vorgesehenen Verlauf nahm.

An erster Stelle der Tagesordnung stand die Wahl Gorbatschows zum »Staatspräsidenten« und nicht etwa diejenige des neuen Obersten Sowjet, als dessen Vorsitzender er diese Funktion ausüben sollte. Ein Alternativkandidat wurde nicht zugelassen.

Von mehreren Seiten, so z. B. von Professor Sacharov und El'cin, wurde nicht nur dieses undemokratische Verfahren kritisiert, sondern auch die Machtkonzentration in den Händen Gorbatschows, die von ihm oder seinem Nachfolger mißbraucht werden konnte. Sacharov sagte: »Gorbatschow kam wie mit einem Fahrstuhl an die Spitze. Die entsprechenden Verfassungsänderungen hatte er im Dezember selbst vorgeschlagen. Er selbst hat diesen Lift gebaut.«[32] An die Übernahme des höchsten Staatsamts durch Gorbatschow schloß sich auf seinen Vorschlag die Wahl Lukjanovs zu seinem Ersten Stellvertreter und damit »Vizepräsidenten« an. Erst dann erfolgte die Wahl zu den beiden Kammern des Obersten Sowjet der UdSSR, dem Unionsrat und dem Nationalitätenrat.

In der personellen Zusammensetzung der Volksdeputierten waren drei Gruppen, unabhängig von ihrer Volkszugehörigkeit, zu unterscheiden, wobei die Grenzen zwischen ihnen fließend waren. Die Flügel bildeten die fortschrittlichen Reformkräfte mit »radikalen Reformern« als Kern und die dogmatisch-konservativ eingestellten traditionalistischen Kräfte. Dazwischen befand sich eine große zentristische Gruppe, die offenbar infolge der Manipulationsmöglichkeiten im Obersten Sowjet der UdSSR sogar umfangreicher war. Dies schloß für einen Teil der »Zentristen« eine Zusammenarbeit mit den keineswegs nur »links« einzustufenden radikalen Reformkräften von Fall zu Fall nicht aus. Vor allem zeigt sich dies darin, daß es inzwischen auf Initiative El'cins zu einer überregionalen Zusammenfassung der für eine beschleunigte Perestrojka eintretenden Kräfte gekommen ist, die gleichsam die Funktion einer in der politischen Reform nicht vorgesehenen »konstruktiven Opposition« wahrnimmt.[33]

Ähnlich wie die 19. Parteikonferenz der KPdSU im Sommer 1988 zeichnete sich der Volkskongreß durch eine große Vielfalt der Meinungen sowie zugleich durch mehr kritische Stellungnahmen und Meinungsstreit aus. Dabei spielten in Verbindung mit der Entwicklung im Baltikum sowie den Unruhen im Kaukasus und Zentralasien die Bestrebungen der einzelnen Nationalitäten nach mehr Eigenständigkeit eine wesentliche Rolle. Bemerkenswert war, daß der Anteil der Deputierten, die der wissenschaftlich-kulturellen Intelligenz angehörten und überwiegend zu Anhängern der Reformpolitik zählten, mit 27,4% höher war als derjenige der Arbeiter und Bauern mit insgesamt 23,7%. Die Diskus-

---

32 A. Sacharow, Gorbatschows bedenkliche Schwachpunkte, in: Rheinischer Merkur/ Christ und Welt, 28. 7. 1989.
33 Vgl. Im Volksdeputiertenkongreß formiert sich die Opposition, in: Die Welt, 31. 7. 1989. Der Oppositionsgruppe sollen zur Zeit 388 Deputierte des Volkskongresses, darunter 90 Abgeordnete des Obersten Sowjet, angehören; vgl. Kölner Stadtanzeiger, 1. 8. 1989.

sionsredner waren daher größtenteils Wissenschaftler, Schriftsteller, Künstler. Daneben traten einige Angehörige der Partei- und Wirtschaftsbürokratie, die meist der technischen Intelligenz zuzurechnen waren, und eine Reihe von Facharbeitern in Erscheinung.

Gorbatschow und Sacharov sind beide der Meinung, daß der Volkskongreß zu einer wesentlichen Politisierung der sowjetischen Gesellschaft beitrug, was in hohem Maße durch die Fernseh- und Rundfunkübertragungen der Reden und anschließenden Aussprachen bewirkt wurde. Jakovlev sieht im Volkskongreß einen bedeutenden Schritt in Richtung Demokratie, den Übergang »von einer autokratischen, autoritären Gesellschaft zu einer zivilen, demokratischen Gesellschaft«.[34]

Im Rahmen der Tagung des Volkskongresses fand auch die erste Sitzung des neuen Obersten Sowjet statt. Dieser bildet gewissermaßen einen »ständigen Ausschuß« des Volkskongresses. Dies ergibt sich trotz des bei ihm stärker ausgeprägten parlamentarischen Charakters vor allem daraus, daß ein Fünftel seines Bestandes jährlich durch andere Deputierte des Volkskongresses erneuert werden soll. Seine Tätigkeit bleibt auch in höherem Maße, als dies im Verfassungsänderungsgesetz vorgesehen war, einer bestimmten Kontrolle durch den Volkskongreß unterworfen, da dieser auf Vorschlag Gorbatschows noch in diesem Jahr zu einer zweiten Tagung zusammentreten soll. Offenbar will sich der Partei- und Regierungschef das populistische Element, das mit dem Volkskongreß verbunden ist, stärker zunutze machen und damit seine Einflußmöglichkeiten auf den Partei- und Staatsapparat erhöhen.

Zuerst erfolgte die Konstituierung des Unionsrats, dessen Vorsitz von Primakov, der zum engeren Beraterkreis Gorbatschows gehört, übernommen wurde. Es folgte die Konstituierung des Nationalitätenrats mit dem bisherigen usbekischen Parteichef Rafik Nišanov als Vorsitzendem.[35] Beide Kammern sind, wie dies bisher schon der Fall war, gleichberechtigt. Sie haben jedoch jede für sich vier unterschiedliche Ständige Kommissionen und gemeinsam 14 Komitees, die meist untergliedert sind. Wie Primakov mitteilte, werden in den Kommissionen der beiden Kammern und den Komitees etwa 800 Personen tätig sein, 400 aus dem Obersten Sowjet der UdSSR, und die gleiche Anzahl von Deputierten, die nicht seine Mitglieder sind. Die dadurch bewirkte starke personelle Verzahnung dürfte weder für eine klare institutionelle Abgrenzung des Obersten Sowjet vom Volkskongreß noch für seinen Charakter als »Berufsparlament« vorteilhaft sein.

Mit der Konstituierung des Ausschußsystems des Obersten Sowjet der UdSSR steht auch die Zusammensetzung des neuen Präsidiums des Obersten Sowjet der UdSSR, das im Unterschied zu früher ein selbständiges Organ darstellt, fest. Ihm gehören jetzt unter Leitung Gorbatschows außer Lukjanov als seinem Ersten Stellvertreter, den Vorsitzenden der Obersten Sowjets der 15 Unionsrepubliken als seinen gewöhnlichen Stellvertretern und dem Vor-

---

34 Vgl. Neue Zeit, 24/1989, S. 6 (im russischen Original »zivile« Gesellschaft).
35 Pravda, 5., 7. 6. 1989.

sitzenden des Komitees für Volkskontrolle die Vorsitzenden der beiden Kammern und ihrer acht Ständigen Kommissionen sowie der vierzehn Komitees des Obersten Sowjet der UdSSR als Mitglieder an.

Das Präsidium als ein verfassungsrechtlich festgelegtes Gremium von Spitzenfunktionären weist somit einen Bestand von 42 Personen auf und übertrifft damit zahlenmäßig das alte Präsidium, das noch ein Organ des Obersten Sowjet war und daher von ihm gewählt wurde. Als Vorsitzender des Komitees für Bauwesen und Architektur gehört auch El'cin dem neuen Präsidium an.

Die erste Tagung des Obersten Sowjet der UdSSR wurde nach Abschluß des Volkskongresses bis Anfang August 1989 fortgesetzt. In ihrem Mittelpunkt stand nach der Bestätigung Ryžkovs als Ministerpräsidenten der UdSSR die Regierungsbildung. Diese betraf erstens die von Ryžkov vorgeschlagenen institutionellen Veränderungen in der Organisation des Ministerrats der UdSSR und damit vor allem bei den Wirtschaftsorganen.[36] Sie waren begrenzter Natur und standen in klarem Gegensatz zur angestrebten Dezentralisierung der Wirtschaftsverwaltung. Sie trafen jedoch beim Obersten Sowjet der UdSSR kaum auf Widerspruch, da er sich in äußerst extensiver Weise um die personelle Zusammensetzung des Ministerrats der UdSSR und der anderen zentralen Staatsorgane bemühte. Die Anhörungen, Bestätigungen oder Zurückweisungen der Kandidaten dauerten fast zwei Monate und hielten das Sowjetparlament von seiner eigentlichen gesetzgeberischen Tätigkeit ab. Sie mußten auf Ryžkov als Regierungschef frustrierend wirken und erklären sein Engagement für eine Stärkung der Parteiführung. Der Bergarbeiterstreik gab dem Obersten Sowjet wenigstens zeitweilig die Möglichkeit, seiner Rolle als Volksvertretung gerecht zu werden.

Die Konstituierung der vom Verfassungsänderungsgesetz vorgesehenen neuen obersten Staatsorgane ließ trotz dieser Schwächen eines parlamentarischen Neubeginns eine wesentliche Umschichtung der Macht trotz Beibehaltung der Einparteiherrschaft erkennen. Sie erfolgte zugunsten des Staatspräsidenten und der doppelten Volksvertretung. Faktisch führte sie zu einer Beschränkung der bisherigen Vorrangstellung der Partei, obgleich ihre verfassungsrechtliche Machtvollkommenheit nicht angetastet wurde. Die Machtverschiebung macht sich in Verbindung mit der angestrebten Abgrenzung der Partei- und Staatsorganisation vorläufig nur auf der Bundesebene bemerkbar. Umfassend wird sie sich erst beim vollen Umbau des Sowjetsystems auswirken. Eine Abgrenzung zwischen dem Partei- und Staatsapparat auf allen Ebenen und unter Berücksichtigung der föderativen Struktur wird dabei allein nicht genügen. Eine klare Kompetenzabgrenzung wird erst bei einer Gewaltenteilung möglich sein, die im staatlichen Bereich nicht nur das Verhältnis von Legislative, Exekutive und Justiz, sondern auch innerhalb der Exekutive von »Staatspräsident«, Regierung und Verwaltung im engeren Sinn betrifft.

---

36 Vgl. das Gesetz zur Änderung des Ministerratsgesetzes der UdSSR vom 27.6.1989, in: Izvestija, 6.7.1989.

Vorläufig liegen nur Ansätze zu einer solchen Gewaltenteilung vor, doch hat sich bei Gorbatschow die Einsicht durchgesetzt, daß es einer Totalrevision der Verfassung bedarf, da jede größere Teiländerung sich auch auf andere Bereiche auswirkt und Unklarheiten schafft. Der Partei- und Staatschef hat daher in seiner Grundsatzrede auf dem Volkskongreß am 30. Mai 1989[37] die Ausarbeitung einer völlig »neuen Verfassung des Landes«, d. h. nunmehr der vierten Bundesverfassung der UdSSR, angekündigt.

Von Sacharov ist in seinem Entwurf eines »Dekrets über die Macht«[38] und von anderen Deputierten eine Streichung des Art. 6, der die absolute Machtstellung der KPdSU festlegt, gefordert worden. Gorbatschow strebt dagegen nur eine Änderung der verfassungsrechtlichen Bestimmungen über die Partei an. Ein Parteigesetz, wie es El'cin und andere vorschlagen, lehnt er ab.

Eine verfassungsrechtliche Beschränkung der Allmacht der Partei wäre wahrscheinlich der sinnvollere Weg, von einer freieren, autoritären zu einer konstitutionellen, rechtsstaatlichen Einparteiherrschaft zu gelangen. Eine solche Regelung würde jedenfalls die Änderung des geltenden Parteistatus, d. h. der Parteiverfassung voraussetzen, die nur ein Parteitag vornehmen kann. Einen außerordentlichen Parteitag, der angeregt wurde, lehnte Gorbatschow ab. Er gab einem auf den Oktober 1990 vorgezogenen Parteikongreß den Vorzug. In jedem Fall bedarf eine veränderte Form der Einparteiherrschaft einer Klärung der Frage, welche Institution zukünftig als der eigentliche Träger der Souveränität im Rahmen der gesamtstaatlichen Organisation anzusehen ist. Von einigen Deputierten ist die Auffassung vertreten worden, daß der Kongreß der Volksdeputierten als eine Vertretung des Volks höher einzustufen sei als der Parteitag, der Oberste Sowjet als das Zentralkomitee der KPdSU, und daß das Parteistatut der Verfassung untergeordnet sei. Daraus wird der Schluß gezogen, der einzelne Abgeordnete habe sich in erster Linie als Volksvertreter und erst dann als Parteiangehöriger zu fühlen. Viele Deputierten des Volkskongresses, dem mit 87% mehr Parteimitglieder angehören als dem alten Obersten Sowjet der UdSSR, haben sich in diesem Sinne verhalten.

Da die jeweilige Volksvertretung den Staat repräsentiert, würde eine solche Einstellung die Überordnung der Staatsorgane über die Parteiorgane bedeuten. Eine derartige Rangfolge wird von Gorbatschow jedoch abgelehnt. Er geht weiterhin davon aus, daß ein Deputierter, der Parteimitglied ist, seinen Parteiverpflichtungen nachkommen muß. Er betrachtet ihn andererseits als nicht weisungsgebunden. Ein solcher Balanceakt dürfte für den einzelnen Parteikommunisten in der Praxis schwär durchzuführen sein. Von der Parteiführung wird er bei diesem Dilemma kaum eine Orientierungshilfe erwarten können, da diese auf der mittleren und unteren Ebene infolge der bereits stattgefundenen und in der nächsten Zukunft zu erwartenden Machtverschiebung völlig verunsichert ist.

---

37 Pravda, 31. 5. 1989.
38 Frankfurter Allgemeine Zeitung, 14. 6. 1989.

Die politische Krise, von der Gorbatschow gesprochen hat, erweist sich so in erster Linie als Krise des Einparteisystems und insbesondere der Parteiführung.[39] Dies ist auf der ZK-Beratung mit den regionalen Ersten Parteisekretären, der »Parteigeneralität«, am 19. Juli 1989 im Kreml[40] sehr deutlich geworden.

Vorausgegangen war ein Führungswechsel in der Leningrader Parteiorganisation. Gorbatschow hatte die Absetzung des bisherigen Leningrader Gebietssekretärs und Politbürokandidaten Solov'ev, der bei den Wahlen gescheitert war, herbeigeführt und dabei scharfe Kritik an der Lage der KPdSU geübt. Er beklagte, daß die Partei hinter den in der Gesellschaft vor sich gehenden Prozessen zurückbleibe, weil in der Partei selbst die Perestrojka nicht vorankomme. In einem Interview sagte er: »In Leningrad brodelt das Leben ... Und in den Parteikomitees herrscht Ruhe.«[41]

Auf der ZK-Beratung wiederholte Gorbatschow diese Lagebeurteilung und warnte vor der »realen Gefahr einer Schwächung der Führungsrolle der KPdSU bei der Perestrojka und folglich in der Gesellschaft«, wenn sie sich nicht aus ihrer Verbindung mit dem administrativen Befehlssystem löse und als eine »nach dem Prinzip der Selbstverwaltung aufgebauten gesellschaftlich-politischen Organisation« erneuere.

Die Partei solle ihre führende Rolle dadurch ausüben, daß sie sich in erster Linie mit Grundsatzfragen wie der »Ausarbeitung der Grundlagen der Innen- und Außenpolitik« und weiterhin »stark« mit Kaderfragen befaßt sowie an der politischen Beeinflussung der sozialökonomischen Sphäre festhält. Gorbatschow vermißte die ideologische Motivation, zu deren Schwächung er mit seinen eklektischen Äußerungen, die die auf Lenin zurückgehende Begründung der Einparteiherrschaft untergruben, wesentlich beigetragen hat. Bei der Parteiorganisation forderte Gorbatschow eine Erneuerung von den Grundorganisationen bis zum Zentralkomitee und Politbüro. Das gelte auch für den engeren Apparat, dessen Notwendigkeit er unterstrich. Er beruhigte die regionalen Parteiführer mit der Bemerkung, daß die Parteikonferenz nicht in allen Fällen die Wahl der Ersten Parteisekretäre zu Vorsitzenden der jeweiligen Sowjets verbindlich festgelegt hätte. Ein föderativer Aufbau der KPdSU wurde von ihm abgelehnt, doch war er bereit, den kommunistischen Parteien der Unionsrepubliken und den örtlichen Parteiorganisationen »mehr Selbständigkeit« zu gewähren.

Unter den 26 Diskussionsrednern unterstützte etwa ein Drittel den Kurs Gorbatschows vorbehaltlos. Ein weiteres Drittel bezog eine »zentristische« Position, während der Rest seiner Beunruhigung über die eingetretene Lage Ausdruck gab.[42] Bemerkenswert war, daß zu diesem Teil unter den Politbüro-

---

39 Vgl. Chr. Schmidt-Häuer, Die Partei weiß nichts mehr. Der Führungsanspruch der KPdSU verfällt immer schneller, in: Die Zeit, 14.7.1989.
40 Pravda, 19., 21.6.1989.
41 ZSF-Sendung (Moskau) vom 12.7.1989.
42 Zu den Diskussionsbeiträgen vgl. Pravda, 24.7.1989, sowie AP-, AFP- und DPA-Meldungen, 21.7.1989.

mitgliedern nicht nur Ligačev und Zajkov, sondern auch Ryžkov gehörte. Seine Ausführungen wurden ergänzt durch eine Stellungnahme Bobykins, des Ersten Gebietsparteisekretärs von Swerdlowsk, der Parteiorganisation, aus der nicht nur Ryžkov, sondern auch El'cin hervorgegangen sind, und die als Kern der Gruppe der »Uraler« gilt.

Ligačev, der von Zajkov unterstützt wurde, beklagte sich über die zu starke Ausweitung der Glasnost', die durch eine übertriebene Auseinandersetzung mit der Vergangenheit antisozialistischen Elementen in weitgehendem Maße über die Massenmedien die Möglichkeit geboten habe, den so entstehenden Freiraum für eine Verleumdungskampagne, die sich gegen die Partei richte, zu mißbrauchen. Ligačev gab zu, daß eine noch größere Gefahr als die antisozialistischen Elemente der Bürokratismus, die Entfremdung der Führungskader vom Volk und »unsere schlechte Arbeit« darstelle. Er forderte eine Kontrolle der Massenmedien durch die Partei und trat vor allem dafür ein, »die Geschichte abermals in den Dienst der sowjetischen Gesellschaft und ihrer Interessen zu stellen«. Das sei auch für »unsere Freunde im Ausland nötig«. Die Forderung nach einer Beschränkung des Freiraums der Massenmedien wurde von mehreren Gebietsparteisekretären, wie z.B. Bobykin, geteilt. Volodin, der Erste Sekretär des Gebiets Rostow am Don, forderte sogar die Wiedereinführung der Vorzensur. Gorbatschow lehnte eine »Verstaatlichung der Partei« ab. Ligačev erklärte, Vorschläge, die Partei parlamentarischer Kontrolle zu unterstellen, seien politisch wie juristisch völlig haltlos.

Ryžkov setzte sich für eine Erhöhung der Leistungsfähigkeit der Parteiführung ein, wobei er einen der Gründe für ihren unzulänglichen Zustand in der persönlichen Überforderung Gorbatschows sah. Er sprach sich für eine Überprüfung der Arbeit des Politbüros mit der Begründung aus, daß sich zwei Vollmitglieder – Ligačev und Nikonov – mit dem gleichen Bereich, nämlich der Landwirtschaft befassen würden. Er forderte, daß alle Funktionäre dazu beitragen müßten, daß Gorbatschow seinen Parteipflichten wieder mehr Aufmerksamkeit schenken könne, indem man ihn nicht länger mit »kleinen oder nichtigen Fragen« belästige.

Ryžkov kritisierte, daß die Partei für die erste Tagung des Volkskongresses nicht genügend vorbereitet gewesen wäre. Nur Gorbatschow und er hätten Reden gehalten, während die übrigen Mitglieder des Politbüros mit Schweigen auf die Kritik an der Partei reagiert hätten. Er wertete dies als einen »strategischen Fehlschlag«, weil das Politbüro dadurch den Eindruck erweckt hätte, daß es unter dem »Syndrom der Versteinerung« leide. Ryžkov fügte hinzu, daß der Volkskongreß und die Tagung des Obersten Sowjet der UdSSR gezeigt hätten, daß die strukturellen Veränderungen, die im Zentralkomitee vorgenommen worden sind, nicht ausreichten. Es bedürfe grundlegender Umgestaltungen, die eine genauere Festlegung der Beziehungen im Führungsdreieck von Zentralkomitee der Partei, Oberstem Sowjet und Ministerrat der UdSSR ermöglichen würden. Wenn diese Veränderungen nicht bald herbeigeführt würden, bestünde die Gefahr, daß der Ruf »Sowjets ohne Kommunisten« konkrete Gestalt annehmen könnte. Bobykin kritisierte vor allem, daß sich die Rolle des ZK-Sekretariats abgeschwächt habe. Er sprach sich daher für die Berufung eines zweiten Sekretärs aus. Er sagte: »Offensichtlich wird ein zweiter Sekretär des Zentralkomitees gebraucht, egal wie man ihn offiziell nennt.«

Der Verlauf der ZK-Beratung ebenso wie Äußerungen, die von Čebrikov und Vorotnikov bei anderen Anlässen gemacht wurden, bestätigen die Feststellung, daß Gorbatschow über keine eindeutige Mehrheit im Politbüro verfügt. Solange er selbst an der Führungsrolle der Partei festhält, werden weitere Änderungen in der organisatorischen Struktur und der personellen Zusammensetzung nicht zu umgehen sein. Er wird sie nur mit Ryžkov, der seit dem Revirement im Herbst 1988 eindeutig die Nr. 2 im Kreml ist, und nicht gegen ihn treffen können. Gorbatschow wird sich daher an dessen kritischen Bemerkungen, die mittelbar auch gegen ihn selbst gerichtet waren, orientieren müssen.

III. Partei und Parteiführung im Übergang zur zweiten Phase der politischen Reform

Bereits vor der Verfassungsnovellierung hatte Gorbatschow darauf hingewiesen, daß der ersten Phase der politischen Reform eine zweite folgen werde. Für diese zweite Phase kündigte er den Umbau der föderativen Struktur der Sowjetunion zur Verbesserung der zwischennationalen Beziehungen im sowjetischen Vielvölkerstaat, die Umgestaltung der Sowjets unterhalb der Bundesebene aufgrund von personenbezogenen Wahlen und einen bedeutenden Schritt beim Aufbau eines »sozialistischen Rechtsstaats« an.

In seiner Grundsatzrede am 30. Mai 1989 bezeichnete der Partei- und Staatschef als Hauptfrage der zweiten Phase »die Schaffung einer neuen Struktur der Macht- und Verwaltungsorgane« in den Unionsrepubliken und auf den einzelnen Verwaltungsebenen, die mit »notwendigen Korrekturen im Wahlsystem« verbunden sein soll.

Das »Wahlgesetz« und die Gesetze »Über die wirtschaftliche Rechnungsführung und Eigenfinanzierung« auf der Republikebene, sowie »Über die Selbstverwaltung in der örtlichen Wirtschaft« sollen im Obersten Sowjet der UdSSR vorbereitet und auf der zweiten Tagung des Volkskongresses im Herbst 1989 diskutiert und verabschiedet werden. Gorbatschow erklärte, daß es sich hierbei um »prinzipielle Fragen« sowohl der föderativen Struktur als auch der örtlichen Selbstverwaltung handeln würde. Er sagte unverblümt: »Die Losung ›Alle Macht den Sowjets‹ bleibt ohne Erarbeitung und Verabschiedung dieser Gesetze ohne Sinn.« Er sprach sich gleichzeitig dafür aus, die nächsten Wahlen in den Unionsrepubliken und örtlichen Sowjets, die ursprünglich für Ende 1989 vorgesehen waren, erst im Frühjahr 1990 durchzuführen. Durch eine umfassende Gesetzgebung und eine tiefgehende Justizreform sollen die Grundlagen eines »sozialistischen Rechtsstaats« geschaffen werden. Damit würde nicht nur die Sicherung der Menschenrechte, in Übereinstimmung mit den »internationalen Abkommen«, sondern auch von »Disziplin und Ordnung« mit den Mitteln des Rechts gewährleistet werden. Da Gorbatschow von 40 größeren Gesetzen sprach, die der Reform und damit der Erneuerung der sowjetischen Gesellschaft und nicht nur des sowjetischen Staates dienen sollen, dürfte der Aufbau des »sozialistischen Rechtsstaats« auch nach Abschluß dieser zweiten Phase weitergehen.

Aufgrund der Streiks im Kohlebergbau wird dem neuen Gewerkschaftsgesetz, das Streiks unter bestimmten Bedingungen als zulässig erklären soll, eine besondere Bedeutung zukommen. Auf der ZK-Beratung am 18. Juli 1989 sprach sich Gorbatschow für eine schnellere Umgestaltung der Gewerkschaften aus, damit sie ihre Funktion, »die Interessen der Werktätigen zum Ausdruck zu bringen und zu verteidigen«, besser ausüben können. Offen ist, wie die Abgrenzung zwischen der Partei- und Gewerkschaftsorganisation stattfinden soll und ob die Entwicklung zur Herausbildung unabhängiger Gewerkschaften führen wird, die der Perestrojka einen stärkeren Impuls als die offiziellen Gewerkschaften geben werden.

Die Brisanz der Nationalitätenfrage und die Schwierigkeiten, die mit dem Umbau des sowjetischen Bundesstaats verbunden sind, haben zur Verschiebung des Sonderplenums des Zentralkomitees, das ursprünglich für Juni 1989 vorgesehen war, auf den September 1989 geführt. Andererseits wurde von vielen reformorientierten Volksdeputierten die Vorverlegung der Wahlen zu den lokalen Sowjets zum Herbst 1989 gefordert. Die Vorverlegung des ordentlichen Parteitags der KPdSU, der ursprünglich Anfang 1991 stattfinden sollte, ist inzwischen auf den Oktober 1990 erfolgt. Im vorgesehenen Zeitplan würde der Parteitag den Abschluß der zweiten Phase der politischen Reform bedeuten. Auf ihm soll eine »Plattform« als Aktionsprogramm und ein neugefaßtes Parteistatut, jedoch noch nicht ein neues Parteiprogramm und die neue Unionsverfassung angenommen werden.

Gorbatschow hat den Ausgangspunkt der Perestrojka zu Beginn als »Vorkrise« bezeichnet. In seiner Grundsatzrede sprach er von einer »ernsten Krise«. Er gab später zu verstehen, daß es sich nicht nur um eine wirtschaftliche, sondern auch um eine politische Krise handele, und daß sich die Sowjetunion in einer »revolutionären Übergangsetappe« befände.

Bei dieser Lage ist es schwer zu beurteilen, ob sich der Zeitplan für die zweite Phase der politischen Reform einhalten lassen wird und wie sich eine weitere Verschärfung der Lage auf die geplanten Reformmaßnahmen auswirken würde. Dies gilt auch für die Rolle der Partei in dieser Übergangsetappe, wobei viel von der von Gorbatschow und Ryžkov geforderten weitergehenden Unterstrukturierung der Parteiführung und des Parteiapparats abhängen wird. Wenn diese Parteireform an Haupt und Gliedern nicht bald erfolgt, ist kaum zu erwarten, daß die KPdSU imstande sein wird, die Führungsrolle, die ihr Gorbatschow im Umgestaltungsprozeß zuweist, auszuüben.

Die Stimmen mehren sich, die in der Sowjetunion für ein Mehrparteiensystem eintreten. Dieses wird noch eindeutiger als von Gorbatschow von Ligačev, Čebrikov, Zajkov und Vorotnikov, d.h. von den dogmatisch-konservativ eingestellten Politbüromitgliedern, abgelehnt. Ligačev hat dabei argumentiert, daß ein solches System für einen »föderativen Staat wie die Sowjetunion unheilvoll« ist. Medvedev erklärte immerhin in einem Interview

63

ein wirkliches Mehrparteiensystem als mit dem Sozialismus vereinbar. Er betonte jedoch zugleich, daß für die Sowjetunion aus historischen und anderen Gründen nur das Einparteisystem in Frage komme.

In den baltischen Unionsrepubliken hat sich mit den Volksfronten und anderen politischen Vereinigungen ein Mehrparteiensystem faktisch bereits herausgebildet. In der Sowjetunion wird sich das Einparteisystem nur bei Anerkennung einer Fraktions- und Gruppenbildung in der Partei, wie sie sich in der Volksvertretung bereits abzeichnet, erhalten lassen. Dies läuft letzten Endes auf die Zulassung einer organisierten Opposition im sowjetischen Parlament hinaus, die in erster Linie nicht als Gegner, sondern als Gesprächspartner und als Korrektiv der alleinigen Partei anzusehen ist.

Voraussetzungen für eine derartige Entwicklung sind bereits gegeben, da der Hauptteil der Reformkräfte, auch der radikalen Reformer, Parteimitglieder sind. Sie ist jedoch nur bei einer völligen Abkehr vom Parteibegriff Lenins denkbar. Eine solche veränderte Form der Einparteiherrschaft wäre allerdings nur praktikabel, wenn sie sich mit der Gorbatschow aufgrund der Verfassungsnovellierung zufallenden, bisher jedoch ohne einen größeren Apparat ausgestatteten Einmannherrschaft verbindet. Das Revirement auf dem ZK-Plenum am 19. und 20. September 1989[43] bildete keine Fortsetzung des Coup du parti. Zu den ausgeschiedenen Politbüromitgliedern gehörte neben Čebrikov und Ščerbickij mit Nikonov auch ein Gefolgsmann Gorbatschows. Die beiden neuen Politbüromitglieder Masljukov und der KGB-Chef Krjučkov sind eher Ryžkov als Gorbatschow zuzurechnen. Die »kollektive Führung« ist somit im Rahmen des Politbüros, das jetzt wieder die traditionelle Zahl von elf Vollmitgliedern aufweist, erhalten geblieben.[44] Offenbar strebt Gorbatschow die entscheidenden Veränderungen in der Führungsspitze erst mit der Wahl eines neuen Zentralkomitees auf dem Parteitag an.

Auf dem Wege dahin wird der Partei- und Staatschef noch viele Hindernisse zu überwinden haben. Vor allem wird die gesetzgeberische Umsetzung der »Nationalitäten-Plattform«, die auf dem Septemberplenum bestätigt wurde, ebenso wie der weitere Umbau des Sowjetsystems, der auch die Parteiorganisation einschließen wird, eine äußerst schwierige Aufgabe sein.

---

43 Pravda, 20.–22. 9. 1989.

44 Bei den Politbürokandidaten sind Solov'ev und Talyzin durch zwei Parteigänger Gorbatschows, Primakov und Pugo, ersetzt worden; Masljukov ist zum Vollmitglied befördert worden. Die Gesamtzahl beträgt wieder sieben. Dagegen hat sich die Zahl der ZK-Sekretäre von 10 auf 12 vergrößert. Ausgeschieden sind Čebrikov und Nikonov; hinzugekommen sind vier bisherige regionale Erste Parteisekretäre, A.N. Girenko, Ju. A. Manaenkov, E.S. Stroev, G.I. Usmanov.

Margareta Mommsen

Demokratisierungstendenzen im Zeichen von Glasnost': der neue »Räteparlamentarismus«

I. Einleitung

Seit dem XXVII. Parteitag der KPdSU im Februar/März 1986 hat sich Glasnost' und mit ihr ein »Pluralismus der Meinungen« kräftig entfaltet. Ende 1988 wurden Teile der Verfassung und das Wahlrecht geändert. In diesem Zusammenhang tauchte die revolutionäre Parole »Alle Macht den Sowjets« wieder auf. In den Presserubriken zur Volksaussprache über die Verfassungsänderungen und während der Wahlen zum neuen »Kongreß der Volksdeputierten« wurde die »Macht der Sowjets, Macht des Volkes« beschworen. Ende Mai 1989 nahm die neue Volksvertretung ihre Arbeit auf, konstituierten sich auch die weiteren »höchsten Organe der Macht«.

Es stellt sich die Frage nach der verfassungspolitischen Richtung der Grundgesetzänderungen und nach den ordnungspolitischen Zielvorstellungen, die sich hinter jenen klangvollen Losungen verbergen. Der offizielle Leitbegriff für all diese Entwicklungen lautet »Demokratizacija«. Doch welches Konzept kommt hier zum Tragen, eine neue Variante der herkömmlichen (real)»sozialistischen Demokratie«, eine Besinnung auf das klassische Rätemodell, dem in 70 Jahren wenig Entfaltung bestimmt war, oder gar ein Demokratieverständnis, das sich demjenigen in westlichen parlamentarischen Regimen anzunähern beginnt? Schließlich sind auch Anleihen bei unterschiedlichen demokratischen Traditionen und die Entstehung eines Mischtyps vorstellbar. Generell ist in Erwägung zu ziehen, in welchem Verhältnis der beabsichtigte Wandel in Teilbereichen zu den (noch) fortbestehenden Grundstrukturen des politischen Systems steht.

Da die Perestrojka des Sowjetsystems noch aus unfertigen Programmentwürfen besteht und sich in einem bald experimentellen, bald stärker diskussionsförmigen Prozeß vollzieht, muß versucht werden, die Elemente herauszulösen, die von der traditionellen politischen Kultur abstechen. Von Relevanz erscheint vor allem das Verständnis der von westlichen Modellen rezipierten Begriffe wie Rechtsstaat, Pluralismus und Opposition. Dank Glasnost' ist dazu in der sowjetischen Presse und zumal in wissenschaftlichen Organen eine Fülle von Materialien und Analysen zu finden. Über sie erlangt man unmittelbar Einblick in das brodelnde sowjetische Verfassungslaboratorium, in den neuen »Pluralismus der Meinungen«. Hieraus und aus der Beobachtung der ersten konkreten Gehversuche in Richtung einer Demokratisierung können Trendsignale für den eingeschlagenen Systemwandel gewonnen werden.

II. Die »sozialistische Demokratie« in der Breshnew-Zeit

Als 1977 die Stalin-Verfassung von 1936 abgelöst wurde, hat man dies vornehmlich mit dem notwendigen Ausbau der »sozialistischen Demokratie« begründet. Was darunter zu verstehen war, verkündet Art. 9: »... die immer umfassendere Mitwirkung der Bürger an der Leitung der Angelegenheiten des Staates und der Gesellschaft, die Vervollkommnung des Staatsapparats, die Erhöhung der Aktivität der gesellschaftlichen Organisationen, die Verstärkung der Volkskontrolle, die Festigung der Rechtsgrundlagen des staatlichen und gesellschaftlichen Lebens, die zunehmende Öffentlichkeit [Glasnost'!] und die ständige Berücksichtigung der öffentlichen Meinung«. Darüber hinaus enthält das Grundgesetz unter den »Demokratiegeboten« auch die »sozialistische Gesetzlichkeit«, die gar in fünfzig Artikeln auftaucht. Insofern zeigen sich deutliche Parallelen zu den auf dem XXVII. Parteitag 1986 ausgegebenen Leitvorstellungen einer Demokratisierung.[1] Ihre Reaktualisierung läßt aber auch darauf schließen, daß die Verfassungsziele von 1977 in der Periode der »Stagnation« wenig bis gar keine Verwirklichung gefunden hatten.

Zum Bild der herkömmlichen »sozialistischen Demokratie« gehörte auch das ebenfalls in der Verfassung (Art. 3) verankerte Prinzip des Demokratischen Zentralismus. Dessen rigide zentralistische Elemente und die faktische Pervertierung der »demokratischen« Komponenten mußten der in Art. 9 geforderten Entfaltung von Partizipation, Öffentlichkeit und freiem Meinungsfluß von vornherein enge Grenzen ziehen. Eine weitere Blockierung gesellschaftlicher Eigenständigkeit steckte in der fast mystifizierten »führenden und lenkenden Kraft« der Partei, dem »Kern des politischen Systems« (Art. 6). Andererseits bilden laut Verfassung die Sowjets der Volksdeputierten »die politische Grundlage« der UdSSR, und ihnen sollte es obliegen, die dem Volk gehörende Staatsmacht auszuüben (Art. 2). Die prinzipielle und praktische Unvereinbarkeit all der Bestimmungen liegt auf der Hand.

Trotz aller eingebauten Hemmschwellen zeigten die praktizierten herkömmlichen Formen der Partizipation und Gesellschaftskontrolle in den Breshnew-Jahren eine Tendenz zur Ausweitung. Dies galt sowohl für die »Volksaussprachen zu wichtigen Gesetzesprojekten«, für die Ausübung der »Volkskontrolle« in Betrieben und staatlichen Einrichtungen, für den Strom von Bürgereingaben an Partei- und Staatsorgane, für Leserbriefe an die Sowjetpresse und »Wähleraufträge« an die Sowjetdeputierten als auch für die Bürgerkooperation mit den örtlichen Sowjets und für deren Arbeit selbst, schließlich für Selbsthilfeorganisationen.[2] Andererseits blieben die weiterreichenden Forderungen nach Arti-

---

1 Vgl. G. Meyer (Hrsg.), Sowjetunion zu neuen Ufern? Dokumente und Materialien zum XXVII. Parteitag der KPdSU, Düsseldorf 1986, S. 100ff.

2 Vgl. Th. Friedgut, Political Partical Participation in the USSR, Princeton/N. J. 1979; D. Schulz, J. S. Adams (ed.), Political Participation in Communist Systems, New York 1980.

kulation einer kritischen Bürgermeinung, wie sie in mehreren Verfassungsartikeln festgelegt sind (Art. 48, 49, 58), weitgehend tote Buchstaben. Glasnost' fand insofern Erwähnung, als in der Presse und seitens der Parteiführung häufig bedauert wurde, daß die traditionelle »Kritik und Selbstkritik« nicht genügend ernsthaft, grundsätzlich und »öffentlich« (mit Glasnost') gehandhabt werde.[3] Die systemimmanenten Formen der Kritik und Kontrolle von unten konnte man teils als Ansätze einer »Grassroots-Democracy«, teils als Regie eines »organisierten Konsenses« von oben betrachten.

Gesellschaftswissenschaftler waren grundsätzlich gehalten, die offiziellen ideologischen Vorgaben – »Volksstaat«, »entwickelter Sozialismus« und »sozialistische Demokratie« – theoretisch zu untermauern und institutionell auszukleiden. Dies führte in der Praxis nicht selten zu einer gewissen Relativierung jener Leitbilder und Dogmen, etwa dazu, daß einige Autoren begannen, die herkömmliche Annahme einer Interessenharmonie in der Gesellschaft sowie zwischen Staat und Gesellschaft in Frage zu stellen.[4] Im einzelnen wurden Verbesserungen des Wahlsystems, der Struktur der örtlichen Verwaltung und das Studium wie die Rückkopplung der öffentlichen Meinung, ja der unterschiedlichen gesellschaftlichen »Interessen« angeregt.

Noch in den siebziger Jahren war zwar in Wahlstudien die Aufstellung nur eines Kandidaten auch damit gerechtfertigt worden, daß sich in einer Gesellschaft mit Interessenübereinstimmung eine Kandidatenkonkurrenz erübrige. Dies wäre nur eine »künstliche Atomisierung von Voten« oder »Demokratiespielerei«.[5] So mancher Wissenschaftler, darunter B. A. Strašun, verteidigte jedoch schon den Nutzen eines Kandidatenwettbewerbs, nicht zuletzt mit dem Argument, daß eine derartige Praxis in einigen Bruderländern dem Sozialismus nicht geschadet habe.[6] Übereinstimmung herrschte darin, daß die Zusammensetzung der Abgeordneten möglichst genau die sozialen, ethnischen und demographischen Gegebenheiten der Gesellschaft widerspiegeln sollte. Dem entsprach die tatsächliche »Quotierung« in den Räten nach Alter, Geschlecht, Beruf, etc. Nichtsdestoweniger herrschte der Wunsch nach einer kompetenten und »professionellen« Arbeit der Deputierten vor.

Emigranten haben über die übliche »Show« berichtet, mit der die vom Parteiapparat vermittelten Kandidatenvorschläge in den Vorwahlversammlungen bestätigt wurden. Den in jeder Hinsicht »maßgeschneiderten« Anwärtern auf ein Mandat in der Volksvertretung war immer Applaus, zugleich aber das Desinteresse seitens des Wählerpublikums sicher. Die Umfrageergebnisse unter Auswanderern wurden durch mehr oder weniger kritische Darstellungen in der

---

3 Vgl. M. Mommsen, Hilf mir, mein Recht zu finden, Russische Bittschriften von Iwan dem Schrecklichen bis Gorbatschow, Frankfurt/M., Berlin 1987, S. 239 ff.
4 Ebenda, S. 262 ff.; vgl. auch M. Lewin, Gorbatschows neue Politik. Die reformierte Realität und die Wirklichkeit der Reformen, Frankfurt/M. 1988, S. 77 f.; A. H. Brown, Soviet Politics and Political Science, London/Basingstoke 1974, S. 74 ff.
5 Vgl. R. Hill, Soviet Politics, Political Science and Reform, Oxford 1980, S. 25.
6 Ebenda, S. 27.

Sowjetunion selbst bestätigt. Über den »Formalismus« der Wahlvorgänge empörten sich dort Dissidenten und Rechtswissenschaftler bis hin zu den Regisseuren in der politischen Führung selbst.[7] Ihr Protest war Bestandteil der Rituale und der »theatralischen Selbstinszenierung« des Regimes.[8]

Um den grundlegenden Schwächen der praktizierten »Rätedemokratie« abzuhelfen, erschien eine verstärkte öffentliche Kritik an den Deputierten wünschenswert. Dafür wurde »Glasnost'« und mehr Sachkunde in den Debatten gefordert.[9] Die Abgeordneten zeigten indessen wenig Interesse an einer Auseinandersetzung mit ihren Wählern. Nur in der Theorie spielte eine dem imperativen Mandat entsprechende Verantwortlichkeit der Abgeordneten eine Rolle, praktisch aber wurden kaum Profilierungs- und Leistungsnachweise abverlangt. Das Recht auf Revokation kam denn auch äußerst selten zur Anwendung. 1979 wurde es zwar neu kodifiziert, im wesentlichen jedoch nur der Regelung von 1959 nachempfunden. Gleichwohl wurde jetzt das Abberufungsrecht als »eines der Grundprinzipien des sozialistischen Demokratismus«, ja als Ausdruck der uneingeschränkten Macht der Werktätigen verherrlicht. Ungeachtet des völlig obsoleten Charakters der ursprünglich rätedemokratischen Einrichtung wurde so in offiziellen Verlautbarungen rein apologetisch-deklamatorisch daran festgehalten.

Das Verhältnis der gewählten Sowjetorgane zu ihren Exekutivkomitees, das heute einen der Dreh- und Angelpunkte der Perestrojka darstellt, wurde von einigen kritischen Autoren schon in den sechziger Jahren als eine grundlegende Schwachstelle im »sozialistischen Demokratismus« gesehen. Vielfach wurde die völlige Dominanz der Vollzugsausschüsse über die gewählten Sowjetversammlungen, den eigentlichen »Souverän«, kritisiert. Die devote Haltung der Abgeordneten, die sich gerne mit »Bitten« an den ihnen formal untergeordneten Vollzugsausschuß wandten, entsprach nicht der Vorstellung vom »Chozjain« (Souverän, Herr, Eigentümer). Um die Mandatare gegenüber ihrer bürokratischen Exekutive zu stärken, wurde vorgeschlagen, ähnlich dem Obersten Sowjet bei den örtlichen Sowjets ein Präsidium zu wählen.[10] Mit solchen Korrekturen könnte der Räteparlamentarismus einen Teil der an die Bürokratie verlorenen Macht zurückgewinnen, wurde argumentiert. B. A. Strašun, der heute zu den Vorreitern des neuen Wahlrechts und der Rätereform zählt, hatte 1976 eine »Funktionenteilung« zwischen dem gewählten Sowjet und dessen neuem Präsidium einerseits, dem Vollzugsausschuß andererseits sowie eine unterschiedliche Rekrutierung ihrer jeweiligen Mitglieder vorgeschlagen. Hier deutete sich das heute beschlossene Modell schon an. Damals mußten die Re-

---

7 Vgl. E. M. Jacob (ed.), Soviet Local Politics and Government, Boston/Sydney 1983, S. 70, 76.
8 Vgl. den Bericht in der Süddeutschen Zeitung von Th. Urban vom 11.11.1988 über ein gemeinsames Treffen von Dissidenten und sowjetischen Reformen in Madrid.
9 Vgl. R. Hill, a. a. O., S. 71.
10 Ebenda, S. 82 ff.

former die Idee der Gewaltenteilung aber entweder negieren oder dem politischen Vokabular der Zeit anpassen.[11]

Aufs Ganze gesehen brachen sich im Rahmen der vorgegebenen ideologischen Rahmenbedingungen schon während der sechziger und siebziger Jahre neue Ansätze zur Systemreform Bahn, auf denen die Perestrojka-Architekten heute im Hinblick auf weiterreichende Strukturveränderungen aufbauen können. So wurde schon früh ein Zusammenhang zwischen den festgestellten »Widersprüchen« und unterschiedlichen »Interessen« in der Gesellschaft und der Notwendigkeit des Ausbaus demokratischer Einrichtungen konstatiert, wenn auch entsprechende Konsequenzen unterblieben. Es fehlte eine kritische Globalanalyse des Systems, die damals »von oben« freilich nicht gefragt war. Zielvorstellungen und Ausführungsprogramm der »sozialistischen Demokratie«, einschließlich des Verhältnisses von Partei und Staat sowie der sogenannten »innerparteilichen Demokratie«, blieben ein Puzzle. Von einer kohärenten Demokratietheorie konnte überhaupt nicht die Rede sein. Gleichwohl strotzten offizielle Texte und Lehrbücher von verherrlichenden Definitionen und Losungen zum »Sowjetdemokratismus«.

Für den apologetisch-normativen Charakter des Demokratieverständnisses der Breshnew-Jahre war charakteristisch, daß eine maximale Annäherung der praktischen Entwicklung an die Demokratievorgaben des Sowjetmarxismus – vergesellschaftetes Eigentum, eine am Interesse der Werktätigen klassenorientierte Ordnung, soziale Gleichheit und reale Partizipationsmöglichkeiten – als schon gegeben behauptet wurde. Die offizielle Vorstellung von einer Interessenübereinstimmung zwischen politischer Führung und Gesellschaft ließ keinen Platz für institutionelle Formen der Konfliktregulierung oder pluralistische gesellschaftliche Strukturen. In diesen Zusammenhang gehörte der Gedanke, daß öffentliche Kritik »konstruktiv« sein müsse, und die Tendenz, Demokratie immer wieder mit Disziplin in Verbindung zu bringen.[12]

Angesichts der allzeit »führenden und lenkenden Rolle« der Partei, des Staats- wie Parteiapparate disziplinierenden Demokratischen Zentralismus und des Absinkens der Sowjets zu nachgeordneten Verwaltungsorganen war es im übrigen völlig müßig, das »real existierende« Sowjetsystem mit irgendeinem Modell der »Rätedemokratie« in Einklang bringen zu wollen. Die von den frühen Reformern angepeilten »Vervollständigungen« des Systems tendierten auch nicht dazu, die Volksvertretung näher an ihre mystifizierten Vorbilder in der Pariser Kommune und im revolutionären Rußland 1917 heranzuführen. Im Grunde waren es zum Scheitern verurteilte Versuche, etwas Mobilität und Transparenz in das festgefügte Koordinatensystem des Regimes zu bringen.

---

11 Vgl. J.M. Tichomirov, Razdelenie vlastej ili razdelenie truda?, in: Sovetskoe gosudarstvo i pravo (im folgenden: (SGiP), 1/1967, S. 14–22.
12 Vgl. G. Wahl, Theorie und Praxis sozialistischer Demokratie in der Sowjetunion, Frankfurt/M. 1984, S. 42 ff.

Nachdem die polnische Krise von 1980/81 die äußerste Verwundbarkeit eines so starren Regierungstyps offenbart hatte und als sich in der Sowjetunion selbst die Krisenerscheinungen häuften, wagten es einzelne kritische Geister, die offizielle Annahme von einer homogenen und demokratischen Sowjetgesellschaft öffentlich zu kritisieren. Der Philosoph Anatolij Butenko hob den klaffenden Widerspruch zwischen den wachsenden Produktivkräften der Gesellschaft und den überholten Produktionsverhältnissen, einschließlich der politischen Organisation, hervor. Er argumentierte in marxistischer Diktion, daß eine Krise unvermeidlich wäre, wenn letztere nicht bald ersteren angepaßt würden. Die empirische Soziologin Tat'jana Zaslavskaja rüttelte kräftig an dem traditionellen Schema der Klassen- und Schichtengliederung, indem sie über die tatsächlich viel komplexere Interessendifferenzierung in der Gesellschaft berichtete. In der wissenschaftlichen Fachpresse wurden verstärkt Demokratisierung und Glasnost' gefordert. Dabei wurde – ganz wie heute – geltend gemacht, daß »Demokratisierung nicht nur eine Frage des Prinzips, sondern auch eine des praktischen Nutzens« sei, zumal für den dringenden »ökonomischen und soziokulturellen Fortschritt«.[13]

III. Demokratisierung als Diskussion und Experiment

Nach Gorbatschows Wahl zum Generalsekretär des Zentralkomitees der KPdSU wurden erste Weichen für einen neuen politischen Kurs auf dem »historischen« Plenum des ZK im April 1985 und auf dem XXVII. Parteitag der KPdSU im Februar/März 1986 gestellt. Inzwischen war bereits von oben auf mehr »Glasnost'« in den Medien gedrungen worden. Diese befleißigten sich zunächst darin, mehr und mehr Fälle von Korruption und Amtsmißbrauch in der Verwaltungs- und Parteiarbeit ans Licht zu bringen. Vereinzelt begannen Schriftsteller und Publizisten, die strukturellen Ursachen solcher Mißstände öffentlich zu erörtern.

Auf dem XXVII. Parteitag erfolgte ein Durchbruch in Richtung einer neuen Öffentlichkeitspolitik, indem die Partei von ihrem langjährigen »Unfehlbarkeitsanspruch« Abschied nahm und Glasnost' zur conditio sine qua non der Demokratie erklärte. Aus der ersten Abrechnung mit den Fehlern in einer »nicht weit zurückliegenden Periode« wurde klar, daß die Speerspitze des neuen Re-

---

13 Vgl. A. Butenko, Die Widersprüche der Entwicklung des Sozialismus als gesellschaftlicher Ordnung, in: Osteuropa Jg. 33, 7/1983, S. A 343 ff.; ursprünglich erschienen in: Voprosy filosofii, 10/1982, S. 16–29; vgl. T. Saslawskaja, Über die sozialen Mechanismen in der Wirtschaftsentwicklung, in: Osteuropa-Info, 53/1983, S. 59–82; B. Kurašvili, Ob-ektivnye zakony gosudarstvennogo upravlenija, in: SGiP, 10/1983, S. 36–44, hier S. 43; vgl. über die Entwicklung generell A. Brown, Political Science in the Soviet Union: A New Stage of Development?, in: Soviet Studies, Vol. XXXVI, No. 3, Juli 1984, S. 317–344.

formanstoßes sich gegen die Partei selbst richtete, jedenfalls gegen die »sich dumpf dahinwälzende parteiadministrative Schicht«, von der in einem kritischen Leserbrief in der Pravda vor dem Parteitag zu lesen war. Die sorgenvolle Reaktion des konservativen Flügels um Gromyko und Ligačev, die vor einer »übertriebenen, selbstzerstörerischen« Kritik und Selbstkritik warnten, ließ zugleich erkennen, daß die Reformer in der Führung tatsächlich auf eine neue Qualität von Öffentlichkeit setzten.

Die weiteren Parteitagsforderungen nach »Demokratizacija« ließen jedoch nicht auf eine grundlegende Änderung des herkömmlichen Demokratieverständnisses schließen. Als Zielwert der Wende wurde die »sozialistische Selbstverwaltung des Volkes« herausgestellt. Im Rückgriff auf Lenin war bereits in der Präambel der Verfassung von 1977 davon die Rede. Ebensowenig wie dort wurde die »Selbstverwaltung« jetzt erläutert oder der Weg dahin spezifiziert. Statt dessen ließ man die Inhalte der »sozialistischen Demokratie« wie ehedem zusammen mit dem Gebot der »Gesetzlichkeit« Revue passieren. Auffällig war allerdings, daß nun von Garantien zur Gewährleistung der Rechtssicherheit die Rede war. Eine weitere Besonderheit war, daß auch die »neue soziale Gerechtigkeit« bzw. eine neue »Sozialpolitik« mit der Demokratisierung ineinsgesetzt, ja als Voraussetzung der »politischen Stabilität« genannt wurde.[14] Offenkundig wurden die Krisensymptome im Lande nun als ein Potential in Rechnung gestellt, das die Legitimationsgrundlagen des Herrschaftssystems selbst bedrohte. In der Konsequenz war dessen »führende und lenkende Kraft« gefragt, mit den schon so oft ausgegebenen Parolen der »Vervollständigungen« des politischen Systems endlich ernst zu machen. Der Zwang zur Reform betraf auch und vor allem die Partei selbst.

Welcher Widerstand dabei seitens des konservativen Parteiflügels und der auf einen systemimmanenten, bedächtigen Wandel erpichten Reformgruppe zu gewärtigen war, machte sich in der Hinauszögerung des Plenums bemerkbar, auf dem die Parteireform initiiert werden sollte. Als das Treffen schließlich Ende Januar 1987 zustande kam, wurden die von Gorbatschow vorgetragenen Reformmaßnahmen in den Resolutionen nur teilweise berücksichtigt.[15] Dessen ungeachtet blieb das Januarplenum ein wichtiges Datum im Perestrojka-Kalender. Von diesem Zeitpunkt an wurde praktisch ein »Workshop« demokratischen Wandels in Gang gesetzt. Nach dem »Trial-and-Error«-Prinzip, auf das man sich ausdrücklich bezog, fanden neue Verfassungsgrundsätze Erörterung, wurden traditionelle Begriffe wie der Demokratische Zentralismus in Frage gestellt, wurde konkret mit Formen der Betriebsdemokratie und mit einer neuen Wahlordnung für die Sowjets experimentiert. In Rundtischgesprächen wurde über die Bildung eines »Rechtsstaats« als Voraussetzung und Inhalt der Demo-

---

14 Vgl. G. Meyer, a.a.O.
15 Vgl. M. Gorbatschow, Wir brauchen Demokratie wie die Luft zum Atmen. Wortlaut der Rede auf dem Plenum des ZK der KPdSU am 27./28. 1. 1987 und weitere Dokumente, Köln 1987.

kratisierung debattiert. Zugleich mit dem »Rechtsstaat« hielten Begriffe Einzug in die sowjetische Öffentlichkeit, die bis vor kurzem noch als Errungenschaften der westlichen bürgerlichen Demokratie abgelehnt worden waren: Opposition, Gewaltenteilung, Inkompatibilität, Pluralismus und »ständiges« Parlament. Parallel zu diesen Neuorientierungen vollzog sich eine offizielle Abkehr von dem bisherigen »befehlsadministrativen System«. Es wurde üblich, dieses so zu bezeichnen und es als Erbe des Stalinschen »Personenkult-Regimes« hinzustellen.[16]

Die auffälligsten Veränderungen betrafen die kritische Öffentlichkeit. Diese wurde zunehmend bestimmt von einem Denken in Alternativen, von einer Ausfächerung der öffentlichen Meinung und von einer intensiven Suche nach neuen Werten. Vor allem nach dem Reaktorunfall in Tschernobyl weiteten sich die Themen öffentlicher Diskussion aus und fielen nach und nach wohlgehütete Tabus. Die Unionspresse ging darin den lokalen Blättern entschieden voraus, ja sie unterstützte die Reporter in der Provinz gegenüber den dort besonders glasnostscheuen Würdenträgern in Partei und Staat, die auch nicht davor zurückschreckten, ihnen nicht genehme Zeitungsberichte einstampfen zu lassen. Zumeist wurden in Leserbriefen erstmals die bislang »kritikfreien Zonen« attackiert. Dies traf auf die Einrichtungen des KGB, der Roten Armee und des Obersten Gerichts zu oder auf die Erscheinungen der Prostitution, Drogensucht und Obdachlosigkeit. Ganze Politikbereiche wie die Bildungs-, Schul- und Gesundheitspolitik wurden nunmehr zum Objekt einer grundlegenden »Kritik und Selbstkritik« gemacht. Presseorgane entwickelten sich zu Trendsettern politischer Richtungen; ihre Redakteure gerieten untereinander in einen Schlagabtausch der Meinungen, etwa über die Jugend- oder die Kulturpolitik, schließlich selbst über die Inhalte und das Tempo der Perestrojka-Politik.[17] Es entstanden »informelle Gruppen« und Bürgerinitiativen, sei es zur Erhaltung von Kulturdenkmälern, sei es zur Bewahrung ökologischer Werte wie des natürlichen Verlaufs der nordsibirischen Flüsse.

Parallel zu den Manifestationen gesellschaftlicher Dynamik prägten den Erneuerungsprozeß 1987 auch gesetzgeberische Maßnahmen, die einen Strukturwandel einleiten sollten. Dazu gehörte das Unternehmensgesetz, eine neue Rechtsgrundlage für Volksaussprachen und die Einführung eines gerichtlichen Verwaltungsrechtsschutzes. Darüber hinaus wurden Experimente mit einem neuen Wahlmodus durchgeführt. Bei Wahlen zu Parteiämtern, Betriebsleitungen oder zu den Sowjets kam es bereits zu einem Kandidatenwettbewerb.

Die ersten Wahlen mit mehreren Kandidaten brachten unterschiedliche Ergebnisse. Teils blieb alles beim alten »Formalismus«, teils entdeckten Wähler und Kandidaten ein gewisses Interesse am »Demokratiespielen«. Auf neue Art

---

16 Vgl. D. Busch (Hrsg.), Gorbatschow, Die wichtigsten Reden, Köln 1987, S. 244.
17 Vgl. M. Mommsen, Strukturwandel der Öffentlichkeit im Sowjetsystem. Zur Dialektik von Glasnost und Perestroika, in: Aus Politik und Zeitgeschichte, Beilage zur Wochenzeitung Das Parlament, B 12/1989, S. 16.

war in einem dörflichen Stadtteil von Perwouralsk der Sowjetdeputierte Ivan F. Akimkin gewählt worden. Er hatte sich für das Allgemeinwohl verdient gemacht, indem er durch persönlichen Einsatz bei stärkstem Frost die Wärmeversorgung der Bevölkerung sichergestellt hatte. Auf die Frage der bei der Wählerversammlung anwesenden Sekretärin des Stadtexekutivkomitees, warum Akimkin einem anderen Kandidaten vorgezogen worden sei, wurde ihr unter anderem geantwortet, daß er ein »ordentlicher Hausherr (chozjain)« wäre, bei dem sich »Haus und Hof in kräftigen Händen« befänden. Das ungewohnte Beurteilungskriterium erweckte Skrupel bei so manchem Versammlungsteilnehmer; ob »man es mit der Demokratie nicht übertrieben« habe?[18]

Im Frühjahr 1987 kam es zu umfassenden »Testwahlen« zu den Sowjets mit offener Kandidatennominierung. So wurden im Juni in 162 Wahlkreisen unter 3 980 372 Kandidaten 2 321 766 Deputierte gewählt. Eine soziologische Umfrageuntersuchung lieferte Anhaltspunkte über Wandel und Beharrung in den Einstellungen und Verhaltensweisen der Kandidaten wie der Wähler. Es stellte sich heraus, daß immer noch die Mehrheit (60%) der Kandidaturen auf Vorschläge der gesellschaftlichen Organisationen und der Verwaltung von Betriebskollektiven zurückgingen, hingegen nur etwa 29% auf die Initiative von Teilnehmern der Wahlversammlungen. Eine Mehrheit der Befragten zeigte eine negative Einstellung zur Selbstnominierung von Kandidaten. Die Möglichkeit einer Aufstellung von mehreren Kandidaten wurde in immerhin 75% der Wahlversammlungen genutzt.[19] Charakteristisch war auch der Mangel an eigenständigen Wahlplattformen. Nur 27% der Deputierten hatten überhaupt ein Programm für den Wahlkampf.[20]

Parallel zu den ersten unsicheren Gehversuchen mit Personenwettbewerb in der Politik weitete sich die öffentliche Auseinandersetzung über die Grundstrukturen des »befehlsadministrativen« Regimes aus. Die früher zur Schau getragene Ehrfurcht vor den vermeintlichen Errungenschaften der »sozialistischen Demokratie« machte harscher Kritik an jenen Potemkinischen Dörfern Platz. So wurden die herkömmlichen Wahlen als »überhaupt keine richtigen Wahlen« bezeichnet.[21] Selbst Lenins Demokratieverständnis wurde in Frage gestellt.[22] Die Merkmale des überkommenen Systems summierten sich zu einer

---

18 Vgl. Izvestija, 23. 1. 1987.
19 Vgl. W. Hahn, Electoral Choice in the Soviet Bloc, in: Problems of Communism, März/April 1987, S. 29 ff.; vgl. weiter J. Hahn, An Experiment in Competition: The 1987 Elections to the Local Soviet, in: Slavic Review, Vol. 47, 2/Herbst 1988, S. 434–447; I. F. Butko, R. K. Davydov, V. I. Kušerec, Deputaty, izbirateli i novaja izbiratel'naja praktika (Opyt sociologičeskogo issledovanija obščestvennogo mnenija), in: SGiP, 11/1988, S. 36–42.
20 Vgl. I. F. Butko u. a., a. a. O., S. 39.
21 Vgl. Izvestija, 24. 4. 1988.
22 Vgl. Pravda, 22. 4. 1988, die Rubrik: »Lenin lesen: Mehr Demokratie«; hier erörtert der Pravda-Reporter V. Egorov mit dem Historiker V. I. Desjaterik Leserbriefe an die Pravda, darunter einen kritischen über Lenins Demokratieverständnis.

langen Liste negativer Zuschreibungen: autoritär, bürokratisch, menschenfeindlich, innovationshemmend, technokratisch, undemokratisch, unbeweglich, formalistisch, anfällig für Verantwortungslosigkeit, Amtsmißbrauch, Korruption, Kasernengeist, Apathie, Zynismus und Entfremdung in der Gesellschaft.

Die Ausweitung des öffentlichen Diskurses in Richtung auf eine grundlegende Analyse des politischen Systems insgesamt oder einzelner seiner Bereiche war charakteristisch für die Entwicklung von Glasnost' in den Jahren 1987 und 1988. An der Suche nach den Ursprüngen des »befehlsadministrativen« Systems beteiligten sich Künstler, Schriftsteller und Wissenschaftler in gleicher Weise. Politikwissenschaftler stellten fest, daß das Sowjetsystem seit seiner Existenz nur vorübergehend eine »normale Verwaltung« gekannt habe, während die Perioden eines »Ausnahmeregimes«, so im Kriegskommunismus und später in den dreißiger und vierziger Jahren, überwogen. Der in den fünfziger Jahren »heranreifende Übergang zu einem normalen Regime« blieb »unvollendet«.[23] Daß in der »Stagnationsperiode« der »Ausnahmezustand« im wesentlichen fortdauerte, wurde auf die strukturellen Altlasten des Personenkult-Regimes und auf das »konservative Syndrom«, eine Verbindung von technokratischen und dogmatischen Auffassungen, zurückgeführt.[24]

Angesichts der nun in der Sowjetunion selbst formulierten Kritik an den Grundlagen des Sowjetregimes stellt sich die Frage nach der damit einhergehenden Zielrichtung der politisch-institutionellen Reformen. War zunächst nur die »Beschleunigung der sozialökonomischen Entwicklung« zuzüglich Glasnost' und eine noch weitgehend traditionelle Vorstellung von »Demokratizacija« propagiert worden, so mündete der öffentliche Diskurs zuletzt in die Forderung nach einer Umgestaltung des gesamten politischen Systems. Dieses Ziel habe sich aus der »inneren Logik des Reformprozesses« ergeben, meinte Gorbatschow. Um zu verhindern, daß – wie bei allen Reformansätzen der letzten Jahrzehnte – diese wieder im Sande verliefen, wäre das Regime jetzt von Grund auf zu ändern. Auf einigen ZK-Plenen und auf der 19. Unionsparteikonferenz Ende Juni 1988 wurde diese Linie bekräftigt, kamen erste Konturen des angestrebten Systemwandels zum Vorschein. Zugleich erwies sich Glasnost' als ein wirksamer Hebel, um die auf der Parteikonferenz gerade verabschiedeten Grundsätze eines Systemwandels, etwa während der Volksaussprache über die Verfassungsänderungen, partiell schon wieder in Frage zu stellen und neue Kriterien für Demokratisierung und Rechtsstaatlichkeit einzubringen.

---

23 Vgl. B. P. Kurašvili, Aspekty perestrojki, in: SGiP, 12/1987, S. 9 ff.
24 Vgl. L. G. Ionin, Konservativnyj sindrom, in: Sociologičeskie issledovanija, 5/1987, S. 22 ff.

IV. Hauptmerkmale des Demokratisierungsprozesses

Der gegenwärtige Verfassungsdiskurs »in Partei und Volk« und die praktische Umsetzung der Grundgesetzänderungen liefern Anhaltspunkte für Richtung und Reichweite einer Demokratisierung. Ihre Zielvorstellungen lassen sich vornehmlich in Abgrenzung zu der traditionellen politischen Kultur im Sowjetstaat, zu den »klassischen« ideologischen Vorgaben und im Vergleich zu bürgerlich-demokratischen Verfassungsmodellen herauskristallisieren:

1. Ansätze zur Bildung eines Rechtsstaats

Auf der Parteikonferenz wurde der »Rechtsstaat« als »die dem Sozialismus völlig gemäße Organisationsform politischer Macht« definiert.[25] Die Aussage ist ein Novum in der sowjetischen Staatstheorie. Der plötzliche und so bedeutungsschwer zum Ausdruck gebrachte Respekt vor dieser stets abgelehnten bürgerlichen Errungenschaft wurde nicht weiter erklärt; durch die Hinzufügung des Adjektivs »sozialistisch« wurde der Begriff zumindest augenscheinlich modifiziert. Eine gewisse Verwandtschaft zeigte der Terminus mit dem der herkömmlichen »Gesetzlichkeit« (zakonnost'), der bekanntlich zu den Standardinhalten der »sozialistischen Demokratie« gehört hatte. Nunmehr wurde eine »Vorrangstellung des Gesetzes in allen Bereichen des gesellschaftlichen Lebens« gefordert; das war eine neue Formulierung, entsprach aber älteren Bestrebungen nach Rechtssicherheit und Verfassungsmäßigkeit des Handelns von Staats- und Parteiapparat. Während die beabsichtigte Stärkung des Verwaltungsrechtsschutzes schon im Trend früherer Jahre lag, stellten die geplante Einführung einer Verfassungsgerichtsbarkeit, eine neue Theorie der Menschenrechte und die Forderung einer unabhängigen Justiz zweifellos strukturelles Neuland dar.

Schon im Zarismus sowie zwischen Februar und Oktober 1917 hatte es Ansätze rechtsstaatlicher Einrichtungen gegeben. Die in sozialistischen Bruderländern, etwa in Jugoslawien und seit einiger Zeit in Polen, eingeführten Verfassungs- und Verwaltungsgerichte sind ein Erbe der bürgerlichen Rechtskultur. Gerade diesem Vermächtnis gilt heute das vorrangige Interesse sowjetischer Rechtswissenschaftler. Sie wenden sich dem französischen Denker Montesquieu zu, ebenso der deutschen liberalen Staatstheorie, etwa K. T. Welcker und Robert von Mohl, oder berufen sich auf Neuerscheinungen der deutschen

---

25 Vgl. M. Gorbatschow, Die Zukunft der Sowjetunion. Der Gorbatschow-Bericht auf der Parteikonferenz der KPdSU, Köln 1988, S. 105. Vgl. weiter sämtliche Beiträge auf der Konferenz und ihre Resolution in: Sowjetunion, Sommer 1988. Offene Worte, Gorbatschow, Ligatschow, Jelzin und 4991 Delegierte diskutieren über den richtigen Weg. Sämtliche Beiträge und Reden der 19. Gesamtsowjetischen Konferenz der KPdSU in Moskau. Mit einem offenen Brief von J. Karjakin, Nördlingen 1988.

Staatslehre.[26] Formen und Funktionsweisen verfassungsgerichtlicher Kontrollen in den USA, Frankreich und Italien werden studiert, und jüngst erschien ein Beitrag des Würzburger Staatsrechtlers A. Blankenagel über »Theorie und Praxis der Verfassungskontrolle in der BRD« in der angesehenen staatswissenschaftlichen Zeitschrift »Sovetskoe gosudarstvo i pravo«.[27]

Namhafte Jursiten betonten schon im Vorfeld der Parteikonferenz und verstärkt danach, daß die Schaffung eines Rechtsstaats ohne die gleichzeitige Berücksichtigung der Gewaltenteilungstheorie undenkbar sei. Auf der Parteikonferenz selbst war man über diesen ketzerischen Gedanken hinweggeglitten, obwohl das angestrebte Verhältnis der gewählten Sowjets zu ihren Vollzugsausschüssen im Grunde auf dem Prinzip der Gewaltenteilung fußte. Rechtswissenschaftler zeigten jedenfalls bald keinerlei Hemmung mehr, die im angelsächsischen Denken gebräuchliche Formel der »Checks and Balances« zu verwenden. Auch der Gebrauch des Begriffs »Gewaltenteilung« (razdelenie vlastej) anstelle der lange üblichen »Arbeitsteilung« (razdelenie truda) wurde zur Selbstverständlichkeit. Daß es dabei nicht um bloße terminologische Varianten ging, wurde in den Debatten über den Wert der »Inkompatibilität« und über die Stellung des Gerichts deutlich. Nachdem im Entwurf zur Verfassungsänderung, in Abweichung von der Resolution der Parteikonferenz, eine Wahl der Richter durch den Sowjet der gleichen territorialen Einheit stipuliert worden war, kam es zu massiven Protesten. Es wurde darauf hingewiesen, daß eine Unabhängigkeit der Justiz, ihr Schutz vor »örtlichen Einflüssen«, nur durch Bestellung der Richter seitens einer anderen territorialen Instanz gewährleistet sei. Die Gesetzgebungskommission kam den Einlassungen durch eine entsprechende Änderung des Verfassungsentwurfs nach.

Das so lange hochgehaltene Prinzip der Gewaltenkonzentration begrub das Akademiemitglied Vladimir Kudrjavcev schließlich mit einer ebenso einfachen wie stichhaltigen Überlegung: Die »Klassiker des Marxismus-Leninismus« seien bei dessen Rezeption einem Mißverständnis erlegen, denn sie »hielten es, ausgehend von den Erfahrungen der Pariser Kommune, für unerläßlich, Exekutive und Legislative in Gestalt der Vertretungsorgane zu vereinen. Doch ein großer moderner Staat ist nicht die Pariser Kommune, die im Grunde eine städtische Selbstverwaltung war«.[28] Diese »Beweisführung« zugunsten einer gewaltenteiligen Ordnung zeigt, wie gründlich man sich von Lenins politischer Theorie zu lösen beginnt – und das ungeachtet der fortgesetzten Lippenbekenntnisse zum Staatsgründer und Vater der Oktoberrevolution.

---

26 Vgl. V.S. Nersesjanc, Pravovoe gosudarstvo: istorija i sovremennost', in: SGiP, 2/1989, S. 3–16; vgl. weiter Kruglyj stol. Sovetskoe pravovoe gosudarstvo i juridičeskaja nauka, in: SGiP, 3/1989, S. 53 ff.

27 Vgl. A. Blankenagel, Teorija i praktika konstitucionnogo kontrolja v FRG, in: SGiP, 1/1989, S. 102–109; S.V. Bobotov, Konstitucionnyj kontrol' v buržuaznych stranach: Doktrina i praktika, in: SGiP, 3/1989, S. 115–120.

28 Vgl. W. Kudrjawzew, Das Wesen der politischen Reform in der UdSSR, in: Probleme des Friedens und des Sozialismus, 9/1988, S. 1201; vgl. ders., Reforma političeskoj sistemy i obščestvennaja nauka, in: Kommunist, 3/1989, S. 3 ff.

2. Glasnost' als Voraussetzung von Demokratie und Innovation

Im Vergleich zum gerade aufgestellten Rechtsstaatspostulat war Glasnost' 1988 schon eine Realität und die »Heldin der Konferenz«, wie Gorbatschow am Schluß des Parteitreffens meinte. Daß sie in der Heerschau von knapp 5000 Kommunisten die dramaturgische Hauptrolle übernahm, lag vornehmlich in ihrer schon spürbar gewordenen politischen Kraft. Glasnost' war der maßgebliche Zankapfel zwischen ihren Befürwortern unter den radikalen Reformern in Partei und Presse und ihren Gegnern, die sich vor allem aus den Ersten Republik- und Gebietsparteisekretären rekrutierten.[29] In den heftigen Kontroversen über das wünschenswerte Maß an Glasnost' zeigte sich eine deutliche Kluft zwischen den Anhängern einer kritischen Öffentlichkeit als eines Werts an sich und Voraussetzung jeglicher Demokratisierung einerseits und den Verfechtern einer zweckgebundenen, begrenzten Medienfreiheit andererseits.

Letztere erblickten in dem neuen Meinungspluralismus eine Chance für Demagogie, geistigen Nihilismus und die Gefahr einer »Revision von Überzeugung und Moral«. Sie gaben der Befürchtung Ausdruck, daß die Intelligencija den Anspruch auf die Rolle einer politischen Avantgarde erheben könnte. Demgegenüber meinten einige Chefredakteure, daß der Presse gerade in einem Einparteienstaat eine zentrale Rolle zufalle, nämlich diejenige einer »politischen Opposition«. Dabei wurde auf die weltweit anerkannte kritische Funktion einer unabhängigen Presse hingewiesen und moniert, daß lediglich in der Sowjetunion »einige Genossen sie am liebsten mit einem Maulkorb an der Leine spazieren führen« wollten.

Die Befürworter eines Maximums an Meinungsfreiheit kehrten deren hohen Wert als Lieferantin neuer Ideen und alternativer Problemlösungen hervor. Nach Gorbatschow habe die neue Rolle der öffentlichen Meinung darin zu bestehen, »die beste Lösung unter Berücksichtigung aller verschiedenartiger Meinungen und realer Möglichkeiten zu finden«. Diese Erwartungen erinnern an liberale Vorstellungen des 19. Jahrhunderts. Damals sollte, wie Jürgen Habermas in seiner Untersuchung über den »Strukturwandel der Öffentlichkeit« gezeigt hat, von einem »räsonierenden politischen Publikum« eine Palette von Lösungsmöglichkeiten angeboten werden, aus denen die politische Führung dann auf der Grundlage der »realen Möglichkeiten« im Lande eine »rationale Übereinkunft« erzielen könne.[30] Offenkundig paßt dieses Modell auf die mitunter fast idealistischen Erwartungen sowjetischer Reformer in die innovatorische Kraft eines »Pluralismus der Meinungen«.

Ungeachtet der auf der Parteikonferenz geäußerten Wünsche nach rechtlicher Absicherung von Glasnost' wurde das Projekt eines Pressegesetzes bis Mai 1989 nicht verabschiedet. Am Vorabend der konstituierenden Sitzung des Volksdeputiertenkongresses forderten radikale Reformer die Ausweitung von

---

29 Vgl. die Beiträge auf der Konferenz, in: Offene Worte, passim.
30 Vgl. J. Habermas, Strukturwandel der Öffentlichkeit. Untersuchungen zu einer Kategorie der bürgerlichen Gesellschaft, Neuwied/Rhein/Berlin 1965 (2), S. 84, 95.

Glasnost' zu einer wahren Meinungsfreiheit. Gleichzeitig setzten sich die Vorkämpfer einer verstärkten Presse- und Meinungsfreiheit in den »Moskovskie novosti« und in der Zeitschrift »Ogonek« für die Möglichkeit der Kritik auch der gegenwärtigen politischen Führung ein. Dieses Recht beschrieben sie als ein ebenso »unveräußerliches Attribut der Demokratie« wie das parlamentarische Mißtrauensvotum gegenüber der Regierung und bezogen sich dabei auf die entsprechenden Usancen in »jedem zivilisierten Land«.[31] Äußerungen dieser Art machen deutlich, wie sich die Vorkämpfer einer radikalen Perestrojka an den Spielregeln demokratisch-parlamentarischer Systeme orientieren.

3. »Halbparlamentarisierung« und Präsidialsystem

Schon im Vorfeld der Parteikonferenz war Boris Kurašvili dafür eingetreten, doch wenigstens für eine »nützliche Halbparlamentarisierung« (poluparlamentarizacija) des Obersten Sowjet durch »eine wahrhaft permanente Arbeit« seiner Ständigen Kommissionen zu sorgen.[32] Die Vorlage zur Verfassungsänderung sah schließlich den Obersten Sowjet insgesamt als ein »ständiges« Parlament vor. War also mehr als eine »Poluparlamentarizacija« beabsichtigt? Eine Annäherung gar an das westliche Modell? Wie aber verhielt sich die basisdemokratische Losung »Alle Macht den Räten« dazu?

Die jüngsten Reformvorlagen weisen auf den ersten Blick beide Momente aus.[33] Einmal soll die zentrale Volksvertretung etwas von der ursprünglichen Machtfülle der Sowjets zurückerhalten, andererseits soll ein ständiges Parlament mit der Gesetzgebung und der Regierungskontrolle betraut werden. Den beiden Prinzipien entsprechen zwei Organe bzw. ein »zweistöckiges« Parlament, der neue Kongreß der Volksdeputierten mit 2250 Delegierten und ein aus dessen Mitte gewählter Oberster Sowjet mit 542 Mitgliedern, die sich paritätisch auf zwei Kammern, den Unions- und den Nationalitätensowjet, aufteilen.

Das formal »höchste Organ der Macht« stellt der jährlich einmal zusammentretende »Kongreß der Volksdeputierten« dar. Bei seiner Kreation haben sichtlich die großen Sowjetkongresse Pate gestanden, deren Abhaltung in den Anfängen der Republik üblich war. Die Kompetenzen des heutigen Volksdeputiertenkongresses unterscheiden sich jedoch grundlegend von den wenig formalisierten Aufgaben seiner revolutionären Vorläufer: Dem neuen Mammutorgan obliegt es nämlich, den ständigen Obersten Sowjet, den Staatspräsidenten und die Mitglieder eines neuen Verfassungskontrollkomitees, eine Art Verfassungsgerichtsbarkeit, zu wählen. Diese Organe sind per se mit rätedemokratischen Konzeptionen unvereinbar. Des weiteren fällt es dem Kongreß zu, den Vorsitzenden des Ministerrats der UdSSR zu approbieren und über die Abhaltung von Referenden zu entscheiden. Außerdem steht ihm das Recht auf

---

31 Vgl. Ogonek, 6.–13. Mai; Moskovskie novosti, 7. 5. 1989.
32 Vgl. B. P. Kurašvili, a. a. O., S. 7.
33 Vgl. die Texte der Gesetzesentwürfe zur Verfassungsänderung und -ergänzung, die Kommentare und Diskussionen, in: Pravda, 29. 11.–2. 12. 1988.

Abwahl des Präsidenten zu, offenkundig ein Ansatz zur Bildung von »Checks and Balances« zwischen Volksvertretung und Staatsoberhaupt. Der Kongreß ist also grundsätzlich mit großen Vollmachten ausgestattet; über die faktische Machtposition dieses »Vorparlaments« kann freilich erst die politische Praxis Aufschluß geben.

Verfassungspolitisches Ziel war es wohl, den kraft eines neuen »Repräsentationsprinzips« und in geheimen Wahlen bestellten Kongreß als Inkarnation der Volkssouveränität erscheinen zu lassen. Indem sich die herrschende kommunistische Partei neben anderen »gesellschaftlichen Kräften« in diese Institution einbrachte, vermittelte sie den Eindruck, sich der »Macht des Volkes« und den Verfassungsspielregeln zu unterwerfen. Damit verband sich für die politische Avantgarde wohl die Erwartung, an demokratischer Legitimation hinzuzugewinnen. Demgegenüber mußte das Risiko der politischen Machteinbuße schon mangels einer organisierten Opposition gering erscheinen.

Im Rahmen des gesellschaftlichen Verfassungsdiskurses wurde die Bildung des Volksdeputiertenkongresses als überflüssig bezeichnet wie überhaupt die »Zweistöckigkeit« des Parlaments glossiert. Es wurde geltend gemacht, daß der Kongreß eher an den zaristischen Zemskij Sobor als an ein modernes Parlament erinnere. Kritik fand zumal die Bestimmung, ein Drittel der Volksdeputierten aus vorgegebenen gesellschaftlichen Organisationen (KPdSU, Gewerkschaften und Genossenschaften je 100, Komsomol, Frauenverbände, Kriegs- und Arbeitsveteranen, Wissenschaftler- und Künstlerverbände je 75 Abgeordnete) zu beschicken. Dies gleiche einem »ständischen« Vertretungsgrundsatz oder wiederhole auf andere Art die frühere Praxis der Quotierung, meinten in gleicher Weise engagierte Verfassungsexperten und Leserbriefschreiber.[34]

Tatsächlich offenbarte der Wahlverlauf, daß die einzelnen Organisationen ihre Deputierten unterschiedlich »wählten«, bald aufgrund eines breiten Kandidatenwettbewerbs, bald durch faktische Nomination. Hinzu kam, daß die organisatorischen Voraussetzungen zur Anerkennung weiterer »gesellschaftlicher Organisationen«, die 75 Deputierte delegieren durften, keinen Spielraum für die Rekrutierung etwa »informeller Gruppen« beließen, hingegen eher die Vertretung von Philatelisten- und Antialkoholverbänden förderten. Führende Köpfe der Verfassungsbewegung richteten ihre Hoffnung zuletzt darauf, daß etwa 10–20% aller Abgeordneten als »unabhängige Persönlichkeiten« hervortreten würden. Aus ihrer Mitte könnten auch die Anführer von »Blöcken und Gruppen« kommen, die schon als »ein natürliches Prinzip der Arbeitsweise jedes normalen Parlaments« beschrieben wurden.[35] An der Vorstellung von der möglichen Entstehung eines solchen »Honoratiorenparlaments« erbauten sich fürs erste diejenigen Reformer aus der kritischen Intelligencija, die sich grundsätzlich an der Notwendigkeit eines Mehrparteiensystems orientieren.[36]

---

34 Vgl. Pravda, 31. 10. 1988; Izvestija, 5. 11. 1988; Moskovskie novosti, 20. 1. 1988.
35 Vgl. B. Kurašvili, in einem Gespräch mit der Autorin in Moskau am 14. 4. 1989; vgl. auch Moskovskie novosti, 14. 5. 1989.
36 Vgl. J. Ambarcumov u. B. Kurašvili, Beiträge zu einer Konferenz in Westberlin, 27.–29. 4. 1989.

Während die Vorkämpfer eines Pluralismus politischer Gruppen vergleichsweise wenig Erwartungen in die erneuernde Kraft des Volksdeputiertenkongresses setzten, richtete sich ihr Interesse um so stärker auf die Umgestaltung des Obersten Sowjet als der eigentlichen Keimzelle parlamentarischen Lebens in der Sowjetunion. Dabei dominierte deutlich eine Orientierung an der Arbeitsweise bürgerlicher Parlamente. In der Verfassungsdebatte wurde für einen Sowjet mit begabten, politisch profilierten und »professionellen« Abgeordneten plädiert. Lediglich die neue Verfassungsbestimmung, derzufolge jährlich ein Fünftel der Mitglieder des Obersten Sowjet aus dem Reservoir der Volksdeputierten neu beschickt werden soll, erinnert an das rätedemokratische Rotationsprinzip, wie es schon unter Chruschtschow wieder zu Ehren gelangt war. Andererseits könnte man in seiner heutigen Neuauflage auch eine Anlehnung an die Fluktuation im amerikanischen Kongreß sehen.

Stellte schon die Einführung eines »ständigen« Parlaments grundsätzlich einen Bruch mit dem bisherigen Verständnis des »Räteparlamentarismus« dar, so wurde erst recht bei der Beschreibung der Arbeitsweise des neuen Obersten Sowjet die Orientierung an bürgerlichen Volksvertretungen deutlich. Für ihn wurden mehrmonatige Sessionen, kürzere Reden, Deputiertenanfragen und Regierungsantworten gefordert. Offenkundig um eine Anschauung von der Arbeit bürgerlicher Parlamente zu vermitteln, erschienen in der Sowjetpresse zunehmend Artikel über das parlamentarische Leben etwa in den USA, in Großbritannien und in Schweden.[37] Schon im Herbst 1988 war in Moskau der Durchbruch zum parlamentarischen Njet gefeiert worden. Nachdem am 28. Oktober einige Abgeordnete gegen Erlasse votiert hatten, hielt »Moskau News« schon den »Abschied von der Schein-Abstimmung« für gekommen und begeisterte sich für die neuen »parlamentarischen Leidenschaften« im Kreml. Nach der Pioniertat der Stimmabweichung folgte als nächster Schritt auf dem Weg der »Parlamentarisierung«, daß erstmals vor dem Obersten Sowjet der defizitäre Staatshaushalt offengelegt wurde.[38]

Neben den Tendenzen, die Vertretungsorgane auf Unionsebene aufzuwerten, wurde in der Verfassungsdebatte das Ziel deutlich, die Räte im ganzen Land endlich »aus der Vormundschaft der Partei« zu befreien. Auf der 19. Parteikonferenz wurde betont, daß es zu diesem Zweck einer entsprechenden Budgethoheit der gewählten Sowjetorgane, zum andern einer Stärkung ihrer Position gegenüber den Vollzugsausschüssen bedürfe. In diesem Zusammenhang tauchte die schon in den siebziger Jahren ventilierte Idee der Schaffung eines eigenen Präsidiums auch der örtlichen Sowjets wieder auf. Gorbatschow erläuterte den Sinn dieser Einrichtung auf der Parteikonferenz damit, daß künftig die Vollzugsausschüsse nicht mehr von den Parteisekretären dominiert werden sollten. Vielmehr wäre der jeweilige Erste Parteisekretär einer territorialen Einheit zum

---

37 Vgl. Izvestija, 31.10.1988; Moskovskie novosti, 5.2.1988, 28.5.1988; Literaturnaja gazeta, 24.5.1989, S.14.

38 Vgl. Moskau News (deutsche Ausgabe), Dezember 1988, S.1; Moskovskie novosti, 50/11.12.1988, S.4; Süddeutsche Zeitung, 2.10.1988, 9.1.1989.

Vorsitzenden des neuen Sowjetpräsidiums zu wählen. Kraft der solchermaßen an den Sowjet übertragenen Parteiautorität wäre dieser in der Lage, seinen Vollzugsausschuß unter Kontrolle zu halten. Gorbatschows Ausführungen veranschaulichten die mit der neuen Kräftekonstellation bezweckte Einführung von »Gegengewichten« zwischen Repräsentativkörperschaft und Exekutive. Andererseits widerspricht die neue Konstellation, deren »gewaltenteilige« Wirkung in der Praxis überhaupt noch abzuwarten bleibt, grundsätzlich dem ebenfalls angestrebten Prinzip der Trennung von Partei- und Staatsfunktionen. Dementsprechend erntete der Vorschlag auf der Konferenz auch verschiedentlich Kritik.[39]

Quer zum Prinzip der Trennung von Partei- und Staatsfunktionen steht auch die Einführung eines Präsidenten, der gleichzeitig das höchste Parteiamt bekleidet. Die Kumulation des Generalsekretariats mit dem Vorsitz des Präsidiums des Obersten Sowjet stellte auch unter Gorbatschows Vorgängern keine Seltenheit dar, doch war die Präsidialfunktion früher weitgehend ein Repräsentationsdekorum. Unterdessen aber zeichnen sich Ansätze zur Bildung eines Präsidialsystems ab, insofern der Vorsitzende des Sowjetpräsidiums nun offiziell als die »höchste Amtsperson« in der UdSSR und als ihr oberster Vertreter in den internationalen Beziehungen fungiert sowie über besondere Vollmachten im Ausnahmezustand verfügt. Gegen die Gefahr eines Amtsmißbrauchs wurden einige Kautelen vorgesehen, so die Amtszeitbegrenzung von maximal zweimal fünf Jahren und ein Abwahlrecht des Kongresses gegenüber dem Präsidenten. In der rechtswissenschaftlichen Beschreibung der Funktionen des Präsidenten fällt dessen Bindung an die »kollegialen Entscheidungen« des mehrköpfigen Präsidiums des Obersten Sowjet auf. Hier findet sich zunächst das für die herkömmliche Regierungsweise des Sowjetsystems charakteristische Element der »kollektiven Führung« bzw. einer »eingebauten Kontrolle« wieder. Andererseits zeichnet sich in den neuen Konstruktionen der »höchsten Machtorgane« und ihrer gegenseitigen Beziehungen das Bemühen ab, Ansätze von »Checks and Balances« zu etablieren. Das Präsidium des Obersten Sowjet wurde inzwischen zu einem selbständigen Organ wie der »Staatspräsident« und bildet damit eine Art Staatsrat.

Ungeachtet der Abgrenzung zwischen Präsidium und Parlament verkörpert der Präsidiumsvorsitzende indessen »das organische Band« zwischen dem Volksdeputiertenkongreß und dem Obersten Sowjet, »denen er unterstellt ist«.[40] In der Volksaussprache über die Verfassungsänderungen gab dies Anlaß zu der Frage, ob denn die »höchste Amtsperson« eigentlich an der Spitze der gesetzgebenden oder der ausführenden Macht stehe; treffe beides zu, dann könne von Gewaltenteilung nicht die Rede sein. Andere Kritiker meinten, daß ein Präsidialsystem nur im Zusammenhang mit einem Mehrparteiensystem und einer

---

39 Vgl. Offene Worte, a.a.O., S. 125, 175, 320, 440.
40 Vgl. L.V. Lazarev, A.J. Sliva, Konstitucionnaja reforma – pervyj ėtap, in: SGiP, 3/1989, S. 10ff.

parlamentarischen Opposition einen Sinn gebe.[41] Gorbatschow selbst betonte bei der Begründung der neuen Verfassungsbestimmungen, daß die Gefahr des Machtmißbrauchs seitens des Präsidenten im Hinblick auf dessen Einbindung in »kollegiale Entscheidungen« nicht zu befürchten sei.[42] Skeptiker gegenüber der Einführung des Präsidentenamts trösteten sich mit der Vorstellung, daß generell die Stärkung der Staatsgewalt der auch beabsichtigten Einschränkung der Herrschaft der Partei nur dienlich sein könne.[43]

4. Der Wandel der KPdSU

Die Vorstellung von einer Reduktion der allmächtigen Herrschaftsposition der KPdSU auf die Rolle eines bloßen »ideologischen Führers, politischen Erziehers und Lehrers« beschäftigte schon die 19. Parteikonferenz. Dieses Ziel sollte durch »Abstreifen wesensfremder Funktionen« erreicht werden. Darunter war vor allem ein Ende der »Podmena«, der Ersetzung der staatlichen Verwaltungstätigkeit durch die Arbeit der Parteiorganisationen, zu verstehen. Das strukturelle Übel der Parallelismen und die Notwendigkeit ihrer Überwindung war ein schon traditionelles Postulat. Neuartig war jetzt jedoch, daß drastische Kürzungen der Parteiapparate verlangt wurden und die selbstkritische Aufforderung erging, bei der Aufnahme von Parteimitgliedern mit den üblichen »Verteilungsmethoden« aufzuräumen. Mit dem Beschluß, die Parteiämter künftig auf maximal zweimal fünf Jahre zu begrenzen und die Grundparteiorganisationen zu demokratisieren, wurde an die Leitsätze des ZK-Plenums vom Januar 1987 angeknüpft.[44]

Bemerkenswert waren die Diskussionen über die Ausweitung von Glasnost' in der Parteiarbeit. Es wurde die Veröffentlichung der stenographischen Protokolle von ZK- und Parteikomiteesitzungen und von Entwürfen wichtiger Parteierlasse sowie die Fernsehübertragung von ZK-Sitzungen verlangt. Ebenso interessierten die persönlichen Bezüge der hohen Parteifunktionäre. In dem Zusammenhang wurde festgestellt, daß man in der Sowjetunion vergleichsweise besser Bescheid wisse über die Einkünfte der englischen Königsfamilie oder des Präsidenten der USA. An der sensiblen Privilegienfrage schieden sich die Geister. Während Egor Ligačev bestimmte materielle Ansprüche der Parteiarbeiter verteidigte und in ihrem aufopferungsvollen Dienst am Gemeinwohl das »einzige Privileg« sah, konterte Boris El'cin mit ironischen Anspielungen auf die landesüblichen Zuwendungen (die Pajki) an die »hungernde Nomenklatura«.[45]

---

41 Vgl. Izvestija, 15. 11. 1988; Literaturnaja gazeta, 16. 11. 1988.
42 Vgl. Pravda, 30. 11. 1988, S. 2.
43 Vgl. J. Ambarzumow, Politische Reform: Suche nach optimalen Lösungen, in: Moskau News, November 1988, S. 3; ders., Konferenzbeitrag in Westberlin, 28. 4. 1989.
44 Vgl. Offene Worte, a. a. O., S. 320.
45 Ebenda, S. 527 ff.

Während der Volksaussprache über die Verfassungsänderungen und zumal im Zuge der Wahlen zum neuen Kongreß der Volksdeputierten erhöhte sich der Druck von außen auf die reformscheuen Kräfte in der Partei und ihren Apparaten. Die angeschlagene Parteiethik und der zögerliche Erneuerungswillen der »politischen Avantgarde« gerieten immer mehr an den Pranger der neuen kritischen Öffentlichkeit. Es wurde gefordert, doch endlich ein »Parteiengesetz« zu verabschieden, um die Willkürmethoden der Parteiherrschaft zu unterbinden. Vielen Kandidaten, darunter Boris El'cin, diente die Bekämpfung der Privilegien als ein wichtiges Thema ihrer Wahlplattformen. Der Schriftsteller Alexandr Gel'man meinte, daß sich an der Lösung dieser Frage wie an dem selbstkritischen Umgang der KPdSU mit ihrer Geschichte ihre politische Autorität oder aber ihr »moralischer Tod« erweisen werde.[46] Telman Gdljan, der von der Generalstaatsanwaltschaft mit den Untersuchungen über die Korruption in Usbekistan betraut und unter Lebensbedrohung seiner Aufgabe nachgekommen war, gehörte ebenfalls zu den Kandidaten. In seinen Wahlreden stellte er einen Zusammenhang her zwischen jenen »Mafia«-Erscheinungen und den Bestimmungen von Art. 6 der Verfassung, der die KPdSU als die »führende und lenkende Kraft der sowjetischen Gesellschaft« ausweist.

Die Wahlen zu den Volksdeputierten brachten neben einem allgemeinen Demokratisierungsschub vor allem eine neue Dynamik in das Parteileben. Der Ablauf und die Wahlergebnisse machten erkennbar, daß die Reformer in Partei und Gesellschaft von den Wählern bevorzugt wurden, soweit eine Kandidatenkonkurrenz solche Alternativen möglich machte. Auffällig war, daß die Persönlichkeiten, die sich für eine moralische Erneuerung der Partei, eine selbstkritische Geschichtsschreibung und den Abbau der Privilegien engagierten, etwa Boris El'cin, Roj Medvedev und Telman Gdljan, besonders gute Erfolge erzielen konnten, so El'cin über 89% und Gdljan 87% der Voten. Auch die parteilose Provinzjournalistin Alla Jarošinskaja konnte sich trotz all ihrer Behinderungen seitens des Parteiapparats gegenüber vier Gegenkandidaten in Schitomir mit 90% der Stimmen durchsetzen. Demgegenüber erlitt eine Reihe der etablierten und in der Parteihierarchie überaus einflußreichen Gebietsparteisekretäre empfindliche Wahlniederlagen.[47]

TASS kommentierte den Wahlausgang damit, daß »der Herr im Lande« (chozjain) gesprochen habe, »auch wenn nicht jeder den Ausgang der Wahlen mag«. Damit erwies die amtliche Presseagentur dem Bürgerwillen, dem Volkssouverän, eine Art demokratischer Reverenz. Das Urteil paßte auch zu der Absicht der Reformer, den Bestrebungen nach einer verfassungsmäßigen Einbindung der herrschenden Partei zur faktischen Geltung zu verhelfen. Schließlich mochte sich darin auch Befriedigung darüber ausdrücken, daß die Perestrojka im Lande wachsende Unterstützung erlangte. Unter der Izvestija-Rubrik »Die Demokratie lehrt uns, und wir lernen an der Demokratie« hatte Professor

---

46 Ebenda, S. 444.
47 Vgl. A. Gel'man, Auf zum letzten Gefecht, in: Moskau News, Juli 1988, S. 3.

I. Antonovič schon vor den Wahlen prophezeit, daß von allen Perestrojka-Vorhaben »die Demokratisierung einen eigenständigen Wert und die Summe der historischen Veränderungen dar[stellt], eines der Schlüsselmomente der Entwicklung, gleichzeitig das wichtigste Instrument der gesellschaftlichen Umwälzungen«.[48]

V. Fazit und Ausblick

Nach den Wahlen stellte die erste Session des Volksdeputiertenkongresses wichtige weitere Weichen auf dem Weg des Demokratisierungsprozesses. Als die neuen Rechte und Kompetenzen der frischbestellten »höchsten Organe der Macht« praktisch ausgelotet wurden, pendelten sich auch erste Ansätze »gegengewichtiger« Strukturen ein. Konturen einer politischen Opposition zeichneten sich ab. Die gewählten respektive approbierten Vertreter der staatlichen Führung sahen sich erstmals mit einer öffentlichen Kritik an Problemen des politischen Kurses konfrontiert; sie tasteten sich in der neuen Rolle der unmittelbaren politischen Rechtfertigung voran, bald mehr, bald weniger überzeugend, etwa in der heiklen Frage des Militäreinsatzes anläßlich der Aprilunruhen in Georgien. Um Verfahrensfragen zu »klären«, griff man auch auf Verfassungspraktiken westlicher Länder zurück. So sah sich Gorbatschow veranlaßt, die umstrittene Kandidatur Lukjanovs zu seinem Stellvertreter im Präsidialamt mit dem Argument zu zerstreuen, daß auch in den Vereinigten Staaten die Nomination des Vizepräsidenten das Privileg des Präsidenten sei.

Auch Glasnost' erreichte auf dem Volksdeputiertenkongreß neue Höhepunkte. Von der Regierungsseite wurden erstmals die reellen Militärausgaben beziffert. Der Oppositionelle Andrej Sacharov stellte grundlegende und peinliche Fragen zum Afghanistankrieg. Vertreter der baltischen Republiken unterstrichen ihre »abweichende« Position zuletzt durch ihren Auszug aus dem Parlament. Generell zeigte die Arbeit des Kongresses, daß dieser ebenso wie der Oberste Sowjet der gruppenmäßigen Strukturierung und der strikteren Beachtung parlamentarischer Verfahrensfragen bedarf. Die eingetretenen Unsicherheiten erklären sich einerseits dadurch, daß die Anhänger eines politischen Gruppenpluralismus noch in der Minderheit sind und deshalb die nötigen »Fraktionierungen« erheblich erschwert sind. Hinzu kommen mangelnde Erfahrung und jahrzehntelange Geringschätzung der reinen »Demokratiespielerei«. Schließlich brachten viele Abgeordnete den Wunsch zum Ausdruck, *vor den Verfahrensfragen die tatsächlich brennenden sozialen und Versorgungsprobleme im Lande zu erörtern.*[49]

---

48 Ebenda; Süddeutsche Zeitung, 28. 3. 1989.
49 Vgl. Izvestija, 25. 2. 1989, S. 2.

Zweifellos ist jenen Vorkämpfern eines radikalen Systemwandels zuzustimmen, die heute von einer »ersten Etappe« der Demokratisierung und von »Übergangsstrukturen« sprechen.[50] Eine Zwischenbilanz der Perestrojka des politischen Systems weist eine Koexistenz unterschiedlicher und widersprüchlicher Verfassungsprinzipien aus. Um diese zu beseitigen, wurde vom Obersten Sowjet eine eigene Kommission mit der Generalrevision der Verfassung von 1977 beauftragt. Ihre Arbeit wie die weiteren Anstöße aus der Verfassungsbewegung, die dem Trial-and-Error-Prinzip folgenden praktischen Erfahrungen mit Demokratizacija und der sich damit verknüpfende Wandel der Herrschaftsideologie werden nach und nach die neue institutionelle Gestalt des Sowjetsystems an den Tag bringen.

Die Zwischenbilanz zeigt eine Reihe deutlicher Anleihen bei Systemen des westlichen parlamentarischen und rechtsstaatlichen Typs; ebenso bleibt das Regime einigen wenigen rätedemokratischen Utopien und so manchen Regeln der »realsozialistischen« Staatlichkeit verhaftet. Verschiebungen in die eine oder andere Richtung hängen auch von der gesetzlichen Absicherung der demokratischen Errungenschaften und von der Akzeptanz des Neuen in der Gesellschaft ab. Weitere Unwägbarkeiten liegen in den Peripetien des Machtkampfes zwischen den Anhängern jeweils radikaler oder nur systemimmanenter Reformen sowie in den durch die Umbrüche sich bildenden neuen sozialen und strukturellen Widersprüchen mit ihren die allgemeine politische Stabilität bedrohenden Auswirkungen.

---

50 Vgl. die täglichen Berichte über die Arbeit des Volksdeputiertenkongresses in: Izvestija, 24.5.–9.6.1989; Moskovskie novosti dieser Wochen.

Hans-Henning Schröder

Strategiediskussion und Streitkräfte in der Ära des »neuen Denkens«

I. Politische Grundlegung einer neuen Militärdoktrin: die Berliner Erklärung vom Mai 1987

Der sowjetische Reformprozeß, der sich zunächst die Beschleunigung des Wirtschaftswachstums zum Ziel setzte, doch bald in einen regelrechten Systemwandel hinüberzuwachsen begann und auf den gesamten Bereich politischer und gesellschaftlicher Strukturen übergriff, wird flankiert von einer Neukonzipierung der Außen- und Sicherheitspolitik, die die Gorbatschowsche Führung anfangs eher tentativ, seit Frühsommer 1987 aber mit zunehmender Entschiedenheit vorantreibt. Sowohl die Entwicklungen im gesellschaftlichen wie die im außenpolitischen Bereich haben für die sowjetischen Streitkräfte – für ihre Struktur, ihre Aufgabenstellung, ihre Rolle in der Gesellschaft – weitreichende Folgen. In seiner Rede vor den Vereinten Nationen am 7. Dezember 1988 pointierte der Generalsekretär der KPdSU, Michail Sergeewitsch Gorbatschow, diese Entwicklung:

> »Vor unseren Augen entsteht eine neue historische Wirklichkeit – die Wende vom Prinzip der Überrüstung hin zum Prinzip der vernünftigen Hinlänglichkeit für die Verteidigung.«[1]

Für die Militärs wird dies Mittelkürzungen und Entlassungen von Personal bedeuten, es bedeutet auch Legitimationsverlust in der Gesellschaft. Neue militärische Konzepte müssen erarbeitet und in der Truppe implementiert werden. So kann es nicht verwundern, daß die sicherheitspolitische Entscheidungsfindung von einer breiten Debatte begleitet wird, an der sich neben Militärs auch zivile Experten beteiligen. Erste Folgerungen für strategische Konzepte, Ausbildungsplan und Beschaffungsplanung wurden offenbar bereits im Jahre 1988 gezogen. Streitkräftestruktur und Wehrverfassung werden zur Disposition gestellt. Erste praktische Schritte wurden eingeleitet, doch die angekündigte Truppenreduzierung und möglicherweise auch die Verhandlungen über konventionelle Streitkräfte in Europa (VKSE) in Wien können den

---

1 Vystuplenie M. S. Gorbačeva v Organizacii Ob-edinennych Nacij, in: Izvestija, 8. 12. 1988, S. 1f., hier S. 2.

militärischen Umgestaltungsprozeß noch weiter vertiefen. Vorläufig kann aber nur eine erste Bilanz der Diskussionen und der eingeleiteten praktischen Veränderungen gezogen werden.

Der neue Generalsekretär hatte bald nach seinem Amtsantritt im Frühjahr 1985 auf Konzepte zu einer Neuorientierung der Außenpolitik zurückgegriffen, die seit Anfang der achtziger Jahre in der sowjetischen wissenschaftlichen Öffentlichkeit diskutiert wurden.[2] Die Grundprinzipien des »neuen Denkens« wurden auf dem XXVII. Parteitag 1986 im Politischen Bericht des ZK von Gorbatschow definiert und in der Folge u. a. auf der 19. Parteikonferenz 1988 sowie der wissenschaftlich-praktischen Konferenz des Außenministeriums im Juli 1988 präzisiert und vertieft.

Spätestens nach dem XXVII. Parteitag mußte auch dem Westen deutlich werden, daß die neue sowjetische Führung eine neue Außenpolitik verfolgte. Ihre Grundlinien skizzierte Gorbatschow in seinem politischen Bericht auf dem Parteitag. Der Generalsekretär erklärte, daß die Zivilisation eine »nukleare Katastrophe« – d. h. einen atomaren Krieg[3] – nicht überstehen werde[4], daher sei ein grundlegendes Umdenken im Bereich der internationalen Beziehungen notwendig.[5] Man müsse davon ausgehen, daß globale, allgemeinmenschliche Probleme existierten, die nur in weltweiter Zusammenarbeit gelöst werden könnten.[6]

Die Entscheidung für eine grundlegende Neuorientierung der sowjetischen Verteidigungspolitik war allerdings bereits früher gefallen. Im Oktober 1985 benutzte Gorbatschow erstmals die Formel von der »vernünftigen Hinlänglichkeit« (razumnaja dostatočnost'), die in der Folge zu einem Schlüsselbegriff

---

2 Vgl. insbesondere V. Lomejko; A. Gromyko, Novoe myšlenie v jadernyj vek, Moskau 1984, sowie G. Ch. Šachnazarov, Logika političeskogo myšlenija v jadernuju ėru, in: Voprosy filosofii, 5/1984, S. 63–74; vgl. insbesondere auch: Ch. Glickham, New Directions for Soviet Foreign Policy, in: Radio Liberty Research, Supplement 2/86, September 6, 1986, mit einer Auflistung der damals erkennbaren Trends.

3 Gorbatschow vermeidet anscheinend den Begriff »nuklearer Krieg« und setzt an seine Stelle den Begriff »nukleare Katastrophe«; das könnte Bezug zur Diskussion um den sozialen Charakter des Atomkriegs haben, die im Herbst 1987 in der Zeitschrift »Meždunarodnaja žizn'« eingeleitet wurde; dort führten zwei Mitarbeiter des Instituts für Militärgeschichte aus, daß Nuklearkrieg kein Krieg im klassischen Sinne sei und deshalb besser als »raketno-jadernaja katastrofa« (Atomraketenkatastrophe) bezeichnet würde; vgl. B. Kanevskij, P. Šabardin, K voprosu o sootnošenii politiki vojny i raketno-jadernoj katastrofy, in: Meždunarodnaja žizn', Oktjabr' 10/1987, S. 120–129; Diskussii. Obsuždenija, in: Meždunarodnaja žizn', 1/1988, S. 102–115; vgl. dazu auch weiter unten die Ausführungen über die sowjetische Diskussion um die »Clausewitzformel«.

4 Vgl. Materialy XXVII s-ezda KPSS, Moskau 1986, S. 20.

5 Ebenda, S. 4.

6 Ebenda, S. 19.

der innersowjetischen Diskussion werden sollte.[7] Im Rahmen des politischen Berichts auf dem XXVII. Parteitag nahm der Generalsekretär den Begriff auf und bezeichnete eine »streng kontrollierte Senkung des Niveaus der militärischen Potentiale der Staaten bis zu den Grenzen der vernünfigen Hinlänglichkeit« als eine der Grundlagen für ein allumfassendes System internationaler Sicherheit.[8]

Offiziell festgeschrieben wurde das Prinzip der »Hinlänglichkeit« allerdings erst am 29. Mai 1987 in der offiziellen Erklärung des Politischen Konsultativkomitees der Mitgliederstaaten der Warschauer Vertragsorganisation (WVO).[9] Die Organisation legte hier die prinzipiellen Positionen ihrer Militärdoktrin dar. Mit diesem Dokument wurde öffentlich eine Wende in der Sicherheits- und Verteidigungspolitik markiert, die seitdem von der Gorbatschow-Administration Schritt für Schritt in die Praxis umgesetzt wird.

Der Begriff Militärdoktrin (voennaja doktrina) ist im sowjetischen Sprachgebrauch scharf umrissen und weicht stark vom westlichen Verständnis des Begriffs »Doktrin« ab. In den sechziger Jahren definierte das sowjetische

---

7 M. S. Gorbačev, Reč' na oficial'nom obede v Elisejskom Dvorce (2 oktjabrja 1985 goda), in: ders.: Izbrannye reči i stat'i, Moskau 1987, Bd. 2, S. 450–453, hier S. 451; vgl. Gorbatschows Gebrauch des Begriffs in seiner UNO-Rede im o. a. Zitat; zu einer Diskussion der verschiedenen Ausprägungen des Begriffs vgl. G. Weiß, Suffizienz als sicherheitspolitische Leitvorstellung. Überblick über den Stand der Diskussion in der Sowjetunion, in: Berichte des Bundesinstituts für ostwissenschaftliche und internationale Studien (im folgenden: BIOst), Köln, 29/1988; R. Garthoff, New Thinking in Soviet Military Doctrine, in: Washington Quarterly, 3/1988, S. 131–158; vgl. ferner unten im Text; der russische Begriff »dostatočnost'« ist von »dostatočnyj« – »genügend, ausreichend« abgeleitet; im Englischen wird der russische Terminus gewöhnlich mit »sufficiency« wiedergegeben; im Deutschen haben sich die Begriffe »ausreichendes Maß«, »ausreichendes Niveau«, »Suffizienz« und »Hinlänglichkeit« dafür eingebürgert; im vorliegenden Text wird durchgehend der Terminus »Hinlänglichkeit« benutzt; die Vorstellung von einer »hinlänglichen Verteidigung« stammt nicht originär von Gorbatschow: eine ähnliche Formulierung findet sich z. B. schon in Breshnews Tula-Rede:

> »Unseren Zugang zu diesen Fragen kann man so formulieren; das Verteidigungspotential der Sowjetunion muß hinlänglich (dostatočnym) dafür sein, daß niemand es riskiert, unser friedliches Leben zu stören.«

Vydajuščij podvig zaščitnikov Tuly. Reč' tovarišča L. I. Brežneva, in: Pravda, 19.1.77, S. 1–2, hier S. 2; allerdings stand hinter Breshnews Äußerung wohl kein durchdachtes Sufficiency-Konzept; nach Angaben von Professor Dašičev (IÈMSS) wurde der Begriff in dem heute gebräuchlichen Zusammenhang erstmals 1982/83 in einer Vorlage des IÈMSS für die politische Führung benutzt; es steht zu vermuten, daß die westliche Sufficiency-Diskussion hier Pate stand.

8 Materialy, 1986, S. 74.

9 Vgl. O voennoj doktrine gosudarstv-učastnikov Varšavskogo dogovora, in: Soveščanie Političeskogo Konsul'tativnogo Komiteta gosudarstv-učastnikov Varšavskogo dogovora, Berlin 28–29 maja 1987 goda, Dokumenty i materialy, Moskau 1987, S. 7–12.

Standardwerk zur Strategie, der »Sokolovskij«, den Begriff Militärdoktrin folgendermaßen:

> »Die Militärdoktrin ist der Ausdruck der in einem Staat angenommenen Anschauungen betreffs der politischen Bewertung eines zukünftigen Kriegs, der Einstellung des Staates zum Krieg, der Bestimmung des Charakters des künftigen Kriegs, der Vorbereitung des Landes auf den Krieg in wirtschaftlicher und moralischer Hinsicht sowie betreffs der Fragen des Aufbaus und der Ausbildung der Streitkräfte.«[10]

Militärdoktrin, so das sowjetische Autorenkollektiv, ist nicht das Ergebnis voluntaristischer Entscheidungen, sondern ergibt sich aus der ökonomischen, sozioökonomischen, außen- und innenpolitischen Situation eines Staates, aus seiner geographischen Lage, seinen volkswirtschaftlichen und moralischen Ressourcen. Die Strategie ist ihrerseits der Militärdoktrin untergeordnet:

> »In der Militärdoktrin werden die allgemeinen, prinzipiellen Grundsätze bestimmt, während in der Militärstrategie ausgehend von diesen allgemeinen Grundsätzen die konkreten Fragen ausgearbeitet und analysiert werden, die den Charakter des künftigen Kriegs, die Vorbereitung des Landes auf den Krieg, die Organisation der Streitkräfte und die Methoden der Kriegsführung betreffen.«[11]

Strategie ist demnach die Umsetzung der prognostizierten sicherheitspolitischen Entwicklung in konkrete Verteidigungsplanung, muß also bei einer veränderten Doktrin umgedacht werden.

Diese Definitionen blieben in den folgenden Jahren im wesentlichen gleich, allerdings wurde der Prozeßcharakter der Doktrinentwicklung sehr viel deutlicher betont als bei Sokolovskij. Die sowjetische Militärenzyklopädie bestimmte den Begriff Militärdoktrin 1977 folgendermaßen:

> »Militärdoktrin, das in einem Staat für eine gegebene Zeit angenommene System von Anschauungen über Ziel und Charakter eines möglichen Kriegs, über die Vorbereitung von Land und Streitkräften auf ihn sowie auch über die Methoden der Kriegsführung. Die Militärdoktrin bestimmt gewöhnlich, gegen welchen Gegner in einem möglichen Krieg zu kämpfen ist; Charakter und Ziel des Kriegs, an dem Staat und Streitkräfte teilnehmen müssen, sowie ihre Aufgaben; welche Streitkräfte für die erfolgreiche Kriegsführung nötig sind und in welche Richtung sich ihr Aufbau entwickelt; Methoden der Kriegsführung. Die grundlegenden Prinzipien der Militärdoktrin sind durch die gesellschaftliche, politische und ökonomische Struktur bestimmt, durch das Produktionsniveau, den Entwicklungsstand der Kriegsführungsinstrumente, die geographische Lage des eigenen und des Landes des potentiellen Gegners, sie ergeben sich aus der Innen- und Außenpolitik des Staates.

---

10 V.D. Sokolovskij (Red.), Voennaja strategija, Moskau ¹1962, S. 49; identisch mit den Formulierungen in der zweiten und dritten Ausgabe des Werkes, vgl. V.D. Sokolovskij (Red.), Voennaja strategija, Moskau ²1963, S. 54; V.D. Sokolovskij (Red.), Voennaja strategija, Moskau ³1968, S. 55.
11 Ebenda, 1962, S. 50.

In der Militärdoktrin unterscheidet man zwei eng verbundene und sich gegenseitig bedingende Seiten – die politische und die militärisch-technische, bei führender Rolle der ersteren.«[12]

Spätere Nachschlagewerke folgen dieser Formulierung von 1977 ebenso wie der frühere sowjetische Generalstabschef Nikolaj Ogarkov, der bei den Formulierungen der Militärenzyklopädie selbst mitwirkte – der Artikel über Militärstrategie stammt aus seiner Feder.

Aus den angeführten Zitaten wird deutlich, daß die jeweils auf Zeit gültige Doktrin Ergebnis einer sicherheitspolitischen Lageanalyse ist, die sich mit den Gegebenheiten auch ändern kann. Gravierende Veränderungen der Waffentechnologie finden hier ebenso ihren Niederschlag wie Perzeptionen der eigenen wirtschaftlichen Leistungsfähigkeit. Soweit zu übersehen, ist die sowjetische Militärdoktrin nach 1945 mehrfach verändert worden, etwa unter Chruschtschow in Zusammenhang mit der Einführung nuklearer Interkontinentalraketen oder in der Ära Breshnew nach Erreichen der ungefähren nuklearen Parität mit den USA. Jedesmal folgten einer veränderten Lageanalyse eine Umstrukturierung der Streitkräfte und wohl auch ein Wandel der Strategie: So wurde 1959/60 eine neue Teilstreitkraft geschaffen – die Strategischen Raketentruppen – bei gleichzeitigen massiven Reduzierungen der konventionellen Streitkräfte. In den siebziger Jahren gingen nach Erreichen der Parität die jährlichen Zuwächse der Rüstungsausgaben fühlbar zurück, zugleich wurde die nukleare Aufrüstung im Rahmen der SALT-Verträge erheblich verlangsamt. Dafür baute die sowjetische Seite auf dem Kriegsschauplatz Europa die konventionelle Option verstärkt aus.

Ähnlich wie Anfang der sechziger und siebziger Jahre hat die politische Führung auch in den letzten Jahren eine Neubestimmung der sicherheitspolitischen Situation vorgenommen und ist offenbar zu weitreichenden Schlußfolgerungen gekommen. Zunächst wurde offensichtlich die politische Seite der Militärdoktrin neu konzipiert; die militärisch-technische, die eng mit der strategischen Planung verknüpft zu sein scheint, begann sich erst in der Folge – nach anhaltenden Diskussionen – langsam zu bewegen. Die Doktrinerklärung der Warschauer Vertragsorganisation vom Mai 1987 enthält eben die politischen Grundprinzipien für eine neue Militärdoktrin – die Doktrin selbst mußte offenbar erst entlang dieser Setzungen entwickelt werden.

Die Erklärung[13] ging – wie die Parteitagsrede und andere Äußerungen des sowjetischen Generalsekretärs – von der Vorstellung aus, daß Kriege das

---

12 Doktrina voennaja, in: Sovetskaja Voennaja Ėnciklopedija, Moskau 1977, Bd. 3, S. 225–229, hier S. 225; vgl. ähnlich: N. V. Ogarkov, Vsegda v gotovnosti k zaščite otečestva, Moskau 1982, S. 53; ders.: Istorija učit bditel'nosti, Moskau 1985, S. 57; Voennyj Ėnciklopedičeskij Slovar', Moskau ²1986, S. 240; in der Grundtendenz ähnlich: Spravočnik oficera, Moskau 1971, S. 73f.; zur historischen Entwicklung des Konzepts »Militärdoktrin« und seiner Fixierung durch Frunze vgl. M.A. Gareev, M.V. Frunze – voennyj teoretik. Vzgljady M.V. Frunze i sovremennaja voennaja teorija, Moskau 1985, S. 105ff.
13 Soveščanie, 1987, S. 7–12.

Überleben der Zivilisation in Frage stellten. Folgerichtig erklärte sie die Kriegsverhinderung zur zentralen Aufgabe der Militärdoktrin. Die Warschauer Vertragsorganisation verzichtete ausdrücklich darauf, militärische Handlungen gegen einen anderen Staat einzuleiten, es sei denn, sie werde selbst angegriffen. Ferner wollte die WVO niemals als erste nukleare Waffen einsetzen. Kein Staat werde als Feind betrachtet, gegen keinen Staat wolle man territoriale Forderungen erheben. Die Streitkräfte, die die Warschauer Vertragsorganisation zu unterhalten gezwungen sei, dienten lediglich der Abwehr möglicher Angriffe von außen. Sie sollten die Fähigkeit besitzen, einem möglichen Angreifer eine »vernichtende Abfuhr« (sokrušitel' nyj otpor) zu erteilen. Dazu würden sie im Rahmen der »Hinlänglichkeit für Verteidigung« (dostatočnost' dlja oborny) aufrechterhalten. In einem zweiten Teil skizzierte die Erklärung dann mögliche Abrüstungsschritte im Bereich nuklearer, chemischer und konventioneller Waffen.

In dieser Erklärung steht Altes neben Neuem, verteidigungspolitisch innovative Elemente neben militärpolitischen Ladenhütern aus den fünfziger Jahren. Offensichtlich war dies ein Kompromißpapier, in dem die Konturen der neuen sowjetischen Verteidigungspolitik nur begrenzt deutlich wurden. Ein Novum war die öffentliche Behandlung des Themas selbst. Neu war auch das deklarierte Ziel – die Verhinderung von Kriegen. Dagegen findet sich die Behauptung, die Militärdoktrin der WVO sei defensiv, bereits früher in zahlreichen Dokumenten, ohne daß dies glaubhaft gemacht worden wäre. In der vorliegenden Erklärung sind zwei widersprüchliche Elemente erkennbar, die Bezug zum deklarierten Defensivcharakter der Doktrin haben: einerseits die Begrenzung der Rüstung durch das Prinzip der »Hinlänglichkeit für Verteidigung« und andererseits das Ziel, die Fähigkeit zur »vernichtenden Abfuhr« aufrechtzuerhalten, die bisher im sowjetischen Sprachgebrauch die Zerschlagung des Gegners auf dem eigenen Territorium beinhaltete – eine Vorstellung, die sich an den Erfahrungen des Zweiten Weltkriegs orientierte. Die Aufrechterhaltung dieser Option verlangt jedoch Kräfte und Fähigkeiten, die auch für einen unprovozierten Angriff nutzbar sind – daher widerspricht dieser Terminus inhaltlich der Formel von der Hinlänglichkeit für Verteidigung. Offenbar fehlte zunächst eine inhaltliche Füllung der proklamierten Doktringrundsätze. Dafür spricht auch die lebhafte Diskussion um die in der Maierklärung festgeschriebenen Begriffe, die sich 1987/88 in der Sowjetunion entfaltete. Dennoch war es der Gorbatschow-Gruppe gelungen, neue Elemente in die Sicherheitspolitik der Warschauer Vertragsorganisation einzubringen.

II. Die Diskussion um die neue Militärdoktrin

1. Inhalte der Diskussion

Die Festlegung der politischen Grundprinzipien für eine Neuformulierung der sowjetischen Militärdoktrin in der Berliner Erklärung war ein Schritt, der in der UdSSR eine breite öffentliche Diskussion um die Inhalte der veränderten

Doktrin auslöste. Militärs beteiligten sich an der publizistischen Auseinandersetzung ebenso wie Wissenschaftler aus den sowjetischen »think tanks«. Soweit sich dies am öffentlich geführten Teil der Debatte ermessen läßt, ging es vor allem um zwei Themenkomplexe: um die inhaltliche Füllung des Begriffs »Hinlänglichkeit« in seinen verschiedenen Ausprägungen und um die Rolle defensiver Konzepte in der Verteidigungspolitik. Im weiteren Sinne gehörte zu dieser Debatte auch die Auseinandersetzung über das Feindbild, das verloren zu gehen drohte, sowie die Rolle der Streitkräfte in der Gesellschaft, ihren Verlust an Prestige und den fehlenden Wehrwillen der jungen Generation. Im folgenden soll aber die Doktrindebatte im engeren Sinne im Vordergrund stehen.

a) »Vernünftige Hinlänglichkeit«

Eine breite Diskussion entfaltete sich um den Begriff »Dostatočnost'« oder »Hinlänglichkeit«. Dabei fiel der Wandel des Begriffs selbst ins Auge:[14] Wurde der Terminus zunächst von Gorbatschow in der Zusammensetzung »vernünftige Hinlänglichkeit« (razumnaja dostatočnost') in die Diskussion eingebracht, so findet sich in der Doktrinerklärung und den darauf folgenden Veröffentlichungen führender Militärs die Formulierung »Hinlänglichkeit für Verteidigung« (dostatočnost' dlja oborony, oboronnaja dostatočnost').[15] Schließlich war es anscheinend zuerst Kulikov, der Oberbefehlshaber der Truppen der WVO, dann aber auch Gorbatschow in seiner UNO-Rede, die beide Interpretationen in der Wendung »vernünftige Hinlänglichkeit für Verteidigung« (razumnaja dostatočnost' dlja oborony) zusammenfaßten.[16] Dieser Begriffswandel deutet schon auf die Diskussionen hin, die sich um den Inhalt dieser Formel entfalteten.[17] Allerdings paßten sich keineswegs alle Autoren der jeweils gültigen Sprachregelung an. Während die Militärs in der Regel den gerade aktuellen Begriff benutzten, sprach eine Reihe ziviler Wissenschaftler hartnäckig weiter von »vernünftiger Hinlänglichkeit«, ebenso wie der Außenminister, der diese Formulierung noch in seiner programmatischen Rede im Juli 1988 benutzte.[18]

---

14 Vgl. dazu vor allem: G. Weiß, Suffizienz als sicherheitspolitische Leitvorstellung. Überblick über den Stand der Diskussion in der Sowjetunion, in: Berichte des BIOst, 29/1988.
15 Vgl. Sovesčanie, 1987, S. 9; für den Sprachgebrauch der Militärs vgl. D. T. Jazov, Na straže socializma i mira, Moskau 1987, S. 34; bei dieser Broschüre handelt es sich offenbar um die offizielle Position des Verteidigungsministeriums vom Herbst 1987.
16 V. G. Kulikov, Doktrina zaščity mira i socializma. O voennoj doktrine gosudarstv-učastnikov Varšavskogo Dogovora, Moskau 1977, u. a. S. 5, 45, 49; M. S. Gorbačev, in: Izvestija, 8. 12. 1988, S. 1–2, hier S. 2.
17 Vgl. dazu die in Anm. 19, 37, 38 genannten Titel; ferner: A. Saweljew, Diskussion über die Militärdoktrin der Organisation des Warschauer Vertrages in der UdSSR und der sozialistische Pluralismus, in: Novosti. Militärbulletin, 10/1988, S. 5–9; A. G. Arbatov, O paritete i razumnoj dostatočnosti, in: Meždunarodnaja žizn', 9/1988, S. 80–92, hier S. 82.
18 Ė. A. Ševardnadze, in: Vestnik Ministerstva Inostrannych Del SSSR, 15/1988, S. 35.

Zwei Grundpositionen kristallisierten sich im Laufe der Debatte 1987/88 heraus.[19] Auf der einen Seite standen Wissenschaftler wie der Leiter des neugeschaffenen Europa-Instituts, Žurkin, die Hinlänglichkeit als eine Maxime für politisches Handeln begriffen:

> »Vernünftige Hinlänglichkeit geht davon aus, daß zur Verhinderung der Aggression der anderen Seite nicht so sehr nötig ist, ein Kräftegleichgewicht zu schaffen, als vielmehr deren Führung von der Entfesselung eines Kriegs abzuhalten.«[20]

Demgemäß müsse man auf Rüstungsentwicklungen der anderen Seite »asymmetrisch« antworten, nicht durch Nachholen desselben Rüstungsschritts. Wichtiges Element der Hinlänglichkeit sei eine Kombination von einseitigen und beidseitigen Schritten im Abrüstungsprozeß. Die konventionelle Rüstung müsse so eingerichtet werden, daß ein Aggressor nicht auf einen Sieg im »Blitzkrieg« rechnen könne. Das heiße aber nicht, daß man in einem Maße rüsten müsse, daß man jeder möglichen Bündniskoalition gewachsen sei.[21]

Dieser Position stand die Auffassung von Generalstab und Verteidigungsministerium gegenüber, die Hinlänglichkeit militärisch – nämlich als Parität – deuten. Verteidigungsminister Jazov schrieb:

> »Die militärische Potenz der sowjetischen Streitkräfte wird auf einem Niveau gehalten, das sich an der Drohung der Aggression bemißt unter Beachtung des Prinzips der Hinlänglichkeit für Verteidigung. Das heißt, daß die UdSSR, wie auch die anderen sozialistischen Staaten, auf dem Gebiet der Entwicklung und Produktion von Waffen nichts über das hinaus tun, was für die Verteidigung notwendig ist, und eben über so viele Streitkräfte und Waffen verfügen, wie sie für den Schutz gegen einen Angriff von außen notwendig sind. Dabei werden die Grenzen der Hinlänglichkeit nicht durch uns festgelegt, sondern durch die Handlungen von USA und NATO.«[22]

Im nuklearen Bereich hieß das Wahrung der Fähigkeit zum atomaren Antwortschlag nach erfolgtem Nuklearangriff, im konventionellen Bereich die Fähigkeit zur »vernichtenden Abfuhr« – d. h. der Zerschlagung des Gegners auf dessen Territorium.[23]

---

19 Vgl. auch A. G. Arbatov, a. a. O.
20 V. V. Žurkin, S. A. Karaganov, A. V. Kortunov, O razumnoj dostatočnosti, in: SŠA. Ėkonomika, Politika, Ideologija, 12/1987, S. 11–21, hier S. 15.
21 Ebenda. S. 16, 17, 19, 20: die Autoren dieses Artikels konnten sich hier auf eine Rede Gorbatschows im Außenministerium beziehen, die nur in Auszügen veröffentlicht wurde, vgl. M. S. Gorbačev, Vremja perestrojki. Vystuplenie M. S. Gorbačeva v MID SSSR 23 maja 1986 g., in: Vestnik Ministerstva Inostrannych Del SSSR 1/1987, S. 4–6 (den Hinweis auf diese Quelle verdanke ich H. Timmermann); vgl. auch: È. A. Ševardnadze, Doklad, in: Vestnik Ministerstva Inostrannych Del SSSR, 15. 8. 1988, 15, S. 27–46, hier S. 36.
22 D. T. Jazov, a. a. O., S. 34.
23 Ebenda, S. 30.

Hier standen sich unterschiedliche Konzepte von nationaler Sicherheit gegenüber – die traditionelle Auffassung, die noch in Kategorien des Zweiten Weltkriegs dachte, und eine moderne, die sich an den Gegebenheiten des Nuklearzeitalters orientierte. Der Gegensatz, der hier deutlich wird, entspricht im Grundsatz den unterschiedlichen Auffassungen vom Krieg, wie er in der «Clausewitz-Debatte« deutlich wurde.

Im Laufe der Debatte wandelten sich die Positionen und gewannen in dem Maße an Konturen, wie die Bedeutung des Hinlänglichkeitskonzepts zu Ende gedacht wurde. Es war der damalige sowjetische Generalstabschef Achromeev, der – eingeladen vom Stockholmer Friedensforschungsinstitut SIPRI – das »Defence Sufficiency Principle«[24] so definierte:

> »What kind of armed forces are we compelled to have? In this we proceed from the defence sufficiency principle. It means: a nonoffensive structure of the armed forces, limitation of the composition of strike weapons systems, change of groupings and their location with defence missions in mind, decrease of the scale of military production, etc. But we need time to implement these principles. We are taking steps to change the configuration of our armed forces in Europe to decrease the concern of Western countries. But we can fully implement the defence sufficiency principle on a mutual basis only. *Unilateral actions to provide mutual security of defence sufficiency are practically impossible.*[25]
>
> As to strategic offensive weapons, the defence sufficiency principle means a balance in these weapons between the USSR and the USA. At any quantitative and qualitative level of these weapons their potential capabilities should be equal in effectiveness. This is our position at the negotiations with the USA on a 50 per cent reduction of strategic offensive weapons.
>
> For conventional arms and armed forces, defence sufficiency means such a composition of forces which would enable the sides to repel a possible aggression, but at the same time not to threaten each other, and prevent the sides from conducting large-scale offensive operations.«[26]

Gegenüber den Äußerungen Jazovs wird hier eine Verschiebung der Gewichte deutlich. Achromeev verbindet Hinlänglichkeit mit dem Ziel einer defensiven

---

24 Dies ist vermutliche die Übersetzung des Begriffs »princip oboronnoj dostatočnosti« bzw. »princip dostatočnosti dlja oborony«, d. h. der Hinlänglichkeit für Verteidigung.

25 Hervorhebung durch den Verfasser; diese Aussage stammt vom 29. 9. 1988; am 7. 12. wurde sie durch Gorbatschows UNO-Rede obsolet; diese Desavouierung ist vielleicht mit ein Grund dafür, daß Achromeev zunächst aus der ersten Reihe zurückgezogen wurde; allerdings wechselte er direkt aus dem Generalstab in den Beraterstab Gorbatschows über; seine offizielle Position ist nach Angabe von Generalmajor Batenin »Sovetnik po voennym voprosam pri Prezidiume Verchovnogo Soveta« (Berater für militärische Fragen beim Präsidium des Obersten Sowjet); mitgeteilt am 10. 2. 1989 in einem Gespräch mit einer Gruppe von SPD-Bundestagsabgeordneten im Beisein des Verfassers.

26 S. F. Akhromeyev (S. F. Achromeev): Arms Control and Arms Reduction – The Agenda Ahead. Olof Palme Memorial Lecture 1988. SIPRI, Ms., Stockholm 29. 9. 1988, S. 13f.

Streitkräftestruktur. Die Fähigkeit zur »vernichtenden Abfuhr«, die der Verteidigungsminister 1987 noch postulierte, strebt der Generalstabschef 1988 nicht mehr an – beide Seiten sollen die Fähigkeit zur Führung großräumiger Offensiven aufgeben. Allerdings besteht der Generalstabschef auf Parität im nuklearen, aber auch im konventionellen Bereich. Eigene Abrüstungsschritte macht er von westlichen Zugeständnissen abhängig. Im Dezember 1988, nach der UNO-Rede Gorbatschows, schließlich stellten die Sprecher des Generalstabs – Achromeev trat zu diesem Zeitpunkt zurück – die einseitigen Schritte der Sowjetunion in den unmittelbaren Zusammenhang des Hinlänglichkeitskonzepts.[27]

Das Prinzip der Hinlänglichkeit wurde 1987–1988 in der sowjetischen Öffentlichkeit kontrovers diskutiert, und im Rahmen dieser Auseinandersetzung formten sich auch die unterschiedlichen Auffassungen vom Inhalt dieses Begriffs heraus. In der politischen Praxis setzten sich schließlich Vorstellungen durch, wie sie etwa Žurkin Anfang 1987 formuliert hatte – Hinlänglichkeit als sicherheitspolitisches Prinzip, das defensive Streitkräftestrukturen anstrebt und auch das Instrument einseitiger Schritte benutzt[28] –, und die zu Beginn der Debatte auf dem Hintergrund der Äußerungen hoher Militärs als reine Utopie erscheinen mußten. Tatsächlich hat es die Dynamik der Diskussion den westlichen Beobachtern erschwert, die sowjetischen Positionen zu identifizieren. So beriefen sie sich zum Teil noch auf Jazovs Definitionen, als diese schon lange obsolet geworden waren. Zudem verstellte die Gewohnheit, eher offiziellen Sprechern zu trauen als Politikberatern ohne herausgehobene Position, vielen Analytikern im Westen den Blick für die Trends, die sich in der Diskussion abzeichneten.[29]

Andererseits kann den westlichen Verteidigungsministerien nicht widersprochen werden, die darauf hinweisen, daß die sowjetische Rüstungspraxis unverändert auf Modernisierung der Kampfverbände ausgerichtet ist.

b) Defensive Orientierung

Aus der Diskussion um Hinlänglichkeit ergibt sich – das wird insbesondere in dem angeführten Achromeev-Zitat deutlich – ein weiteres Element der Doktrindebatte: die Auseinandersetzung um den Begriff der Defensive. Denn nur, wenn das Prinzip der Hinlänglichkeit sich in Strategie und Streitkräftegliederung niederschlägt, kann es tatsächlich real werden. Und nur dann wird der

---

27 Vgl. etwa Ju. A. Markelov, Počemu my sokraščaem svoju armiju, in: Izvestija, 11.12.1988, S. 5; V. Lobov, Unilateral Soviet Armed Forces Cuts, in: Moscow News, 18.12.1988.
28 Vgl. V.V. Žurkin, S.A. Karaganov, A.V. Kortunov, a.a.O., hier S. 16ff.
29 Als positive Beispiele für Analytiker, die die Debatte in ihrer Entwicklung verfolgten und daraus Schlußfolgerungen über mögliche Trends ableiteten, sind hier vor allem G. Weiß (Berichte des BIOst, 29/1988) und R. Garthoff (Washington Quarterly, 3/1988, S. 131–158) zu nennen.

behauptete defensive Charakter der Militärdoktrin glaubhaft. Gewiß war dies für das sowjetische Militär ein erhebliches Problem – denn dabei ging es um Einsatzgrundsätze, Ausbildung und Kräftegliederung. Daß man sich damit zunächst schwer tat, wurde schon aus der Berliner Erklärung sehr deutlich, in der neben neuen Elementen wie Kriegsverhinderung und Hinlänglichkeit auch jenes Prinzip der »vernichtenden Abfuhr« auftauchte, das die Legitimation für eine offensive »Force Posture« war.

Dennoch kam auch in der Frage der defensiven Konzeption bald eine Diskussion in Gang. Einen Anstoß hatte im Jahre 1987 ein Artikel von Kokošin, dem stellvertretenden Direktor des Amerika-Instituts, und Larionov, einem Dozenten der Generalstabsakademie, über die Schlacht von Kursk gegeben, in dem die Autoren eine Neubewertung des Verhältnisses von Angriff und Verteidigung forderten.[30] Ein Jahr darauf veröffentlichten sie einen weiteren Artikel, der die strategische Stabilität in Europa untersuchte. Hier entwarfen sie vier Szenarios – von der Gegenüberstellung offensiv orientierter Kräfte über die von in ihrer Offensivfähigkeit beschränkten Gegnern bis hin zu einer Streitkräftestruktur auf beiden Seiten, die sich am Prinzip der »nichtprovozierenden Verteidigung« orientierte – und diskutierten im Anschluß daran die Folgen für die Stabilität.[31] Während hier sowjetische Fachleute auf Ideen zurückgriffen, wie sie unter dem Stichwort »strukturelle Nichtangriffsfähigkeit« oder »strukturelle Angriffsunfähigkeit« im Westen entwickelt worden waren, vertrat das Verteidigungsministerium noch durchaus traditionelle Ansichten. Jazov erklärte allerdings Verteidigung zur Hauptgefechtsart, aber er bestand auf der Fähigkeit zum Gegenangriff:

> »Als grundlegende Form militärischer Handlungen bei der Abwehr einer Aggression betrachtet die sowjetische Militärdoktrin die Verteidigung. Sie muß zuverlässig und fest, hartnäckig und aktiv und darauf berechnet sein, den Angriff des Gegners aufzuhalten, ihn zu entkräften, Territoriumsverlust zu verhindern und die Zerschlagung der eingedrungenen feindlichen Gruppierungen zu erreichen.
> Doch allein durch Verteidigung kann man einen Aggressor nicht zerschlagen. Deshalb müssen die Streitkräfte und die Flottenkräfte nach der Abwehr des Überfalls zu einem entscheidenden Angriff fähig sein.«[32]

Ähnlich äußerte sich eine Anzahl anderer Generale.[33] Dagegen unterstrich Kokošin noch einmal, daß Stabilität am ehesten erreicht werden könne, wenn

---

30 A. Kokošin, V. Larionov, Kurskaja bitva v svete sovremennoj oboronitel'noj doktriny, in: Mirovaja ėkonomika i meždunarodnye otnošenija, 8/1987, S. 32–40, hier S. 33.
31 A. Kokošin, V. Larionov, Protivostojanie sil obščego naznačenija v kontekste obespečenija strategičeskoj stabil'nosti, in: Mirovaja ėkonomika i meždunarodnye otnošenija, 6/1988, S. 23–31; vgl. dazu H.-H. Schröder, Sicherheit für Europa: Ein sowjetischer Diskussionsbeitrag, in: Gelesen, kommentiert ..., BIOst, 7/1988.
32 D.T. Jazov, a.a.O., S. 32f.; Hervorhebungen ebenda.
33 Vgl. etwa V. Gulin, I. Kondyrev, Oboronitel'naja napravlennost' sovetskoj voennoj doktriny, in: Morskoj sbornik, 2/1988, S. 8–13, hier S. 12f.; V. Serebrjannikov, Bezopasnost' gosudarstva v jadernyj vek, in: Kommunist Vooružennych Sil, 9/1988, S. 32–39, hier S. 38.

die Verteidigungsfähigkeit der einen Seite die Angriffsfähigkeit der anderen übertreffe. Und auf der wissenschaftlich-praktischen Konferenz des Außenministeriums im Sommer 1988 wurde die Formel von der »vernichtenden Abfuhr« von verschiedenen Seiten deutlich kritisiert.[34] Ein Umdenken signalisierten auch die Äußerungen Achromeevs in Stockholm, in denen der damalige Generalstabschef eine Veränderung der Streitkräftestrukturen ankündigte. Dagegen erklärte der stellvertretende Generalstabschef Gareev zwar zur gleichen Zeit in einem Interview, daß Verteidigung nun die Hauptgefechtsart sei, aber er schränkte das zeitlich ein: sie sei es zu Beginn des Kriegs. Auch wenn sich beide Aussagen nicht direkt widersprechen, werden hier von den beiden Generalstabsvertretern doch die Gewichte unterschiedlich verteilt. Es scheint, daß die militärische Führung nach der langen Diskussion und nach der 19. Parteikonferenz mit ihrer Neubestimmung der politischen Prioritäten noch nicht ihre endgültige Position festgelegt hatte – oder daß sie sich unter starkem politischem Druck befand. In der Tat ist der Generalsekretär im Dezember vor der UNO dann deutlich in Richtung auf defensive Strukturen vorangeschritten: Gorbatschows Ankündigung über eine Truppenreduzierung und den Abbau von Panzern signalisieren Bestrebungen, die Offensivfähigkeit der sowjetischen Kräftegruppierungen in Mitteleuropa zu verringern. So muß man davon ausgehen, daß die Positionen, die das Verteidigungsministerium 1987 vertrat, nun überholt sind.

2. Motive für die Neubestimmung der Militärdoktrin

Die Breite und Intensität der Doktrindiskussion machen deutlich, daß es um mehr geht als um kurzfristige, für westliche Augen bestimmte Täuschungsmanöver. Legitimation und Selbstverständnis der Streitkräfte stehen in dieser öffentlichen Auseinandersetzung zur Disposition, die Priorität des Militärs bei der Ressourcenverteilung wird in Frage gestellt. Gewiß prägte auch die Person des Generalsekretärs die Debatte. Doch die Gorbatschow-Administration reagierte auf Trends, die schon seit langem zu erkennen waren: auf die übermäßige Belastung der sowjetischen Volkswirtschaft durch Rüstungsaufwendungen und auf den rascher werdenden technologischen Wandel. Die Militärdoktrin mußte dem veränderten Welt- und Kriegsbild angepaßt werden. Tatsächlich begann die sowjetische Doktrindiskussion bereits Mitte der siebziger Jahre[35], als einerseits immer deutlicher wurde, wie stark die sowjetische Wirtschaft durch die Rüstung belastet war, und andererseits die Modernisierung der nuklearen ebenso wie der konventionellen Waffensysteme eine tiefgreifende Veränderung des Kriegsbilds erwarten ließ.

---

34 Vgl. A. Kokošin, Razvitie voennogo dela i sokraščenie vooružennych sil i obyčnych vooruženij, in: Mirovaja ėkonomika i meždunarodnye otnošenija, 1/1988, S. 20–32, hier S. 32; XIX Vsesojuznaja konferencija KPSS: vnešnjaja politika i diplomatija. Vystuplenija rukovoditelej sekcij, in: Meždunarodnaja žizn', 9/1988, S. 36–61.
35 Vgl. die Aussage von G. M. Sturua, Bylo li neobchodimo razvertyvanie raket SS-20, in: SŠA. Ėkonomika, Politika, Ideologija, 12/1988, S. 23–29, hier S. 29.

III. Praktische Schritte zur Umsetzung der Doktrin: das Jahr 1988 und die 19. Parteikonferenz

Seit dem Sommer 1985 entwickelt die sowjetische Führung ein neues sicherheitspolitisches Konzept. Anknüpfend an die in den siebziger Jahren begonnene interne Diskussion um die Anpassung der Militärdoktrin an die veränderten Verhältnisse, setzten Generalsekretär und Außenminister, sekundiert von einem intelligenten Generalstabschef und einer Gruppe ziviler Experten, in öffentlicher Diskussion neue sicherheitspolitische Grundsätze durch. Von großer Bedeutung ist nun die Frage, wieweit diese Grundsätze praktisch umgesetzt werden: »The proof of the pie is in the eating.«

Reale Veränderung von Aufbau, Ausrüstung, Ausbildung und Dislozierung der sowjetischen Truppen, erkennbare Entwicklungen nicht nur im Bereich der »Intentions«, sondern auch bei den »Capabilities« sind für den westlichen Beobachter das Kriterium für die wirklichen sowjetischen Absichten. Dies hat auch der sowjetische Außenminister Ševardnadze sehr deutlich unterstrichen, als er in Auswertung der UNO-Rede Gorbatschows die Mitarbeiter des Außenministeriums warnte: »Worte und Taten dürfen nicht auseinanderfallen.«[36]

In seinen Forderungen an die WVO muß der Westen jedoch Augenmaß behalten. Die konkrete Ausarbeitung und die Umsetzung der neuen Militärdoktrin bedürfen einer gewissen Zeit. Nachdem im Mai 1987 die politischen Grundprinzipien festgeschrieben wurden, war in der Diskussion zunächst die militärisch-technische Seite der Doktrin neu zu bestimmen. Geeignete Streitkräftestrukturen, Einsatzgrundsätze und Ausbildungsvorschriften waren zu erarbeiten, die dann in die Praxis umzusetzen sind. Mittelfristig muß die Dislozierung der Truppen angepaßt werden. Zugleich müssen die militärischen Verbände umgegliedert und umgerüstet werden. Die Rüstungswirtschaft muß beschränkt werden, Ressourcen sind in die Zivilwirtschaft umzulenken, freiwerdende Kapazitäten der Rüstungswirtschaft müssen für zivile Produktion umgerüstet werden.

Dies sind Prozesse, die Zeit brauchen. Insofern sind Forderungen nach sofortigem Wandel, wie sie teilweise von seiten der NATO-Führungsgremien aufgestellt wurden, nicht nur wenig seriös, sie wirken auf dem Hintergrund der neuen, intelligenten sowjetischen Sicherheitspolitik auch ausgesprochen hilflos. Dennoch ist – bei Einräumung angemessener Fristen – von der sowjetischen Führung die Einlösung ihrer Versprechen zu fordern. Die einseitige sowjetische Truppenreduzierung ist ein erster Schritt zur Erfüllung der geweckten Erwartungen.

---

36 Vystuplenie E.A. Ševardnadze na sobranii aktiva MID SSSR »O praktičeskich zadačach ministerstva inostrannych del po realizacii idej i uloženij soderžaščichsja v vystuplenii M.S. Gorbačeva v OON 7 dekabrja 1988 g.« 13 dekabrja 1988 g. Pečataetsja s sokraščenijami, in: Vestnik Ministerstva Inostrannych Del SSSR, 23/1988, Priloženie, S. iv.

Von besonderem Interesse für die westliche Öffentlichkeit ist aber auch die Offenlegung der Rüstungsausgaben und der Streitkräftezahlen. Erst wenn die sowjetische Seite ernstzunehmende Aussagen zu diesen Themen macht, ist es möglich, die Daten, die westliche Regierungsstellen und strategische Forschungsinstitute liefern, auf ihren Wahrheitsgehalt hin zu prüfen. Dieser Forderung hat sich die sowjetische Führung lange versagt – wohl nicht zuletzt, um die eigene Gesellschaft über die sowjetischen Rüstungsaufwendungen im unklaren zu lassen.[37] In letzter Zeit wurde aber deutlich, daß sich der sowjetische Generalstab mit der Vorbereitung eines Streitkräftevergleichs befaßt. In einem Interview, das der stellvertretende Abteilungsleiter im Generalstab, Generalmajor Kuklev, gab, kritisierte er eine Reihe westlicher Veröffentlichungen über die Kräftebilanz, ließ jedoch die Veröffentlichungen von SIPRI und IISS gelten:

> (Interviewer): »Gibt es denn auch ernsthafte Veröffentlichungen, in denen mehr oder weniger objektive Daten über das Kräfteverhältnis geliefert werden?«
> (Kuklev): »Ja, die gibt es. Positiv – gewiß, mit einigen Einschränkungen – schätzen wir die Veröffentlichungen des Stockholmer Instituts für Friedensforschung (SIPRI) und die des Londoner Internationalen Instituts für strategische Studien sowie einige andere ein.«[38]

Am 30. Januar 1989 veröffentlichte dann die »Pravda« einen Streitkräftevergleich, aus dem die sowjetische Öffentlichkeit erstmals präzis über das gewaltige Rüstungspotential der UdSSR und der anderen WVO-Länder informiert wurde.[39] Nach Angaben von sowjetischer Seite werden jetzt auch Daten zur Stärke der Streitkräfte östlich des Urals vorbereitet und in absehbarer Zeit veröffentlicht, ferner steht eine Publikation von Daten zum Rüstungshaushalt bevor.[40] Wenn dies geschehen sein wird, verfügt die sowjetische Öffentlichkeit über eine erheblich klarere Vorstellung über die Rüstungslast, die ihre Volkswirtschaft zu tragen hat.

Neben der Ankündigung einer einseitigen sowjetischen Truppenreduzierung und der Veröffentlichung der Daten hat es in der letzten Zeit auch andere

---

37 Erst unlängst unterstrich G. A. Arbatov in einem Interview mit großer Penetranz immer wieder, daß die unsinnige Geheimhaltung militärischer Daten nicht nur sicherheitspolitischen Experten die Möglichkeit nehme, die wirkliche Lage zu analysieren, sondern auch die Öffentlichkeit hindere, die richtigen Fragen zur sowjetischen Verteidigungspolitik zu stellen; vgl. Razoruženie i bezopasnost'. Na voprosy korrespondenta »Krasnoj zvezdy« otvečaet akademik G. A. Arbatov, in: Krasnaja zvezda, 31. 12. 1988, S. 5.
38 Po principu razumnoj dostatočnosti, in: Krasnaja zvezda, 28. 12. 1988, S. 3.
39 Der deutsche Text in: Warschauer Vertrag und NATO: Kräfteverhältnis in Europa, Moskau 1989; dem Streitkräftevergleich wohnen gewiß eine ganze Reihe von Problemen inne, dennoch ist seine Veröffentlichung im Prinzip zu begrüßen; für eine erste Einschätzung vgl. z. B. H. Pohlmann, Vergleichbares muß vergleichbar werden, in: Süddeutsche Zeitung, 8. 2. 1989, S. 9.
40 Diese Angabe machte Zagladin gegenüber einer Gruppe von SPD-Bundestagsabgeordneten in Moskau am 9. 2. 1989 im Beisein des Verfassers.

Entwicklungen im praktischen Bereich gegeben, die zeigen, daß die sowjetischen Streitkräfte allmählich mit der Umsetzung der Militärdoktrin beginnen: in der Ausbildung, in der Militärtheorie, in der Einstellung zum Militär zeigen sich neue Elemente.

1. Arbeit an einer Theorie der strategischen Verteidigung

Die Feststellung, die der sowjetische Verteidigungsminister im Herbst 1987 traf, daß nämlich Verteidigung nunmehr die Hauptart militärischer Handlungen sei, bedurfte der praktischen Verwirklichung. Die Militärwissenschaft mußte Grundsätze der Verteidigung auf strategischem, operativem und taktischem Niveau ausarbeiten, die dann über Vorschriften und Trainingsprogramme in die Truppe eingeführt werden mußten. Das war um so schwieriger, als dieser Fragenkomplex über Jahre hinweg vernachlässigt worden war. Anläßlich einer Lehrvorführung der Taman-Gardedivision beklagte die Armeezeitung »Krasnaja zvezda«, daß die Erfahrungen des »Großen Vaterländischen Kriegs« vergessen worden seien. Der Auftrag, der an die Militärwissenschaft ging, wurde sehr deutlich formuliert:

> »Als wir jedoch die Thematik der Ausbildung der Truppen in Verteidigungshandlungen in den Hintergrund schoben, stellten wir auch die Erfahrung der Vergessenheit anheim, die mit dem Blut und Schweiß der Frontkämpfer erworben war. (...) Man muß das auch in dem Zusammenhang unterstreichen, daß heute, da wir uns auf das siebzigjährige Jubiläum unserer Streitkräfte vorbereiten und besonders aufmerksam unsere militärische Vergangenheit analysieren, jeder Offizier die hervorragende Möglichkeit hat, die Fronterfahrung immer wieder schöpferisch durch das Prisma der Forderungen der modernen Militärdoktrin zu betrachten und für sich praktische Schlußfolgerungen zu ziehen.
> Offensichtlich müssen unsere Militärwissenschaftler und -historiker vom militärisch-professionellen Gesichtspunkt her gewisse Verteidigungsoperationen der Periode des Großen Vaterländischen Kriegs tiefer analysieren. Wissenschaftliche Empfehlungen, gestützt auf schöpferisch durchdachte Kampferfahrung, könnte man sowohl bei der Vorbereitung der entsprechenden Lehrmittel als auch bei der praktischen Arbeit der Kommandeure und Stäbe in der Organisation des Lehr- und Ausbildungsprozesses sowie bei der Vervollkommnung der materiell-technischen Ausbildungsbasis nutzen.«[41]

Der Grundsatz, Verteidigung sei Hauptkampfart, wurde offenbar alsbald in die Truppenausbildung eingeführt. Dabei galt es jedoch, Verteidigung auch theoretisch neu zu durchdenken und verschüttetes Wissen zu aktivieren. In der offenen Literatur waren es vor allem die Militärhistoriker, die hier gefordert waren, die strategischen Verteidigungsoperationen des Zweiten Weltkriegs endlich ernsthaft zu analysieren. Dabei war es von Vorteil, daß die sowjetische Historikerdiskussion auch für die Militärtheoretiker den Weg für die Ausein-

---

41 G. Miranovič, V. Žitarenko, Čem sil'na oborona? in: Krasnaja zvezda, 10.12.1987, S. 2.

andersetzung mit den Erfahrungen der Verteidigungsschlachten der Jahre 1941/42 freimachte, die man vorher weitgehend verdrängt hatte.

In zahlreichen Aufsätzen wurden im Jahre 1988 Grundsätze strategischer Verteidigung am Beispiel der negativen Erfahrungen des Zweiten Weltkriegs aufgearbeitet.[42] Die Mehrzahl der Autoren unterstrich, daß eine der Ursachen der militärischen Katastrophe von 1941 das Fehlen einer ausgearbeiteten Theorie der strategischen Verteidigung gewesen sei.

> »Die praktische Lösung des Problems *(der Wiederherstellung der durchbrochenen strategischen Front)* wurde in bedeutendem Maße durch das Fehlen theoretischer Ausarbeitungen bezüglich der strategischen Verteidigung erschwert. Am Vorabend des Kriegs waren alle unsere Dienstvorschriften und Instruktionen von der Idee aktiver Angriffshandlungen durchdrungen. Im Entwurf der Felddienstvorschrift von 1939 hieß es: ›Auf jeglichen Angriff des Feindes antwortet die Union der Sozialistischen Sowjetrepubliken mit einem vernichtenden Schlag der gesamten Macht ihrer Streitkräfte... Den Krieg werden wir offensiv führen, mit dem entschiedenen Ziel, den Gegner auf dessen eigenem Territorium vollkommen zu zerschlagen....‹ Die theoretischen Überlegungen und die Ausbildungspraxis von Truppe und Stäben gingen von der Voraussetzung aus, daß die sowjetischen Streitkräfte im Laufe eines Kriegs nicht genötigt würden, in großem Rahmen längerfristig zur Verteidigung überzugehen. Das Vorgehen der Truppen werde von Anfang an nur offensiven und unbedingt erfolgreichen Charakter tragen. Verteidigung werde, so nahm man an, nur in operativ-taktischem Rahmen geführt. Den Fragen der Organisation und Führung von strategischer Verteidigung wurde nicht die nötige Aufmerksamkeit gewidmet, und so mußte man diese Probleme erst im Laufe des Kriegs lösen.«[43]

Die Nutzanwendung für die Situation heute ist deutlich. Die grobe Vernachlässigung des Themas Verteidigung in der militärischen Theoriebildung und in der Ausbildung der Streitkräfte ist nicht nur ein historisches Thema, auch in der unmittelbaren Vergangenheit haben die sowjetischen Streitkräfte diesen Fehler begangen, den es nun zu korrigieren galt – entsprechend den Grundsätzen der

---

42 Die Diskussion wird zusammengefaßt bei H.-H. Schröder, Die Lehren von 1941. Stalinismus, Traditionswandel und die Bedeutung der strategischen Defensive im Verständnis der sowjetischen Militärs heute, in: Berichte des BIOst, 50/1988, insbesondere S. 45 ff.

43 P. T. Kunickij, Vosstanovlenie prorvannogo strategičeskogo fronta oborony v 1941 godu, in: Voenno-istoričeskij žurnal, 7/1988, S. 52–60, hier S. 59 f.; vgl. für den Bereich der rückwärtigen Dienste auch G. P. Pastuchovskij, Razvertyvanie operativnogo tyla v načal'nyj period Velikoj Otečestvennoj vojny, in: Voenno-istoričeskij žurnal, 6/1988, S. 18–27, hier S. 18 f.; vgl. auch F. F. Gajvoronskij (Redaktion), Evoljucija voennogo iskusstva: ètapy, tendencii, principy, Moskau 1987, S. 155:

> »Es ist charakteristisch, daß die Verteidigung ebenfalls als gesetzmäßige Form militärischer Handlungen anerkannt wurde, jedoch als temporäre, erzwungene, die im Verhältnis zum Angriff eine untergeordnete Rolle spielte. Man nahm an, daß Verteidigungshandlungen nur im operativ-taktischen Rahmen breite Anwendung fanden, deshalb wurden die Fragen der Organisation und Führung der strategischen Verteidigung nicht im notwendigen Umfang entwickelt.«

Militärdoktrin, die im Mai 1987 verabschiedet worden waren. Die praktische Umsetzung forderte Armeegeneral Postnikov, der im Oktober Marschall Ogarkov in seiner Funktion als Oberbefehlshaber des TVD West ablöste[44], in einer militärhistorischen Studie der Schlacht von Kursk:

> »Die Untersuchung und Verallgemeinerung der Erfahrungen der größten Schlacht in der Geschichte, deren Hauptinhalt Verteidigung und Gegenangriff waren, hat nicht zu übertreffende Bedeutung für die weitere Entwicklung der Kriegskunst auf der Grundlage der sozialistischen, durch und durch defensiven Militärdoktrin.
> Man muß eingestehen, daß die Kunst der Führung einer aktiven Verteidigung von gewissen Kommandeuren bisweilen unterschätzt wird. Manchmal wird die Verteidigung auf Übungen nicht klug organisiert und passiv geführt. Die Durchführung von Gegenangriffen und Gegenstößen, der kühne Einsatz von Jagdgruppen (*rejdovych grupp*) im Rücken des Gegners, das elastische Manöver mit Truppen und Sperrmitteln (*silami i sredstvami*) wird in ungenügender Weise praktiziert.
> Im laufenden Ausbildungsjahr wird den Fragen der Führung von Verteidigungsgefechten und der Analyse historischer Erfahrung große Aufmerksamkeit gewidmet. Generäle und Offiziere müssen gut verstehen, daß nur auf der Grundlage einer allseitigen Analyse der Wechselbeziehungen zwischen Vergangenheit und Gegenwart die dialektische Erbfolge im Militärwesen festgestellt, schöpferisch weiterentwickelt und auf eine neue qualitative Stufe gestellt werden kann.«[45]

Daß diese Auseinandersetzungen ein Reflex auf Diskussionen um die Umsetzung der Militärdoktrin waren, wurde Mitte 1988, kurz nach der 19. Parteikonferenz, sehr deutlich gemacht. Auf der Konferenz hatte der Generalsekretär das Stichwort von den »qualitativen Parametern« gegeben.[46] Anfang August wurde diese Formel in einem Artikel des Verteidigungsministers und auf Versammlungen des Pateiaktivs des Generalstabs, des Parteiaktivs der Politischen Hauptverwaltung und auf einer Beratung der Leiter der militärwissenschaftlichen und Erprobungsinstitute sowie der Militärakademien interpretiert.[47] Auf der Versammlung des Parteiaktivs des Generalstabs wurde die Forderung erhoben, Fragen der Strategie und der operativen Kunst unter folgendem Gesichtspunkt neu zu überdenken:

> »Gründliche Bearbeitung erfordert die Frage des möglichen Charakers des Kriegs bei Abwehr einer Aggression. Viel wurde hier getan. Jedoch nicht alle politischen und strategischen Probleme wurden mit ausreichender Gründlichkeit untersucht,

---

44 Vgl. RFED/RLD Daily Report, 27. Oktober 1988.
45 S.I. Postnikov, Razvitie voennogo iskusstva v Kurskoj bitve, in: Voenno-istoričeskij žurnal, 7/1988, S. 10–18, hier S. 18.
46 Vgl. oben Anm. 12.
47 Vgl. V. Semenov, Po kriterijam perestrojki. Sobranie partijnogo aktiva Glavnogo političeskogo upravlenija Sovetskoj Armii i Voenno-Morskogo Flota, in: Krasnaja zvezda, 7. 8. 1988, S. 2; D. T. Jazov, Kačestvennye parametry oboronnogo stroitel'stva, in: Krasnaja zvezda, 9. 8. 1988, S. 1–2; I. Sas, Perestrojka trebuet del. Sobranie partijnogo aktiva General'nogo štaba Vooružennych Sil SSSR, in: Krasnaja zvezda, 13. 8. 1988, S. 2; Povyšat' otdaču voennoj nauki, in: Krasnaja zvezda, 14. 8. 1988, S. 1–2.

in einer Reihe von Positionen sind wir häufig noch Gefangene alter Vorstellungen. Auf der Versammlung wurde unterstrichen: Fehler bei der Einschätzung des wahrscheinlichen Charakters der Aggression sind immer gefährlich. Bei defensivem Charakter der Strategie zeitigen sie schwerste Folgen.«[48]

Der politischen Setzung für eine neue Militärdoktrin, die im Mai 1987 öffentlich gemacht wurde, folgte eine intensive Diskussion, die sich bereits im Sommer oder Herbst 1987 auf der militärisch-technischen Seite in einer Orientierung hin zu Verteidigung niederschlug – nicht ohne Widerstände bei führenden Militärs. Im Jahre 1988 wurde dieser neue Schwerpunkt von der militärtheoretischen Diskussion aufgenommen, in die sich auch Praktiker, wie z. B. der Armeegeneral Postnikov, einschalteten.

2. *Ausbildungsschwerpunkt Verteidigung*

Die Neuorientierung der sowjetischen Verteidigungspolitik schlug 1988 auch im Bereich der taktischen Ausbildung durch. Verteidigung im Rahmen des Bataillons und des Regiments wurde Schwerpunktthema des Ausbildungsjahrs 1988. Bereits Ende 1987 führte die Taman-Garde-Mot-Schützen-Division in winterlichen Verhältnissen eine Lehrvorführung zum Thema Verteidigung durch. Dabei ging es zum einen um die Erprobung taktischer Verfahren des Verteidigungskampfes, zum anderen um die Ausarbeitung von Ausbildungsverfahren für das Thema Verteidigung.[49] Die Korrespondenten der Armeezeitung beschrieben die Unsicherheit bei Führern und Truppe, die mit diesem Thema konfrontiert wurden. Sie unterstrichen aber auch den politischen Auftrag, der hier verwirklicht werden sollte:

> »Es ist doch kein Geheimnis, daß in der Gefechtsausbildung ebenso wie in anderen Bereichen der Tätigkeit der Truppe jetzt eine aktive Suche nach solchen Formen und Methoden der Arbeit vor sich geht, die in höchstem Maße die gewachsenen Forderungen der Partei an die Streitkräfte und die prinzipiellen Setzungen der Militärdoktrin berücksichtigen. Wie bekannt, betrachtet unsere Militärdoktrin die Verteidigung als Hauptform militärischer Handlungen bei der Abwehr einer Aggression.«[50]

Verteidigung wurde offiziell zum Schwerpunkt des Ausbildungsjahrs 1988.[51] In den Zeitschriften der Teilstreitkräfte spielte Verteidigung im Bataillons- und

---

48 I. Sas, in: Krasnaja zvezda, 13. 8. 1988, S. 2.
49 G. Miranovič, V. Žitarenko, in: Krasnaja zvezda, 10. 12. 1987, S. 2.
50 Ebenda.; vgl. auch Postnikov, in: Voenno-istoričeskij žurnal, 7/1988, S. 18; vgl. oben Zitat zu Anm. 89; vgl. ferner den Beitrag eines Regimentskommandeurs der Kantemir-Garde-Panzer-Division, der ebenfalls von der Notwendigkeit berichtet, die neue Militärdoktrin in der Ausbildung umzusetzen; A. Pachomov, A kto-to sdelal bol'še, in: Krasnaja zvezda, 15. 12. 1988, S. 2; die Kantemir-Division mußte offenbar, ebenso wie die Taman-Division, eine Reihe von Lehrvorführungen zum Thema Verteidigung für die Offiziere des Wehrkreises organisieren.
51 Ebenda.

Regimentsrahmen eine große Rolle[52], die Manöverberichterstattung betonte den defensiven Charakter der Übungen.[53] Allerdings hatten die sowjetischen Kommandeure und ihre Stäbe offenbar ihre Schwierigkeiten mit dem neuen Ausbildungsthema. In der Versammlung des Aktivs des Generalstabs wurde festgestellt:

> »Die neuen Ansätze werden auch in die operative Ausbildung der Streitkräfte implementiert. Insbesondere wurde auf der Versammlung angemerkt, daß gewisse Übungen zahlreiche Mängel sichtbar gemacht hätten. Einzelne Befehlshaber und Stäbe haben sich die Erfordernisse der defensiven Strategie und operativen Kunst nicht in vollem Maße klar gemacht.«[54]

Die Neuorientierung der Truppe wird wohl noch einige Zeit erfordern, besonders, da von Umrüstung und Umgliederung der Verbände noch nicht einmal die Rede ist.

Dementsprechend ist die Bedeutung der Schwerpunktverlagerung in der Ausbildung unter rein militärischem Gesichtspunkt bisher begrenzt. Taktische Schulung im Bataillons- oder Regimentsrahmen sagt nichts aus über Einstellung und Fähigkeiten der operativen und strategischen Führung. Erst im Zusammenhang mit einer Veränderung der Ausrüstung und der Zusammensetzung von Großverbänden – wie sie mit Gorbatschows Ankündigungen möglich erscheinen – gewinnt die taktische Schulung der Truppen Gewicht. Dennoch muß die Tatsache konstatiert werden, daß sowjetische Streitkräfte derzeit schwerpunktmäßig die taktische Verteidigung trainieren. Zum einen ist dies ein politisches Signal nach Westen – ein erster, noch unvollkommener

---

52 Vgl. etwa ebenda; G. Ionin, Osnovy sovremennogo oboronitel'nogo boja, in: Voennyj vestnik, 3/1988, S. 18–21; Ju. Morenko, V. Lebedev, V. Sadovnikov, Na rubežach oborony, in: Voennyj vestnik, 4/1988, S. 18–29 (über eine weitere Lehrvorführung der Taman-Division); A. S. Gusev, Razvitie taktiki oboronitel'nogo boja v pervom i vtorom periodach Velikoj Otečestvennoj vojny, in: Voenno-istoričeskij žurnal, 8/1988, S. 32–41 (über die Entwicklung der Taktik der Verteidigung im »Großen Vaterländischen Krieg«); V. Solomacha, Podgotovka oborony, in: Voennyj vestnik, 8/1988, S. 19–23; V. Kirillin, S. Afagonov, V rajone oborony batal'ona, in: Tyl Vooružennych Sil, 8/1988, S. 26–28; V. Runov, P. Alekseev, Ėkskurs v istoriju, in: Voennyj vestnik, 8/1988, S. 24–26; P. Konoplja, Šablon i vnezapnost' nesovmestimy (Razmyšlenija učastnika Velikoj Otečestvennoj vojny o primenenii neožidannych sposobov i taktičeskich priemov dlja dostiženija vnezapnosti v oboronitel'nom boju, in: Voennyj vestnik, 12/1988, S. 22–25; A. Prokopčik, V. Tokar', Polk perechodit k oborone, in: Tyl Vooružennych Sil, 12/1988, S. 34–36; es ist symptomatisch, daß die Mehrzahl dieser Artikel in der zweiten Hälfte des Jahres 1988, nach der 19. Parteikonferenz, erschien, die den endgültigen politischen Durchbruch für die Realisierung defensiver Konzepte und Mittelbeschränkung für die Militärs mit sich brachte.
53 Vgl. etwa den Bericht über die Übung »Družba-88«: V. Efanov, V. Prjadkin, Stojkost' oborony, in: Krasnaja zvezda, 6. 2. 1988, S. 1.
54 I. Sas, in: Krasnaja zvezda, 13. 8. 1988, S. 2.

Schritt in Richtung auf eine Realisierung der defensiven Orientierung der Militärdoktrin. Zum anderen wirkt das neue Ausbildungsthema auch nach innen. Konsequent umgesetzt, fordert die neue Militärdoktrin den sowjetischen Militärs viel ab – ihr Prestige, ihre Legitimation, ihre soziale Sicherheit stehen zur Disposition. Der Ausbildungsschwerpunkt Verteidigung ist ein Schritt zur psychologischen Umrüstung des Offizierskorps – flankiert von der Losung der »Perestrojka in den Streitkräften«.

3. Die Folgen der 19. Parteikonferenz: »Qualitative Parameter«, Mittelknappheit und Fragen der Streitkräftestruktur

Die hohe Belastung der sowjetischen Volkswirtschaft durch Rüstungsaufwendungen gerieten im Jahre 1988 zunehmend in das Blickfeld der sowjetischen Öffentlichkeit. Die politische Führung um Gorbatschow war aber offenbar vor allem dadurch beunruhigt, daß die verschiedenen Ansätze zu einer Wirtschaftsreform keine Verbesserung der Versorgungssituation bewirkt hatten und so innerhalb der Bevölkerung offenbar eine breite Skepsis gegenüber der Perestrojka-Politik fortbestand.[55]

Aus diesem Grund kam es im Sommer 1988 zu einer grundlegenden Neuorientierung bei der Ressourcenverteilung. Die Resolution der 19. Parteikonferenz unterstrich den neuen Schwerpunkt deutlich:

> »In der sozialökonomischen Sphäre ist die wichtigste Aufgabe die Beschleunigung der Lösung der lebensnotwendigen Fragen des Wohlstands der Bevölkerung.
> Vor allem muß eine wesentliche Verbesserung der Lebensmittelversorgung des Landes erreicht werden. Das ist die größte sozialökonomische Frage.«[56]

Dieser Punkt wurde auf dem Juliplenum des ZK, das Maßnahmen zur Realisierung der Konferenzbeschlüsse erarbeitete, noch einmal betont.[57] Der Maschinenbau, zumal die Ministerien des Rüstungssektors, sollten verstärkt in die Ausweitung der Konsumgüterproduktion eingeschaltet werden. Die bisherigen Leistungen des Maschinenbausektors zur Unterstützung der Konsumgüterproduktion wurden kritisiert.[58] Die verstärkte Ausrichtung des zivilen und Rüstungsmaschinenbaus auf Unterstützung von Landwirtschaft und Versorgungssektor wurde noch einmal von Masljukov, dem Vorsitzenden der

---

55 Das wird etwa deutlich in den Thesen, die das ZK zur Parteikonferenz vorlegte: Tezisy Central'nogo Komiteta KPSS k XIX Vsesojuznoj partijnoj konferencii, in: Pravda, 27. 5. 1988, S. 1–3, hier These 1 (S. 1).
56 Rezoljucii XIX Vsesojuznoj konferencii KPSS, in: Pravda, 5. 7. 1988, S. 1–3, hier S. 1.
57 Vgl. M. S. Gorbačev, O praktičeskoj rabote po realizacii rešenij XIX Vsesojuznoj partijnoj konferencii, in: Pravda, 30. 7. 1988, S. 13, hier S. 2 und 3; O praktičeskoj rabote po realizacii rešenij XIX Vsesojuznoj partijnoj konferencii, in: Pravda, 31. 7. 1988, S. 1.
58 Vgl. etwa V Politbjuro CK KPSS, in: Pravda, 5. 7. 1988, S. 1; V Sovete Ministrov, in: Pravda, 21. 7. 1988.

Staatlichen Plankommission, in seiner Planrede angesprochen.[59] Bereits in den beiden letzten Jahren des auslaufenden Fünfjahresplans sollte diese Umorientierung zum Tragen kommen.

Die Rüstungsindustrie reagierte rasch und ging verstärkt in die Öffentlichkeit. Mit Interviews des Ministers für mittleren Maschinenbau, des Vorsitzenden der Militärisch-Industriellen Kommission, mit Ausstellungen und hochrangigen Besuchen in Rüstungsbetrieben wurde versucht, die verstärkte zivile Ausrichtung der Rüstungsindustrie glaubhaft zu machen.[60] Brauchbare Daten über Ressourcenverschiebungen und über die Höhe der Rüstungsaufwendungen wurden allerdings bisher nicht veröffentlicht, obgleich im Außenministerium und in der Presse zunehmend Kritik an der Geheimhaltung solcher Zahlen und an dem merkwürdigen Gebaren der Staatlichen Statistischen Behörde laut wurden.[61] Es gab auch aus anderer Richtung Kritik: So bemängelte ein ehemaliger Rüstungsmanager, daß man die Rüstungsbetriebe nun zur Unterstützung der Konsumgüterproduktion einsetze. Das sei wenig effektiv, sinnvoll wäre es, die Möglichkeiten dieser Betriebe zu nutzen, indem man deren Knowhow im Werkzeugmaschinenbau und in der Produktion elektronischer Bauteile dem Zivilsektor zugänglich mache.[62] Offenbar gingen die Ansätze zur zivilen Nutzung militärischer Ressourcen vielen Ökonomen noch lange nicht weit genug. Und es scheint, der Druck auf Beschneidung der Rüstungsausgaben nimmt noch zu.

Auch die militärische Führung hatte die Signale der 19. Parteikonferenz verstanden. Anfang August versuchte man offenbar, die Streitkräfte in einer

---

59 Ju.D. Masljukov, O Gosudarstvennom plane ėkonomičeskogo i social'nogo razvitija SSSR na 1989 god i o chode vypolnenija plana v 1988 godu, in: Pravda, 28.10.1988, S. 2–4, hier S. 3.

60 Vgl. u.a. Tovary – s voennogo zavoda, in: Izvestija, 9.11.1988, S. 4; Potencial oboronnych otraslej – razvitiju agroproma, in: Pravda, 19.11.1988, S. 2; Poseščenie vystavki. Pererabatyvajuščim predprijatijam – novuju techniku, in: Pravda, 26.11.1988, S. 1; Soveršenstvovat' aviacionnuju techniku, in: Pravda, 2.12.1988, S. 3; A. Sabirov, Vmesto raket – detskie koljaski. Ob amerikanskoj inspekcii i sud'be voennogo zavoda v gorode Votkinske, in: Izvestija, 21.12.1988, S. 3; I.S. Belousov, Voennym zavodam – mirnuju professiju, in: Izvestija, 2.1.1989, S. 1–2.

61 Vgl. etwa: Vystuplenie Ė.A. Ševardnadze na sobranii aktiva MID SSSR »O praktičeskich zadačach ministerstva inostrannych del po realizacii idej i položenij soderžaščichsja v vystuplenii M.S. Gorbačeva v OON 7 dekabrja 1988 g.« 13 dekabrja 1988 g. Pečataetsja s sokraščenijami, in: Vestnik Ministerstva Inostrannych Del SSSR. Priloženie, 15 dekabrja 1988, 23/1988, S. ii–viii; A. Izjumov, Glasnost' v ėkonomike, in: Moskovskie novosti, 28/10.7.1988, S. 13; E. Gontmacher, »Voennye tajny«, in: Sovetskaja kul'tura, 17.9.1988, S. 5; O.O. Zamkov, Ot kogo i začem skryvaetsja statistika?, in: Ėkonomika i organizacija promyšlennogo proizvodstva (ĖKO), 11/1988, S. 34–43; I. Malašenko, Bezopasnost' i zatratnyj podchod, in: Kommunist, 18/1988, S. 115–119; G.A. Arbatov, Razoruženie i bezopasnost', in: Krasnaja zvezda, 31.12.1988, S. 5.

62 Ju.S. Val'kov, Poslednij kozyr', in: Socialističeskaja industrija, 13.11.1988, S. 2.

Serie von Konferenzen auf die neue Situation einzustimmen.[63] Dabei unterstrichen Verteidigungsminister und Generalstabschef, daß die Streitkräfte in Zukunft wohl mit knapperen Mitteln auskommen müßten. Deshalb müsse die Qualität der Ausrüstung und der Ausbildung gesteigert werden. Aufgabe der Militärwissenschaft sei die Ausarbeitung defensiver Konzeptionen der Kriegskunst. Die Streitkräftestruktur müsse unter diesen Gesichtspunkten überdacht werden. In der operativen und strategischen Ausbildung seien im Ausbildungsjahr 1988 bei der Umsetzung defensiver Konzeptionen Mängel deutlich geworden, die es abzustellen gelte. All dies deutet darauf hin, daß die sowjetischen Streitkräfte sich auf die Erfüllung ihrer Aufgaben im Rahmen der Gorbatschowschen Wirtschafts- und Sicherheitspolitik einrichten.

Angesichts der Notwendigkeit, in Zukunft mit knapperen Mitteln auszukommen, und im Zusammenhang mit den Überlegungen zur Bewirkung einer eher defensiven Einstellung der Streitkräfte begannen auch Diskussionen um mögliche Änderungen in Streitkräftestruktur und Wehrverfassung. Die Auseinandersetzung hatte bald nach Verabschiedung der Doktrinerklärung im Mai 1987 begonnen. Während einige Autoren die Forderung aufstellten, die Streitkräftestruktur müsse der Neuorientierung der Militärdoktrin folgend defensiver werden, bestanden andere darauf, die vorhandene Struktur sei ausgewogen und entspreche den Anforderungen einer defensiven Militärdoktrin.[64]

Nach der 19. Parteikonferenz übernahm jedoch auch die militärische Führung die These, daß die Streitkräftestrukturen der defensiv orientierten Militärdoktrin angepaßt werden müßten. In seiner Auswertung der Ergebnisse der Konferenz erklärte Verteidigungsminister Jazov Anfang August 1988 in der Armeezeitung »Krasnaja zvezda«:

> »Die qualitative Vervollkommnung der Streitkräfte vom Gesichtspunkt ihrer Zusammensetzung her erfordert vor allem die Schaffung solcher Organisationsstrukturen von Stäben und Truppe, die Zweckmäßigkeit, maximale Anpassung an die gegebenen Ziele, vollständigste Realisierung der vorhandenen Gefechtspotentiale und bedingungslose Erfüllung der gestellten Aufgaben bei minimaler Verausgabung von Mitteln und Ressourcen miteinander verbinden. Dabei muß die

---

63 Vgl. die Berichte über die Beratungen, auf denen die Streitkräfte die Beschlüsse der 19. Parteikonferenz aufarbeiteten, in: V. Semenov, in: Krasnaja zvezda, 7. 8. 1988, S. 2; D. T. Jazov, in: Krasnaja zvezda, 9. 8. 1988, S. 1–2; I. Sas, in: Krasnaja zvezda, 13. 8. 1988, S. 2; Povyšat' otdaču voennoj nauki, in: Krasnaja zvezda, 14. 8. 1988, S. 1–2.

64 Vgl. den Bericht über diese Diskussion bei A. Saweljew (A. Savelev), Diskussion über die Militärdoktrin der Organisation des Warschauer Vertrags in der UdSSR und der sozialistische Pluralismus, in: Novosti. Militärbulletin, 23. 6. 1988, 10, S. 5–9, hier S. 5 f.; es war vor allem der Artikel von Kokošin und Larionov, in: Mirovaja ėkonomika i meždunarodnye otnošenija, 6/1988, S. 23–31, der im Juni 1988 noch einmal mit aller Deutlichkeit herausarbeitete, daß die Strukturen der dislozierten Streitkräfte – nicht Absichtserklärungen – für die politische und strategische Gesamtlage von entscheidender Bedeutung sind.

Entwicklung der Teilstreitkräfte und Waffengattungen nicht nur im höchsten Maße ausbalanciert sein, sondern auch die jetzt zu verwirklichenden praktischen Abrüstungsschritte, ihre Perspektiven mit einbeziehen und vollständig den Forderungen der defensiven Doktrin entsprechen.«[65]

Und auf der Versammlung des Parteiaktivs des Generalstabs hieß es:

»Auf der Tagesordnung steht die Fortsetzung der Arbeiten, der Struktur der Streitkräfte eine defensive Ausrichtung zu geben.«[66]

Damit wurden – mehr als ein Jahr nach Verabschiedung der Erklärung zur Militärdoktrin der Warschauer Vertragsorganisation – wenigstens grundlegende Folgerungen für den Aufbau der Streitkräfte gezogen. Allerdings waren die Äußerungen der militärischen Führung wenig konkret. Der damalige Generalstabschef Achromeev wurde in seinem Stockholmer Vortrag etwas deutlicher[67], doch erst die UNO-Rede Gorbatschows gab wirkliche Anhaltspunkte, in welche Richtung die Entwicklung gehen sollte. Die Ankündigungen des Generalsekretärs sahen u.a. eine Ausdünnung der Panzerdichte in Ostmitteleuropa vor. Dies wurde im Westen als Verringerung der Offensivfähigkeit der WVO wahrgenommen. Die Sprecher des sowjetischen Generalstabs, die sich im Kontext der angekündigten Truppenreduzierung zu Wort meldeten, unterstrichen diesen Punkt immer wieder. Generalmajor Lebedev, Oberstleutnant Nikanorov und Generaloberst Lobov hoben einhellig hervor, daß die sowjetische Seite in Umsetzung ihrer neuen, defensiven Militärdoktrin im Begriff sei, ihre Streitkräfte in Europa defensiv zu gliedern.[68] Dies hob auch der ehemalige Generalstabschef Achromeev in einem langen Interview mit der Zeitung »Sovetskaja Rossija« hervor.[69] Die militärische Führung paßte sich offenbar der Sicherheitspolitik und der Prioritätensetzung in der Volkswirtschaft an, die die Gorbatschow-Adminstration nun mit aller Macht betrieb.

Praktisch soll dies nun im Rahmen der von Gorbatschow vor der UNO angekündigten Reduzierungen realisiert werden:[70]

- die offensive Kärftegruppierung in der DDR und der ČSSR wird aufgelöst;
- die verbleibenden Verbände verlieren einen Teil ihrer Panzereinheiten, die durch Mot-Schützeneinheiten ersetzt werden;

---

65 D.T. Jazov, in: Krasnaja zvezda, 9.8.1988, S.2.
66 I. Sas, in: Krasnaja zvezda, 13.8.1988, S.2.
67 Vgl. oben das Zitat zu Anm. 58.
68 Ju. Lebedev, Sokraščenie armii i oboronosposobnost', in: Krasnaja zvezda, 16.12. 1988, S.3; V. Lobov, Ischodja iz principov oboronitel'noj dokriny, in: Pravda, 17.12.1988, S.2; V. Nikanorov, Formula bezopasnosti, in: Krasnaja zvezda, 18.12.1988, S.3.
69 Armija i perestrojka, in: Sovetskaja Rossija, 14.1.1989, S.1, 3.
70 Die folgenden Ausführungen basieren auf den Mitteilungen von Generalmajor G.V. Batenin, derzeit Konsultant beim ZK der KPdSU (neoficial'nyj voennyj ėkspert CK KPSS) gegenüber einer Gruppe von SPD-Bundestagsabgeordneten in Moskau am 10.2.1989 im Beisein des Verfassers.

– die Truppen in den westlichen Grenzwehrkreisen der UdSSR werden umstrukturiert und verlieren ihre bisherige Mobilität.

Nach Auskunft Generalmajor Batenins bildeten bisher fünf der sechs Panzerdivisionen, die aufgelöst werden sollen, verstärkt durch Panzer, Artillerie, Landungs- und Luftsturmverbände, jeweils eine Operative Manövergruppe (OMG). Diese Kräftegruppierung mit hoher offensiver Stoßkraft wurde von NATO-Beobachtern in der Regel als akute Bedrohung dargestellt. Sowjetische Sprecher ihrerseits leugneten die Existenz von OMGs stets ab. Nunmehr wird das Vorhandensein dieser Formationen wenigstens in nichtöffentlichen Gesprächen zugegeben. Noch im Jahre 1989 werden zwei der OMGs in der DDR und die eine in der ČSSR stationierte liquidiert. 1990 werden die zwei restlichen OMGs in der DDR aufgelöst. Damit ist die vom Westen als bedrohlich empfundene Stoßgruppierung beseitigt.

Die verbleibenden Panzerdivisionen verlieren 20% ihrer Kampffahrzeuge, gleichzeitig wird die Zahl der Kampfpanzer in den Mot-Schützendivisionen um 40% abgesenkt. Alle selbständigen Panzerregimenter in Osteuropa werden durch Mot-Schützenregimenter ersetzt. Konkret könnte das nach Auskunft der sowjetischen Seite so aussehen, daß innerhalb der Panzerdivisionen die Zahl der Panzerregimenter von 3 auf 2 gesenkt wird. Indessen wird die Zahl der Mot-Schützenregimenter von 1 auf 2 erhöht. Ähnlich werden die Panzerregimenter selbst umstrukturiert werden. Die verlorengegangene offensive Feuerkraft soll durch defensive ersetzt werden – in Form von Panzerabwehr: etwa Lenkraketen und Werfereinheiten zur Verlegung von Minenfeldern auf Distanz.

In den westlichen Grenzwehrkreisen der Sowjetunion – dem Baltischen, dem Weißrussischen und dem Karpatenwehrkreis – sollen auf der Basis bisheriger Mot-Schützendivisionen MG- und Artilleriedivisionen gebildet werden. Die Feuerkraft dieser Verbände soll erheblich verstärkt werden, gleichzeitig sollen sie ihre Beweglichkeit verlieren. Die sowjetische Führung orientiert sich dabei anscheinend an dem historischen Konzept der »Befestigten Rayons« (ukreplennye rajony).

Werden diese Umstrukturierungen so vorgenommen, wie es von Generalmajor Batenin angekündigt wurde, so verlieren die sowjetischen Streitkräfte diesseits des Ural tatsächlich einen beträchtlichen Teil ihrer Offensivfähigkeit. Dies wäre die konsequente Fortsetzung einer Politik, die in Ansätzen Mitte 1987 erkennbar geworden ist.

Die Diskussion um Streitkräftestruktur und Wehrverfassung gehen in der sowjetischen Öffentlichkeit aber noch weiter und nehmen eine Wendung, die den Militärs nicht angenehm sein kann. Von verschiedenen Seiten wurden Stimmen laut, die die Wehrpflicht abschaffen und eine Berufsarmee einrichten wollten, die durch ein Miliz- oder Territorialheer ergänzt werden sollte. Derartige Vorschläge kamen zum einen aus den Streitkräften selbst[71], in denen

---

71 Vgl. A. Savinkin, Kakaja armija nam nužna, in: Moskovskie novosti, 6. 11. 1988, S. 6; Armija i obščestvo, in: Vek XX i mir, 9/1988, S. 18–28, hier S. 24ff.; dabei

nach Afghanistan und angesichts der anstehenden Personalkürzungen die Mißstimmung offenbar wächst, zum anderen aus den baltischen Republiken. Dort stellen die neugegründeten Volksfronten auch militärpolitische Forderungen auf, zu denen etwa die Abschaffung der patriotischen Wehrerziehung und die Aufstellung nationaler lettischer usw. Verbände gehören.[72] Gegen solche Stimmungen und wohl auch gegen weitergehende Vorstellungen wandte sich Gorbatschow in einer Rede vor Moskauer Jugendlichen:

> »Verstehen Sie, wir können nicht einfach hingehen und unsere Armee auflösen, während alle anderen ihre Armee behalten und rüsten. Das wäre falsch. Deshalb werden wir zusammen mit anderen Staaten den Weg der Kürzung von Armeen und Rüstung einschlagen. Und im allgemeinen muß man in der Frage des Armeedienstes und der Einberufung genau hinschauen. Ich glaube, auch die Frage der Wehrdienstzeit taucht jetzt auf. Diese kann geändert werden. Aber all das im Rahmen eines normalen Prozesses, der unsere Handlungen, die Schritte unserer Freunde und die unserer Partner miteinbezieht.«[73]

Offensichtlich reagierte der Generalsekretär auf Stimmungen, die nach dem Sinn eines zwei Jahre langen Wehrdienstes im Zeitalter von Atomwaffen und in einer Phase von Abrüstungsbemühungen fragten. Die Streitkräfte büßen mehr und mehr ihre Legitimation ein. Dies wurde auch in dem Interview des früheren Generalstabschefs spürbar. Achromeev wandte sich u. a. gegen moralische Demobilisierung, wie sie z. B. in Forderungen nach Reduzierung der sowjetischen Streitkräfte auf 50% ihres Bestandes zum Ausdruck kämen. Und er kündigte ein neues Wehrgesetz an, das der Kongreß der Volksdeputierten nach seiner Konstituierung verabschieden werde. Achromeev unterstrich dabei seinen persönlichen Standpunkt: Die Wehrpflicht müsse bestehen bleiben, da dies allein die »soziale Ehrlichkeit« wahre.[74]

Offensichtlich ist über Wehrverfassung, Dauer der Dienstzeit und Struktur der Streitkräfte das letzte Wort noch nicht gesprochen. Es wird aber deutlich, daß sich die militärische Führung derzeit in der Defensive befindet. Sie steht unter dem Druck öffentlicher Forderungen nach besserer Versorgung und Abbau der Rüstungsaufwendungen, und sie reagiert sichtlich verunsichert darauf.

---

handelte es sich um eine Round-Table-Diskussion von Offizieren und Mitgliedern des sowjetischen Friedenskomitees; A. Savinkin war auch hier beteiligt.
72 Vgl. die zornigen Berichte in der Armeezeitung: M. Ziemin'š, Esli otrešit'sja ot ėmocij, in: Krasnaja zvezda, 27. 11. 1988, S. 2; Ju. Rubcov, Dviženie ubeždeno..., in: Krasnaja zvezda, 22. 12. 1988, S. 1.
73 M.S. Gorbačev, Perestrojka i molodež': vremja dejstvij, in Pravda, 1.11.1988, S. 1–2, hier S. 2.
74 Armija i perestrojka, in: Sovetskaja Rossija, 14. 1. 1989, S. 3.

Uwe Halbach

Brisanz der Nationalitätenfrage

I. Einleitung

»Etwas plötzlich ist es schon gekommen«, antwortete ein berühmter Mitarbeiter Gorbatschows, ZK-Sekretär und Politbüromitglied Aleksandr Jakovlev, Anfang 1989 auf die Frage, ob er mit der Explosivität der Nationalitätenfrage gerechnet habe.[1] Jakovlev, dem man seit längerem nationalitätenpolitische Sensitivität nachsagt, weiß sehr wohl, daß keines der Probleme in den Beziehungen zwischen den Nationalitäten der Sowjetunion wirklich »plötzlich« entstanden ist. Aber seine im Rückblick auf 1988 gegebene Antwort reflektiert zutreffend die Empfindungen der Sowjetbürger, die vom Eindruck explosionsartiger Plötzlichkeit bestimmt sind.

In dem besagten Jahr 1988 entwickelten sich diesbezügliche Probleme mit einer Eskalationskraft, die eine grundlegende Eigenschaft der Nationalitätenfrage in Vielvölkerstaaten verdeutlicht: Sie kann sich in Übergangs-, Krisen- oder Liberalisierungsperioden mit unkontrollierbarer Stoßkraft entwickeln.

In der sowjetischen Öffentlichkeit wurde 1988 über kaum ein anderes Problem so häufig diskutiert wie über die Nationalitätenfrage. Kein anderes Problemfeld war aber vorher so gründlich aus jeder öffentlichen, kritischen Auseinandersetzung ausgeklammert, war so spät und zögerlich von Glasnost' erreicht worden. Aus keiner anderen Lebenslüge wurde die sowjetische Öffentlichkeit so abrupt herausgerissen wie aus der von der »grundsätzlich gelösten nationalen Frage«. Keine andere Fiktion wurde von der Wirklichkeit so unbarmherzig attackiert. Kein anderes ideologisches Integrationsinstrument unterlag so rapider Abnutzung wie das des supranationalen Sowjetpatriotismus. Die laut Alain Besançon auch im Westen weitgehend akkreditierte Selbstdarstellung der Sowjetunion in diesem Bereich[2] wurde 1988 von Erscheinungen kontrastiert, die in der sowjetischen Öffentlichkeit zur Rede von »Verhältnissen wie in Nordirland« (in bezug auf den Karabach-Konflikt) führten und damit zur Aufgabe der Unterscheidung zwischen positiven Nationalitätenbeziehungen im Sozialismus und negativen im Kapitalismus: von innersowjetischen Flucht-

---

1 Der Spiegel, 3/1989, S. 121.
2 A. Besançon, La question nationale en U.R.S.S., in: Commentaire, 44/Winter 1988/89, S. 927–936, hier 927.

bewegungen, von pogromartigen Vorfällen und von zuvor unvorstellbaren Massendemonstrationen.

Plötzlich, explosionsartig entwickelte sich auch das Interesse der Weltöffentlichkeit an der Nationalitätenfrage in der UdSSR. Quasi über Nacht trat im Februar 1988 das zwischen Armeniern und Aserbaidshanern umstrittene autonome Gebiet Nagornyj Karabach (Berg-Karabach) in die Schlagzeilen der Weltpresse und den Mittelpunkt westlicher Berichterstattung über die Sowjetunion. Außer der armenischen Weltgemeinde und einigen Experten hatte niemand im Westen je etwas von diesem Gebiet gehört. Doch nun wurde es zum Pars pro toto der sowjetischen Nationalitätenfrage, obwohl es für dieses komplexe Problemfeld keineswegs besonders repräsentativ war. Gerade hinter diesem »plötzlichen« Konflikt steht in Wirklichkeit eine lange, in das 19. Jahrhundert zurückreichende Geschichte reziproker Gewalt, die »am Ort« keinen Moment lang in Vergessenheit geraten war.

Die Nationalitätenfrage unter Gorbatschow entwickelte sich seit dem Tumult von Alma-Ata Ende 1986, mit dem kasachische Studenten auf eine von Perestrojka-Logik bestimmte kaderpolitische Maßnahme reagierten, auf die Ablösung des Kasachen Kunaev durch den von Moskau delegierten Russen Gennadij Kolbin an der Spitze des Parteiapparats Kasachstans. Aussagen Gorbatschows markieren einschneidende Punkte auf der Fieberkurve der Entwicklung seit jenem Ereignis:

Vor 1987 assoziierte er nationale Probleme vor allem mit dem »gesamtwirtschaftlichen Komplex«, der »rationalen Ressourcenverteilung« und der »Arbeitsteilung zwischen den Regionen und Nationen«. Ethno-psychologische Faktoren lagen außerhalb seines Gesichtsfelds oder wurden als Störfaktoren für einen funktionierenden ökonomischen Internationalismus in Gestalt von »nationaler Beschränktheit« oder »Lokalismus« (mestničestvo) wahrgenommen. 1986 stellte Gorbatschow die »prinzipiell neuen Beziehungen zwischen den Nationen« in der Sowjetunion noch an die Spitze der historischen Errungenschaften der Sowjetmacht.[3] Doch auf dem XXVII. Parteitag im selben Jahr warnte er, einer kritischeren Tradition Andropovs folgend, vor der Perzeption völliger Problemlosigkeit auf diesem Gebiet. Nach dem Tumult von Alma-Ata (Dezember 1986) verdichteten sich die Hinweise auf den »delikaten Charakter« der Nationalitätenfrage. 1987 demonstrierten Krimtataren und baltische Dissidenten, bildeten sich erste informelle Gruppen mit nationalem Hintergrund und wurde ein genereller Gärungsprozeß in den nationalen Segmenten der sowjetischen Gesellschaft unübersehbar. Auf dem ZK-Plenum im Februar 1988 bezeichnete Gorbatschow die Nationalitätenpolitik als die »grundsätzlichste und vitalste Frage unserer Gesellschaft« und kündigte ein Sonderplenum des Zentralkomitees zu dieser Frage für die nahe Zukunft an. Kurz darauf demonstrierte der offene Streit um Nagornyj Karabach, welche Konfliktpotentiale die Nationalitätenfrage enthielt. Gorbatschow mußte nun die außerökonomischen, ja irrationalen Facetten des Problems zur Kenntnis nehmen und sich von

---

3 Pravda, 8. 2. 1986.

der Fiktion der »grundsätzlich gelösten nationalen Frage« verabschieden, die er drei Monate zuvor in seiner Rede zum Jahrestag der Oktoberrevolution noch einmal hymnisch beschworen hatte. Im Juli 1988 kündigte er auf einem weiteren ZK-Plenum ein Gesetz an, das die »freie Entwicklung und Gesetzesgleichkeit beim Sprachgengebrauch« in der Sowjetunion garantieren soll, und versprach »Rechtsgarantien für die national-kulturellen Bedürfnisse« der extraterritorialen Minderheitenvölker, die in besonderem Maße von Entnationalisierung bedroht sind.

Zu diesem Zeitpunkt gab es kaum noch ethnische Gruppen, die nicht irgendwelche Klagen oder Anliegen nationalitätenpolitischer Relevanz zum Ausdruck brachten. Einen Durchbruch versuchte Gorbatschow schließlich in seiner Rede vor Wissenschaftlern und Kulturschaffenden im Januar 1989: Die Partei dürfe das Verschwinden selbst des allerkleinsten Volkes oder den Verlust seiner Sprache nicht zulassen. Er selber habe 1986 gegen die Aufnahme des programmatischen Begriffes der »Völkerverschmelzung« (slijanie) in die Neufassung des Parteiprogramms gekämpft und damit die Wiederbelebung jener nationalitätentheoretischen Formel verhindert, die bei den Nichtrussen besonders verhaßt war. Besonders ausführlich ging Gorbatschow auf das Nationalitätenproblem auch bei seiner Reise in die Ukrainische SSR im Februar 1989 in seiner Kiewer Rede ein.[4] Bei aller Lernfähigkeit, die Gorbatschow auf diesem brisanten Problemfeld erwerben mußte, fiel er gelegentlich in ein traditionell-denunziatorisches Verhalten gegenüber nationalen Bewegungen zurück. Als sich die Nationalitätenfrage im Baltikum und im östlichen Transkaukasien zuspitzte, goß er mit unbedachten und ausgesprochen »traditionalistischen« Äußerungen Öl ins Feuer, indem er z. B. den Karabach-Konflikt, der Millionen Menschen mobilisierte, auf die Umtriebe lokaler Mafias reduzierte.

II. Ausmaß und Struktur sowjetischer Multinationalität

Die Entwicklungen an der Peripherie der Sowjetunion und in den nationalen Segmenten ihrer Gesellschaft haben die russo-zentrische Auffassung dieses Staates weltweit erschüttert. Die Zahl derer, die die UdSSR mit »Rußland« bezeichnen, ist geschrumpft. Um ermessen zu können, mit welch schillerndem Problembereich das sowjetische Reformvorhaben hier konfrontiert wird, muß man sich das Ausmaß und die äußerst komplexe Struktur sowjetischer Multinationalität vergegenwärtigen.

Die Zahl der in den Grenzen der UdSSR lebenden Völker und ethnischen Gruppen liegt bei 130.[5] Die 1989 laufende Volkszählung wird den Anteil der Russen an der Gesamtbevölkerung (1979: 262 Mio.) bei ziemlich genau 50%

---

4 Pravda, 24. 2. 1989.
5 Nacional'nye processy v SSR: Itogi, tendencii, problemy. Beseda za kruglym stolom, in: Istorija SSSR, 6/1987, S. 82.

nachweisen. Wer die Sowjetbürger mit »den Russen« gleichsetzt, trifft die Wirklichkeit zur Hälfte. Doch die andere Hälfte hat es in sich.

Zu den Nichtrussen zählen große Völker wie die Ukrainer (42 Mio.), mittlere wie die Usbeken (etwa 15 Mio.) und die Weißrussen (9 Mio.) sowie eine riesige Zahl kleiner Völker, von denen viele unterhalb der Millionengrenze liegen. Doch für die Bedeutung einzelner Völker innerhalb der gegenwärtigen Nationalitätenszene ist die Bevölkerungsgröße kein ausschlaggebender Maßstab. Gerade kleine Völker wie die Krimtataren (400000) oder die in Karabach lebenden Armenier haben die Nationalitätenfrage in der Sowjetunion aktualisiert. Von den Titularnationen der Unionsrepubliken hat die kleinste, die estnische (1 Mio.), weitaus mehr in Bewegung gebracht als die zweitgrößte Nation der UdSSR, die ukrainische.

Die verwirrende ethnische Vielfalt der sowjetischen Bevölkerung kann nach linguistischen Einteilungskriterien geordnet werden. Dabei bilden die *Ostslaven* mit den Russen, Ukrainern und Weißrussen (zusammen etwa 190 Mio.) einen ethnischen Mehrheitsblock. Es folgen als zweitgrößte Gruppe die *Turkvölker* in Mittelasien (Usbeken, Kasachen, Kirgisen, Turkmenen, Kara-Kalpaken u. a.), in Kaukasien (Aserbaidshaner, Kumyken, Nogaier u. a.) und in der Wolgaregion (Tataren, Baschkiren, Tschuwaschen) mit zusammen etwa 50 Mio. Ferner lassen sich auf ethno-linguistischer Ebene *kaukasische* (Georgier und viele kleine ethnische Gruppen), *baltische* (Litauer, Letten), *finnische* (Esten, Mordwinen u. a.), *iranische* (Tadshiken in Mittelasien, Osseten im Nordkaukasus), *mongolische* (Burjaten, Kalmüken) und andere Gruppen zusammenfassen.

Größere Nationen an der Peripherie der Sowjetunion verfügen über »nationale Staatlichkeit« im Rahmen von 14 nichtrussischen Unionsrepubliken. Der Umfang und Realisierungsgrad der von der Verfassung gewährten nationalen Souveränität dieser Gliedstaaten wurde 1988 zu einem umstrittenen Thema in der sowjetischen Publizistik und wird insbesondere das ZK-Sonderplenum zur Nationalitätenfrage im Sommer 1989 beschäftigen. Die »nationale Souveränität« steht in einem Spannungsverhältnis zur zentralistischen Struktur der Staats- und Wirtschaftsadministration, die den Föderalismus zum »schönen Schein« werden läßt. Die von den sowjetischen Verfassungen von 1924 bis 1977 widergespiegelte Entwicklung zwischen Bundes- und Regionalgewalt beschreibt ein litauischer Kritiker mit folgenden Worten: »Die äußeren Attribute des Föderalismus wurden beibehalten, aber die Verwaltungszentralisation erreichte eine höhere Stufe als in den meisten mono-ethnischen Großstaaten ... Die reale Macht konzentriert sich in den Händen der Zentralbehörden (in Moskau) ... Bei diesem System hatte nationale Staatlichkeit nur noch rituellen Charakter und wurde im wesentlichen auf national-kulturelle Autonomie reduziert, und auch die wurde mitunter erheblich eingeschränkt.«[6]

Unterhalb des Status der Unionsrepublik, der theoretisch das Recht auf Austritt aus dem sowjetischen Staatsverband enthält, wird mittleren und kleineren

---

6 A. Prazauskas, Začem mjatutsja narody?, in: Družba narodov, 8/1988, S. 206–216, hier S. 209 f.

oder nicht an der Peripherie befindlichen Völkern[7] Autonomie im Rahmen von insgesamt 20 Autonomen Republiken (ASSR) gewährt, von denen 16 der riesigen Russischen Föderation (RSFSR) inkorporiert sind. Darunter folgen nachgeordnete Autonomiegebilde, die Autonomen Kreise oder Gebiete und die Autonomen Bezirke. Auf dieser Ebene fällt es den betreffenden Völkern schon sehr schwer, ihre nationale Identität und Muttersprache vor dem Assimilierungsdruck der sie umgebenden größeren Nationalitäten, insbesondere vor Russifizierung, zu schützen.

Die national-territoriale Struktur wurde zu Beginn der Sowjetisierung in den zwanziger und dreißiger Jahren herausgebildet, danach zum Teil wieder geändert. Dabei stieß die »nationale Abgrenzung« aufgrund komplizierter ethnischer Gemengelagen vor allem im Kaukasus und in Mittelasien auf Schwierigkeiten, aus denen bis heute brisante Konfliktherde entstanden. Am kaukasischen Völkergemisch mußte das Lineal ethno-territorialer Vermessung zwangsläufig scheitern. Außerdem folgte die »nationale Abgrenzung« teilweise machtpolitischen Zwecken, die das Kriterium ethnischer Zusammengehörigkeit manchmal ausklammerten. So wurden ethnische Gruppen auseinanderdividiert, die jahrhundertelang einen kultur- und religionsgemeinschaftlichen Zusammenhang gebildet hatten wie in Mittelasien. Dort sollte durch die Sowjetisierung die turko-persische und islamische Kulturgemeinschaft aufgehoben werden. Andererseits wurden Völker, zwischen denen traditionell erhebliche Spannungen bestanden, in riskante Verwaltungszusammenhänge gepackt, so etwa in die Transkaukasische Föderation (1922–1936), in die Stalin die miteinander verfeindeten Georgier, Armenier und Aserbaidshaner zwang.

Die Ethnopolitik der jungen Sowjetunion war allerdings nicht nur von machtpolitischen Erwägungen bestimmt. Sie war unter Lenin und in den zwanziger, teilweise auch noch in den dreißiger Jahren von dem Bemühen charakterisiert, nationalen Bedürfnissen weitgehend zu entsprechen und zahlreichen »jungen« Nationen zu einer eigenen Schriftsprache und nationaler Identität zu verhelfen. Stalin revidierte diese Politik von 1933 an in brutaler Weise und griff im Zweiten Weltkrieg noch einmal in die national-territoriale Struktur ein, und zwar durch kollektive Deportationen ganzer Volksgruppen nach Mittelasien und Sibirien unter der größtenteils falschen Anschuldigung der Kollaboration mit den faschistischen Invasoren.

Für eine richtige Einschätzung der sowjetischen Nationalitätenfrage sind einige grundsätzliche Anmerkungen angebracht, die mitunter in westlichen Pressedarstellungen ungenügend berücksichtigt werden:

1. Die Multinationalität durchwirkt die gesamte sowjetische Gesellschaft und ist auf mehreren Ebenen gestaffelt. Die Nationen leben nicht in weitgehend kompakten Gruppen nebeneinander wie in einem Europa der National-

---

7 Die etwa 6 Mio. Tataren gehören zu den größeren Nationen, genießen aber aufgrund ihres Siedlungsraums inmitten der russischen Region nur Autonomie im Rahmen einer Autonomen Republik innerhalb der RSFSR.

staaten. Jedes nationale Territorium ist wie die Sowjetunion im ganzen seinerseits multinational strukturiert[8] mit einer Titularnation, nach der es benannt ist und die zumeist die Bevölkerungsmehrheit auf ihm bildet, sowie zahlreichen Minderheiten.

Die Gewährung der von den Republik-Titularnationen zunehmend geforderten Souveränitätsrechte würde das Nationalitätenproblem nicht lösen, wenn nicht auch den nationalen Minderheiten in jeder Unionsrepublik gleichermaßen Autonomierechte garantiert würden. Die Nationalitätenszene wird nicht allein von der Beziehung »Moskau – nationale Peripherie« und »Russen – nichtrussische Titularnationen« bestimmt, sondern ebenso von den Beziehungen zwischen den »Republikinhabern« und den von ihnen mitverwalteten Minderheiten, und diese sind oftmals durch die gleiche Bevormundung gekennzeichnet, die die Titularnationen Moskau und den Russen vorwerfen.

2. Häufig wird von den Nichtrussen als von »nationalen Minderheiten« gesprochen. Usbeken, Georgier oder Litauer sind aber keineswegs nationale Minderheiten. Sie bilden auf ihrem eigenen Republikterritorium die Mehrheit und lassen dies Minderheiten, darunter auch russische Migranten, mitunter in negativer Weise spüren. Hier muß nach »primären« und »sekundären« ethnischen Gruppen differenziert werden. Zur ersten Kategorie gehören die Völker mit eigenen autonomisierten Heimatterritorien und dem Bewußtsein eigener nationaler Geschichte auf dieser heimatlichen Basis, zur zweiten dagegen Völker, denen diese psychologisch und politisch entscheidende Grundlage fehlt. Zu den »sekundären« Gruppen zählen eingewanderte Völker, die über verschiedene Regionen verstreut leben (dispersnye narody), Völker, die unter Stalin deportiert und bislang nicht repatriiert und re-autonomisiert wurden (Krimtataren, Deutsche, Mescheten) und vor allem Teile von Titularnationen, die als »Migranten« außerhalb ihrer ethnischen Heimat in den verschiedensten Regionen der Sowjetunion leben. Nur auf sie ist die Bezeichnung »Minderheit« sinnvoll anzuwenden. Diese Kategorie macht etwa 55 Mio. oder über 20% der sowjetischen Bevölkerung aus. Die größte Gruppe in ihr bilden die russischen Migranten, die überall in der Sowjetunion auf das ihnen vertraute Sprach- und Kulturmilieu stoßen und deshalb vom Minderheitenschicksal weniger betroffen sind als z.B. 6 Mio. Ukrainer, die außerhalb ihrer Heimat leben und ernsthaft von Entnationalisierung bedroht sind.[9]

---

8 Nur die Armenische- und die Litauische SSR sind ethnisch relativ homogen. Die Titularnation macht in ihnen über 90% bzw. 80% der Gesamtbevölkerung aus.

9 Zum Problem der extraterritorialen Völker siehe besonders: M. Guboglo, Nacional'nye gruppy v SSSR, in: Kommunist, 10/1989, S. 53–58. Der Autor, ein bekannter Nationalitätenexperte und Stellvertretender Direktor des Instituts für Ethnographie der Akademie der Wissenschaften, ist als Gagause selber Angehöriger einer nationalen Minderheit.

Die »Territorialität« erweist sich gerade in der gegenwärtigen Entwicklung als ein ausschlaggebendes Kriterium für das Nationalbewußtsein der Nichtrussen. Es manifestiert sich im Anspruch, »Eigentümer« des eigenen nationalen Territoriums zu sein. Verletzungen des Territoriums durch verfehlte Migrationspolitik (Massenzuwanderung russischer Arbeitskräfte) oder durch Umweltschäden, die von der Moskauer Zentralbürokratie zu verantworten sind, liefern dem nationalen Souveränitätsbestreben entscheidende Motivation. Wir erleben zur Zeit nicht nur in den baltischen Republiken eine leidenschaftliche Aktualisierung des Begriffs »Heimat«, in dem die Territorialität emotional aufgeht. Im Gegensatz zu den Russen, deren aktives Migrationsverhalten dem Mythos von der besonderen russischen Heimatverbundenheit widerspricht, verweigern viele nichtrussische Nationen die in der sowjetischen Gesellschaft idealisierte und notwendige Mobilität. Das Territorialitätsdenken innerhalb der Sowjetunion nimmt mitunter extreme Ausmaße an, so wenn die in den Karabach-Konflikt involvierten Volksgruppen der Armenier und Aserbaidshaner bekunden, für das umstrittene Gebiet bis zum letzten Blutstropfen kämpfen zu wollen, oder wenn Versuche, der deutschen Minderheit in Kasachstan ein autonomes Territorium einzuräumen, bei der Titularnation unweigerlich die Parole »Kasachstan ist unteilbar« und »Kasachstan den Kasachen« provoziert.

3. Zusammenfassungen wie »die Nichtrussen«, ja selbst auf regionaler Ebene getroffene wie »die Balten« oder »die Mittelasiaten« sind unzulässige Vereinfachungen. Der Nationalismus im Baltikum hat ganz andere Grundlagen als der eher kulturelle Widerstand, den die sowjetischen Muslime gegen die Sowjetbehörden oder die Russen aufbringen. Aber auch im Baltikum selber wird der nationale Dissens der Esten und Letten teilweise durch andere Faktoren bedingt als der der Litauer.[10] Pauschalformeln verstellen den notwendigen Blick auf die Problemvielfalt. Besonders gilt dies für die im Westen verbreitete Formel: Russen unterdrücken Nichtrussen.

Sie übersieht zwei Tatsachen: Einmal verlaufen viele Konfliktlinien und darunter besonders tiefe in den Nationalitätenbeziehungen zwischen Nichtrussen und Nichtrussen. Der Karabach-Konflikt hat diesen Einwand schlagartig verdeutlicht. Ähnlich gelagerte Konflikte bestehen in Georgien zwischen der Titularnation und den autonomisierten Minderheiten der Abchasier, Adsharen und Osseten, zwischen Usbeken und anderen Nationalitäten in Mittelasien, zwischen Modawiern und turkstämmigen Gagausen, zwischen Litauern und Polen, Ukrainern und Juden u.a. Zweitens übersieht sie, daß die Russen sich mitunter ebenfalls »national diskriminiert« fühlen und nicht nur Erzeuger, sondern auch Opfer von Nationalitätenproblemen sind. Eine starke Rückflutung russischer Migranten aus Mittelasien und Kaukasien in

---

10 Litauen ist nicht von der Massenimmigration von Arbeitskräften aus dem Zentrum der Sowjetunion betroffen, die in Estland und Lettland das »ethnische Klima« bestimmt.

die RSFSR ist nicht zuletzt darauf zurückzuführen, daß diese in ihren Wahlheimaten auf nationale Ablehnungsfronten stießen und sich diskriminiert fühlten.
4. Überhaupt ist die Vorstellung, daß das nationale Aufbegehren der Nichtrussen gegen den Moskauer Zentralismus und die sowjetische Nationalitätenpolitik ausschließlich aus Unterdrückung resultiert, so einseitig, wie die gegenteilige Annahme, daß nationale Probleme irrationale »Scheinprobleme« seien, grundfalsch ist. Wer der ersten Vorstellung anhängt, übersieht, daß national-emanzipatorische Tendenzen von heute nicht nur aus Glasnost' und Perestrojka resultieren, sondern auch aus sozialen Entwicklungen in der Nach-Stalin-Zeit, die man kaum in einer Begrifflichkeit der Unterdrückung darstellen kann (Anwachsen nationaler Eliten, Steigerung der Hochschulbildung unter der nichtrussischen Bevölkerung). Die zweite Annahme übersieht dagegen, daß dieses geschärfte Nationalbewußtsein auf eklatante Abweichungen von der Verfassungsfiktion einer Union gleichberechtigter und souveräner Nationen stößt.
5. Die sowjetische Bevölkerung ist nicht nur ethno-linguistisch extrem vielfältig. Hinter dieser Vielfalt stecken gravierende Unterschiede in den Wertehaltungen und kulturellen Standards der Sowjetbürger, die nach den Vorstellungen der Nationalitätentheoretiker der KPdSU durch gesellschaftliche Umwandlungs- und Vereinheitlichungsprozesse hätten aufgehoben werden sollen. Die nach der Oktoberrevolution auf sehr unterschiedlichen Entwicklungsniveaus befindlichen Völker sollten langfristig durch die Sowjetisierung zu einem supranationalen Sowjetvolk mit einheitlichen Interessen verschmolzen werden, zu einer Gemeinschaft, in der ethnische Unterschiede nur noch folkloristisch zur Geltung kommen sollten. Alles, was der Sowjetbürger derzeit im Zuge von Glasnost' aus den eigenen Medien erfahren kann, zeigt eindeutig, wie naiv und lebensfremd diese Perspektive war und daß das Nationale keine durch Modernisierung auflösbare Kategorie ist. Die Sowjetunion zeigt sich 70 Jahre nach der Oktoberrevolution als ein ausgesprochen multikultureller Staat mit einer ungeminderten Vielfalt an nationalen Mentalitäten, Temperamenten, historischen Erfahrungen und religiösen Bedürfnissen (über 40 Konfessionsgruppen). Was dieser Befund dem Gorbatschowschen Reformbemühen an Differenzierungs- und Einfühlungsvermögen abverlangt, läßt sich nur vage vorstellen.

III. Erscheinungsformen nationaler Probleme und Oppositionshaltungen

Die Nationalitätenproblematik bildet in der Sowjetunion ein Spannungsfeld ethnischer Abgrenzungs-, Frustrations- und Oppositionserscheinungen mit verschiedenartigen Segmenten, zwischen denen bis vor kurzem kaum Querverbindungen bestanden. Nationaler Dissens wurde in der Vergangenheit von seiten der Behörden verfolgt und konnte nur im Untergrund artikuliert werden.

Viele Führer der gegenwärtig in aller Offenheit »national« argumentierenden Volksfrontbewegungen verbrachten einen oftmals großen Teil ihres bisherigen Lebens in sowjetischen Gefängnissen. An dieser Stelle seien einige typische Erscheinungen aus dem oben genannten Spannungsfeld aufgeführt:

1. *Traditionelle ethnische Konflikte und innersowjetische Grenzdispute:* In diese Problemkategorie gehören der Karabach-Konflikt und einige – schon erwähnte – ähnlich gelagerte, latente oder offene Konfliktherde.[11] Die Linien der Auseinandersetzung verlaufen zwischen nichtrussischen ethnischen Gruppen, dann aber auch zwischen der betreffenden Region und der Zentralgewalt in Moskau.
2. *Interethnische Konkurrenz um Bildungs- und Machtpositionen in den Unionsrepubliken:* Ein Beispiel dafür ist die Konkurrenz zwischen Kasachen und Russen in Kasachstan. Dabei ist z. B. der Zugang zu den lokalen Hochschulen zwischen der Titularnation und den »Zugezogenen« umstritten. Die Kasachen haben in den letzten Jahrzehnten andere Nationalitäten weitgehend von den Hochschulen ihrer Unionsrepublik verdrängt und ein Beispiel für »Nationality Power«[12] im Bildungswesen gesetzt.[13]
3. *Opposition gegen die Sprachenpolitik:* Daß die Sprachenfrage in einem multinationalen Staat von grundlegender Bedeutung ist, bedarf keiner näheren Ausführung. Die Sprache gilt als eines der bestimmendsten Merkmale ethnischer Identität. Sie steht in der Sowjetunion dementsprechend im Mittelpunkt der Nationalitätenfrage und ihrer publizistischen Behandlung. In diesem Bereich wird die Forderung nach einer Rückkehr zu den Normen und Praktiken der Leninschen Nationalitätenpolitik besonders konkret. In den zwanziger Jahren rangierten die Nationalsprachen im öffentlichen Leben der nichtrussischen Teile der Sowjetunion deutlich vor dem Russischen. Das »affirmative Verhalten« der ursprünglichen sowjetischen Nationalitätenpolitik gegenüber »nationaler Kultur« und »ethnischer Vielfalt« bezog sich insbesondere auf die Förderung der Nationalsprachen. In der Ukraine wurde der Gebrauch der ukrainischen Sprache im öffentlichen Leben nicht nur zum ersten Mal seit dem Anschluß an das Russische Reich erlaubt, ihr wurde sogar in Städten mit russischer Bevölkerungsmehrheit Vorrang vor der russischen Sprache eingeräumt. Unter Stalin wurde das Russische ab 1936 als das sprachliche Medium des Internationalismus und als Zweitsprache für die Nichtrussen

---

11 J. Birch, Border Disputes and Disputed Borders in the Soviet Federal System, in: Nationalities Papers, Frühjahr 1987, XV, 1.
12 Zu diesem Begriff siehe: R. Karklins, Nationality power in Soviet republics, in: Studies in Comparative Communism, Vol. 14, 1/1981, S. 70–93.
13 Laut Mitteilung der Socialističeskaja industrija vom 19. 7. 1987 sind 75,8% der Studenten an der Staatsuniversität von Alma-Ata Kasachen, am Veterinärmedizinischen Institut sogar 90,4%. Dabei liegt der Anteil der Kasachen an der Gesamtbevölkerung Kasachstans bei etwa 39%.

verstärkt propagiert sowie im Erziehungssystem der Unionsrepubliken und nationalen Territorien verankert. Nach Stalin galt die *Zweisprachigkeit* (dvujazyčie) mit den theoretisch gleichberechtigten Gliedern »Nationalsprache und Russisch« als sprachenpolitisches Leitbild, das sich allerdings höchst einseitig an den nichtrussischen »homo sovieticus« richtete. Dabei verschob sich die Sprachenpolitik aber immer mehr zur Propagierung des Russischen.

Die Nationalsprachen erlitten – regional unterschiedlich und in mehr oder weniger starker Ausprägung – einen Niedergang, der sich in folgenden zu unterscheidenden Aspekten zeigt:
– in der Verdrängung der Nationalsprache aus dem Unterrichtswesen;
– in ihrem Prestigeverlust und ihrer Marginalisierung im öffentlichen Leben;
– in einer Reduktion der Anwendungsbereiche;
– in ihrer inhaltlichen »Russifizierung«.

Der erste Aspekt, der sich im Rückgang der Schulen mit nationaler Unterrichtssprache in einigen Unionsrepubliken zeigt, ist der bedrohlichste. Davon fühlen sich besonders Ukrainer und Weißrussen betroffen. In anderen Unionsrepubliken, vor allem in den transkaukasischen, hat die Nationalsprache in dieser Hinsicht eine gefestigtere Stellung. Doch auf den niedrigeren Autonomiestufen unterhalb der Republikebene müssen kleinere Völker oft um den Erhalt ihrer Sprachen im Unterrichtswesen kämpfen. Extraterritoriale Gruppen und ehemals deportierte Völker wie die Deutschen und die Krimtataren sind durch den Verlust an muttersprachlichem Unterricht von Entnationalisierung bedroht.

Einen Prestigeverlust ihrer Sprache und einen »funktionalen Niedergang« beklagen z.B. kasachische Schriftsteller und Pädagogen. Angeblich beherrschen heute schon 40% der Kasachen ihre Muttersprache, in der einst brillante Dichtung mündlich tradiert wurde, nicht mehr. In der Hauptstadt Alma-Ata sollen sogar 90% der Heranwachsenden aus der Titularnation ihrer Muttersprache entwöhnt sein.[14] In Lettland wurde die Nationalsprache im Zuge der Masseneinwanderung marginalisiert und aus immer mehr Bereichen des öffentlichen Lebens verdrängt.[15] Eine »funktionale Vernachlässigung« ihrer Sprachen beklagen Angehörige der nationalen Intelligenzija in Mittelasien. Die dortigen Turksprachen seien z.B. nicht zu Wissenschaftssprachen ausgebaut worden, so daß in bestimmten Hochschulbereichen, vor allem in den technisch-naturwissenschaftlichen, überwiegend in Russisch kommuniziert werde. Kirgisische Intellektuelle fordern inhaltliche Korrekturen in der Entwicklung ihrer

---

14 Kazachstanskaja pravda, 23. 3. 1989.
15 M. Búmanis, Die KP Lettlands und die nationale Frage im Zeichen der Umgestaltung, Berichte des Bundesinstituts für ostwissenschaftliche und internationale Studien (im folgenden: BIOst), Köln, 10/1989, S. 13.

Muttersprache, vor allem eine Reduzierung russischer Neologismen im Kirgisischen.
4. *Widerstand gegen »nationalen Nihilismus«:* Eng mit dem vorhergenannten Punkt hängt die zumeist an den eigenen nationalen Partei- und Staatsapparat adressierte Kritik an »freiwilliger Russifizierung« und »nationalem Nihilismus« zusammen. Ein Beispiel dafür liefern insbesondere ukrainische Intellektuelle, die ihre Kritik z. B. an der Sprachensituation in ihrer Republik an die Parteizentrale in Kiew richten. Sie machen in erster Linie die Parteileute aus der eigenen Nation für eine »Politik der Entnationalisierung« in der Ukraine verantwortlich. Diese Kritik wird mittlerweile in verblüffender Offenheit und mit aggressiver Schärfe geäußert, so etwa in einem Leserbrief an die offizielle nationalsprachige Literaturzeitschrift »Prapor« (Banner) in Charkow: »Auf allen Machtebenen der Republik haben sich Leute etabliert (von unserem Volk gewählt?), die offen ihre eigene Muttersprache verleugnen ... Sind sie nicht ganz einfach nationaler Kehrricht? Hinter diesem Kehrricht steht der russische Chauvinismus, der seinen alten Traum von einer Ukraine ohne Ukrainer nicht aufgegeben hat. Und dieses Bündnis zwischen russischem Chauvinismus und ukrainischem Kehrricht hat schon seit Anfang der dreißiger Jahre die Herrschaft bei uns übernommen infolge der Abwendung von den Leninschen Normen der Nationalitätenpolitik.«[16]
5. *»Friktionaler« Nationalismus:* Die gewachsene Multinationalität der sowjetischen Bevölkerung, die vermehrten Kontakte zwischen den ethnischen Gruppen am Arbeitsplatz, in der Schule oder in der Armee haben nicht zu einem Abbau, sondern eher zu einem Zuwachs an Nationalismus bei den einzelnen Gruppen geführt und zu Reibungen bei der Berührung der Völker untereinander. Ein Beispiel dafür bieten die Streitkräfte, denen wie keiner anderen gesellschaftlichen Institution die Aufgabe ethnischer Integration zugewiesen wird. Die Rote Armee führt Rekruten aus den verschiedensten Nationalitäten zusammen und indoktriniert sie im Geist des »Internationalismus« und »Sowjetpatriotismus«. Doch gerade aus den Kasernen und Mannschaften werden neuerdings verstärkt ethnische Konflikte und ein klares Abgrenzungsverhalten zwischen landsmannschaftlichen Gruppen gemeldet, die mit Sicherheit auch früher schon existiert haben, unter den heutigen Bedingungen aber erst publik gemacht werden können.
6. *Opposition gegen Immigration und »Überfremdung«:* Die in emotionale Tiefenbereiche zielende, aber durchaus rational begründbare Abwehrhaltung gegen eine »demographische Russifizierung« auf dem Wege der jahrzehntelangen Masseneinwanderung von Arbeitskräften aus dem Zentrum der Sowjetunion ist das Hauptmotiv für nationalen Dissens in den beiden baltischen Republiken Estland und Lettland. In beiden Republiken ist der

---

16 Prapor, 2/1989, S. 2.

Anteil der Titularnation an der Gesamtbevölkerung aufgrund dieses Prozesses dramatisch gesunken, in Estland von über 90% 1945 auf 61% 1989, in Lettland sogar auf fast nur 50%. Ein estnischer Autor bestritt kürzlich in der Zeitschrift »Kommunist«, daß dieser Prozeß mit einer »Russifizierung der estnischen Nation« zusammengefallen sei (»Es gibt auch nicht eine Spur von Auflösen der estnischen Nation in der russischen«). In der Tat sollte man generell vorsichtig und differenziert mit dem Begriff der »Russifizierung« nichtrussischer Nationen umgehen. Der besagte Autor sieht das eigentliche Problem, »in der fortwährenden Einengung des Raums des estnischen nationalen Lebens und der estnischen Sprache sowie darin, daß sich die neuen, nichtestnischen Bewohner (...) unzulänglich in das estnische Leben, in das System der estnischen Sprache und Kultur integrieren«.[17]

Das Problem der jahrzehntelangen Migrationsprozesse, die ethnische Proportionen in Estland und Lettland, aber auch in Kasachstan und Kirgisien radikal verändert haben, besteht nicht nur in ihrer Massenhaftigkeit, sondern vor allem in ihrem »mechanischen« Charakter. Angesichts des Ausmaßes, in dem hier ethnische Proportionen bestimmter Regionen »mechanisch« verändert wurden, sollte man die estnischen und lettischen Forderungen nach Einwanderungsstopp und Migrationskontrolle nicht mit dumpfer Fremdenfeindlichkeit oder dem Überfremdungsgefasel eines Le Pen oder Schönhuber gleichsetzen.

Vor diesem Hintergrund sind auch die höchst umstrittenen, neuerlichen Gegenmaßnahmen in den baltischen Republiken zu sehen, wie z.B. das estnische Wahlgesetz vom August 1989, das über einen Zensus der Anwesenheitsdauer bestimmte Bevölkerungsgruppen in Estland von der Kommunalwahl ausschließt.

7. *Kultureller Nationalismus:* Die am meisten verbreitete Form »nationalen Aufbegehrens« gegen nivellierende Tendenzen der Sowjetisierung ist eine Art »kultureller Selbstverteidigung«. Sie findet z.B. in Mittelasien durch das zähe Festhalten an islamischen Kulturnormen, an traditionellen Riten und Festen statt. Eine literarische und künstlerische Strömung in dieser Region trägt den Namen »Mirasismus«: Das Wort kommt von persisch »miras« (»Erbe«) und bringt den Inhalt dieser Stömung als Programm zum Ausdruck. Die Aufforderung, die Traditionen der Ahnen im Gedächtnis zu behalten, erklingt z.B. immer wieder in den Romanen des kirgisischen Schriftstellers Ajtmatov.

8. *Religiöser Nationalismus:* Einige Nationalbewegungen lehnen sich besonders an Landeskirchen an. Dazu gehören die Litauer mit ihrer römisch-katholischen Nationalkirche, die Ukrainer und Westukrainer mit der ukrainisch-orthodoxen und der katholisch-unierten Kirche sowie die Armenier mit der gregorianischen Kirche. In den muslimischen Regionen

---

17 Ja. Rebane, Stroit' vmeste razumnye otnošenija, in: Kommunist, 4/1989, S. 83–92, hier S. 89.

ist ein nationales Eigenbewußtsein zumeist untrennbar mit dem Islam als Religion und »Way of Life« verbunden. In diesen Fällen ist die sowjetische Nationalitätenpolitik auf das engste mit der Religionspolitik verknüpft. Gerade auf diesem Feld zeichnen sich gegenwärtig bemerkenswerte Änderungen ab.[18]

9. *Die Verschränkung zwischen nationalem und ökologischem Protest:* Die starke Belebung kulturgeschichtlichen Bewußtseins bei vielen Nationen der UdSSR ist in auffälliger Weise mit der Entwicklung ökologischer Bewegungen verbunden. Aus dem Zusammenfluß nationaler und »grüner« Bewußtseinsprozesse entsteht ein gewaltiges Protestpotential gegen den Zentralismus im Bereich von Wirtschafts- und Entwicklungsplanung. Dabei werden die Begriffe »Ethnozid« und »Ökozid« als Protestparolen gegen die sowjetische Nationalitäten- und Wirtschaftspolitik zusammengeführt. Skandalöse ökologische Mißstände haben diese Verschränkung bewirkt, von der besonders nichtrussische Regionen betroffen sind: Estland (Projekt eines umweltbelastenden Phosphoritabbaus), Lettland (Kernkraftwerk Ignalina, Verschmutzung der Gewässer), Ukraine (größte Verdichtung der Kernkraftindustrie), Armenien (Schadstoffemission durch Chemiewerke, Kernkraftwerk Metsamor), Aserbaidshan und Mittelasien (Pestizide in der Baumwollproduktion, Verdrängung anderer Agrarkulturen), arktische Regionen, Sibirien und Fernost (Vernichtung von Rentierweiden und Tundra).

Zum Symbol der Zerstörung ethnischer und natürlicher Lebensräume wurde die Tragödie des Aralsees, dem aufgrund extensiver Irrigation zugunsten der Baumwolle der Lebensnerv durchtrennt wurde. Seine Versiegung und Verseifung bedeutet eine Umweltkatastrophe ersten Ranges für das Volk der Kara-Kalpaken, dessen Lebensraum er in entscheidender Weise bildet. Nationale Bewegungen gehen deshalb Hand in Hand mit Umweltschutzinitiativen. Bezeichnenderweise gingen erste armenische Kundgebungen für die »Wiedervereinigung« mit Karabach 1987 aus ökologischen Protestmärschen hervor. Der »ökologische Analphabetismus« und die Gleichgültigkeit Moskauer Planungsbehörden gegenüber lokalen Ängsten und Bedürfnissen wurde in eindringlicher Form auf der 19. Parteikonferenz beklagt, insbesondere von dem ukrainischen Delegierten Boris Olijnik.[19]

10. *Opposition gegen ökonomische Fremdbestimmung:* Fehlentwicklungen im ökologischen und demographischen Bereich werden in einzelnen Regionen als Resultate einer fremdbestimmten lokalen und regionalen Wirtschaftsentwicklung betrachtet, als negative Auswüchse von Industrialisierungsprozessen, die zentral in Moskau ohne Kenntnis und Berücksichtigung

---

18 Zur Religionspolitik unter Gorbatschow siehe: G. Simon, Vor einer Wende der sowjetischen Religionspolitik?, in: Aktuelle Analysen des BIOst, 7/1989.
19 Siehe dazu: M. Butenschön, Tschernobyl und die Folgen, in: Die Zeit, 39/23.9.1988, S. 32.

lokaler Bedürfnisse geplant werden. Diese Entscheidungsstruktur bescherte z. B. den baltischen Republiken eine Schwerindustrie, die mit importierten Rohstoffen und Arbeitskräften überwiegend für den Export in andere Unionsrepubliken produziert. Sie sicherte der einheimischen Bevölkerung zwar ein über dem sowjetischen Durchschnitt liegendes Einkommen, aber nur bedingt eine wirkliche Steigerung des Lebensstandards. Diese reicht in keinem Fall aus, um die nachteiligen Auswirkungen auf die Umwelt und die demographische sowie nationalitätenpolitische Entwicklung in Estland und Lettland aufzuwiegen.[20] Am anderen Ende der sowjetischen Welt, in Mittelasien, wird die einseitige Ausrichtung auf die Baumwollproduktion beklagt und eine Diversifizierung regionaler Wirtschaftsstruktur gefordert, vor allem die Ansiedlung baumwollverarbeitender Industrie, um vom Status des reinen Rohstofflieferanten wegzukommen. In Mittelasien sei eine »Monokultur« entstanden, klagen einheimische Schriftsteller und Publizisten wie Kamil Ikramov und Adyl Jakubov, und diese Monokultur habe erst jene Korruptionsauswüchse unter Rašidov (usbekischer Parteichef 1964–1983) mit ihren Baumwollbaronen ermöglicht, für die Moskau nun Usbekistan und Mittelasien insgesamt anklage. In mittelasiatischen Lokalmedien taucht heute der Vorwurf »kolonialer Wirtschaftsbeziehung« zwischen Metropole und Peripherie auf. Er wird mittlerweile auch in den zentralen Medien nicht mehr empört zurückgewiesen wie bislang westliche »Anwürfe« gleichen Wortlautes.

Während aber in den baltischen Ländern der Protest gegen die ökonomische Fremdbestimmung mit weitreichenden Forderungen nach Wirtschaftsautonomie unter der Parole des »Respublikanskij Chozrasčet« einhergeht, zeigen die Mittelasiaten ganz andere Interessen. Sie wollen, daß die Union in ihre Region mehr investiert, daß die Bindung zwischen Republik und Union in einem verstärkten Fürsorgeverhältnis zwischen Moskau und den mittelasiatischen Republiken aufgeht. Es sind neben konservativen Funktionären der Allunionsministerien und Staatskomitees vor allem Mittelasiaten, die dem »Respublikanskij Chozrasčet« die Unterstützung verweigern. Die konsequente Umsetzung dieses Prinzips würde nämlich eine erhebliche Differenzierung des Lebensstandards zwischen den nordwestlichen und südöstlichen Regionen der Sowjetunion bewirken und »jugoslawische Verhältnisse« ins Leben rufen, bei denen das Baltikum die Rolle eines Superslowenien und Mittelasien die eines Supermazedonien spielen würde.

Nationale Frustration hängt in der Sowjetunion eng mit der Perzeption von »Verteilungsgerechtigkeit« im Verhältnis zwischen den Republiken und Nationen untereinander und gegenüber der Union zusammen. Da objektive Daten über interregionale Arbeitsteilung und Budgetbeziehungen zwischen den entsprechenden Partnern kaum zu ermitteln sind, ist es schwierig zu

---

20 M. Búmanis, a.a.O., S. 26 ff.

entscheiden, welche Regionen und Nationen in der »ökonomischen Balance des Internationalismus« zu kurz kommen und welche ungerechtfertigte Vorteile erlangen. Nach den Budgetdaten zu urteilen, steht Mittelasien z. B. eher auf der Nehmerseite. Die mittelasiatischen Republiken mitsamt Kasachstan sind die einzigen, denen die gesamte Umsatz- und Einkommenssteuer zur Verfügung bleibt und die zusätzlich Zuwendungen aus der Unionskasse – 1988 waren dies über 5 Mrd. Rubel – erhalten.[21] Andererseits beklagen die mittelasiatischen Republiken, bei der Verteilung der Sachanlageinvestitionen zu kurz zu kommen. Tatsächlich sind 80% der Industriekapazitäten im europäischen Nordwesten der Sowjetunion konzentriert. Die verbleibenden 20% entfallen zu einem großen Teil auf die Ostregionen der RSFSR. Für Mittelasien bleibt da trotz beträchtlichen Reichtums an mineralen Rohstoffen nicht viel übrig.

In den baltischen Republiken besteht in der einheimischen Bevölkerung in bezug auf die eigene ökonomische Rolleneinschätzung der Eindruck, auf der Geberseite zu stehen und selber nicht die geringsten Vorteile vom sowjetischen Wirtschaftsinternationalismus zu haben. In jedem Fall werden bestehende Unausgewogenheiten auf diesem Gebiet unweigerlich in einen Komplex nationaler Ungerechtigkeit verwandelt.

11. *Politischer, auf nationale Eigenstaatlichkeit ausgerichteter Nationalismus:* Ursprünglich eher die Ausnahme- als die Regelerscheinung unter den »Nationalismen« der Nichtrussen, ist dieser Typus in den letzten zwei Jahren soweit aktiviert worden, daß er zur Schicksalsfrage der UdSSR wurde. Er ist im wesentlichen auf jene Regionen beschränkt, in denen Erinnerung an nationale Eigenstaatlichkeit besteht, auch wenn diese nur wenige Jahre gedauert hat. Diese Erinnerung zeigt heute im Baltikum und in Transkaukasien im konkreten Wortsinn Flagge. Die Rückbesinnung auf die staatliche Unabhängigkeitsperiode nach dem ersten Weltkrieg bestimmte schon vor der Gorbatschow-Ära Intensität und Inhalt des nationalen Dissens bei Letten, Litauern und Esten. Doch heute bildet sie den Bezugspunkt für eine Nationalbewegung, die weit über begrenzte dissidente Kreise in imponierende Massendimensionen hinübergewachsen ist. Sie hat das von der sowjetischen Historiographie kultivierte Argument von der »revolutionären Freiwilligkeit des Anschlusses der baltischen Länder an die Sowjetunion« zerfetzt und die Frage nach der Zugehörigkeit zu diesem Staatsverband neu geöffnet. Auch in Transkaukasien knüpft nationaler Dissens verstärkt an die kurze Periode georgischer, armenischer und aserbaidshanischer Eigenstaatlichkeit zwischen 1918 und 1921 an, so problembeladen diese auch war. Die Georgier dulden die Verleumdung ihrer von Menschewisten regierten Republik von 1918 als »reaktionäres Werkzeug des Imperialismus« durch die sowjetische Historiographie nicht mehr. Letztere würde sich heute auf eine derart platte Verleumdung auch kaum noch einlassen. Armenier zeigten

---

21 V. Koroteeva u. a., Ot bjurokratičeskogo centralizma k ėkonomičeskoj integracii suverennych respublik, in: Kommunist, 15/1988, S. 21–33, hier S. 27.

nach der für sie enttäuschenden Karabach-Resolution des Obersten Sowjet vom Juli 1988 verstärkt die Nationalfahne ihrer Republik von 1918 bis 1920. Und auch die Aserbaidshaner fordern ein differenzierteres Bild von ihrer kurzen nationalen Eigenstaatlichkeit unter der nationalistischen Musawat-Partei.

IV. Aktuelle Entwicklungstendenzen

Die gegenwärtigen Entwicklungen in der sowjetischen Nationalitätenfrage lassen sich in drei Stichwörtern zusammenfassen, die nachfolgend entwickelt werden sollen: *Breitenwachstum*, *Eskalation* und *Vernetzung*. In der sowjetischen Publizistik ist mittlerweile die Rede von der »Explosion des Ethnischen« (vzryv ėtničnosti), und dieser Ausdruck kennzeichnet einen Prozeß, der den sowjetischen Staat mit unübersehbaren Dekompositionstendenzen konfrontiert.

1. Eine flächendeckende Entwicklung

Nationale Agitionen wuchsen sich seit 1987 zu einem gesamtsowjetischen Phänomen aus. Es gibt kaum noch nichtrussische Regionen, in denen ein nationaler Gärungsprozeß nicht in Gang gekommen wäre. Zunächst eine kurze Bestandsaufnahme auf der Ebene der Unionsrepubliken:

In der *Ukraine* und in *Weißrußland* laufen Pädagogen und Schriftsteller Sturm gegen die Verdrängung der Nationalsprachen aus dem Unterrichtswesen. Schulen mit Ukrainisch bzw. Weißrussisch als Unterrichtssprache sind in beiden Unionsrepubliken zumindest in den Städten auf ein Minimum gesunken. Wenn das so weitergehe, könne man ukrainische Schulen demnächst nur noch in Kanada antreffen.[22] Der Gebrauch der Nationalsprache wurde in der Vergangenheit als Zeichen »nationaler Beschränktheit« und als gegen den Internationalismus gerichtete Geste gewertet. Diesem falsch verstandenen, zum »nationalen Nihilismus« deformierten Internationalismus wird der Kampf angesagt.

Daneben wurde nationale Protesthaltung bei den »ethnischen Vettern« der Russen ganz erheblich von »weißen Flecken« der sowjetischen Geschichte stimuliert. In der Ukraine stand dabei die Hungerkatastrophe von 1932/33, die als »Stalins Holocaust an ukrainischen Bauern« bezeichnet wird, im Mittelpunkt. In Weißrußland katalysierte die Entdeckung von Massengräbern bei Minsk, einem schaurigen Überrest aus der Terrorperiode 1937–1941, eine vorher kaum in Erscheinung getretene Nationalbewegung.

---

22 Dort existiert eine große ukrainische Gemeinde mit guten Möglichkeiten nationaler Kulturpflege.

In der Ukraine traten zwei vom Staat aufgelöste bzw. mit der russisch orthodoxen Kirche zwangsfusionierte, aber als eigene Glaubensgemeinschaft lebendig gebliebene Kirchen, die westukrainische unierte und die ukrainisch-orthodoxe, im Zuge des 1988 gefeierten Milleniums der russischen Kirche verstärkt an die Öffentlichkeit. Beide sind Träger eines ukrainischen Nationalbewußtseins, das sich deutlich von einem russischen abgrenzt. In der Ukraine und in Weißrußland entstanden, wie überall in der Sowjetunion, hier aber gegen den Widerstand der Republik-Parteiapparate und Behörden, informelle Gruppen mit verschiedenen national-thematischen und programmatischen Ausrichtungen (Umweltschutz, Kulturpflege, Geschichtsaufarbeitung), die schließlich in Volksfrontbewegungen zusammengefaßt wurden. Die ukrainische Volksfront »Ruch« (Bewegung) vertritt an das baltische Vorbild angelehnte autonomistische, aber nicht sezessionistische Forderungen.[23] Das Bekenntnis zur Unterstützung Gorbatschows und der Perestrojka hat hier als solches bereits eine kämpferische Ausrichtung gegen den eigenen ukrainischen Parteiapparat mit dem für Konservatismus und Perestrojka-Verweigerung bekannten Ščerbickij an der Spitze.

Eine Entwicklung wie z. B. in Litauen, wo Teile der Volksfront in aller Offenheit den Austritt aus der Sowjetunion fordern, wäre auf die Ukraine mit ihrer mit Italien oder Frankreich vergleichbaren Bevölkerungsgröße und ihrer landwirtschaftlichen sowie industriellen Schlüsselstellung übertragen ein Alptraum für die sowjetische Führung. Nicht zuletzt vor diesem Hintergrund ist die kurzfristig arrangierte fünftägige Reise Gorbatschows in die Ukraine im Februar 1989 zu sehen. Gerade in Kiew ging der sowjetische Parteiführer und Staatschef besonders ausführlich auf das Nationalitätenproblem ein.

In der *Moldawischen SSR* entwickelte sich nach dem von der westlichen Presse vermittelten Eindruck eine Nationalbewegung Ende 1988 fast über Nacht. In Wirklichkeit hatte die dortige Parteiführung unter Semen Grossu – wie Ščerbickij ein Relikt aus der »Periode der Stagnation« – bereits nach Bekanntwerden der Unruhen von Alma-Ata ein »erhebliches nationalistisches Potential« in der studentischen Jugend der Titularnation festgestellt. Dieses Potential weitete sich seit dem Winter 1988 zu einer Massenbewegung aus. Informelle Gruppen wie der »Klub Mateevici« und die »Demokratische Front zur Unterstützung von Perestrojka« treten in Moldawien vor allem in der Sprachenfrage auf, die hier ein besonderes Politikum darstellt. Sie fordern die Aufgabe der politisch motivierten, linguistisch aber völlig willkürlichen Trennung des Moldawischen vom Rumänischen, die Rückkehr zur lateinischen anstelle der nach dem Anschluß an die Sowjetunion 1944 eingeführten kyrillischen Schrift und die verfassungsmäßige Aufwertung des Moldawischen zur »Staatssprache«. Die nationalsprachige Literaturzeitschrift stellte die Schriftfrage in den Mittelpunkt nationaler Ambitionen. Das Alphabet sei »nicht nur ein graphischer Code,

---

23 Prohrama narodnoho ruchu Ukrainy za perebudovu, in: Literatura Ukrainy, 7/16. 2. 1989, S. 3.

sondern ein moralischer Faktor, ein Index für nationale Würde«.[24] Das Demonstrationsgeschehen in der Hauptstadt Kischinjow hat sich 1989 verschärft und geht mit deutlichen Polarisierungserscheinungen zwischen einheimischen und eingewanderten Bevölkerungsteilen einher.

An *Kasachstan und Mittelasien* entzündete sich der Konflikt zwischen Zentrale und nationaler Peripherie unter Gorbatschow am frühesten. Diese Region war schon vor Gorbatschows Amtsantritt als Generalsekretär zum bevorzugten Anwendungsbereich für eine Politik des »interregionalen Kaderaustauschs« geworden. In keiner anderen Region der Sowjetunion war zwischen 1983 und 1986 so mit dem Kadererbe der Breshnew-Ära aufgeräumt und dabei der nationale Kaderbestand reduziert worden. Gravierende Mißstände und Korruptionsaffairen machten dieses Revirement in der Tat notwendig. Doch die Art und Weise, wie es publizistisch begleitet wurde, zeigte, wie sehr es der sowjetischen Führung auch und gerade unter Gorbatschow – zumindest anfangs – an nationalitätenpolitischer Feinfühligkeit und Kenntnis der sozialkulturellen Realitäten dieser Region mangelte. Aus der Sicht der Einheimischen war diese Politik mit »Russifizierungsakzenten« versehen, weil sie mittelasiatische Kader durch russische ersetzte, während in den zentralen Führungsgremien der Union, im Politbüro und im Sekretariat des ZK der KPdSU, von »zwischennationalem Kaderaustausch« keine Rede sein konnte. Dort ist die Repräsentanz der Nichtslawen so weit gesunken wie nie zuvor. In Kasachstan führte diese Politik zum ersten offenen Tumult gegen eine konkrete Maßnahme Gorbatschowscher Politik. Inzwischen ist sie heruntergeschraubt worden. Auch die 1987 gesteigerten ideologischen Angriffe auf den Islam wurden durch eine versöhnlichere, ja geradezu werbende Religionspolitik in den Muslimregionen ersetzt.

Moskau mußte erkennen, daß die gewünschte Solidarisierung der mittelasiatischen Bevölkerung mit der Perestrojka gegen die »Khane und Begs mit Partciausweis« weitgehend ausgeblieben war. In Usbekistan begannen sich um die Person Rašidovs, dessen Name zum Schlüsselsymbol für alle Mißstände einer orientalischen Variante der »Stagnationsära« wurde, sogar verklärende Volkslegenden zu ranken.[25] Auf den erhobenen Zeigefinger aus Moskau reagierten einheimische Intellektuelle mit Gegenbeanstandungen: So z.B. in der publizistischen Auseinandersetzung mit den spektakulären Selbstverbrennungen usbekischer, tadshikischer und turkmenischer Frauen.[26] Während der sowjetische Kommentar diese Tragödie auf dem Schuldkonto des Islams und des Patriarchalismus verbucht und auf Sowjetisierungsdefizite in dieser Region verweist, kontern usbekische Publizisten mit dem Hinweis auf die Ausbeutung

---

24 Literatura si arta, 19. 1. 1989, S. 3.
25 U. Halbach, Usbekistans Weg zur sowjetischen Skandalrepublik, in: Aktuelle Analysen des BIOst, 23/1988; ders., Mittelasien als innersowjetisches Drittweltproblem, in: Aktuelle Analysen des BIOst, 37, 1988.
26 B. Godel, Selbstverbrennungen von Frauen in Sowjet-Zentralasien, in: Osteuropa, 10/1989.

billiger weiblicher Arbeitskräfte auf den von Pestiziden verseuchten Baumwollfeldern. Der von sowjetischen Kommentaren beklagte Rückzug mittelasiatischer Frauen in Mutterschaft und repressive Familienbande sei häufig die Flucht vor der »Baumwollsklaverei«.[27]

Vor dem Hintergrund ökonomischer, sozialer und ökologischer Probleme werden nationalkulturelle Forderungen erhoben, die teilweise an den Ausgangspunkt der Sowjetisierung Mittelasiens zurückführen, wie die Forderung nach Wiederbelebung der arabischen Schrift und Aufgabe der Unterbindung kultureller Gemeinschaft mit dem islamischen Kulturraum.

In Usbekistan knüpft eine Bewegung mit der Bezeichnung »Birlik« (Einheit) an panturkistische Vorstellungen an, die sowjetischerseits stets vehement bekämpft wurden. In Tadshikistan wird die Rückkehr zur arabischen Schrift gefordert. In ganz Mittelasien hat der Islam in seinen drei Hauptaspekten »Kulturislam«, »Glaubensislam« und dem sogenannten »Fundamentalismus« die sowjetischen Medien beschäftigt. Als »Kulturislam« ist er nie von der Sowjetkultur wirksam verdrängt worden. Gegenüber diesem, auf äußere Verhaltensnormen, Traditionen, Feste und Riten gerichteten Aspekt des Islam war der Zuspruch der einheimischen Bevölkerung stets groß. Aber auch der »Glaubensislam« ist laut Aussagen sowjetischer Quellen eindeutig im Wachsen begriffen. In keiner anderen Glaubensgemeinschaft der UdSSR wächst die Religiosität in der Bevölkerung in dem Maße wie im Islam. Entscheidend für das Verhältnis zwischen sowjetischem Staat und Islam wird sein, wie sich der dritte Aspekt, der mit »Fundamentalismus« populär, aber unpräzise beschriebene »repolitisierte Islam« entwickeln wird. Sein Hauptinhalt ist die Sehnsucht nach dem »islamischen Staat«, nach einer Rückkehr zur Einheit von Religion und Politik, wie sie in der Anfangsgeschichte des Islam gegeben war. In der Sowjetunion hat sich eine *Massenbewegung* unter der Parole »din wa dawla« (Religion und Staat) *noch* nicht formiert, aber in vereinzelten Ansätzen wird der Sehnsucht nach dem islamischen Staat auch hier schon Ausdruck gegeben. Die politische Potenz des Islam ist in der Sowjetunion ebenfalls deutlich gewachsen[28], und vor diesem Hintergrund wird das Bemühen Moskaus um ein konfliktfreies, ja möglichst sogar freundschaftliches Auskommen mit dem Iran und um Entspannung in Afghanistan verständlich.

Nationalitätenprobleme regten sich besonders *unterhalb der Ebene der Unionsrepublik* bei kleineren Volksgruppen. Die größte unter ihnen, die Tataren, trat relativ spät in Erscheinung. Erst im Januar 1989 wurde bekannt, daß in Kasan ein »Tatarisches Gesellschaftliches Zentrum« (TOC) als Keimzelle einer Volksfront gegründet wurde. Neben gesamtsowjetischen Reformzielen gab diese

---

27 Interview mit A. Jakubov, in: Rabotnica, 8/1988; ders., in: Sobesednik, 37/1988, S. 4f.
28 M. Broxup, Politische Tendenzen des Islam in der Sowjetunion seit dem Afghanistan-Krieg, in: A. Kappeler, G. Simon, G. Brunner (Hrsg.), Die Muslime in der Sowjetunion und in Jugoslawien, Köln 1989, S. 257–273.

Gruppierung ein »nationales« Ziel an: die »Gewährung des Status einer Unionsrepublik an Tatarien«.

Viele Volksgruppen traten 1987/88 erstmals ins Blickfeld der sowjetischen Öffentlichkeit. So wurden die Lebensverhältnisse ethnischer Gruppen des Nordens, Sibiriens und des Fernen Ostens in aufrüttelnden Artikeln der Zentralpresse als eine von sozialer Verelendung und Entnationalisierung, von »Ökozid« und »Ethnozid« bedrohte Situation dargestellt. Der Philosoph Prigožin reihte die am versiegenden Aralsee lebenden Kara-Kalpaken unter die »bestraften Völker« ein, weil sie von einer verantwortungslosen Entwicklungsplanung ihres Lebensraums beraubt wurden.[29] Die historischen »bestraften Völker«, d.h. die unter Stalin deportierten Nationen, wurden seit 1987 zu einem Thema in der sowjetischen Publizistik und Belletristik. Dabei wurde erstmals die Geschichte der Deutschen und der Krimtataren objektiver dargestellt und ihren Forderungen nach Repatriierung und Re-Autonomisierung Gehör geschenkt. Angeblich soll die Wiedererrichtung eines autonomen deutschen Territoriums an der Wolga bevorstehen. Die Krimtataren können dagegen wegen der seit ihrer Deportation 1944 gründlich veränderten demographischen Struktur der Krimhalbinsel kaum auf eine komplette Repatriierung und Re-Autonomisierung hoffen.

Die Juden in der Sowjetunion konnten in letzter Zeit erstmals ihre kulturellen und religiösen Bedürfnisse in der Öffentlichkeit darstellen und waren an der Gründung informeller Kulturklubs in einigen Unionsrepubliken beteiligt. Auch das heiße und immer noch aktuelle Thema »Antisemitismus in der Sowjetunion« konnte seit 1988 publizistisch angepackt werden. Für seine Aktualität sorgten insbesondere die Auftritte der informellen Gruppe »Pamjat'« mit ihren russisch-nationalistischen und antisemitischen Parolen.

2. Eskalation in den Hauptbrennpunkten

Im *Baltikum* und in *Transkaukasien* traten die Hauptkomponenten der Eskalation – Mobilisierung, Emotionalisierung und Politisierung – am sichtbarsten in Erscheinung. Umfaßten Protestkundgebungen mit nationalistischem Hintergrund 1987 allenfalls Hunderte von Personen, so erreichte die Demonstrationsbeteiligung in Jerewan und Baku 1988 fast die Millionengrenze. Kleine Nationen wie die Esten, Letten und Armenier mobilisierten einen Großteil ihrer Bevölkerung für Demonstrationen, Unterschriftenlisten[30] und die aktive Unterstützung von »Volksfronten« und »Solidaritätskomitees«.

Die *Karabach-Krise* entfaltete sich in zwei Phasen von Februar bis Juli und verstärkt wieder seit Herbst 1988. Ihren Hintergrund bilden die verzwickten ethno-demographischen und ethno-historischen Verhältnisse im östlichen

---

29 Vek dvadcatyj i mir, 12/1988, S. 11.
30 Gegen den im Oktober 1988 zur Diskussion gestellten Entwurf einer Novellierung der sowjetischen Verfassung führten die drei baltischen Volksfronten 2,6 Mio. Unterschriften (bei einer Gesamtbevölkerung des Baltikums von 7,7 Mio.) ins Feld.

Transkaukasien. Das Autonome Gebiet Nagornyj Karabach ist Teil der Unionsrepublik Aserbaidshan, wird aber von einer armenischen Bevölkerungsmehrheit von 76% bewohnt. Diese wehrt sich gegen die 1921–1923 von der Sowjetmacht getroffene Gebietsdisposition und verlangt die »Wiedervereinigung« mit Armenien. Die historischen Argumente für diese »Wiedervereinigung«[31] sind zwar nicht hieb- und stichfest, aber die Armenier konnten auf einen sozialökonomischen und nationalen Notstand ihrer Landsleute in Karabach unter aserbaidshanischer Verwaltung hinweisen. Letzteres gibt ihrer Agitation in Sachen Karabach recht. Allerdings haben auch die Aserbaidshaner in der Auseinandersetzung ihre Argumente anzuführen, die in der Weltöffentlichkeit weit weniger bekannt sind als die armenischen.

Ausgelöst vom Antrag des Sowjet des Autonomen Gebiets auf dessen Ausgliederung aus dem territorialen Bestand Aserbaidshans am 20. Februar 1988, endete die erste Phase mit dem ablehnenden Bescheid durch den Obersten Sowjet in Moskau am 18. Juli 1988. Dazwischen lagen Massendemonstrationen in der armenischen Hauptstadt, der Pogrom von Sumgait am 27. und 28. Februar 1988, bei dem laut offiziellen Angaben 32 Menschen, überwiegend Armenier, getötet wurden, eine Resolution des ZK der KPdSU über Förderungsmaßnahmen in dem hochgradig vernachlässigten Gebiet, die Auswechselung der Parteiführungen in beiden Unionsrepubliken und in Karabach, Generalstreiks in Jerewan und Karabach, die Stationierung von Sicherheitstruppen in dem Krisengebiet, die Besetzung des Zivilflughafens von Jerewan durch Demonstranten und schließlich die einseitige Ausrufung der territorialen Statusveränderung durch den Gebietssowjet von Karabach. Dies alles wurde von wachsender nationaler Frontenbildung bei beiden Volksgruppen, interethnischen Gewaltausbrüchen und Fluchtbewegungen sowie der Lahmlegung lokaler Parteigewalt begleitet, aber auch von disziplinierter gesellschaftlicher Selbstorganisation bei den Armeniern. In der zweiten Phase entfachten lokale Vorfälle und Gerüchte die nationale Leidenschaft aufs neue, die sich in Aserbaidshan nun zunehmend islamisch zu artikulieren begann. Ende des Jahres kam es laut »Pravda« zu 3000 pogromartigen Vorfällen in beiden Unionsrepubliken. Insgesamt forderte der Konflikt laut offiziellen Angaben 1988 78 Menschenleben. Doch fast 300 000 Menschen begaben sich auf die Flucht vor der jeweils anderen Volksgruppe. Selbst das Erdbeben vom 7. Dezember vermochte die Kette der Aggressionen und Ängste nicht zu durchbrechen. Am 12. Januar 1989 verfügte der Oberste Sowjet der UdSSR eine Sonderverwaltung für Karabach und unterstellte das Gebiet der unmittelbaren Regierungsgewalt der Union. Eine Sonderregierungskommission unter A. Volskij erhielt weitgehende, von Baku unabhängige Exekutivgewalt. Seitdem hat sich die Lage »in und um Karabach« nicht beruhigt.

---

31 Die Region Karabach bildete auch in vorsowjetischer Zeit keinen territorial-administrativen Zusammenhang mit Armenien. Der Wiedervereinigungsgedanke rekurriert frühestens auf das 12. Jahrhundert.

An politischer Grundsätzlichkeit weniger bedeutsam als die Entwicklung in den baltischen Republiken, wurde der Karabach-Konflikt aufgrund folgender Besonderheiten als gefährlichste Herausforderung auf dem Gebiet der Nationalitätenbeziehungen angesehen:

- Erstens brachte sein Aggressionspotential die Fiktion von der sowjetischen Völkerharmonie und der Aufhebung grundlegender nationaler Gegensätze im Sozialismus zum Einsturz;
- zweitens mußte bei seiner Lösung eine Präzedenzfallwirkung auf andere mit innersowjetischen Grenz- und Autonomiedisputen verbundene Konflikte einkalkuliert werden;
- drittens konfrontierte er die sowjetische Führung in besonderem Maße mit historischen Altlasten und einem tiefen ethno-psychologischen Hintergrund (z.B. mit dem Türkentrauma der Armenier), der in offiziellen Stellungnahmen, z.B. in Aussagen Gorbatschows, nicht erfaßt wurde;
- viertens hatte er gefährliche regionale und überregionale Hintergründe. Die beiden involvierten Volksgruppen leben auch in anderen Teilen des Kaukasus zusammen, z.B. in Georgien, so daß ihr Konflikt gesamtkaukasische Bedeutung hat. Eine überregionale Dimension weist auf aserbaidshanischer Seite auf die muslimischen Turkvölker in der Sowjetunion, auf den Iran mit seiner aserbaidshanischen Bevölkerungsgruppe und auf die Türkei hin, auf armenischer Seite auf eine weltweite Diaspora.

Die Ereignisse »in und um Karabach« können allerdings nicht auf den interethnischen Konflikt und seine Auswüchse reduziert werden. Sie führten in Armenien zur Bildung einer »nationalen Basisdemokratie«, die in überwiegend disziplinierter Form die gesamte armenische Nation mobilisierte und die Gewalt und Autorität von Partei und Staat vorübergehend lahmlegte.

Dieses Zusammenwirken einer interethnischen Konfliktsituation mit dem prinzipiellen politischen Protest wiederholte sich im Frühjahr 1989 in *Georgien*. Dort führten die seit 1978 bekannten Friktionen zwischen der Titularnation und der autonomisierten Minderheit der muslimischen Abchasen zu nationalistischen Massenprotesten in Tiflis. Informelle Gruppen mit nationalen Programmen hatten sich in Georgien seit Herbst 1987 formiert. Ihre Forderungskataloge umfaßten die Revision der georgischen Geschichtsschreibung mit einer objektiveren Bewertung der von Menschewisten regierten unabhängigen Republik von 1918 bis 1921 und deren Zerschlagung durch Stalin und Ordžonikidze, die Bewahrung von Kulturdenkmälern sowie die Verhinderung einer Eisenbahnlinie als umweltbezogenes Thema. Bestimmend für das Nationalitätenproblem in dieser Unionsrepublik ist aber das Verhältnis zwischen der Titularnation und kleineren Volksgruppen mit autonomisierten, der Georgischen SSR inkorporierten Territorien (Abchasische ASSR, Adsharische ASSR, Autonomes Gebiet der Südosseten). Die betreffenden, auf ihrem Territorium in der Minderheit befindlichen Nationalitäten fühlen sich von der georgischen Mehrheit unterdrückt, während die Georgier angesichts der demographischen Verhältnisse die Notwendigkeit einer Autonomisierung nicht einsehen und ihrerseits von »Diskriminierung« sprechen. Als die Abchasen, die in ihrer

ASSR nur 17% der Bevölkerung ausmachen, neuerdings wieder ihren Anspruch auf eine höhere Autonomiestufe (Aufwertung zur Unionsrepublik) oder auf Ausgliederung aus Georgien erhoben, reagierten die Georgier mit Massenprotesten, bei denen sezessionistische Parolen und die Forderung nach nationaler Eigenstaatlichkeit geäußert wurden. Eine Demonstration am 9. April 1989 wurde von Sicherheitstruppen mit brutalen Maßnahmen, darunter mit Giftgaseinsatz, bekämpft. Dabei kamen 20 Personen ums Leben, über 1000 wurden verletzt.

Im *Baltikum* wuchs die Nationalitätenfrage am konsequentesten in die politische Dimension hinein, in die Forderung nach einer Perestrojka des Sowjetföderalismus (Konföderation statt Union) und einem »neuen Vertrag« zwischen der Bundesgewalt und den Gliedstaaten, teilweise sogar in ein eindeutiges Votum für den Austritt aus der Sowjetunion. Deutlicher als in Transkaukasien, wo politische Aspekte des nationalen Aufbegehrens von irrationalem und konfrontativem Verhalten überlagert wurden, fügten sich hier die Auftritte der Volksfronten und anderer Gruppen »nationaler Basisdemokratie« in das Profil von Perestrojka und Demokratisierung ein. Eine erste Entwicklungsphase von Anfang 1987 bis Sommer 1988 umfaßte »Kalenderdemonstrationen« zu bestimmten Gedenkdaten aus den sowjetisch-baltischen Beziehungen, besonders zum Hitler-Stalin-Pakt von 1939 und den Begleitumständen der Sowjetisierung (Massendeportationen), und die durch Probleme mit nationalitätenpolitischer Relevanz motivierte Bildung nichtformeller Gruppen. Dabei standen das Migrationsproblem und die »demographische Russifizierung« in Estland und Lettland im Mittelpunkt, aber auch die Sprachenpolitik sowie der »ökologische Analphabetismus« der zentralen Planungsbehörden und seine verheerenden regionalen Auswirkungen.

Vor dem Problemhintergrund von Migration, Ökologie und Ökonomie entwickelten estnische Autoren seit Herbst 1987 das Konzept der »estländischen Wirtschaftsautonomie« (imejasandav eesti; abgekürzt »ime«) und übertrugen damit die sowjetische Reformparole von der »Selbstfinanzierung und vollen wirtschaftlichen Rechnungsführung« (chozrasčet) auf die Ebene der Republik. Dieses Modell des »Respublikanskij Chozrasčet« wurde in Estland von der Kommunistischen Partei gedeckt und soll 1990 in die Wirklichkeit umgesetzt werden. Über die in Moskau formulierten Vorstellungen von ökonomischer Dezentralisierung und regionaler Kompetenzerweiterung hinausgehend, umfaßt es die Finanz- und Budgethoheit der Republik, außenwirtschaftliche Autonomieansprüche, als Fernziel sogar eine eigene Währung und vor allem die weitgehende Ausgliederung der bislang zu fast 90% von Moskau festgelegten estländischen Produktionstätigkeit aus der zentralen Ressortverwaltung. Das estländische Vorgehen inspirierte andere Unionsrepubliken, insbesondere den Nachbarn Lettland, dessen Parteichef sich zusammen mit seinem estländischen Amtskollegen auf der Unionsparteikonferenz für die »regional wirtschaftliche Rechnungsführung« stark machte.[32] Diese Konferenz und das Juli-

---

32 M. Búmanis, a.a.O., S. 48f.

plenum des ZK der KPdSU ebneten 1988 landesweit den Weg zu größerer ökonomischer Eigenständigkeit der Republiken und Regionen, auch wenn die in »Ime« enthaltenen Maximalvorstellungen in den zentralen Medien und in der KPdSU umstritten bleiben, weil sie angeblich die Grenze zwischen Dezentralisierung und Desintegration der sowjetischen Volkswirtschaft überschreiten.[33] Im Frühjahr 1989 wurde ein vom Ministerrat vorbereiteter und vom Politbüro der KPdSU gebilligter Gesetzentwurf über die wirtschaftliche Selbstverwaltung der Republiken veröffentlicht. Er sieht eine Neuordnung der Budgetbeziehungen sowie der Planungskompetenzen zwischen den Unions- und Regionalgewalten vor und unterstellt bestimmte Industrie- und Dienstleistungszweige der Verwaltungszuständigkeit lokaler Behörden.

Die Schwerindustrie und damit jener Bereich, dessen Entwicklung sich am stärksten auf demographische und ökologische Probleme auswirkt, bleibt erwartungsgemäß der Verfügungsgewalt der Union unterstellt.[34]

In einer zweiten Phase, seit Frühjahr 1988, flossen im Vorfeld der Unionsparteikonferenz nichtformelle Gruppen unterschiedlicher Thematik (Grüne, Gruppen für Kultur- und Denkmalschutz, Helsinki-Gruppen) zu einer Volksfrontbewegung zusammen. Dem Reformprinzip der gesellschaftlichen Aktivierung folgend, bildeten sie Sammelbecken und Artikulationsforen für politische und gesellschaftliche Probleme mit nationalitätenpolitischem Hintergrund. Die Programme der Anfang Oktober in den baltischen Republiken konstituierten Volksfronten »Rahvarinne« (Estland), »Latvijas Tautas Fronte« (Lettland) und »Sajudis« (Litauen) bestehen im wesentlichen aus drei Komponenten: erstens aus dem Bekenntnis zur gesamtsowjetischen Reform und dem Bemühen, Perestrojka gegen konservative Reaktion und bürokratische Verschleppung durch gesellschaftliche Kontrolle abzusichern; zweitens aus Souveränitätsforderungen der Unionsrepubliken gegenüber der Unionsgewalt; drittens aus nationalitätenpolitischen Forderungen wie der nach Migrationskontrolle, reziproker Zweisprachigkeit und Aufwertung der Nationalsprachen im öffentlichen Leben, kultur- und wirtschaftspolitischer Autonomie sowie »nationaler Staatsbürgerschaft«. Teilweise sind solche Forderungen von den Obersten Sowjets in Tallin, Riga und Wilnjus bereits zum Gesetz gemacht worden, so die Anerkennung der Nationalsprache als »Staatssprache«, die Legalisierung nationaler Symbole und die Anerkennung der Gedenkdaten staatlicher Unabhängigkeit nach dem Ersten Weltkrieg als nationale Feiertage (16. Februar in Litauen, 24. Februar in Estland). Diese dritte Komponente verprellte die eingewanderten Bevölkerungsteile im Baltikum und führte zur Bildung »internationalistischer« Gegenbewegungen wie »Interdviženie« und »Interfront«. Die Volksfronten mußten sich gegen den Vorwurf zur Wehr setzen, nicht »Volks-«, sondern »nationalistische Fronten« darzustellen. Doch das Programm etwa der

---

33 Zur Diskussion um den »Respublikanskij Chozrasčet« siehe: Bewegung im Baltikum II. Estlands Kampf um wirtschaftliche und politische Selbstbestimmung, in: Osteuropa, 8/1989, Dokumentation A 394–A 435.
34 Ėkonomičeskaja gazeta, 12/1989, S. 10–13.

estländischen Volksfront greift mit Punkten wie »Kernwaffenfreiheit«, »zivilem Ersatzdienst« und »Entmilitarisierung der Schule« u. a. weit über den nationalen Horizont hinaus.

In einer dritten Entwicklungsphase seit Herbst 1988 entstand in den baltischen Republiken eine Art von »Souveränitätsschub« im Zusammenhang mit der Diskussion um die geplante Novellierung der Unionsverfassung, in der Kritiker einen weiteren Zug zur Zentralisierung statt des versprochenen Abbaus zentralistischer Struktur erblickten. Vor deren Verabschiedung durch den Obersten Sowjet der UdSSR beschloß der Oberste Sowjet in Estland am 16. November 1988 fünf Änderungen der Republikverfassung, begleitet von einer sogenannten »Souveränitätserklärung«. Die Änderungen betrafen einen Genehmigungsvorbehalt des Obersten Sowjet in Tallin gegenüber Bundesgesetzen, die Proklamation von Grund und Boden mitsamt allen Naturreichtümern zum Eigentum der Republik, die Ausdehnung des Privateigentums in Estland und die Verbindlichkeit internationaler Menschenrechtsbestimmungen auf seinem Territorium. Die »Souveränitätserklärung« postuliert, daß die weitere Entwicklung Estlands unter den Bedingungen der Souveränität in einem neuen Rahmen der Beziehung zwischen Union und Unionsrepublik erfolgen müsse. Der von Lettland und Litauen formal zunächst nicht mitvollzogene Schritt wurde im Obersten Sowjet der UdSSR am 26. November annulliert, regte aber eine breite Souveränitätsdiskussion in den sowjetischen Medien an und führte, zusammen mit dem Protest aus anderen Unionsrepubliken, zu einer Modifizierung der Verfassungsnovellen, die am 29. November 1988 verabschiedet wurden.

Zu diesem Zeitpunkt standen in den baltischen Republiken erneuerte Parteiführungen weitgehend hinter den Programmen der Volksfronten. Insbesondere in Estland entwickelten sich personelle Querverbindungen zwischen der KP und der national-emanzipatorischen Bewegung. Die Führungstroika von Vaino Väljas (Erster Sekretär der KP Estlands), Indrek Toome (Ministerpräsident) und Arnold Ruutel (Präsident des Obersten Sowjet) wurde zum Symbol einer reformkommunistischen Strömung, die Perestrojka konsequent auf die nationalitätenpolitische Ebene und die Frage des sowjetischen Föderalismus überträgt. Bei der Wahl zum Kongreß der Volksdeputierten am 26. März 1989 erhielt die Parteiführung in Estland für diese Haltung ein sensationell zustimmendes Votum, während die Parteikader in anderen Unionsrepubliken zum Teil vernichtende Wahlergebnisse hinnehmen mußten.

Die reformkommunistischen Gruppierungen in den Führungen der Volksfronten haben die schwierige Aufgabe, das autonomistische Element in der nationalen Bewegung gegenüber dem sezessionistischen zu stärken. In Litauen schlägt das Pendel immer stärker in die sezessionistische Richtung aus. In der Hitze des Wahlkampfs kam dort die Parole »Freies Litauen« auf, und »frei« ist hier nicht mehr im autonomistischen, sondern im sezessionistischen Sinn zu verstehen; nicht als »frei innerhalb der Sowjetunion«, sondern als »frei von der Sowjetunion«. Die dortige Volksfront »Sajudis« verkündete im Februar, daß ihr Endziel in der Wiederherstellung eines »unabhängigen und neutralen litauischen Staates in einer entmilitarisierten Zone« bestehe. Ihr Präsident Vytautas

Landsbergis will sich zwar vorläufig noch mit einem konsequent verwirklichten »Respublikanskij Chozrasčet« in Litauen zufriedengeben, ein anderer Führer der Sajudis, Arvydas Juozaitis, stellte dagegen klar, daß die Volksfront mit der offen ausgesprochenen Qualifizierung Litauens als »von sowjetischen Truppen okkupiertes Land« den ersten logischen Schritt zur Sezession getan habe.[35]

3. Ein Prozeß des Zusammenwachsens

Die für die staatliche Einheit der Sowjetunion in ihrer bisherigen Form gefährlichste unter den gegenwärtigen Entwicklungstendenzen ist das Zusammenwachsen und die Vernetzung der vielen verschiedenen Nationalitätenprobleme zu einem gesamtsowjetischen Nationalitätenproblem. Zwischen den unterschiedlichen nationalen Strömungen und Bewegungen entstehen zunehmend inhaltliche und organisatorische Querverbindungen, die vorher fehlten. Von den inhaltlichen Gemeinsamkeiten zwischen krimtatarischen, ukrainischen, armenischen und anderen Nationalbewegungen seien hier nur drei genannt: die Berufung auf die Lenische Nationalitätenpolitik, die Forderung nach »historiographischer Glasnost'« und die sprachenpolitischen Forderungen.

Die Berufung auf die Nationalitätenpolitik Lenins verbindet die nationalen Bewegungen untereinander und mit den ideologischen Grundlagen der Perestrojka. Nationalen Dissidenten fällt es nicht schwer, ihre diversen Beschwerdepunkte gegenüber Jahrzehnten sowjetischer Politik in diesem Bereich als klare Abweichungen von den Normen Lenins nachzuweisen, ob Ukrainer nun Verzerrungen in der Sprachenpolitik oder Armenier Gebietsdispositionen beklagen, mit denen sich die Sowjetmacht über die Selbstbestimmung lokaler Bevölkerung hinwegsetzte. Auch die zentralen Medien, die seit 1987 in zunehmendem Maße schwere nationalitätenpolitische Fehler in den vergangenen Jahrzehnten eingestehen, beziehen sich dabei auf Lenin, d.h. auf seine affirmative Haltung gegenüber national-kulturellen Bedürfnissen, gegenüber den Nationalsprachen und der »Korenizacija«.[36] Gorbatschow berief sich in seinem Appell an die Völker Armeniens und Aserbaidshans ausdrücklich auf diese, von amerikanischen Forschern als »Affirmative Action« bezeichnete Ausrichtung der ursprünglichen sowjetischen Nationalitätenpolitik.[37]

Noch deutlicher verbindet die Forderung nach »historiographischer Glasnost'« die nationalen Bewegungen. Im Zusammenhang mit der gesamtsowjetischen Diskussion über die »weißen Flecken« in der Geschichte der UdSSR wurde besonders bei den Nichtrussen ein »historischer Erinnerungsimperativ« formuliert und die Forderung nach Erhellung »nationaler Repressionen« in der sowjetischen Geschichte erhoben, nach »Regionalgeschichte des Stalinismus«

---

35 International Herald Tribune, 15. 4. 1989.
36 »Korenizacija« (Verwurzelung) bezeichnet eine Politik der Indigenisierung der lokalen Partei- und Sowjetapparate in den nationalen Territorien und die gesamte Phase sowjetischer Nationalitätenpolitik von 1921 bis 1933.
37 Bakinskij rabočij, Kommunist (Arm.), 27. 2. 1988.

und Neubewertung staatlicher Unabhängigkeitsperioden im Baltikum und in Transkaukasien, nach dem Recht auf eigene »nationale Geschichte« und Emanzipation ihrer Darstellung von sowjetischer Zensur und Bevormundung. In der Ukraine gab sich die Zeitschrift einer informellen Gruppe den programmatischen Namen »Evžan Zillja« nach einem Kraut, dem die Mythologie die Kraft zuspricht, verlorengegangenes Gedächtnis wiederherzustellen. In Estland wurde die Forderung nach Veröffentlichung und objektiver Bewertung des »Hitler-Stalin-Pakts« zum Gründungsmotiv einer eigenen Partei. In Weißrußland macht sich die Gruppe »Martirolog« die Erinnerung an die Opfer des Stalinismus zur Aufgabe, so wie sich auf gesamtsowjetischer Ebene die Bewegung »Memorial« für diesen Zweck einsetzt.

Vernetzung zeigte sich im ersten Viertel des Jahres 1989 sehr deutlich in der Sprachenfrage, als die von Partei und Sowjets größtenteils gedeckten und von der Legislative umgesetzten sprachenpolitischen Vorstöße der baltischen Volksfronten[38] am »anderen Ende« der Sowjetunion, in Mittelasien, auf lebhaftes Interesse stießen. Zur Zeit ist die tadshikische und usbekische Regionalpresse voll von Artikeln über »reziproke Zweisprachigkeit«, über die verfassungsmäßige Definition der Nationalsprachen als »Staatssprachen« u. a.

Vor allem findet Vernetzung nun auch im organisatorischen Bereich statt. Dies gilt in erster Linie für die Volksfrontbewegungen. Das Vorbild, das die Entwicklung in den baltischen Republiken dabei abgab, wurde in den verschiedensten Regionen nachvollzogen. Auch hier, auf dem Gebiet gesellschaftlicher Selbstorganisation entlang nationaler Linien, sprang der Funke über vom Baltikum bis nach Tadshikistan, bis an den äußersten orientalischen Rand der nationalen Peripherie.[39] Zwischen den Volksfronten entwickelten sich interrepublikanische Kontakte, und im Sommer 1988 wurde im westukrainischen Lwow ein »Koordinationskomitee der patriotischen Bewegungen der Völker der UdSSR« gegründet, in dem Vertreter verschiedener nationaler Bewegungen zusammenfanden.

---

38 Der Oberste Sowjet Estlands verabschiedete am 18. 1. 1989 ein Sprachgesetz, das es russischsprachigen Beschäftigten im öffentlichen Dienst zur Pflicht macht, innerhalb von vier Jahren gute Estnischkenntnisse zu erwerben. Der Oberste Sowjet Litauens erhob am 26. 1. 1989 Litauisch zur Amtssprache.

39 Am 15. 9. 1988 berichtete die tadshikische Literaturzeitschrift »Adabiyot va sana'at« von einem Treffen einheimischer Kulturschaffender zur Gründung einer »Volksfront« für die Unterstützung des Reformprogramms. Dabei wurde ausdrücklich festgestellt, daß eine Entwicklung »wie im Baltikum« prinzipiell »auch in Tadshikistan möglich« sei.

V. Reaktion auf die national-emanzipatorischen Tendenzen bei den Nichtrussen

In den letzten zwei Jahren erreichte das Nationalitätenproblem zum ersten Mal auf breiter publizistischer Basis die russische Öffentlichkeit, die unterschiedlich auf die national-emanzipatorischen Tendenzen der Nichtrussen reagierte. Einerseits bildeten sich in den nichtrussischen Regionen, besonders im Baltikum, Gegenbewegungen der Russen und der immigrierten Bevölkerungsteile unter dem ideologischen Deckmantel des »Internationalismus«. Der Reformprozeß ist in vielen Unionsrepubliken mit besorgniserregenden Tendenzen ethnischer Polarisierung verbunden. Im Zentrum erleben russisch-nationalistische Strömungen einen Aufschwung. Sie übernehmen teilweise die Argumentationen der Nichtrussen. Das geht so weit, daß auch Russen behaupten, ihr Ethnos sei vom Untergang bedroht. Auch die Verbindung von »Ethnozid« und »Ökozid« wird als Protestparole aufgenommen. Insbesondere stellen sich Russen in diesem Zusammenhang als »diskriminierte Mehrheit« dar, die sich gegenüber anderen Nationen von wirtschaftlicher Benachteiligung betroffen fühlt. In dieser Szene ist die vieldiskutierte Gruppe »Pamjat'« allerdings nur eine Facette, die nicht mit dem breiteren Spektrum des russischen Nationalismus insgesamt gleichzusetzen ist.[40] Ihre Verbindung zu bestimmten Teilen des Machtapparats und ihre bizarren Ideen haben diese informelle Gruppe sowohl in sowjetischen wie westlichen Medien besonders hervorgehoben. Elemente ihres von russischem Messianismus, antiwestlicher Einstellung und Antisemitismus geprägten Denkens finden sich in den Äußerungen bestimmter russischer Schriftsteller wie Valentin Rasputin und Valerij Belov wieder.

Andererseits setzen sich aber russische Intellektuelle auch zunehmend für die Belange der anderen Nationen und ihre kulturellen Autonomiebedürfnisse, für das nationale Überlebensrecht gefährdeter Ethnien und für eine gründliche Revision der sowjetischen Nationalitätenpolitik ein.

Wie reagierte die sowjetische Führung? Kam der nachhaltig geforderte nationalitätenpolitische Wandel in Gang?

Am überzeugendsten vollzog sich eine Veränderung auf dem mit »Glasnost'« umschriebenen Bereich der Meinungsbildung und Meinungsveröffentlichung, und dies obwohl Glasnost' in brenzligen Situationen wie in der Karabach-Krise vorübergehend eingeschränkt oder vollkommen ausgesetzt wurde. Insgesamt überwiegt folgender Eindruck: Auf einem Feld, auf dem mit der Fiktion der »gelösten nationalen Frage« und der Unterdrückung gegenteiliger Informationen bis vor kurzem die fataleste aller Lebenslügen der Sowjetunion kultiviert wurde, breitet sich zunehmend kritische Analyse und offener Informationsfluß aus. In der faktischen Politik zeichnet sich ein Wandel vorläufig nur in Ansätzen ab, und zwar im wesentlichen seit der 19. Parteikonferenz. Deren

---

40 Zum russischen Nationalismus siehe: Russian Nationalism Today. RL/Special Edition, 19.12.1988; Soviet Nationality Survey, Vol. VI, 2/Februar 1989, S. 1–3.

nationalitätenpolitische Resolution trägt vor allem dem Bedürfnis nach einer Umgestaltung des Sowjetföderalismus Rechnung und stellt eine generelle Anhebung der regionalen Kompetenzen sowie eine präzisierte Abgrenzung zwischen Unions- und Regionalgewalt in Aussicht. Die Klärung der diesbezüglichen Probleme wurde auf das für die Jahresmitte 1989 anberaumte Sonderplenum des ZK der KPdSU vertagt. Einzelne Korrekturen der Nationalitätenpolitik, so im sprachenpolitischen Bereich, wurden vor allem gegenüber den extraterritorialen Volksgruppen eingeleitet, die im nationalen Gefüge der Sowjetunion das schwächste Glied darstellen. In einem entscheidenden Punkt verkündet Moskau allerdings nachdrücklich die Unantastbarkeit des Status quo: Die national-territoriale Struktur steht nicht zur Disposition. Innersowjetische Grenzen werden nicht verändert, so Gorbatschow zuletzt in seinem Appell an Kommunisten und Werktätige Georgiens. Die Umgestaltung der Beziehungen zwischen den Völkern bedeute nicht, daß einfach die Grenzen neu gezogen und die national-staatlichen Strukturen zerschlagen werden.[41]

Eine umfassende Antwort auf die anschwellenden Nationalitätenprobleme steht noch aus. Ob sie auf dem ZK-Sonderplenum im Sommer 1989 gefunden werden wird, ist angesichts der langen Tradition der Verdrängung dieses besonders komplexen Problembereichs zweifelhaft. Die Brisanz der Nationalitätenfrage besteht in der Inkongruenz von »Challenge« und »Response«. Während auf der einen Seite, in den nationalen Bewegungen, Ungeduld und manchmal auch Unduldsamkeit und die Forderung nach »grundlegendem Wandel in allernächster Zeit« aufkommt, findet sich auf der anderen Seite die Tatsache, daß es nationalitätenpolitische Patentrezepte mit Schnellwirkung nicht gibt, und ein mitunter hilflos wirkendes Reagieren. Was da an Einsicht reift und an Änderung in Aussicht gestellt wird, wurde durch schwerste Herausforderungen an der nationalen Peripherie herbeigezwungen. Von der Reformdynamik, die in anderen Aktionsfeldern sowjetischer Politik die Welt tief beeindruckt, ist auf diesem Gebiet noch nicht allzu viel zu bemerken.

---

41 Pravda, 14.4.1989.

Zweiter Teil: Wirtschaft

Hans-Hermann Höhmann

Die Wirtschaft der UdSSR im 12. Planjahrfünft: auf der Suche nach Wegen aus der Krise

I. Von den »Jahren der Stagnation« zur Perestrojka

Als Gorbatschow im März 1985 das Amt des Generalsekretärs der KPdSU übernahm, befand sich die sowjetische Wirtschaft im siebten Jahr einer mehr oder minder ausgeprägten Stagnation. Das in dieser Periode (1979-1985) erreichte Durchschnittswachstum von ca. 3% nach dem sowjetischen Nationaleinkommens- bzw. von knapp 2% nach dem westlichen Bruttosozialproduktkonzept hätte die Führung selbst dann nicht befriedigen können, wenn es sich um wirklich reales Wachstum und nicht um inflationär überhöhte Tempi gehandelt hätte. In Wirklichkeit sprechen viele Anzeichen dafür, daß sich die sowjetische Wirtschaftsentwicklung Anfang der achtziger Jahre dem Nullniveau bedenklich genähert hatte, und die Kritik kompetenter Ökonomen an der für Gegenwart wie Vergangenheit gleichermaßen ungebrochen positiven Wachstumsoptik des Staatskomitees für Statistik nimmt zu.[1] Nicht nur die Wirtschaftsdynamik war bei Gorbatschows Amtsantritt 1985 deutlich abgeschwächt: Das bei zunehmender Ressourcenverknappung und anhaltender Stagnation der Produktivität zu befürchtende weitere Absinken des Wirtschaftswachstums drohte auch, die innere und äußere Politikfähigkeit der UdSSR ernsthaft zu gefährden. Das Land war ökonomisch – aber auch in politischer und gesellschaftlicher Hinsicht – in eine Krise hineingeraten, und mittlerweile wird sein Zustand (nach der terminologischen Zwischenstation »Vorkrise«) auch von offizieller Seite so bezeichnet. Die Situation ist charakterisiert durch eine doppelte Scherenkrise: Auf der einen Seite klaffen die Ansprüche an die Wirtschaft und das ökonomische Leistungsvermögen immer weiter auseinander. Die sowohl quantitativ als auch qualitativ (d.h. in bezug auf Produktbeschaffenheit, Sortimente, Effizienz und Innovation) stagnierende Wirtschaft stand von allen Zielfeldern der Politik her unter erheblichem Anforderungsdruck, dem sie zu-

---

1 Vgl. R. Götz-Coenenberg, Wie hoch war das sowjetische Wirtschaftswachstum wirklich?, in: Gelesen, kommentiert ... des Bundesinstituts für ostwissenschaftliche und internationale Studien (im folgenden: BIOst), Köln, 1/1989; A. Nove, Wie hoch war das sowjetische Wirtschaftswachstum wirklich? Kommentar zu einem Kommentar, in: Gelesen, kommentiert ... des BIOst, 4/1989.

nehmend weniger entsprechen konnte. Die wichtigsten Stichwörter dieses Forderungskatalogs sind:

- rasche Kapitalbildung im Interesse von Erneuerung, Erweiterung und technischer Modernisierung des Kapitalstocks;
- Versorgung des trotz angestrebter Rüstungskontrolle ökonomisch anspruchsvollen Rüstungssektors;
- Befriedigung der Konsumentenbedürfnisse zur Stabilisierung von Arbeitsproduktivität und politischer Loyalität;
- Abdeckung der Kosten hegemonialer Außenpolitik sowie
- Notwendigkeit, die mehr als angeschlagene Legitimität des sozialistischen Systems durch verbesserte Wirtschaftsleistung wieder zu festigen.

Auf der anderen Seite fiel die einsetzende Wirtschaftskrise der UdSSR mit einer relativ raschen und stabilen sowie technologisch innovativen ökonomischen Entwicklung in den westlichen Industrieländern zusammen (siehe Tabelle 1 mit gewichtetem BSP-Wachstum im OECD-Bereich), angesichts derer die weitgehend ungelöst gebliebenen Beschäftigungs-, Sozial- und Umweltprobleme für die UdSSR kaum ideologische Erleichterung bedeuteten.

Tabelle 1: Wachstum des Sozialprodukts in der UdSSR und den OECD-Ländern (durchschnittliche jährliche Zunahme in %)

	UdSSR	OECD-Länder
1975–1980	2,3	3,3
1981–1985	1,9	2,4
1986–1988	1,7	3,2

Quellen: Nationale Statistiken, Veröffentlichungen wissenschaftlicher Institute, eigene Schätzungen.

In Anbetracht dieser doppelten Scherenkrise der sowjetischen Wirtschaft überraschte es nicht, daß die von Gorbatschow nach seinem Amtsantritt im März 1985 mit Nachdruck betriebene Neuorientierung der Politik der UdSSR vor allem ökonomische Zwecke verfolgte. In der Sicht des neuen Generalsekretärs war es mehr als alles andere der desolate Zustand der sowjetischen Wirtschaft, der innere Stabilität und internationale Position der Sowjetunion beeinträchtigte. Die ersten programmatischen Leitformeln »Beschleunigung« und »Intensivierung« bezogen sich unmittelbar auf ökonomische Ziele. Gorbatschow begann als Wirtschaftspolitiker mit überwiegend prozeß- und strukturpolitischen Zielen. Das Instrumentarium bestand aus einem »Policy Mix« arbeitspolitischer, strukturpolitischer (12. Fünfjahresplan) und systempolitischer Maßnahmen. Die Notwendigkeit einer »Vervollkommnung von Planung, Leitung und Wirtschaftsmechanismus« wurde zwar von Anfang an stets betont, doch blieb die Wirtschaftsreformpolitik zunächst im Rahmen traditioneller Ansätze, etwa des aus der Andropov-Zeit stammenden »Experiments großen Maßstabs«. Seit 1986/87 änderten sich Intensität, Begrifflichkeit und Konzept. Auf dem XXVII. Parteitag wurde eine »radikale Reform« gefordert und auf dem Juniplenum 1987 ein Projekt verkündet, das konzeptionell irgendwo zwischen aufgelockert-rationalisierter Planwirtschaft und sozialistischer Marktwirtschaft angesiedelt ist. Ein sektoraler und funktionaler »Plan-Markt-Dualismus« soll sich dabei mit einem Dualismus in der Eigentumsordnung verbinden (staatliches und aufgewertetes genossenschaftliches Eigentum).

Auch später, als das Konzept einer Wirtschaft, Politik und Gesellschaft gleichermaßen umfassenden Umgestaltung in den Vordergrund rückte, wurde nie die Priorität einer gründlichen Sanierung der Wirtschaft aufgegeben.[2] Politische und gesellschaftliche Reformen erhielten vielmehr Anstoß und Bedeutung durch die ihnen zugedachten Funktionen als Bahnbrecher und Wegbegleiter wirtschaftlicher Wandlungsprozesse. Inzwischen hat die Perestrojka eine kaum erwartete Dynamik entwickelt und die UdSSR tiefgreifend verändert. Nach mehr als vier Jahren Wendepolitik unter Gorbatschow ist allerdings auch deutlich geworden, daß das Land von einem neu profilierten, stabilen Kurs ökonomischer Politik mit eindeutig verbesserter Wirtschaftsleistung noch weit entfernt ist. Nicht behobene alte Probleme verbinden sich mit neuen Schwierigkeiten und bestätigen die Vermutung manches Beobachters, daß die Perestrojka allenfalls durch Krisen aus der Krise führt. Insgesamt ist eine komplizierte Wirtschaftslage entstanden, die durch unzureichende Ergebnisse, zunehmenden politischen Handlungsbedarf, unkoordinierte Ad-hoc-Maßnahmen, aber auch durch intensives Bemühen um Profil in der Reformpolitik sowie hartnäckiges Ringen um die Realisierung gefaßter Reformbeschlüsse gekennzeichnet ist. Widersprüchlich wie die Entwicklung in der UdSSR ist ihre Beurteilung durch Beobachter im Westen. Die Spanne der Einschätzungen reicht vom Scheitern bis zum reformerischen Durchbruch. Hierin spiegeln sich einmal die unterschiedlichen »Vorverständnisse« der Beurteiler. Hierin findet aber auch die trotz Glasnost' immer noch unbefriedigende Datenlage ihren Ausdruck sowie das offenkundige Defizit an aussagekräftigen theoretischen Erklärungsmustern, wie sie zum analytisch adäquaten Erfassen von Ausmaß und Grenzen des wirtschaftlichen und politischen Wandels in der UdSSR erforderlich wären.

II. Komplexität der Krise und Stand der Wirtschaftsentwicklung

Die Lage der sowjetischen Wirtschaft zu Beginn der Perestrojka läßt sich mit dem auf der 19. Unionsparteikonferenz vorgestellten Flugzeugbild anschaulich

---

2 Vgl. H.-H. Höhmann, Zur Interdependenz und Interaktion von wirtschaftlicher und politischer Reform in der sowjetischen Perestrojka, Berichte des BIOst, 23/1989, S. 14 ff.

beschreiben.³ Das Flugzeug Sowjetökonomie stand auf dem vermeintlich soliden Flugplatz des »entwickelten Sozialismus«. Doch der Flugplatz erwies sich als Sumpf der Stagnation. Mit Ach und Krach gelang der Start. Bald stellten sich jedoch Zweifel ein, ob der Kurs des Flugs bekannt sei und ob man am Zielort einen geeigneten Flugplatz fände. Vor allem aber mußte man feststellen, daß die Maschine nicht mehr recht flugtauglich war und daß es nun darauf ankam, während des Flugs mit einem gründlichen Umbau zu beginnen. Die Schwierigkeiten der wirtschaftspolitischen Neuorientierung in der UdSSR entziehen sich einfachen Formeln und lassen sich analytisch kaum mit dem in Ost wie West beliebten Gleichnis vom vergeblichen Kampf des Ritters Michail mit dem Drachen Bürokratie erfassen. Es ist vielmehr die vielschichtige Interdependenz einer Reihe von Problemkreisen, die die derzeitige Lage der sowjetischen Wirtschaft und ihre zukünftigen Perspektiven kennzeichnet. Hierzu gehören insbesondere:

- die Dimension, Komplexität und Hartnäckigkeit der Struktur- und Entwicklungskrise der sowjetischen Wirtschaft;
- der Zeitdruck von innen und außen, unter dem die sowjetische Führung bei der Überwindung der Krise steht;
- die Schwierigkeit, ein geeignetes Konzept für Sanierung und Reform der Wirtschaft zu entwickeln und in ein adäquates normatives und institutionelles Design umzusetzen;
- die Opposition, die bei der Verwirklichung neuer Konzepte für Wirtschaftspolitik und Wirtschaftssystem auf vielen Ebenen der politischen und ökonomischen Hierarchie zu überwinden ist;
- schließlich die in der Bevölkerung weit verbreitete Verweigerungshaltung gegenüber einem neuen, leistungsorientierten »Gesellschaftsvertrag«, die nicht nur auf »Vested Interests« und fortwirkende ideologische Stereotype zurückzuführen ist, sondern auch mit der Kontinuität einer weit in die russische Geschichte zurückreichenden politisch-ökonomischen Kultur zusammenhängt.⁴

Die Krise der sowjetischen Wirtschaft war und ist tiefgreifender, als von der Gorbatschow-Führung und auch von manchen westlichen Beobachtern zunächst angenommen wurde. Viele ihrer Elemente bestehen im fünften Jahr der Perestrojka unverändert fort, in einigen Wirtschaftsbereichen konnten Verbesserungen erreicht werden, teilweise hat sich die Lage aber auch weiter verschlechtert. Dies führte zu sozialen Unruhen wie etwa den Bergarbeiterstreiks im Kohlebergbau der UdSSR im Sommer 1989. Fünf negative Entwicklungen beherrschen das Bild: die anhaltende Wachstumsschwäche, die ungelöste Produktivitäts- und Modernisierungsproblematik, die Stagnation der Außenwirt-

---

3 Pravda, 30. 6., 1. 7. 1988.
4 Vgl. A. Brown, Ideology and Political Culture, in: S. Bialer (ed.), Politics, Society, and Nationality. Inside Gorbachev's Russia, Boulder/London 1989, S. 1–40.

schaft, die ausgeprägte Krise der Versorgung und die tiefgreifenden Störungen des geldwirtschaftlichen Gleichgewichts.

Das *Wachstumstief*, in das die sowjetische Wirtschaft im Laufe der siebziger Jahre – den »Jahren der Stagnation« – hineingeraten war, ist bis jetzt nicht überwunden. Hatte es 1986 einen spürbaren Aufschwung gegeben, so fielen die Jahre 1987 und 1988 wieder schlechter aus. Die offiziellen sowjetischen Angaben lassen die ungünstige Tendenz allerdings nur zum Teil erkennen. Vor allem für 1988 wurden gute Ergebnisse gemeldet[5], und auch 1989 soll das Wachstum mit 4–4,5% relativ rasch bleiben.[6] Unverkennbar hat sich die Qualität der statistischen Berichterstattung – trotz heftiger Glasnost'-Kritik – in mancherlei Hinsicht verschlechtert. Insbesondere die Wachstumsstatistik ist unzuverlässig wie kaum je zuvor, vor allem, weil die zunehmende Inflation in den makroökonomischen Daten nur ansatzweise berücksichtigt wird. So sind die ausgewiesenen Werte allenfalls als Anhaltspunkte für Tendenzen, nicht aber als Informationen über Realitäten geeignet. Daß die sowjetische Wirtschaftspolitik mit einem so verzerrten Zahlengerüst auskommt, ist kaum vorstellbar und legt Spekulationen über eine »doppelte Buchführung« nahe. Tabelle 2 zeigt die offiziellen Daten. Tabelle 3 gibt alternative Wachstumsschätzungen wieder, die als Anhaltspunkte für das notwendige Ausmaß der Korrektur offizieller makroökonomischer Daten gewertet werden können. Chanin ist ein kritischer

Tabelle 2: Wachstumsraten der sowjetischen Wirtschaft 1971–1990 (durchschnittliches jährliches Wachstum in %)

	1971–1975	1976–1980	1981–1985	1986–1988	1986–1990 (Plan)[1]
Nationaleinkommen produziert	5,7	4,3	3,6	3,8	4,2
Nationaleinkommen verwendet	5,1	3,9	3,2	3,5	4,1
Industrieproduktion	7,4	4,4	3,7	4,2	4,6
Agrarproduktion[2]	2,5	1,7	1,0	2,9	2,7
Investitionen	6,7	3,7	3,7	6,8	4,3[2]
Kapitalstock	8,7	7,4	6,4	5,0	–
Beschäftigung[3]	2,5	1,9	0,9	0,2	–
Arbeitsproduktivität	45,	3,3	3,1	3,8	4,2

[1] 12. Fünfjahresplan.
[2] Durchschnittswert im Vergleich zum vorhergehenden Fünfjahreszeitraum.
[3] Staatlicher Sektor.

Quellen: Statistische Jahrbücher, Plandokumente, Planerfüllungsberichte der UdSSR.

---

5 Planerfüllungsbericht für 1988, in: Ėkonomičeskaja gazeta, 5/1989.
6 Vgl. die Planrede von J. Masljukov, in: Pravda, 28.10.1988.

Tabelle 3: Alternative Angaben zum Wachstum der sowjetischen Wirtschaft (durchschnittliches jährliches Wachstum in %)

	1971–1975	1976–1980	1981–1985	1986–1988
Offiziell: Nationaleinkommen, produziert	5,7	4,3	3,6	3,8
CIA-Schätzungen: Bruttosozialprodukt	3,0	2,3	1,9	1,7
Chanin: Nationaleinkommen, produziert	3,2	1,0	0,6	2,0[1]

[1] 1986–1987.

Quellen: Tabelle 1, Veröffentlichungen der CIA; Kommunist, 17/1988, S. 85.

sowjetischer Wirtschaftswissenschaftler, dessen für die offizielle Statistik blamable Neubewertung des sowjetischen Wachstums bezeichnenderweise in der Parteizeitschrift »Kommunist« erschien.[7]

Das Wachstum der *Industrie* lag mit 4,2% im Durchschnitt der Jahre 1986 bis 1988 über der von 1981 bis 1985 erreichten Zunahme, blieb aber hinter den Beschleunigungszielen des 12. Fünfjahresplans zurück.[8] Auch beim Industriewachstum ist eine erhebliche Inflationskomponente anzunehmen, wenn auch wiederum in ihrer Dimension schwer abzuschätzen. Wie das Gesamttempo, so entsprach auch die Wachstumsstruktur nicht den Vorgaben des mittelfristigen Plans. Die Produktionsgruppen A (Produktionsmittel) und B (Konsumgüter) wuchsen etwa gleich schnell, und wenn man von einer vermutlich höheren Inflationskomponente bei der Verbrauchsgütererzeugung ausgeht[9], so hat sich der im Fünfjahresplan vorgesehene Wachstumsvorrang der Gruppe B bisher nicht eingestellt. Ausgelöst durch die Krise in der Versorgung zeichnet sich seit 1988 allerdings eine Kurskorrektur ab, die sich 1989 mit einem deutlichen Wachstumsvorrang der Konsumgüterproduktion fortsetzen soll. Im Zusammenhang mit dem Schicksal des Modernisierungsprogramms ist von Bedeutung, daß die Erzeugung des »Maschinenbaukomplexes« von 1986 bis 1988 zwar etwas schneller wuchs als im 11. Planjahrfünft, jedoch deutlich hinter den Zielen des 12. Fünfjahresplans zurückblieb. Besonders ungünstig fiel das Jahr 1987 aus, was zu einem großen Teil auf rigorose Eingriffe der neu geschaffenen

---

7 Vgl. R. Götz-Coenenberg, Inflation und Kaufkraft in der Sowjetunion, Aktuelle Analysen des BIOst, 12/1989.
8 Vgl. R. Götz-Coenenberg, H.-H. Höhmann, G. Seidenstecher, Sowjetunion, in: H.-H. Höhmann, G. Seidenstecher (Hrsg.), Die Wirtschaft Osteuropas und der VR China. Bilanz und Perspektiven, Hamburg 1988, S. 13–82.
9 Vgl. PlanEcon Report, 6–7/1989, S. 8–13, 16.

staatlichen Qualitätskontrollorganisation »Gospriemka« zurückzuführen war. Insgesamt ist in der sowjetischen Industrie weder eine stärkere Konsumorientierung noch ein nachhaltiger Modernisierungsfortschritt eingetreten. Im positiven Sinne bemerkenswert ist dagegen, daß für 1987 zum erstenmal ein Rückgang der industriellen Beschäftigung berichtet wurde, der sich 1988 fortsetzte. Positiv heißt hier ökonomisch positiv, denn soweit der Abbau industrieller Beschäftigung auf Entlassungen zurückzuführen ist, signalisiert er eine bestenfalls zwiespältig aufgenommene härtere Gangart in der sowjetischen Arbeitswelt.

Die Erzeugung der *Landwirtschaft* folgte dem bisherigen Trend stark schwankender Ergebnisse. Rasches Wachstum 1986 (+5,3%) wurde 1987 von einem leichten Produktionsrückgang (−0,6%) und 1988 von einem bescheidenen Anstieg (+0,7%) abgelöst. Deutlich niedriger als in den beiden Vorjahren fiel 1988 die Getreideernte aus (195,0 Mio. t gegenüber 210,1 Mio. t 1986 und 211,4 Mio. t 1987). Stellt man zusätzlich die übliche Verlustquote von ca. 25% der Ernte in Rechnung, so ergibt sich ein großer Importbedarf mit erheblicher Beanspruchung knapper Devisen. Offensichtlich haben die unbefriedigenden Ergebnisse der Landwirtschaft – insbesondere auf dem Hintergrund sprunghaft angestiegener Massenkaufkraft – aber auch zu mehr Bereitschaft geführt, endlich eine weitergehende Agrarreform in Angriff zu nehmen. Das Plenum des Zentralkomitees der KPdSU vom März 1989 hat entsprechende Beschlüsse gefaßt.[10]

Die skizzierten Wachstumsprobleme der sowjetischen Wirtschaft wären nun weit weniger schwerwiegend,

- wenn nicht Gorbatschow sein ganzes Prestige als Wirtschaftspolitiker mit hohen Wachstumsforderungen verbunden, wiederholt Revisionen der Entwürfe des 12. Fünfjahresplans verlangt sowie schließlich gar ein Konzept permanenter Wachstumsbeschleunigung bis zum Jahr 2000 durchgesetzt hätte und
- wenn es gelungen wäre, der Verwirklichung anderer zentraler Ziele der mittelfristigen Wirtschaftspolitik wie Produktivitätssteigerung, Qualitätsverbesserung und struktureller Modernisierung spürbar näherzukommen.

III. Produktivitätsproblematik, Modernisierungsstrategie und Rolle der Außenwirtschaft

Neben dem Wachstumsproblem ist das *Produktivitätsproblem* zentraler Bestandteil der sowjetischen Wirtschaftskrise. Die Überwindung dieses Mangels durch Förderung von Effizienz, Innovation, Modernisierung und Qualität – kurz:

---

10 Vgl. E. Schinke, Reformen in der sowjetischen Landwirtschaft (mit einem Kommentar von A. Nove), in: Berichte des BIOst, 24/1989.

durch umfassende »Intensivierung« der Produktionsprozesse – hatte innerhalb der Wirtschaftsprogrammatik Gorbatschows von Anfang an einen hohen Stellenwert. Die geplanten Fortschritte konnten jedoch bislang nicht erreicht werden. Zwar weist die sowjetische Statistik für 1986–1988 beachtliche Steigerungen der Arbeitsproduktivität aus, doch ist der Wert dieser Angaben aufgrund der inflationär überhöhten Produktionsziffern sehr fragwürdig. In der sowjetischen Presse finden sich nach wie vor viele Klagen über eine unzureichende Qualität der Produkte. Heftige Kritik wird am derzeitigen Tempo technologischer Innovation geübt.[11] Ebenso unbefriedigend ist der Stand der industriellen Modernisierung.[12] Sicher sind begrenzte Fortschritte zu verzeichnen, doch solche gab es auch in den »Jahren der Stagnation«. Erforderlich wäre jetzt aber eine »technologische Revolution« (M.S. Gorbatschow), die jedoch bis heute ausgeblieben ist. Beispielhaft für die Produktivitäts- und Modernisierungsproblematik im 12. Planjahrfünft ist das Schicksal des *Investitionsprogramms*, das als Grundlage einer qualitativen Erneuerung der sowjetischen Wirtschaft gedacht war. Bezogen auf seine Hauptzielsetzungen lassen sich die wichtigsten Ergebnisse folgendermaßen zusammenfassen:

- Die geplante *Beschleunigung des Investitionswachstums* gegenüber den beiden vorhergehenden Planjahrfünften wurde zwar erreicht, doch nicht im vorgesehenen Umfang und mit von Jahr zu Jahr rückläufiger Dynamik. Das mit einer Rate von 2,3% im Jahresplan für 1989 ungewöhnlich niedrig angesetzte Investitionswachstum signalisiert möglicherweise die Aufgabe der gesamten Konzeption.
- Die *Veränderung der Investitionsstruktur* im Sinne höherer Anteile der Ausrüstungs- gegenüber den Bauinvestitionen, der Ersatz- gegenüber den Erweiterungsinvestitionen sowie der Investitionen für »moderne« Zweige – insbesondere den Maschinenbau – gegenüber »konventionellen« Branchen konnte aufs Ganze gesehen nicht durchgesetzt werden. Vergrößert wurden insbesondere die Anteile des Energiesektors (wegen der Notwendigkeit, für Exportzwecke mehr Erdöl und Gas zu fördern) und des Wohnungsbaus (als Maßnahme der Sozialpolitik in Anbetracht der Versorgungskrise).
- Schließlich ließ sich auch die angestrebte *Verbesserung der Investitionseffizienz* im Sinne einer schnelleren Umsetzung von Investitionen in produktionsbereites Anlagekapital nicht erreichen. Die Wachstumsraten der Investitionen und der Inbetriebnahme von Produktionskapazitäten scherten vielmehr deutlich auseinander.

So verfehlte das Investitionsprogramm insgesamt den angestrebten Zweck der strukturellen Modernisierung, beeinträchtige aber durch Inanspruchnahme umfangreicher Mittel die Entwicklung des Konsums und trug so zur Inflation

---

11 Vgl. Th. Sauer, in diesem Band, S. 185–205.
12 Vgl. R. Götz-Coenenberg, Die Modernisierung der sowjetischen Industrie: Programm, Ergebnisse, Probleme, in: Sowjetunion 1988/89, München 1989, S. 137 ff.

und zur Demotivation der Bevölkerung bei. Es ist deutlich geworden, daß eine Politik des »Investitionsstoßes« – so plausibel sie an der Wende zum 12. Planjahrfünft zunächst auch erschienen war – unter den Struktur- und Funktionsbedingungen der sowjetischen Wirtschaft kein Substitut für eine effizienzsteigernde Reformpolitik sein kann, daß sie vielmehr allenfalls in einer stärker reformierten Wirtschaft ökonomisch sinnvoll wäre. So stellt sich der sowjetischen Führung die Frage nach einem realisierbaren reformpolitischen Konzept mit größerer Dringlichkeit.

Die *Außenwirtschaft* soll ebenfalls zu einem Faktor mit zunehmender Bedeutung für die Modernisierung der UdSSR werden, jedoch wird das Bild auch hier eher von ungelösten Problemen bestimmt.[13] Vor allem die deutliche Verschlechterung der Terms of Trade im Handel mit westlichen, aber auch mit RGW-Partnern beeinträchtigte die Dynamik der Außenwirtschaft. Gleichzeitig stieg die Hartwährungsverschuldung seit 1985 beträchtlich an und legte ein eher vorsichtiges Importverhalten nahe. Die Außenwirtschaftsreform wird zwar fortgesetzt und hat neue Impulse erhalten. Die Reorganisation des Außenwirtschaftsapparats sowie der damit verbundene Personalaustausch haben einstweilen jedoch viel administratives Durcheinander entstehen lassen, und von den Hauptelementen der Reform wie Entscheidungsdezentralisierung und Joint Ventures sind erst längerfristig positive Auswirkungen auf Modernität und Effizienz zu erwarten. Gegenwärtig dominieren konservative Handelsstrukturen: Auf der Exportseite festigen Devisenmangel, Energiepreisentwicklung und Exportschwäche bei Industrieerzeugnissen die Vorherrschaft von Öl- und Gasausfuhren, während sich bei den Importen der hohe Anteil von Agrarprodukten nicht absichtsgemäß reduzieren läßt. Auch der Intra-RGW-Handel hat zur Zeit keine dynamische Perspektive.[14] Es besteht insbesondere keine Aussicht auf rasche und wirklich effektive Verbesserungen des RGW-Integrationsmechanismus. Aufgrund der von Land zu Land mit unterschiedlicher Richtung, Intensität und Erfolgsaussicht betriebenen Reformpolitik ist vielmehr eher eine Phase institutioneller Destabilisierung zu erwarten.

IV. Versorgungskrise, Inflation, Budgetdefizit

Das gegenwärtig aktuellste Symptom der wirtschaftlichen Schwierigkeiten ist die ausgeprägte Krise der Versorgung. Das Angebot auf den Konsumgütermärkten hat sich stark verknappt, vor den Läden sind Schlangen an der Tagesordnung, in vielen Gebieten der UdSSR mußten Lebensmittel rationiert wer-

---

13 Vgl. H. Machowski, in diesem Band, S. 238–260.
14 Vgl. C. Meier, Neue Konzepte für die Wirtschaftsintegration im RGW? Politische und ökonomische Aspekte der 44. Ratstagung in Prag 1988, in: Berichte des BIOst, 37/1989.

den, und das sowjetische Fernsehen übertrug Bilder von wütenden Verbalattacken enttäuschter Verbraucherinnen und Verbraucher auf den Generalsekretär. Grund der Versorgungskrise ist das seit 1987 beschleunigte Auseinanderscheren von Angebot und Nachfrage. Kennzeichnend für die Entwicklung auf der Angebotsseite sind das allgemeine Zurückbleiben der Konsumgütererzeugung hinter den Planansätzen, die Einschränkung von Konsumgüterimporten und nicht zuletzt die drastische Verkürzung der Angebotspalette durch die Antialkoholkampagne. Die Erhöhung des Nachfragedrucks ist sowohl auf Kaufkraftverlagerung – z. B. konzentrierte sich das beim Nichtkonsum von Alkohol »gesparte« Geld auf andere Märkte – als auch auf Kaufkraftexpansion (Lohninflation) zurückzuführen. Aufgrund reformbedingter Lockerung der Finanzkontrolle expandierten die Löhne insbesondere 1988 nicht nur deutlich schneller als in der Vergangenheit, ihr Wachstum lag auch klar über der Zunahme der Arbeitsproduktivität, was ein weiteres Indiz für inflationäre Prozesse ist. Zwar bieten die sich ausweitenden Konsumgüter- und Dienstleistungsmärkte der Genossenschaften Ausweichmöglichkeiten, indem sie das Angebot erweitern, sie sind jedoch noch mit vielfältigen Problemen und Restriktionen verbunden.[15] Entsprechen sie auch dem Konzept der Gorbatschow-Führung, so sind sie doch in ökonomischer, sozialer und bewußtseinsmäßiger Hinsicht noch nicht zu einem festen Bestandteil einer neu definierten sozialistischen Wirtschaftswelt geworden.

Bereits bei der Erörterung der Versorgungslage wurde deutlich, daß geld- und finanzwirtschaftliche Probleme unter den Symptomen der derzeitigen Wirtschaftskrise immer aktueller geworden sind. Die beiden in diesem Zusammenhang wichtigsten Stichwörter sind *Haushaltsdefizit und Inflation*. Beide Probleme sind im Prinzip nicht neu, konnten lange Zeit jedoch in der wirtschaftspolitischen Praxis ausreichend unter Kontrolle gehalten werden und spielten deshalb auch in der Diskussion sowjetischer Ökonomen eine eher untergeordnete Rolle. Aus zwei Gründen vor allem hat sich die Lage inzwischen wesentlich verändert. Einmal haben die Probleme eine bei weitem größere Dimension angenommen, zum anderen beeinträchtigen sie in starkem Maße Konzept und Strategie der geplanten Wirtschaftsreform. Das Defizit im sowjetischen Staatshaushalt – nach Gorbatschows Worten »das schlimmste Erbe der Vergangenheit« – dürfte 1988 etwa 80 Mrd. Rubel betragen haben und könnte 1989 auf ca. 100 Mrd. Rubel, d. h. gut 20% des Staatshaushalt bzw. etwas mehr als 10% des Bruttosozialprodukts, ansteigen.[16] Zur Ursache des Haushaltsdefizits ist wiederum eine Scherenentwicklung geworden: Auf der Einnahmeseite stehen Ausfälle durch rückläufige Außenhandelsgewinne und drastischen Rückgang von Steuereinnahmen bei Alkoholverkäufen, auf der

---

15 Vgl. R. Götz-Coenenberg, Entwurf eines sowjetischen Genossenschaftsgesetzes: Grünes Licht für Privatinitiative ohne Privateigentum an Produktionsmitteln, in: Aktuelle Analysen des BIOst, 26/1988.
16 Vgl. die Haushaltsrede von B. Gostev, Pravda, 28. 10. 1988, sowie PlanEcon Report, 6–7/1989, S. 2.

Ausgabenseite sind wachsende Subventionslasten, die Kosten von Unglücksfällen (Tschernobyl, Erdbeben in Armenien und Tadshikistan) sowie die zuletzt vermutlich nicht mehr angestiegenen, doch außerordentlich hohen Verteidigungsaufwendungen, die bislang bekanntlich nur zu einem kleinen Teil offen im Budget ausgewiesen wurden, zu verzeichnen. Inzwischen liegen Zahlen vor, die wesentlich über den bisherigen liegen, die nur die Personal- und Betriebskosten der Streitkräfte, nicht aber etwa die Waffenbeschaffung umfaßten. Der aus Angaben Gorbatschows[17] abzuleitende Anteil der sowjetischen Verteidigungsaufwendungen am Bruttosozialprodukt liegt bei ca. 10% (CIA-Schätzungen 15–17%). Das Haushaltsdefizit wirkt nicht nur als Motor der Inflation. Es blockiert oder behindert zumindest auch die Durchführung einer marktorientierten Reform. Denn ohne ausgeglichenes, durch Einnahmen oder maßvolle Verschuldung solide finanziertes Budget kann der Staat in einer sich reformierenden Wirtschaft seine wirtschaftspolitischen Ziele nicht verwirklichen. Die Folge wäre dann mit großer Wahrscheinlichkeit die Rückkehr zu dirigistischer Lenkung oder eine gleichermaßen reformschädliche Zunahme inflationärer Geldschöpfung. Schon jetzt ist – teils in offener, teils in versteckter, teils in zurückgestauter Form – eine umfangreiche Inflation entstanden. Die jährliche Steigerung der Lebenshaltungskosten dürfte über 5% betragen, wodurch sich die Umsatzsteigerung im Einzelhandel und die Lohnerhöhung größtenteils als monetäre Illusion erweisen. Nicht berücksichtigt ist dabei die zurückgestaute Inflation in Form eines gewaltigen Geldüberhangs bei privaten Haushalten und Betrieben. Auch sie wirkt als erhebliche Reformbremse, würde doch bei jedem Übergang zu freierer Preisbildung ein Preissprung drohen, der wegen seiner sozialen Brisanz zurecht gescheut wird.

V. Auf der Suche nach einer neuen Wirtschaftspolitik

Die Formulierung einer wirtschaftspolitischen Konzeption zur Überwindung der Krise wird nicht nur durch die ungeheure Dimension der ökonomischen Schwierigkeiten behindert. Der Zeitdruck, unter dem die sowjetische Führung steht, erschwert ebenfalls die Konsolidierung der Wirtschaft. In keiner Phase der wirtschaftlichen Entwicklung seit 1985 fand die Führung Zeit für hinreichende Bestandsaufnahmen sowie ein gründliches Ausarbeiten umfassender, konsistenter und operationaler Problemlösungen. Auch die Wirtschaftspolitik Gorbatschows hat die traditionelle Strategie der Kampagnen noch nicht überwinden können, die jeweils auf die Lösung der am dringlichsten empfundenen Probleme gerichtet ist, ohne sich der längerfristigen Konsequenzen oder der Auswirkungen auf andere Wirtschaftsbereiche bewußt zu sein. Als Beispiele für Maßnahmen mit Kampagnecharakter sind u. a. zu nennen: das Investitions-

---

17 Rede Gorbatschows vor dem Kongreß der Volksdeputierten, in: Pravda, 31. 5. 1989.

und Modernisierungsprogramm, die Disziplin- und Antialkoholkampagne, die Einführung einer staatlich-administrativen Qualitätskontrolle (Gospriemka), neuerdings die forcierten Bestrebungen, Kapazitäten der Verteidigungsindustrie für zivile Zwecke zu nutzen (»Konversion«).[18] Das Anknüpfen an die Kampagnetradition ist jedoch nicht nur auf krisenhafte Wirtschaftslage und Zeitdruck zurückzuführen. Von Bedeutung sind außerdem die Vertrautheit der Funktionäre mit den alten Leitungsmethoden sowie die Zusammenhänge zwischen Kampagnestrategie und Prioritätswirtschaft. Schließlich trug auch die Perzeption der Ursachen der krisenhaften Lage zur anfänglichen Bevorzugung der Wirtschafts- gegenüber der Wirtschaftsreformpolitik bei. Zwar wurden seit Beginn der Ära Gorbatschow stets drei Ursachenkomplexe angeführt: das »Versagen des Faktors Mensch«, die falsche Struktur- bzw. Investitionspolitik der Ära Breshnew sowie die Leistungsmängel des planwirtschaftlichen Systems, doch wurde die Bedeutung des Systemversagens zunächst relativ gering eingeschätzt. Folglich war auch das politische Instrumentarium anfänglich eher konventionell konzipiert.[19] Vor allem – und durchaus in der Nachfolge Andropovs – sollte mit einer Mischung aus Anreiz und Druck gegen das »Versagen des Faktors Mensch« vorgegangen werden. Strukturpolitisch setzte der 12. Fünfjahresplan mit der erörterten Betonung von rascher Kapitalbildung und industrieller Modernisierung zwar gegenüber der späten Breshnew-Ära veränderte, doch prinzipiell hergebrachte Akzente. Auch reformpolitische Maßnahmen wurden eingeleitet, blieben jedoch bis zum Sommer 1987 an den begrenzten Reformansätzen der Vergangenheit orientiert. Als auf die Phase der »Beschleunigung« die eigentliche Perestrojka folgte, änderten sich die Akzente: Wirtschaftsreform statt wirtschaftspolitischer Anpassung, Umgestaltung von Politik und Gesellschaft in ihrer Gesamtheit statt isolierter Veränderungen im ökonomischen System.

Auch für die Reformen in der Wirtschaft gilt, daß dynamische Umgestaltungsprozesse, in keiner Weise aber abgeschlossene systempolitische Veränderungen das Bild bestimmen. Rahmenvorstellungen und Einzelprojekte der Wirtschaftsreform haben sich in Etappen entwickelt. Die Reformen der verschiedenen Sektoren konnten dabei noch nicht widerspruchsfrei zusammengefügt werden, Inhalte und Zeithorizonte sind zudem vielfach offen.

Folgende vier Bereiche sind vor allem von Bedeutung: die Reform des staatlichen Sektors (insbesondere der Industrie), die Reform der Außenwirtschaft, die Agrarreform sowie schließlich die Schaffung eines zwar noch kleinen, aber rasch wachsenden Sektors genossenschaftlicher Wirtschaftsaktivitäten auch außerhalb der Landwirtschaft. Neu für die sowjetische Reformpolitik sind zunächst die Veränderungen für die *Außenwirtschaft* im Sinne einer Auflocke-

---

18 Vgl. R. Götz-Coenenberg, H.-H. Schröder, Schwerter zu Pflugscharen – Atomsprengköpfe zu Molkereimaschinen, in: Aktuelle Analysen des BIOst, 53/1989.
19 Vgl. H.-H. Höhmann, Wirtschaft und Politik in der »Perestrojka« – Entwicklungen, Interdependenzen, westliche Perzeptionen, in: Osteuropa, 7–8/1988, S. 539f.

rung des traditionellen Außenhandelsmonopols.[20] Hierzu gehört die Übertragung des Rechts zu selbständigen, wenn auch administrativ kontrollierten Außenhandelsaktivitäten auf Betriebe verschiedener Eigentumsformen, wobei die Verfügung über erwirtschaftete »Valutafonds« als Anreiz dienen soll, die Exporteffizienz zu steigern. Zu erwähnen ist weiter die Möglichkeit von Joint Ventures mit westlichen Firmen. Über Joint Ventures soll in zunehmenden Maße ausländisches Kapital, technisches Wissen und unternehmerisches Knowhow genutzt werden können. Weitere angestrebte Effekte sind Exportförderung und Importsubstitution. In der *Landwirtschaft* sollte der Spielraum der Agrarbetriebe für die Vermarktung von Überplanproduktion schon 1986 erweitert und stärkerer Nachdruck auf die Anwendung des sogenannten »Gruppenvertrags« gelegt werden, um in stärkerem Maße eine leistungsfördernde Individualisierung der Erzeugung innerhalb der Kolchose und Sowchose zu gewährleisten. Die Erfolge blieben begrenzt. Mit großer Intensität wird nun seit Sommer 1988 die Einführung des »Pachtsystems« propagiert, das die Kollektivierung praktisch weitgehend aufheben würde.[21] Von Bedeutung sind weiter die neuen rechtlichen Regelungen für *genossenschaftliche und individuelle Wirtschaftsaktivitäten*. Insbesondere das Genossenschaftsgesetz von 1988 gewährt große Spielräume für quasi privatwirtschaftliche Gruppenaktivitäten.[22] Drei Funktionen vor allem werden den Genossenschaften zugedacht: Sie sollen das Angebot in defizitären Wirtschaftsbereichen wie Konsumgütern und Dienstleistungen, aber auch innovatorische Aktivitäten vergrößern. Sie sollen Beschäftigungsreserven für den Fall größerer Freisetzungen in Verwaltung und Industrie schaffen. Schließlich erhofft man sich von ihnen auch systempolitische Effekte im Sinne von organisatorischen Alternativen und Wettbewerbsverhalten gegenüber dem starreren staatlichen Bereich der sowjetischen Volkswirtschaft. Die praktische Bedeutung der Genossenschaften ist freilich bisher noch gering. Auch gibt es Widerstand, nicht zuletzt seitens der Bürokratie, ein beträchtliches Ausmaß krimineller Unterwanderung sowie eine eher feindselige Reaktion weiter Kreise der Bevölkerung.

VI. Staatlich-industrieller Bereich

So wichtig nun die Gesamtheit der Reformen – insbesondere auch die Entwicklung im Genossenschaftssektor und in der Landwirtschaft – ist: Der Charakter der Wirtschaftsreform wird vom staatlich-industriellen Bereich bestimmt, von der in Verbindung mit dem neuen Unternehmensgesetz im Sommer 1987 ver-

---

20 Vgl. C. Meier, Sowjetische Außenwirtschaft auf neuen Wegen?, in: Sowjetunion 1986/87, München 1987, S. 186–196.
21 Vgl. K.-E. Wädekin, in diesem Band, S. 206–237.
22 Vgl. G. Grossman, NATO 1989.

kündeten »radikalen Umgestaltung der Wirtschaftsleitung«.[23] Angestrebt wird dabei keine »sozialistische Marktwirtschaft«, es soll aber auch nicht beim bisherigen Kurs bloßer Modernisierung der Planwirtschaft bleiben. Was den Reformern vorschwebt, ist vielmehr eine spezifisch sowjetische Mischung von rationalisiertem Zentralismus und »sozialistischem Markt«, ein Plan-Markt-Dualismus, der durch einen Dualismus der Eigentumsformen – staatliches Eigentum und genossenschaftliches Eigentum – ergänzt werden soll. Die angestrebte Mischung der Lenkungsformen entspricht der Rangfolge wirtschaftspolitischer Prioritäten in der sowjetischen Wirtschaft.[24] Für Schwerpunktbereiche wie Verteidigungswirtschaft, Grundstoffwirtschaft, Energiesektor und große Teile der Verkehrswirtschaft bleibt es bei zentraler Lenkung in der neuen Form vollzugsverbindlicher Staatsaufträge. Bei Konsumgütern und Dienstleistungen dagegen wird eine weitgehende Entscheidungsdezentralisierung für möglich, ja für erforderlich gehalten. Wie das Prinzip, so nehmen auch die bisherigen institutionellen Regelungen der Reform, die Dekrete von 1987[25] etwa, auf die erwähnte Skala abgestufter Wirtschaftsprioritäten ausdrücklich Rücksicht. Einerseits bleibt das administrative Instrumentarium der zentralen Wirtschaftsplanung erhalten, und erhalten bleibt auch die ministerielle Struktur der Wirtschaftsverwaltung einschließlich ihres bürokratischen Apparats. Andererseits wird die vollzugsverbindliche Planung reduziert, und es soll in Verbindung mit Produktionsmittelgroßhandel, freierer Preisbildung und verstärkter Rolle der Finanzwirtschaft ein gleitender Übergang zu indirekter – wie es heißt »ökonomischer« – Lenkung erfolgen. Gesetzlich geregelt ist bisher allerdings nur die Rechtsgrundlage für die Betriebstätigkeit. Die Reform des überbetrieblichen Rahmens, des funktionellen Umfelds der Betriebe, insbesondere die Festlegung der Rolle der zentralen Planung, der Versorgung mit Produktionsmitteln, der Preisbildung und der Finanzen, ist – über die Verkündung von Rahmenprinzipien hinaus – noch nicht abgeschlossen und soll auch erst in den neunziger Jahren vollendet werden. Es ist daher nicht unangebracht, von einer halbkonzipierten und halbverwirklichten Reform begrenzter Reichweite zu sprechen. Die Reform präsentierte sich von Anfang an als ein Bündel heterogener Elemente, mit denen jeweils versucht werden sollte, bestimmte Dysfunktionen des bisherigen Wirtschaftssystems zu überwinden. Im Resultat war das Projekt sowohl widersprüchlich (das vertikal ansetzende Qualitätskontrollsystem der Gospriemka etwa paßte nicht zur angestrebten Horizontalisierung der Wirtschaftsbeziehungen durch den Ausbau von Marktbeziehungen) als auch unvollständig und zeitlich offen (Reformen des Betriebsumfelds, nicht zuletzt Reformen im zentralen Preisbereich, waren von Anfang an erst für später vorgesehen und lassen vermutlich noch länger auf sich warten als ursprünglich geplant).

---

23 Text des Unternehmensgesetzes in: Pravda, 1. 7. 1987, Text der »Grundbestimmungen« der Reform in: Pravda, 27. 6. 1987.
24 Vgl. die Darlegungen L. I. Abalkins in: Soviet Economy, 3/1987, S. 349 ff.
25 Veröffentlicht in: O korennoj perestrojke upravlenija ėkonomikoj, Sbornik dokumentov, Moskau 1988, S. 53–253.

So kann es nicht erstaunen, daß der Stand der Reformentwicklung ungleich und aufs Ganze gesehen bisher wenig erfolgreich ist. Es konnte zwar eine Reihe von Gesetzen und Dekreten vorgelegt werden (Unternehmensgesetz, Genossenschaftsgesetz, Dekrete über Planung etc.), die jedoch die skizzierte konzeptionelle Uneindeutigkeit des Projekts spiegeln, von engagierten Reformern deshalb von vornherein als Ausdruck des Scheiterns aufgefaßt, von der Bürokratie sofort für ihre Zwecke umgebogen und durch die Führung teilweise wieder revidiert wurden. Bei der Implementierung der Reform blieb bisher vor allem die angestrebte Erweiterung der betrieblichen Entscheidungsspielräume auf der Strecke, während Maßnahmen zur Sanktionsverschärfung administrativer (Gospriemka) oder ökonomischer (Selbstfinanzierung) Art schneller vorankamen, was bei Betriebsleitern und Arbeitern nicht gerade positive Reaktionen hervorrief. Als wesentliche Gründe für den unbefriedigenden Stand der Reformverwirklichung sind zu nennen: fehlender Nachdruck und widersprüchliche politische Signale seitens der Führung (nicht zuletzt aufgrund der krisenhaften Wirtschaftslage), konzeptionelle Ungereimtheiten, unzureichende Resonanz bei der Bevölkerung, die noch keine Reformergebnisse sieht, sowie Widerstand der Bürokratie, die in den Diskussionsreden auf der 19. Unionsparteikonferenz (Juni 1988) geradezu als »Perestrojka-Hauptfeind Nr. 1« erschien.[26] Diese Reformbarrieren bedürfen eingehenderer Betrachtung.

VII. Defizite, Grenzen und Perspektiven

Was zunächst die konzeptionellen Defizite betrifft, so gibt es für sie verschiedene Gründe: die traditionelle Schwäche der mikroökonomischen Theorie in der UdSSR, das Weiterwirken obsoleter politökonomisch-ideologischer Stereotype[27], vor allem aber auch die prinzipielle Schwierigkeit, ein Wirtschaftssystem zu konzipieren, mit dem so unterschiedliche Zielvorstellungen wie Effizienzsteigerung, Bedarfsorientierung, Durchsetzung von Prioritäten staatlicher Wirtschaftspolitik (etwa im Rahmen der regionalen Wirtschaftsentwicklung und der Verteidigungsökonomie) und Wahrung »sozialistischer Errungenschaften« (z. B. Vollbeschäftigung) realisiert werden könnten.

Insgesamt stößt die Reformpolitik immer noch auf viele Widerstände und Gegenkräfte. Ein Teil der Bremseffekte hängt mit politischen Risiken und Zielkonflikten zusammen, die auch Gorbatschow berücksichtigen muß. Hierzu gehören heikle soziale Probleme wie die schon erwähnte drohende Inflation – deshalb auch das Zögern bei der Preisreform – oder das Entstehen von Arbeitslosigkeit. Hierzu gehören ebenfalls die schwierigen Interdependenzen zwischen

---

26 Vgl. H.-H. Höhmann, Die XIX. Unionsparteikonferenz der KPdSU und die wirtschaftspolitische Zukunft der UdSSR, in: Berichte des BIOst, 32/1989.
27 Vgl. H.-H. Höhmann, Trägheit im geistigen Überbau. Ideologische Grenzen für Wirtschaftsreformen in der UdSSR, in: Deutsche Studien, 1982, S. 444–454.

Reform und Rüstungspolitik. Auch bei erfolgreicher Rüstungskontrolle, d.h. im Falle wirtschaftlicher Entlastungseffekte, bleibt die Verteidigungsbürde hoch. Eine zu weitgehende, marktorientierte Reform kann den zentralen Ressourcenzugriff für Rüstungszwecke gefährden, an dem auch der Führung liegt und der nicht nur der Interessenlage des militärisch-industriellen Komplexes entspricht. Dieser freilich repräsentiert eine Reformbarriere für sich, nicht, wenn es um technologische Modernisierung geht, wohl aber, wenn Ressourcen und Entscheidungsbefugnisse zur Disposition stehen. Deshalb wird die Rüstungsbürokratie auch darüber erleichtert sein, daß die jetzt anlaufenden Konversionsprozesse in ihrer organisatorischen Zuständigkeit bleiben sollen. Weiter ist auf das Nationalitätenproblem Rücksicht zu nehmen. Hier droht bei fortschreitender Dezentralisierung zusätzliche Instabilität, zumindest zunehmender Verlust der russischen Kontrolle, was vielleicht – aber keineswegs gewiß – durch einen Legitimitätszuwachs als echter, gleichberechtigter Vielvölkerstaat aufgewogen werden könnte. Letztendlich gibt es Reformrisiken im Zusammenhang mit dem osteuropäischen Hegemonialbereich der UdSSR.

Große Bedeutung bei der Erörterung von Chancen und Problemen der Wirtschaftsreform wird innerhalb und außerhalb der UdSSR der Rolle der sowjetischen Bürokratie beigemessen. Ihr Widerstand ist in der Tat beträchtlich.[28] Differenzierungen sind jedoch angebracht, vor allem, wenn Strategien zur Überwindung bürokratischer Reformbremsen entwickelt bzw. erörtert werden sollen. Ein erster Grund für Widerstand seitens der Funktionäre sind die unvollständigen und inkonsistenten Veränderungskonzepte. In ihrem Rahmen kann, ja muß die Reform von der Bürokratie unterlaufen werden. Denn von der Wirtschaftsverwaltung wird nicht nur erwartet, daß sie die Einführung des neuen Leitungsmechanismus vorantreibt. Die Administration wird auch für eine kontinuierliche und erfolgreiche Wirtschaftsentwicklung verantwortlich gemacht. Es ist daher nicht überraschend, wenn die Funktionäre ihrerseits der Kontrolle ihnen unterstellter Betriebe Vorrang vor dem Respektieren von Reformrichtlinien einräumen und weiterhin die ihnen vertrauten administrativen Methoden anwenden. Täten sie dies nicht, so müßte mit noch größeren Schwierigkeiten gerechnet werden, denn der jetzige Zustand der Reform ähnelt dem schwachen Dirigenten der Anekdote, dem die Musiker zurufen: »Passen Sie auf, daß wir nicht so spielen, wie Sie dirigieren!« Deshalb hängt viel von der Fähigkeit der Führung ab, die Reform rasch und mit Nachdruck zu implementieren sowie die Schwachstellen des Konzepts durch geeignete institutionelle Korrekturen nachzubessern. Für 1989 ist im Zusammenhang mit der Ausweitung der Reformprinzipien auf den gesamten staatlichen Sektor eine Reihe von Maßnahmen gegen den Mißbrauch bereits eingeführter Reformelemente (wie der »Staatsaufträge«) für befehlswirtschaftliche Zwecke und zur Weiterführung der noch ausstehenden komplementären Reformen des funktionellen und institutionellen Umfelds der Betriebe (Planung, Versorgung, Preise und Preisbil-

---

28 Vgl. H.-H. Höhmann, Die XIX. Unionsparteikonferenz, a.a.O., S. 15–21.

dungsmechanismus, Finanz- und Banksystem, ministerieller Verwaltungsapparat) vorgesehen. Der Widerstand der Bürokratie gegen die »Umgestaltung« hängt – wie könnte es anders sein – auch mit dem Kampf der Funktionäre um Wahrung von Status, Macht, Prestige und Einkommen zusammen. Hier droht Gefahr für »Vested Interests«, denn durch die Reform soll ja auch der ineffiziente und aufwendige Leitungsapparat verkleinert werden. Andererseits wird kein Abbau der Verwaltung insgesamt angestrebt. Auch eine »umgestaltete« Sowjetunion bleibt ein interventionistisches System mit vielen Funktionären, deren Status sich bei Verkleinerung des Apparats durch eine damit verbundene Funktionserweiterung sogar durchaus verbessern könnte. Nun käme es darauf an – dies ein Konzept der Soziologin T. Zaslavskaja[29] –, den leistungsorientierten Teil der Bürokratie durch eine Strategie sozialer Bündnisse für die Führung und für Perestrojka zu gewinnen.

VIII. Zur Interdependenz von wirtschaftlicher und politischer Reform

Insgesamt hat Gorbatschows Umbau des Wirtschaftssystems bisher nur erste Zwischenstationen erreicht. Der Aufbruchversuch ist anspruchsvoll und begrenzt zugleich. Radikal ist er, weil zum ersten Mal in der neueren sowjetischen Geschichte mit einem weitreichenden, wenn auch nicht geschlossenen und konsistenten Konzept ein Verlassen aus jahrzehntealten Systemstrukturen angestrebt wird. Andererseits sind auch die Grenzen der Reform deutlich. Dies zeigt sich einmal im Vergleich mit den sozialistischen Systemen, in denen wirklich tiefgreifende Veränderungen stattfinden oder stattgefunden haben, insbesondere dem ungarischen System. Aber auch die Analyse der in der UdSSR beschlossenen Reformmaßnahmen läßt Zweifel an einer bevorstehenden radikalen systempolitischen Wende aufkommen. Die Reform führt zwar weg vom alten Zustand. Doch ein neues, stabiles, leistungsfähiges System ist noch nicht gefunden worden. Einer funktionstüchtigen Mischung von Plan und Markt, von Einparteiensystem und gesellschaftlichem Pluralismus stehen gravierende konzeptionelle, politische und gesellschaftliche Hindernisse im Weg. Soll folglich in der UdSSR ein neues, effizientes Systemgleichgewicht erreicht werden, so müssen weitere Erfordernisse erfüllt werden. Diese sind nur teilweise ökonomischer, vor allem aber politischer Natur.

Erstens muß das Modell eines nach Sektoren differenzierten Wirtschaftssystems inhaltlich komplettiert werden, d.h., es bedarf der Ausfüllung der Rahmenkonzeption durch konkrete Institutionen und Verfahrensregeln, nicht zuletzt um zahlreiche, heute in Konstruktion und Arbeitsweise der Reform

---

29 Vgl. T. Zaslavskaja, in: Nepszabadsag, 24.1.1987; dies., Die »Studie von Nowosibirsk«, Text veröffentlicht mit Einleitung und Kommentar von H.-H. Höhmann und K.-E. Wädekin, in: Osteuropa, 1/1984.

bestehende Widersprüche aufzuheben. Zweitens bedarf es einer Strategie zur Verwirklichung der Reform. Dabei geht es sowohl um die Beseitigung der Widerstände der Bürokratie als auch um eine ökonomische und soziale »Abfederung« der Reform. Schließlich erfordert jede Reform, die Marktmechanismen stärken will, eine deutliche Reduzierung der traditionellen Wirtschaftsprioritäten im schwer- und rüstungswirtschaftlichen Bereich. Die genannten Voraussetzungen können – wenn überhaupt – nur durch politische Veränderungen geschaffen werden. Die Gorbatschow-Führung selbst hat immer wieder darauf hingewiesen, daß Veränderungen im Wirtschaftssystem ohne begleitende politische Reformen nicht durchführbar seien. Glasnost' und Demokratisierung, Funktionstrennung von Partei und Staat, Exekutive und Sowjets sowie Politik und Wirtschaft, schließlich Pluralisierung und Verrechtlichung – um die wichtigsten Stichwörter für innenpolitische Veränderungen zu nennen – sollen einmal helfen, die beträchtlichen Defizite an Motivation und Legitimität zu überwinden. Zum anderen gelten sie – so Gorbatschow – als »Mittel zur Zerstörung des bürokratischen Befehlssystems«, das man nicht mit dem Bulldozer einebnen, sondern nur durch »Mechanismen gesellschaftlicher Selbstregulierung« überwinden könne.[30] Wirtschaftliche Funktionalität ist ein zentraler Faktor auch in der sowjetischen Außenpolitik. Hinter den Bemühungen um ein neues außenpolitisches – insbesondere sicherheitspolitisches – Arrangement stehen als ökonomische Motive Freisetzung von Wirtschaftsressourcen für zivile Zwecke, Schaffung eines besseren Klimas für internationale Wirtschaftskooperation, Gewährleistung von Handlungsspielräumen für innere Reformen und schließlich das Angewiesensein auf kompensatorische äußere Erfolge, solange positive Perestrojka-Resultate im Inneren der UdSSR – vor allem eine bessere Versorgung – kaum vorzuweisen sind.

Die Absicht, politische Veränderungen für ökonomische Zwecke einzusetzen, garantiert allerdings nicht deren Erfolg, und die derzeitige Lage in der UdSSR signalisiert eher ein Auseinanderdriften gewollter Funktionalität und tatsächlicher Entwicklung, einen zunehmenden Konflikt zwischen Perestrojka von oben und Perestrojka von unten. Problematisch ist vor allem die durch Glasnost' ausgelöste Autonomisierung und Selbstorganisation der sowjetischen Gesellschaft gegenüber dem offiziellen soziopolitischen System auch in seinen sich reformerisch verändernden Strukturen. Gleichzeitig gibt es Kritik an der politischen Strategie des Generalsekretärs. Umstritten ist etwa, wie stark das politische Zentrum des Landes sein darf und wie mächtig die Institution seines Führers, vor allem, wenn er einmal nicht mehr Gorbatschow heißt. Eine besonders kritische Dimension haben auf dem Hintergrund von Glasnost' schließlich die Nationalitätenkonflikte erreicht, die mehr oder weniger die gesamte Peripherie der UdSSR erfassen.

Dies alles zeigt, wie tiefgreifend die Umgestaltung die UdSSR verändert hat, macht aber auch deutlich, daß sich eine neue soziale Stabilität – wie immer

---

30 Rede Gorbatschows vor einer Gruppe von Angehörigen der Intelligenz, in: Pravda, 8. 1. 1989.

definiert – noch nicht erreichen ließ. Im Vordergrund der Perestrojka-Szenerie stehen derzeit Konflikte und ungelöste Probleme sowie eine Führung in apologetischer Position, die vor allem die Versorgung zu verbessern und die nationalitätenpolitischen Defizite der früheren und der bisherigen Perestrojka-Politik aufzuarbeiten hat. Die angestrebte Konsolidierung der Perestrojka hängt auf kürzere Frist in erster Linie von verbesserter Versorgung ab. Doch so notwendig eine solche für das Schicksal der Perestrojka auch sein mag, langfristig ausreichend ist sie sicherlich nicht. Als entscheidend dürfte sich früher oder später erweisen, ob eine Politik, die Pluralismus als Mittel gesellschaftlicher Revitalisierung einsetzt, diesen Pluralismus jedoch gleichzeitig im Rahmen und unter der Kontrolle kommunistischer Einparteiherrschaft begrenzt, überhaupt stabilisierungsfähig ist. Weiter geht es um die Vereinbarkeit weitreichender Wirtschafts- und Gesellschaftsreformen mit der sozialistischen Eigentumsordnung und mit einem bisher nicht aufgegebenen Grundverständnis von Wirtschaftspolitik, das das ökonomische Potential der UdSSR immer noch zu sehr für politische Zwecke disponibel halten und nicht zum vorrangigen Wohl der Bürger in deren eigene Verfügung entlassen will.

Viele westliche Beobachter begleiten die Perestrojka mit ausgeprägter Skepsis. Sie sprechen gelegentlich gar von »Systemfallen«, in denen die Sowjetunion, was immer ihre Führung will, gefangen ist. So weit zu gehen, ist nicht berechtigt, zumal sich jeder Betrachter fragen muß, inwieweit solche »Systemfallen« auf die hergebrachten Stereotype eigener Wahrnehmung zurückzuführen sind. Immerhin gibt es Anzeichen für Fortschritte: Die Sowjetunion hat sich politisch verändert, das Programm der Perestrojka hat eine unerwartete – inzwischen auch über manche Dissidentenforderung der siebziger Jahre hinausgehende[31] – Spannweite erreicht, Gorbatschow konnte seine Herrschaftsgrundlage trotz vieler Gegenkräfte festigen. Dennoch sind die zu bewältigenden Hindernisse umfangreich, vor allem, weil zur Zustimmung von Führungsgruppen die Mitarbeit der Bürokratie und die Akzeptanz der Reform durch die Bevölkerung kommen müssen. Von daher ist der Ausgang der Perestrojka auch im fünften Amtsjahr Gorbatschows als offen zu bezeichnen.

IX. Zusammenfassung und Szenarien wirtschaftspolitischer Zukunft

Zwischen 1987 und 1989 wurden in einem nicht abreißenden, jedoch in Tempo und Intensität schwankenden, uneinheitlichen und kompromißhaften Veränderungsprozeß viele Maßnahmen zur Reform des wirtschaftlichen und politischen

---

31 Vgl. mit den heutigen Perestrojka-Konzepten z.B. den Brief von A.D. Sacharov, V.F. Turčin, R.A. Medvedev an das Zentralkomitee der KPdSU, das Präsidium des Obersten Sowjet und den Ministerrat der UdSSR vom März 1970, in: A.D. Sacharov, Stellungnahme, Wien/München/Zürich 1974, S. 59–82.

Systems der UdSSR eingeleitet. Gesetzliche Bestimmungen für die Erweiterung betrieblicher Handlungsspielräume, die Neuregelung der Außenwirtschaft, das Genossenschafts- und Pachtwesen, das Wahlsystem und die politische Willensbildung (Verfassungsreform) sind besonders hervorzuheben. Vor allem aber hat die zunehmende Vielfalt und Freiheit der Meinungsäußerung (Glasnost') die gesellschaftliche und politische Atmosphäre der UdSSR verändert.

Wenn es dennoch bis heute nicht zu neuer Systemqualität, zu politischer Stabilität und verbesserter Wirtschaftsleistung gekommen ist, so ist dies auf Unvollkommenheiten, Probleme und Widerstände auf folgenden drei Ebenen zurückzuführen: Zunächst gibt es immer noch keine konsistente und abgeschlossene Konzeption für die Umgestaltung des ökonomischen und politischen Systems der UdSSR. Die praktische Perestrojka-Politik hat vielmehr den Charakter eines Suchprozesses mit vielen Widersprüchen und Inkonsequenzen. Zum anderen bleiben die tatsächlichen institutionellen Veränderungen noch hinter dem begrenzten konzeptionellen Wandel zurück. Dies liegt einmal am Verhalten der Bürokratie, die teils aus Selbstinteresse, teils aus Gewohnheit, teils in Wahrnehmung der ihr von der Zentrale übertragenen Aufgaben beschlossene institutionelle Änderungen blockiert. Dies ist zum anderen darauf zurückzuführen, daß die Führung selbst vor weiterreichenden Reformmaßnahmen zurückschreckt, etwa vor der im Prinzip beschlossenen und für eine erfolgreiche Wirtschaftsreform auch sehr notwendigen Preisreform, weil die Labilität der krisenhaften Wirtschaftslage und insbesondere die Gefahr einer galoppierenden offenen Inflation jedes zügige Voranschreiten bei der Reform mit großen politischen Risiken belasten. Nicht zuletzt aber bremst die Diskrepanz zwischen den Anforderungen der Perestrojka und der traditionellen russisch-sowjetischen politischen und ökonomischen Kultur den Umgestaltungsprozeß. Menschen mit Initiative sind bislang aufs Ganze gesehen noch ebenso selten anzutreffen wie Menschen, die anzuerkennen bereit sind, daß sich unterschiedliche Wirtschaftsleistung in deutlich unterschiedlichen Einkommensniveaus niederschlagen darf.

Reformfortschritte im Sinne einer erfolgreichen Annäherung an stabile und zugleich ökonomisch effiziente Systemlösungen hängen somit von einer Reihe von Faktoren ab: Macht- und Autoritätsgewinn der Führung, konzeptioneller Klarheit, Einbindung der Bürokratie in den Perestrojka-Prozeß, Erzielung von mehr positiver Reaktion bei der Bevölkerung, günstigen exogenen Faktoren. Stabilisiert wird die Umgestaltung durch den umfangreichen wirtschaftspolitischen Handlungsbedarf und das Fehlen tragfähiger Alternativkonzepte. Aber es gibt viele Gegenkräfte, Unsicherheiten und Risiken, die die Entwicklung stoppen, zumindest stark abbremsen können. Dies macht es analytisch sinnvoll, in die Erörterung längerfristiger Perspektiven der UdSSR fünf Szenarien wirtschaftspolitischer Zukunft einzubeziehen. Diese Szenarien sind nicht von gleicher Wahrscheinlichkeit, sie können zudem nicht nur alternativ, sondern auch in verschiedener Abfolge nacheinander ins Spiel kommen. Sie werden mit den Stichwörtern »weitergehende Reform«, »konsolidierte Perestrojka«, »Umwurzeln« (labile Perestrojka), »konservative Wende« und »politischer Notstand« umrissen und wie folgt inhaltlich beschrieben:

»Weitergehende Reform«: Die systempolitische Entwicklung orientiert sich eindeutig am Modell einer »sozialistischen Marktwirtschaft«. Die Offenheit zur Weltwirtschaft nimmt zu. Der Staat reguliert den Wirtschaftsprozeß überwiegend mit indirekten Instrumenten. In zunehmendem Maße tritt das staatliche Eigentum zugunsten anderer (auch privater) Eigentumsformen zurück. Eine Entwicklung in diese Richtung ist auf absehbare Zeit unwahrscheinlich. Neben politischen Problemen, ideologischen Vorbehalten und gesellschaftlichen Gegenkräften steht ihr insbesondere die spezifische Zielstruktur der sowjetischen Wirtschaftspolitik (u. a. das starke Gewicht verteidigungswirtschaftlicher Prioritäten) sowie bestimmte Konstanten der russisch-sowjetischen ökonomischen und politischen Kultur im Wege.

»Konsolidierte Perestrojka«: Die im Verlauf der Perestrojka entwickelten Modelle des »Plan-Markt-Dualismus« und des »Einparteienpluralismus« werden bei gleichzeitiger Konsolidierung des Genossenschaftssektors und Ausweitung individueller Wirtschaftstätigkeit in einem zwar nicht stetigen, doch zielgerichteten Prozeß weitergeführt. Die Funktion der Bürokratie wird reduziert, doch es bleiben genügend Ansatzmöglichkeiten für administrative Intervention (Plansektor) erhalten, um fähige Bürokraten mit Positionen für politische Loyalität belohnen zu können. Die Beziehungen zur Weltwirtschaft entwickeln sich unter zentraler Kontrolle, aber stetig und für westliche Partner verläßlich. Der Wohlstand nimmt allmählich zu und baut negative Einstellungen bei großen Bevölkerungsteilen ab. Es entsteht stärkere soziale Ungleichheit, die in Kauf genommen wird. Gegenwärtig sprechen allerdings viele Anhaltspunkte dafür, daß dieses Szenario nicht mit spürbarem Effekt realisiert werden kann. Ins Spiel käme dann seine maligne Variante (labile Perestrojka bzw. »Umwursteln«).

»Umwursteln« (labile Perestrojka): »Umwursteln« wäre die Perestrojka-Variante des traditionellen »Durchwurstelns«.[32] Die Umgestaltungsrhetorik wird beibehalten, in gelegentlichen Kraftanstrengungen kommt es zu einem Hin und Her systempolitisch eher unprofilierter Maßnahmen. Wachstum, Modernisierung und Lebensstandard stagnieren weiter, das monetäre Ungleichgewicht bleibt, die Krisen drohen, sich weiter zu vertiefen. Die Halbheiten der Perestrojka sowie sich häufende wirtschaftspolitische Fehlentscheidungen verwandeln die Umgestaltung immer mehr von einer Therapie in eine Ursache hartnäckiger Schwierigkeiten. Insofern mag »Umwursteln« ein Übergangsszenario sein, das entweder wieder entschiedenen Reformern Auftrieb gibt oder die Möglichkeit einer »konservativen Wende« wahrscheinlicher macht.

»Konservative Wende«: Dieses Szenario ist durch den Versuch gekennzeichnet, Wirtschaftsprobleme durch Rückgriffe auf traditionelle Systemstrukturen und eine Wirtschaftspolitik der administrativen Straffung zu lösen. Die Ressourcen solcher Politik gelten zwar als weitgehend erschöpft. Doch könnten sich ihre

---

32 Vgl. H.-H. Höhmann, Die Ökonomik des »Durchwurstelns«. Probleme und Tendenzen der sowjetischen Wirtschaft zu Beginn der 80er Jahre, in: Berichte des BIOst, 34/1981.

Anhänger auf Phasen der jüngeren sowjetischen Wirtschaftsgeschichte berufen, wo eine solche Strategie erfolgreich war, etwa das 8. Planjahrfünft (1966–1970). Der Druck auf die Bevölkerung wäre allerdings groß und schlösse eine Rückkehr zum bequemen »Gesellschaftsvertrag« der Ära Breshnew aus. Werden Perestrojka-Errungenschaften rückgängig gemacht und werden insbesondere die nichtrussischen Völker Zwängen ausgesetzt, so sind Unruhen möglich. Dann wäre auch die Aktualität eines Notstandsszenarios nicht auszuschließen.

»Politischer Notstand«: Im Falle von Unruhen und Krisen könnte mehr oder weniger gewaltsame Repression bis hin zum Kriegsrecht in Frage kommen. Ein Notstandsregiment kann allerdings in keiner Weise das zentrale Problem der UdSSR lösen, geeignete Systemstrukturen für die dringend erforderliche wirtschaftliche und gesellschaftliche Modernisierung der UdSSR zu schaffen. Über kurz oder lang wären daher neue Formen von Perestrojka wahrscheinlich.

Zum Schluß: Von außen ist der Prozeß der sowjetischen Perestrojka nur sehr begrenzt zu beeinflussen. Sein Ergebnis wird im Inneren der UdSSR entschieden, wobei es vor allem auf die Stabilität einer reformorientierten Führung, ihre konzeptionelle Offenheit und ihre Fähigkeit ankommt, die gegenwärtige Entwicklungskrise durch Stabilisierungspolitik zu überwinden. Die Staaten des Westens können jedoch zu einem besseren oder schlechteren internationalen Umfeld für die Perestrojka beitragen. Bestünde Konsens unter ihnen, daß der gegenwärtige Reformprozeß der UdSSR Chancen für politischen Wandel in Osteuropa und die Etablierung einer stabilen Friedensordnung in den Ost-West-Beziehungen bietet, so läge ein Antwortverhalten nahe, das Offenheit für wirtschaftliche Kooperation unter systemöffnenden politischen und wirtschaftlichen Bedingungen mit der Bereitschaft zu einer Sicherheitspolitik verbindet, die zu mehr Ressourcen und systempolitischen Spielräumen für eine wirksame ökonomische Umgestaltung in der UdSSR beiträgt.

Ronald Amann

Zur Reform des ökonomischen Systems der UdSSR: Interdependenz zwischen Politik und Wirtschaft

I. Einleitung

Blickt man auf die widersprüchlichen Ereignisse des vergangenen Jahrzehnts zurück, so scheint es manchmal, als wären die westlichen Beobachter der sowjetischen Politik eine symbiotische Beziehung mit dem Gegenstand ihrer Betrachtung eingegangen. Die Trägheit des Systems hat eine Art intellektueller Trägheit hervorgebracht. Vom Beginn der siebziger bis zur Mitte der achtziger Jahre bestand unter den Sowjetologen eine weitgehende Übereinstimmung hinsichtlich der charakteristischen Grundzüge des politischen Systems der UdSSR, wenn sich auch Etikettierung und Akzentuierung im einzelnen unterscheiden mochten. Die Macht der politischen Elite, innerhalb derer Breshnew der erste unter gleichen war, beruhte auf taktischen Konzessionen an größere soziale Gruppen von Funktionären und Arbeitern und nur in letzter Instanz auf den groberen Formen des Zwangs gegenüber den intellektuellen Dissidenten. Als Ergebnis dieses »Deals« zwischen Elite und Massen und der damit verbundenen Marginalisierung von Opposition schien das System dauerhaft und unbeweglich.[1] Die Ruhe im Arbeitsleben des Sowjetologen wurde nur durch den gelegentlichen Sturz eines prominenten politischen Führers unterbrochen. Aber dieser kurze Anflug von Spannung und öffentlicher Sichtbarkeit brachte kaum intellektuelle Anforderungen mit sich. Eine rasche Konsultation der Schrift »Abgeordnete des Obersten Sowjet« (oder Alexander Rahrs nützliche Übersicht über die sowjetischen Führungskräfte im Research Bulletin von Radio Liberty) stellte das notwendige biographische Gerüst für überzeugende kremlologische Einschätzungen zur Verfügung. Der Nachdruck lag mehr auf

---

[1] Als klassische Einschätzung der politischen Beziehungen innerhalb eines »staatskorporatistischen Rahmens« siehe V. Bunce, J.M. Echols, Soviet Politics in the Brezhnev era: pluralism or corporatism, in: D.R. Kelly (ed.), Soviet Politics in the Brezhnev Era, 1980, S. 1–22. Mitte der achtziger Jahre, als Ergebnis des ökonomischen Niedergangs, revidierte Prof. Bunce ihre Einschätzung, obwohl sie eher die Wiedereinführung strikterer zentraler Kontrollen als eine größere institutionelle Reform vorhersah. Siehe V. Bunce, The political economy of the Brezhnev era: the rise and fall of corporatism, in: British Journal of Political Science, Vol. 13/1983, S. 129–158.

Personen als auf Institutionen. Mühsame Interpretationen des Zusammenspiels zwischen wirtschaftlicher und politischer Reform waren noch ein Zeitalter entfernt.

Mit dem Vorrücken Michail Gorbatschows auf den Posten des Generalsekretärs der KPdSU im März 1985 änderte sich jedoch die bequeme Welt der Sowjetologen. Einige wahrnehmungsfähige Spezialisten hatten bereits Vorahnungen bevorstehender Entwicklungen während der kurzen, aber interessanten Amtszeit Andropovs.[2] Nun brach der Damm, und das Tempo der Veränderung sowohl innerhalb der personellen Struktur der Führung als auch bezüglich politischer Prozesse wurde überwältigend. Zu Anfang war die Zunft der Sowjetforscher im Zustand eines beträchtlichen Durcheinanders; denn die vorherrschenden Konzepte blieben hinter den Ereignissen zurück und versagten vor allem, wo es darum ging, das ungewohnte Zusammenspiel zwischen den politischen und den ökonomischen Aspekten der Reform zu erfassen. Mittlerweile gibt es einen Teilkonsens im Hinblick auf die Ernsthaftigkeit der Absichten Gorbatschows, das sowjetische System zu reformieren, aber es bestehen immer noch tiefgehende Meinungsverschiedenheiten über den grundsätzlichen Charakter der begonnenen Veränderungen und ihre Aussichten auf Erfolg.

II. Verschiedene Einschätzungen der ökonomisch-politischen Interdependenz unter Gorbatschow

Die anfängliche Reaktion vieler westlicher Experten – und diese Interpretation kam damals auch in den Leitartikeln führender englischer Zeitungen und internationaler Zeitschriften wie »The Economist«, »Time« oder »Newsweek« zum Ausdruck – war es, das »Gorbatschow-Phänomen« eher als ein Phänomen politischen Stilwandels denn inhaltlicher Veränderungen zu betrachten. Gorbatschow erschien als ein betörender »Handelsvertreter«. Nach dieser Perzeption war es unvorstellbar, daß irgendein Funktionär so hoch in der Parteihierarchie hätte aufsteigen können, ohne von seinen Politbürokollegen akzeptiert zu werden. Die Sichtweise wurde verstärkt durch die Verbindung der Karriere Gorbatschows einerseits mit Michail Suslov, dem bekannten konser-

---

2 A. Brown vor allem verdient Erwähnung, unter den ersten gewesen zu sein, die Gespür dafür zeigten, daß sich eine größere Reform anbahnte. Siehe z. B.: Andropov: discipline and reform, in: Problems of Communism, Januar/Februar 1983, S. 18–31; Gorbachev: new man in the Kremlin, in: Problems of Communism, Mai/Juni 1985, S. 1–23; Change in the USSR, in: Foreign Affairs, Sommer 1986, S. 1048–1065; Soviet political developments and prospects, in: World Policy Journal, Vol. IV, 1/Winter 1986/87, S. 55–87; The Soviet leadership and the struggle for political reform, in: The Harriman Institute Forum, Vol. 1, 4/April 1988, S. 1–8.

vativen »Königsmacher«, andererseits mit Jurij Andropov, einem der Disziplin verschworenen politischen Führer und ehemaligem Chef des KGB. Beziehungen zu Mitgliedern der liberalen Intelligenz wurden im Interesse des Arguments heruntergespielt, ebenso wie auch Andropovs eigene Karriereverbindungen mit relativ gemäßigten Vertretern der sowjetischen Führung wie etwa Kuusinen. Gorbatschow galt als Apparatschik bis in die Fingerspitzen, aber gleichzeitig auch als ein perfektes politisches Chamäleon. Seine Reformen waren kosmetisch und sollten vor allem die Öffentlichkeit im Westen (insbesondere in Westeuropa) beeindrucken, um so ein positives Klima für Rüstungskontrollvereinbarungen zu schaffen. In Wahrheit halte die Sowjetunion, wie dies der im Herbst 1985 veröffentlichte Entwurf der Neufassung des Programms der KPdSU zu bestätigen schien, jedoch unverändert am historischen Sieg des sozialistischen Weltsystems fest.[3] Kurz: Trotz sichtbarer Anzeichen galt Gorbatschow nicht als Ausnahme von Andrej Amalriks »Gesetz der unnatürlichen Auslese«, demzufolge das sowjetische System immer wieder nur moralisch zweifelhafte und intellektuell einfallslose Elemente hervorbringt, die vor allem darin geübt sind, Macht zu erwerben und zu behaupten.[4]

Diese plumpe »Version I« (Gorbatschow als »Handelsvertreter«) geriet jedoch bald unter Beschuß. Der weitreichende Charakter der vorgeschlagenen Wirtschaftsreformen, vor allem das neue Unternehmensgesetz[5], sowie die kühnen und offenbar ernstgemeinten Beiträge angesehener sowjetischer Spezialisten zur politischen Reformdiskussion konnten nicht als rein »kosmetisch« abgetan werden. Um das vorherrschende Erklärungsparadigma[6] gegen zerstörerische »Anomalien« zu schützen, präsentierte die nächste Verteidigungslinie (die »Version II«) Gorbatschow, den »Realisten«. Nach dieser Einschätzung waren die vorgeschlagenen Wirtschaftsreformen in der Tat potentiell weitreichend, aber sie wurden nur sehr zögerlich in Angriff genommen. Die Verschlechterung der Wirtschaftsleistung hatte der herrschenden sowjetischen Elite offensichtlich die Erkenntnis abgezwungen, daß die Bewahrung der eigenen privilegierten Position von einem gewissen Grad an Dezentralisierung der Macht abhängig geworden war. Tief verwurzelte Befürchtungen wurden so zunächst beiseite geschoben. Die Reformen wären jedoch leicht umzukehren, wenn sie ihren Zweck erfüllt hätten, und sie wären zudem in jedem Fall auf die Sphäre der Ökonomie beschränkt. Ihr Hauptzweck war es demnach, »das

---

3 Siehe Teil I des Entwurfs zur Revision des Programms der KPdSU: Der Übergang vom Kapitalismus zu Sozialismus und Kommunismus als Hauptereignis der gegenwärtigen Epoche, in: Kommunist, 16/1985, S. 5–16.
4 A. Amalrik, Will the Soviet Union Survive until 1984, London 1970, S. 20.
5 Abgedruckt in: O korennoj perestrojke upravlenija ėkonomikoj, Sbornik dokumentov, Moskau 1987, S. 3–52.
6 Zur Verwendung dieses Begriffs in der Wissenschaftstheorie siehe T. S. Kuhn, The function of dogma in scientific research, in: A. C. Crombie (ed.), Scientific Changes, London 1963, S. 347–369; ders., The Structure of Scientific Revolutions, Chicago 1962.

System zu stärken«. Man kommt wohl nicht um die Erkenntnis herum, daß dies eine windige Art zu argumentieren ist. Ironischerweise entspricht sie jener, die von dogmatischen westlichen Marxisten entwickelt wurde, um jede progressive, auf Verbesserung des Lebensstandards im eigenen Land angelegte Reform als teuflisch schlaue Strategie zur Stärkung des Kapitalismus auszugeben. Sicher hängt alles davon ab, wie man die Grundzüge des »Systems« begrifflich faßt. Es ist möglich, sie so breit und flexibel zu definieren, daß sogar die größten Veränderungen konzeptionell unsichtbar weren. In dieser Hinsicht stellten die unvorhergesehenen, unter Gorbatschow initiierten politischen Reformen eine ernsthafte theoretische Herausforderung für die »Version II« dar. Die Skeptiker waren gezwungen, ihre Kriterien beständig umzudefinieren. »Ich werde glauben, daß sich die Lage in der UdSSR wirklich verändert, wenn ... z. B. Sacharov nach Moskau zurückkehren kann, Dr. Živago veröffentlicht wird, Wahlen mit mehreren Kandidaten für Partei- und Managerpositionen durchgeführt werden, KGB-Funktionäre in der Presse kritisiert werden, autonome Gruppen öffentliche Versammlungen abhalten können, Bucharin rehabilitiert wird usw. usf.« All diese Schwellen (und viele andere) sind in Gorbatschows Rußland inzwischen erreicht und überschritten worden. Bei jeder neuen Entwicklung lauerten die Skeptiker der »Version II« mit gespitzten Ohren in ihren analytischen Zelten, um von Zeit zu Zeit hervorzukommen und neue Streifen von Lackmuspapier zu schwenken. Aber schließlich wurde die angehäufte Gegenevidenz zu mächtig. Es ist zum Beispiel bemerkenswert, daß die Vorschläge für eine größere politische Reform des sowjetischen Systems, die von Sacharov, Medvedev und Turčin im März 1970 in ihrem berühmten Brief an das Zentralkomitee[7] gemacht und zu jener Zeit sowohl in der UdSSR als auch im Westen als Ausdruck tiefsten Dissidententums bewertet wurden, nun weitgehend offizielle Politik geworden sind. In der Analyse der grundlegenden Ursachen der sowjetischen Wirtschaftsprobleme, in der Vorwegnahme der Übergangsspannungen im Reformprozeß, in der Einschätzung der internationalen Implikationen einer umfassenden Reform und in der Spezifizierung einzelner Reformmaßnahmen – bis hin zur Gründung eines Instituts für öffentliche Meinungsforschung – liest sich dieses Dokument beinahe wie ein Drehbuch der Perestrojka. Ebenso bedeutsam als Maßstab der Veränderung ist das Interview mit Alexander Dubček in der »l' Unità« (Januar 1988)[8], in dem der ehemalige tschechoslowakische Parteiführer auf die prinzipiellen Ähnlichkeiten zwischen dem Aktionsprogramm des »Prager Frühlings« von 1968 und Gorbatschows Reformvorhaben hinwies. Angesichts solcher Belege stellte sich eine bohrende Frage: Wenn Gorbatschows Reformen tatsächlich lediglich einen »realistisch-pragmatischen« Versuch zur »Stärkung des Systems« darstell-

---

7 A. Sakharov, R. Mevedev, V. Turchin, Appeal for a gradual democratisation (Brief an das Zentralkomitee vom 19. März 1970), in: G. Saunders (ed.), Samizdat: Voices of the Opposition, London 1974, S. 399–412.
8 Vollständiger Bericht in: Guardian, 11. 1. 1988.

ten, warum waren denn dann so viele ehemalige inellektuelle Kritiker des sowjetischen Systems dafür und so viele Apparatschiks dagegen?

So war ein ausgefeilteres und anspruchsvolleres Konzept erforderlich geworden, mit dem der Realität des politischen und ökonomischen Wandels in der UdSSR Rechnung getragen werden konnte, ohne jedoch zu sehr vom bisherigen Paradigma abweichen zu müssen. Dies wurde dadurch möglich, daß man Gorbatschow als eine Art »Konzessionsnehmer« klassifizierte, eine interpretatorische Innovation, die als »Version III« bezeichnet werden soll. Diese Version kommt den Zweiflern nach wie vor entgegen, doch hat sich der Brennpunkt der Skepsis von den Absichten der Führungsspitze zum Grundcharakter der sowjetischen Gesellschaft und Kultur verlagert. Man räumt ein, daß Gorbatschow und seine Anhänger innerhalb der Führungsspitze ernsthaft und ohne Hintergedanken an grundlegenden Reformen interessiert sind. Sie finden aber für ihr Reformprogramm keine breite Unterstützung. Die russische Gesellschaft entbehrt der Tradition diszplinierter Partizipation, selbstbewußten Unternehmertums oder institutionalisierten Individualismus. Sie ist – nach einem Wort Aleksandr Zinov'evs – von einer brutalen »Kommunal'nost'«[9] durchdrungen, einem kollektivistischen Neid, der alle, die etwas erreicht haben, wieder auf die gemeinsame Ebene herunterzieht. Angesichts dieses Widerspruchs zwischen einer tief verankerten Kultur und der angestrebten Reform der Organisations- und Motivationsstrukturen ist die wirklich interessante Frage nicht so sehr, ob Gorbatschow die ernste und ehrliche Absicht hat, das System umzubauen, sondern eher, wie er es fertiggebracht hat, ohne die Hilfe einer erkennbaren Machtbasis so weit zu kommen. Als mögliche Erklärung bietet sich die schweigende Unterstützung des Militärs von selbst an, und in diesem Sinne mag Gorbatschow als ein »Konzessionsnehmer« betrachtet werden. In Anbetracht der zunehmenden Interdependenz zwischen dem zivilen und dem militärischen Sektor der Wirtschaft sowie der Besorgnis der sowjetischen Streitkräfte, mit dem Übergang zu einer neuen Generation von Waffensystemen nicht mehr in der Lage zu sein, technologische Rückständigkeit durch Quantität zu kompensieren, besteht ein dringendes Interesse an einer Reform der gesamten wirtschaftlichen Infrastruktur. Dazu sind Ressourcentransfers aus den militärischen in die zivilen Bereiche der Wirtschaft unvermeidlich, traditionelle Vorrangpositionen der Verteidigungsindustrie bei der Belieferung mit Ressourcen müßten eingeschränkt werden. Aber nach der »Version III« ist dies nur bei oberflächlicher Betrachtung eine Wahl zwischen Kanonen und Butter. In Wirklichkeit handelt es sich um eine Entscheidung zwischen Kanonen jetzt und mehr Kanonen später. Dies ist nicht notwendigerweise ein Hauptziel in Gorbatschows eigenem Denken, aus der Sicht des Militärs mag er aber dennoch ein geeignetes Instrument zu seiner Verwirklichung sein. So wird davon ausgegangen, daß zumindest eine zeitweilige Interessenübereinstimmung zwischen Gorbatschow und dem Militär vorliegt, wobei man darüber spekulieren

---

9 Das Konzept wurde entwickelt von A. Zinoviev, The Reality of Communism, London 1984.

mag, wie lange diese Beziehung anhält, wenn die angestrebte technologische Parität erst einmal erreicht ist.

Es ist leicht erkennbar und jetzt auch weithin akzeptiert, daß das zuvor genannte Szenario die ausgesprochene Gefahr eines »Version IV«-Ergebnisses enthält: Gorbatschow, der »tragische Visionär« – was dann auch zu der Frage führt, in welchem Maße die ökonomisch starken Länder des Westens Gorbatschow helfen sollen oder können. Man könnte sich den Verlauf der Ereignisse etwa so vorstellen: Mit den Reformen, die auf kürzere oder mittlere Frist nicht den gewünschten ökonomischen Effekt haben – und dieses Ergebnis erscheint aufgrund unzureichender sowjetischer Wirtschaftsleistung in den Jahren 1987 und 1988[10], mitverursacht durch Unglücksfälle (Tschernobyl und die Erdbeben in Armenien und Tadshikistan), in wachsendem Maße wahrscheinlich –, werden die Militärs und andere mächtige, aber nur bedingte Befürworter der Reform immer unzufriedener. Ihre Feindseligkeit wird dadurch gesteigert, daß es Gorbatschow nicht gelingt, einen größeren außenpolitischen Erfolg zu erzielen als Gegenleistung für das, was man ihm als eine Serie von Rückzügen und einseitigen Konzessionen unterstellt. Das Militär zieht seine schweigende Unterstützung zurück und setzt Gorbatschow auf diese Weise der Gnade der Bürokratie und der Arbeiterschaft aus, die unter den Unbequemlichkeiten der Perestrojka zu leiden haben. Wie Chruschtschow im Oktober 1964 – ein anderer entschlossener Reformer, der die Grenze überschritten hat – wird Gorbatschow die Macht entzogen. Sein Schicksal läßt sich in einem grausamen, aber populären osteuropäischen Witz zusammenfassen: »Frage: Was ist der Unterschied zwischen Michail Gorbatschow und Alexander Dubček? Antwort: Keiner, aber Gorbatschow weiß es noch nicht.«

Die oben zusammengefaßten, ausgesprochen pessimistischen Einschätzungen des »Gorbatschow-Phänomens« sind alle von gewissem Interesse, aber keine vermittelt ein vollständiges oder adäquates Bild. Die frühen konzeptionellen Versuche, die Prozesse des politischen und ökonomischen Wandels unter Gorbatschow zu verstehen, sind weitgehend von den Ereignissen überholt worden. Die späteren Versionen führen allerdings zu einer Reihe wichtiger Fragen, die nicht so leicht beiseite zu schieben sind. Wird auch die politische Stärke des Militärs möglicherweise übertrieben, vor allem wenn man das bescheidene Maß ihrer Repräsentanz in den Spitzengremien der Partei und den laufenden Prozeß der Perestrojka innerhalb des Militärs selbst in Betracht

---

10 An der Oberfläche ist das sowjetische BSP-Wachstum für die Jahre 1986–1988 nach offiziellen Angaben etwas besser als für 1981–1985: 3,7% gegenüber 3,5%. Aber der Anschein kann trügen. Nahrungsmittelknappheit und der Mangel an anderen Konsumgütern haben zugenommen. Die Wachstumsraten werden durch Inflation, angeheizt durch ein großes und wachsendes Budgetdefizit (ca. 12% des BSP im Jahre 1989), verzerrt. Siehe Ph. Hanson, Soviet Union: Prospects for 1989, in: Oxford Analytica. Daily Brief, 21. 12. 1988. Vgl. ebenfalls: Gorbachev's Economic Programme: Problems Emerge, Bericht des CIA und des DIA an das Joint Economic Committee of the US Congress, Washington, D.C., 13. 4. 1988.

zieht[11], so weist doch die Notwendigkeit, seine mögliche Rolle zu berücksichtigen, auf ein zentrales Paradox Gorbatschows hin: das Nichtvorhandensein einer sicheren Machtbasis und seine Verletzbarkeit durch kurzfristige ökonomische Fehlschläge, die den Übergang von einem Wirtschaftssystem zu einem anderen unvermeidlich begleiten. Dies wiederum führt zu der allgemeineren Frage nach den komplexen Beziehungen zwischen ökonomischen und politischen Faktoren sowohl bei der Förderung der Reform als auch beim Widerstand gegen sie. Diese Beziehungen werden in den populären journalistischen Darstellungen der Gorbatschow-Periode kaum erörtert und müssen eingehender geklärt werden.

III. Historische Wurzeln der Interdependenz zwischen Politik und Ökonomie

Die Ursprünge der gegenwärtigen sowjetischen Wirtschaftsmalaise und der Verknüpfung ökonomischer Strukturen mit politischen Interessen können auf Stalins Industrialisierungsschub der dreißiger Jahre zurückgeführt werden. In einer bemerkenswert kurzen Zeit wurden gänzlich neue Zweige der Schwer- und der chemischen Industrie geschaffen, neue Rohstoffvorkommen und Energieressourcen erschlossen, und es wuchs eine neue Generation von Managern und technischen Spezialisten heran. Zu Beginn des Zweiten Weltkriegs war die Sowjetunion, wenigstens an der Gesamtproduktion gemessen, zu einer großen Industriemacht geworden. Die Art und Weise, wie dieser rasche Fortschritt durch den Mechanismus der Fünfjahrespläne erreicht wurde, ist heute zu gut bekannt, um extensiver Wiederholung zu bedürfen. Die Industrialisierung beruht, kurz gesagt, auf folgenden Faktoren:
– detaillierte zentrale Plananweisungen an die Industriebetriebe;
– Konzentration der Ressourcen auf prioritäre Schlüsselbereiche, seit Mitte der dreißiger Jahre vor allem auf den Aufbau der Verteidigungsindustrien;[12]
– starkes Angewiesensein auf den Erwerb und die Anwendung von westlichen Technologien;[13]
– organisatorische Trennung von Wissenschaft und Produktion durch die Schaffung spezialisierter Forschungs- und Entwicklungsorganisationen in der Absicht, aus dem knappen vorhandenen Wissen größten Nutzen zu ziehen;

---

11 Vgl. z. B. die Einschätzungen von D. Clarke, Gorbacev's proposed re-tooling of the Soviet Army, in: Radio Liberty Research, 8. 12. 1988; M. Hauner, A. Rahr, New chief of the general staff appointed, in: Radio Liberty Research, 16. 12. 1988.
12 J. M. Cooper, Defence production and the Soviet economy 1929–41, CREES Discussion Paper, Series SIPS, No. 3, University of Birmingham 1976.
13 A. C. Sutton, Western Technology and Soviet Economic Development 1930–1945, Stanford, California 1971.

- Nachdruck auf die Maximierung der Bruttoproduktion als des offiziellen Indikators für die Planerfüllung auf Kosten der Entwicklung von Qualität und Innovation.

Dieses wirtschaftspolitische und organisatorische Rahmenwerk, verstärkt durch eine systematische politische Zwangskampagne, erwies sich bei der Forcierung raschen Wirtschaftswachstums in einer frühen Phase der technologischen Entwicklung als durchaus erfolgreich. Da die Wirtschaft ohnehin halb kriegswirtschaftlichen Charakter trug, konnte sie sich vom schweren Schock der deutschen Invasion im Juni 1941 erholen und sich in großem Umfang nach Osten verlagern. Die zentral geplante Wirtschaft war auch geeignet, die sowjetische Wirtschaft nach den Kriegszerstörungen wieder aufzubauen und nach Ende des Kriegs eine neue soziale Infrastruktur zu schaffen. Bei alldem war die Fähigkeit der zentralen Planer, einige wichtige Ziele zu bestimmen und durchzusetzen (und zugleich ebensooft andere Ziele zu vernachlässigen), der Hauptfaktor. Doch schon in den frühen fünfziger Jahren begann dieser zentrale Planungsmechanismus ernsthafte Ansätze von Schwäche zu zeigen.[14] Zu Schwierigkeiten kam es in erster Linie, weil die Sowjetunion in der Nachkriegszeit in eine technologisch fortgeschrittenere Entwicklungsphase eintrat und weil sie dies mit ganz neuen und ungewohnten Problemen konfrontierte. Dies erforderte einen Wechsel des Nachdrucks: An die Stelle einer disziplinierten Umsetzung der Prioritäten in Entsprechung zentraler Anweisungen mußte ihre kreative Formulierung an der Peripherie treten. Als sich die Technologie im internationalen Maßstab weiterentwickelte und die Sowjetunion (teilweise mit Hilfe erbeuteter Ausrüstungen aus besetzten Gebieten) etwas aufholen konnte, wurde es für die konservativen und unzureichend ausgebildeten zentralen Planer immer schwieriger, die zukünftige Technologiepolitik zu konzipieren und zu formulieren. Allgemeiner gesagt: Das Wachstum neuer Wirtschaftsbereiche und die Erweiterung der Interdependenzen zwischen den verschiedenen Sektoren schufen ein komplexeres System von Materialbilanzen, das auch ohne die durch größere technologische Veränderungen entstehenden Komplikationen nicht mehr zu beherrschen war. So realisierte sich die Überlastung des Planmechanismus mit Informationen, die Hajek theoretisch vorausgesagt hatte.[15]

Stalins Nachfolger versuchten, das Problem von verschiedenen Seiten her besser in den Griff zu bekommen. Aber alle ihre Reformversuche blieben hinter den tiefgehenden strukturellen Veränderungen zurück, die zur Verbesserung von Effizienz und Motivation notwendig waren, auf der anderen Seite allerdings die sozioökonomische Position jener Gruppen unterminieren mußten, die sich

---

14 M. J. Berry, Science, Technology and Innovation, in: M. McCauley (ed.), Khrushchev and Khrushchevism, London 1987, S. 71–94.
15 P. Rutland, The Myth of the Plan, London 1985. Vgl. besonders Kapitel 2: Market and plan: economic debates, S. 24–48, für eine prägnante Überprüfung der theoretischen Argumente.

im alten System eingerichtet und gelernt hatten, sich in ihm zu bewegen. Dieser Prozeß der Teilreform enthüllte das Ausmaß, in dem ökonomische Strukturen und politische Interessen in der Sowjetunion identisch geworden waren.

Erstens war eine gewaltige Schicht von Nomenklaturaangehörigen in Partei und Staat entstanden, eine Art Dienstadel der Stalinschen Industrialisierungsbemühungen. Sie hatten als Preis für ihre politische Loyalität viele Privilegien erworben und besaßen jene Macht über die Verteilung der Ressorucen, die in einer zentral geplanten Wirtschaft entscheidender ist als in der Marktwirtschaft, wo die Transaktionen mehr auf der Zahlungsfähigkeit beruhen als auf bürokratischem Papierkrieg und politischem Einfluß. Eine solche administrative Macht verlieh nicht nur sozialen Status. Mit dem Niedergang moralischer Werte und dem Wegfallen der »Kampfaufgaben«[16] von Industrialisierung und Krieg gerieten die Funktionäre in Versuchung, ihre Stellung zu mißbrauchen, sich knappe Ressourcen anzueignen oder denjenigen von hoher Warte aus politischen Schutz anzubieten, die in der lukrativen »zweiten Wirtschaft« tätig waren.[17] Korruption breitete sich aus, teilweise als Resultat der ökonomischen Ineffizienz und der Unfähigkeit, die Wirtschaft zu reformieren und die Konsumenten innerhalb gegebener Strukturen zufriedenzustellen. Zweitens muß die Stellung einer anderen politisch wichtigen Schicht in Betracht gezogen werden, jener der Manager in Industriebetrieben, deren Adaptation an die Bedürfnisse einer zentral geplanten Wirtschaft beredtes Zeugnis für die bemerkenswerte Fähigkeit des Menschen ablegt, sich auch an die bizarrste und feindlichste Umwelt anzupassen. Ringsum von einem Gebirge widersprüchlicher Regeln und Anforderungen eingeschlossen, hing das Überleben von einem Netzwerk einflußreicher Kontakte ab, die im Laufe einer Karriere aufgebaut und sorgfältig gepflegt wurden. Diese Kontakte erforderten erhebliche persönliche Investitionen an Zeit, Energie und moralischen Kompromissen. Eine umfangreiche ökonomische Reform, die ein höheres Maß an Wettbewerb und Markt zur Folge hätte sowie mehr Transparenz in die ökonomischen Beziehungen brächte, machte eine solche Investition hinfällig. Einige Manager würden sich der neuen Herausforderung stellen und die erforderlichen beruflichen Qualitäten aufbringen. Andere könnten dies nicht. Drittens – was vielleicht noch wichtiger ist – gab es da die Arbeiterschaft, die in vielen Fällen durch Subventionen an planmäßig verlustmachende Betriebe persönlich abgesichert waren. Ihr – wie ihrem Pendant in Teilen des stagnierenden Industriegewerbes in Großbritannien und in anderen europäischen Ländern – würde der kalte Wind einer ungezügelten Wettbewerbswirtschaft nicht besonders willkommen sein. In politischer Hinsicht wäre es wohl für die Führung vernünftig davon auszugehen, daß diese Reformopposition in einem höheren Maße emotionsgeladen ist als die ausgleichende Reformunterstützung der Arbeiter in profitab-

---

16 K. Jowitt, Neo-traditionalism: the political conception of a Leninist regime, in: Soviet Studies, Juli 1983, S. 275–297.
17 M. Voslensky, Nomenklatura: Anatomy of the Soviet Ruling Class, Oxford 1984; K. Simis, USSR: Secrets of a Corrupt Society, London 1982.

len Betrieben, die auf indirekte Weise die Subventionen zur Verfügung stellen. Schließlich gab es den militärisch-industriellen Komplex. Obwohl die Streitkräfte selbst aufgrund des internationalen Wettbewerbsdrucks im Bereich der Technologie positiv (oder wenigstens ambivalent) gegenüber der Reform eingestellt sein könnten, teilen ihre traditionellen industriellen Lieferanten nicht notwendigerweise diese Haltung. Sofern ihnen kein besonderer Schutz gewährt würde, müßte sich die Einführung von Marktbeziehungen unausweichlich auf die traditionellen Möglichkeiten der Verteidigungsindustrien auswirken, über knappe Ressourcen zur relativ leichten Planerfüllung und für Prämienzahlungen zu verfügen.

Die angeführten Gesichtspunkte machen wohl in ausreichendem Maße deutlich, daß eine Wirtschaftsreform in der Sowjetunion in erster Linie eine politische Angelegenheit ist. Käme es bei einer Wirtschaftsreform lediglich darauf an, ein geeignetes Modell zu entwerfen und bei ihrer Durchführung für die notwendige Feinabstimmung zu sorgen, dann wäre das Problem vermutlich schon lange gelöst. Die Realität der Reform ist aber viel komplexer. Sie berührt, wie wir gesehen haben, grundlegende und tiefverwurzelte Interessen und bedeutet deshalb nicht weniger als eine veränderte Machtverteilung in der sowjetischen Gesellschaft, die Mobilisierung neuer Verbündeter und die Aufgabe alter Klientengruppen. Einen solchen Prozeß erfolgreich durchzuführen, erfordert großes politisches Geschick und Entschlossenheit. Es muß ein Kurs gesteuert werden, der verhängnisvolle Zusammenstöße mit Gruppen vermeidet, die von jeher mächtige und symbolisch wichtige Segmente der sowjetischen Gesellschaft repräsentieren. Unter diesen Umständen kann die Vorsicht der Nachfolger Stalins bei der Suche nach einer Möglichkeit, die wachsende ökonomische Notwendigkeit von Reformen mit ihrer scheinbaren politischen Unmöglichkeit zu verbinden, nicht überraschen. In einem kürzlich veröffentlichten Artikel des Autors wurden Ebbe und Flut der Reformbewegung, wie sie für die Periode vor Gorbatschow charakteristisch waren, als Prozeß der »zögernden Modernisierung«[18] bezeichnet. Chruschtschows regionale Wirtschaftsreform von 1957, die Kosygin-Reform von 1965 und Breshnews Ermutigung von industriellen Zusammenschlüssen großen Umfangs in den siebziger Jahren waren Teilmaßnahmen, die nur die Oberfläche berührten. Sie störten nicht die Grundstrukturen der Macht. Die Breshnew-Periode vor allem erweist sich nun als ein Zeitabschnitt verpaßter Gelegenheiten, in dem sich die Grundzüge der ökonomischen Krise abzeichneten, in dem jedoch gleichzeitig der Hauptnachdruck auf die Sicherung der Beziehung der politischen Elite zu strategisch wichtigen politischen Schichten gelegt wurde. Das rückläufige Angebot an ökonomischen Ressourcen machte eine größere Wirtschaftsreform in zunehmendem Maße schwierig. Es wurde mehr und mehr unmöglich, wirksame Abschottungen gegen die Übergangsprobleme einer Systemreform zu

---

18 R. Amann, Searching for an appropriate concept of Soviet politics, in: British Journal of Political Science, Vol. 16, 4/1986, S. 475–494.

schaffen, die auf den tiefgreifenden Wechsel von der Logik des Plans zur Logik des Markts hinauslief.

Das Endresultat der politischen Verkrustung, vor allem im letzten Teil der Breshnew-Periode, waren eine sich öffnende technologische Lücke zwischen der UdSSR und dem Westen bis hin zu drohender technologischer Rückständigkeit, fallende Wachstumsraten der Wirtschaft und abnehmende Produktivität. Ein solcher Rückgang der ökonomischen Leistung der Sowjetunion mußte eine gleichermaßen ernsthafte politische Auswirkung haben. Dies spiegelte sich wider in den Schwierigkeiten, die Parität bei fortgeschrittenen militärischen Systemen aufrechtzuerhalten, in wachsenden Problemen, konkurrierende Anforderungen von Ressourcen zu befriedigen, und in der schwindenden Attraktivität des sowjetischen Entwicklungsmodells in den Augen der Dritten Welt.[19] Das traditionelle System der Direktivplanung hatte ernsthafte Anzeichen eines Scheiterns. Die rituellen Bekräftigungen der historischen Unvermeidlichkeit eines Übergangs zum Kommunismus, sowohl auf nationaler als auch auf internationaler Basis, erwiesen sich zunehmend als fadenscheinig. Die tatsächlichen Manifestationen der ökonomischen Krise mußten sich daher als massiver ideologischer und kultureller Schock für die offizielle sowjetische Darstellungsart erweisen, der um so schlimmer war, als man ihn halb erwartet hatte. Eine größere Reform war nun nicht mehr zu vermeiden.

IV. Wechselspiel von ökonomischem und politischem Wandel unter Gorbatschow

Im Zusammenhang mit der Einführung einer Reihe kühner Reformmaßnahmen, die unvermeidlicherweise Schwierigkeiten und Durcheinander hervorrufen, mußte Gorbatschow immer wieder mit Nachdruck Kritik zurückweisen, die von ihm eingeschlagene Strategie sei nicht sorgfältig durchdacht gewesen. In einer Rede vor Vertretern der Intelligenz betonte er Anfang 1989[20], daß viele der Grundkonzepte der Reform bereits vor seinem Machtantritt im März 1985 entwickelt worden seien, und bestätigte so die Beobachtung westlicher Spezialisten hinsichtlich des Zusammenhangs zwischen publizierten Artikeln reformorientierter sowjetischer Intellektueller und den in Gorbatschows eigenen Reden enthaltenen Reformkonzepten. Ryžkov unterstrich auf demselben Treffen, daß zwischen Gorbatschow und Angehörigen der Intelligenz lange vor der entscheidenden Plenarsitzung des Zentralkomitees vom April 1985 viele Gespräche und Diskussionen stattgefunden

---

19 Ph. Hanson, Economic constraints on Soviet policies in the 1980s, in: International Affairs, Winter 1980/81, S. 21–43; S. Bialer, Part V, Stalin's Successor: Leadership, Stability and Change in the Soviet Union, Cambridge 1980.
20 Rede von M. S. Gorbatschow mit anschließender Diskussion auf einem Treffen mit Vertretern aus Kultur und Wissenschaft, in: Pravda, 8. 1. 1989.

hätten, ja, daß zu jener Zeit bereits über 100 inhaltlich wichtige Dokumente ausgearbeitet gewesen wären. Die seit dem Aprilplenum vergangene Zeit war angefüllt mit einem wachsenden Strom von Reformmaßnahmen, die sich auf wichtige Bereiche der Wirtschaftsreform bezogen. Hierzu gehörten Pläne für eine Befreiung der Industriebetriebe von detaillierter zentraler Kontrolle, für einen größeren Spielraum für Privatbetriebe und Genossenschaftsaktivitäten, für größere Autonomie der industriellen Produktionsvereinigungen, sich im internationalen Handel zu engagieren, für die Ermutigung von Kooperationsvereinbarungen mit westlichen Firmen, für langfristige Verpachtung von Land an bäuerliche Familien und für eine grundlegende Reform der Preise und des Systems der Wechselkurse (obwohl es jetzt wachsenden Pessimismus gibt, ob diese Absicht in naher Zukunft realisiert wird). Über all diese Vorhaben ist im Westen viel publiziert worden, und so sind sie allgemein bekannt. Deshalb kommt es auch nicht darauf an, sie hier im Detail zu diskutieren. Wichtig aber ist, die wahrscheinlichen politischen Auswirkungen von Maßnahmen zu erörtern, die potentiell so weit gehen und die die ideologischen und kulturellen Stützpfeiler der zentralen Planung so sehr erschüttern.

Gorbatschow und sein ökonomisches Beraterteam scheinen dahingehend übereinzustimmen, daß die Reformen auf Schwierigkeiten stoßen und daß der »Bremsmechanismus« noch nicht überwunden ist. Tatsächlich suggerieren Fernsehaufnahmen, die den Generalsekretär im Sommer 1988 in einem ärgerlichen Disput mit einer aufgebrachten Menge in Krasnojarsk zeigten, daß Gorbatschow in diesem Punkt keinerlei Zweifel hegen sollte.[21] Jedoch ist dieser Bremsmechanismus kompliziert und hat nur teilweise politischen Charakter. Bis zu einem gewissen Grad hängen die Langsamkeit bei der Einführung der Wirtschaftsreformen und die Veränderungen, die im Verlauf der Reformimplementation inzwischen vorgenommen wurden, mit der Zeitfolge und den Umständen der Reform selbst zusammen. Das war auch nicht anders zu erwarten, denn um die Reform überhaupt zu starten, erwies es sich als notwendig, einen größeren institutionellen Umbau in den Grenzen eines laufenden Fünfjahresplans in Angriff zu nehmen. Diese paradoxe Situation[22] beschränkt das Ausmaß, in dem die Macht der industriellen Branchenministerien reduziert werden kann, sie beeinflußt den Grad der Regulierung von Wirtschaftsaktivitäten durch Staatsaufträge (goszakazy), und sie verzögert die Reform des Preissystems. So besteht ein Wettbewerb zwischen Markt und Plan um die Vorherrschaft.

Wenn man auf den mühsamen Prozeß zurückschaut, in dem sich westliche Länder nach dem Ende des Zweiten Weltkriegs von der Kriegswirtschaft zu einer Zivilwirtschaft bewegten, so bekommt man eine entfernte Ahnung jener Probleme, die mit dem Versuch verbunden sind, in kurzer Frist von zentraler

---

21 Wiedergabe der Auseinandersetzungen mit einem breiten Publikum während des Gorbatschow-Besuchs in Krasnojarsk im Sommer 1988, in: BBC Summary of World Broadcasts: USSR, 14./15. 9. 1988.
22 B. Bunich, The reform and parodies on it, in: Moscow News, 40/1987.

Planung zu Marktprozessen überzugehen.[23] Eine diffizile Anpassungsphase ist unvermeidlich, und es wäre unklug, vermutlich sogar verantwortungslos, wenn Wirtschaftspolitiker solche Schwierigkeiten unterschätzten. Ein weiterer Widerspruch, der dem Reformprozeß innewohnt, ist jener zwischen den gleichzeitig verfolgten Zielen, mehr zu produzieren und Qualität sowie technisches Niveau der Güter zu verbessern. Es ist äußerst kompliziert, diese Ziele in der beginnenden Reformphase miteinander zu verbinden. Wenn man versucht, technischen Fortschritt zu stimulieren, dann bedeutet dies die Umverteilung von Kapazitäten, Arbeitskräften und Ingenieuren von traditionellen Produktionslinien auf neue Zweige, während der unmittelbare politische Druck dahin geht, den Strom der Güter in die Geschäfte aufrechtzuerhalten, um einen spürbaren Test ablegen zu können, daß die Perestrojka funktioniert. So kann sich der populistische politische Druck, rasch Früchte der Reform zu sehen, in einer Knappheitswirtschaft, in der man die Reform lange willkürlich aufgeschoben hat, gegen die Einführung der wirklichen Substanz der Reform auswirken, die andererseits die einzige langfristige Gewähr für ihren Erfolg ist. Perestrojka ist kein einfaches Drama. Es ist ein Stück in einem Stück.

Wenn man von den Wirtschaftswissenschaften zur Politologie übergeht, wird das Bild noch komplizierter. Unter Berücksichtigung der vorgetragenen Argumentation ist die Annahme zu einfach, der »Bremsmechanismus« der Perestrojka sei lediglich auf politische Opposition zurückzuführen. Weiter wäre es sehr unbefriedigend, die Gegner der Reform als engstirnige und selbstsüchtige Bürokraten zu karikieren. Die »Vested Interests« der Parteifunktionäre, der Manager alten Stils, der subventionierten Arbeiter und des militärisch-industriellen Komplexes sind – wie bereits ausgeführt – zugegebenermaßen ein wichtiger Faktor, aber die Opposition gegen eine weitergehendere Reform ist nicht nur von Interessen bestimmt, somit intellektuell glaubwürdiger und daher auch von größerem Gewicht. Man leistet sich selbst keinen guten Dienst, wenn man diese Komplexität unterschätzt und die Gegenargumente gegen die Reform lediglich als eine passende Verschleierung der Vested Interests betrachtet. Der Versuch ist verführerisch, da viele der vorgebrachten Argumente im großen und ganzen ähnliche Konflikte in westlichen Gesellschaften widerspiegeln, wo wir als Bürger und Wähler Partei ergreifen.

Es ist also sowohl durch direkte Evidenz[24] als auch durch Gorbatschows Charakterisierung der verschiedenen Standpunkte der Opposition gegen seine

---

23 Ich danke meinem Kollegen Ph. Hanson, daß er mich auf diesen Punkt aufmerksam gemacht hat, der in Diskussionen, die er mit führenden Wirtschaftsfunktionären in Moskau führte, erwähnt wurde.

24 R. Ignatovskij, O političeskom podchode k ėkonomike, in: Kommunist, 12/1983, S. 60–72; Ye. Ligachev, The long road ahead for perestroika, Rede am 5. 4. 1988 in Gorki während des Urlaubs von Gorbatschow, in: Guardian, 15. 8. 1988; Ligačevs Rede provozierte eine schnelle Antwort von A. Jakovlev, der anläßlich eines Besuchs in Wilnjus eine grundlegende Reform und eine 50prozentige Reduzierung des Parteiapparats forderte, in: Sovetskaja Litva, 17. 8. 1988.

Politik deutlich geworden[25], daß es konservative Elemente in der sowjetischen Gesellschaft und ebenso innerhalb der Führung gibt, die prinzipielle Bedenken gegenüber einer tiefergehenden marktorientierten Wirtschaftsreform haben. Diese Kreise können die neuen ideologischen Versicherungen nur schwer akzeptieren, daß die Schwächung der Planung und die Ausdehnung von Privatbetrieben und privatem Eigentum den Sozialismus stärken. Im Gegenteil, die Einführung eines Marktes bringt in ihrer Sicht alle Arten von Übergangsphänomenen wie Arbeitslosigkeit, fallenden Lebensstandard, wachsende Einkommensunterschiede und divergierende Lebensstile, Inflationsdruck und Akzentuierung von Entwicklungsunterschieden zwischen Regionen hervor, was zusammengenommen alles als mit sozialistischen Prinzipien unvereinbar erscheint. Darüber hinaus haben siebzig Jahre Sozialismus, aufgebaut auf einer noch viel längeren kollektivistischen Tradition, das russische Volk nicht daran gewöhnt, wachsende Einkommensunterschiede fatalistisch als Teil der »objektiven Ordnung der Dinge« hinzunehmen, wie Marcuse dies genannt hat.[26] Weit davon entfernt, den »Warenfetischismus«, der für Marktbeziehungen charakteristisch ist, zu akzeptieren, blicken sie instinktiv auf die Zentralregierung und erhoffen von ihr Hilfe in allen Nöten. Unter diesen Umständen wird es für die sowjetische Führung schwer sein, sich von den Ereignissen zu distanzieren und ihre Verantwortung aufzugeben. Die Verschärfung der Konflikte zwischen sozialen Gruppen und Nationalitäten ist eine ausgesprochene Gefahr. So betrachten die Konservativen die Marktreformen als ermutigende Faktoren eines selbstsüchtigen Individualismus auf Kosten der Wohlfahrt, der Gemeinschaft und des »sozialen Interesses«.

Eine mehr pragmatische Betrachtung bezieht sich auf die Ungewißheit der Ergebnisse einer größeren ökonomischen Reform. Wenn man auf die Ära Breshnew zurückschaut, so sieht man, daß der in der zweiten Hälfte der siebziger Jahre gemachte Versuch, die Planauflagen in quantitativer Hinischt zurückzunehmen, um Raum für qualitative Verbesserungen zu schaffen, gescheitert ist (obwohl sicherlich das erste Ziel erreicht wurde!). Viel durchschlagender jedoch als Lehrstück für die laufende sowjetische Reform sind die gegenwärtigen osteuropäischen Erfahrungen. Diejenigen Länder, die im Vorantreiben von Marktbeziehungen und Kontakten mit dem Westen am weitesten gegangen sind, scheinen in den größten wirtschaftlichen Schwierigkeiten zu stecken. Jugoslawien hat gegenwärtig eine jährliche Inflationsrate, die über 120% liegt, und steht am Rande der politischen Desintegration. Ungarn hat die größte Hartwährungsverschuldung pro Kopf im Bereich des RGW und sah sich gezwungen, ein Austeritätsprogramm einzuführen, durch das der reale

---

25 Gorbatschow äußerte sich ungeduldig über die zunehmende Heftigkeit der Debatte unter den Intellektuellen und bezog sich auf die »Unersättlichkeit« der Teilnehmer, wobei er eine Gruppe ausmachte, die sich nach den »guten alten Tagen« zurücksehnt, als das Land mit »fester Hand« regiert wurde. Pravda, 8.1.1989.
26 H. Marcuse, Technological rationality and the logic of domination, in: B. Barnes (ed.), Sociology of Science, Harmondsworth 1972, S. 331.

Lebensstandard der Bevölkerung im Jahre 1988 nach offiziellen Angaben um 9% abgesenkt wurde.[27] Im Gegensatz dazu erfreute sich – so hatte es jedenfalls bis vor kurzem den Anschein – die konservativere DDR, obgleich auch sie eine Reihe von Problemen hat, einer viel solideren wirtschaftlichen Leistung. Aus dieser komparativen Perspektive muß eine weitergehende Wirtschaftsreform risikoreich erscheinen. Obwohl man argumentieren kann, daß die Probleme Übergangscharakter tragen und in den osteuropäischen Ländern auf alle Fälle durch exogene Faktoren erschwert wurden, wie z. B. exzessive Verschuldung oder ethnische Rivalitäten, stellt sich doch die Frage, wie weit man den kapitalistischen Weg beschreiten muß, bevor eine Marktwirtschaft Früchte zu tragen beginnt, und ob es politisch akzeptabel ist, so weit zu gehen. So befinden sich die Konservativen in der schmerzhaften Dilemmasituation, auf der einen Seite ernsthafte politische Zweifel am Reformprozeß zu haben, auf der anderen Seite aber über kein plausibles alternatives Programm für eine zukünftige Wohlstandsvermehrung zu verfügen. Sie haben jedoch Interessen, Gefühle und Illusionen, die dessen ungeachtet mächtige Quellen politischer Energie darstellen.

Nach näherer Betrachtung der ökonomischen und politischen Konturen des »Bremsmechanismus« ist es nunmehr besser möglich, die Funktion der politischen Reform innerhalb des Gesamtprozesses der Perestrojka zu bewerten.

Obwohl man den Zusammenhang zwischen ökonomischer und politischer Reform mittlerweile als Grundbestandteil der Perestrojka akzeptiert, ist diese enge Beziehung vielleicht *der* Aspekt der Umstrukturierung, der die vorherrschenden westlichen Konzepte eines Wandels in kommunistischen Systemen am stärksten herausfordert. Früher würden westliche Spezialisten aufs Ganze gesehen eher argumentiert haben, daß es zwischen den beiden Entwicklungen keine notwendige Verbindung gibt. Eine politische Reform, wenn es überhaupt zu ihr käme, wäre eine langfristige indirekte Folge der Dezentralisierung von Ressourcen und konsequenterweise des wachsenden politischen Einflusses der Manager und Spezialisten. Kurzfristig betrachtet erschien es jedoch unwahrscheinlich, daß ein kommunistisches Regime sich an politische Veränderungen heranwagen würde, die seine eigene Macht bedrohen könnten. Die Ereignisse in der Tschechoslowakei und in Ungarn im Jahre 1968 scheinen diese Feststellung zu bestätigen. Im ersten Fall wurde eine Reformbewegung zunichte gemacht, als sie auf spontane und unkontrollierte Weise in den Bereich der Politik eindrang. Im letzteren Fall wurde es einer bedeutenden ökonomischen Reform gestattet, voranzuschreiten, nachdem man sie ihrer radikalsten politischen Aspekte beraubt hatte. Aber die tatsächliche Verbindung zwischen politischer und ökonomischer Reform verbarg sich im Jahre 1968 entweder hinter der Androhung oder der Realität der sowjetischen Intervention. Nun, da der Reformprozeß in der Sowjetunion selbst begonnen hat, werden die not-

---

[27] Für weitere Daten zu Ungarn, Jugoslawien und zur DDR vgl. PlanEcon Report, 5. 2., 30. 9. 1988 (DDR), 18. 2., 9. 9. 1988 (Ungarn), 22. 4., 9. 12. 1988 (Jugoslawien).

wendigen Beziehungen zwischen den beiden Elementen etwas klarer (unter Vernachlässigung der Möglichkeit, daß die brüderlichen Kräfte Osteuropas intervenieren, um den Sozialismus zu retten!).

Es gibt wenigstens vier wichtige Gründe, weshalb eine politische Reform als Vorbedingung oder wenigstens als notwendige Begleiterscheinung einer größeren Wirtschaftsreform betrachtet werden kann. Erstens ist die Reichweite der sowjetischen Wirtschaftsreform noch zu gering, um mit der marginalen Erhöhung der materiellen Anreize für ausgewählte Manager, Spezialisten und modellhafte Experimentierbetriebe das vorherrschende Motivationsmuster zu verändern. Zur weitgehenden Implementierung dieser Reform und zur Vermeidung leerer Rhetorik auf der Ebene der Makropolitik, wie sie für andere Reformen typisch war, ist eine Revolution des Bewußtseins und der Einstellung der Massen erforderlich (die »Aktivierung des Faktors Mensch«, wie Gorbatschow und seine Gefolgsleute dies oft beschrieben haben). Geht man von der anerkannt schwachen propagandistischen Arbeit und der unzureichenden politischen Erziehung aus[28], so könnte nur ein signifikanter Wandel im Charakter der politischen Institutionen eine solche Bewußtseinsveränderung hervorbringen. Zweitens benötigt die reformorientierte Führung (angesichts der Stärke der politischen Opposition gegen eine größere Wirtschaftsreform, wie sie zuvor diskutiert wurde) neue Formen von Unterstützung, um den Widerstand innerhalb der Staats- und Parteibürokratie zu überwinden. Mit anderen Worten, die Reformer müssen den Wechsel von alten zu neuen Klientengruppen vornehmen. Dies ist ohne Ermutigung einer wirklich politischen Debatte und Analyse, die die Gegner der Reform und ihre Argumente identifiziert sowie offen kritisiert, nicht denkbar. Aus dieser sozialen »Selbstbewußtwerdung« (Tat'jana Zaslavskaja[29]) könnte eine größere individuelle Selbstbehauptung innerhalb der politischen Organisationen und Betriebe entstehen. Dies ist das Schlachtfeld, auf dem die Perestrojka gewonnen oder verloren wird. Drittens ist ein gründliches »Durcheinanderschütteln« der politischen Institutionen, besonders des Parteiapparats, erforderlich, um einer schleichenden Rezentralisierung der Wirtschaft durch die Hintertür vorzubeugen. Die Erfahrungen bei der Einführung des ungarischen »Neuen Wirtschaftsmechanismus« in den siebziger Jahren zeigten, wie sich die Aufrechterhaltung einflußreicher politischer Kontakte in Budapest und die Willfährigkeit der Betriebsdirektoren gegenüber besonderen zentralen Arbeitsanweisungen gegen die Ausweitung eigentlicher Marktbeziehungen auswirkte.[30] Die psychologische Abhängigkeit

---

28 K. Černenko, Aktual'nye voprosy ideologičeskoj, massovo-političeskoj raboty partii, Bericht an das Plenum des Zentralkomitees, 14. 6. 1988, in: Partijnaja žizn', 13/1983, S. 15–34.
29 T. Zaslavskaja, Garantija uspecha – naši sobstvennye dejstvija, in: Izvestija, 21. 4. 1987. Die Autorin bezieht sich auf die grundlegende Bedeutung von »social'noe samosoznanie«.
30 T. Laky, The hidden mechanism of recentralisation in Hungary, in: Acta Oeconomica, Vol. 24, 1–2/1980, S. 95–109.

von der Zentrale blieb folglich ungebrochen. Schließlich ist die sowjetische Führung gezwungen, nach einem alternativen Fundament für umfassende Legitimierung zu suchen, um ökonomische Fehlentwicklungen und Versorgungsstörungen in der schwierigen Anlauf- und Übergangsphase der Reform zu kompensieren. Der entscheidende Fehler der polnischen Führung angesichts der Herausforderung durch »Solidarność« im Jahre 1981 war es, wie Mario Nuti[31] damals feststellte, ökonomische Konzessionen anzubieten, die deshalb nicht wirksam werden konnten, weil man politische Zugeständnisse um jeden Preis vermeiden wollte. Offensichtlich hat man diese Lektion gut gelernt. Die Suche nach einer engeren Verbindung zwischen dem Staat und einer »Civil Society« entwickelt sich nun zu einem zentralen Element des Reformprozesses in Polen, Ungarn und in der Sowjetunion selbst.

V. Politische Reform: Wird sie weit genug gehen?

Seit Gorbatschow im März 1985 Generalsekretär der KPdSU wurde, hat das Momentum der politischen Reform an Intensität zugenommen. Beginnend mit personellen Veränderungen und der Verkündung anspruchsvollerer moralischer Standards für Funktionäre (auch Andropov hatte damit angefangen), wurde ein neues und umfassendes Konzept institutioneller Reformen entwickelt. Dieses Konzept wirft – wie die Vorschläge zur amerikanischen Verfassung auf dem Konvent von Philadelphia – grundsätzliche Fragen auf, wie die Gesellschaft regiert werden soll. Als Hauptbereiche der Reform sind inzwischen die folgenden weithin bekannt geworden:

– stärkere Einbeziehung der Öffentlichkeit in den Entscheidungsprozeß durch das Abhalten von Wahlen für Staats- und Parteiämter mit mehreren Kandidaten sowie durch Glasnost';
– Abbau von detaillierten Eingriffen der Partei in die Wirtschaftsleitung, was eine Reduzierung von Größe und Funktion des Parteiapparats impliziert;
– größere Tolerierung »informeller« oppositioneller Gruppen (allerdings nicht organisierter Oppositionsparteien);
– regelmäßiger Austausch der politischen Elite durch Begrenzung der Amtszeiten für Staats- und Parteifunktionäre einschließlich des Generalsekretärs der Partei und des Vorsitzenden des Obersten Sowjet.

Natürlich ist es eine Sache, ob die Gesellschaft größere Freiheit hat, Interessen zu artikulieren, und eine andere, ob diese Interessen dann auch wirklich im politischen Prozeß berücksichtigt werden. Deshalb sind die vor kurzem durchgeführten Verfassungsänderungen, die sich auf die Reform des Obersten Sowjet und das Maß des Zugangs sozialer Gruppen zu ihm beziehen, ein

---

31 Unveröffentlichtes Papier der Conference on Political and Economic Developments in Eastern Europe, Winterbourne, University of Birmingham, September 1981.

interessanter Testfall, wie weit die politische Reform in der Sowjetunion vermutlich geht. Wenn man einmal einräumt, daß in der sowjetischen Gesellschaft unterschiedliche, ja konfligierende Interessen existieren[32], und wenn man weiter anerkennt, daß ein Verfolgen von individuellen und Gruppeninteressen in bestimmten Grenzen eine dynamische Wirtschaftskraft darstellt, dann benötigt man einen wirksamen Mechanismus zum Überbrücken von Konflikten innerhalb akzeptierter Regeln. Auf diesem Hintergrund haben sowjetische Autoren damit begonnen, Ansätze eines Systems von »Checks and Balances« zu entwickeln.[33] Ein solches wird nicht länger als eine bourgeoise Einrichtung zum Schutz vor der »Tyrannei der Mehrheit« abgetan, das in scharfem Gegensatz zum konventionellen Konzept des sowjetischen Staates steht als eines Staates, der fest auf der erwünschten Vormacht der Mehrheit beruht. Es zeigt sich nun eine größere Akzeptanz des Bedürfnisses nach Gewaltenteilung im Funktionsmechanismus des sowjetischen Staates. Aber hier stellt sich die – durch die ethnischen und sprachlichen Verschiedenheiten der Sowjetunion verschärfte – ewige politische Frage, wie ein solches System bei gleichzeitiger Aufrechterhaltung von Stabilität und Ordnung eingeführt werden kann.

Ein wahrhaft radikaler Ansatz für eine politische Reform müßte den verschiedenen organisierten Interessen eine beträchtliche Äußerungsfreiheit einräumen und könnte ein Paradox ausnutzen, das von Madison[34] und Theoretikern wie Dahl[35] beobachtet wurde, daß nämlich komplexe Muster sozialer Konflikte unter bestimmten Umständen eine bedeutsame Quelle für soziale Stabilität darstellen können. Die Individuen werden als Ergebnis ihrer Zugehörigkeit zu einer Vielzahl von sozialen Gruppen in verschiedene und oft widersprüchliche Richtungen gelenkt, und auf diese Weise treten sich kumulierende Muster von Polarisierung nur selten in Erscheinung. Sie existieren natürlich doch. Die politischen Umstände der UdSSR von heute und der frühen konstitutionellen Entwicklung der Vereinigten Staaten unterscheiden sich selbstverständlich beträchtlich. Das lange Aufstauen von Interessen und Ge-

---

32 Die philosophische Diskussion wird zusammengefaßt von E. Kux, Contradictions in state socialism, in: Problems of Communism, Dezember 1984, S. 1–27. Die wichtigsten sowjetischen Diskussionsbeiträge sind folgende: A.P. Butenko, Protivorečija razvitija socializma kak obščestvennogo stroja, in: Voprosy filosofii, 10/1982, S. 16–29; ders., Ešče raz o protivorečijach socializma, in: Voprosy filosofii, 2/1984, S. 124–129.
33 Gorbatschow beobachtet zum Beispiel selbst, »daß unser eigenes Check-and-balance-System in diesem Land Form annimmt, das dazu bestimmt ist, die Gesellschaft gegen jede Verletzung der sozialistischen Gesetzlichkeit auf höchster Staatsebene zu schützen«. Rede vor dem Obersten Sowjet, in: Pravda, 28.11.1988.
34 A. Hamilton u.a., The Federalist, New York, S. 55f.: J. Madison, On checks and balances, in: J.D. Lewis (ed.), Antifederalists versus Federalists: Selective Documents, San Francisco 1967, S. 348–353.
35 R.A. Dahl, Democracy in the United States: Promise and Performance, Chicago 1972, S. 3–23, 313–344.

fühlen als kulturelles Erbe des Stalinismus, die Kluft zwischen der ökonomischen Mangelsituation und den gestiegenen Erwartungen der Bevölkerung sowie nicht zuletzt die ethnischen und kulturellen Unterschiede – eher zurückzuführen auf traditionelle nationale Territorien als auf in einem rassischen Schmelztiegel sozial desorientierter Immigranten entstandene Differenzen – lassen eine radikale politische Reform in der Sowjetunion zu einem sehr riskanten Unternehmen werden. Die radikale Alternative sollte jedoch als Kompaß zur Bestimmung der Richtung tatsächlich eingeführter Reformen verwendet werden.

Eine radikale Reform des politischen Systems der UdSSR sollte die folgenden elementaren Bestandteile umfassen:

- Erweiterung des Zugangs sozialer Gruppen und Regionen zu einem wirklich »repräsentativen« Gesetzgebungssystem zur Schaffung einer komplexeren Möglichkeit für die Artikulation von Interessen;
- administrative Dezentralisierung mit größerer Entscheidungsbefugnis über Ressourcen auf örtlicher Ebene, wodurch Interessenunterschiede *innerhalb* der Republiken und Nationalitäten entstehen;
- Ausweitung von Marktbeziehungen (und hierdurch impliziert Reduzierung detaillierter Kontrolle durch den Parteiapparat) zur Förderung der Einstellung, daß Ungleichheiten eine Funktion von Wirtschaftsleistung sind und nicht automatisch zu einer *politischen* Angelegenheit werden, die durch Verhandlungen (oder »blat«) zwischen den örtlichen Behörden und Moskau zu lösen sind.

Welche Richtung nehmen die politischen Reformen der UdSSR tatsächlich?

Aufgrund der Verfassungsänderung[36] wurde im März 1989 der neue »Kongreß der Volksdeputierten« mit 2250 Abgeordneten gewählt. Dieser Kongreß, ein umfangreiches repräsentatives Organ, soll zum bestimmenden Fundament der legislativen Autorität werden. Er wählt seinerseits wiederum ein permanentes Gesetzgebungsorgan, den Obersten Sowjet, mit 542 Mitgliedern, wie früher aufgeteilt in Unionssowjet und Nationalitätensowjet. Die Kernfrage dieser Veränderung ist, welche Art von Teilhabe an der Legislative die neue Verfassungswirklichkeit den sozialen Gruppen gewährt und welche wirkliche Macht die Legislative über die Verwaltung des Staates hat. Ist es zu einer bedeutenden Umschichtung im Machtgleichgewicht zwischen Staat und Gesellschaft gekommen? Auf den ersten Blick erscheinen die Veränderungen im Sinne einer Gewährung größeren Zugangs zu Entscheidungen als durchaus vielversprechend. Ein Drittel der Mitglieder im »Kongreß der Volksdeputierten« ist für die völlig neue Gruppe der »gesellschaftlichen Organisationen« bestimmt mit 750 Sitzen insgesamt. Bei näherer Betrachtung zeigt sich jedoch, daß die Mehrzahl dieser Sitze etablierten Organisationen vorbehalten sind, wie Kom-

---

36 Die Gesetzentwürfe für die Verfassungsänderungen und die Wahl der Volksdeputierten wurden veröffentlicht in: Pravda, 22. 10., 23. 10. 1988.

munistische Partei, Gewerkschaften, Komsomol und Veteranenorganisationen. Im ersten Entwurf der Verfassungsänderung waren nur 75 Sitze für andere »gesellschaftliche Organisationen« reserviert. Dies war jedoch noch nicht alles. An dieser entscheidenden Nahtstelle zwischen Staat und Gesellschaft gab es noch andere wirksame Abschirmungen. »Gesellschaftliche Gruppen« sollten nur dann das Recht haben, Kandidaten für die Wahl vorzuschlagen, wenn sie im Maßstab der gesamten Union vertreten waren (auf diese Weise wären etwa die Nationalen Fronten der baltischen Staaten ausgeschlossen geblieben), und weiter sollte der Oberste Sowjet den Rechtsstatus einer »gesellschaftlichen Gruppe« und damit die Teilnahmeberechtigung an der Wahl festlegen. Alle diese Maßnahmen stellen beträchtliche Sicherungen gegen Spontaneität innerhalb des politischen Prozesses dar. Geht man davon aus, daß die Wahlen zum Obersten Sowjet indirekt in einem zweiten Schritt durchgeführt werden, so dürften radikale gesellschaftliche oder ethnische Gruppen kaum darauf hoffen, einen wirklichen Einfluß auf den Entscheidungprozeß auszuüben.

Die Vorstellung, daß der neue Oberste Sowjet (wie der Kongreß der Vereinigten Staaten) eine wirksame Gegengewalt gegenüber dem Regierungsapparat darstellen könnte, ist wohl auch kaum aufrechtzuerhalten, wenn man die personellen Überschneidungen in Betracht zieht. Nominell sollen führende Regierungsfunktionäre von den Wahlen ausgeschlossen sein, aber die Ausnahmen, die für Mitglieder des Ministerrats gemacht wurden, sind so umfangreich, daß die politischen Hauptakteure im Prinzip wählbar geblieben sind. Als sensibelster Bereich jedoch, bei dem das Zögern, zentrale Kontrolle abzubauen, am deutlichsten ist, erscheint wohl die Position der unterschiedlichen Nationalitäten innerhalb des neuen politischen Rahmens. Bereits eingeschränkt durch den erwähnten, stark kontrollierten Zugang informeller Gruppen und die Tatsache, daß der Nationalitätenrat nun indirekt gewählt wird, wird die Position der Republiken durch eine offensichtlich weitreichende Beschneidung ihrer ökonomischen und politischen Rechte weiter verschlechtert. Die Verfassungsänderungen sollten dem Obersten Sowjet das Recht gewähren, die Gesetzgebung der Republiken als nicht übereinstimmend mit der Verfassung zu erklären, und ihm die ausschließliche Kontrolle über die nationalen Volkswirtschaften, die natürlichen Ressourcen, Finanzen, Steuern, die Steuerpolitik und die Umweltbedingungen aller Unionsrepubliken einräumen. Estland antwortete hierauf mit der Verabschiedung eines eigenen Gesetzes zur Aufhebung von Unionsgesetzen.[37] Dies ist zwar ein von der bestehenden Verfassung eindeutig nicht abgedeckter Schritt, stellte aber ein machtvolles Signal dar, mit dem sich auf sensible Weise zugleich der logische, aber politisch zum Desaster führende Schritt vermeiden ließ, aus der Union auszutreten, um später dann neue akzeptable Bedingungen für den Wiedereintritt unter einer geänderten Verfassung auszuhandeln.

---

37 Sonderbeilage: Soviet and Estonian Constitutional Reform, in: BBC Summary of World Broadcasts: USSR, 29. 11. 1988, S. C1–C17.

Die lebendige Opposition so vieler gesellschaftlicher und ethnischer Gruppen gegen den Entwurf der Verfassungsänderungen provozierte eine sehr schnelle Antwort in Moskau. Gorbatschow räumte ein, daß viele der Mißverständnisse eher das Resultat notwendiger Eile als schwacher Konzepte[38] gewesen wären – eine wohlbekannte Taktik von Politikern und Bürokraten überall in der Welt. Es wurde eine spezielle Plenartagung des Zentralkomitees für die besonderen Probleme der Nationalitäten angekündigt. Für den Augenblick wurde konzediert, die Zuweisung von Sitzen innerhalb der allgemeinen Rubrik der »gesellschaftlichen Gruppen« nicht in der Verfassung selbst zu spezifizieren, sondern derartige Quoten im Wahlrecht festzulegen, was eine größere Flexibilität impliziert. Es wurde ferner zugestanden, der Oberste Sowjet habe keine ausschließliche Prärogative, die Verfassungsmäßigkeit von Republikgesetzen zu bestimmen. Diese Aufgabe solle vielmehr durch ein Komitee zur Verfassungskontrolle wahrgenommen werden, das, wie der Oberste Gerichtshof der Vereinigten Staaten, in Auseinandersetzungen zu entscheiden und zu versuchen habe, die jeweiligen Zuständigkeiten von Zentrale und Republikbehörden auf dem Weg juristischer Überprüfung zu regeln. Unterschiedlichen nationalen Gruppen wird in diesem einflußreichen Gremium eine adäquate Repräsentanz garantiert.

Dem Beispiel der oben beschriebenen Verfassungsänderungen gilt zu Recht einige Aufmerksamkeit, weil daran erstens manche der Steine sichtbar werden, die einer radikalen politischen Reform in den Weg gelegt werden, und weil es zweitens zeigt, daß durch die Auslösung kritischer öffentlicher Reaktion auf diese Hindernisse und wohlbegründeter Ängste mit politischen Verhandlungen zwischen Staat und Gesellschaft in der Sowjetunion begonnen wurde. Während der Abfassung dieses Aufsatzes geht der Dialog oder dialektische Prozeß weiter, und es ist überhaupt noch nicht deutlich, welches Ergebnis größere Chancen hat: die Verteidigung alter Institutionen oder die Entwicklung öffentlicher Kräfte, die solche Institutionen schrittweise überwinden.

VI. Schlußfolgerungen

Der Prozeß der wirtschaftlichen und politischen Reform in der Sowjetunion unter Gorbatschow ist für den ausländischen Beobachter außerordentlich schwer zu erfassen, weil die politischen Grundfragen so heikel sind, daß weder die Reformer noch ihre konservativen Gegner ohne ideologische Verklausulierungen darüber sprechen können. Die Konservativen geben selbstverständlich vor, für die Perestrojka zu sein, aber sie nutzen den größeren Zugang zu den Medien und ihre institutionellen Positionen für ihre eigenen Zwecke. Die – später allerdings wieder rückgängig gemachte – Streichung Sacharovs von der

---

38 In seiner Rede an den Obersten Sowjet verweist Gorbatschow auf Eile und Unpräzision bei der Erarbeitung der Entwürfe, in: Pravda, 28. 11. 1988.

Kandidatenliste der Akademie der Wissenschaften für die Wahl in den Kongreß der Volksdeputierten ist ein überzeugendes Beispiel für die Machenschaften der konservativen Seite. Die Reformer wiederum bemühen sich, nicht von sozialistischen Prinzipien abzugehen, und betonen daher häufig die führende Rolle der Partei, die Wichtigkeit einer Stärkung des Prinzips der Planwirtschaft und den Primat des sozialistischen Eigentums. In all diesen Fällen darf man die Äußerungen nicht zum Nennwert nehmen, vielmehr gilt es, den politischen Kontext zu beachten, in dem sie vorgebracht werden.

Trotz mancherlei »Schattenboxens« ist der Prozeß der Modernisierung in der Sowjetunion nicht länger ein »zögerlicher«, aber es ist immer noch nicht klar, wie weit er schließlich gehen wird. Wie festgestellt, muß die politische Reform einen langen Weg zur Sicherung des Momentums zurücklegen, die wiederum einer erfolgreichen Implementierung der radikalen Wirtschaftsreform Bahn bricht. Die gegenwärtige Evidenz legt den Schluß nahe, daß die Ernsthaftigkeit der Wirtschaftskrise in der UdSSR den Druck in Richtung institutioneller Reform aufrechterhält. Man kann jedoch zum jetzigen Zeitpunkt den Übergang von einer *liberaleren* Gesellschaft, die durch größere Offenheit und vermehrte Chancen zum Ausdruck von Interessen gekennzeichnet ist, zu einer wirklich *demokratischen* Gesellschaft, die einen sicheren Raum für organisierte Opposition schafft und in der Interessen über den Zugang zu politischen Institutionen realisiert werden können, nicht verläßlich antizipieren. Am Beginn von Wahlrechtsreformen und anderen politischen Veränderungen kann nur schwer beurteilt werden, wieweit die Führungsspitze das tatsächliche Risiko übernehmen will, die politische Freiheit von Individuen oder Gruppen auszudehnen, oder umgekehrt, in welchem Maße diese Reformen zu Formen stark kontrollierter Konsultation degenerieren. Im Bereich der Wirtschaft wäre eine radikale Preisreform der aussagekräftigste Indikator für die Bereitschaft der Zentralbehörden, die Kontrolle zu lockern. Hier gibt es allerdings zunehmende Anzeichen von Vorsicht. Professor Abalkin, der Direktor des Instituts für Wirtschaftswissenschaften (und nunmehr Mitglied des Ministerrats der UdSSR), hat angedeutet, daß die Revision der verwaltungswirtschaftlichen Preise zwar eine Reformoption bleibe, daß ein radikaler Schritt in Richtung einer Marktpreisbildung allerdings wesentlich ungewisser sei.[39] Vermutlich wurde eine solche Reform für die nähere Zukunft auch inzwischen von der wirtschaftspolitischen Tagesordnung gestrichen.

Der lang hinausgeschobene Prozeß der Reformverwirklichung wird sich natürlich auf die Praxis der politischen und ökonomischen Institutionen auswirken, aber die wesentlichen Grundsätze, die jetzt festgelegt werden, sollen den Rahmen dieses Prozesses abstecken. In diesem Sinne steht die Sowjetunion nun am Scheideweg der Reform. Die Signale sind undeutlich, aber möglicherweise kann dies angesichts der gegenwärtigen Umstände auch nicht anders sein. Ein radikaler politischer Kurs beruht auf der Fähigkeit des Systems und der Bereitschaft seiner Führer, die vielfältigen zentrifugalen Kräfte nationalitäten-

---

39 Ph. Hanson, in: Oxford Analytica Daily Brief, 21. 12. 1988.

politischer Unruhen und einer unzufriedenen Arbeiterschaft aufzufangen und einzudämmen. Sie würden durch eine Reform der Preise und der politischen Institutionen mit Sicherheit virulent, wären aber höchstwahrscheinlich kurzfristig durch Reformen nicht unter Kontrolle zu bringen. Ein Urteil darüber, wieweit dieser Prozeß ermutigt werden kann, ohne ernsthaft Instabilität hervorzurufen, ist das Wagnis Gorbatschows, aber wahrscheinlich ein notwendiges.

Als ein höchst erfahrener Politiker weiß Gorbatschow, daß das Schicksal seiner Reform in letzter Instanz von der öffentlichen Meinung und Unterstützung abhängt. In dieser Hinsicht hat er die Schlüsselfrage selbst gestellt:

»In welche Richtung wird sich die öffentliche Meinung entwickeln? Sie wird entweder die Sache der Perestrojka unterstützen, den Weg konstruktiver schöpferischer Anstrengungen, der Arbeit und der Verantwortung, der wahren Erneuerung der sozialistischen Gesellschaft gehen, oder sie wird erschrecken angesichts unbekannter neuer Aufgaben, sich Leidenschaften und Emotionen hingeben, sich in oberflächlich attraktiven Lösungen und kurzlebigen Kampagnen erschöpfen. Wird sie kurz aufseufzen über die Schwierigkeiten des Lebens und dann wieder in Apathie zurückverfallen?«[40]

---

40 Gorbatschows Rede an die Parteisonderkonferenz vom Juni 1988, in: Kommunist, 10/1988, S. 55.

Thomas Sauer

Technologischer Wandel und Innovationspolitik in der UdSSR: neue Aspekte unter Gorbatschow?

I. Einleitung

Lange Zeit galt als unumstößliche Gewißheit der sowjetischen Politischen Ökonomie, daß der Sozialismus als Wirtschaftssystem eine gegenüber der kapitalistischen Marktwirtschaft überlegene Entwicklung des technologischen Wandels und der »Produktivkräfte« aufzuweisen habe. Die Erkenntnis, daß dieser Anspruch nach fast siebzig Jahren einer »politischen Macht der Arbeiterklasse«, staatlichem Eigentum am Produktivvermögen und zentraler Planung des Wirtschaftsprozesses noch immer nicht in der Praxis eingelöst war, ließ sich beim Amtsantritt Gorbatschows schon längst nicht mehr verschleiern. Zunehmend lauter wurde in der gesellschaftswissenschaftlichen Diskussion der Verdacht geäußert, daß vielmehr die konkreten, in der Sowjetunion entstandenen »Produktionsverhältnisse« zu einer »Fessel der Produktivkraftentwicklung« geworden seien und daher auch einer radikalen Umgestaltung bedürften.[1] Damit wurde eines der zentralen legitimatorischen Argumente für die real existierende Form des sowjetischen Wirtschaftssystems in Frage gestellt. Aber erst dadurch, daß diese theoretische Aussage mit dem Amtsantritt Gorbatschows auf der politischen Ebene aufgegriffen wurde, bekam sie auch praktische Relevanz. So erklärte der Generalsekretär der KPdSU in seinem Rechenschaftsbericht an den XXVII. Parteitag:

> »Die Praxis hat die Haltlosigkeit der Vorstellung bewiesen, wonach *Übereinstimmung der Produktionsverhältnisse und des Charakters der Produktivkräfte* in den sozialistischen Bedingungen gleichsam zwangsläufig zustande komme.«[2]

---

1 Vgl. dazu A. P. Butenko, Widersprüche der Entwicklung des Sozialismus als Gesellschaftsordnung, in: Sowjetwissenschaft: Gesellschaftswissenschaftliche Beiträge, 1983, S. 226–242; ders., Noch einmal über die Widersprüche der Entwicklung des Sozialismus, in: Sowjetwissenschaft: Gesellschaftswissenschaftliche Beiträge, 1984, S. 360–367; T. Zaslavskaja, Die »Studie von Nowosibirsk«, Osteuropa, 1/1984, S. A1–A25; H. Dahm, Die Ideologie als Chiffre der Politik: Das sozialökonomische Krisenbewußtsein in der Sowjetunion und seine politische Verfälschung, in: Berichte des Bundesinstituts für ostwissenschaftliche und internationale Studien (im folgenden: BIOst), Köln, 25/1985; T. Sauer, Paradigmenwechsel in der Politischen Ökonomie des Sozialismus? Zu einigen Grundlinien des neueren gesellschaftswissenschaftlichen Denkens in der UdSSR, in: Berichte des BIOst, 46/1988.
2 Sowjetunion heute, Sondernummer März 1986, S. 18.

Damit war eine wesentliche Voraussetzung dafür geschaffen, daß eine relativ tabufreie ordnungspolitische Debatte überhaupt erst einmal beginnen konnte, ohne daß zugleich eine umfassende konsistente Konzeption für die Wirtschaftsreform vorgelegt wurde.

Neben den innenpolitischen Legitimationszwängen waren es vermutlich außenwirtschaftliche und sicherheitspolitische Gründe, die den Reformdruck in Richtung auf die Schaffung eines innovationsfreudigeren Wirtschaftssystems erhöhten: Zum einen offenbarte der drastische Preisverfall für Erdöl und Erdgas auf den Weltmärkten in den achtziger Jahren die Problematik einer Außenhandelsstrategie, die ihre Einnahmen an konvertierbaren Währungen zu 80% aus dem Verkauf dieser fossilen Brennstoffe erzielte, um im Gegenzug dafür vornehmlich Maschinen und Ausrüstungen aus den westlichen Industriestaaten zu importieren. Zum anderen war ein Mithalten im militärischen Rüstungswettlauf mit den USA durch eine fortgesetzte Vorzugsbehandlung bei der Zuweisung finanzieller und personeller Ressourcen nicht länger zu gewährleisten. Übertriebene Geheimhaltung und Abschottung des Rüstungssektors gerieten offensichtlich immer stärker in Widerspruch zu einer zunehmenden technologischen Interdependenz mit dem Zivilsektor. Insbesondere die Entwicklungen im Bereich der Mikroelektronik sowie der Informations- und Kommunikationstechnologien verwiesen auf die Notwendigkeit, den Rüstungssektor in ein ziviles Milieu einzubetten, das sich als innovationsfähiger als das bisherige erweist. Auf der ökonomischen Ebene ist zugleich allein eine Beschleunigung des technologischen Wandels die einzig dauerhafte Garantie für die Finanzierbarkeit einer mehr oder weniger hohen Rüstungslast. Von daher ist anzunehmen, daß von seiten der sowjetischen Militärs zumindest im Prinzip die Notwendigkeit einer Wirtschaftsreform eingesehen und ihre Realisierung befürwortet wird.[3]

Tatsächlich haben sich die strategischen Orientierungen, mit denen das Ziel eines international (militärisch wie wirtschaftlich) konkurrenzfähigen Niveaus der sowjetischen Wirtschaft erreicht werden soll, im Verlauf der Perestrojka verschoben: Im Zeichen der Ausrichtung auf eine Beschleunigung der sozialökonomischen Entwicklung der UdSSR (uskorenie), mit der Gorbatschow antrat und die auch noch auf dem XXVII. Parteitag der KPdSU dominierte, sah man den Haupthebel der Modernisierung der sowjetischen Volkswirtschaft in der Strukturpolitik, insbesondere in der investitionspolitischen Konzentration auf den Maschinenbau. Damit sollte der deutlichen Veralterung des Maschinenparks und der niedrigen Aussonderungsrate entgegengewirkt werden. Gekoppelt war damit eine Herangehensweise, die von der sehr traditionellen Problemstellung ausging, wie sich die »Einheitlichkeit« und »Durchgängigkeit« der Wissenschafts- und Technologiepolitik im Sinne ihrer verstärkten Zentralisie-

---

3 Mehr zu diesem Thema in: H.-H. Schröder, H. Vogel, Sicherheitspolitische Aspekte der Entwicklung von Wissenschaft und Technik in der UdSSR, in: Berichte des BIOst, 35/1987; H.-H. Schröder, Der sowjetische Rüstungssektor unter den Bedingungen der neuen Wirtschaftspolitik, in: Berichte des BIOst, 36/1987.

rung am besten verwirklichen lasse.[4] Das dieser Herangehensweise zugrundeliegende Paradigma, daß nur eine zentralstaatliche Steuerung des technologischen Wandels in der Lage sei, die Entstehung sozialer Kosten und ihre Externalisierung zu vermeiden, wurde zunächst kaum in Frage gestellt. Zu zeigen, wie dieses Paradigma im Zuge einer Radikalisierung der Perestrojka dann Konkurrenz bekam und welche Problemkonstellation dazu führte, ist das Ziel der folgenden Ausführungen.

Zunächst soll mit einer einfachen Gegenüberstellung von Aufwand und Ertrag des Innovationsprozesses in der UdSSR begonnen werden, die bereits in einer ersten Annäherung ein eklatantes Mißverhältnis zwischen diesen beiden Seiten deutlich macht. Dann wird am Beispiel des sowjetischen Ansatzes, den technologischen Wandel zentral zu planen, das traditionelle Paradigma der sowjetischen Innovationspolitik dargestellt und seine Problematik aufgezeigt. Daraus wird die These entwickelt, daß das grundlegende Merkmal des Innovationsprozesses in der sowjetischen Wirtschaft gerade nicht in seiner »Einheitlichkeit« und »Durchgängigkeit« besteht, sondern im Gegenteil in seinem Zerfallen in miteinander kaum verbundene Bruchstücke, in seiner Fragmentierung. Zwei anschließend vorgestellte theoretische Erklärungsansätze für die Innovationsschwäche des sowjetischen Wirtschaftssystems werden dementsprechend daran gemessen, wieweit sich das Fragmentierungsproblem darin einbeziehen läßt. Abschließend werden aktuelle Lösungsstrategien und Maßnahmen zur Beschleunigung des technologischen Wandels unter Gorbatschow vorgestellt und einer ersten Bewertung unterzogen.

II. Aufwand und Ertrag: Die Nutzung des wissenschaftlich-technischen Potentials der Sowjetunion

Die UdSSR verfügt über ein beachtliches wissenschaftlich-technisches Potential: Stolz wird in den offiziellen statistischen Jahrbüchern verkündet, daß 1986 auf ihrem Gebiet ein Viertel aller zu dieser Zeit auf der Welt lebenden Wissenschaftler gezählt werden konnten.[5] In absoluten Zahlen waren es 1987 1,518 Mio. Davon hatte mit 718 400 knapp die Hälfte eine technische Fachausrichtung, 12% waren Gesellschaftswissenschaftler (Ökonomen, Historiker und Philosophen), 10% gehörten einer mathematisch-physikalischen Fachrichtung an, 5% waren Mediziner, 4% Chemiker und Biologen, 3% waren Landwirtschaftsspezialisten. 484 200 – oder ein knappes Drittel – der Wissenschaftler waren dem akademischen Grad nach »Kandidaten der Wissenschaften«, was in etwa der Promotion entspricht, und die 47 400 »Doktoren der Wissenschaften«

---

4 Vgl. dazu auch M. Späth, Wissenschaft als Ware? Wissenschafts- und Technologiepolitik unter Gorbatschow, in: Berichte des BIOst, 7/1988, S. 29.
5 Narodnoe chozjajstvo SSSR za 70 let: Jubilejnyj statističeskij ežegodnik, Moskau 1987, S. 62.

kann man annäherungsweise als habilitiert betrachten.⁶ Nach akademischen Titeln zählte man 1986 134 100 Dozenten, 78 600 »Ältere wissenschaftliche Mitarbeiter«, 38 400 »Jüngere wissenschaftliche Mitarbeiter« sowie 31 800 Professoren und Akademiemitglieder.

Die Exklusivität der Akademiemitgliedschaft wird daran deutlich, daß sich nur 2700 Wissenschaftler »Akademik« bzw. ordentliches oder korrespondierendes Mitglied einer der zwanzig Akademien der Wissenschaften der UdSSR und ihrer Republiken nennen dürfen.⁷ Diesen 2700 Akademiemitgliedern unterstanden knapp 140 000 Mitarbeiter in wissenschaftlichen Einrichtungen mit »akademischem Profil«, also der Akademieforschung. Denen standen 661 100 Personen gegenüber, die in wissenschaftlichen Einrichtungen mit »Zweigprofil« arbeiteten, also in Forschungseinrichtungen, die in der Regel einem der industriellen Branchenministerien unterstanden. Weitere 517 400 Personen arbeiteten im Hochschulbereich, davon 97 000 in Forschung und 338 900 in Lehre. Der verbleibende »Rest« von 82 000 ist im statistischen Jahrbuch nicht weiter ausgewiesen. Im Qualifikationsvergleich fällt auf, daß der Anteil der »Kandidaten der Wissenschaften« in den Akademieinstituten (44%) und den Hochschulen (40%) wesentlich höher ist als in der Branchenforschung (23%).⁸

Von den rund 802 000 Wissenschaftlern in Akademie- und Branchenforschung arbeiteten 1986 767 200 in insgesamt 3200 wissenschaftlichen Forschungsinstituten und deren Filialen und Abteilungen. Diese Forschungsinstitute sind mit durchschnittlich 250 Mitarbeitern personell also recht gut ausgestattet.⁹ Über die realen finanziellen Aufwendungen für Forschung und Entwicklung ist dagegen relativ wenig bekannt. Nach offiziellen Angaben wurden 1986 29,5 Mrd. Rubel oder 5% des ausgewiesenen Nationaleinkommens dafür aufgewendet.¹⁰

Nimmt man allein die offiziellen sowjetischen Daten, so weisen die Ergebnisse, die mit diesem personellen und finanziellen Aufwand erzielt werden, eher bescheidene und im Trend seit den siebziger Jahren sogar abnehmende Dimensionen auf, gemessen an

- der Qualität der technischen Entwicklungen: So sank der Anteil der Entwicklungen von Forschungsinstituten, Konstruktions- und Projektierungsbüros sowie technologischen Organisationen der Industrieministerien, deren technisches Niveau höher war als die besten vergleichbaren in- und ausländischen Arbeiten, von 9,1% (1980) auf 7,4% 1985 und 1986 sogar auf 5,9%. Betrachtet man dieselben Angaben genauer, so kann man schlußfolgern, daß der Anteil der Entwicklungen, der noch nicht einmal das bestehende

---

6 Vgl. Naučno-techničeskij progress, in: Vestnik statistiki, 7/1988, S. 64–66.
7 Mit offensichtlichen Doppelmitgliedschaften waren es 1986 3053, vgl. Narodnoe chozjajstvo SSSR za 70 let, a.a.O., S. 61f.
8 Vgl. ebenda, S. 62f.
9 Naučno-techničeskij progress, in: Vestnik statistiki, 7/1988, S. 64f.
10 Narodnoe chozjajstvo SSSR za 70 let, a.a.O., S. 67.

Spitzenniveau erreichte, zwischen 57% (1980), 55,4% (1985) und 58,7% (1986) schwankte;[11]
- der Qualität und der Zahl der darauf basierenden Prototypen neuer Maschinen, Ausrüstungen, Apparate, Geräte und Automatisierungsmittel: Der Anteil qualitativ besserer unter den neuen Maschinen sank nach den offiziellen Angaben von 18% im 10. Planjahrfünft (1976–1980) auf 15% im Durchschnitt der Jahre 1981–1985.[12] Dabei ist zu berücksichtigen, daß die Zahl der hergestellten Prototypen bereits seit dem 7. Planjahrfünft (1961–1965) rückläufig ist. Das äußert sich in einem absoluten Rückgang der Prototypen von neuen Maschinen und Ausrüstungen von 16 626 auf 13 253 im 11. Planjahrfünft (1981–1985), ein Rückgang, der im Verhältnis zum aufgewandten Personal in Forschung und Entwicklung sogar noch gravierender ausfällt. Die derart berechnete Produktivität des Bereichs der Forschung und Entwicklung (FuE) sank auf fast ein Drittel des Stands von 1960;[13]
- an der Rate neuer Produkte im Bereich des sowjetischen Maschinenbaus: Sie sank von 4,3% Anteil am Gesamtumsatz der Warenproduktion 1970 auf ein Niveau, das sich zwischen 2,9% im Jahre 1980 und 3,1% im Jahre 1985 bewegte. Besonders kraß war der Rückgang im Ministerium für Automobilbau. Dort ging die Erneuerungsrate von 5,1% (1970) über 3,8% (1980) auf 1,8% (1985) zurück.

Nun läßt sich über die Aussagekraft der von der sowjetischen Seite offiziell gemachten Angaben sicher trefflich streiten. Vermutlich sind sie in der Tendenz tatsächlich noch zu positiv und geben die reale Lage nur unzureichend wieder. Man kann aber dieses Argument genausogut umdrehen und mit Vladimir Kontorovich, einem Emigranten, der über umfangreiche eigene Erfahrungen in der sowjetischen Wirtschaftsstatistik verfügt, sagen, daß gerade wegen der geschönten Angaben der langfristige Trend um so glaubwürdiger ist[14], und daraus mit Ron Amann den Schluß ziehen: »We might reasonably conclude..., that even if Soviet leaders were unsophisticated enough to believe their own official figures they would still have grounds for pessimism.«[15]

---

11 Vgl. ebenda, S. 64.
12 Vgl. ebenda, S. 82.
13 Vgl. V. Kontorovich, The Long-Run Decline in R&D Productivity in the USSR, Paper to be presented at the Hoover-Rand Conference on »The Defense Sector in the Soviet Economy«, 24. März 1988, Stanford, CA, Tabelle 2, S. 2; ders., in: Comparative Economic Studies, 3/1988, Tabelle 1, S. 3.
14 Vgl. ebenda.
15 R. Amann, Technical progress and Soviet economic development: setting the scene, in: R. Amann, J. Cooper (ed.): Technical Progress and Soviet Economic Development, Oxford 1986, S. 10.

III. Idee und Wirklichkeit zentraler Planung des technologischen Wandels in der UdSSR

Die Vorstellung, daß technologischer Wandel im gesamtwirtschaftlichen Interesse einer Vermeidung unerwünschter sozialer Kosten von einer Zentrale plan- und steuerbar sei, gehörte lange Zeit zu den nicht hinterfragten Essentials der sowjetischen Wissenschafts- und Technologiepolitik. Gerade in der im sowjetischen Selbstverständnis beanspruchten *Planmäßigkeit* der wirtschaftlichen und gesellschaftlichen Entwicklung wurde einer der wesentlichen Vorzüge des sozialistischen Systems gegenüber dem kapitalistischen gesehen. In dem noch unter den Auspizien von Stalin verfaßten Lehrbuch der Politischen Ökonomie wurde die »planmäßige (proportionale) Entwicklung« sogar zum »Gesetz« des sozialistischen Systems der Volkswirtschaft erhoben.[16] Dieses Gesetz sei der *Regulator* der Produktion in der sozialistischen Wirtschaft.[17] Heutzutage wird zwar in der Politischen Ökonomie des Sozialismus das »Wertgesetz« oder der Preismechanismus als gleichberechtigter Regulator neben dem Plan anerkannt. Während aber die Planmäßigkeit die Einheit und Geschlossenheit der sozialistischen Wirtschaft widerspiegele, drücke sich in den »Ware-Geld«- oder Marktbeziehungen eine relative Absonderung oder Entfremdung der Produzenten aus, heißt es in der neuesten Ausgabe des Hochschullehrbuchs für Politische Ökonomie, das bereits in der Amtszeit Gorbatschows entstanden ist.[18] Nach wie vor wird also in der Planmäßigkeit der wirtschaftlichen Steuerung eine der wichtigsten Vorzüge des Wirtschaftssystms des Sozialismus gesehen.[19] Als eine ihrer Voraussetzungen betrachtet man die bewußte Steuerung des Strukturwandels und des »wissenschaftlich-technischen Fortschritts«, im folgenden mit etwas weniger Emphase *technologischer Wandel* genannt.[20]

Bereits 1925 konstatierte Wilhem Röpke, daß der »Hang zur technisch-konstruktiven Behandlung des Wirtschaftsganzen« eine der tieferen Wurzeln

---

16 K. V. Ostrovitjanov u. a., Politische Ökonomie: Lehrbuch, 2. Aufl., Berlin 1955, S. 472–486.
17 Man berief sich dabei auf Lenin, der am 7. März 1918 auf dem VII. Parteitag der KPR(B) in einem »Referat über Krieg und Frieden« ausgeführt hatte: »Die Organisation der Rechnungsführung, die Kontrolle über die Großbetriebe, die Umwandlung des ganzen staatlichen Wirtschaftsmechanismus in eine große Maschine, in einem Wirtschaftsorganismus, der so arbeitet, daß sich Hunderte Millionen Menschen nach einem Plan richten – das ist die gigantische organisatorische Aufgabe, die uns zugefallen ist.« Ausgewählte Werke, Bd. II, Berlin 1965, S. 656.
18 Političeskaja ėkonomija: učebnik dlja vysšich zavedenij, Moskau 1988, S. 375, ein Buch an dem mit V. A. Medvedev, L. I. Abalkin, A. G. Aganbegjan u. a. immerhin einige der wichtigsten Berater Gorbatschows federführend mitarbeiteten.
19 Vgl. auch ebenda, S. 370.
20 Vgl. ebenda, S. 367.

der Planwirtschaft sei.[21] In der sowjetischen Literatur stößt man allenthalben auf die Behauptung, daß die »Zielprogrammplanung« des technologischen Wandels zusammen mit der sozialistischen Volkswirtschaftsplanung entstanden sei. Als Beleg dafür wird in der Regel der GOELRO-Plan angeführt, der die umfassende Elektrifizierung der Sowjetunion als Basis ihrer Industrialisierung vorsah und noch unter der Federführung Lenins entwickelt wurde.[22] Tatsächlich wurde die sowjetische Diskussion der zwanziger Jahre über die Voraussetzungen einer allgemeinen Volkswirtschaftsplanung begleitet von einer Diskussion über die Möglichkeiten, die wissenschaftliche Entwicklung zu planen.[23] Bucharin forderte in seinem Hauptreferat auf der Ersten Allunionskonferenz über die Planung der Forschungsarbeit eine »scharfe Hinwendung« der wissenschaftlichen Einrichtungen zu den Erfordernissen der Industrialisierung, um schließlich lapidar zu postulieren: »Auch die wissenschaftliche Forschung unterliegt der Planung.«[24] Diese Versuche der Wissenschaftsplanung in der UdSSR stießen auch bei westlichen Beobachtern auf Faszination und Beifall.[25] Dieses Klima änderte sich in der Nachkriegszeit: »Während des Kalten Krieges bekam das Wort Planung jedoch einen ideologischen Beigeschmack. In den kommunistischen Ländern wurde nicht nur das Privateigentum verstaatlicht – eine Maßnahme, die in den Vereinigten Staaten kaum zu erwarten war; dort wurde auch geplant, und diese Gefahr erschien aus irgendeinem Grund schon bedrohlicher. Da im ›Ostblock‹ Freiheiten eingeschränkt wurden, folgte daraus, daß man in einer freiheitlich orientierten Gesellschaft der Planung aus dem Wege gehen müsse.«[26]

---

21 Stichwort »Planwirtschaft«, Handwörterbuch der Staatswissenschaften, 4. Aufl., Jena 1925, Bd. 6, S. 876f.; die »Irrtümer des Konstruktivismus«, so der Titel eines Vortrags, gehalten bei Antritt einer Gastprofessur an der Paris-Lodron Universität Salzburg am 27. Januar 1970, und einer gleichnamigen Broschüre (München/Salzburg 1970) sind später von F. A. Hayek immer wieder der Kritik unterzogen worden. Hayek hat aber den Begriff des »Konstruktivismus« erst 1964 ausführlich entwickelt, vgl. ebenda, S. 27.
22 Vgl. J. Jakovec, Gesetzmäßigkeiten des wissenschaftlich-technischen Fortschritts und ihre planmäßige Ausnutzung, Berlin 1985, S. 235; V.N. Archangel'skij u.a., Naučno-techničeskie programmy i upravlenie naučno-techničeskim progressom v socialističeskich stranach, Moskau 1986, S. 16f.; für die DDR vgl. H.-D. Haustein, D. Ivanov, H.-H. Kinze, Innovationen in der sozialistischen Volkswirtschaft, Berlin 1988, S. 157.
23 Vgl. dazu ausführlich: R. Lewis, Science and Industrialisation in the USSR, New York 1979, Kap. 7, S. 70–100.
24 Osnovy planirovanija naučno-issledovatel'skoj raboty, Ėtjudy, Moskau 1932, S. 265 (Reprint Moskau 1988).
25 Vgl. J.D. Bernal, The Social Function of Science, London 1939, S. 221–237 (Reprint Cambridge, Mass./London 1967); vgl. auch M. Ruhemann, Note on Science in the U.S.S.R., ebenda, S. 443–449.
26 J.K. Galbraith, Die Moderne Industriegesellschaft, München/Zürich 1968, S. 35.

1. Idee und Ziele der »Zielprogrammplanung« des technologischen Wandels

In der UdSSR hielt man unterdessen unvermindert an der Idee einer zentralen Planung des technologischen Wandels fest.[27] Nach zahlreichen Experimenten während der Chruschtschow-Ära begann man 1968 mit dem Aufbau eines umfangreichen Instrumentariums, das diesem Zweck dienen sollte und mit einigen Modifikationen bis heute fortbesteht. Vom Systemansatz inspiriert, war die Zielvorstellung eine optimale Steuerung der Volkswirtschaft als komplexes, hierarchisches System.[28] Realisiert werden sollte dieses Ziel mit der Methode der »Zielprogrammplanung«[29], hinter der sich nichts anderes verbirgt, als das, was im Westen als Projektplanung bekannt ist. Von der Einführung dieser Planungsmethode versprach man sich die Realisierung dreier Ziele:[30]

- *Ganzheitlichkeit* (»kompleksnost'«) der Pläne. Damit sollte die Ressortborniertheit der branchenbezogenen Planung zugunsten einer koordinierten, inhaltlichen Ausrichtung der Pläne überwunden werden.
- *Zielorientiertheit* (»cel'nost«) der Pläne. Dahinter verbarg sich die Idee, daß sie alle Phasen eines bestimmten Forschungsproblems, oder genauer: eines Produktzyklus von der Grundlagenforschung bis zur Serienproduktion umfassen sollten. Die Erwartung war, damit einige gravierende Schwierigkeiten beim Transfer zwischen diesen Phasen zu überwinden.
- *Zentralisierung der Planungskompetenzen.* Ein wichtiger Aspekt bei der Einführung der Zielprogrammplanung war sicherlich, daß damit die zentrale Planung von FuE gestärkt werden sollte. Cooper verweist darauf, daß das große Interesse der politischen Führung in der Sowjetunion für den Zielprogrammansatz darauf zurückzuführen ist, daß seine breite Anwendung zu einer Stärkung der zentralen Kontrolle und einer Erhöhung der Rolle der Partei bei der Bestimmung der Entwicklungsziele führen könne.[31] Darauf heben auch die sowjetischen Autoren um Fel'zenbaum ab, wenn sie ausführen:

---

27 Vgl. für die Chruschtschow-Zeit P. Knirsch, Technischer Fortschritt und zentrale Planwirtschaft, in: Osteuropa-Handbuch, hrsg. von W. Markert, Köln/Graz 1965, S. 222–235.
28 Vgl. R.W. Campbell, Management Spillovers from Soviet Space and Military Programmes, in: Soviet Studies, 4/1972, S. 587.
29 J. Cooper, Innovation for Innovation in Soviet Industry, in: R. Amann, J. Cooper (ed.), New Haven/London 1982, S. 453–513; S. Fortescue, Project Planning in Soviet R&D, in: Research Policy, 14/1985, S. 267–282.
30 Vgl. zum folgenden die entsprechenden gemeinsamen Beschlüsse von Zentralkomitee der KPdSU und Ministerrat der UdSSR, in: Sobranie Postanovlenij Pravitel'stva SSSR, 18/1968, S. 465–494; 18/1979, S. 390–431; 24/1983, S. 419–425. Vom letzten Beschluß ist nur eine Zusammenfassung veröffentlicht, vgl. auch Pravda, 28.8.1983.
31 Vgl. J. Cooper, Innovation« a.a.O., S. 489f.

»Deshalb ist die Quelle des Programmeffekts nicht nur seine Ganzheitlichkeit, sondern auch seine Zielorientiertheit. Beide werden gesichert durch die Zentralisation des Entscheidungsprozesses. Daher ist, in seiner organisatorischen und ökonomischen Essenz, der Programmeffekt ein Effekt der Zentralisation.«[32]

Erste Voraussetzungen für die Einführung der Projektplanungsmethode in die Wissenschafts- und Technologiepolitik der UdSSR wurden in der zweiten Hälfte der sechziger Jahre geschaffen: 1965 reorganisierte man das Staatskomitee für Wissenschaft und Technik (GKNT) und stattete es mit (formal) extensiven Rechten für die Koordination und Planung der Forschung und Entwicklung aus. 1966 wurde zum ersten Mal in einem Fünfjahresplan ein eigenständiger Abschnitt »Plan für die Entwicklung der Wissenschaft und Technik« aufgenommen, der u. a. auch 246 wissenschaftlich-technische Probleme auflistete, für die die sogenannten »Koordinationspläne« mit mehr als 3000 konkreten Zielsetzungen aufgestellt wurden.[33]

Am 24. September 1968 faßten das Zentralkomitee der KPdSU und der Ministerrat einen umfangreichen gemeinsamen Beschluß, in dem der Aufbau eines umfassenden wissenschaftlich-technischen Prognoseinstrumentariums und die Einführung eines neuen Systems der Organisation und Leitung des Innovationsprozesses als »Unterbau« vorgesehen war.[34]

1976 wurden die Koordinationspläne durch die »wissenschaftlich-technischen Programme« in den entsprechenden Abschnitten der Fünfjahres- und Jahrespläne ersetzt. 1979 sollte das »Komplexprogramm für den wissenschaftlich-technischen Fortschritt für 20 Jahre« nach einem erneuten umfangreichen Beschluß zur Reorganisation des gesamten Planungssystems endlich realisiert werden, nachdem es bereits 1973 von Kosygin angekündigt worden war.[35] In dieser Form, mit einigen geringfügigen Modifikationen, die sich aus den Beschlüssen von ZK und Ministerrat des Jahres 1983[36] und der Bildung eines »Büros für Maschinenbau« im Jahre 1986 ergeben, ist das Planungsinstrumentarium der sowjetischen Wissenschafts- und Technologiepolitik formal immer noch gültig. Legt man diese Bestimmungen zugrunde, ergibt sich der folgende

---

32 V. Fel'zenbaum, E. Efimova, V. Farbirovič, Ėffektivnost' naučno-techničeskich programm, in: Voprosy ėkonomiki, 4/1982, S. 45.

33 Vgl. S. Fortescue, Project planning, a.a.O., S. 270; U. Hewer, Technischer Fortschritt als Problem der sowjetischen Wirtschaftsplanung, in: Berichte des BIOst, 22/1977, S. 10–13.

34 Vgl. den entsprechenden Beschluß: O meroprijatijach po povyšeniju ėffektivnosti raboty naučnych organizacij i uskoreniju ispol'zovanija v narodnom chozjajstve dostiženij nauki i techniki, in: Sobranie Postanovlenij Pravitel'stva SSSR, 18/1968, S. 465–494.

35 Vgl. Ob ulučšenii planirovanija i usilenii vozdejstvija chozjajstvennogo mechanizma na povyšenie ėffektivnosti proizvodstva i kačestva raboty, in: Sobranie Postanovlenij Pravitel'stva SSSR, 18/1979, S. 390–431.

36 O merach po uskoreniju naučno-techničeskogo progressa v narodnom chozjajstve (Izloženie), in: Sobranie Postanovlenij Pravitel'stva SSSR, 24/1983, S. 419–425.

Idealtypus für Funktionszuweisung und Ablauf der Technologieplanung in der UdSSR:[37]

1. Die *Akademie der Wissenschaften der UdSSR* entwickelt *langfristige Prognosen* für die sozialökonomische Entwicklung der UdSSR, die als wichtigste planvorbereitende Dokumente der staatlichen Sozial- und Wirtschaftspolitik angesehen werden. Sie enthalten verschiedene Varianten, deren optimale für die Verwendung im Komplexprogramm ausgewählt werden. Im Prozeß der Ausarbeitung des Komplexprogramms wird eine Analyse der auf der Grundlage der vorhandenen Ressourcen gegebenen Möglichkeiten zur Erreichung des vorgesehenen sozialökonomischen Entwicklungsniveaus erstellt. Im Ergebnis iterativer Berechnungen können die Parameter der Prognosen präzisiert werden.
2. Die Akademie der Wissenschaften, die beiden Staatskomitees für Wissenschaft und Technik (GKNT) sowie das Bauwesen (Gosstroj) erarbeiten unter Teilnahme der Ministerien und Verwaltungen das besagte *»Komplexprogramm für den wissenschaftlich-technischen Fortschritt für 20 Jahre«*. Es soll die langfristige Strategie zur Entwicklung von Wissenschaft und Technik sowie zur Lösung der ökonomischen, sozialen und ökologischen Hauptprobleme festlegen. Es beinhaltet somit zum einen Prognose und stellt zum anderen die erste Etappe der Perspektivplanung dar.[38] Formell ist es zwei Jahre vor Beginn dem Ministerrat der UdSSR und Gosplan vorzulegen und alle fünf Jahre auf den neuesten Stand zu bringen.[39]
3. Parallel dazu arbeitet Gosplan ein *»Schema der Entwicklung und Standortverteilung der Produktivkräfte«* auf, das auch Aussagen über die Entwicklung und Verteilung des wissenschaftlichen Potentials nach Republiken und ökonomischen Regionen enthält. Diese bilden die Grundlage für die Formulierung der regionalen Abschnitte im »Komplexprogramm«.
4. Auf der Grundlage der Prognosen im »Komplexprogramm« erarbeiten Gosplan, Gosstroj, Gossnab und die Gewerkschaften der UdSSR eine *»Konzeption der ökonomischen und sozialen Entwicklung der UdSSR«*.
5. Die Ministerien und Ämter erstellen, basierend auf »Komplexprogramm« und »Konzeption« sowie den Vorstellungen von Gosplan über die Produktivkraftentwicklung, *»Komplexprogramme für die technische Entwicklung der Industriezweige«* (KP TRP otrasli). Diese Programme sollen die Technologiepolitik der Branchenministerien definieren und Bedarfsrechnungen für die wichtigsten Ressourcenarten enthalten.
6. Gosplan und das Büro für Maschinenbau des Ministerrats arbeiten auf der Grundlage der Branchenkomplexprogramme ein *»Zweigübergreifendes Programm der Produktionsentwicklung«* aus, in dem der Gesamtbedarf an Ausrüstungen und Materialien für die Verwirklichung der Technologiepolitik

---

37 Vgl. dazu insbesondere V. N. Archangel'skij, a.a.O., S. 96–98.
38 So A. I. Ančiškin, Nauka, Technika, Ėkonomika, Moskau 1986, S. 341.
39 Vgl. Sobranie Postanovlenij Pravitel'stva SSSR, 18/1979, S. 391.

in Wert- und Naturalkennziffern bestimmt ist. Davon ausgehend wird die zukünftige Struktur- und Investitionspolitik festgelegt.
7. Gosplan, Unionsministerien und -ämter formulieren gemeinsam mit den Ministerräten der Unionsrepubliken anhand der »Konzeption« und des »Zweigübergreifenden Programms« die sogenannten *»Hauptrichtungen der sozialökonomischen Entwicklung«*, worin die zukünftige Zweigstruktur der Produktion und die Aufgaben aller Branchen bei Produktionswachstum, technischer Entwicklung und Ausstoß neue Produkte bestimmt werden.
8. Gosplan stellt auf der Grundlage von »Hauptrichtungen« und »Zweigübergreifendem Programm« die *Kontrollziffern* für die Aufstellung des Fünfjahresplans auf.
9. Die Betriebe und Produktionsvereinigungen erarbeiten entsprechend den Komplexprogrammen der Branchen umfassende *»Planprogramme der technischen Entwicklung«*, die sie mit dem übergeordneten Ministerium abstimmen.
10. Die Betriebe und Produktionsvereinigungen stellen einen *»Fünfjahresplan der technischen Entwicklung der Produktion«* als Bestandteil des Technologieentwicklungsprogramms der Vereinigung auf. Die Folgen der technischen Entwicklung werden als Umsatzsteigerungen und Kostensenkungen planwirksam gemacht.
11. GKNT und Akademie der Wissenschaften formulieren auf der Grundlage der verschiedenen Programme einen *»Staatsplan der wichtigsten Forschungen auf den Gebieten der Natur- und Gesellschaftswissenschaften für fünf Jahre«*.
12. Die Ministerien erstellen auf der Grundlage dieses »Staatsplans« und der ministeriellen und betrieblichen Technologieentwicklungsprogramme einen *»Forschungs- und Entwicklungsbranchenplan für den Zeitraum von fünf Jahren«*.
13. Die Betriebe und Produktionsvereinigungen führen die Ergebnisse der Forschung und der Entwicklungsarbeiten im Verlauf der Verwirklichung der Technologieentwicklungsprogramme der Branchen ein.

2. Die Realität der sowjetischen Projektplanung im Innovationsprozeß

Im krassen Gegensatz zu den Zielen und der Idealvorstellung einer durchgängigen und umfassenden Projektplanung des Innovationszyklus von der Forschung bis zur Einführung in die Serienproduktion steht ihre Praxis. Analysen der wissenschaftlich-technischen Programme des 10. Fünfjahresplans zeigten, daß die Durchgängigkeit und Ganzheitlichkeit der Projekte bei weitem nicht gewährleistet waren.[40] Nach Angaben eines Forschungsinstituts von Gosplan, das die 167 Technologieprogramme des 10. Fünfjahresplans untersuchte, war der Komplexitätsgrad der darin gestellten Aufgaben sehr unterschiedlich. Nur 395 (10,4%) dieser Zielvorgaben erfaßten im Planungszeitraum alle Phasen von der angewandten Forschung bis zur ersten Einführung in

---

40 Vgl. zum folgenden M.F. Zamjatina, Planirovanie tehničeskogo urovnja proizvodstva; puti ego soveršenstvovanija, in: M.F. Zamjatina, N.N. Uchov u.a., Prognozirovanie i planirovanie kačestva produkcii i tehničeskogo urovnja proizvodstva, Leningrad 1987, S. 82f.

die Produktion. Keine der Programmaufgaben sah die volle Produktionswirksamkeit einer der Neuentwicklungen vor. Eine Analyse von 50 ausgewählten Technologieprogrammen desselben Fünfjahresplans kam zu den Ergebnissen, daß bis zum Stadium der erstmaligen Produktionseinführung (der Pilotproduktion) 88,5% der Programme auf dem Gebiet neuer Werkstoffe führten, wobei nur 55,7% ihren Produktionsanlauf unter industriellen Bedingungen vorsahen. Noch niedriger lagen die Kennziffern bei Programmen für technologische Prozesse: 70% sahen eine erste Einführung vor, nur 26% reichten bis zum Produktionsanlauf. In der Mehrheit der Fälle sind die Technologieprogramme mit der Prototypherstellung oder einer Nullserie abgeschlossen. Programme, die bis zur Serienproduktion neuer Technik, ihrer massenhaften Verbreitung und zur Einführung neuer Technologien führen, fehlen somit fast vollständig.[41] Im März 1983 formulierte G. Marčuk, der unter Gorbatschow zum Präsidenten der Akademie der Wissenschaften der UdSSR avancierte, damals aber noch Vorsitzender des Staatskomitees für Wissenschaft und Technik (GKNT) war, eine herbe Kritik an der Umsetzung der Projektplanung:

> »In den letzen Jahren sank das Verantwortungsbewußtsein der Ministerien und Ämter, der Produktionsvereinigungen und Betriebe für die Qualität der Ausarbeitung und Umsetzung der Innovationspläne. In diesen Plänen sind immer weniger konkrete und ökonomisch effiziente Maßnahmen enthalten, und die gestellten Aufgaben unterliegen nicht der strengen Kontrolle, der die Planauflagen für den Produktionsumfang, das Sortiment und andere Grundkennziffern ausgesetzt sind.«[42]

Er verwies damit darauf, daß die eigentliche Intention der Projektplanung des Innovationsprozesses, nämlich seine Zielorientiertheit und Verbindlichkeit, nur unzureichend realisiert wurde. Im gleichen Aufsatz machte er auf ein weiteres Problem aufmerksam, daß der Anspruch der zweigübergreifenden, projektorientierten Planung ebenfalls nicht eingelöst werde, da die Ministerien und Ämter nicht die vorgesehenen finanziellen und materiellen Mittel für die in den Programmen festgelegten Aufgaben, insbesondere der Innovations- und Diffusionsphase, zur Verfügung stellten. Das führte dazu, daß unter Bedingungen des Mangels an Arbeitskräften, materiellen Ressourcen und Investitionsmitteln die Zweigministerien sich ihrerseits vorzugsweise auf die Erfüllung der Planauflagen für die Produktion bereits eingeführter Güter zu Lasten von Innovationsmaßnahmen ausrichteten.[43]

In die gleiche Richtung argumentierend, stellt der führende sowjetische Innovationstheoretiker, J. Jakovec, fest, daß man sich bei der Aufstellung der wissenschaftlich-technischen Programme des 11. Fünfjahresplans auf die Fest-

---

41 L. A. Gubina, Ispol'zovanie programmno-celevogo metoda v otraslevom planirovanii, in: G. A. Egiazarjan u. a., Soveršenstvovanie ėkonomičeskich metodov upravlenija v otrasli (na primere promyšlennosti), Moskau 1980, S. 78.
42 Naučno-techničeskij progress – osnova intensifikacii obščestvennogo proizvodstva, in: Kommunist, 4/1983, S. 71.
43 Ebenda, S. 67.

legung der Leitministerien, -ämter und -organisationen sowie auf die Bildung von Koordinierungsräten[44] beschränkt habe. Die Ressourcen würden in der Regel über die Ministerien und Ämter bereitgestellt, während die Leiter der Programme und Koordinierungsräte wenig Einfluß auf ihre Verteilung und Verwendung hätten. Das GKNT »und die statistischen Organe kontrollieren die Einführung der Programmaufgaben, besitzen aber keine genauen und vollständigen Angaben über den Aufwand zur Realisierung der Programme und über den erzielten volkswirtschaftlichen Nutzen«.[45]

Die Praxis der technologischen Projektplanung in der UdSSR sieht, im Kontrast zu den hochgesteckten Erwartungen, sehr ernüchternd aus: Mangelhafte Durchgängigkeit und Zielorientiertheit der Programme, scheinbar unüberwindliche Ressortgrenzen der Industrieministerien und unzureichende Kompetenzen zentraler Koordinierungsgremien stellen die Grundintention dieses Ansatzes auf den Kopf. An die Stelle der Fixierung auf ein normatives Idealbild der Wissenschafts- und Technologiepolitik in der UdSSR muß zu einer realistischen Analyse die Frage treten: *Wer plant da eigentlich?*

Ausgangspunkt und entscheidende Voraussetzung für die Effizienz der Projektplanung ist die begründete Auswahl der Programmobjekte und Forschungsthemen. Aber genau in diesem Punkt sind die umfangreichen Beschlüsse und Verordnungen merkwürdig unbestimmt. G. Lachtin, der sich ausführlich mit dieser Problematik auseinandersetzte[46], schreibt: »In diesen Verordnungen sind die zahlreichen Formulare und Vorlegungsfristen festgelegt, aber es fehlt das Wichtigste: Wer entscheidet nach welchen Kriterien, ob ein bestimmtes Thema in den Plan eingeführt wird oder nicht?«[47] Es sei eine Illusion, zu glauben, daß tatsächlich ungefähr die Hälfte der Forschungs- und Entwicklungspläne »von oben«, d. h. von den Ministerien, festgelegt würden. Die Ministerien hätten in Wirklichkeit keine Wahl: »Die Beobachtungen an ganz verschiedenen Instituten können einen Unterschied zwischen den ›von oben‹ festgelegten Themen und der vorhandenen Spezialisierung der Struktureinheiten eines Instituts und auch des Personals nicht aufweisen. Die Mitarbeiter arbeiten routinemäßig, jeder Position im Plan entspricht eine bestimmte Organisationszelle der Institutsbelegschaft...«[48]

3. Fragmentierung als Grundproblem des Innovationsprozesses in der sowjetischen Industrie

Aus den vorangegangenen Ausführungen zu den Schwierigkeiten bei der Realisierung der Zielprogrammplanung des technologischen Wandels läßt sich

---

44 An deren Spitze stehen namhafte Wissenschaftler und Spezialisten.
45 J. Jakovec, a.a.O., S. 245.
46 Vgl. dazu auch G. A. Lachtin, in: G. A. Lachtin u. a., Osnovy upravlenija naukoj, Moskau 1983, S. 51–61; ders., Upravlenie v naučnom učreždenii, Moskau 1983, S. 80–83.
47 Čto v tematičeskom portfele?, in: Pravda, 23. 1. 1981, S. 3.
48 Pravda, 23. 1. 1981, S. 3.

die These ableiten, daß das Grundproblem des Innovationsprozesses in der sowjetischen Wirtschaft in einer doppelten Fragmentierung zu sehen ist. Der Begriff der Fragmentierung bringt am besten zum Ausdruck, daß der Innovationsprozeß, der eigentlich ein in sich geschlossenes Ganzes bilden sollte, in miteinander nicht oder nur schlecht verbundene Bruchstücke zersplittert ist und damit seiner eigentlichen Zwecksetzung nicht gerecht werden kann. Doppelt ist diese Fragmentierung, weil sie sich sowohl in horizontaler Richtung, bei der Diffusion neuer Techniken und Technologien innerhalb der Branchen und vor allem über die Branchengrenzen hinweg, als auch in vertikaler Richtung, entlang der einzelnen Phasen des Innovationszyklus, nachweisen läßt.

Gut erforschte Beispiele für die mangelhafte Diffusion neuer Produktionstechnologien, die sich im Westen praktisch längst durchgesetzt haben, während sie in der UdSSR immer noch eine untergeordnete Rolle spielen, sind das Oxygen-Blasstahlverfahren und das Stranggußverfahren in der Metallurgie. An der Erfindung des letzteren war die UdSSR sogar maßgeblich beteiligt.[49] Besonders problematisch wird diese Innovationsschwäche dann, wenn sie sich als rückständige Produktionstechnologie kumulativ auf andere Industriezweige auswirkt. So z. B., wenn der sowjetische Chemieanlagenbau nicht in der Lage ist, die heimische Chemieindustrie mit ausreichenden Mengen von Maschinen für die Plastikerzeugung zu beliefern, oder wenn die Entwicklung von numerisch gesteuerten Werkzeugmaschinen unter unzureichender Belieferung mit notwendigen elektronischen Bauteilen leidet.

Die Wurzel dieser horizontalen Fragmentierung des Innovationsprozesses zwischen den Branchen liegt in der ministeriellen Struktur des Entscheidungsprozesses selbst begründet. Mit der Delegation wichtiger Verfügungsrechte an die Branchenministerien ist auf dieser Ebene ein Ressortgeist (»vedomstvennost'«) entstanden, der nach Auffassung mancher Autoren den Kern der Dysfunktionen in Wirtschaft, Politik und anderen Bereichen der sowjetischen Gesellschaft bildet.[50] Das bisher weitgehende Fehlen horizontaler Verknüpfungen zwischen den Industriezweigen auf betrieblicher Ebene geht einher mit der Erscheinung, daß das Verhältnis zwischen den Ministerien vor allem durch Konkurrenz um die von der Zentrale zu verteilenden, knappen Ressourcen gekennzeichnet ist. Das führt dazu, daß der eigentliche Zweck der Aufteilung in Branchenministerien – die Realisierung der Vorteile einer funktionalen Spezialisierung – konterkariert wird durch ihr Streben nach größtmöglicher, entspezialisierter Autarkie.

---

49 Vgl. V. Vincentz, Produktion und Außenhandel der RGW-Staaten im Bereich der Hochtechnologie, Bd. I: Binnenwirtschaft, Gutachten des Osteuropa-Instituts München im Auftrag des Bundesministers für Wirtschaft, München 1988, S. 22; J. Slama, in: Jahrbuch der Wirtschaft Osteuropas, Bd. 11, 2. Halbband, München 1986, S. 101–126.

50 Vgl. dazu z. B. M. Lewin, Gorbatschows neue Politik: Die reformierte Realität und die Realität der Reformen, Frankfurt/Main 1988, S. 92; vgl. auch T. Zaslavskaja, in: Osteuropa, 2/1986, S. A71.

Die vertikale Fragmentierung entlang der einzelnen Phasen des Innovationsprozesses drückt sich aus in der überlangen Ausreifungszeit, die Erfindungen in der UdSSR bis zu ihrer Einführung in die Produktion benötigen. Amerikanische Autoren kommen in einem Vergleich Ende der siebziger Jahre zu dem Ergebnis, daß nach zwei Jahren in den USA 66% der Erfindungen, in der Bundesrepublik 64%, in der UdSSR aber nur 23% der Erfindungen implementiert sind.[51] Sie stellten für die Sowjetunion deutliche Unterschiede bei den Ausreifungszeiten in Abhängigkeit von der organisatorischen und regionalen Nähe der Forschungs- und Entwicklungsinstitutionen zu den Produktionsstätten fest.[52] Die breite Streuung der finanziellen Ressourcen hat dazu geführt, daß viele Forschungsinstitute als Potemkinsche Dörfer bezeichnet werden müssen, da sie unter einer mangelhaften materiellen Ausstattung, wie z. B. dem Fehlen experimenteller Testeinrichtungen und Möglichkeiten für computergestütztes Konstruieren, leiden. Das hat zur Folge, daß viele Forschungs- und Entwicklungsarbeiten sich – im wörtlichen Sinne – auf papierene Theorie beschränken, die nur mit erheblichen Erprobungs- und Umarbeitungskosten von den Betrieben zur Serienreife gebracht werden können. Diese Praxisferne der Wissenschaft im Sinne einer Loslösung von den Belangen der Industrie, die Mangelhaftigkeit der technologischen Ausstattung zahlreicher wissenschaftlicher Institutionen und ihre übermäßige regionale Konzentration in zum Teil großer Entfernung von den Produktionsstätten sind Faktoren, die sich negativ auf die Ausreifungszeit neuer Techniken und Technologien auswirken und der sowjetischen Führung keineswegs neu sind: So hat Bulganin bereits dreißig Jahre vor Gorbatschow in einer denkwürdigen Rede eine stärkere Hinwendung der Wissenschaft zu den Belangen der Produktion gefordert.[53]

Die negativen Folgen der Fragmentierung des Innovationsprozesses für das technologische Niveau der sowjetischen Industrie sind erheblich. Sowjetische Autoren berichten, daß die sowjetischen Planbehörden im Durchschnitt acht bis zehn Jahre benötigten, um die Anforderungen, die den Standards westlicher Maschinen entsprechen, auch an den sowjetischen Maschinenbau zu stellen.[54] Der sowjetische Minister für Radioindustrie, Plešakov, nimmt an, daß

---

51 Vgl. J. Martens, J. Young, Soviet Implementation of Domestic Inventions: First Results, in: U.S. Congress (Hrsg.), Soviet Economy in a Time of Change: A Compendium submitted to the Joint Economic Committee, Washington, D.C. 1979, S. 506f. Ähnliche Ergebnisse veröffentlichte bereits 1975 V.I. Kušlin. Nach dessen Angaben war in den Jahren 1964–1970 ein deutlicher Rückgang der Erfindungen zu verzeichnen, die in den ersten zwei Jahren nach ihrer Registrierung erstmals in die Produktion eingeführt wurden, und zwar von 34,5% auf 24,7%, vgl. V.G. Lebedev, V.I. Kušlin u.a., Naučno-techničeskaja revoljucija i preimuščestva socializma, Moskau 1975, S. 131.
52 Vgl. J. Martens, J. Young, a.a.O.
53 Vgl. Pravda, 17.7.1955, 12.5.1985.
54 Vgl. L.I. Mymrina, B.M. Rudzickij, Organizacionno-èkonomičeskie problemy NTR v mašinostroenii, in: Vestnik akademii nauk, 6/1988, S. 69.

die UdSSR acht bis zwölf Jahre benötigen wird, um das Weltniveau der Elektronikindustrie zu erreichen.[55] Akademiemitglied Velichov schätzt, daß die UdSSR bei logischen Schaltungen und Speichern etwa zwei Entwicklungsgenerationen zurückliegt, was einem Rückstand von zehn bis zwölf Jahren entsprechen würde.[56]

IV. Erklärungsansätze für die mangelhafte Innovationsfähigkeit der sowjetischen Industrie

Jeder Ansatz einer Erklärung für die Innovationsschwäche der sowjetischen Industrie muß die geschilderten Probleme der Fragmentierung des Innovationsprozesses mit in die Analyse einbeziehen. Von besonderer Bedeutung scheint dabei die Untersuchung des Verhältnisses von Zentrale zu Betrieb zu sein. Dazu sollen im folgenden zwei unterschiedlich akzentuierende Ansätze vorgestellt werden.

Berliner geht in seiner zum Standardwerk avancierten Untersuchung davon aus[57], daß eine hohe Rate technologischen Wandels und eine effiziente zentrale Ressourcenallokation einander ausschließen. In einer Welt ohne technologischen Wandel sei es vielleicht denkbar, daß zentrale Planer jede Entscheidung fällen können, ohne eine einzige den Unternehmen zu überlassen. Aber je größer die Rate des technologischen Wandels, um so geringer sei die Fähigkeit der Zentrale, sie zu fördern oder zu planen, um so mehr beeinflußten Anreize, Preise und andere strukturelle Eigenschaften des Systems, wie dessen Organisation und die ihm zugrundeliegenden Entscheidungsregeln, die Entscheidungen der Unternehmen und damit die Innovationsfähigkeit des Gesamtsystems. Berliner kommt zu dem Ergebnis[58], daß das sowjetische System zwar sehr wohl zur Innovation durch Befehl oder durch Schwerpunktsetzung fähig sei, daß diese auftragsorientierten Aktivitäten aber von ökonomischen Aktivitäten zu unterscheiden seien. Die niedrige Rate ökonomisch induzierter Innovationen sei vor allem auf die völlig unzureichende Höhe der Anreize im Verhältnis zum Risiko innovativer Entscheidungen zurückzuführen. Jede strukturelle Reform, mit der die Innovationsrate erhöht werden solle, müsse daher die traditionelle Balance zwischen Belohnung und Risiko ändern. Einen zweiten Grund für das Bestreben sowjetischer Industriebetriebe, Innovationsentscheidungen zu vermeiden, sieht Berliner in dem Anstieg des Risikos, den diese für die externen Transaktionen der Unternehmen nach sich ziehen. Sind die Möglichkeiten,

---

55 Socialističeskaja industrija, 4. 8. 1987, S. 2.
56 O zadačach akademii nauk SSSR v svete rešenij ijun'skogo (1987g) plenuma CK KPSS, in: Vestnik akademii nauk, 12/1987, S. 23.
57 Vgl. The Innovation Decision in Soviet Industry, Cambridge, Mass./London 1976, S. 15–19.
58 Ebenda, S. 503–538.

dieses Risiko durch Verbesserung der Planungsqualität und vertikale organisatorische Integration zu reduzieren, erschöpft, bleibt nur noch die Möglichkeit, den Unternehmen größere Autonomie über ihre Transaktionen mit anderen Unternehmen und Organisationen zu gewähren. Beides zusammen, die Erhöhung der Innovationsanreize und die Gewährung größtmöglicher Autonomie der Unternehmen über ihre externen Transaktionen, würde den größten Anstieg der Innovationsrate hervorbringen, der durch eine strukturelle Reform allein – bei voller Ausschöpfung der gegebenen politischen und ideologischen Spielräume – realisierbar sei.

Der international wohl bekannteste Ökonom aus einem RGW-Land, der Ungar János Kornai, dagegen bezweifelt die Rigidität des bei dieser Anreiz-Belohnungs-Erklärung unterstellten Planerfüllungsprinzips. Das Risiko der Nichtplanerfüllung sei relativ gering, weil sich die Planerfüllung selbst als Prozeß der Diskussion und des Aushandelns zwischen Betrieb und Zentrale beschreiben lasse.[59] Das einzige Risiko, das für die Unternehmen in diesem Prozeß bestehe, sei, bei der Ressourcenzuteilung zu kurz zu kommen. Die institutionelle Ursache dafür, daß der Ressourcenhunger der Betriebe nicht in den Kosten, sondern allein in der Knappheit der verfügbaren Ressourcen seine Beschränkung findet, sieht Kornai in dem Paternalismus des Staates gegenüber den Betrieben begründet, der für die letzteren absoluten Schutz und Sicherheit bedeute.[60] Paternalismus sei die direkte institutionelle Erklärung der weichen Haushaltsbeschränkungen der Betriebe in sozialistischen Wirtschaftssystemen, aus denen sich fünf charakteristische Konsequenzen ergäben:[61]

1. Das Überleben des Betriebs hinge nicht davon ab, ob er in der Lage sei, seine Ware zu kostendeckenden Preisen zu verkaufen.
2. Technischer Fortschritt und Wachstum des Betriebs sei nicht allein davon abhängig, ob er in der Lage ist, finanzielle Ressourcen aus der internen Akkumulation aufzubringen.
3. Der Betrieb sei nicht gezwungen, sich unter allen Umständen den Preisen anzupassen. Sein Überleben und Wachstum hinge überhaupt nicht von den Preisen ab.
4. Der Betrieb trage das Risiko nicht allein, sondern teile es mit dem Staat.
5. Die betriebliche Nachfrage nach Faktorinputs sei schier unbegrenzt und finde bloß an der Beschränktheit der Ressourcen ihre Begrenzung.

Kornai geht wie der aus Polen stammende Ökonom Gomulka davon aus[62], daß Innovationen von den Betrieben, wenn überhaupt, in der Regel nur vorge-

---

59 J. Kornai, Warenmangel als ein fundamentales Problem der sozialistischen Planwirtschaften: Interview, geführt von A.-J. Pietsch am 25.7.1983 München, Arbeiten aus dem Osteuropa-Institut, München 1983, S. 8.
60 Vgl. J. Kornai, Economics of Shortage, Amsterdam/New York/Oxford 1980, S. 561–571.
61 Ebenda, S. 306–309.
62 Vgl. S. Gomulka, Growth, Innovation and Reform in Eastern Europe, Brighton 1986, S. 46–50.

nommen würden, um Versorgungsschwierigkeiten zu überwinden bzw. die Versorgungsunsicherheit darüber zu vermindern. Die einseitige Induzierung von Innovationen durch die Angebotsseite führt nach Kornai dazu, daß sie »Zufallsereignisse« bleiben, denn die wirklich bedeutenden Innovationen seien immer Erfindungen neuer Produkte und nicht neuer Verfahren gewesen:

> »Bevor sich der Verkäufermarkt nicht zu einem Käufermarkt entwickelt, glaube ich nicht, daß die Innovationsfähigkeit ein wirklich reales Moment des Systems werden kann.«[63]

Der Verkäufermarkt hat noch eine zweite antiinnovative Dimension auf der Ebene des privaten Konsums: Die schwache Position der privaten Konsumenten angesichts des chronischen Mangels an Waren des gehobenen Bedarfs vergrößert zusätzlich zu der langfristigen Tendenz leistungsunabhängiger Einkommensnivellierung die Frustration potentieller Innovationsträger, wie Wissenschaftler, Ingenieure, Manager.

Wenn es so ist, daß das institutionelle Phänomen des Paternalismus weitestgehend die ökonomischen Phänomene der weichen Haushaltsbeschränkungen, des unstillbaren Investitionshungers der Betriebe und der Ministerien sowie die des innovationshemmenden Verkäufermarkts erklärt, dann hängt im Umkehrschluß die Verbesserung der Innovationsfähigkeit sozialistischer Wirtschaftssysteme wesentlich davon ab, wieweit es ihnen gelingt, den Grad des Paternalismus der staatlichen Leitungsorgane abzubauen und den Unternehmen eine entsprechend größere Selbständigkeit zu gewähren. Dies hat zum Ziel, ihre Budgets eindeutig stärkeren Beschränkungen zu unterwerfen und sie dadurch in einen Wettbewerb um den Käufer zu bringen. Dieses Modell einer Transformation der Verkäufermärkte in Käufermärkte könnte darüber hinaus allen am Innovationsprozeß beteiligten Institutionen, auch der vorgelagerten FuE-Phase, als Grundlage und Beispiel dienen, um ihr monopolistisches Verhalten in ein kompetitives zu verwandeln. Die Schaffung eines Wettbewerbs um den Konsumenten sowohl auf den Märkten der konsumtiven und investiven Endnachfrage als auch auf denen der wissenschaftlichen und technologischen Vorleistungen könnte so zu einer wesentlichen Voraussetzung für die Überwindung der doppelten Fragmentierung des Innovationsprozesses in der sowjetischen Wirtschaft werden.

V. Lösungsstrategien und Maßnahmen zur Beschleunigung des technologischen Wandels in der UdSSR

Die Idee, die Betriebe durch ergänzende Anreize zu einem innovativen Verhalten zu bewegen, ist in der UdSSR nicht neu, sondern wurde seit 1960 immer wieder angewandt, ohne den erhofften Erfolg zu bringen. Offensichtlich war es

---

63 J. Kornai, Warenmangel, S. 12.

gerade die Künstlichkeit und die mangelhafte Abgestimmtheit mit dem allgemeinen Anreizsystem, was die Wirkung dieses Ansatzes begrenzte. Eine Änderung trat hier erst ein, als man begann – zunächst im Experiment, dann in immer größeren Teilen der Volkswirtschaft der UdSSR –, das Prinzip der Selbstfinanzierung der Investitionen durchzusetzen. So berichtete der Direktor der Wissenschaftlichen Produktionsvereinigung (NPO) »Frunze« in Sumy, Moskalenko, daß mit der Umstellung der NPO auch das ergänzende Anreizsystem für die Einführung neuer und qualitativ hochwertiger Produkte erstmals seine Wirkung richtig entfalten konnte.[64]

Ähnlich verhält es sich mit dem Ansatz, durch Optimierung der Organisationsstruktur und des Planungsverfahrens die Fragmentierung des Innovationsprozesses zu überwinden. Genau hier setzten die ersten innovationspolitischen Maßnahmen der Ära Gorbatschow an: Es sollte das Netz großer NPO ausgebaut und die Gründung von branchenübergreifenden wissenschaftlich-technischen Komplexen initiiert werden. Dabei sind die Versuche, durch organisatorische Maßnahmen Forschung, Entwicklung und Produktion unter einem Dach zusammenzufassen, ebenfalls nicht neu, sondern lassen sich bis in die Zeit des Zweiten Weltkriegs zurückverfolgen. 1968 wurde dann der Beschluß gefaßt, die Gründung der NPO und ähnlicher Formen der organisatorischen Verbindung von Wissenschaft und Produktion in Angriff zu nehmen. In der Folgezeit wuchs die Zahl der NPO stetig, aber langsam an. Tatsächlich scheint es so zu sein, daß die »In-house Implementation« die Entwicklungszeit von Erfindungen bis zur Serienreife deutlich verkürzt, dennoch war es in der Realität der NPO mit der organischen Integration des Innovationsprozesses nicht immer weit her. Oftmals wurden diese Vereinigungen von den übergeordneten Organen nicht als Einheit behandelt und behielten die einzelnen konglomerierten Forschungs-, Entwicklungs- und Produktionsstätten ihre eigene Rechnungsführung und Entlohnungsverfahren bei.

Neben der intendierten Schaffung eines Netzes großer NPO war die 1985 in Gang gesetzte Gründung von branchenübergreifenden wissenschaftlich-technischen Komplexen (MNTK) die eigentliche organisatorische Innovation. Diese Maßnahme ist darauf gerichtet, der quer zur taditionellen Brancheneinteilung verlaufenden Diffusionsrichtung wichtiger Basisinnovationen (Mikroelektronik, neue Werkstoffe etc.) Rechnung zu tragen und die tradierte Fragmentierung des technologischen Wandels entlang des Liniensystems der Industrieministerien zu überwinden. Die MNTK sollten so offensichtlich eine wichtige Funktion beim branchenübergreifenden Technologietransfer ausüben. Aber es wurden auch bald die Grenzen eines rein organisatorischen Ansatzes deutlich: als zentraler Kritikpunkt schälte sich heraus, daß die MNTK nicht mit einem funktionierenden ökonomischen Mechanismus versehen sind. Bei einem »Round-table«-Gespräch von Direktoren verschiedener MNTK im Dezember

---

64 Vgl. Das ökonomische Experiment in der Produktionsvereinigung Sumy, in: Sowjetwissenschaft: Gesellschaftswissenschaftliche Beiträge, 5/1986, S. 520.

1987[65] wurde vor allem das Fehlen juristischer Rechte sowie realer ökonomischer und administrativer Macht beklagt und eine Erweiterung der Rechte, insbesondere der Verfügung über finanzielle Ressourcen, eingefordert. Der Vertreter des Staatskomitees für Wissenschaft und Technik (GKNT) kündigte an, daß auf der Basis des Unternehmensgesetzes ein Musterstatut für die MNTK ausgearbeitet werde, das deren Umwandlung in Firmen auf Selbstfinanzierungsbasis vorsehe.

Die Entwicklungsgeschichte der MNTK zeigt vielleicht am deutlichsten, wie sehr der Verlauf der Innovationspolitik unter Gorbatschow von der Radikalisierung und den Problemen der Wirtschaftsreform allgemein bestimmt wird. Mit dem Inkrafttreten des neuen Unternehmensgesetzes am 1. Januar 1988 und des ebenfalls neuen und weitreichenden Genossenschaftsgesetzes zum 1. Juli 1988 hat der Reformprozeß in der UdSSR eine neue qualitative Stufe erreicht, die sich wahrscheinlich positiv auf die Entwicklung der Innovationspotentiale in der sowjetischen Industrie auswirkt. In Richtung auf eine Verselbständigung der Staatsbetriebe im Sinne einer Überwindung des Paternalismus wirkt dabei das ihnen gewährte Recht zur Selbstfinanzierung der Investitionen, die mit der Vereinheitlichung ihrer ökonomischen Abgabennormative und dem geplanten Subventionsabbau einhergeht. Hinzu kommt, daß das Genossenschaftsgesetz den Marktzutritt gerade für kleine, innovative Firmen wesentlich erleichtert hat und so eine wichtige Rolle bei der Überwindung der Verkäufermärkte spielen kann. Diese Pluralisierung der Eigentumsformen hat die Gründung von zahlreichen Software-Häusern und Ingenieurbüros, die auf Genossenschaftsbasis arbeiten und eine wichtige Funktion bei der Verbesserung des Technologietransfers ausüben, ermöglicht. Strukturierendes Moment bleibt aber die Verselbständigung der Betriebe im Staatssektor, die als wichtigste Nachfrager neuer Entwicklungen auftreten.

So ist auch die Umstellung der Forschungsorganisationen auf die Prinzipien der Selbstfinanzierung und der wirtschaftlichen Rechnungsführung, zunächst im Bereich der Industrieforschung[66], dann aber auch im Bereich der Akademie der Wissenschaft[67], nur vor dem Hintergrund der Gewährung größerer Selbständigkeit für die Betriebe zu begründen.

---

65 N. Livsic, Stanovlenie i razvitie mežotraslevych naučno-techničeskich kompleksov, in: Voprosy ėkonomiki, 4/1988, S. 155–157; vgl. auch J. Jakovec, Revoljucija v technike i perestrojka, in: Ėkonomičeskja gazeta, 21/1988, S. 8.
66 Vgl. O perevode naučnych organizacij na polnyj chozjajstvennyj rasčet i samofinansirovanie, in: Sobranie Postanovlenij Pravitel'stva SSSR, 48/1987, S. 1011–1024.
67 O perevode naučnych organizacij Akademii nauk SSSR, akademij nauk sojuznych respublik i sistemy Gosudarstvennogo komiteta SSSR po narodnomu obrazovaniju na novye metody finansirovanija i chozjajstvovanija, in: Sobranie Postanovlenij Pravitel'stva SSSR, 36/1988, S. 619–623; vgl. auch G. Marčuk, Ideja – programma – den'gi: Akademija nauk na novuju sistemu finansirovanija i chozjajstvovanija, in: Izvestija, 18. 11. 1988, S. 3.

Der jüngste Schritt in Richtung auf die Schaffung eines Käufermarkts für innovative Vorleistungen ist die Vorlage eines Entwurfs für ein neues Gesetz über die Erfindertätigkeit.[68] Kernpunkt dieses Entwurfs ist die Beseitigung der bisher geltenden Zweiteilung von Urheberscheinen für inländische Erfinder und vollwertigen Patenten mit Exklusivitätsrechten für den ausländischen Inhaber. In einem Interview betonte der Vorsitzende des Staatskomitees für das Erfindungswesen, I. Najaškov, ausdrücklich, daß die Vorlage des Gesetzentwurfs sich mehr als zwei Jahre verzögert habe, weil man erst die Verabschiedung von Unternehmens- und Genossenschaftsgesetz abwarten mußte.[69]

Vorläufig kann keine sinnvolle Bilanz der möglichen Erfolge auf dem Gebiet der Innovationspolitik formuliert werden, weil kurzfristige Erfolge bei einer derart tiefgreifenden und umfassenden Reform nicht zu erwarten sind. Möglicherweise geraten die Ziele der Beschleunigungsstrategie einerseits und der Wirtschaftsreform andererseits zunehmend in Widerspruch zueinander: In der Sowjetunion wird darüber diskutiert, ob sich das Ziel hoher wirtschaftlicher Wachstumsraten mit dem Ziel eines grundlegenden Umbaus des Wirtschaftssystems verträgt, der ja gerade eine deutliche Einschränkung der zentralisierten Ressourcenallokation bringen soll. In der Praxis wird die Planungskompetenz der Betriebe durch die direktive Vergabe von Staatsaufträgen (goszakazy) eingeschränkt, indem diese die betrieblichen Produktionskapazitäten bis zu 100% binden. Betriebe, die theoretisch in der Lage wären, Investitionen in neue Produktionstechnik selbst zu finanzieren, können diese oft nicht direkt erwerben, weil die Kapazitäten der potentiellen Lieferanten mit den Staatsaufträgen ausgelastet sind. In der Folge müssen Betriebe mit Innovationsabsichten wieder beim Ministerium mit der Bitte um Zuteilung von Produktionsmitteln vorstellig werden, obwohl sie jetzt eigentlich über ihre Mittel selbst verfügen könnten. Es fehlt somit noch ein funktionsfähiger Käufermarkt für Produktionsgüter. Die künftige Entwicklung der Innovationspolitik in der UdSSR hängt daher in starkem Maße vom weiteren Verlauf der Wirtschaftsreform insgesamt ab, insbesondere davon, ob es ihr gelingt, den Paternalismus der intermediären Leitungsinstanzen zu überwinden und die Betriebe zu realen, mikroökonomisch agierenden Wirtschaftssubjekten in einer kompetitiven Umgebung zu machen.

---

68 Ob izobretatel'skoj dejatel'nosti v SSSR, in: Ėkonomičeskaja gazeta, 1/1989, S. 18–21.
69 I. Najaškov, in: Pust' istina roditsja v spore, in: Socialističeskaja industrija, 7.1.1989, S. 1.

Karl-Eugen Wädekin

Alte und neue Elemente in Gorbatschows Agrarpolitik

I. Einleitung

In welchem Grade die sowjetische Agrarpolitik schon in den Jahren 1979– 1984 von Michail S. Gorbatschow geprägt war, wird man kaum eindeutig feststellen können, doch daß er bereits damals starken Einfluß auf sie ausübte, ist wahrscheinlich. Er war seit Herbst 1978 als Sekretär des Zentralkomitees der KPdSU für Landwirtschaftsfragen zuständig. Allerdings sind schon vorher, auf der ZK-Plenarsitzung vom Juli 1978, die wesentlichen Produktionsziele des »Lebensmittelprogramms« gesteckt worden. Dessen Ausformulierung und Veröffentlichung im Mai 1982 erfolgte, wie Gorbatschow in seiner Rede vom 15. März 1989 auf der ZK-Plenarsitzung sagte[1], unter dem Eindruck der Situation zu Anfang der achtziger Jahre, daß »unaufschiebbare Maßnahmen« erforderlich seien. Sicher spielte dabei außer dem amerikanischen Teilembargo auf Getreide (1980) auch die Erkenntnis eine Rolle, daß die 1978 gesteckten Ziele sich nicht erreichen ließen.

Auf einem sowjetisch-amerikanischen Symposium Anfang September 1987 sagte V. R. Boev, Direktor des Moskauer Unionsinstituts für Agrarökonomie, die heutigen Reformen in der sowjetischen Landwirtschaft hätten bereits 1983 ihren Anfang genommen[2], also in der Folge der ZK-Plenarsitzung vom Mai 1982. An dessen Vorbereitung und der des Lebensmittelprogramms war Gorbatschow beteiligt. Doch manches hatte sich auch schon bedeutend früher abgezeichnet, sogar vor dem ZK-Plenum vom Sommer 1978. Zum Beispiel soll bereits Gorbatschows Vorgänger als ZK-Sekretär für Agrarfragen, F. Kulakov, den in den sechziger Jahren von G. Voronov und A. Kosygin geförderten Experimenten weitreichender Farmautonomie Sympathie entgegengebracht haben, ohne sich durchsetzen zu können.[3] Deren Grundzüge bilden heute ein zentrales Element der Reformen.

Gorbatschow bekennt sich nach wie vor zum Lebensmittelprogramm von 1982, schreibt ihm aber neuerdings einen »Charakter des Kompromisses und

---

1 Sel'skaja žizn' (Tageszeitung des Zentralkomitees der KPdSU; im folgenden: Sž), 16. 3. 1989, S. 2.
2 Newsletter for RSEEA, Juni 1988, S. 5.
3 D. Van Atta, in: Radio Liberty Research, 511/88, 23. 10. 1988, S. 3.

der Halbherzigkeit« (kompromissnyj i polovinčatyj charakter, Rede vom 15. März) zu. Er läßt aber auch durchblicken, daß sich die Agrarpolitik seitdem weiterentwickelt hat, spricht zum Beispiel von den »nach dem ZK-Plenum vom Mai 1982 gemachten Erfahrungen, darunter in der Entwicklung der verschiedenen Formen des Podrjad (siehe unten) und der Pachtbeziehungen«.[4] Oder wenn er bei demselben Anlaß gleich zweimal »vermerkt« (in der Quelle nicht wörtlich wiedergegeben), daß in der Folgeperiode »fester Kurs auf eine Verstärkung der Rolle ökonomischer Methoden des Wirtschaftens genommen wurde«.

II. Fortführung früherer Ansätze

Von den Elementen der Agrarpolitik, die man gewöhnlich als Teil der Perestrojka ansieht, sind es nur ein paar, allerdings wichtige, die neu hinzugekommen sind, nachdem Gorbatschow im März 1985 die höchste Führung übernommen hatte. Auf die Kontinuität jener Elemente, die auf die Breshnew-Zeit zurückgehen, ist vom Verfasser schon an anderer Stelle[5] hingewiesen worden. Deshalb mag für diejenigen, welche beibehalten oder ohne einschneidende Veränderungen fortgesetzt wurden, eine zusammenfassende Rekapitulation genügen. Lediglich den Formen der agrar-industriellen Integration, die als Zielsetzung weit zurückreicht und als langfristige, aber bereits in Angriff genommene Aufgabe gilt, werden hier etwas längere Ausführungen gewidmet.

Die quantitativen Produktionsziele des Lebensmittelprogramms wurden auf dem XXVII. Parteitag im Frühjahr 1986 zwar deklamatorisch beibehalten, aber in einigen wichtigen Posten versteckt nach unten revidiert, indem man sie auf das Endjahr 1990 und nicht mehr auf einen Durchschnitt 1986–1990 bezog.[6] Ansonsten sind die Produktionsergebnisse der Landwirtschaft nicht Gegenstand der vorliegenden agrarpolitischen Analyse; sie wurden vom Verfasser an anderer Stelle ausführlich dargestellt.[7]

Verringerung der Getreideflächen, die im Jahre 1977 mit 130,3 Mio. ha ihre größte Ausdehnung erreicht hatten. 1985 betrugen sie noch 117,9 Mio ha, 1988, laut veröffentlichtem statistischem Jahresbericht[8], nur noch knapp 115 Mio., wovon rund 5 Mio. wegen Dürre und »aus anderen Gründen« nicht abgeerntet wurden. Die agronomisch vernünftige Verringerung bei erweiterten Futterbau- und, in den Trockengebieten, Schwarzbracheflächen hat zu höheren Getreide-Hektarerträgen beigetragen und begann schon im Jahr des ZK-Plenums von 1978. Sie scheint aber weiter als erwünscht gegangen zu

---

4 Rede vom 13.1.1989, in: Sž, 15.1.1989.
5 Osteuropa, 8–9/1986, S. 650–660.
6 Osteuropa, 8–9/1986, S. 648f.
7 Osteuropa, 6, 7/1989.
8 Sowjetpresse, 22.1.1989.

sein und wird von manchen sowjetischen Agrarökonomen als alarmierend betrachtet.[9]

Anteilsmäßig nicht mehr wachsende Zuweisungen von Investitionsmitteln für die landwirtschaftliche Produktion (bei mäßiger Zunahme der absoluten Zahlen »in vergleichbaren Preisen«). Bei »Objekten mit Produktionsbestimmung« ließ man den prozentualen Anteil der Landwirtschaft an den Gesamtinvestitionen, der im Jahrfünft 1976–1980 eine einmalige Höhe erreicht hatte, seit 1979 kontinuierlich sinken. Dafür wurde mit vermehrtem Nachdruck effizientere Nutzung gefordert.[10] Nahezu ausgleichend nahmen die Investitionen in der »nichtproduktiven Sphäre« der Agrarbetriebe, also in deren Wohnungsbau, Kommunalwesen und sonstigen Infrastruktur, nicht nur in absolutem Wert (»in vergleichbaren Preisen«), sondern auch anteilsmäßig stark zu. Gorbatschow betrachtet dies ebenfalls als Fortsetzung der 1982 eingeleiteten Politik.[11] Eine Wende ist dagegen die starke Steigerung der Investitionen in dem der Landwirtschaft nachgelagerten Bereich (siehe unten).

Das *Programm zur Revitalisierung der Nicht-Schwarzerde-Zone* besteht seit 1974 und wird an dieser Stelle nur erwähnt, weil Gorbatschow es mit Nachdruck weiter befürwortet, wenngleich die Investitionssteigerungen schon zu Beginn der achtziger Jahre auf die allgemeinen der Landwirtschaft reduziert worden sind.

»Intensivierung« der landwirtschaftlichen Produktion. Hier handelt es sich vornehmlich um eine schon vorher bekannte Losung, die im Grunde nur höhere Erträge pro Hektar und Nutztier bedeutet. Doch hat sie neuerdings einen operationalen Inhalt insofern bekommen, als der Ressourceneinsatz auf bestimmte Gebiete, Betriebe und Betriebsteile, dabei besonders auf deren Getreideerzeugung, konzentriert werden soll, in denen die besten Aussichten für rasche Ertragssteigerung bestehen. Ein Entwurf wurde im Herbst 1984 dem Ministerrat der UdSSR vorgelegt[12], diesbezügliche Verordnungen ergingen am 2. Juli 1985 und 11. Juli 1986. Doch bleibt daneben die Forderung meist sehr unspezifisch, z. B. in der Kritik und Anweisung des ZK für die Provinz Tscheljabinsk[13], wo alle nur denkbaren Mängel der Tierproduktion angesprochen sind und ihre Behebung gefordert wird.

Man kann die Konzentration auf Prioritäten vielleicht als Korrelat zur verlangsamten Investitionssteigerung betrachten, die Schwerpunktbildung und selektiveren Düngereinsatz nahelegt. Charakteristisch ist die Belieferung mit Mineraldünger, deren Entwicklung große Schwankungen aufweist. Nach enormen Zunahmen der Mineraldüngerlieferungen 1971–1975 flachten diese bis

---

9 So von N. Osyčkin, in: Sž, 18. 11. 1988, S. 1.
10 Siehe u. a. die Verordnung vom 13. 9. 1985 gegen »unrationelle Nutzung von Ressourcen« und Gorbatschows wiederholte Kritik an den unbefriedigenden Produktionsergebnissen der Investitionen, z. B. in: Sž, 16. 3. 1989.
11 Rede vom 13. Januar, in: Sž, 15. 1. 1989.
12 Pravda, 20. 9. 1984.
13 Pravda, 4. 12. 1987, S. 1.

einschließlich 1980 sehr ab, stiegen 1981–1983 erneut stark an und verharrten von da an bis einschließlich 1987 bei einem gemäßigten durchschnittlichen Jahreswachstum von rund 5%. Erstmals 1988 waren sie »etwas geringer« als im Vorjahr. Agrarpolitische Trendwenden – etwa 1981, 1984 und 1988 – kann man darin aber kaum sehen, da die Lieferungen stark von der Inbetriebnahme neuer Kapazitäten der Industrie abhingen, bei denen wirtschaftspolitische Entscheidungen nur mit Verzögerung durchschlagen können. Eine Ausnahme bildet der Rückgang von 1988, der eher mit verminderter Nachfrage der Agrarbetriebe zusammenhängt, nachdem diese stärker auf Eigenerwirtschaftung ihrer Finanzmittel verwiesen wurden.

Vermehrte Toleranz gegenüber den individuellen Nebenwirtschaften, sogar deren Förderung zusammen mit angestrebter Integration in die sozialisierte Produktion. Sie begann mit einer Verordnung vom 14. September 1977 und wurde in zwei weiteren vom 8. und 15. Januar 1981 unter starker Betonung von Produktionsverträgen mit Kolchosen oder Sowchosen ausgedehnt. (Dieser Aspekt der Agrarpolitik, der auch vor 1985 deutlich mit dem Namen Gorbatschow verknüpft ist, wird weiter unten gesondert behandelt.)

Vermehrte Selbständigkeit der landwirtschaftlichen Betriebe. Sie ist ein Evergreen programmatischer Erklärungen der sowjetischen Agrarpolitik, wurde aber trotz verstärkter Betonung seit 1985 bisher nur sehr begrenzt, bestenfalls regional oder in Einzelfällen Realität. Das ZK der KPdSU kritisierte Ende 1987 lapidar: »Nach wie vor findet ungerechtfertigte Reglementierung der Tätigkeit der Kolchose und Sowchose statt.«[14] Das bezog sich in diesem Fall auf die Provinz Tscheljabinsk, aber man findet ähnliche Feststellungen auch für zahlreiche andere Landesteile. So wurde im Blick auf Kirgisien angekreidet, daß sich trotz Chozrasčet, Pacht-Podrjad (siehe unten) und Genossenschaftsbildungen am Leitungsstil der Verwaltungsorgane nicht viel geändert habe: »Nach wie vor werden alle möglichen Auflagen auf die Betriebe verteilt, werden verschiedene Arten von Dekaden- und Monatskampagnen zur Durchführung technischer Produktionsprozesse proklamiert, werden anstelle der festgelegten Berichterstattung zahlreiche Informationen per Telephon angefordert.«[15] Die Notwendigkeit selbständiger Betriebsführung wird aber in den jüngsten Verordnungen verstärkt betont.

Der innerbetriebliche Produktionsauftrag (podrjad) geht ohne diese Bezeichnung als Form der Organisation und Entlohnung der Arbeit auf Chruschtschows Lohnreform (1961/62) zurück, schlug damals aber fehl und stellt in gewissem Sinne eine Rückkehr zum Kolchos-Prinzip dar, jedoch auf höherem materiellem Niveau und bis 1986 meist in Produktionseinheiten von der Größe der Vorkriegskolchose.[16] Gorbatschow hat ihn schon in den siebziger Jahren in der Provinz Stawropol gefördert. 1982 wurde der Grundgedanke zu einem wichti-

---

14 Ebenda.
15 N. Čeliščeva, in: Sž, 28. 8. 1988, S. 2.
16 Hierzu ausführlicher K.-E. Wädekin, The Re-Emergence of the Kolkhoz Principle, in: Soviet Studies, XLI/1, Januar 1989, S. 20–38.

gen allgemeinen Programmpunkt, und nach einer ZK-Konferenz in Belgorod im März 1983 mit nachfolgendem Beschluß des Politbüros[17] wurde »Podrjad« in der Landwirtschaft in großem Umfang eingeführt.[18] Weitergeführt und mit neuem Inhalt gefüllt wurde dieser Ansatz unter Gorbatschow ab Anfang 1986 und ganz besonders ab Sommer 1987. Darin liegt eine Neuerung der Agrarpolitik, die weiter unten gesondert dargestellt und erörtert wird.

Die agrar-industrielle Integration und Reorganisation war schon im Parteiprogramm von 1961 vorgezeichnet. Konkret setzte sie 1970 ein, fand seit 1974 Ausdruck in den Experimenten mit Agrar-Industriellen Vereinigungen auf Kreisebene (RAPO) und administrativ mit der Bildung von sogenannten Produktionsvereinigungen als Unternehmen der Landwirtschaft.[19] Nach dem ZK-Plenum vom Mai 1982 folgte die allgemeine Einführung von RAPOs und entsprechenden Vereinigungen auf höheren Verwaltungsebenen[20] sowie einer Kommission des Ministerrats der UdSSR für Fragen des Agrar-Industriellen Komplexes und entsprechenden Kommissionen auf allen Verwaltungsebenen.[21]

Parallel dazu stimmte das Politbüro im Frühsommer 1984 dem Experiment eines »Agrar-Industriellen Kombinats ›Kuban‹« in der Provinz Krasnodar zu.[22] Es umfaßt eine Anzahl großer Agrarbetriebe mit Ausrichtung auf Obst-, Gemüse- und Kartoffelbau und versorgt diese mit Dienstleistungen, bezieht für sie die Betriebsmittel und setzt die Erzeugnisse in eigener Handelsorganisation bis hin zu eigenen Läden in den Städten ab. Diese vertikale Integration deckt sich weitgehend mit dem Territorium des Landkreises von Timaschewskaja. Ähnliche Unternehmen sind seitdem entstanden, z.B. die Molkerei-»Agrofirma« Adaji in Lettland.

Ein Kombinat faßt die Mitgliedsbetriebe (Kolchose und Sowchose) straff zusammen, ohne ihnen ihren Status als eigenständige Rechtssubjekte zu nehmen, und schafft sich eigene Verarbeitungs-, Transport- und Absatzeinrichtungen. In einer »Agrofirma« dagegen werden die angeschlossenen Betriebe vollständig eingeschmolzen. Zu einer Massenerscheinung sind die einen wie die anderen Unternehmensformen noch nicht geworden, aber ihre Zahl steigt. Die »Produktionsvereinigung« in der heutigen Form ist ein Verband von Betrieben der Landwirtschaft und ihr nachgelagerter Bereiche, die ökonomisch eine Einheit unter kollegialem Leitungsorgan bilden, aber juristische Eigenständigkeit behalten. In welchem Grade sie eine spontane Entwicklung darstellen oder eine von den örtlichen Behörden »von oben« in Gang gesetzte, ist unter sowjetischen Fachleuten umstritten. Die bekannteste und oft gerühmte ist

---

17 Pravda, 11. 3. 1983.
18 Nach dem Stand von 1984 befaßten sich ausführlich mit dem »Podrjad« die Konferenzbeiträge von A. Nove, M. Ellman und A. Pouliquen, in: J. C. Brada, K.-E. Wädekin (Hrsg.), Socialist Agriculture in Transition, Boulder, CO 1988, S. 13–54.
19 Verordnungen vom 7. 12. 1978, 22. 5. 1980 und 10. 3. 1982.
20 Musterstatuten in zwei Verordnungen vom 25. 11. 1982.
21 Verordnungen vom 24. 5. und 10. 6. 1982.
22 Pravda, 8. 6. 1984.

»Novomoskovskoe« in der Provinz Tula[23], die in jüngster Zeit zahlreiche Nachahmer findet, darunter in zwei weiteren Landkreisen der gleichen Provinz.

Alle diese Formen zielen nicht nur auf eine ökonomische Verflechtung der Landwirtschaft mit anderen Bereichen der Nahrungsgüterwirtschaft ab, sondern enthalten auch ein starkes organisatorisch-administratives Element. In der Regel deckt sich ihr Bereich territorial mit dem eines Landkreises. Bezeichnenderweise ist in den offiziell empfohlenen Statuten für Produktionsvereinigungen[24] bei der Wahl der Leitungsgremien durch Bevollmächtigte der Mitgliedsbetriebe »offene oder geheime« Abstimmung vorgesehen, aber der Stellvertretende Leiter des Agrar-Industrie-Komitees (Gosagroprom) der RSFSR spricht im Blick auf »Novomoskovskoe« nur von offener.[25]

Es handelt sich im Grunde um Notbehelfsstrukturen monolithisch-hierarchischen Charakters gegen die Leistungsschwächen und mangelnde Flexibilität vor allem auf den Erfassungs-, Verarbeitungs- und Handelsstufen des Agrarbereichs.

Das Streben nach Integration durch Reorganisation führte in den übergeordneten Verwaltungen zur Umgestaltung der oben genannten Kommissionen in direkte Leitungsorgane in Gestalt von staatlichen Gosagroproms auf allen Verwaltungsebenen und im Unionszentrum sowie zu einer entsprechenden Umgestaltung der RAPOs.[26] Dieser Schritt wurde unter Gorbatschow als ZK-Generalsekretär getan, der an die Spitze des Gosagroprom der UdSSR mit V. S. Murachovskij einen Vertrauten aus seiner Stawropoler Zeit stellte. Die RAPOs und Gosagroproms umfaßten in ihren jeweiligen Territorien die meisten Verwaltungs- und Leitungsorgane auch der Bereiche, die der Landwirtschaft nachgelagert und einiger, die ihr vorgelagert sind. Die Mitgliedschaft in einer RAPO war eigentlich freiwillig, aber nur sehr wenige Landwirtschaftsbetriebe konnten sich ihr entziehen.[27]

Agrarpolitische Kontinuität von Breshnew bis zu Gorbatschow tritt in diesen Reorganisationen besonders klar hervor: Die RAPO-Experimente begannen vor Gorbatschows Zeit als ZK-Sekretär für Landwirtschaft, die Kommissionen als Vorläufer der Gosagroproms sind entstanden, bevor er Generalsekretär der Partei wurde. Aber offenbar hat er ihnen zum Durchbruch verholfen: Die abschließende Schaffung der Gosagroproms war der erste weithin sichtbare Schritt der Agrarpolitik unter seiner höchsten Führung.

Seit 1986 regte sich zunehmend Kritik an diesen neuen Strukturen, vor allem dahingehend, daß die RAPOs nur die alte administrative Gängelung der

---

23 Ausführliche Beschreibung von V. Starodubcev, A. Kopylov u.a., in: APK: ėkonomika, upravlenie (Monatsschrift, Moskau; bis Ende 1987 unter dem Namen: Ėkonomika sel'skogo chozjajstva; im folgenden: APK), 4/1988, S. 22–30.
24 Tipovoe položenie ob agropromyšlennom ob-edinenii, in: APK, 3/1988, S. 95–108.
25 G. Kulik, in: APK, 7/1988, S. 28.
26 Verordnung vom 14.11.1985.
27 Der Verfasser besuchte im Juni 1988 einen solchen Kolchos in Litauen, wobei auch die begleitenden sowjetischen Fachleute erstaunt waren, daß es so etwas gab.

Produktionsbetriebe fortsetzten, obwohl doch diese formal im Leitungsgremium, dem RAPO-Rat, Sitz und Stimme hatten. Auf der ZK-Plenarsitzung vom Juli 1987 hat Gorbatschow erklärt, daß man eben neue Formen suchen müsse, wenn die RAPOs sich nicht bewährten. Damit war der Weg frei für Selbstverwaltungen genossenschaftlicher Art, in denen Kolchose und Sowchose die Mitglieder sind. Die im Juni 1988 verabschiedete Fassung des Genossenschaftsgesetzes enthielt dann einen Passus, der Kolchosen ausdrücklich das Recht auf Austritt aus den RAPOs zuerkennt. Ein Kolchos in der Provinz Gorki trat »aufrührerisch« aus (vzbuntovalsja), andere folgten seinem Beispiel.[28]

In jüngster Zeit sind, wo vorhanden, Produktionsvereinigungen nach dem Muster von »Novomoskovskoe« an die Stelle der RAPOs getreten. Letztere haben Ende 1988 in weiten Landesteilen faktisch zu bestehen oder eine aktive Rolle zu spielen aufgehört. Zu den auf ihre Auflösung zielenden Vorlagen zum ZK-Plenum vom März 1989 äußerte Gorbatschow sich positiv und ergänzte, »wo es sie noch gibt«.[29] Das Plenum beschloß die Abschaffung auch des Gosagroprom der UdSSR und dessen Ersetzung durch eine »Kommission für Lebensmittel und Aufkäufe« als »ständiges Organ der Regierung« mit Koordinations-, Beratungs- und Kontrollfunktionen, das aber seine eventuellen Anordnungen durch den Ministerrat ergehen lassen muß. Im Zuge einer auch sonst erfolgten Verlagerung von Kompetenzen und Aufgaben auf die Ebene der Unionsrepubliken wurden die Verwaltungsaufgaben des Gosagroprom teils auf diese, teils auf die betreffenden Unionsfachministerien und -komitees übertragen.[30]

III. Die neuen Elemente in der Perestrojka-Agrarpolitik

Das Wesentlichste, was in der sowjetischen Agrarpolitik unter Gorbatschow als Generalsekretär hinzugekommen und 1986/87 in den Vordergrund getreten ist, war in Ansätzen schon früher vorhanden, hat aber eine neue Qualität gewonnen. Es läßt sich in sieben Punkten zusammenfassen:

- Reduzierung der Bewässerungsprojekte;
- Preisreform;
- vertraglich vereinbarte Staatsaufträge;
- Wiederbelebung des Genossenschaftsgedankens;
- Auftragsproduktion in kleineren Einheiten;
- Pachtbeziehungen;
- Integration privater in die sozialistische Produktion.

---

28 V. Uzun, in: Literaturnaja gazeta, 15. 3. 1989, S. 11.
29 Sž, 16. 3. 1989, S. 2.
30 Verordnungen des Ministerrats der UdSSR vom 5. 4. 1989, in: Sž, 11. und 12. 4. 1989.

Man gewinnt den Eindruck, daß allenfalls zum letzten Punkt schon bei Gorbatschows Machtübernahme ein fertiges Konzept vorlag und daß bei der Konkretisierung der übrigen er und seine Berater einen Lernprozeß durchgemacht haben.[31] Auch die Integration von individueller und sozialisierter Produktion hat durch die anderen Punkte ein neues Gesicht erhalten. Ein auffallendes Beispiel ist die Tatsache, daß Gorbatschow sich nicht an der RAPO- und Gosagroprom-Reorganisation festklammerte (siehe oben), obwohl diese zuvor von ihm mitgetragen und weitergeführt wurde. Im gleichen Sinne läßt sich die erst im Laufe des Jahres 1987 einsetzende Propagierung der »Arenda« (Pacht, siehe unten) deuten. Trifft die Annahme eines pragmatischen Suchens nach neuen Wegen zu, so ist eine Weiter- oder Neuentwicklung der Konzepte durchaus denkbar. Anders gesagt: Die sowjetische Agrarpolitik ist noch für Überraschungen gut.

1. *Reduzierung von Bewässerungsprojekten*

In einem wesentlichen Punkt hat Gorbatschow die Agrarpolitik seiner Vorgänger geradezu revoziert, indem er nämlich die Flächenmelioration reduzieren und die Arbeiten zur Teilumleitung nordrussischer und sibirischer Flüsse nach Süden einstellen ließ. Zu diesem damals noch einmal bestätigten Projekt hatte Gorbatschow schon auf der ZK-Sitzung vom Oktober 1984 auffallend geschwiegen, obwohl er im ZK für Landwirtschaft zuständig war.

Indirekt wurden die gigantischen Umleitungspläne desavouiert, indem die vom XXVII. Parteitag (Februar 1986) verabschiedeten Planrichtlinien für 1986–1990 sie für Sibirien/Zentralasien nicht mehr erwähnten. Für Nordrußland-Wolga wurde ausdrücklich die Einstellung der bereits begonnenen Arbeiten durch den Erlaß vom 14. August 1986 angeordnet.[32]

Offensichtlich suchte sich das Unionsministerium für Wasserwirtschaft, das nicht dem Gosagroprom eingegliedert wurde, zu widersetzen, indem es sich darauf berief, daß das weitere Studium solcher Projekte zugelassen worden war. Mit Schärfe wurde weiterhin diskutiert, ob die Verordnung Verzicht auf die Großprojekte oder nur deren Vertagung bedeute.[33] Auch sonstige Bewässerungsvorhaben sind für 1986–1990 in geringerem Umfang als früher geplant, nämlich auf dem Ist-Niveau des vorangegangenen Jahrfünfts, mit dem das seinerzeitige Planziel nur zu 85–90% erreicht worden war. Die Entwässerungsarbeiten sind etwas weniger stark zurückgegangen.

---

31 So angedeutet in seiner Rede vom 13. 1., in: Sž, 15. 1. 1989.
32 Spravočnik partijnogo rabotnika, Bd. 27, S. 482ff.; zum Projekt selbst vgl. K. Stern, in: J. Breburda (Hrsg.), Die Umleitung eines Teils des Abflusses nördlicher europäischer und sibirischer Flüsse in der Sowjetunion und mögliche Auswirkungen auf die Umwelt, Berlin (West) 1986.
33 Siehe S. Zalygin, Povorot, in: Novyj mir, 1/1987, S. 3–18; G. V. Voropaev, Tam, za povorotom, in: Novyj mir, 7/1987, S. 181–188.

In der nachstehenden Tabelle sind die Unionsrepubliken aufgeführt, in denen entweder Be- oder Entwässerung eine bedeutende Rolle spielen. Der große Restteil entfällt auf die Russische Unionsrepublik, die ja auch mehr als die Hälfte aller Anbauflächen umfaßt, während die Anteile der übrigen Republiken, z. B. Entwässerung in der Moldau-SSR, in Transkaukasien und Zentralasien oder Bewässerung in Belorußland und im Baltikum, gering sind.

Tabelle 1: Neu in Nutzung genommene Meliorationsflächen 1971–1987 (in 1000 ha)

	Jahresdurchschnitte					
	1971–1975	1976–1980	1981–1985	1985	1986	1987
A) *Bewässerung*						
UdSSR insgesamt	903	750	660	642	614	554
Ukraine	127	118	105	102	102	102
Moldau-SSR	8	16	17	12	15	10
Transkaukasien	25	29	37	37	32	32
Zentralasien	233	224	209	196	181	146
B) *Entwässerung*						
UdSSR insgesamt	872	719	698	693	700	633
Baltikum	269	198	160	147	150	154
Belorußland	167	121	101	103	108	103
Ukraine	133	136	137	133	135	119

Quelle: Narodnoe chozjajstvo SSSR v 1987 g., Moskau 1988, S. 243.

Die Anstrengungen sollen heute und künftig mehr auf Reparatur, Verbesserung und rationellere Nutzung der bestehenden Bewässerungssysteme gerichtet werden.[34] »Arbeiten zur komplexen Überholung (rekonstrukcija) von Meliorationssystemen wurden auf einer Fläche von 530 000 ha durchgeführt«, heißt es im statistischen Jahresbericht für 1988. Dagegen sind dort, anders als bisher, die neu meliorierten Flächen nicht mehr angegeben, dafür aber wird die Feststellung getroffen: »Die Kapitalinvestitionen für den Meliorationsbau betrugen [im Jahr 1988] über 7 Mrd. Rubel. Der Ertrag der in die Bodenmelioration investierten Mittel nimmt jedoch systematisch ab.« Tatsächlich sind die Meliorationskosten ständig gestiegen. Allein die direkten Aufwendungen pro Hektar (Be- und Entwässerung zusammen genommen, ohne Folgekosten) sind von 5400 Rubel im Durchschnitt der Jahre 1976–1980 auf 6400 Rubel 1981–1985 und 7400 Rubel 1986–1987 gestiegen.[35]

---

34 So in der genannten Verordnung vom 14. 8. 1986; siehe auch die diesbezügliche Kritik des ZK der KPdSU an den Unionsrepubliken Usbekistan, Tadshikistan und Turkmenien, in: Pravda, 20. 6. 1987, S. 1, und die Verordnung vom 19. 1. 1988, in: Sobranie postanovlenij pravitel'stva SSSR, 7/Pos. 17.
35 Errechnet nach SSSR v cifrach v 1987 godu, S. 128.

Die noch verfolgten größeren Neuvorhaben sind sehr umstritten.[36] Der Bau des von Laskorin und Tichonov stark kritisierten Wolga-Tschochrajk-Kanals in der Kalmyken-ASSR wude aber jüngst eingestellt.

Die heftig umkämpfte Macht des Ministeriums für Wasserwirtschaft wurde in der Folge des ZK-Plenums durch die eine der beiden Verordnungen vom 5. April 1989[37] offenbar stark beschnitten, indem man die Finanzierung des Meliorationsbaus dezentralisierte. Zwar stellt Moskau noch Mittel bereit, aber sie werden auf die Unionsrepubliken verteilt, die, ebenso wie die Agrarbetriebe, auch einen Teil beizutragen haben. Dadurch gewinnen diese mehr Einfluß auf Planung und Bau von Be- und Entwässerungsanlagen.

2. Preisreform

In der sowjetischen Medienöffentlichkeit werden besonders die Einzelhandelspreise und deren zum Teil schon versteckt erfolgte Erhöhungen lebhaft diskutiert, aber wichtiger und noch schwieriger ist es, ein neues System von Großhandelspreisen einzuführen, eine Preisstruktur, die für den Austausch zwischen Betrieben, Unternehmen und Branchen bessere als die bisherigen Wertmaßstäbe setzt. Die Regierung ist sich der Wichtigkeit und Dringlichkeit einer umfassenden Preisreform, nicht nur einzelner Preisänderungen, durchaus bewußt. Ohne sie oder mit einer reformwidrigen Preispolitik können die gesamten Reformen scheitern, da Chozrasčet (wirtschaftliche Rechnungsführung) den Sinn verliert, wenn die Wirtschaftssubjekte rational nach ökonomisch irrationalen Preissignalen handeln.

Alles dies betrifft keineswegs nur die Land- und Nahrungsgüterwirtschaft. Für den Agrarsektor besteht ein wesentliches Ziel auch darin, an die Stelle der verschiedenen Zuschläge auf die Erzeugerpreise, die seinen Betrieben aus ganz unterschiedlichen Gründen und in verschiedenen Höhen bezahlt werden, ein einheitliches, allenfalls nach Großregionen gestaffeltes Preissystem zu setzen, das Wirtschaftlichkeit und sinnvolle Standortallokation stimuliert.

Die staatlichen Aufkaufpreise sind vor wie nach 1985 mehrmals heraufgesetzt worden, manchmal ziemlich umfassend (z. B. 1980 und 1983), manchmal nur selektiv. Doch mit Verordnung vom 17. Juli 1987 wurde eine grundsätzliche Reform des Preissystems für Industrie und Transportwesen zum 1. Januar 1990 und für Bauwesen und Landwirtschaft zum 1. Januar 1991 angekündigt.

Die Mängel des bisherigen Systems der Subventionierung der Verbraucherpreise, die man ebenso sehr als eine Stützung der Erzeugerpreise betrachten kann, sind hinlänglich bekannt: für 1 kg Rindfleisch zahlt der Konsument im

---

36 Vgl. den heftigen Angriff von B. N. Laskorin und V. A. Tichonov, in: Kommunist, 4/1988, S. 90–100, sowie die verteidigende Gegenposition von S. Akmal'chanov, V. Duchovnyj, M. Chamidov, in: Sž, 15. 9. 1988, S. 2; eine Übersicht über die Diskussionen gibt P. Sinnott in: Radio Liberty Reportage, RL 474/88.
37 Sž, 11. 4. 1989.

staatlichen Einzelhandel 1,77 Rubel, während die Erzeugung und Distribution den Staat durchschnittlich 5,37 Rubel kostet, bei Butter ist die Relation 3,38 zu 8,41, bei Kartoffeln 0,15 zu 0,27 Rubel. Es geht auch um Dotationen vor allem an die Staatsgüter und um die Betriebsmittelsubventionen, die z.B. bei Phosphatdünger 141 Rubel pro gelieferte Tonne betragen, beim Mähdrescher »Don-1500« 25500 Rubel pro Stück, d.h. zwei Drittel seines Fabrikpreises. Für Unterhalt und Nutzung der Bewässerungssysteme schoß der Staat 1985 1,3 Mrd. Rubel zu.[38]

Die Gesamtsummen der Subventionen werden von sowjetischen Autoren verschieden aufgegliedert. Die nachstehend reproduzierte Aufgliederung nach Verwendungszwecken des für Landwirtschaft zuständigen stellvertretenden Finanzministers der UdSSR darf als autoritativ gelten.

Tabelle 2: Staatliche Subventionen der sowjetischen Landwirtschaft (in Mrd. Rubel)

	1987 Ist	1988 präzisierter Plan	1989 Plan
Erstattungen des Preisunterschieds bei Aufkäufen landw. Produkte	54,0	53,6	55,6
Differenzierte Zuschläge zu den Aufkaufpreisen[1]	—	22,1	32,2
Zuschläge zu den Aufkaufpreisen für wenig rentable Betriebe	10,9	1,7	—
Erstattung des Preisunterschieds bei landw. Maschinen und Mineraldünger	5,8	2,1	—
Kapitalinvestitionen	16,2	12,8	13,1
Betriebsaufwand u.a. Ausgaben	11,9	7,0	7,5
Insgesamt	98,8	99,3	108,8

[1] Hauptsächlich bei ungünstigen Standorten und/oder obligatorischer Lieferung unrentabler Produkte sowie bei Planübererfüllung.

Quelle: V. Semenov, Chozrasčet i samofinansirovanie, in: APK, 3/1989, S. 12.

Die Tabelle zeigt den enormen Gesamtumfang sowie die dahingehende Veränderung, daß 1989 die Zuschüsse für Verlustbetriebe und industriell gefertigte Betriebsmittel eingestellt und dafür die Preizuschläge erhöht werden sollen. Die beiden Verordnungen vom 5. April 1989[39] gehen im Blick auf 1990 noch

---

38 V.S. Pavlov, Radikal'naja reforma cenoobrazovanija, Moskau 1988, S. 72, 76, 80; siehe auch den Artikel des gleichen Autors in: Pravda, 25.8.1987, S. 2; Pavlov ist Vorsitzender des Staatlichen Preiskomitees und Dr. ėkon. nauk.
39 Sž, 11. und 12.4.1989.

einige Schritte weiter, die hier nicht im einzelnen behandelt werden können. Ihre Hauptpunkte sind:

- Die Gesamtsumme der Preisstützungen soll sich nur im Umfang der Mehraufkäufe steigern, jedoch Kompensationen für veränderte Leistungen der Agrarbetriebe berücksichtigen, z. B. die Abführungen in die Sozialversicherung, die einzuführenden Zahlungen von Bodenrente an den Staat.
- Die Preissubventionen für verarbeitete Lebensmittel werden in der volkswirtschaftlichen Gesamtrechnung den öffentlichen Haushalten an den Orten des Verbrauchs belastet, nicht an denen der Erzeugung, also implicite als Verbrauchersubventionen eingeordnet.[40]
- Die Zahl der Zonen regionaler, aber zentral festgelegter Staffelung der Erzeugerpreise für Milch, Schlachttiere, Zuckerrüben, einige Arten Futtergetreide, Sonnenblumensamen und einige nicht genannte Produkte soll verringert, d. h. die Zonen sollen vergrößert werden. Unionseinheitlich bleiben die Erzeugerpreise für Nahrungsgetreide, Ölsaaten (außer Sonnenblumen), Faserpflanzen, Tabak, Wolle, Häute und einige Diät- und Kindernahrungsmittel. Die Erzeugerpreise für Kartoffeln, Obst und Gemüse und deren Verarbeitungsprodukte sollen sich örtlich mehr oder weniger frei bilden, allerdings »erforderlichenfalls« mit Höchstgrenzen.

Entsprechend sind von den zuständigen Ministerien zum 1. Mai 1989 die konkreten, ab Anfang 1990 einzuführenden Erzeugerpreislisten vorzulegen.

Weiterhin zentral festzulegen sind die Verbraucherpreise für Brot, Fleisch, Fisch, Zucker, Pflanzenfette, Tee, Tabak- und Alkoholerzeugnisse, Kindernährmittel »und einige andere«. In seinem Schlußwort zum Märzplenum[41] sagte Gorbatschow, offenbar im Hinblick auf die Verbraucherpreise für diese Lebensmittel im staatlichen Einzelhandel, daß man an diese in den nächsten zwei bis drei Jahren nicht rühren wolle.

Im Unionsinstitut für Agrarökonomie wurde der Verfasser im Januar 1989 darauf hingewiesen, daß es bei der Preisreform nicht um die Preise im einzelnen, sondern vor allem um den »Mechanismus der Preisbildung« gehe. Darin ist ein Anfang gemacht, aber eine eigentliche Reform des Agrarpreissystems wird weitere Schritte erfordern, über deren Art und Abfolge die Meinungen in Moskau noch auseinandergehen. Auch ist nicht zu sehen, wie es politisch machbar und ökonomisch durchführbar wäre, die Verbraucherpreise für Lebensmittel, vor allem Tierprodukte, so stark heraufzusetzen, daß die Subventionen wegfallen können, und zugleich die Einkommen so gezielt und in solchem Ausmaß zu erhöhen, daß soziale Härten vermieden werden.

---

40 Über solche undifferenzierte Zuordnung kann man geteilter Meinung sein. Jedenfalls ist sie bedeutsam für die baltischen Unionsrepubliken, die Tierprodukte in andere Landesteile liefern und Futtergetreide kaufen, da der größte Teil der Preissubventionen auf Tierprodukte entfällt.
41 Sž, 18. 3. 1989.

3. Vertraglicher Staatsauftrag

Der Begriff der »Naturalsteuer« (prodnalog), den Gorbatschow auf dem XXVII. Parteitag am 26. Februar 1986 wiederbelebte[42], ist bald hinter den allgemeineren, nicht nur auf die Landwirtschaft gemünzten Begriff des »Staatsauftrags« (gosudarstvennyj zakaz, Kurzform: goszakaz) zurückgetreten. Der Staatsauftrag ist in Art. 3 des »Gesetzes über das staatliche Unternehmen (die staatliche Organisation)« vom Juli 1987 zusammen mit Kontrollziffern, langfristigen Normativen und Limiten vorgesehen. Auf diesen als Grundlage arbeitet der Betrieb seinen eigenen Produktions- und Wirtschaftsplan aus. Da aber die Staatsaufträge wichtige und mit staatlichen Investitionen erzeugte Güter betreffen, ist ihre Aufnahme in den Plan obligatorisch. Die Zahlen kommen für Lieferungen an den »Gesamtunionsfonds« von Gosplan und Ministerien der UdSSR, bei Lieferungen an die Fonds der Unionsrepubliken von deren Gosplan und Ministerien. Doch trotz dieses obligatorischen Charakters sagt die eine der beiden Verordnungen vom 5. April 1989: »Die Betriebe nehmen auf freiwilliger Grundlage die Ausführung des Staatsauftags (...) auf sich.«[43] Da gleichzeitig die »ganze Fülle der Selbständigkeit in Planung und Verwirklichung der Produktions- und Finanztätigkeit« der Betriebe proklamiert wird, ist Freiwilligkeit nur zu erwarten, wenn sie die Aufträge als für sich vorteilhaft ansehen. Man erwartet, und das kam besonders im Genossenschaftsgesetz vom Juni 1988 zum Ausdruck, daß mit der Zeit bei verringertem Nachfrageüberhang sowie nach erfolgreicher Preisreform die staatlichen Aufträge für landwirtschaftliche Großbetriebe attraktiv und dann die Lieferverträge wirklich freiwillig abgeschlossen und erfüllt werden.

Der Staatsauftrag soll die bisherigen, zentral festgelegten Planauflagen für Verkäufe an staatliche Erfassungsorgane ersetzen, also das Kommando-Planungssystem ablösen. Es gibt Unions- und Unionsrepublik-Staatsaufträge, die darunter liegenden Organe aber dürfen von sich aus keine erteilen.[44] Alles, was über die Staatsaufträge hinaus erzeugt wird, soll an Organisationen des »örtlichen Verbrauchs« geliefert oder selbständig vermarktet werden.[45] Die Grundsätze der Erteilung von Staatsaufträgen sind »noch nicht ausgearbeitet«, der Goszakaz ist eine »Direktiv-Kennzahl, deren Erfüllung obligatorisch ist«; faktisch muß es in einer Übergangsperiode 1989/90 beim alten Planungs- und Auftragssystem bleiben.[46]

Formal beruht der Staatsauftrag auf einem Vertrag zwischen staatlicher Stelle und Erzeuger, besagt aber im Grunde ähnliches wie »Naturalsteuer«, nämlich daß der Staat die entscheidenden Teile der Produktion zu festgesetzten, nicht

---

42 Kommentiert vom Verfasser in: Osteuropa, 8/9/1986, S. 659f.
43 Sž, 12. 4. 1989.
44 I. Karljuk, T. Dacevic, E. Kazakov, in: APK, 9/1988, S. 3.
45 Verordnung vom 5. 4. 1989, a.a.O.
46 I. Karljuk, T. Dacevic, E. Kazakov, a.a.O., S. 8.

unbedingt kostendeckenden Preisen aufkauft, aber einen Teil den Betrieben zum Absatz nach eigenem Ermessen überläßt, sei es ebenfalls an den Staat oder an die Konsumgenossenschaft, an öffentliche Großverbraucher oder auch auf dem freien Markt. Erfaßt der Staatsauftrag keinen zu großen Teil der Produktion, ist er also wirklich nur eine Naturalsteuer, so kann er den Erzeugern durchaus Dispositionsfreiheit zur Anpassung an die Nachfrage unter Berücksichtigung ihrer betrieblichen Kostenstrukturen belassen. Gorbatschow kritisierte aber auf der 19. Parteikonferenz im Juni 1988, daß die Staatsaufträge faktisch zu Planauflagen geworden sind und bis zu 80% des Produktionsplans von Betrieben beanspruchen.[47] Bei den wichtigsten Nahrungsgütern waren es 1988 und 1989 sogar 100%, wie die »Vorläufige Ordnung zur Formulierung von Staatsaufträgen in den Jahren 1989 und 1990« klarstellte.[48] Bei solcher Sachlage wird die theoretisch gewährte betriebliche Selbständigkeit unwirksam.[49]

Es geht bei der Möglichkeit zusätzlicher, nicht durch Staatsauftrag gebundener Verkäufe nicht nur um das, was über die Staatsaufträge – faktisch: die Planauflagen – hinaus produziert wird und für das zumindest theoretisch seit je das Recht des selbständigen Absatzes bestand. Vielmehr handelt es sich auch um Teilmengen (bis zu 30% bei bestimmten Produkten) aus der obligatorischen Lieferung an die staatlichen Aufkaufstellen. Sie werden auf die plangemäßen Verkaufsmengen angerechnet.[50] Tatsächlich aber wurden 1987 anstatt 30% bei Gemüse nur 4,6% des staatlichen Aufkaufplans durch Absatz auf den Kolchosmärkten und über die Konsumgenossenschaften erfüllt, bei Kartoffeln nur 2,4%.[51]

Solche Verkäufe sind aus mehreren Gründen auch für die Erzeugerbetriebe problematisch. Bei Fleisch und Milch spielen die hohen Subventionen eine Rolle: »Bei den bestehenden hohen Aufkaufpreisen (des Staates) ist es für die Betriebe nicht vorteilhaft, auf dem (freien) Markt zu verkaufen, weil der Marktpreis oft niedriger ist als der staatliche Aufkaufpreis. Deshalb kann die Erweiterung der Selbständigkeit in der Planung beim bestehenden Preissystem zu einer Verringerung der Produktion führen. Freier Handel mit unverarbeiteten wie mit verarbeiteten Fleisch- und Milchprodukten kann erst nach der Reform des Preissystems Verbreitung finden.«[52]

---

47 Pravda, 29. 6. 1988; V. Uzun, a.a.O., S. 11, empfiehlt, ihn nicht auf alle Produkte zu erstrecken und bei unerläßlichen Produkten die Lieferauflage auf 15–40% der Erzeugung zu beschränken.
48 Ėkonomičeskaja gazeta, 31/1988, S. 18f., dazu die offiziösen Erläuterungen ebenda, 30/1988, S. 11.
49 I. Karljuk, T. Dacevic, E. Kazakov, a.a.O., S. 3f. Sehr kritisch zu diesem Thema auch B. Kurašvili, in: Moscow News, 17. 4. 1988.
50 Solche Möglichkeiten anderweitigen Absatzes von bis zu 10% der Pflichtlieferungen sahen bei Obst und Gemüse bereits die Verordnungen vom 5. 8. 1982 und 23. 6. 1983 vor.
51 APK, 5/1988, S. 17, 21.
52 V. Uzun, in: Sž, 18. 8. 1988, S. 2.

Für Direktverkäufe fehlt es überdies den meisten Erzeugerbetrieben nicht nur an Initiative und geeignetem Personal, wie häufig beklagt wird, sondern auch an geeigneten Absatzwegen und -mitteln. Oft sind die örtlichen Behörden eher daran interessiert, daß die Kolchose und Sowchose nicht auf den freien Markt gehen, sie behindern sie dabei geradezu, verweigern Transportmittel, erklären »Quarantänen«, »regulieren« die Beziehungen zwischen Verkäufern und Käufern.[53] Auch ist der Direktverkauf im Einzelhandel bzw. auf dem freien Kolchosmarkt für den darauf nicht eingerichteten Großerzeuger wenig lohnend. Der staatliche oder genossenschaftliche Großhandel dagegen ist für eine kommerzielle Mittlerrolle über den Staatsauftrag hinaus nicht flexibel genug, und privater Zwischenhandel ist verboten. Hier sollen die bereits genannten »Kombinate«, »Agrofirmen« u. ä. Abhilfe schaffen.

Wo die zentralen Staatsaufträge sich auf wenige Erzeugnisse und begrenzte Mengen beschränken, gehen manche Produkte in die Lieferpläne ein, die den Erzeugerbetrieben von Behörden auf Ebene der Republiken und – zumindest bisher – auch Provinzen auferlegt werden, um die geforderte regionale »Selbstversorgung« sicherzustellen. Sie werden manchmal bei Bedarf willkürlich heraufgesetzt.[54]

Zu bedenken ist bei alldem aber auch: Bis auf weiteres ist für die großen Produktpartien, an deren Absatz Großerzeuger interessiert sind, kein freier Handel erlaubt, und die formal nichtstaatlichen Konsumgenossenschaften als Handelsorganisation besitzen keine wirklich vom Staat unabhängige und nennenswerte Marktmacht. Solange das so ist, der Staat also eine Monopsonstellung besitzt, aus der heraus er Verträge nahezu diktieren kann, haben solche Erzeuger kaum eine Alternative zum Staatsauftrag. Sie könnten allenfalls die Produktion unrentabler Erzeugnisse verweigern, was aber von der politischen Führung schwerlich geduldet würde. Attraktiv können die Verträge unter solchen Bedingungen nur als kleineres Übel im Vergleich zu den früheren obligatorischen Planauflagen sein, falls die Erzeuger bei der Fixierung der Aufträge wirklich ein Wort mitzureden haben. Das wäre immerhin ein wichtiger Teilschritt weg vom Kommandosystem.

4. Wiederbelebung des Genossenschaftsgedankens

Der Theorie nach hat es in der Sowjetunion schon seit Stalin zwei große Gruppen von Genossenschaften gegeben: die Kolchose und die Konsumgenossenschaften; die kleinen Genossenschaften ländlichen Gewerbes sind unter Chruschtschow 1959–1961 fast vollständig beseitigt worden. Heute wird in der sowjetischen Öffentlichkeit auch offiziell – so etwa von Ministerpräsident Ryžkov in seiner Rede vom 24. Mai 1988 – zugegeben, daß faktisch die Genossenschaften verstaatlicht, d. h. völlig in die staatliche Planung und Leitung einbezogen wurden und deren Weisungen auch in ihren internen Abläufen unterstanden.

---

53 S. Lopsanukaev, in: Sž, 31. 8. 1988, S. 1.
54 V. Čeliščeva, in: Sž, 28. 8. 1988, S. 2.

Diese Entwicklung ist als schädlich erkannt worden. Genossenschaften sollen wieder Partner, nicht Ausführungsorgane des Staates ein und ein Element der Flexibilität in das sozialisierte Wirtschaftsleben bringen. Die spontane, von Einzelpersonen oder Kleingruppen ausgehende Neubildung von Genossenschaften vieler Arten wird erlaubt, sogar befürwortet, auch wenn die Verwaltungspraxis ihnen viele Beschränkungen auferlegt. Den vorläufigen Höhepunkt dieser Politik bildete das Genossenschaftsgesetz, das Anfang Juni 1988 verabschiedet wurde[55] und dem eine lebhafte Diskussion vorausging. Es betrifft Genossenschaften vieler Wirtschaftsbereiche und enthält einen speziell dem Genossenschaftswesen in der Landwirtschaft gewidmeten Teil. Nur auf diesen bezieht sich das folgende.

Dieses Gesetz überlagerte weitgehend das neue Musterstatut für Kolchose, dessen Entwurf im Januar 1988 veröffentlicht wurde und das bisher ein seltsames Schicksal hatte: Auf dem Kolchoskongreß Ende März 1988 gebilligt mit dem Hinweis auf weitere Überarbeitung, wurde es am 3. August 1988 vom Unionsrat der Kolchose verabschiedet, wobei in der Pressemitteilung[56] darauf verwiesen wurde, daß zahlreiche, inzwischen eingegangene Vorschläge und Bemerkungen berücksichtigt worden seien, insbesondere auch das Gesetz über das Genossenschaftswesen. »So ist jetzt, zum Beispiel, dem Kolchosnik das Recht des freien Austritts aus dem Kolchos gewährt. Erweitert wurden auch die Rechte der Kolchosleitungen und Betriebsvorsitzenden«. Das »ausschließliche Recht des Kolchos, über sein Vermögen und seine Geldmittel zu verfügen«, sowie das Recht, seine ökonomische und soziale Planung selber vorzunehmen, wurden genannt. Außerdem soll die überarbeitete Fassung des Musterstatuts neue Bestimmungen für Pacht-, Kollektiv- und Familienauftragsproduktion (podrjad, siehe unten) enthalten. Doch im Wortlaut ist der endgültige Statutentext nicht veröffentlicht worden, zumindest nicht in den bekannteren Landwirtschaftsmedien. Sowjetische Gesprächspartner meinen, es sei überhaupt nicht veröffentlicht und faktisch überholt.

Im großen und ganzen gewährt das Genossenschaftsgesetz ebenso wie das fast gleichzeitige Musterstatut-Projekt den Kolchosen mehr innerbetriebliche Beweglichkeit. Es macht keinen Unterschied zwischen Kolchosen und Sowchosen. Innerhalb beider können und sollen sich genossenschaftlich organisierte Kollektive sowohl der unmittelbaren Produktion wie auch der ihr vor- oder nachgelagerten Dienstleistungen bilden. Diese können sehr klein, bis hin zur familialen Kleingruppe, oder auch größer sein (Betriebsabteilung, Brigade, Arbeitstrupp [zveno]). Der Gesamtbetrieb stellt dann einen Verband von Mitgliedsgenossenschaften dar. Wie solche Verbandseigenschaft mit der eines Staatsbetriebs (Sowchos) zu vereinen sein wird, ist noch nicht klar zu sehen. (Die gleiche Frage erhebt sich auch beim »Pacht-Podrjad« in Sowchosen, siehe unten.) Fest steht aber, daß in jüngster Zeit eine ganze Reihe von Sowchosen in

---

55 Vgl. Izvestija, 8. 6. 1988; siehe auch den ökonomischen Kommentar von U. Weißenburger, in: Osteuropa-Wirtschaft, 4/1988, 327–334.
56 Sž, 4. 8. 1988.

Kolchose zurückverwandelt (23 allein in Litauen laut dortiger mündlicher Auskunft im Juni 1988), in Einzelfällen sogar ganz aufgelöst worden sind (letzteres belegt für den georgischen Hochgebirgskreis Mestija).[57] Auch ganze Kolchose und Sowchose können miteinander Genossenschaften bilden. Die oben genannten Produktionsvereinigungen vom Typ »Novomoskovskoe« werden als eine solche Form bezeichnet.

Ein zusätzliches Element brachte der Ukaz vom 7. April 1989 über das Pachtwesen[58], der das Recht auf Bildung von Genossenschaften im landwirtschaftlichen und benachbarten Bereich auch durch Privatpersonen außerhalb der sozialistischen Großbetriebe betont und gesetzlich verankert. Die Bildung von Verbänden solcher Kleingenossenschaften, die er indirekt empfiehlt, zielt auf größere Einheiten, die auf engere Zusammenarbeit mit dem sozialistischen Sektor angewiesen sind, sich von diesem auch leichter kontrollieren lassen.

5. Innerbetrieblicher Produktionsauftrag

Beim Produktionsauftrag (podrjad) handelt es sich darum, daß der sozialistische Großbetrieb einen Teil seines Produktionsprogramms einer personell definierten betrieblichen Untereinheit, eventuell Genossenschaft, überträgt. Die Verordnungen von Anfang April 1989 haben dem zwei zusätzliche Elemente hinzugefügt: Sie betonen die »Eigenständigkeit« der Großbetriebe, und sie befreien diese von den Vorschriften allgemeiner Entlohnungsordnungen. Die Betriebe dürfen nun, anstatt an ein überkompliziertes Regelwerk gebunden zu sein, »selbständig die Formen und Systeme der Bezahlung der Arbeit bestimmen, und sie verknüpfen diese, ausgehend von den Prinzipien wirtschaftlicher Rechnungsführung (chozrasčetnoj dejatel'nosti) der innerbetrieblichen Produktionsstrukturen, eng mit den Endergebnissen der Arbeit«.[59] Dies ermöglicht vielfältige Varianten des Produktionsauftrags in der Zukunft, deren Entwicklungstendenz sich noch nicht übersehen läßt.

Die Untereinheit soll den Produktionsauftrag freiwillig übernehmen, weil sie dessen Bedingungen für vorteilhafter hält als das bisherige Arbeitsverhältnis und auch relativ sicher sein soll, daß der ökonomisch wie sozial und politisch weitaus stärkere Partner, der Großbetrieb, die Vereinbarungen auch seinerseits einhält. Das ist der Idealfall, in dem man von Vertragsproduktion sprechen kann. In der großen Mehrzahl der Fälle dürften diese Voraussetzungen nicht oder nur zum Teil gegeben sein, so daß die Übersetzung »Produktionsauftrag« der Wirklichkeit besser entspricht. Die Problematik ist dann ähnlich der oben skizzierten beim »Staatsauftrag« zwischen Staat und Großbetrieb. Das »Podrjad«-Prinzip war an sich bereits in dem seit 1961/62 gültigen Lohnsystem der Landwirtschaft enthalten, aber so, wie es in der Praxis angewendet wurde, hatte

---

57 P. S. Kakulia, in: G. I. Šmelev, S. I. Zavjalov (Hrsg.), Puti povyšenija ispol'zovanija trudovogo potenciala sel'skoj sem'i, Moskau 1987, S. 53–63.
58 Sž, 9. 4. 1989.
59 Verordnung vom 5. 4. 1989, in: Sž, 12. 4. 1989, S. 2.

es die Krise der Agrarproduktion nicht verhindern können. Dies soll nun geändert werden.

Zwei Aspekte sind zu unterscheiden, und als ein dritter soll der jüngst aufgekommene »Pacht-Podrjad« getrennt und ausführlicher behandelt werden:

1. Der Untereinheit wird ihre Produktion zu einem vereinbarten innerbetrieblichen Stückpreis, nicht nach Arbeitsnormen bezahlt, wobei von der sich ergebenden Gesamtsumme die Kosten der vom Großbetrieb erbrachten Sach- und Dienstleistungen abzuziehen sind, was man »Bezahlung aus dem Bruttoeinkommen« (ot valovogo dochoda) nennt, die sich 1987–1988 durchsetzte. Allerdings liegen der Berechnung der Preise für die Produkte zahlreiche vorgegebene »Normative« des Material- und Arbeitsaufwands zugrunde, womit das bisherige System der Arbeitsvergütung weitgehend erhalten bleibt.[60]

Die Podrjad-Einheiten teilen sich ihre Arbeit nach Menge, Art und Zeit selber ein, arbeiten also nicht wie früher nach täglichen Anweisungen des Managements. Sie können einen ganzen Produktions- oder sogar Fruchtfolgezyklus allein übernehmen (z. B. im Getreide- oder Hackfruchtanbau) und erhalten dazu die erforderlichen Maschinen, Anlagen (z. B. Ställe bei Tierproduktion) usw. zur selbständigen Nutzung. Es kann aber auch so sein, daß eine Gruppe neben anderen einen zugewiesenen Teil des Tierbestands in einem Großstall betreut. Oder die meisten maschinellen Arbeiten werden vom Großbetrieb geleistet, hauptsächlich die manuellen dagegen von den Auftragskleingruppen, z. B. im Gemüse- oder Baumwollbau, wo eine solche Praxis ebenso wie in der extensiven Schafhaltung, Bienenhaltung und Seidenraupenproduktion vielerorts schon seit langem gehandhabt wird.[61]

Eine besondere Variante ist Viehhaltung in extensiver Nutzung gering produktiver Weideflächen (Steppen, Gebirge), bei der sich wegen der Weiträumigkeit die Kleingruppe fast unvermeidlich ergibt. Natürlich gibt es weitere Varianten je nach Produkt und örtlichen Gegebenheiten.

Hierzu ist zu sagen: Vor allem wäre es ein Mißverständnis anzunehmen, daß der Produktionsvertrag die Steigerung des landwirtschaftlichen Arbeitseinkommens bezweckt. Nur wenn durch vermehrte oder bessere Arbeit mehr produziert wird, erhöht sich auch die Entlohnung. Pro Einheit aufgewandter Arbeit sollen mehr Produkteinheiten erzeugt, also deren Arbeitskosten gesenkt werden. Im Jahre 1986 stellte sich dies folgendermaßen dar: In den »Brigaden und Arbeitstrupps des kollektiven Podrjad« wurde, im Vergleich zu sonstigen Kollektiven und Arbeitern, um 12% mehr gearbeitet (»Arbeitsaktivität der Beschäftigten im Laufe des Jahres«), aber nur um 10% mehr bezahlt, obwohl die Produktivität (also Qualität) der Arbeit um 65% höher war.[62] Mit anderen Worten, weniger Menschen arbeiteten und produzierten mehr und besser, erhielten jedoch nur ein Zehntel mehr pro Arbeiter.

---

60 Siehe hierzu A. Kamaeva, in: APK, 9/1988, S. 38–43.
61 M. I. Palladina in einer Diskussion am Runden Tisch, in: APK, 8/1988, S. 66.
62 Nach V. Mašenkov, in: APK, 1/1988, S. 76, 78.

Die Untereinheit trägt aber ebenfalls einen Teil des Risikos geringeren Produktionserfolgs, das allerdings durch eine garantierte bzw. vor dem Ende der Produktionsperiode bezahlte Mindestentlohnung nach geleisteter Arbeit begrenzt wird.[63] Die Realisierung des erwarteten Produktionserfolgs, als dessen Maßstab bei Vertragsabschluß heute meist die Ergebnisse der zuletzt vorausgegangenen 3–5 Jahre genommen werden, hängt auch bei weitem nicht allein von Menge und Qualität geleisteter Arbeit ab. Außer dem Wetter sind die pünktliche und einwandfreie vertragsgemäße Belieferung mit Betriebsmitteln und die Erfüllung vereinbarter Dienstleistungen durch den Großbetrieb sowie die pünktliche Abnahme schwer lagerfähiger Erzeugnisse (Gemüse, Obst, Milch, Schlachttiere) wichtige Faktoren. In allem diesem weist die sowjetische Landwirtschaft große Schwächen auf, unter denen auch der Großbetrieb selber leidet und deren Auswirkungen – weiteres »Risiko« – er deshalb auch bei gutem Willen nach unten nur weitergeben kann. Außerdem muß er die ihm gemachten Planauflagen weiterleiten, z. B. überzogene, von oben auf dafür ungünstigen Standorten geplante Produkterwartungen (Staatsaufträge oder andere Verkaufsauflagen). Das System setzt auch eine nicht nur korrekte, sonder ökonomisch gut fundierte innerbetriebliche Rechnungsführung voraus, deren Fehlen immer wieder beklagt wird.

Hinzu kommt, daß die innerbetrieblichen Preise weit unter denen liegen, die dann der Staat dem Großbetrieb bezahlt, so daß dieser bei mittlerem bis gutem Erfolg an einem Mehrgewinn teilhat, zu dem er nicht in entsprechendem Maße beigetragen hat. Dies mag man als Kehrseite der garantierten Mindestbezahlung betrachten, die zwar das Risiko der Auftragnehmer mindert, aber es zum Teil beim Auftraggeber beläßt. Teilabschöpfung des Mehrgewinns ebenso wie Mindestbezahlung beeinträchtigen Eigeninteresse und Initiative der Untereinheit. Der Vorausberechnung der innerbetrieblichen Preise und der Mindestlohnsätze bei Vertragsabschluß liegen doch wieder die alten Arbeitsnormen und Tarife zugrunde. Außerdem sind die Klagen zahlreich, daß der Großbetrieb häufig vertragswidrig in die Arbeitsorganisation und -planung der Untereinheit eingreift, was gesamtbetrieblich gute Gründe haben, aber nicht oder nur sehr indirekt im Interesse der Untereinheit liegen mag. Und schließlich wurden zumindest bisher in der Praxis bei sehr gutem Produktionserfolg oft die vereinbarten Preise einfach nicht voll ausbezahlt, weil der Gewinn der Untereinheit das überstieg, was man als unter sozialistischen Verhältnissen gerechtfertigtes Einkommen betrachtete.

Stets sind Großbetrieb und Staat die übermächtigen Vertragspartner, und allzu oft können die Untereinheiten den Abschluß von »Verträgen« nicht verweigern, auch wenn in ihren Augen die Aussicht auf Mehreinkommen in ungünstigem Verhältnis zu verlangter Mehrleistung und Risikoübernahme steht.

---

63 Punkt 16 der Verordnung vom 20. 3. 1986.

2. Es kann sich um recht große Untereinheiten (Brigaden, Viehabteilungen) mit mehreren Dutzend Arbeitskräften und über 1000 ha Nutzfläche handeln, aber auch um kleine, in Eigeninitiative gebildete Gruppen – in beiden Fällen spricht man meist von »Kollektiv-Podrjad« – oder sogar nur um »Familien-Podrjad« (semejnyj podrjad). Letztere Form wurde im Laufe des Jahres 1986 zunehmend propagiert, was in einer Verordnung vom 6. Dezember 1986 legislativen Ausdruck fand. Ob beim Familien-Podrjad ein Teil des privaten Hoflandpotentials mit in den Vertrag einbezogen wird, hängt von den jeweiligen Vertragsbedingungen und damit vermutlich auch vom Willen der Familie ab.

Hierzu ist zu sagen: Die Kleingruppe oder Familie als Basiseinheit der Arbeit hat den Vorzug, daß sie für das einzelne Mitglied überschaubar ist, daß in ihr »Trittbrettfahrer« mit geringer oder schlechter Arbeitsleistung leichter erkannt und unter sozialen Druck gesetzt oder ausgeschlossen werden können.[64]

Allerdings hängt es von der Art des Produkts, insbesondere von Art und Grad der Mechanisierung seiner Erzeugung ab, ob der Rückgriff auf kleine (nach westeuropäischen Kategorien oft mittelgroße) Produktionseinheiten die anderweitigen Vorteile großmaschineller Produktion überwiegt. Die niedrige Kapital-, Boden- oder Tierproduktivität der meisten Kolchose und Sowchose kann aber durch vermehrte, sorgfältigere und besser organisierte Arbeitsleistung solcher Gruppen mehr als kompensiert werden, was zu einer Verbesserung der Gesamtleistung führt, ob nun durch Mehrproduktion bei gleichem materiellem Aufwand oder gleiche Produktion bei vermindertem materiellem Aufwand oder eine Mischung von beidem. Auch bei den gleichen wie den unter 1. genannten fragwürdigen Voraussetzungen kann man von ihnen eine bessere Leistung als in den größeren Einheiten erwarten.

Ob sich die Klein- oder Familiengruppen gegenüber dem Großbetrieb in einer noch schwächeren Verhandlungsposition als die größeren Podrjad-Einheiten befinden oder in einer stärkeren, etwa indem sie leichter einen Vertragsabschluß verweigern können, ist von außen kaum festzustellen. Mit einiger Sicherheit läßt sich jedoch sagen, daß sie, um erfolgreich zu sein, ein erhebliches Ausmaß an Arbeits- und Risikobereitschaft aufbringen müssen und daß sie bisher nur eine Minderheit der Arbeitskräfte in der Landwirtschaft umfassen.

6. »Pacht«-Vertragsproduktion

Seit Juni 1987 ist zunehmend von »Pacht-Podrjad« (arendnyj podrjad) die Rede. Auf seiner damaligen Plenarsitzung hatte das Zentralkomitee es in seinen »Grundsatzthesen zur tiefgreifenden Umstrukturierung der Wirtschaftslei-

---

64 Vgl. hierzu, was in dem in Osteuropa, 2/3/1989, S. A–91 f., wiedergegebenen sowjetischen Text über die Verhältnisse innerhalb der sogenannten Šabašniki-Brigaden gesagt ist.

stung« in allgemeiner Form für notwendig erklärt, »durch Bezahlung für Naturressourcen (Boden, Wasser, Bodenschätze) die Differentialrente abzuschöpfen, die aus Unterschieden in der natürlichen Produktivität dieser Ressourcen entsteht«. Auf der 19. Parteikonferenz von Ende Juni 1988 wurden Pachtbeziehungen ausdrücklich empfohlen.

Über deren Ausgestaltung in der Landwirtschaft durch »Pacht-Podrjad« hielt das ZK am 12. Oktober 1988 eine spezielle Konferenz unter Beteiligung Gorbatschows ab.[65] Schon zuvor waren amtliche Empfehlungen zur Form von Pachtverträgen veröffentlicht worden.[66] Nach dem ZK-Plenum vom März 1989 brachte der Ukaz des Präsidiums des Obersten Sowjet der UdSSR vom 7. April 1989 »Über Pacht und Pachtbeziehungen in der UdSSR« eine Regelung, die insofern noch nicht ganz abschließend ist, als, laut ihrem Paragraph 19, ein Gesetz folgen soll, dessen Entwurf dem Obersten Sowjet bis zum 1. Juli 1990 vorzulegen ist.[67] Zudem wurde, laut Nachsatz zum Ukaz, vom Ministerrat der UdSSR am gleichen 7. April eine ergänzende Verordnung »Über die ökonomischen und organisatorischen Grundlagen von Pachtbeziehungen in der UdSSR« beschlossen und »eine entsprechende Ordnung« (položenie) bestätigt, deren Texte noch nicht bekannt sind.

In vielem den Ukaz inhaltlich vorwegnehmend und für die Praxis richtungweisend behandelte nach dem Stand vom Herbst 1988 ein Leitartikel in der Monatsschrift des Gosagroprom der UdSSR[68], der für die nachstehenden Ausführungen mit herangezogen wird, das Thema zusammenfassend.

Ganz neu ist im Ukaz, daß sozialistische Betriebe ebenfalls an den Staat Pacht für Nutzung bzw. Besitz von Boden und Kapital bezahlen müssen. Auch die ausdrückliche Nennung des »bäuerlichen Betriebs« (krest'janskoe chozjajstvo) als eines Pächters, der sich mit »individueller Arbeitstätigkeit in der Landwirtschaft« befaßt, also nicht als Bezeichnung für eine im Verschwinden begriffene Erscheinung, ist in der Sowjetunion neu. Der »bäuerliche Betrieb« wird wiederholt als eine der »gleichberechtigten« Formen auch in den fast zur selben Zeit publizierten Verordnungen vom 5. April bei den Aufzählungen landwirtschaftlicher Betriebe genannt.

Nicht behandelt wird im Ukaz die mehr das Arbeits- als das Pachtrecht betreffende Frage, ob ein Pächter oder ein Pächterkollektiv in Spitzenzeiten Lohnarbeiter heranziehen darf. Dies war in den »Empfehlungen« vom September 1988 vorgesehen, aber sehr bald wies ein hoher Funktionär des Justizministeriums in einem Interview darauf hin, daß eine solche Möglichkeit der Verfassung, Art. 17, zuwiderläuft, wonach ausschließlich eigene und Familienarbeit zulässig ist.[69] Die »Empfehlungen« sind in vielem nur ein Rohbau, regeln aber Einzelheiten, die sich im Ukaz nicht finden. Vielleicht

---

65 Sž, 14. 10. 1988.
66 Vestnik Gosagroproma, 37/2. 9. 1988, S. 4–5.
67 Sž, 9. 4. 1989.
68 Leitartikel »Arendnyj podrjad v praktiku raboty kolchozov i sovchozov«, in: APK, 12/1988, S. 3–9.
69 N. V. Lapčenkov, in: Sž, 28. 9. 1988, S. 2.

bringt die noch nicht bekannte ergänzende Verordnung eine Klärung dieser Fragen.

a) Innerbetriebliche und andere Pachtverhältnisse

Deutlich von den allgemeineren Pachtbeziehungen abgehoben wird die »innerbetriebliche Pacht«. Sie unterscheidet sich faktisch wenig vom oben behandelten innerbetrieblichen Produktionsauftrag, nur daß nun das Erfolgs- und Einkommensrisiko des Pächters bzw. des Pächterkollektivs größer ist und daß, laut Verordnung vom 5. April 1989[70], das zugrundeliegende Entlohnungssystem vom Kolchos oder Sowchos selber gestaltet werden kann. Bezeichnenderweise haben ihre Vertragsbestimmungen dem Arbeitsrecht zu entsprechen, werden Änderungen vom »Werktätigenkollektiv« des Großbetriebs entschieden und ist bei Streitigkeiten die Landkreis- oder Stadtverwaltung als Berufungsinstanz zuständig, nicht wie sonst bei den Pachtbeziehungen ein Gericht oder die Arbitrage.

Zu unterscheiden ist auch, ob als Pächter betriebsangehörige Personengruppen, Familien oder Individuen auftreten oder ob es außenstehende Gruppen (Genossenschaften), Familien, Einzelpersonen sind. Im erstgenannten, offensichtlich am meisten vorkommenden Fall handelt es sich in der Regel um eine schon bestehende Untereinheit des Großbetriebs wie Brigade oder Arbeitstrupp (zveno). Es kann auch eine Personengruppe sein, die sich innerhalb des Kolchos oder Sowchos zum Zwecke der Vertragsproduktion neu bildet, wodurch man vielleicht von der eingefahrenen und wenig effizienten Betriebs- und Kommandostruktur loskommt. Auch innerbetriebliche Dienstleistungseinheiten (z. B. Reparaturwerkstatt) oder Dienstleistungspersonen (Lastwagenfahrer, Agronom, Veterinär usw.) können und sollen in Vertragsbeziehung zu oder Lohnarbeit bei den produzierenden Einheiten treten. Hier kommt man nahe an die Grenze der Beschäftigung fremder Kräfte heran, den verbotenen (siehe oben) Einsatz von Lohnarbeit.

Der »Podrjad-Pächter« kann Boden vom Großbetrieb (Kolchos oder Sowchos) oder »einem anderen Bodennutzer« (z. B. Versorgungsbetrieb der Industrie oder eine Stadtgemeinde, ein Landkreis) pachten bzw. Maschinen und Anlagen (Gebäude, Dauerpflanzungen) mieten und auch kaufen; vom Verpächter bezogene umlaufende Betriebsmittel (z. B. Mineraldünger, Treibstoff u. ä.) sowie Dienstleistungen (Veterinärbetreuung, agronomische Betreuung, Großmaschineneinsatz usw.) hat er zu bezahlen. Bei der »innerbetrieblichen Pacht« wird dies alles in der Regel gegen den Erlös aus der vertraglichen Produktion zu Vertragspreisen verrechnet, bei der sonstigen Pacht ist das auch möglich, vermutlich sogar häufig, es kann aber auch durch Geldzahlung oder »in gemischten Formen« geschehen, während die Lieferungen direkt an staatliche Stellen erfolgen.

Der Pachtvertrag soll Art, Umfang, Fristen und Preise der Produktion sowie Form und Art von deren Absatz an den Großbetrieb oder direkt an Aufkauf-

---

70 Sž, 12. 4. 1989, S. 2.

organisationen oder andere staatliche Institutionen festlegen. Hinsichtlich Boden- und Anlagennutzung kann er auf »5 bis 50 Jahre oder auf längere Frist« geschlossen werden. Auch soll er von Zeit zu Zeit den sich wandelnden Verhältnissen und Erfordernissen angepaßt werden, jedoch nicht häufiger als einmal in fünf Jahren (anscheinend den Planjahrfünften entsprechend). Bei innerbetrieblicher Pacht ergeben sich die Bedingungen »aus der Notwendigkeit für Kolchos oder Sowchos, die mit den Aufkauforganisationen geschlossenen Lieferverträge über solche Produkte zu erfüllen«.[71]

Die Betriebsmittel sollen den innerbetrieblichen Pächtern zu »plangemäßen Verrechnungspreisen« (planovo-učetnye ceny) geliefert werden. Für ihre Erzeugnisse erhalten sie innerbetriebliche Verrechnungspreise oder aber – bei außerbetrieblicher Pacht oder monetärem Pachtzins – staatliche Aufkaufpreise (doch ohne die Zuschläge für Über-Plan-Lieferungen oder für die Preisstützung, welche der Großbetrieb erhält). Bei ungünstigen örtlichen Bedingungen für eine Produktion, die dennoch gebraucht wird, können besondere Vertragspreise angewendet werden. Bei der Berechnung der Pachthöhe geht man in der Regel von den »normativen« Gewinnerwartungen des Großbetriebs aus, die eventuell höher als der faktische bisherige Gewinn sein können, also von dem Gewinn, welchen ein erfolgreich wirtschaftender Großbetrieb der betreffenden Gegend unter vergleichbaren Bedingungen (Bodenqualität, Kapitalausstattung, Verkehrslage usw.) erzielt. Daß die Pacht anstatt in Geld meist in Naturalform der zu erzeugenden und abzuliefernden Produkte festgelegt wird, ist nicht mit der klassischen Teilpacht zu verwechseln, da der sowjetische Pächter im Prinzip die gesamte geplante Produktion abzuliefern hat, andererseits aber der Verpächter den die Pacht übersteigenden Teil der Produktion in Geld bezahlt, vermutlich zum Teil schon mit Vorauszahlungen im Laufe des Jahres oder der Produktionsperiode. Ist der Verpächter nicht direkt ein staatliches Organ, sondern ein primärer Bodennutzer (in der Regel Kolchos oder Sowchos), so darf er bei monetärem Pachtzins nur behalten, was seine Aufwendungen für Betriebsmittel, für Unterhalt und Verbesserung von Anlageobjekten und Boden sowie für Produktionsinfrastruktur deckt; der Rest ist an den örtlichen Land- oder Stadtkreissowjet abzuführen. Betriebsangehörige Produktionskollektive sollen nur das, was sie über die Vertragsmengen hinaus erzeugen, nach eigenem Ermessen verwenden bzw. über selbstgewählte Kanäle, einschließlich freien Markt, absetzen können.

Gruppen (Genossenschaften) und Einzelpersonen bzw. Familien, die Pächter werden, ohne dem Kolchos oder Sowchos anzugehören, sollen selbst entscheiden können, mit welcher Anbaustruktur, welchem Viehbestand und welchen Techniken sie ihre vertraglichen Verpflichtungen erfüllen und was sie mit ihrem Reingewinn tun. In der Verwendung ihrer Erzeugnisse bzw. der Art und den Wegen ihres Absatzes sollen sie völlige Freiheit haben. Solche Pächter haben ihr eigenes Konto bei der Landwirtschaftsbank, bezahlen auch selbst ihre Sozialbeiträge und Steuern. Zumindest juristisch sind sie eigenständige Wirt-

---

71 Leitartikel »Arendnyj podrjad«, a.a.O., S. 4.

schaftssubjekte. Doch selbst wenn ihre Zahl groß werden sollte, stellen sie infolge geringer Betriebsgrößen vom Gesamtpotential der sowjetischen Landwirtschaft bis auf weiteres nur einen geringen Teil dar.

Bei der häufig vorkommenden Form der Pächter-Brigaden handelt es sich um große Betriebe, die nach Fläche und Viehbeständen den Kolchosen der dreißiger Jahre ähneln oder sie sogar übertreffen, hinsichtlich der Zahl der Arbeitskräfte aber kleiner sind: meist 20–30 »Mechanisatoren« (Landmaschinenpersonal) und sonstige permanente Facharbeiter zuzüglich einer Anzahl Hand- und Spannarbeiter. Sofern solche Formen in Staatsgütern angewendet werden, entstehen innerbetrieblich kolchosähnliche Strukturen. So wurde in einem Sowchos nahe Kischinjow eine »freiwillige sowchos-genossenschaftliche Vereinigung aus 34 Pachtkollektiven« geschaffen, von den Leuten auch »Kolchos im Sowchos« genannt, die das »Recht auf juristische und ökonomische Eigenständigkeit« erhielt.[72] Im allgemeinen gelten Basiseinheiten mit mehr als fünfzig Mechanisatoren als zu groß.[73] Das entspricht der Technisierung der Landwirtschaft, stellt aber gleichzeitig eine Aufgliederung der übergroßen Kolchose und Sowchose auf kleinere Einheiten der unmittelbaren Produktion dar. Nach westlichen Maßstäben sind auch diese noch sehr groß.

Im Familien-Podrjad entstehen sehr viel kleinere Einheiten, die jedoch mit 10–30 Milchkühen oder 20–100 Mastrindern oder über 100 Mastschweinen, mehrere hundert Schafen in Weidehaltung usw. einem Familienbetrieb in Westeuropa entsprechen. In dem beim Familien-Podrjad selteneren Getreidebau kann es sich auch um über hundert und mehr Hektar handeln. Doch auch wenn die Einheiten – häufiger – wenige Hektar Intensivkulturen (Gemüse, Wein, Tabak u.ä.) zur Bearbeitung übernehmen, wobei der Großbetrieb Maschinenarbeiten, z.B. Pflügen, ausführt, steht eine solche Betriebsgröße nicht hinter dem zurück, was etwa in der oberrheinischen Tiefebene oder in Japan als ausreichend gilt.

b) Probleme der Praxis

Bei alldem ändern sich die Funktionen der Kolchose und Sowchose grundlegend. Sie sollen denen von Bezugs-, Absatz- und Dienstleistungsgenossenschaften (einschließlich zentraler Buchführung) entsprechen und die Erfüllung dieser Aufgaben aus den Pacht- und Mietzahlungen sowie direkten Zahlungen für ihre Dienstleistungen finanzieren. Doch sollen sie »Integratoren« und »Organisatoren« der wirtschaftlichen Tätigkeit der Klein(Familien)kollektive bleiben.[74] Aus ihrem Gewinn haben sie infrastrukturelle und soziokulturelle Leistungen zu finanzieren, für »innerbetriebliche« Pächter die staatlich vorgeschriebenen Sozialleistungen zu erbringen und die Beiträge dafür zu bezahlen, was alles in die Pachtberechnung eingeht.

---

72 TASS-Meldung, in: Sž,31.12.1988, S.1.
73 Leitartikel »Arendnyj podrjad«, a.a.O., S.8.
74 A. Puzanovskij, in: APK, 9/1988, S.47.

Der »Pacht-Podrjad« stellt einerseits eine logische Weiterentwicklung der bisherigen Auftragsproduktion (des einfachen Podrjad) dar, andererseits ist er, wenn als Kollektiv organisiert, im Grunde eine Wiederherstellung des Kolchos, wie er ursprünglich gedacht war: ein nichtstaatlicher, genossenschaftlicher Landwirtschaftsbetrieb, der seine Produktion in eigener Regie organisiert und durchführt, für die Gesellschaft, vertreten durch die staatlichen Aufkauforgane, Lebensmittel produziert und bezahlt erhält, dabei Lieferverträge erfüllt, Betriebsmittel und Dienstleistungen von staatlichen Industrien und Unternehmen kauft. Nur ist nun in der Regel der heutige Groß-Kolchos bzw. -Sowchos zwischengeschaltet.

Eine ökonomische Fundierung für die Berechnung einer Bodenrente und damit einer sinnvollen Pachtzinshöhe ist unter sowjetischen Bedingungen schwierig. Zweifelhaft ist zudem, ob die »plangemäßen Verrechnungspreise« (siehe oben) bei der Pacht- oder Leihzahlung für Anlagen und Maschinen ökonomisch gut begründet sind; sie beruhen ja auf den Abgabe- und Baupreisen des Staates, die schon seit langem mannigfach kritisiert werden. Bei monetärer Form der Pachtrente wird sich ein zu hoher oder zu niedriger Pachtzins direkt bemerkbar machen, nimmt sie aber die Form von Unterschieden zwischen innerbetrieblichem Preis und staatlichem Aufkaufpreis an, so ist das schwerer zu erkennen.

Die Berechnung der Pachtbedingungen enthält wie beim »Podrjad« ohne Pacht zwei Hauptelemente. Einerseits liegen ihr faktisch die Arbeits- und Tarifnormen zugrunde (neuerdings eventuell die speziellen des betreffenden Kolchos oder Sowchos), zumindest wo es sich um den – weitaus häufigsten – Fall der innerbetrieblichen Kollektive und Personen handelt. Insofern ist der »Pacht-Podrjad« ein Arbeitsvertrag in der äußerlichen Form eines Produktionsvertrags, und das war zumindest bisher »durchweg« die Praxis.[75] Andererseits aber soll die Höhe der – naturalen oder monetären – Pachtzahlung aus Bodengüte (Bonitierung, die nach mündlicher Mitteilung nun für das ganze Land vorliegen soll), Betriebslage, Produktivität der letzten 3–5 Jahre, also einem zu erwartenden Normativertrag, abgeleitet werden. Zur Bodenbewertung sagt V. Uzun: »Wir sind schon seit langem bemüht, eine ökonomische Bewertung der Ländereien durchzuführen. Aber diese ökonomischen Kategorien verlieren doch ihren Sinn, wenn der Boden keine Ware darstellt und nicht Gegenstand von Kauf und Verkauf sein kann.«[76]

Der Vertrag schreibt dem Kollektiv oder der Familie »innerbetrieblicher Pacht« vor, was sie wo und wie produzieren, und schöpft in der Regel ihr ganzes Produktionspotential aus. Ihr Produktionsprogramm können sie deshalb kaum selbst bestimmen bzw. ändern, allenfalls für jenen kleinen Teil ihres Potentials, der ihnen Erzeugung über die vertraglichen Verpflichtungen hinaus ermöglicht. Entsprechendes gilt faktisch auch für den Einsatz ihrer Anlage- und Betriebsmittel, selbst wenn sie gekauft oder aus Eigenmitteln erstellt sind.

---

75 Ebenda.
76 Literaturnaja gazeta, 15. 3. 1988, S. 11.

Diese oder die Materialien dafür wären ihnen ja wegen der verbreiteten Knappheiten schwerlich ohne Produktionsauftrag geliefert worden, es sei denn über einen schwarzen oder grauen Markt. Der Erwerb von Betriebsmitteln aus öffentlichem Eigentum ist zumindest bisher an viele Einschränkungen gebunden. Grundsätzlich müssen es »nicht benutzte«, »überschüssige«, »nicht nötige«, überplanmäßig erzeugte Maschinen u. ä. Betriebsmittel sein. Nur sehr wenige Arten können über den Gebrauchtwarenhandel oder aus dafür bereitgestellten Kontingenten bezogen werden, und dann zum Einzelhandelspreis, außer wenn eine Pächtergenossenschaft einem öffentlichen Betrieb zuarbeitet. Ein Sowchos oder anderer Staatsbetrieb kann Betriebsmittel (laut Gesetz von 1987 über den Staatsbetrieb) an eine Genossenschaft verkaufen, wenn er sie nicht selbst braucht und einen Vertrag darüber abschließt, aber die Pächtergenossenschaft kann das nicht verlangen.[77] Für Maschinen in Nutzung oder im Besitz von Pächtern (d. h. im staatlichen Obereigentum) tragen diese nicht nur alle Pflichten und Kosten für Unterhalt und Betrieb, sondern haben Treibstoff zum Einzelhandelspreis und Ersatzteile »zu verdreifachten Großhandelspreisen« zu erwerben.[78] Es bleibt abzuwarten, ob die »Vollberechtigung« und »Gleichberechtigung« der individuellen Erzeuger, wie die Verordnungen vom 5. April 1989 sie stipulieren, an dieser Situation viel ändern werden. Die eine von ihnen[79] sieht einerseits vermehrte Belieferung von »Bauernwirtschaften« und »persönlichen Nebenwirtschaften« durch den auszubauenden ländlichen Einzelhandel vor, andererseits auch Zulassung zum Großhandel. Doch spielt für die wichtigeren Betriebsmittel der Großhandel generell noch keine wesentliche Rolle.

Für das über die vertraglichen Mengen hinaus Erzeugte können ein Kollektiv oder eine Familie in der Praxis selten selbst Art und Wege des Absatzes wählen, sie sind auch dafür ablieferungspflichtig[80] oder haben wenig andere Möglichkeiten, z. B. wegen Verkehrsferne. Für den außerbetrieblichen Pächter ist mehr Dispositionsfreiheit vorgesehen, aber es bleibt abzuwarten, wie die Praxis diesbezüglich aussehen und ob es viele Pächter geben wird, denen der Vertrag sie gewährt.

Eine Hauptfrage ist, ob die den Pächtern zustehenden Dispositionsfreiheiten Realität werden. Allzu zahlreich waren bisher die Berichte über Verstöße gegen Geist und Buchstaben der »Podrjad«-Verträge, welche die Zeitschrift des Gosagroprom[81] in die Worte zusammenfaßt:

»Die Pacht, das sind vor allem ökonomische Beziehungen, die auch die Eigentumsbeziehungen berühren. In den Kolchosen und Sowchosen hat sich viele Jahre

---

77 N. V. Lapčenkov, a. a. O., S. 2.
78 Ju. Konkin, in: APK, 9/1988, S. 17.
79 Sž, 11. 4. 1988.
80 Im Blick auf den innerbetrieblichen Produktionsauftrag Krasnoperov, in: Sž, 16. 12. 1988, S. 2; dort auch über sonstige Einmischungen von Kolchos oder Sowchos, insbesondere übertriebenes Verlangen nach ständiger Rechnungslegung.
81 Leitartikel »Arendnyj podrjad«, a. a. O., S. 9.

hindurch ein lineares Leitungssystem herausgebildet und eingeschliffen, das Podrjad-Grundsätze wenig berücksichtigt. Nicht selten werden Brigaden und Arbeitstrupps auf Pacht gesetzt, aber alle Attribute des Leitungssystems bleiben wie früher, d. h. bleiben solche des Administrierens und Kommandierens. Im Zusammenhang damit ist es in vielen Betrieben nicht gelungen und konnte auch nicht gelingen, einen der wichtigsten Grundsätze zu verwirklichen, die Selbständigkeit der Basisproduktionskollektive, weswegen das schöpferische Potential der Arbeitskollektive nicht voll genutzt wird.«

Es ist zu befürchten, daß in den größeren, mehrere Dutzend Personen umfassenden »Podrjad«-Kollektiven auch intern die eingefahrenen Leitungs- und Kommandostrukturen weiterbestehen.

Auf allen Stufen sind diese Strukturen nur schwer zu überwinden. Und auch wenn man von solchen Hemmnissen absieht, lassen die bestehenden und in der empfohlenen Vertragsform enthaltenen Bestimmungen noch vieles unklar. Zwar hebt der Pacht-Ukaz in der Sache das bodenrechtliche Verbot von Verpachtung faktisch auf, doch müßte auch die Staatsverfassung geändert werden. Viele Unsicherheiten bestehen ebenso auf seiten der Großbetriebe; sie sind durch die bisherigen Gesetzesakte, Verlautbarungen und offiziellen Empfehlungen noch bei weitem nicht alle beseitigt. Zum Beispiel ist zwar Schadenserstattung bei Verletzung oder Nichteinhaltung des Vertrags vorgesehen, aber bei der Kluft zwischen offiziellen Preisen und tatsächlichem Wert vieler Güter ist ihre Berechnung äußerst problematisch.

Bei den bisher gegebenen Voraussetzungen läßt der »Pacht-Podrjad« wenig Raum für Eigeninitiative, außer für mehr und besseren eigenen Arbeitseinsatz. Ob er gegenüber den anderen Formen des Podrjad einen wesentlichen, große Teile der Landwirtschaft erfassenden Fortschritt bedeutet, kann erst seine weitere Entwicklung auf der Grundlage der neuen Gesetzgebung zeigen. Mit Recht wird gewarnt, man dürfe »nicht ins Extrem verfallen und sie [die Familienpacht] nicht zu einem Allheilmittel bei der Lösung aller Probleme machen«.[82] Groß ist die Gefahr, daß »die Einführung Direktivcharakter trägt«, wie es 1987 in Kasachstan bei der extensiven Schafhaltung der Fall war. Dort hatte man in Massen sowohl Kollektiv- wie auch Familien-Auftragsproduktion (damals noch ohne Pacht) eingeführt, ohne daß Betriebsleiter und Fachpersonal sowie die betroffenen Arbeitskräfte klare Vorstellungen des Unterschieds zwischen den zwei Formen hatten.[83]

Eine der noch offenen Fragen ist die, ob es mehr als nur Ausnahmefälle sein werden, in denen der Pächter völlig unabhängig von Kolchos oder Sowchos wird und sein Land sowie seine Betriebsmittel direkt vom Staat, d. h. von den Landkreisverwaltungen, bekommt, reine Geldpacht (neben Landwirtschaftssteuer, Einkommenssteuer und Sozialversicherung) bezahlt, nach eigenem Ermessen produziert und Liefer- wie Belieferungsverträge selbständig mit staatlichen Aufkaufstellen schließt. Im Hinblick vor allem auf die russische

---

82 A. Puzanovskij, a.a.O., S. 44.
83 V. Abdullin, in: APK, 11/1988, S. 86.

Nichtschwarzerdezone trat der Schriftsteller A. Anan'ev[84] dafür mit einem leidenschaftlichen Plädoyer ein und meinte dabei einen modernen, mit Maschinen ausgestatteten Familienbetrieb, einen »fermer« (Farmer). Aus der gleichen Einstellung heraus warnte V. A. Tichonov:[85] »Ein Pächter innerhalb des Kolchos wird nie ein freier Warenproduzent sein, denn er ist gebunden durch die gleichen Verpflichtungen (gegenüber dem Kolchos), wie sie dem Großbetrieb (gegenüber dem Staat) auferlegt sind.«

Gegenwärtig gibt es aber auch starke Tendenzen, nicht an die dominierende Stellung der Kolchose und Sowchose im örtlichen Bereich zu rühren und der Selbständigkeit des »Pächters« enge Grenzen zu ziehen. Sie haben sich bei der Beratung vom 13. Januar 1988 im ZK recht deutlich gezeigt und klangen auch in Äußerungen Gorbatschows bei diesem Anlaß sowie beim ZK-Plenum im März an.[86] Die darüber entflammte, von Gorbatschow erwähnte[87] heftige Diskussion zusammen mit der noch benachteiligten materiellen Situation des Pächters erklärt hinlänglich das Zögern vieler Menschen auf dem Lande gegenüber dieser Neuerung, wie es z. B. für die Provinz Brjansk geschildert wurde.[88]

Solche Hemmungen sind im wesentlichen, aber nicht allein durch das politisch-soziale System bedingt. Ein sowjetischer Kollege nannte dem Verfasser drei Gründe, warum der Familien-Podrjad als eigenständiger, traditionell geführter Familienbetrieb nur in einer Minderzahl von Fällen oder in bestimmten Landesteilen oder nur über längere Frist eingeführt werden könne, wolle man schwere Fehlschläge vermeiden:

– Die Vielseitigkeit spezifischer Kenntnisse und Fähigkeiten, die ein selbständiger Bauer besitzen muß, sind den auf Ausführung zugewiesener Teilarbeiten beschränkten Kolchosmitgliedern und Sowchosarbeitern im Laufe von zwei Generationen verlorengegangen und nicht von heute auf morgen wiederzuerwerben.
– Die meisten Maschinen, wie sie für die rationelle Führung eines kleinen oder mittelgroßen Betriebs erforderlich sind, gibt es in der Sowjetunion nicht. (Ausnahmen besonders in der Viehwirtschaft mögen bestehen.) Die Industrie wird geraume Zeit brauchen, um sich auf solche Produktion umzustellen, wenn sie es überhaupt tut. Entsprechendes gilt für die Infrastrukturen des Abtransports, der Verarbeitung und Verteilung insbesondere von leicht verderblichen Erzeugnissen.
– Die sowjetische Agrarbevölkerung ist nicht nur physisch geschwächt (Überalterung), sondern auch durch Jahrzehnte sozialisierter Landwirtschaft unter diskriminierenden Bedingungen ihrer aktivsten und fähigsten Elemente beraubt, die in die Städte abgewandert sind.

---

84 Literaturnaja gazeta, 21. 9. 1988, S. 11.
85 Gespräch am Runden Tisch, Izvestija 20. 12. 1988.
86 Sž, 15. 1., 16. 3. 1989.
87 Sž, 31. 3. 1989.
88 B. Kačenovskij, in: Literaturnaja gazeta, 24. 8. 1988, S. 10.

Der dritte Punkt mag diskussionswürdig sein, aber die beiden anderen sind überzeugend. Einen Übergang zur Familienpacht als weit verbreiteter Betriebsform machen sie fragwürdig oder zumindest zu einem langwierigen Prozeß. Dies schließt nicht aus, daß sie für bestimmte Produktionen der Viehwirtschaft und des Gemüsebaus, die in der sowjetischen Landwirtschaft noch wenig mechanisiert sind, oder in bestimmten Landesteilen schon in naher Zukunft einige Bedeutung erlangen könnte.

7. Versuchte Integration privater und sozialistischer Produktion

Die Hofland- und sonstigen Nebenwirtschaften von Familien und Individuen gelten im sowjetischen Sprachgebrauch aus theoretisch-grundsätzlichen Erwägungen als »persönlich«. Man will sie nicht als »privat« bezeichnen, weil ihre Produktion mit dem sozialistischen Sektor verzahnt ist. Tatsächlich stehen sie in enger Verbindung mit diesem, hängen von ihm in manchem ab, sind aber in Arbeitseinsatz und Motivation ihrer Inhaber privater Art. Dies wird in der Sowjetunion als Integration des privaten in den sozialistischen Sektor betrachtet. Die nachstehend skizzierte Politik der jüngsten Zeit läßt in vielen Fällen die Grenze zwischen sozialistischer und privater Lebensmittelerzeugung verschwimmen. Im folgenden soll deshalb der ideologisch weniger umstrittene Begriff »individuell« verwendet werden, der das Eigeninteresse des Individuums ebenso umfaßt wie die Mitwirkung des sozialistischen Sektors an dessen Verwirklichung im Allgemeininteresse.[89] Als identisch mit dem »bäuerlichen Betrieb« gilt die »persönliche Nebenwirtschaft der Bürger« nicht, die Verordnungen vom 5. April 1989 zählen beide nacheinander unter den landwirtschaftlichen Erzeugern auf.

Seit 1981 dürfen Kolchos oder Sowchos Parzellen zu individueller Futtergewinnung zusätzlich zur eigentlichen Hoflandparzelle zur Verfügung stellen, und es ist ihnen erlaubt, Viehbestand in Privatbesitz über die gesetzlichen Obergrenzen hinaus zuzulassen unter der Voraussetzung, daß ihnen der größte Teil der so ermöglichten zusätzlichen Tierproduktion verkauft wird. Im Projekt des Kolchos-Musterstatuts von 1988 sind die Kolchose von der Verantwortung für Einhaltung der gesetzlichen Obergrenzen privaten Viehbesitzes entbunden. Die allerjüngste Gesetzgebung empfiehlt geradezu den örtlichen Verwaltungen, den Kolchosen und Sowchosen die Vergrößerung der »persönlich« bewirtschafteten Parzellen.[90] Im Rahmen der Auftragsproduktion dürfen nun noch erheblich größere Parzellen, vor allem Wiesen und Weiden, den Familienhaushalten oder sogar Einzelpersonen (individual'nyj podrjad) zur Verfügung gestellt werden, können von ihnen größere Tierbestände gehalten und größere Produktmengen individuell, aber im Auftrag des Kolchos bzw. Sowchos – und

---

89 Zu dieser Erörterung siehe auch K.-E. Wädekin, Private agriculture in socialist countries: Implications for the USSR, in: K. Gray (Hrsg.), Contemporary Soviet Agriculture, Ames, Iowa 1989, erscheint in Kürze.
90 Verordnung vom 5. 4. 1989, Paragraph 11, in: Sž, 12. 4. 1989.

damit »sozialistisch« und zugleich »individuell« – erzeugt und abgeliefert werden.

Vieles spricht dafür, daß Gorbatschow diese Entwicklung nicht allein initiiert, aber daß er sie schon seit 1978 begünstigt und ab 1985 vorangetrieben und gefördert hat.

In diese Entwicklung hat der »Familien-Podrjad« ein neues Element hineingetragen, eines der verstärkten Integration, wie man es in der Sowjetunion sieht. Zum Teil setzt er in erweiterter Form fort, was seit 1981 als Beziehung zwischen sozialistischem Großbetrieb und privatem Parzellennutzer legalisiert und befürwortet wurde, besonders wenn in der Viehwirtschaft dabei die Tiere Eigentum des Kolchos oder Sowchos blieben und sozusagen nur zur Lohnveredelung beim privaten Halter eingestellt wurden.

Allgemein gilt, daß in einem Familienhaushalt private und sozialistische Produktion praktisch nicht zu trennen sind, zumal manchmal auch die private (»persönliche«) Nebenwirtschaft zumindest mit einem Teil in einen Vertrag mit dem Großbetrieb, der Konsumgenossenschaft, staatlichen Unternehmen oder Organisationen einbezogen wird. Bei Ackerproduktion läßt sich kaum kontrollieren, ob der Einsatz von zur Verfügung gestellten Betriebsmitteln (Dünger, Pflanzenschutzmittel, entliehene Maschinen) nur für die vertragliche Produktion oder auch auf der Eigenparzelle erfolgt, zumal dies bei ihrer geringen Größe von bisher durchschnittlich 0,3 ha wenig ins Gewicht fällt. In der Tierproduktion sind Eigenbestand und Vertragsbestand noch weniger zu trennen, beide werden gewöhnlich zusammen untergebracht, gefüttert und betreut, ob nun bei Stall- oder bei Weidehaltung. In der Regel bleibt der zusätzliche Viehbestand im Eigentum des Großbetriebs, dieser übergibt ihn lediglich dem Familienhaushalt zur Pflege und Produktion (Milch, Schlachtvieh, Jungviehaufzucht) zusammen mit dessen Eigenvieh. Selten wird eine Familie die Möglichkeit haben, einen größeren Bestand zu kaufen, um ihn später zurückzuverkaufen. Auch wird der Großbetrieb sich scheuen, große Bestände aus sozialistischem in privates Eigentum übergehen zu lassen.

So gehen, anders als bei einer größeren Podrjad-Einheit, im Familienhaushalt die Arbeit für die eigene Nebenwirtschaft und die im Podrjad ineinander über. Indem sich größere Toleranz gegenüber der individuellen Tätigkeit und Reduzierung der Basiseinheit des sozialistischen Arbeitseinsatzes auf die Familie miteinander verbinden, entsteht eine Produktion, die quantitativ über die bisherige Nebenwirtschaft hinausgeht, überwiegend mit Betriebsmitteln sozialistischen Eigentums erfolgt, aber in der produktiven Tätigkeit doch individuell bleibt. Es versteht sich von selbst, daß das individuelle Element weiter verstärkt wird, falls »Pacht-Verträge« sich zu einer Massenerscheinung mit echten Attributen kleinunternehmerischer Initiative entwickeln sollten – was noch keineswegs sicher ist.

IV. »Dringendstes Problem« der Wirtschaftspolitik

In seiner Rede auf der 19. Parteikonferenz Ende Juni 1988 bezeichnete Gorbatschow das »Lebensmittelproblem« als das dringendste der gegenwärtigen Wirtschaftspolitik. Das Zentralkomitee hat in seinem Beschluß einen Monat später die entsprechenden Vorschläge des Politbüros ebenfalls als vordringliche Aufgabe herausgestellt.[91] Doch dieses Problem ist nicht mehr das einer Minimalbefriedigung physiologischer Erfordernisse, sondern das der kaufkräftigen Massennachfrage, der kein quantitativ und qualitativ ausreichendes Angebot gegenübersteht.

Dem physiologisch unabdingbaren Bedarf wird in der UdSSR heute mit über 2500 Kilokalorien pflanzlichen und 900 animalischen Ursprungs pro Kopf und Tag im Gesamtdurchschnitt Genüge getan.[92] Von sowjetischen Verbrauchern nachgefragt wird aber ein höherer Anteil an Tierprotein und frischem Obst und Gemüse, wie das in allen Ländern im Zuge der Industrialisierung und Urbanisierung der Fall war und ist: Die Ernährungsgewohnheiten wandeln sich, und die steigenden Geldeinkommen eines wachsenden Teils der Bevölkerung ermöglichen eine sich entsprechend ändernde kaufkräftige Nachfrage.

Im Hinblick auf die Sowjetunion hat der Verfasser an anderer Stelle[93] geschätzt, daß von 1970 bis 1984 die offiziell ausgewiesene Summe der Löhne und Gehälter (deflationiert) um mindestens 38% zugenommen hat, die Agrarproduktion (in Preisen von 1973) aber nur um 23%. Diese Relation wäre bei einem Koeffizienten der Einkommenselastizität der Nachfrage nach Nahrungsgütern von nicht mehr als 0,6 tragbar, aber erstens ist dieser Koeffizient in der UdSSR nach allen Schätzungen höher, besonders bei Tierprodukten, Frischobst und -gemüse, und zweitens sind die inoffiziellen Einkommen nicht in die Rechnung einbezogen. Tatsächlich verschärfte sich der chronisch schon vor 1970 bestehende Kaufkraftüberhang dramatisch.

Es wäre sinnvoll, bei steigenden Einkommen und Erwerbstätigenzahlen vermehrt andere Konsumgüter anzubieten, mit anderen Worten: die Einkommenselastizität der Nachfrage nach Lebensmitteln stark zu verringern oder sie bei gleicher Menge Nahrungsmittel auf teurere mit hohem Verarbeitungsgrad und aus diesem resultierenden besonderen Geschmackseigenschaften zu lenken. Eine Heraufsetzung der Einzelhandelspreise unveränderter Lebensmittel zur Verringerung der Nachfrage ist aus Gründen der Ernährungs- und Sozialpolitik begrenzt möglich und könnte einen Beitrag zur Lösung des Problems leisten, aber sie so stark zu erhöhen, daß die Nachfrage das Angebot überhaupt nicht mehr übersteigt, ist nicht machbar.

---

91 Pravda, 29. 6., 31. 7. 1988.
92 Nach fao production yearbook, Rom 1987, Bd. 40, 1986, Tabelle 107.
93 P. Wiles (Hrsg.), The Soviet Economy on the Brink of Reform, Boston/London u. a. 1988, S. 194, (Tabelle 9.1).

Das einzige mögliche Mittel, von Rationierung oder drastischer Drosselung der Einkommenssteigerung abgesehen, ist ein vermehrtes und – vor allem – attraktiveres Angebot von Nichtnahrungsgütern, Dienstleistungen und Wohnungen. Für sie würde der Sowjetbürger aller Voraussicht nach einen größeren Teil seines jetzigen und seines künftigen zusätzlichen Einkommens ausgeben.

Gerade zu einer solchen Vermehrung und Verbesserung ihres Angebots haben sich aber Leichtindustrie, Dienstleistungssektor und Bauwesen der UdSSR bisher nicht als fähig erwiesen. Mit gutem Grund wurde deshalb deren Leistungssteigerung auf der 19. Parteikonferenz als dringend erforderlich fast in einem Atemzug mit der Lösung des »Lebensmittelproblems« genannt. Diese kann nicht allein Aufgabe der Landwirtschaft sein, so wie auch die Leistungsschwäche in den ihr vorgelagerten Bereichen der Zulieferungen und Dienstleistungen nicht ihr anzulasten sind.

Je mehr sich die Landwirtschaft in die moderne Industriewirtschaft integriert, desto stärker machen sich solche Interdependenzen bemerkbar. Es charakterisiert den Entwicklungsstand der gesamten sowjetischen Wirtschaft, daß diese Zusammenhänge eines sich modernisierenden Agrarsektors zunehmend deutlich werden, daß aber zugleich die Produktivitätsreserven in den kleinbetrieblichen Formen mit geringerem Maschineneinsatz noch nicht ausgeschöpft sind. Es bleibt abzuwarten, in welchem Grade die sowjetische Industrie solchen Kleinerzeugern nicht nur Gärtnergerät, sondern für sie geeignete kleinere Maschinen, wie sie für westliche Familienbetriebe selbstverständlich sind, zu liefern fähig ist. Die heutige Führung verlangt das von ihr. Ob sie es aber durchzusetzen vermag und ob sie ein Mischsystem aus groß- und klein- oder mittelbetrieblicher Produktion auf Dauer akzeptiert, wird ein wesentliches Kriterium ihrer Entschlossenheit zu tiefgreifender Reform des Agrarsektors sein.

Heinrich Machowski

Die neue sowjetische Außenwirtschaftspolitik

I. Einleitung

Gorbatschow hat ein schweres außenwirtschaftliches Erbe angetreten: Die Außenwirtschaft ist die Achillesferse der sowjetischen Wirtschaft. Um hier Abhilfe zu schaffen, befindet sich die sowjetische Außenwirtschaftspolitik seit Anfang 1986 in einer Phase der Neuorientierung. Ziel dieser grundlegenden Revision ist es, die sowjetische Wirtschaft nach außen zu öffnen. Auf diesem Wege soll der Beitrag der Außenwirtschaft zur Beschleunigung des wissenschaftlich-technischen Fortschritts des Landes erhöht, die Position der UdSSR in der Weltwirtschaft gestärkt werden. Die Integration im RGW soll intensiviert werden (Direktbeziehungen zwischen Unternehmen über die Grenzen hinaus, Gemeinschaftsunternehmen). Die UdSSR möchte an der Uruquay-Runde des GATT teilnehmen und letztlich dieser Organisation beitreten. Sie strebt vertragliche Beziehungen zur EG an. Die neue sowjetische Parteiführung fordert mehr wirtschaftliche Sicherheit in den internationalen Beziehungen. Seit Januar 1987 werden erstmalig gemischte Unternehmen mit westlichem Kapital auf sowjetischem Territorium zugelassen. Zum ersten Mal in der sowjetischen Wirtschaftsgeschichte wurde der Außenhandel gesetzlich zu einem vorrangigen Bestandteil der Unternehmenstätigkeit erklärt.

Diesen Zielen dient auch die Anfang 1987 eingeleitete Reform des Außenwirtschaftssystems. Die Reformmaßnahmen sollten das – in der Verfassung des Landes verankerte – staatliche Außenhandels- und Valutamonopol keineswegs abschaffen, sondern es besser an die gegenwärtigen Weltmarktbedingungen anpassen. Sie sollen darüber hinaus in den sowjetischen Unternehmen die Initiative zur Teilnahme an der internationalen Arbeitsteilung wecken. Bisher beschlossen wurden eine Veränderung der Spitze des staatlichen Außenwirtschaftsapparats und eine Dezentralisierung der Außenhandelsentscheidungen in ausgewählten Bereichen. Darüber hinaus soll der Rubel – als Fernziel – konvertibel gemacht werden.

Wichtige Probleme der neuen Außenwirtschaftspolitik sind noch nicht abschließend diskutiert worden; hier sollen vielmehr während einer Experimentierphase bis 1990 entsprechende Erfahrungen gesammelt werden. Dies gilt für den gesamten Komplex: Kaufkraftparität-Wechselkurs-Konvertibilität. Was die Beziehungen zum GATT angeht, so muß die UdSSR noch eine Reihe von »Hausaufgaben« machen; in erster Linie steht hier das neue Zollsystem zur

Debatte. Schließlich muß sich auch in diesem Bereich ein tragbares Verhältnis zwischen verbindlichen staatlichen Aufträgen und dezentralisierten Unternehmensentscheidungen einpendeln; die Reformanhänger hoffen hier auf eine Relation von 50:50.

Erst wenn die begonnene Außenwirtschaftsreform am Anfang des nächsten Jahrhunderts richtig »greifen« und die sowjetische Wirtschaft dadurch verstärkt in die internationale Arbeitsteilung integriert werden sollte, erst dann wird auch die Außenpolitik des Landes zu einem Faktor werden, der sich wirtschaftspolitisch rechnet. Dann könnte auch der bisher in der staatlichen Außenwirtschaftspolitik der UdSSR praktizierte »Primat der Politik« mit den außenwirtschaftlichen Interessen des Landes ernsthaft kollidieren.

II. Gorbatschows außenwirtschaftliches Erbe

1. Entwicklung des Außenhandels seit 1985

Der Wert der sowjetischen Ausfuhr betrug 1988 rund 67 Mrd. Valutarubel (VRbl).[1] Gegenüber dem Vorjahr bedeutete dies eine Stagnation (−0,1%). Gegenüber 1985, dem bisherigen Höchstwert in der sowjetischen Wirtschaftsgeschichte, war dies ein deutlicher Rückgang von 8% (vgl. Tabelle 1 im Anhang).

Der Wert der 1988 eingeführten Waren belief sich auf 65 Mrd. VRbl, über 7% mehr als im Vorjahr; das bisherige Spitzenergebnis von 1985 wurde auch hier noch nicht wieder erreicht (−6%).

Verursacht wurde dieser Ablauf durch die für die sowjetische Wirtschaft ungünstige Preisentwicklung auf den Weltmärkten. So fiel z.B. der durchschnittliche Erlös je exportierte Tonne Mineralöl, dem mit Abstand wichtigsten sowjetischen Exportgut, von 168 VRbl im Jahre 1985 auf 117 VRbl im Jahre 1987, d.h. um 30% (für 1988 liegt noch keine sowjetische Angabe hierfür vor). Der durchschnittliche Preis, den die Käufer in der Bundesrepublik für sowjetisches Rohöl zu bezahlen hatten, verringerte sich in dieser Zeit um fast zwei Drittel, nämlich von 588 DM/t (1985) auf 187 DM/t (1988).[2]

Infolge dieser – aus sowjetischer Sicht negativen – Preisentwicklung, und erschwerend hat sich hier 1988 der Anstieg des Weltmarktpreises für Getreide ausgewirkt, haben sich die sowjetischen Terms of Trade seit 1985 spürbar verschlechtert (jährliche Veränderung in %):

---

1 Der Valutarubel (VRbl) ist eine Recheneinheit, die dem statistischen Ausweis des Außenhandels dient. Sein Umrechnungskurs, der von der sowjetischen Staatsbank festgesetzt wird, betrug 1988 = 1,65 US-$ (Vorjahr: 1,58 US-$). Der Kurs gegenüber dem Binnenrubel, der eine nichtkonvertible Währung ist, wird nicht veröffentlicht.

2 Quelle: Datenbank RGW-Energie des DIW.

	1986	1987	1988
Ausfuhr			
Werte	− 6,1	− 0,2	− 0,1
Volumen	+ 9,2	+ 2,6	+ 4,0
Preise	− 14,0	− 2,7	− 5,3
Einfuhr			
Werte	− 9,8	− 3,0	+ 7,1
Volumen	− 4,8	− 0,9	− 1,0
Preise	− 5,3	− 2,1	+ 6,0
Terms of Trade	− 9,2	− 0,6	− 10,7

Aufgrund der von der Wirtschaftsführung in den zurückliegenden drei Jahren gewählten Anpassungsstrategie – drastische Steigerung des Exportvolumens (+16,5%) und deutliche mengenmäßige Reduzierung des Imports (− 5%) – hat die sowjetische Wirtschaft einen Ausfuhrüberschuß erwirtschaftet (in Mrd. VRbl):

	1986	1987	1988
Jeweilige Preise	5,7	7,5	2,1
Preise von 1985	13,0	16,0	18,6

Die Differenz zwischen dem realen Überschuß (in 1985er Preisen) und dem nominalen Überschuß, für die Jahre 1986 bis 1988 handelt es sich dabei immerhin um einen Betrag von 32,5 Mrd. VRbl, kann als ein Hinweis auf die Höhe der Terms-of-Trade-Verluste der sowjetischen Wirtschaft angesehen werden.[3] Die binnenwirtschaftlichen Konsequenzen dieser hohen Verluste lassen sich indes nicht quantifizieren, weil weder die genaue Zusammensetzung des Ausfuhrüberschusses noch vor allem der Umrechnungskurs zwischen dem Valuta- und dem Binnenrubel bekannt sind.

Die Analyse der außenwirtschaftlichen Entwicklung in der UdSSR wird durch einen weiteren Umstand zusätzlich erschwert: Es besteht heute auch in der Sowjetunion kein Zweifel mehr darüber, daß die amtlich ausgewiesenen Wachstumsraten das Bild der ökonomischen Wirklichkeit verfälschen – nicht so sehr im Sinne einer bewußten Fälschung durch die zuständigen Behörden, sondern aufgrund systematischer Fehler in der erhobenen Statistik.[4] Ob sich die Außenhandelsverflechtung der sowjetischen Wirtschaft in der betrachteten

---

3 Vgl. Economic Commission for Europe: Economic Survey of Europe in 1988–1989, New York 1989, S. 163.
4 Ebenda, S. 122.

Zeit vergrößert oder verringert hat, läßt sich nicht genau feststellen. Nach dem amtlichen Ausweis ist die gesamtwirtschaftliche Produktion (= produziertes Nationaleinkommen) seit 1985 real um 11% gewachsen, und für das verwendete Nationaleinkommen (= Inlandsverwendung) wird ein vergleichbares Wachstum von 8% ausgewiesen. Korrigiert man diese Ziffern um die versteckten Preissteigerungen, und die jährliche Inflation wird auf 2% geschätzt, dann reduzieren sich die Wachstumsraten auf 5 bzw. 2%. Daraus kann geschlußfolgert werden: Die Exportverflechtung der sowjetischen Wirtschaft hat in den letzten Jahren deutlich zugenommen, nämlich um mehr als 10%. Auf der Importseite ist der Verflechtungsgrad gleichzeitig um 7% gesunken. Die Außenwirtschaft hat zu den Versorgungsschwierigkeiten auf den Binnenmärkten beigetragen.

2. Grundzüge der Länderstruktur des Außenhandels

In der regionalen Zusammensetzung des sowjetischen Außenhandels hat es in den letzten drei Jahren keine spektakulären Veränderungen gegeben (vgl. Tabelle 1). Die RGW-Staaten waren mit einem Anteil von rund 60% am auswärtigen Warenverkehr des Landes die wichtigste Partnergruppe; eine herausgehobene Rolle spielte hier die DDR (rund 7%). An zweiter Stelle folgte mit Anteilen zwischen 20 und 25% die Gruppe der OECD-Staaten; an erster Stelle in dieser Gruppe stand die Bundesrepublik Deutschland (4–5%). Die nichtkommunistischen Entwicklungsländer waren schließlich an der sowjetischen Ausfuhr mit 14% und an der sowjetischen Einfuhr mit 8% beteiligt.

Die eingetretenen Verschiebungen dieser Struktur sind nicht immer Reaktionen auf Marktentwicklungen bzw. Ergebnisse handels- oder außenpolitisch determinierter Entscheidungen. Sie können auch in dem Sinne zufallsbedingt sein, weil der sowjetische Außenhandel auf einem dualen Preisgefüge beruht: Den Zahlungen in konvertierbaren Währungen liegen in der Regel die jeweils aktuellen Preise der westlichen Märkte zugrunde. Das Gros des Intra-RGW-Handels wird demgegenüber auf der Grundlage von bilateral ausgehandelten Vertragspreisen abgewickelt, die den Weltmarktpreisen zwar zeitlich verzögert folgen (Prinzip des gleitenden Fünfjahresdurchschnitts), von diesen aber unsystematisch abweichen. Dies zeigen die Preise (durchschnittlichen Erlöse) bei der sowjetischen Energieausfuhr auf die beiden wichtigsten Absatzmärkte.[5]

		1986		1987	
		RGW(9)	OECD	RGW(9)	OECD
Mineralöl	(VRbl/t)	169	71	153	85
Erdgas	(VRbl/1000 cbm)	121	69	110	45

---

5 Vgl. Die Perestrojka greift noch nicht, Bearbeiter: U. Weißenburger, H. Machowski, in: Wochenbericht des DIW, 33/1988, S. 431.

Die sowjetische Handelsbilanz gegenüber den RGW-Staaten wies im vergangenen Jahr zum ersten Mal seit 1973 ein Minus auf (knapp 1 Mrd. VRbl). Allein gegenüber den sechs europäischen RGW-Mitgliedern betrug das Handelsdefizit über 2 Mrd. VRbl. Hauptursache dafür war auch die Verschlechterung der sowjetischen Terms of Trade (1988 und 1987: je − 5%).

Auf diese Weise konnte zwar der kumulierte Handelsüberschuß (seit 1976) der UdSSR gegenüber Osteuropa auf 15,5 Mrd. VRbl verringert werden. Die osteuropäischen Länder sind aber nicht länger bereit, kreditfinanzierte Warenlieferungen in die UdSSR aufrechtzuerhalten. Sie werden ihre Ausfuhren an die eigenen Bezüge aus der UdSSR wertmäßig anpassen, so daß der sowjetische RGW-Handel in einer überschaubaren Zukunft weiter zurückgehen dürfte.

Die Entwicklung des Ölpreises auf dem Weltmarkt wird in den nächsten Jahren die Zukunft des Handels zwischen der UdSSR und den OECD-Staaten bestimmen. Denn jede Veränderung des Weltmarktpreises von Rohöl um einen Dollar je Barrel bewirkt für die UdSSR ein Plus/Minus von 625 Mio. US-$.[6]

Die Sowjetunion will ihre kreditfinanzierten Einfuhren aus dem Westen zur Modernisierung ihrer Lebensmittel- und Konsumgüterindustrien bzw. zum Ausbau ihres Fremdenverkehrs schon kurzfristig erheblich steigern. Sie verfügt über westliche Kreditlinien über insgesamt rund 15 Mrd. DM (5 Mrd. VRbl). Darunter auch über einen Rahmenkredit über 3 Mrd. DM, den ihr ein Konsortium unter Führung der Deutschen Bank im vergangenen Jahr zur Verfügung gestellt hat; bisher wurde dieser Kredit mit Liefergeschäften in Höhe von 1,6 Mrd. DM in Anspruch genommen.

Die wirtschaftlichen Beziehungen der Sowjetunion zu den nichtkommunistischen Entwicklungsländern der Dritten Welt waren in der Vergangenheit dadurch gekennzeichnet, daß die Hälfte der sowjetischen Ausfuhr weder in bezug auf ihre Bestimmung noch in ihrer Struktur identifiziert werden konnte. Im Westen wird vermutet, daß es sich bei dieser nichtspezifizierten Ausfuhr im wesentlichen um kreditfinanzierte Waffenexporte gehandelt hat. Es bleibt abzuwarten, wie sich hier das »neue politische Denken« in der sowjetischen Außen- und Außenwirtschaftspolitik auswirken wird.

3. Grundzüge der Warenstruktur des Außenhandels

Über die warenmäßige Zusammensetzung des sowjetischen Außenhandels im vergangenen Jahr liegen noch keine amtlichen Daten vor. Verglichen mit der Struktur von 1987 dürfte es indes keine allzu gravierenden Veränderungen gegeben haben (vgl. Tabelle 2 im Anhang). Die sowjetische Ausfuhr wurde bisher getragen von Brennstoffen und Energie sowie von nichtenergetischen Rohstoffen (1987: 55%). Auf Fertigwaren (Maschinen, Ausrüstungen, Verkehrsmittel und industrielle Konsumgüter) entfiel zuletzt ein Anteil von unter 20%. Bei der sowjetischen Ausfuhr auf die Märkte der OECD-Staaten waren

---

6 Vgl. Ost-West-Handel stagniert weiter, Bearbeiter: H. Machowski, in: Wochenbericht des DIW, 44/1988, S. 593.

diese Fertigwaren mit einer Quote von nur rund 5% beteiligt. Ein Beispiel für die Probleme, die aus dieser rohstoff- und energieorientierten Warenstruktur erwachsen, zeigt der Handel zwischen der Bundesrepublik Deutschland und der UdSSR im vergangenen Jahr:[7] Die Preise für sowjetisches Öl und Erdgas waren 1988 im Durchschnitt um etwa 20% niedriger als im Jahr zuvor. Wegen dieses deutlichen Preisrückgangs erhöhte die UdSSR bei Erdöl ihre Liefermengen um ein Viertel auf 6 Mio. t. Die Ausweitung der Rohölexporte in einer Phase fallender Preise ist allerdings ebenfalls ein Indiz dafür, daß andere Waren nicht in ausreichendem Maße exportiert werden konnten. Die unzureichende Wettbewerbsfähigkeit der sowjetischen Halb- und Fertigwaren auf den westlichen Märkten wird auch in einer überschaubaren Zukunft die Expansion des sowjetischen Westhandels entscheidend begrenzen.

Bei der sowjetischen Einfuhr insgesamt dominierten 1987 Fertigwaren mit einem Anteil von über 50%. Diese Asymmetrie in der Warenstruktur von Ausfuhr und Einfuhr ist im sowjetischen Westhandel weniger stark ausgeprägt. Die westlichen Länder dienten der UdSSR primär als Bezugsquelle für Vorleistungsgüter zur laufenden Versorgung der Wirtschaft bzw. in den letzten Jahren auch zur besseren Versorgung der Bevölkerung mit veredelten Nahrungsmitteln. Erst in zweiter Reihe wurde aus dem Westen Technik importiert. Dies entspricht der Verhaltensweise eines zentralen Planers. Für ihn ist die Erfüllung der laufenden Pläne wichtiger als das zukünftige Wachstum.

Die Rolle der modernsten Technik bei den westlichen Lieferungen in die UdSSR wird in der öffentlichen Diskussion im Westen sehr häufig (bewußt?) übertrieben. Schätzungen haben ergeben, daß der Anteil der Hochtechnologie an der gesamten Ausfuhr der OECD-Länder in die UdSSR in der ersten Hälfte der achtziger Jahre bei 5% lag; derjenige der sogenannten gehobenen Gebrauchstechnologie belief sich demgegenüber auf rund 31%.[8]

In der Sowjetunion wurde 1982 unter der Federführung von Gorbatschow, seinerzeit ZK-Sekretär für Landwirtschaft, ein Nahrungsmittelprogramm ausgearbeitet, mit dem u. a. die Selbstversorgung bei Getreide und Nahrungsmitteln erreicht werden sollte. Dieses Ziel wurde bisher nur teilweise verwirklicht: Der jährliche Agrarimport ist von über 9 Mrd. (1983 und 1984) auf knapp 5 Mrd. US-$ (1987) gesunken. In den Jahren 1983–1987 wurden insgesamt Agrarerzeugnisse und Nahrungsmittel im Wert von über 37 Mrd. US-$ aus dem nichtsozialistischen Ausland importiert. Dieser Betrag liegt um nur knapp 3 Mrd. US-$ unter den vergleichbaren Importausgaben für westliche Technik. Gegenwärtig schwankt der sowjetische Importbedarf bei Getreide – in Abhängigkeit vom Ernteergebnis – um 30 Mio. t pro Wirtschaftsjahr.

---

7 Vgl. Osthandel 1988: Auftriebskräfte noch immer schwach, Bearbeiter: J. Bethkenhagen, in: Wochenbericht des DIW, 16/1989, S. 178.
8 Vgl. Ost-West-Handel stagniert weiter, a.a.O., S. 592.

4. Verschuldung der UdSSR in konvertiblen Währungen

Der Verfall der Ölpreise und die Dollarschwäche waren die Hauptursachen dafür, daß die sowjetische Handelsbilanz gegenüber den OECD-Ländern seit 1985, das Jahr 1987 allerdings ausgenommen (+1 Mrd. US-$), rote Zahlen aufwies; insgesamt handelt es sich um einen Betrag von umgerechnet über 6,5 Mrd. US-$ (vgl. Tabelle 1). Das Defizit des Jahres 1988 belief sich auf umgerechnet 2,5 Mrd. US-$. Allein gegenüber der Bundesrepublik mußte die UdSSR einen Einfuhrüberschuß in Höhe von 2,5 Mrd. DM (1,4 Mrd. US-$) finanzieren.

In der Sowjetunion wird die Zahlungsbilanz, trotz Glasnost' und trotz diesbezüglicher Versprechungen der Wirtschaftsführung, nach wie vor nicht veröffentlicht. Die Entwicklung von Leistungs- und Kapitalbilanz muß deswegen geschätzt werden. Die vorliegenden westlichen Schätzungen (OECD, ECE, Wiener Institut für Internationale Wirtschaftsvergleiche), bei denen ungewiß ist, inwieweit sie unabhängig voneinander sind, stimmen nicht überein. Folgt man den Schätzungen der OECD, so erhöhten sich die sowjetischen Gesamtverbindlichkeiten in konvertiblen Währungen von 22,5 Mrd. US-$ (1984) auf 38 Mrd. US-$ (1988), d. h. um insgesamt 15,5 Mrd. US-$ (vgl. Tabelle 3 im Anhang). Die Nettoverbindlichkeiten, d. h. die gesamten Verbindlichkeiten abzüglich der eigenen Forderungen an das westliche Bankensystem, nahmen in dieser Zeit um über 12 Mrd. US-$ zu (1984: 11,2 Mrd.; 1988: 23,5 Mrd.). Dieser Betrag stimmt zwar gut überein mit der Summe aus dem oben genannten Handelsdefizit (6,5 Mrd. US-$) und den Zinszahlungen, die in den letzten vier Jahren auf knapp 5 Mrd. US-$ geschätzt werden (vgl. Tabelle 4 im Anhang). Bei der Interpretation der Zunahme der Nettoverschuldung gibt es aber dennoch ein schwerwiegendes Problem: Ein unbekannter Teil dieser Zunahme geht nämlich allein auf die Abwertung des US-Dollars in dieser Zeit zurück. Bei einer Dollarabwertung gewinnen andere Währungen – in Dollar ausgedrückt – an Wert; entsprechend erscheinen nichtamerikanische Angaben bei internationalen Vergleichen relativ höher. Bei einer Dollaraufwertung verhält es sich umgekehrt. Die genannte Zunahme der Nettoverbindlichkeiten gibt demzufolge nicht die Hereinnahme frischen Geldes aus dem Ausland wieder, sie ist teilweise Ergebnis des beschriebenen Abwertungseffekts. Und diesem Effekt kommt im Fall der UdSSR ein besonderes Gewicht zu, weil der Anteil der Dollarverbindlichkeiten an der sowjetischen Verschuldung nicht sehr hoch sein dürfte.

Die Sowjetunion hat in den zurückliegenden vier Jahren auf den internationalen Finanzmärkten mittel- und langfristige Kapitalanleihen in Höhe von 5,5 Mrd. US-$ aufgenommen; darunter war auch die erste sowjetische Anleihe in der Bundesrepublik von 500 Mio. DM. Als einen Hinweis auf die nach wie vor gute Bonität der Sowjetunion als Schuldner kann die Tatsache interpretiert werden, daß die Banken von ihr nicht verlangt haben, ihre »Wirtschaftsbücher« zu öffnen. Dieses neue Geld hat offensichtlich aber nicht ausgereicht, um das (unbekannte) Leistungsbilanzdefizit voll zu finanzieren; denn die UdSSR hat in den Jahren 1985–1987 rund 900 t Gold im Westen verkauft, und sie hat dafür – schätzungsweise – rund 10 Mrd. US-$ eingenommen.

5. Stellung der UdSSR im Welthandel

Die von Gorbatschow geerbte Exportschwäche der eigenen Wirtschaft wird vor allem dann deutlich, wenn man die Position der UdSSR mit derjenigen der weltwirtschaftlich führenden Nationen vergleicht. Ein besonders aussagekräftiger Vergleichsindikator ist die Höhe der Ausfuhr je Einwohner, weil hierbei – abgesehen von den genannten Auswirkungen der Kursschwankungen beim US-$ – alle weiteren Bewertungsprobleme entfallen (in US-$):

	1984	1987
UdSSR	333	359
BRD	2795	4801
Japan	1417	1849
USA	888	1047

Während die Pro-Kopf-Ausfuhr in diesen drei Vergleichsjahren in den USA um knapp ein Fünftel, in Japan um 30% und in der Bundesrepublik sogar um über 70% gestiegen ist, erhöhte sie sich in der Sowjetunion nur um bescheidene 8%. Anders ausgedrückt: Der Verflechtungsgrad mit der Weltwirtschaft lag in der Bundesrepublik dreizehnmal höher als in der UdSSR; für Japan errechnet sich eine fünfmal und für die USA eine dreimal höhere Verflechtungsquote.

Vor diesem Hintergrund überrascht die relativ schwache Rolle der sowjetischen Wirtschaft im Weltmaßstab nicht. Das Volumen der gesamten Weltausfuhr wuchs in den Jahren 1986–1988 um 19,5%, das der sowjetischen Ausfuhr – wie gezeigt – nur um 16,5%. Die Sowjetunion hat Anteilseinbußen am Weltexport hinnehmen müssen (in %):

	1984	1987
UdSSR	4,8	4,1
BRD	8,9	11,8
Japan	8,9	9,3
USA	11,0	10,2

Fazit: Sollte die Sowjetunion bereit und willens sein, bei der Lösung der wichtigsten weltwirtschaftlichen Probleme (Protektionismus, Entwicklungshilfe, Verschuldung) mitzuarbeiten, und dies gilt auch für die von ihr propagierte wirtschaftliche Sicherheit in den internationalen Beziehungen, dann müßte sie die Mitgliedschaft in den internationalen Wirtschaftsorganisationen (GATT, IMF, Weltbank) suchen; ihr Antrag, bei der Uruquay-Runde des GATT als Beobachter zugelassen zu werden, wurde allerdings Ende 1986 negativ beschieden. Die UdSSR müßte dann grundsätzlich auch akzeptieren, daß ihre Stimme nach ihrer – relativ geringen – handelspolitischen Bedeutung gewichtet wird.

III. Stand und Probleme der Außenwirtschaftsreform

Bereits im April des Jahres 1918 wurde von Lenin das staatliche Außenhandels- und Valutamonopol (als eine der »Kommandohöhen« der Wirtschaft) geschaffen. Durch dieses Monopol unterliegt der gesamte außenwirtschaftliche Verkehr des Landes (mit Waren, Dienstleistungen und Kapital) einer strikten Kontrolle durch die obersten Partei- und Staatsorgane. Es sichert somit im Konfliktfall den absoluten Vorrang (außen- und innen-)politischer Interessen vor ökonomischen Erfordernissen (»Primat der Politik«).[9]

Die Vorteile dieses Systems liegen auf der Hand. Es beläßt die Außenwirtschaft nicht nur als ein politisches Instrument in den Händen des Staates, sondern erlaubt es der politischen Führung gleichzeitig, den Einfluß der Außenwirtschaft auf die Binnenwirtschaft vollständig zu kontrollieren. Darüber hinaus unterbricht es den internationalen Preiszusammenhang fast vollständig und verhindert so, daß von den Export- und Importpreisen irgendein ungewollter Einfluß auf das inländische Preisniveau ausgeht; es ist somit ein Instrument zur Abwehr importierter Inflation. Dieses System hat aber auch Nachteile: Unter seinen Bedingungen gibt es für die Unternehmen kein ökonomisches Interesse an Exportaufträgen, und es ist praktisch unmöglich, die Rentabilität der Export- und Importgeschäfte exakt zu berechnen, Kosten und Nutzen der internationalen Arbeitsteilung sowie der RGW-Integration auch nur einigermaßen genau zu kalkulieren – und dieser Nachteil hatte sich im Laufe der Entwicklung für die sowjetische Außenwirtschaft als immer schwerwiegender erwiesen.

Aus diesem Grunde wurde von der gegenwärtigen politischen Führung eine umfassende Reform des trationellen Außenwirtschaftssystems – als integraler Bestandteil der Perestrojka – eingeleitet. Bereits im August 1986 wurde die Staatliche Außenwirtschaftskommission des Ministerrats der UdSSR (SAKMU) gegründet. Ihr obliegt die zentrale Lenkung des sogenannten Außenwirtschaftskomplexes und die Koordinierung aller übrigen zentralen Organe in diesem Bereich. Die SAKMU soll insbesondere die Außenwirtschaftsstrategie der KPdSU und – auf dieser Grundlage – die Außenhandelspolitik der UdSSR ausarbeiten. Sie ist außerdem verantwortlich für die Weiterführung der Außenwirtschaftsreform.

Die SAKMU leitete zunächst direkt die Arbeiten des Außenhandelsministeriums (AHM), des Staatskomitess für Außenwirtschaftsbeziehungen (SKAB) und der Außenhandelsbank (AB). Mit Wirkung vom 17. Januar 1988 wurden das AHM und das SKAB zu einem Super-»Ministerium für Außenwirtschaft der UdSSR« (MfA) zusammengelegt.

---

9 Vgl. H. Machowski, Grundzüge der neuen sowjetischen Außenwirtschaftspolitik, in: Osteuropa, 7–8/1988, S. 660ff.

Im Zuge der Reform des allgemeinen Bankensystems des Landes, die zum 1. Januar 1988 wirksam wurde, ist die Außenhandelsbank in Bank für Außenwirtschaft der UdSSR (BAWU) umbenannt worden. Es besteht der Eindruck, daß die BAWU über kurz oder lang das Valutamonopol verlieren dürfte; denn zwei der ebenfalls neu gegründeten Spezialbanken haben bereits ihren Anspruch auf die Befugnis geltend gemacht, Bankoperationen auch in ausländischer Währung durchführen zu können.

Im Verlauf der angestrebten Dezentralisierung der Außenhandelsentscheidungen erhielten zunächst 22 Fachministerien sowie 77 Vereinigungen und Unternehmen das Recht, direkt auf den Auslandsmärkten tätig zu sein. Diese dezentralisierten Entscheidungen bezogen sich auf 26% der gesamten Einfuhr des Landes und auf 14% der Gesamtausfuhr (bzw. auf über zwei Drittel der Ausfuhr von Maschinen). Auch bei Fremdwährungen gelten Selbstfinanzierung und Eigenerwirtschaftung als Hauptprinzipien der Tätigkeit. Das Gesetz über das Staatsunternehmen bekräftigt dieses Ziel: Die Außenwirtschaft – vor allem der Export – ist ein wichtiger Bestandteil der unternehmerischen Tätigkeit. Das Ergebnis aus dem Auslandsgeschäft beeinflußt – erstmalig in der UdSSR – unmittelbar die Gewinn- und Verlustrechnung des Unternehmens und damit auch dessen Prämienfonds. Ein bestimmter, vom Staat (über entsprechende »Normative«) festgelegter Teil des Exporterlöses darf dem eigenen Konto gutgeschrieben und für eigene Produktionszwecke selbständig ausgegeben werden (Devisenfonds).

Diese Reformabsichten ließen sich in der Praxis indes nur langsam und schleppend verwirklichen. Deswegen sollte hier das Tempo der Umgestaltung beschleunigt werden, wie es ein gemeinsamer Beschluß des ZK der KPdSU und der Regierung der UdSSR vom September 1987 vorsah. Gosplan, Gossnab und andere zentrale Unions- und Regionalorgane werden darin angewiesen, durch Staatsaufträge und Investitionslimits die unbedingte Erfüllung internationaler Verpflichtungen sicherzustellen, die sich aus der Plankoordinierung mit den RGW-Partnern, aus Clearing-Abkommen (mit Finnland, Indien und anderen Ländern) sowie aus Kooperationsabkommen ergeben. Darüber hinaus soll in die Pläne aller Wirtschaftssubjekte ein Abschnitt aufgenommen werden, in dem auf der Grundlage von Plankennziffern die wichtigsten Bereiche der außenwirtschaftlichen Aktivitäten festgeschrieben sind.

Diese Planvorschriften engen sicherlich den unternehmerischen Spielraum für selbständige Exportentscheidungen ein. Gleichzeitig sind sie jedoch für die Unternehmen der sicherste Weg, Devisen zu verdienen. Auf diese Weise werden wiederum Freiräume für dezentralisierte Investitionsentscheidungen geschaffen. Im Septemberbeschluß wird nachdrücklich betont, daß alle Wirtschaftseinheiten über ihre Devisenfonds ab sofort ohne Zustimmung übergeordneter Organe verfügen dürfen. Die Guthaben in konvertibler Währung dürfen freilich nur für betrieblich notwendige produktive Zwecke ausgegeben werden; die obersten Behörden sind angewiesen, dies streng zu kontrollieren. Unternehmen, die über Transferrubel disponieren, können demgegenüber diese auch für Käufe von Konsumgütern für ihre Belegschaft verwenden.

Die Mittel der Devisenfonds können ab Anfang 1988 erstmalig auch an andere Wirtschaftssubjekte im Inland »zu gegenseitig vorteilhaften Bedingungen« ausgeliehen werden. Sie können darüber hinaus, in diesem Falle aber nur mit Zustimmung oberster Gremien, im Ausland investiert werden. Einzelheiten über diese Neuerungen müssen allerdings noch von der Außenhandelsbank bzw. vom Finanzministerium festgelegt werden.

Der Handel zwischen Unternehmen mit frei verfügbaren Devisen, bei dem sich der Rubelpreis für Fremdwährungen nach Angebot und Nachfrage bilden würde, war in der UdSSR – anders als z. B. in Polen – ursprünglich nicht vorgesehen. Die Reformer haben sich damit einer Möglichkeit beraubt, einen wirtschaftlich sinnvollen Wechselkurs des Rubels zu finden. Der konvertible Rubel ist indes ein Fernziel. Auf dem Juniplenum des ZK der KPdSU wurde ein Beschluß gefaßt, »wonach unsere Währung konvertibel werden soll, zunächst im Rahmen der sozialistischen, später auch der kapitalistischen Währungen. Hierzu ist zunächst eine Preisreform notwendig«.[10] Damit soll der »konvertierbare Rubel zum Symbol der Leistungsstärke unserer Wirtschaft werden«.[11] Auf dem Wege zu diesem Fernziel sind Gosplan, das Staatskomitee für Preise und das Finanzministerium im Septemberbeschluß angewiesen worden, bei der Vorbereitung und Durchführung der Preisreform dafür zu sorgen, das Verhältnis der Preise für Erzeugnisgruppen bzw. für Einzelerzeugnisse an den Relationen auf dem Weltmarkt auszurichten, um so einen ökonomisch realistischen Wechselkurs des Rubels bestimmen zu können.

Bisher werden die Devisenerlöse und -aufwendungen mit nach Warengruppen und Währungsgebieten differenzierten Valutakoeffizienten in Rubel umgerechnet. Damit können die obersten Behörden die dezentralisierten Außenhandelsentscheidungen in einer für Außenstehende nicht erkennbaren Weise manipulieren (die Valutakoeffizienten werden nicht veröffentlicht). Dies steht sicherlich im Gegensatz zum Geist der Außenwirtschaftsreform.

Aus offizieller Sicht stellt der »menschliche Faktor« ein wesentliches Hindernis für die erfolgreiche Durchsetzung der Außenwirtschaftsreform dar. In der UdSSR fehlen die erforderlichen Fachleute (Exportkaufleute, Ingenieure, Juristen, Werbespezialisten usw.). Erst jetzt werden Anstrengungen zu ihrer Ausbildung – u. a. auch im Ausland (Bundesrepublik Deutschland) – unternommen. Das Vorhaben soll sich bis auf die wirtschaftswissenschaftlichen Fakultäten der Universitäten und die allgemeinen Gymnasien erstrecken.

Die Reformabsichten konnten bisher allerdings nicht im erforderlichen Maße in die sowjetische Wirtschaftspraxis umgesetzt werden. Dafür ist nicht nur das fehlende Fachpersonal verantwortlich. Entscheidend ist vielmehr die überall spürbare Devisenknappheit gewesen. Die gesamte Ausfuhr des Landes wird durch zentral vorgegebene Staatsaufträge gesteuert; das Recht zur selbständigen Durchführung der Ausfuhrgeschäfte steht vorerst nur auf dem Papier. Die Gutschrift auf dem betrieblichen Devisenkonto stellt bislang nur ein Kaufrecht

---

10 Interview mit A. Aganbegjan, in: Die Zeit, 18. 9. 1987.
11 Moskovskaja pravda, 16. 7. 1987.

dar, das nicht in Anspruch genommen werden kann, selbst wenn der Kontoinhaber über entsprechende heimische Währungsbeträge verfügt, weil die Bank für Außenwirtschaft diese Konten nicht bedient; die knappen Fremdwährungen werden vielmehr nach anderen, zentralen Prioritäten verwendet.

Vor diesem Hintergrund ist besonders wichtig, daß die Außenwirtschaftsreform durch einen neuen Ministerratsbeschluß vom 2. Dezember 1988 weiter beschleunigt werden soll.[12] Die wichtigsten Bestimmungen dieser Verordnung lassen sich wie folgt kurz zusammenfassen: Sämtliche Wirtschaftssubjekte erhalten ab 1. April 1989 das unmittelbare Recht, die Export- und Importgeschäfte selbständig durchzuführen, wenn sie »auf dem Außenmarkt konkurrenzfähig sind«. Voraussetzung ist allerdings, daß man in ein zentrales Register aufgenommen wird; die zentralen Außenwirtschaftsbehörden können die Aufnahme verweigern, »wenn unlautere Konkurrenz stattfindet« oder wenn die Interessen des Staates geschädigt werden. Es gibt zwei weitere Einschränkungen: Der Staat legt eine Liste von Erzeugnissen fest, die weiterhin nur zentral ausgeführt werden können (bei der gegenwärtigen Warenstruktur ca. 65–70% der gesamten Ausfuhr). In einer weiteren staatlichen Liste werden alle Erzeugnisse aufgeführt, deren Einfuhr verboten ist.[13] Ferner kann das Ministerium für Außenwirtschaft für bestimmte Produkte bzw. gegenüber bestimmten Ländern zeitlich begrenzte Ausfuhr- und Einfuhrlizenzen bzw. -quoten einführen, »wenn dies der Zustand der Zahlungsverhältnisse oder andere ökonomische und politische Bedingungen verlangen«. Auf dem Wege zur vollen Selbstfinanzierung mit Fremdwährungen, der laut Beschluß konsequent weitergegangen werden soll, erfolgte ein Wandel der Grundphilosophie: Der Staat schreibt nicht mehr vor, welcher Teil des Devisenerlöses dem betrieblichen Devisenkonto gutgeschrieben werden soll, sondern zentrale Normative bestimmen jetzt die Quote der Devisenabführung an den Staat; der Restbetrag gehört dem Betrieb. Die eigenständige Verwendung der verdienten Devisen wird weiter liberalisiert, so wird auch der freie Kauf und Verkauf »gegen sowjetische Rubel zu Vertragspreisen auf Devisenauktionen« zugelassen. Schließlich soll ab 1. Januar 1991 »zu einem neuen Wechselkurs in den Verrechnungen der Außenwirtschaftsoperationen« übergegangen werden, nach und nach soll auf die Verwendung der differenzierten Devisenkoeffizienten bei der Gewinn- und Verlustrechnung verzichtet werden, und ab 1. Januar 1990 wird der Rubel im Rahmen dieser Verrechnungen gegenüber konvertierbaren Währungen um 100% abgewertet.

Das Ganze hat vorerst den Charakter eines Experiments. Bis Ende 1990 soll der Entwurf eines neuen Gesetzes über die Außenwirtschaftstätigkeit ausgearbeitet werden. Es bleibt abzuwarten, ob es den Reformern gelingt, diese neuen Bestimmungen auch unter den Bedingungen der Devisenknappheit erfolgreich zu verwirklichen.

---

12 Der deutsche Text dieses Beschlusses findet sich in: Außenhandel UdSSR, 2/1989, S. 44–49. Vgl. ferner: W. Kamenzew, Zur Vervollkommnung der Außenwirtschaft der UdSSR, in: Ebenda, S. 2–4.

13 Die Export- und die Importliste für die Jahre 1989 und 1990 wurden veröffentlicht in: Ėkonomičeskaja gazeta, 13/1989, S. 23.

IV. Ausgewählte Problemfehler der neuen sowjetischen Außenwirtschaftspolitik

1. Reform der RGW-Zusammenarbeit

Der RGW ist – im Gegensatz zur »supranationalen« EWG – völkerrechtlich ein traditioneller Zusammenschluß von Staaten. Dieser ist von Anfang an durch das ökonomische und politische Übergewicht der UdSSR belastet – eine Konstellation, die Integrationsfortschritte von vornherein wesentlich erschweren, wenn nicht gar unmöglich machen mußte, und zwar unabhängig vom politischen Willen der jeweiligen sowjetischen Führung.

Vor diesem Hintergrund verfügt der RGW über keinerlei Planungs- oder sonstige wirtschaftspolitische Vollmachten. Er besitzt lediglich Koordinierungsfunktionen. Wichtigstes Instrument dieser Art von Abstimmungspolitik ist die bilaterale Koordinierung der nationalstaatlichen Volkswirtschaftspläne. Als Ergebnis solcher bilateralen Koordinierungsrunden werden von den zuständigen RGW-Organen entsprechende Empfehlungen an die Regierungen der Mitgliedstaaten gerichtet. Diese Empfehlungen müssen einstimmig angenommen werden – die Einstimmigkeit der »interessierten« Staaten; sie garantiert die nationalstaatliche Souveränität in der Gemeinschaft, ist der willensbildungspolitische Grundsatz der RGW-Verfassung.

In der bisherigen Praxis der Organisation beschränkte sich die genannte zweiseitige Plankoordinierung im wesentlichen auf den Güteraustausch zwischen den jeweiligen Länderpaaren. Der bilaterale Austausch von Dienstleistungen, Kapital und technischem Wissen spielte dabei nur eine Randrolle. Mit anderen Worten: Die einzelnen RGW-Staaten sind bis heute grundsätzlich nicht bereit gewesen, ihre Struktur-, Investitions- und Technologiepolitik mit den anderen Partnerstaaten aufeinander abzustimmen. Die seit Ende der sechziger Jahre im politischen Osteuropa angestrebte »sozialistische ökonomische Integration« ist in Wahrheit eine zweiseitige handelspolitische Absprache geblieben. Die im Rahmen der »sozialistischen internationalen Arbeitsteilung« geforderte gemeinsame Industrieplanung der RGW-Staaten ist de facto in den Kinderschuhen steckengeblieben. Es fällt schwer, sich vorzustellen, daß Umfang und Struktur des Güteraustauschs zwischen den RGW-Staaten wesentlich anders aussehen würden, gäbe es den RGW überhaupt nicht. Eine analoge Feststellung läßt sich über die EWG nicht treffen, weil sie die wirtschaftliche Landschaft Westeuropas zweifellos verändert hat. Vadim Medvedev, inzwischen Vollmitglied des Politbüros der KPdSU, schrieb kürzlich: »Die Struktur der Arbeitsteilung im RGW ist im Vergleich zur EG eindeutig veraltet.«[14]

Hier setzen Kritik und Reformvorschläge Gorbatschows an, die inzwischen zu einer intensiven und kontroversen Diskussion in Osteuropa über die Verbesserung der RGW-Mechanismen geführt haben. In seiner Rede auf dem

---

14 W. Medwedew, Eine neue Etappe der sozialistischen Zusammenarbeit, in: Probleme des Friedens und des Sozialismus, 5/1988, S. 604.

XXVII. Parteitag der KPdSU im Februar 1986 stellte er fest: »Nach unserer Ansicht sind Veränderungen auch in der Tätigkeit des Stabs der sozialistischen Integration – des Rates für Gegenseitige Wirtschaftshilfe – erforderlich. Die Hauptsache aber ist, daß man sich bei der Verwirklichung des Programms weniger aufs Administrieren, auf allerlei Komitees und Kommissionen verlegt und mehr Aufmerksamkeit den ökonomischen Hebeln, der Initiative, dem sozialistischen Unternehmergeist und der Einbeziehung der Arbeiterkollektive in diesen Prozeß schenkt.«[15]

Gorbatschow erklärte ferner in Bukarest im Mai 1987: »Im Ergebnis der auf dem Arbeitstreffen der führenden Repräsentanten der Bruderparteien im vergangenen Jahr erzielten Übereinkunft wurde Kurs auf die umfassende Intensivierung des Integrationsprozesses, die Umstellung der Zusammenarbeit auf hauptsächlich wirtschaftliche Methoden, die Herstellung direkter Produktionsbeziehungen und die Bildung gemeinsamer Betriebe und Wissenschafts-Produktions-Vereinigungen genommen. Es wurde für zweckmäßig gefunden, die Tätigkeit des Rates für Gegenseitige Wirtschaftshilfe ernsthaft zu verbessern.«[16] Auf der 19. Parteikonferenz der KPdSU stellte der sowjetische Generalsekretär schließlich fest: »Die Perspektive sehen wir im Übergang zum frei konvertierbaren Rubel, in der Herausbildung eines einheitlichen sozialistischen Marktes.«[17]

Hierbei dürfte es sich indes um eine Strategie des sehr langen Atems handeln. Das beweisen die Ergebnisse der 44. Ratstagung (Prag, 5.–7. Juli 1988). Es wurde »eine kollektive Konzeption der internationalen sozialistischen Arbeitsteilung für die Jahre 1991 bis 2005 gebilligt«.[18] Sie soll »Grundlage für die Abstimmung der Wirtschaftspolitik auf den mit der gegenseitigen Zusammenarbeit verbundenen Gebieten sowie – durch interessierte Länder – auch auf anderen Gebieten der sozialökonomischen Entwicklung sein«. Diese »kollektive Konzeption« wurde bisher nicht im vollen Wortlaut veröffentlicht. Entscheidend für die Beurteilung dieses Dokuments ist, daß es »etappenweise verwirklicht werden wird. Dabei wird die Dauer der Etappe durch den Charakter der Veränderungen in den nationalen Wirtschaften, vor allem durch den Verlauf der Reformen ihrer Wirtschaftsmechanismen ... bestimmt werden.«[19] Im Klartext: Scheitern neue Lösungswege des Integrationsproblems an den bestehenden Wirtschaftssystemen, dann müssen diese unterbleiben – und dies dürfte ein wichtiges Hindernis für den Reformkurs darstellen.

---

15 Neues Deutschland, 26. 2. 1986.
16 Neues Deutschland, 27. 5. 1987.
17 M. Gorbatschow, Über den Verlauf der Verwirklichung der Beschlüsse des XXVII. Parteitages der KPdSU und über die Aufgaben zur Vertiefung der Umgestaltung, Moskau 1988, S. 22.
18 Neues Deutschland, 8. 7. 1988.
19 K. Ligai, B. Chaifez, Die kollektive Konzeption der internationalen sozialistischen Arbeitsteilung, in: Außenhandel UdSSR, 2/1989, S. 9.

Auf dieser Tagung wurde zwar auch eine Übereinkunft »über die schrittweise Herausbildung der Bedingungen für eine freie Bewegung von Waren, Leistungen und anderen Produktionsfaktoren zwischen ihnen mit dem Ziel der Schaffung eines vereinigten Marktes in der Perspektive, nachdem vorher die Voraussetzungen dafür untersucht worden sind« erzielt. Rumänien sei aber, so der damalige Ministerpräsident Dascalescu, mit der Schaffung eines einheitlichen Marktes zwischen den RGW-Mitgliedsländern nicht einverstanden und betrachte dieses Problem als nicht aktuell. Auch die Position der DDR war sehr zurückhaltend: der zu dieser Zeit amtierende Ministerpräsident Stoph erklärte zwar, daß die DDR für die Bildung des gemeinsamen Marktes der RGW-Länder eintrete und sich aktiv an der erforderlichen Untersuchung über die Voraussetzungen und Bedingungen beteiligen werde. Gleichzeitig legte er aber besonderen Nachdruck auf Stabilität und Planmäßigkeit der bilateralen Außenwirtschaftsbeziehungen.[20]

Vor diesem Hintergrund bleibt eine ganze Reihe von Fragen über die Weiterentwicklung des RGW offen. Sind die »kollektive Konzeption« und der »einheitliche sozialistische Markt« überhaupt miteinander vereinbar? Kann von beiden Konzepten ein politischer Impuls für eine Vertiefung der RGW-Zusammenarbeit erwartet werden? Wie soll der »einheitliche sozialistische Markt« eigentlich aussehen? In welchem zeitlichen Rahmen und mit welchen Einzelschritten soll dieser Markt verwirklicht werden? Kann es einen solchen internationalen Markt ohne funktionsfähige nationalstaatliche Binnenmärkte überhaupt geben? Können die RGW-Währungen frei austauschbar gemacht werden, bevor die einzelnen Volkswirtschaften in der Lage sind, »konvertible Güter« in ausreichender Menge anzubieten?

Dieser Fragenkatalog ließe sich beliebig verlängern. Wie immer die Antworten darauf ausfallen werden, eins steht fest: Eine Weiterentwicklung des RGW in Richtung auf einen »sozialistischen gemeinsamen Markt« ist ohne eine Satzungsänderung nicht möglich. Es kann keinen Zweifel darüber geben, daß für eine so grundlegende Revision der RGW-Statuten gegenwärtig keine Mehrheit besteht.

Für den RGW bietet das 40. Jahr seines Bestehens (Gründungsdatum: 8. Januar 1949) keinen Anlaß zum Jubel. Im Gegenteil: Der RGW steckt in einer tiefen Krise. Bedingt durch die Perestrojka und die Reformpolitiken, die in den meisten europäischen Mitgliedstaaten mit unterschiedlicher Intensität durchgeführt werden, stehen im RGW alle Ziele, Bereiche und Instrumente der überstaatlichen Zusammenarbeit zur Diskussion; und ebenso wie die Ergebnisse dieser nationalen Reformpolitiken ungewiß sind, ebenso unsicher ist auch die zukünftige Entwicklung der RGW-Zusammenarbeit. Mehr noch: Bedingt durch die unterschiedlichen Zielsetzungen der nationalstaatlichen »Ordnungs-

---

20 »Die DDR hat auch für die Zukunft Interesse daran, den Außenhandel mit den RGW-Ländern zentral auf der Grundlage langfristiger Regierungsabkommen und Jahresprotokolle zu planen und ihn in Übereinstimmung mit den einschlägigen Preisbildungsprinzipien zu realisieren« (Neues Deutschland, 18. 4. 1989).

politiken« in der gesamten Region, läuft im RGW gegenwärtig alles auseinander; es gibt keine erkennbaren Kräfte, die auf einen stärkeren Zusammenhalt der osteuropäischen Wirtschaftsgemeinschaft hinwirken würden.

Hierzu fehlt auch der entsprechende politische Wille. Anscheinend hat die sowjetische Führung die sogenannte Breshnew-Doktrin von der begrenzten Souveränität der kleineren RGW-Länder de facto aufgegeben. Darauf deutet das folgende Zitat aus der gemeinsamen Presseerklärung anläßlich des Besuchs von Honecker in Moskau im September 1988 hin: Die DDR und die UdSSR »treten für wahrhaft demokratische, zivilisierte Beziehungen zwischen allen Staaten auf der Grundlage der vollen Gleichberechtigung und der Achtung der Entscheidung jedes Volkes über sein gesellschaftliches System ein«.[21] Die wirtschaftlichen Beziehungen zwischen der Sowjetunion und ihren osteuropäischen Partnern werden demzufolge in erster Linie von den nationalstaatlichen Interessen und nicht von einem übergeordneten politischen Gemeinschaftsinteresse geprägt. Konsequenterweise ist der Freiheitsraum der osteuropäischen Regierungen, das binnen- und außenwirtschaftlich Nötige zu tun, größer als je zuvor seit 1945 (was zunächst die Reformer und die Konservativen gleichermaßen begünstigt). Anscheinend will die Mehrheit dieser Regierungen diesen Freiraum nutzen, um ihre wirtschaftlichen Beziehungen zum industriellen Westen, insbesondere zum politischen Westeuropa, zu intensivieren. Dies ist auch ein wichtiges Ziel der neuen sowjetischen Außenwirtschaftspolitik. Die EG ist in diesem Zusammenhang besonders gefordert; denn es vollzieht sich gegenwärtig nicht nur ein Prozeß der wirtschaftlichen Annäherung zwischen den RGW-Staaten und der EG (siehe unten), in Ungarn und in Polen wird darüber hinaus sogar über eine mögliche EG-Mitgliedschaft bereits öffentlich diskutiert.[22]

2. Beziehung zur EG

Die neue sowjetische Außenwirtschaftspolitik und die wirtschaftlichen Krisenerscheinungen in Osteuropa waren die wichtigsten Voraussetzungen für die Annäherung zwischen dem RGW bzw. den einzelnen RGW-Staaten und der EG. Die Regierungen der RGW-Mitgliedstaaten und das RGW-Sekretariat akzeptierten die Bedingungen der EG für eine Normalisierung der Beziehungen zwischen Ost- und Westeuropa. In erster Linie ging es dabei um das »Parallelkonzept« der EG, d. h. das gleichzeitige Bemühen um Beziehungen zu den einzelnen RGW-Staaten und dem RGW als Organisation. Am 25. Juni 1988 unterzeichneten Vertreter der EG und des RGW in Luxemburg die »Gemeinsame Erklärung«, mit der offizielle Beziehungen aufgenommen wor-

---

21 Neues Deutschland, 30. 9. 1988.
22 Vgl. z. B. H. Frackiewicz, Selber schaffen wir es nicht – wir sollten über den Beitritt zur EWG nachdenken (Polnisch), in: Polityka, 5/1989, Beilage: Eksport – Import, S. 17, 19.

den sind. Mit dieser »Gemeinsamen Erklärung« erkennt die RGW-Seite den Geltungsbereich des EWG-Vertrags an; allerdings haben die RGW-Staaten (ohne Rumänien) eine einseitige Erklärung abgegeben, wonach durch die »Gemeinsame Erklärung« das »Vierseitige Abkommen vom 3. September 1971« nicht berührt werde.[23] Ferner wird die zukünftige Kooperation zwischen beiden Gemeinschaften auf Bereiche festgelegt, in denen jede Seite Kompetenzen besitzt und die für jede Seite interessant sind. Damit werden die unterschiedlichen Zuständigkeiten von beiden Gemeinschaften anerkannt. Diese Asymmetrie stellt eine grundsätzliche Schwierigkeit dar, konkrete Gebiete und Formen der EG- RGW-Zusammenarbeit zu vereinbaren. Dieser Findungsprozeß, die letzte Runde fand ohne Ergebnis im April 1989 in Moskau statt[24], wird durch die beschriebene Schwäche des RGW zusätzlich erschwert. Es gibt kein erkennbares politisches oder wirtschaftliches Interesse, daß die EG die Position des RGW als Gemeinschaft stärken sollte.

Parallel zu den Verhandlungen auf der Gemeinschaftsebene werden seit Mitte 1988 Gespräche zwischen der EG und den einzelnen europäischen RGW-Staaten geführt. Alle diese Staaten haben inzwischen (bis auf Rumänien) mit der EG diplomatische Beziehungen aufgenommen. Die EG hat im September 1988 ein umfassendes Handels- und Kooperationsabkommen mit Ungarn geschlossen. In dieser Vereinbarung verpflichtet sich die EG, in drei Schritten bis 1995 sämtliche mengenmäßigen Einfuhrquoten abzubauen. Ungarn sichert EG-Firmen bessere Geschäftsbedingungen zu. Beide Seiten wollen in Forschung, Verkehr und Umweltschutz zusammenarbeiten. Die EG-Kommission erklärte aber gleichzeitig, dieses Abkommen sei kein Modell für Verträge mit den übrigen RGW-Staaten: Ungarn mit seiner Reformpolitik sei im RGW-Raum ein Ausnahmefall. Dies belegt der Handelsvertrag der EG mit der ČSSR, der im Dezember 1988 unterzeichnet wurde. Diese Einstellung ist für die Weiterentwicklung der gesamteuropäischen wirtschaftlichen Beziehungen kontraproduktiv und steht im Widerspruch zum Meistbegünstigungsprinzip, dem auch außerhalb des GATT Beachtung geschenkt werden sollte. Handelsverträge zwischen Ost und West sollten nicht eine Art Belohnung für Reformen sein. Im Interesse der Sache und zur Vermeidung von Diskriminierung ist vielmehr ein rascher Abschluß ähnlicher Abkommen auch mit den anderen RGW-Ländern notwendig. Mit diesen Staaten führt die EG-Kommission gegenwärtig sogenannte exploratorische Gespräche. Eine Ausnahme bildet Rumänien: Die Kommission erhielt bereits 1986 ein Verhandlungsmandat zum Abschluß eines Abkommens; die Verhandlungen, die bisher ohne Ergebnis geführt wurden, sind einstweilen wegen der innenpolitischen Entwicklung in Rumänien abgebrochen worden.

---

23 Vgl. Neues Deutschland, 27. 6. 1988.
24 Seitens des RGW wurden folgende Bereiche der Zusammenarbeit vorgeschlagen: Wissenschaft und Technik, Umweltschutz, Standardisierung, Transport, wirtschaftsprognostische Arbeit sowie Elektro- und Kernenergie (vgl. Neues Deutschland, 28. 4. 1989).

In diesem Rahmen haben seit Januar 1987 zwischen der EG und Moskau mehrere Gesprächsrunden stattgefunden. Dabei wurde klar, daß beide Seiten ein umfassendes Abkommen anstrebten. Die EG-Kommission beantragte beim EG-Ministerrat ein entsprechendes handelspolitisches Verhandlungsmandat[25], und im Dezember 1989 kam es zum Vertragsabschluß. Der Vertrag deckt neben dem Warenaustausch die Bereiche Wissenschaft und Technologie, Verkehr, Energie, zivile Atomwirtschaft und Umweltschutz ab. Die EG ist auch bereit, Importbeschränkungen »für einige Güter aus der UdSSR« aufzuheben, wenn sich die Regierung in Moskau verpflichtet, ihre Märkte weiter zu öffnen und westlichen Unternehmen in der UdSSR bessere Geschäftsbedingungen zu bieten.

Handels- und Kooperationsabkommen allein werden den Handel zwischen Ost- und Westeuropa nicht spürbar erhöhen. Nach Schätzungen wird der Abbau der bisherigen Einfuhrbeschränkungen zu ungarischen Mehrexporten von 25 Mio. US-$[26] bis 300 Mio. US-$[27] führen; dies entspricht 1 bzw. 6% der ungarischen Ausfuhr in die EG im Jahre 1988.

Eine Belebung der wirtschaftlichen Verflechtung zwischen Ost- und Westeuropa wäre dann zu erwarten, wenn die europäischen RGW-Staaten in die bestehende EG-EFTA-Freihandelszone einbezogen würden. Das Reziprozitätsproblem ließe sich bei entsprechendem politischem Willen lösen.

Für eine gesamteuropäische Freihandelszone spricht:
- Die Öffnung der EG-Märkte für osteuropäische Waren ist mittel- und langfristig die beste Förderung der EG-Ausfuhr in die RGW-Region.
- Die Öffnungspolitik der RGW-Länder in Richtung Westen könnte aktiv unterstützt werden.
- Der Wirtschafts- und insbesondere der Technologieverkehr zwischen West- und Osteuropa wäre politisch weniger störanfällig.
- Intensive bilaterale Beziehungen zu den einzelnen RGW-Staaten sind der sicherste Weg, um Sorgen gegenüber negativen Wirkungen des EG-Binnenmarktes 1992 zu verringern und so die Unabhängigkeit der einzelnen RGW-Länder in ihrer Westwirtschaftspolitik zu sichern.

3. Joint Ventures mit westlichem Kapital

Seit dem 1. Januar 1987 ist die Gründung von Gemeinschaftsunternehmen mit westlichem Kapital auf dem sowjetischen Territorium zugelassen. Der rechtliche Rahmen für diese Joint Ventures ist durch den genannten Ministerratsbeschluß vom 2. Dezember 1988 erneut verändert worden, d.h. er wurde weiter an die Wünsche der potentiellen westlichen Kapitalgeber angepaßt. Zuvor galt als Grundregel, daß der sowjetische Kapitalanteil an einem Joint Venture mindestens 51% zu betragen hat und daß der Vorstands- und Aufsichtsratsvor-

---

25 Vgl. Der Tagesspiegel, 23. 5. 1989.
26 Vgl. Hungaropress, 16/1988, S. 4.
27 Vgl. East-West, 14. 7. 1988.

sitzende jeweils sowjetische Staatsbürger sein mußten. Nach der neuen Regelung gibt es hinsichtlich des prozentualen Anteils der ausländischen Beteiligung oder hinsichtlich der Person des Geschäftsführers keine Beschränkungen mehr. Darüber entscheiden einvernehmlich die Gesellschafter ebenso wie über sämtliche Bereiche der Tätigkeit ihres Gemeinschaftsunternehmens, einschließlich der Entlohnung der sowjetischen Mitarbeiter. Für jedes Joint Venture wird es somit ganz entscheidend auf den konkreten Gesellschaftsvertrag ankommen. Über die Zulassung von Joint Ventures hatten seit September 1987 die zuständigen Branchenministerien, andere zentrale Organe der UdSSR bzw. die Regierungen der einzelnen Republiken zu entscheiden. Nach der neuen Regelung »ist den Betrieben, Vereinigungen und Organisationen das Recht zu gewähren, Beschlüsse über die Gründung von Gemeinschaftsunternehmen, internationalen Vereinigungen und Organisationen mit ausländischen Organisationen und Firmen bei Zustimmung des übergeordneten Verwaltungsorgans zu fassen«.[28] Das Finanzministerium der UdSSR und andere Organe werden aufgefordert, die Gründung von Joint Ventures, z. B. durch Steuernachlässe und durch die Versorgung der ausländischen Mitarbeiter mit Wohnraum, nachdrücklich zu fördern; dies gilt ganz besonders für Projekte, die in der Fernöstlichen Wirtschaftsregion realisiert werden.

Die neuen Regelungen dürften wohl ein Hinweis darauf sein, daß die sowjetischen Behörden mit den bisherigen Ergebnissen ihrer Kapitalimportpolitik nicht zufrieden sind. Ende 1988 existierten in der UdSSR 191 Gemeinschaftsunternehmen mit ausländischer Beteiligung (Stand Sommer 1989: ca. 500); an über 90% dieser Joint Ventures ist westliches Kapital beteiligt. Das Stammkapital aller Unternehmen belief sich auf über 1 Mrd. VRbl, der ausländische Anteil betrug knapp 380 Mio. VRbl (= 37,5%). Westliche Unternehmer haben bisher rund 450 Mio. US-$ in der UdSSR investiert, auf die Bundesrepublik (15%) und Italien (14%) entfallen hiervon die größten Anteile. Dieses ist insgesamt betrachtet vorerst ein sehr bescheidener Beitrag. Hinzu kommt, daß bisher auch größere Projekte fehlen. Von den 55 Joint Ventures mit Partnern aus der Bundesrepublik hat das größte Vorhaben ein Volumen von 50 Mio. VRbl, wobei der deutsche Anteil bei 32% liegt. Alle übrigen Projekte sind noch kleiner. Es handelt sich hier offenbar erst um Versuchsballons.

Eine Belebung dieser Form der Kooperation zwischen der bundesdeutschen und der sowjetischen Wirtschaft könnte das Investitionsförderungs- und Investitionsschutzabkommen bewirken, das anläßlich des Gorbatschow-Besuchs in Bonn unterschrieben wurde. Es sichert den deutschen Unternehmen den ungehinderten Transfer von Kapital und Gewinn jeglicher Art (also auch von Gewinn in Rubel), es bietet Schutz gegen Enteignung sowie den ungehinderten Zugang zum sowjetischen Energie-, Rohstoff- und Arbeitsmarkt (Diskriminierungsverbot).

---

28 Außenhandel UdSSR, 2/1989, S. 49.

Tabelle 1: Entwicklung des sowjetischen Außenhandels 1980–1988

Länder	1980	1985	1986	1987	1988	1980	1985	1986	1987	1988
	\multicolumn{5}{c}{Ausfuhr}					
	Mrd. VRbl[1]					Mrd. VRbl[1]				
Insgesamt	49,6	72,7	68,4	68,1	67,1	44,5	69,4	62,6	60,7	65,0
RGW(9)[2]	24,3	40,2	42,2	40,7	39,0	21,4	37,9	37,8	38,9	39,8
DDR	4,9	7,7	7,9	7,6	7,2	4,3	7,6	7,1	7,1	7,0
Übrige sozialist. Länder[3]	2,6	4,2	3,5	3,5	3,8	2,2	4,6	4,0	3,3	3,5
OECD-Länder	16,2	18,7	13,3	14,4	14,9	15,8	19,5	16,0	14,0	16,5
EG (12)	11,2	13,1	9,0	9,8	10,1	7,6	8,5	7,2	7,0	7,5
BRD	3,1	4,3	2,9	2,5	2,5	3,0	3,3	3,0	2,7	3,3
EFTA	3,5	4,2	2,8	3,0	3,0	3,1	4,6	4,1	3,5	4,1
Österreich	0,6	0,8	0,5	0,4	0,5	0,4	0,9	0,9	0,6	0,7
Japan	1,0	0,9	1,0	1,0	1,2	1,8	2,3	2,2	1,6	2,0
USA	0,2	0,3	0,3	0,3	0,3	1,4	2,4	1,2	0,9	1,8
Entwicklungsländer[4]	6,5	9,5	9,4	9,6	9,4	5,0	7,5	4,8	4,7	5,2
	Anteile in %					Anteile in %				
Insgesamt	100	100	100	100	100	100	100	100	100	100
RGW(9)[2]	49,0	55,4	61,7	59,7	58,1	48,2	54,6	60,4	64,0	61,2
DDR	9,8	10,6	11,5	11,2	10,7	9,7	10,9	11,4	11,7	10,8
Übrige sozialist. Länder[3]	5,2	5,8	5,1	5,1	5,7	5,0	6,6	6,5	5,4	5,4
OECD-Länder	32,6	25,8	19,4	21,1	22,2	35,6	28,0	25,5	23,0	25,4
EG (12)	22,6	18,1	13,2	14,4	15,1	17,1	12,2	11,5	11,4	11,5
BRD	6,2	5,8	4,2	3,7	3,7	6,7	4,7	4,8	4,4	5,1
EFTA	7,1	5,7	4,1	4,4	4,5	7,0	6,6	6,5	5,8	6,3
Österreich	1,2	1,1	0,8	0,6	0,7	0,9	1,2	1,4	1,0	1,1
Japan	1,9	1,3	1,4	1,4	1,8	4,0	3,3	3,5	2,7	3,1
USA	0,3	0,5	0,5	0,4	0,4	3,0	3,4	1,8	1,5	2,8
Entwicklungsländer[4]	13,2	13,0	13,8	14,0	14,0	11,2	10,8	7,7	7,8	8,0
	Jährlicher Saldo in Mrd. VRbl[1]					Relation Ausfuhr zu Einfuhr in %				
Insgesamt	5,1	3,3	5,8	7,4	2,1	111,5	104,8	109,3	112,2	103,2
RGW(9)[2]	2,9	2,3	4,4	1,8	−0,8	113,6	106,1	111,6	104,6	98,0
DDR	0,6	0,1	0,8	0,5	0,2	114,0	101,3	111,3	107,0	102,9
Übrige sozialist. Länder[3]	0,4	−0,4	−0,5	0,2	0,3	118,2	91,3	87,5	106,1	108,6
OECD-Länder	0,4	−0,8	−2,7	0,4	−1,6	102,5	95,9	83,1	102,9	90,3
EG (12)	3,6	4,6	1,8	2,8	2,6	147,3	154,1	125,0	140,1	134,7
BRD	0,1	1,0	−0,1	−0,2	−0,8	103,3	130,3	96,7	92,6	75,8
EFTA	0,4	−0,4	−1,3	−0,5	−1,1	112,9	91,3	68,3	85,7	73,2
Österreich	0,2	−0,1	−0,4	−0,2	−0,2	150,0	88,9	55,6	66,7	71,4
Japan	−0,8	−1,4	−1,2	−0,6	−0,8	55,6	39,1	45,5	62,5	60,0
USA	−1,2	−2,1	−0,9	−0,6	−1,5	14,2	12,5	25,0	33,3	16,7
Entwicklungsländer[4]	1,6	2,0	4,6	4,9	4,2	130,0	126,7	195,8	204,3	180,8

1 Der Valutarubel (VRbl) dient als reine Recheneinheit nur dem statistischen Ausweis des Außenhandels, sein Umrechnungskurs betrug 1980: 1,53 US-$, 1985: 1,19 US-$, 1986: 1,42 US-$, 1987: 1,58 US-$ und 1988: 1,65 US-$.
2 Bulgarien, ČSSR, DDR, Kuba, Mongolei, Polen, Rumänien, Ungarn und Vietnam.
3 VR China, Jugoslawien, Laos und Nord-Korea.
4 Gruppenausweis.
Quelle: Außenhandel UdSSR 1981, 1988.

Tabelle 2: Warenstruktur des sowjetischen Außenhandels 1980–1987

Warengruppen[1]	Welt			Sozialistische Länder[2]			Übrige Länder		
	1980	1986	1987	1980	1986	1987	1980	1986	1987
Ausfuhr				Anteile in %					
Insgesamt	100	100	100	100	100	100	100	100	100
Maschinen, Ausrüstungen und Verkehrsmittel	15,8	15,0	15,5	22,8	17,1	17,9	7,5	10,8	11,1
Brennstoffe u. Elektroenergie	46,9	47,3	46,5	39,7	50,1	47,9	55,4	41,9	43,9
Erze und Metalle	8,8	8,4	8,5	13,1	10,2	10,1	3,7	4,8	5,6
Chemische Erzeugnisse und Kautschuk	3,3	3,5	3,4	3,6	3,6	3,6	2,9	3,3	3,1
Holz, Papier und Zellulose	4,1	3,4	3,3	3,1	2,9	2,7	5,4	4,4	4,4
Textilrohstoffe u. -halbwaren	1,9	1,4	1,5	2,4	1,8	1,9	1,3	0,6	0,8
Landwirtsch. Erzeugnisse und Nahrungsmittel	1,9	1,6	1,6	2,4	1,4	1,5	1,3	2,0	1,8
Industrielle Konsumgüter	2,5	2,4	2,6	2,6	2,3	2,6	2,4	2,6	2,6
Übrige Waren	14,8	17,0	17,1	10,3	10,6	11,8	20,1	29,7	26,8
Einfuhr				Anteile in %					
Insgesamt	100	100	100	100	100	100	100	100	100
Maschinen, Ausrüstungen und Verkehrsmittel	33,9	40,7	41,4	43,8	46,4	47,8	22,7	29,2	27,0
Brennstoffe u. Elektroenergie	3,0	4,6	3,9	1,7	2,0	1,8	4,5	9,8	8,6
Erze und Metalle	10,8	8,3	8,1	6,1	5,4	5,1	16,2	14,1	14,9
Chemische Erzeugnisse und Kautschuk	5,3	5,1	5,3	3,5	3,0	2,8	7,4	9,3	11,0
Holz, Papier und Zellulose	2,0	1,3	1,2	0,6	0,4	0,3	3,6	3,1	3,2
Textilrohstoffe u. -halbwaren	2,2	1,3	1,5	0,5	0,4	0,3	4,1	3,1	4,2
Landwirtsch. Erzeugnisse und Nahrungsmittel	24,2	17,1	16,1	18,6	16,7	16,1	30,6	17,9	16,1
Industrielle Konsumgüter	12,1	13,4	13,0	17,7	16,1	15,6	5,7	7,9	7,1
Übrige Waren	6,5	8,2	9,5	7,5	9,6	10,2	5,3	5,5	7,9
Saldo				Jährlich, in Mrd. VRbl[3]					
Insgesamt	5,2	5,8	7,4	3,3	3,8	2,1	1,9	1,9	5,3
Maschinen, Ausrüstungen und Verkehrsmittel	−7,2	−15,2	−14,6	−4,2	−11,6	−12,2	−3,0	−3,6	−2,4
Brennstoffe u. Elektroenergie	22,0	29,5	29,3	10,3	22,0	20,4	11,7	7,5	8,9
Erze und Metalle	−0,4	0,6	0,9	2,1	2,4	2,3	−2,5	−1,9	−1,4
Chemische Erzeugnisse und Kautschuk	−0,7	−0,8	−0,9	0,1	0,4	0,4	−0,9	−1,2	−1,3
Holz, Papier und Zellulose	1,1	1,5	1,5	0,7	1,2	1,1	0,5	0,4	0,5
Textilrohstoffe u. -halbwaren	−0,0	0,2	0,1	0,5	0,7	0,7	−0,6	−0,5	−0,6
Landwirtsch. Erzeugnisse und Nahrungsmittel	−9,8	−9,6	−8,7	−3,8	−6,4	−6,1	−6,1	−3,3	−2,6
Industrielle Konsumgüter	−4,1	−6,8	−6,1	−3,5	−5,7	−5,4	−0,7	−1,1	−0,7
Übrige Waren	4,5	6,5	5,9	1,0	0,9	0,9	3,5	5,6	4,9

1 RGW-Warenklassifizierung.
2 RGW (9) und übrige sozialistische Länder.
3 Valutarubel.
Quelle: Außenhandel UdSSR 1981, 1987.

Tabelle 3: Verschuldung der RGW-Staaten in Hartwährungen (Mrd. US-$)

	1981	1982	1983	1984	1985	1986	1987	1988
				Gesamtverbindlichkeiten				
Bulgarien	3,2	3,0	2,5	2,2	3,7	5,1	6,3	7,3
ČSSR	4,6	4,0	3,6	3,1	3,5	4,3	5,4	5,7
DDR[1]	15,4	13,0	12,2	11,3	14,4	15,7	19,9	20,0
Polen	25,9	26,5	26,6	26,9	29,8	33,6	39,3	37,3
Rumänien	10,2	9,8	8,9	7,2	6,6	6,5	6,0	4,0
Ungarn	8,7	8,0	8,3	8,8	11,7	15,1	17,7	16,8
RGW (6)	67,9	64,2	62,0	59,6	69,8	80,2	94,7	91,1
UdSSR	26,5	26,7	23,6	22,5	28,0	33,1	36,7	38,0
RGW (7)	94,4	90,9	85,6	82,1	97,8	113,3	131,4	129,1
				Nettoverbindlichkeiten[2]				
Bulgarien	2,4	2,0	1,3	0,7	1,6	3,7	5,3	6,4
ČSSR	3,5	3,3	2,7	2,1	2,5	3,0	3,8	4,2
DDR[1]	13,3	11,1	8,8	6,8	7,8	8,2	10,9	10,9
Polen	25,1	25,5	25,3	25,4	28,2	31,9	36,3	34,1
Rumänien	9,9	9,5	8,4	6,6	6,3	5,9	4,7	2,6
Ungarn	7,8	7,2	6,9	7,3	9,5	12,9	16,2	15,6
RGW (6)	61,9	58,6	53,4	48,9	55,9	65,6	77,1	73,8
UdSSR	18,1	16,7	12,5	11,2	14,9	18,3	22,5	23,5
RGW (7)	80,0	75,3	65,9	60,1	70,8	83,9	99,6	97,3
			Verhältnis der Nettoverschuldung zu Erlösen aus dem Warenexport					
Bulgarien	71	62	46	23	53	142	170	184
ČSSR	82	80	64	52	62	67	79	80
DDR[1]	198	141	103	78	89	93	119	117
Polen	435	444	429	400	458	490	478	431
Rumänien	135	152	134	95	99	102	76	39
Ungarn	160	145	139	148	213	287	304	274
RGW (6)	192	182	163	143	170	200	214	193
UdSSR	63	53	39	35	55	76	80	77
RGW (7)	131	118	102	91	118	147	155	142

Angaben für 1988 sind vorläufig.
1 Einschließlich innerdeutscher Kapitalverkehr.
2 Gesamtverbindlichkeiten abzüglich Forderungen an BIZ-Banken.
Quelle: OECD-Statistik.

Tabelle 4: Zinsen- und Schuldendienstquoten der RGW-Länder

	1981	1982	1983	1984	1985	1986	1987	1988
	\multicolumn{8}{c}{Zinsendienstquote}							

	1981	1982	1983	1984	1985	1986	1987	1988
\multicolumn{9}{l}{Zinsendienstquote (Nettozinszahlungen in % der Erlöse aus dem Warenexport)}								
Bulgarien	7	7	6	3	3	6	10	12
ČSSR	10	11	8	6	5	4	5	5
DDR[1]	23	19	13	9	7	6	7	9
Polen	67	59	46	44	41	36	34	36
Rumänien	20	20	14	12	9	8	6	4
Ungarn	24	18	13	14	15	16	19	20
RGW (6)	27	24	18	16	14	13	14	15
UdSSR	8	7	4	4	4	4	5	5
RGW (7)	18	15	11	10	10	10	10	11
Nachrichtlich: \multicolumn{8}{l}{Nettozinszahlung (Mrd. US-$)}								
Bulgarien	0,2	0,2	0,2	0,1	0,1	0,2	0,3	0,4
ČSSR	0,4	0,4	0,3	0,3	0,2	0,2	0,2	0,3
DDR[1]	1,6	1,5	1,1	0,8	0,7	0,6	0,7	0,8
Polen	3,9	3,4	2,8	2,8	2,5	2,4	2,6	2,8
Rumänien	1,5	1,3	0,9	0,8	0,6	0,4	0,4	0,3
Ungarn	1,2	0,9	0,6	0,7	0,7	0,7	1,0	1,2
RGW (6)	8,8	7,7	5,8	5,4	4,7	4,4	5,1	5,8
UdSSR	2,2	2,1	1,2	1,1	1,0	1,0	1,3	1,6
RGW (7)	11,0	9,8	7,0	6,6	5,8	5,5	6,5	7,3
\multicolumn{9}{l}{Schuldendienstquote (Tilgungs- und Nettozinszahlungen in % der Erlöse aus dem Warenexport)}								
Bulgarien	21	24	21	18	15	32	32	36
ČSSR	17	20	20	17	17	17	19	16
DDR[1]	75	67	46	41	41	49	52	62
Polen	163	175	131	95	81	54	68	68
Rumänien	36	46	35	25	27	28	29	22
Ungarn	42	36	35	46	53	59	47	52
RGW (6)	59	61	48	40	39	40	41	43
UdSSR	22	19	14	15	19	22	23	21
RGW (7)	41	40	31	28	29	31	32	32

Angaben für 1988 sind vorläufig.
1 Einschließlich innerdeutscher Kapitalverkehr.
Quelle: OECD-Statistik.

Dritter Teil: Außenpolitik

Falk Bomsdorf / Hannes Adomeit

Das »neue Denken«: Grundzüge und Verwirklichung

I. Einleitung

Die sowjetische Führung unter Michail Gorbatschow zielt nicht nur darauf ab, die inneren Grundlagen des Sowjetstaates umzugestalten. Vielmehr suchen die sowjetischen Reformer auch der sowjetischen Außen- und Sicherheitspolitik ein anderes Profil zu geben. »Neues Denken« – mit diesem Etikett wird die neue außen- und sicherheitspolitische Einstellung von der sowjetischen Führung versehen. Freilich hat man den Eindruck, daß dieser Begriff zwar viel verwandt, aber nur selten definiert wird. Jedenfalls wird nicht ohne weiteres deutlich, worum es sich handelt: um eine wirklich veränderte Haltung gegenüber der Außenwelt oder nur um eine neue Präsentation der Außen- und Sicherheitspolitik, die im übrigen die alte bleibt. Was also ist das »neue Denken«? Welches ist der Hintergrund, vor dem es entwickelt wurde? Welches sind die Ziele, die die sowjetische Führung mit ihm verfolgt? Und vor allem: Setzt sich das »neue Denken« in praktische Politik um? Dies sind die entscheidenden Fragen, wenn man zu ergründen sucht, was das Wesen des »neuen Denkens« ausmacht.

II. Der Ausgangspunkt des »neuen Denkens«: neue Wahrnehmung

Das »neue Denken« ist nicht Ergebnis eines einsamen Beschlusses von Generalsekretär Gorbatschow. Es ist auch keine kollektive Schöpfung von Parteitagen oder Konferenzen. Das »neue Denken« hat sich vielmehr allmählich entwickelt (und entwickelt sich weiter). Grundlage waren Überlegungen, die zu einer Zeit einsetzten, als noch Leonid Breshnew die Macht in den Händen hielt. Damals, etwa Ende der siebziger Jahre, begann man an den großen sowjetischen Forschungsinstituten wie auch im Apparat des Zentralkomitees der KPdSU über Ansätze für eine neue Politik im Verhältnis zwischen den »sozialistischen« und den »kapitalistischen« Staaten nachzudenken.[1] Diese Gedanken setzten sich,

---

1 Vgl. dazu die Studie von N. Novikov, Entwicklungen im offiziellen außenpolitischen Denken in der Sowjetunion. Der Wandel einer Ideologie im Überblick, Forschungsstelle Gottstein in der Max-Planck-Gesellschaft, München 1989.

obwohl sie bei Generalsekretär Andropov offenbar Anklang fanden, zunächst nicht durch. Aber sie stellten eine Grundlage dar, auf welcher der neue Generalsekretär Gorbatschow aufbauen konnte, als er im März 1985 sein Amt übernahm. Wie im Bereich der Wirtschaftsreformen gilt damit auch in dieser Hinsicht die Feststellung, daß die neue sowjetische Führung ihre Reformpolitik nicht so schnell hätte einleiten können, wenn sie nicht auf umfangreiche Vorarbeiten hätte zurückgreifen können.

Warum aber begann der neue Generalsekretär mit großer Tatkraft und der Mahnung zur Eile eine Reformpolitik zu führen, die seine drei Vorgänger nicht für notwendig gehalten hatten, und die seine Rivalen um das vakante Amt nach allem, was man über sie weiß, nicht initiiert hätten? Die Antwort liegt in der Feststellung, daß Generalsekretär Gorbatschow sich, neben seinen anderen Vorzügen, in einer ganz wesentlichen Eigenschaft von den meisten Mitgliedern der sowjetischen Führungselite unterscheidet: in der Art seiner Wahrnehmung.

Der neue Generalsekretär nahm und nimmt die Welt so wahr, wie sie ist, und nicht so, wie sie nach herkömmlichen sowjetischen Vorstellungen sein sollte. Anders ausgedrückt: Das Prisma, durch das Michail Gorbatschow und seine Mitreformer die politische und ökonomische Umgebung wahrnehmen, ist nicht oder doch in sehr viel geringerem Maße das der Ideologie, der Machterhaltung, der Weltbeglückung. Gorbatschows Wahrnehmungsweise zeichnet sich vielmehr dadurch aus, daß sie – bis auf dasjenige des Pragmatismus – weitgehend ohne Prisma auskommt. Tatsachen werden als Tatsachen gesehen und anerkannt.

Am Anfang des »neuen Denkens« steht also eine neue Wahrnehmung. Die erste Verpflichtung derjenigen, die den Pfad zur menschlichen Glückseligkeit suchen, ist es, wie Gorbatschow unter Berufung auf Lenin sagt[2], den Mut zu haben, offen anzuerkennen, was ist. Wie es scheint, beherzigt Gorbatschow das Mao-Wort: Es kommt darauf an, die Wahrheit in den Tatsachen zu suchen.[3] Es ist, wie Gorbatschow schreibt, »in erster Linie das Leben selbst, das die Menschen eine neue Denkweise lehrt«. Und er bekennt, daß auch die sowjetischen Reformer nur zögernd die neue Denkweise angenommen hätten:

> »Wir selbst sind dazu allmählich gekommen und haben das neue Denken Stufe für Stufe bewältigt, indem wir unsere herkömmlichen Ansichten über die Probleme von Krieg und Frieden und die Beziehungen zwischen den beiden Systemen überprüft und über globale Probleme nachgedacht haben.«[4]

Es war also »das Leben selbst«, das die sowjetischen Reformer zum Nachdenken, zur Überprüfung des Bisherigen und zur Entwicklung des Neuen Denkens gebracht hat. Gemeint ist damit die innere Lage der Sowjetunion, aber

---

2 Vgl. Pravda, 2. 10. 1986.
3 Laut Gorbatschow ist die Praxis ein Kontrollmechanismus für die Richtigkeit der Theorie. Vgl. Gorbatschows Rede anläßlich des 70. Jahrestags der Oktoberrevolution, in: Neues Deutschland, 3. 11. 1987, S. 6 (5. Spalte).
4 M. Gorbatschow, Perestrojka. Die zweite russische Revolution, München 1987, S. 183.

auch ihre Position in der Welt. In der Wahrnehmung der Reformer stellen sich diese beiden Aspekte des staatlichen Lebens der UdSSR so dar, daß erschreckende Erkenntnisse die Folge sind.

Die Sowjetunion, so heißt es, hat ihre von Lenin geforderte Stellung als Beispiel für die übrige Welt nicht erreicht. Das Land ist nicht zu einer Gesellschaft geworden, die sich nach allen ihren Charakteristika als zur Nachahmung geeignetes Modell anbietet, die als Stimulans für die sozialistische Umgestaltung der Welt dienen kann.[5] Die selbstgesetzte prinzipielle wirtschaftliche Aufgabe – den Kapitalismus in der Produktion von Gütern und in der Arbeitsproduktivität zu überholen – ist nicht gelöst worden. Im Gegenteil hat sich die generelle Lage der Sowjetunion verschlechtert: Ihre Entwicklung weist »Mißerfolge, Widersprüche, Krisen- und Stagnationserscheinungen« auf. Die Sowjetunion leidet an wirtschaftlichem Stillstand und moralischer Degeneration.

Die Folgen dieser Erscheinungen werden klar erkannt: Die Aussichten für eine sozialistische Umgestaltung in den entwickelten kapitalistischen Ländern sind in unbestimmte Ferne gerückt. Die kommunistischen Parteien haben sich in diesen Ländern wie auch in der Dritten Welt nicht die Unterstützung des größten Teils der Arbeiterschaft sichern können. Und selbst die Lage in den Staaten »sozialistischer Orientierung« wird als labil angesehen, stets behaftet mit der Möglichkeit eines Rückfalls in frühere Verhältnisse.

Es ist indessen nicht nur die fehlende Aussicht, neue Klienten in der Welt zu gewinnen, welche die sowjetischen Reformer besorgt stimmt. Man erkennt vielmehr sehr deutlich, daß die innere Krise auch die Stellung gefährdet, die sich die Sowjetunion in der internationalen Arena erworben hat. Nur wenn es gelingt, so heißt es nun, die Wirtschaft der Sowjetunion auf neue Grundlagen zu stellen und sie insgesamt zu stärken, wird die UdSSR als große und blühende Macht in das nächste Jahrtausend gehen.[6] Die Sowjetunion läuft also Gefahr, so der Kern der Bestandsaufnahme der inneren Verhältnisse, wegen der schweren wirtschaftlichen Krise zu einer Macht zweiten Ranges herabzusinken.

Die Position der Sowjetunion im Gefüge der internationalen Beziehungen wird nach Ansicht der Reformer nicht nur durch die schlechte innere Lage negativ beeinflußt, sondern auch durch die sowjetische Außen- und Sicherheitspolitik selbst. Das politische Instrumentarium, das der Verbesserung der äußeren Lage der Sowjetunion dienen soll, hat vielfach das Gegenteil bewirkt. Und zwar, wie den sowjetischen Analysen zu entnehmen ist, zum einen deshalb, weil außen- und sicherheitspolitische Züge der Sowjetunion ihren Zweck nicht nur nicht erreicht, sondern Entwicklungen in der Außenwelt hervorgerufen haben, die den Interessen der Sowjetunion abträglich waren; zum anderen, weil die sowjetische Führung außen- und sicherheitspolitische Verpflichtungen ein-

---

5 So die Quintessenz der Analyse des außenpolitischen Kommentators der Izvestija, A. Bovin, »Perestrojka« i sud'ba socializma, in: Izvestija, 11. 7. 1987.
6 So Michail Gorbatschow bereits 1984. Vgl. seine Rede vor dem ZK-Plenum vom 10. 12. 1984, in: Izbrannye reči i stat'i, Bd. 2, Moskau 1987, S. 75 (108). Äußerungen dieses Inhalts hat Gorbatschow später häufig wiederholt.

gegangen ist, die die eigenen Kräfte zunehmend überfordert und die innere Lage noch mehr verschlechtert haben – mit erneuten negativen Folgen für die äußere Stellung der Sowjetunion.

Die Quintessenz der Kritik an der bisherigen Haltung besteht in dem – vernichtenden – Urteil, die Sowjetunion habe Außenpolitik »losgelöst von den vitalen Interessen des Landes« geführt.[7] Statt nationaler Interessen habe man Klasseninteressen verfolgt, ohne zu bedenken, daß dies dem Land schwer schaden mußte. Die Auseinandersetzung zwischen den beiden Systemen sei als leitendes Prinzip des internationalen Lebens betrachtet worden. Dementsprechend sei die sowjetische Außen- und Sicherheitsphilosophie vom Gedanken des Kampfes geprägt gewesen, in dem man siegen müsse und auch siegen werde – eine Erwartung, die sich, so die Reformer, als ebenso irrig wie schädlich herausgestellt hat.

Neben die neue Sicht der inneren Lage des Landes und der bisherigen sowjetischen Außen- und Sicherheitspolitik tritt eine veränderte Wahrnehmung der *Außenwelt*, insbesondere des »Kapitalismus«. Sie widerspricht nahezu in allem den wesentlichen Aussagen, die bisher über den Westen getroffen wurden.[8] Zum einen erkennt man, daß das kapitalistische System sich keineswegs in einer generellen Krise befindet, von der »kontinuierlichen und unvermeidbaren Verschärfung« dieser Krise und dem dadurch ausgelösten Zerfall des Kapitalismus ganz zu schweigen. Der Kapitalismus hat sich im Gegenteil entwickelt, hat sich den ständigen Herausforderungen angepaßt, hat die inneren und äußeren Widersprüche entschärft. Die innere Stabilität der kapitalistischen Länder ist, wie man in der UdSSR nunmehr deutlich sieht, auf diese Weise gesichert worden; die politischen und wirtschaftlichen Interessengegensätze innerhalb des kapitalistischen Lagers sind gemildert worden. Gleichzeitig wächst nahezu in allen kapitalistischen Ländern die Wirtschaft und mit ihr die Produktivität. Von einer absoluten oder auch nur relativen Verelendung der Massen kann keine Rede sein.

Auch was die Dritte Welt betrifft, wird die bisherige Betrachtungsweise verlassen. Man sieht in der Sowjetunion Gorbatschows deutlich, daß für viele Staaten der Dritten Welt der kapitalistische, nicht aber der sozialistische Weg zu Wachstum, technischem Fortschritt und erhöhtem Lebensstandard geführt hat. Und in den vielen Staaten, in denen nach wie vor Armut und Hunger herrschen, hat der Sozialismus keine Heilmittel anzubieten: Diese Länder leiden,

---

7 So Außenminister Ševardnadze, The 19th All-Union CPSU Conference: Foreign Policy and Diplomacy (Bericht, vorgetragen auf der wissenschaftlich-praktischen Konferenz des sowjetischen Außenministeriums am 25.7.1988), in: International Affairs, Moskau, 10/1988, S. 20.
8 V. Zagladin, Perestroika and Soviet Foreign Policy, in: A. Clesse, Th. Schelling, The Western Community and the Gorbachev Challenge, Baden-Baden 1989, S. 193–211 (201); S. Bialer, »New Thinking« and Soviet Foreign Policy, in: Survival, Juli/August 1988, S. 291–309 (299).

wie es ein sowjetischer Kritiker formulierte[9], weniger am Kapitalismus als am Mangel daran.

Schließlich wird der Westen von den sowjetischen Reformern nicht mehr als Feind gesehen, der die Festung Sowjetunion belagert und bedroht. USA und NATO haben, wie inzwischen erkannt wird, keineswegs die Absicht, die UdSSR anzugreifen. Und sollte doch jemand im Westen derartige Pläne hegen, so würde dem in der Sicht der Reformer die bürgerliche Demokratie im Wege stehen: Sie wird vielfach als entscheidende Barriere für jede gegen die UdSSR gerichtete militärische Aggression betrachtet.

Das Fazit der sowjetischen Reformer sieht so aus: Die Stellung der Sowjetunion im internationalen System wird in erster Linie durch ihre innere Krise beeinträchtigt. Das Land besitzt keine genügende wirtschaftliche und gesellschaftliche Stärke, um weltweit handlungsfähig zu sein. Die Sowjetunion – dies die Erkenntnis Gorbatschows – ist eine *eindimensionale* Supermacht, also ein Staat, der seine Eigenschaft als Supermacht allein auf militärische Macht gründet. Ein solcher Staat kann, so die Fortsetzung dieser Einsicht, seine internationale Stellung nicht halten, weil militärische Macht allein politischen Einfluß auf Dauer nicht sichern kann.

Die häufig kontraproduktive außen- und sicherheitspolitische Praxis der UdSSR hat die innere Krise noch verschärft. Falsche Entscheidungen haben ungeheure Kosten verursacht, ohne daß dem politische Gewinne entsprochen hätten. Dies hat seinerseits zu weiteren negativen Auswirkungen auf die internationale Position der UdSSR geführt. Gleichzeitig hat die UdSSR mit ihrer Außen- und Sicherheitspolitik – statt dem Land Verbündete oder gar Freunde zu gewinnen – die Beziehungen zu anderen Staaten verschlechtert und sich Feinde gemacht.

Während also der politische Einfluß der Sowjetunion in der internationalen Arena kontinuierlich abgenommen hat, ist die Stellung der westlichen Industriedemokratien ebenso kontinuierlich stärker geworden. Im Gegensatz zu dem, was die sowjetische Führung in den siebziger Jahren wahrnahm, hat sich die Korrelation der Kräfte – die komplexe Formel, mit der in der Sowjetunion bisher die Machtverteilung zwischen Ost und West gemessen wurde – beständig zugunsten des Kapitalismus verschoben, und zwar ohne Aussicht auf eine Umkehrung.

Am Beginn des »neuen Denkens« steht damit eine neue *Weltsicht*. Sie läßt der sowjetischen Führung eine umfassende Reform bisheriger sowjetischer Politik als Imperativ erscheinen. Die Sowjetunion – so die Erkenntnis Gorbatschows und seiner Mitarbeiter – wird nur dann groß bleiben, wenn sie aufhört, lediglich mächtig zu sein. Sie wird weiter verfallen und schließlich zerfallen, wenn es nicht gelingt, sie auf neue Grundlagen zu stellen. Damit ist gleichzeitig ausge-

---

9 A. Kozyrev, Confidence and the Balance of Interests, in: International Affairs, Moskau, 11/1988, S. 3–12 (6).

drückt, daß es der Primat der Innenpolitik ist, der die Gorbatschowsche Reformpolitik kennzeichnet. Alles staatliche Handeln muß, so die Reformer, der Verbesserung der Lage in der Sowjetunion dienen.

III. Motive und Zielrichtung der Reform sowjetischer Außen- und Sicherheitspolitik

Die neue Führung der Sowjetunion versteht die unmittelbare Verbindung zwischen innerer Stärke und äußerem Gewicht sehr viel besser als ihre Vorgängerinnen.[10] Chruschtschow versuchte außenpolitische Erfolge einzuheimsen, ohne auf einem soliden inneren Fundament zu ruhen. Breshnew stützte seine – tatsächlich errungenen – außenpolitischen Erfolge allein auf militärische Stärke. Im übrigen aber ließ er zu, daß die innere Lage brüchig wurde und so die Basis für weltpolitische Aspirationen der Sowjetunion immer mehr schwand, bis sie schließlich nicht mehr ausreichte. Für Gorbatschow ist innere Stärke, sind die inneren Ressourcen der Sowjetunion Schlüsselfaktoren für die sowjetische Außenpolitik. In dieser Perspektive ist die Perestrojka, die Umgestaltung der sowjetischen Wirtschaft und Gesellschaft, wie Seweryn Bialer mit Recht bemerkt hat[11], gleichzeitig eine prinzipielle Aussage über die Außenpolitik der Sowjetunion, haben die inneren Reformen eine starke außenpolitische Komponente. Die Umgestaltung der inneren Verhältnisse zielt zwar zunächst auf ein besseres Leben für die Sowjetbürger ab, auf das Entstehen eines blühenden und kräftigen Gemeinwesens. Gleichzeitig aber soll die Voraussetzung für eine starke *äußere* Position der Sowjetunion geschaffen werden.

Der Außen- und Sicherheitspolitik der UdSSR hat Generalsekretär Gorbatschow ein entsprechendes Ziel gesetzt. Zwar soll mit ihrer Hilfe auch die äußere Stellung der Sowjetunion bewahrt und möglichst verbessert werden. Vorrangig ist aber die Aufgabe, die innere Umgestaltung, die Perestrojka, zu unterstützen und abzusichern. Neue außen- und sicherheitspolitische Herausforderungen müssen vermieden, bisherige Belastungen abgebaut oder doch begrenzt werden. Mit der Außen- und Sicherheitspolitik muß ein internationales Milieu geschaffen werden, dessen Entwicklungslinien vorhersehbar sind und von dem keine Bedrohung ausgeht. Nur so können gefährliche Krisen abgewehrt, nur so kann einem Druck auf die knappen sowjetischen Ressourcen vorgebeugt werden.

Damit besteht eine intensive Wechselbeziehung zwischen Innen- und Außenpolitik. Die Außenpolitik soll es ermöglichen, daß die UdSSR innere Stärke erwerben kann. Die Innenpolitik, also die Perestrojka, soll mit der Umgestaltung der wirtschaftlichen Verhältnisse auch die Voraussetzung dafür schaffen,

---

10 Vgl. S. Bialer, a.a.O.
11 Ebenda.

daß die Sowjetunion eine wirksame – und das heißt eine auf innere Stärke abgestützte – Außenpolitik führen kann.

Diese Wechselwirkung zwischen innen und außen wird von Evgenij Primakov, einem engen Berater von Generalsekretär Gorbatschow und einem der Architekten der neuen Außen- und Sicherheitspolitik, so ausgedrückt: »Nie zuvor hat es eine so organische Verbindung zwischen Innen- und Außenpolitik im politischen Leben unseres Landes gegeben.«[12] Und Generalsekretär Gorbatschow selbst beschreibt die Verknüpfung mit den Worten:

> »Unsere internationale Politik wird mehr denn jemals zuvor von unserer Innenpolitik bestimmt, von unserem Interesse, uns auf schöpferische Arbeit für die Vervollkommnung unseres Landes zu konzentrieren. Und aus diesem Grunde brauchen wir einen stabilen Frieden, Vorhersehbarkeit und Konstruktivität in den internationalen Beziehungen.«[13]

Die innere Schwäche der Sowjetunion ist indessen nicht der einzige Grund für die Reform oder, besser gesagt[14], Revolution in der Außen- und Sicherheitspolitik, zu der Michail Gorbatschow nach Übernahme seines Amtes angesetzt hat. Es ist auch die äußere Welt, die diese Revolution notwendig macht.

Die äußere Stellung der Sowjetunion wird nicht nur durch innere Faktoren beeinflußt und geprägt, sondern auch durch die Mechanik der internationalen Beziehungen, durch die Handlungen anderer Staaten, insbesondere durch deren Reaktion auf sowjetische Aktionen.[15] Eine wesentliche Folgerung der sowjetischen Führung aus ihrer neuen Wahrnehmung besteht gerade in der Erkenntnis, daß die Verschlechterung der äußeren Lage der Sowjetunion zum großen Teil auf Aktionen anderer Staaten zurückzuführen ist, die sie selbst durch eigene Handlungen verursacht und in einzelnen Fällen sogar provoziert hat. Die neue sowjetische Führung hat also das Aktion-Reaktion-Schema entdeckt, ein Muster, das für ihre Vorgängerinnen nicht zu bestehen schien.[16] Man sieht inzwischen deutlich, daß die Sowjetunion nicht so sehr wegen ihres *Seins* auf den Widerstand anderer Staaten trifft, sondern wegen ihres *Handelns*. Es kommt also in Zukunft, so die Folgerung der neuen Führung, darauf an, das eigene außen- und sicherheitspolitische Handeln nicht nur an den inneren Notwendigkeiten, sondern auch an den Bedürfnissen und Interessen der internationalen Umwelt auszurichten.

Aus dieser zweifachen Motivation und dieser zweifachen Zielrichtung heraus ergeben sich die Anforderungen, welche die künftige Außen- und Sicherheitspolitik der Sowjetunion zu erfüllen hat. Was gebraucht wird – so die von Gor-

---

12 Pravda, 10. 7. 1987.
13 Rede auf dem Internationalen Forum Mitte Februar in Moskau; vgl. Pravda, 17. 2. 1987.
14 Vgl. zu dieser Einschätzung R. Legvold, The Revolution in Soviet Foreign Policy, in: Foreign Affairs, Vol. 68, 1/1989, S. 92–98.
15 Vgl. S. Bialer, a.a.O., S. 299.
16 Ebenda.

batschow schon vor seinem Amtsantritt[17] erhobene und später stetig wiederholte Forderung –, ist ein »neues Denken«.

Das »neue Denken« soll ein neues Konzept sein, eine »neue Philosophie«[18] der sowjetischen Außen- und Sicherheitspolitik; gleichzeitig soll es ein Instrument zur Schaffung einer sicheren Welt sein.[19] Sein grundlegender Charakterzug, sein prinzipielles Kriterium, an dem sich alles außen- und sicherheitspolitische Handeln der Sowjetunion künftig ausrichten muß, ist das »nationale Interesse«.[20] Fortan soll den tatsächlichen Interessen des Volkes und des Staates gedient werden.[21] Daraus folgt eine weitere Forderung an das »neue Denken«: Die Außenpolitik der Sowjetunion muß künftig auf dem Kosten-Nutzen-Prinzip aufbauen, muß rentabel sein. Anders ausgedrückt: Sie soll der Sowjetunion Gewinne, nicht Verluste bringen.[22] Das gilt im unmittelbaren wie im übertragenen Sinn. Die Außen- und Sicherheitspolitik soll keine Kosten verursachen, die nicht gleichzeitig zu entsprechenden Gewinnen führen. Dem Land müssen Freunde gewonnen werden; zumindest darf es sich keine Feinde schaffen.[23]

Die Sowjetunion soll daher künftig, wie die Reformer erkennen lassen, die Außenpolitik eines normalen Landes führen. Ihr Ziel muß sein, »die normale Lebensfunktion eines Staates auf der internationalen Bühne als souveränes, unabhängiges und territorial einheitliches Gebilde zu Bedingungen zu gewährleisten, die für seine politische, soziale und ökonomische Entwicklung am günstigsten sind« (Ševardnadze).[24] Also weg vom Messianismus, mit dem der Welt das kommunistische Heil gepredigt wurde, weg vom »ideologischen Schamanentum« (Ševardnadze) und hin zu einer Politik, mit der sich die Sowjetunion in der Weltgemeinschaft behaupten kann, mit der sie sich an die internationale Umwelt anpaßt, mit der sie sich in die weltweiten geistigen, technischen und wirtschaftlichen Prozesse eingliedert.

---

17 Rede vor britischen Parlamentariern am 18. 12. 1984, in: M. Gorbatschow, Izbrannye reči i stat'i, Bd. 2, Moskau 1987, S. 109–173 (112).
18 So der Titel des programmatischen Artikels des damaligen Leiters des Moskauer Instituts für Weltwirtschaft und Internationale Beziehungen und jetzigen Vorsitzenden des Unionssowjets, Evgenij Primakov, in: Pravda, 10. 7. 1987; Ė. Ševardnadze, Bericht vor der wissenschaftlich-praktischen Konferenz des Außenministeriums, a.a.O., S. 10.
19 Ė. Ševardnadze, ebenda.
20 Ebenda.
21 Vgl. die Äußerung von B. Pjadyšev auf dem 86. Bergedorfer Gesprächskreis im Dezember 1988, in: Körber-Stiftung (Hrsg.), Das Gemeinsame Europäische Haus – aus der Sicht der Sowjetunion und der Bundesrepublik Deutschland, Protokoll No. 86, o.O., S. 65.
22 Das ist der Tenor sämtlicher Reden von Außenminister Ševardnadze.
23 Ė. Ševardnadze, Bericht auf der wissenschaftlich-praktischen Konferenz des Außenministeriums, a.a.O., S. 21.
24 Ė. Ševardnadze, in: Izvestija, 22. 3. 1989.

IV. Der Inhalt des »neuen Denkens«

Das »neue Denken« ist die Antwort auf die der sowjetischen Außen- und Sicherheitspolitik von der neuen Führung gestellten Forderungen.
Sein genauer Inhalt erschließt sich nicht leicht. Es gibt keinen offiziell festgelegten Kanon. Außerdem handelt es sich nicht um ein fertiges Gedankengebäude; vielmehr befindet sich das »neue Denken« in der Entwicklung, wird weiter an ihm gebaut und zwar – dieser Eindruck drängt sich auf – nach unterschiedlichen Entwürfen, mit unterschiedlichen Methoden und von verschiedenen Architekten. Überdies verschwimmen Inhalt wie Konturen des »neuen Denkens« – je nachdem, an wen sich seine Protagonisten mit ihrer theoretischen Grundlegung richten.
Hinzu kommt der Umfang des »neuen Denkens«. Zwar stehen in seinem Zentrum die Außen- und Sicherheitspolitik der Sowjetunion, die »Prinzipien und die Wege der Entwicklung von Beziehungen friedlicher Koexistenz und Zusammenarbeit in der Weltarena«.[25] Aber die Bedeutung des »neuen Denkens« ist – so seine Protagonisten – sehr viel breiter:

> »Es enthält eine bestimmte Auffassung von den Ergebnissen der Entwicklung von Sozialismus und Kapitalismus, von den Eigenarten der gegenwärtigen Epoche, erarbeitet ein Modell der weltweiten gesellschaftlichen Entwicklung, das diesem Verständnis entspricht. Das Neue Denken verallgemeinert die ungeheuren sozialpolitischen Erfahrungen mehrerer vergangener Jahrzehnte, analysiert die Lösungswege für die dringendsten Probleme, vor denen die Menschheit heute steht. Und auf der Grundlage dieser Verallgemeinerung und Analyse behandelt es aktuelle Fragen der internationalen Politik.«[26]

Das »neue Denken« ist eine »ganzheitliche politische Konzeption – folglich eine humanistische Konzeption, der Gruppeninteressen oder nationale Begrenzungen fremd sind, eine Konzeption, die gleichzeitig realistisch ist, aber weder utopischen noch deklaratorischen Charakter trägt«.[27]
Das »neue Denken« wird also als Appell an die gesamte Menschheit betrachtet, an alle Staaten, ungeachtet ihrer unterschiedlichen kulturellen, philosophischen und politischen Strömungen. Sein Wesen soll es gerade sein, als gemeinsamer Nenner für das Zusammenleben unterschiedlicher ethnischer, sozialer und anderer Gruppen zu dienen.[28]
Diese pompösen Erklärungen, gehalten ganz im Stil des russisch-sowjetischen Sendungsbewußtseins alter Art, mögen für die Interpretation des »neuen Denkens« wie auch für seine Durchsetzung nach innen, insbesondere gegenüber

---

25 E. Primakov, V. Martynov, G. Diligenskij, Nekotorye problemy novogo myšlenija, in: Mirovaja ėkonomika i meždunarodnye otnošenija (MĖIMO), 6/1989, S. 5–18 (5).
26 Ebenda.
27 Ebenda, S. 8.
28 Ebenda.

den etablierten Funktionärseliten, nicht ohne Bedeutung sein. Für die Frage, welches der konkrete Gehalt des »neuen Denkens« ist, geben sie indessen wenig her. Zu diesem Zweck muß man sich – der Empfehlung eines Ratgebers des sowjetischen Generalsekretärs folgend[29] – an die offiziellen Positionen halten, also an die Aussagen, die von Michail Gorbatschow, seinen unmittelbaren politischen Mitarbeitern, seinen Verbündeten sowie von den von ihm eingesetzten zuständigen Amtsträgern gemacht werden.[30]

Der Kern des »neuen Denkens«, der sich auf diese Weise erschließt, besteht in grundlegenden Veränderungen auf den drei prinzipiellen Ebenen staatlichen sowjetischen Verhaltens gegenüber der Außenwelt:[31] auf der *programmatischen*, theoretisch-normativen Ebene, auf der *strategischen*, zielorientierten Ebene und auf der *operativen* Ebene praktischer Politik.

Auf der *ersten, der obersten Ebene*, besteht das »neue Denken« in einem neuen Grundkonzept für die sowjetische Außen- und Sicherheitspolitik. Dabei handelt es sich einerseits um ein neues Prisma für die Wahrnehmung und Beurteilung der internationalen Prozesse, andererseits um gebündelte Richtlinien für alles staatliche Handeln, welches einen Außenbezug aufweist. Das »neue Denken« auf dieser Ebene ist also sowohl Inbegriff einer neuen Weltsicht, der Weltsicht der Reformer nämlich, wie oberstes handlungsleitendes Konzept. Die sowjetischen Reformer haben ihre spezifische Perspektive und die aus diesem Blickwinkel gewonnenen Erkenntnisse in eine politische Form gegossen.

Ausgangspunkt der neuen Grundkonzeption sowjetischer Außen- und Sicherheitspolitik ist die Auffassung der sowjetischen Führung, daß die gesamte Menschheit vor ungeheuren Problemen steht, vor Problemen, die die Existenz der Menschheit selbst unmittelbar bedrohen oder doch gefährden. In erster Linie ist dies die Möglichkeit eines Nuklearkriegs wie auch des großen konventionellen Kriegs. In einem Nuklearkrieg würde es, so ausdrücklich die neue sowjetische Führung, weder Sieger noch Besiegte geben. Alle wären Verlierer; denn ein Nuklearkrieg würde die gesamte menschliche Zivilisation vernichten. Und auch ein großer konventioneller Krieg, etwa in Europa, würde, selbst wenn in ihm keine Nuklearwaffen eingesetzt würden, wegen der Vielzahl von verletzlichen Einrichtungen – hier wird regelmäßig auf die Kernkraftwerke und die chemischen Fabriken verwiesen, die in einem solchen Krieg unweigerlich zerstört würden –, ähnliche Folgen haben. Neben dieser unmittelbaren Bedrohung existieren andere Gefährdungen: die sich abzeichnende ökologische Katastrophe, die Verelendung der Dritten Welt, weltweite Seuchen.

Bedrohung und Gefährdung machen, so die Reformer, vor Staats- und Systemgrenzen nicht halt. Sie treffen alle gleichermaßen. Die Welt ist eine Ein-

---

29 V. Zagladin, a.a.O., S. 206.
30 Insoweit zutreffend G. Wettig, Zur Quellenlage bei der Analyse der sowjetischen Außen- und Sicherheitspolitik, in: Berichte des Bundesinstituts für ostwissenschaftliche und internationale Studien (im folgenden: BIOst), Köln, 12/1989, S. 5.
31 Vgl. zu diesen drei Ebenen K. Segbers, Der sowjetische Systemwandel, Frankfurt 1989, S. 310.

heit geworden. Ihre Akteure sind vielfältig miteinander verknüpft, sind – so ein Schlüsselwort des »neuen Denkens« – interdependent. Folglich muß den Gefahren und Problemen gemeinsam begegnet werden, ungeachtet aller System- und Klassengrenzen: *Allgemeinmenschliche Interessen besitzen* – so der erste Kernsatz im Grundkonzept des »neuen Denkens« – *Vorrang vor Klasseninteressen*.

Daraus folgt, daß der Antagonismus zwischen Sozialismus und Kapitalismus, der Klassenkampf nicht mehr die bewegende Kraft der internationalen Beziehungen sein können. Die globalen Probleme können nur miteinander, nicht aber gegeneinander gelöst werden. *Kooperation zwischen unterschiedlichen Staaten ist also* – so der zweite Kernsatz – *eine absolute Notwendigkeit*. Diese Zusammenarbeit ist nur möglich, wenn die legitimen Interessen aller Staaten als solche anerkannt werden und ihr Ausgleich auf der Grundlage gegenseitigen Vertrauens erfolgt.

Der nächste Kernsatz ist eine Folgerung aus den beiden vorangehenden. *Nationale Sicherheit in einer ganzheitlichen Welt kann* – nach Auffassung der Reformer – *nicht auf ihren militärischen Aspekt beschränkt sein*. Abgesehen davon, daß angesichts des Charakters moderner Waffen kein Staat seine Sicherheit allein mit militärisch-technischen Mitteln garantieren kann, ist die Bedrohung der nationalen Sicherheit in der heutigen Zeit nach Meinung der Reformer weniger militärischer als wirtschaftlicher und politischer Natur. Nationale Sicherheit darf demzufolge nicht primär militärisch, sondern muß politisch gewährleistet werden. Der Ausgleich unterschiedlicher Interessen, die die nationale Sicherheit bedrohen, muß auf dem Weg des Dialogs, dem Weg konkreter Verhandlungen erfolgen. Und auch was die spezifisch militärische Seite der nationalen Sicherheit betrifft, stehen politische Postulate im Vordergrund: Kein Staat darf versuchen, seine Sicherheit einseitig, auf Kosten anderer zu garantieren. Es gilt vielmehr, »wechselseitige, gemeinsame Sicherheit« zu schaffen. Dabei muß Vertrauen der Kern einer gemeinsamen Sicherheit sein.

Der vierte Kernsatz ist eine »Schlüsselposition« (Gorbatschow) des »neuen Denkens«: Aus der Vielfalt der Welt ergibt sich, so die Reformer, die *Freiheit der Wahl* (svoboda vybora), d. h. das Recht jedes Volkes, die ihm zusagende Gesellschaftsordnung, Lebensweise und Politik frei zu wählen. Eine Einmischung von außen, mit welchen Mitteln auch immer, ist unzulässig: »Sich der Freiheit der Wahl zu widersetzen, bedeutet, sich dem objektiven Gang der Geschichte selbst zu widersetzen.«[32] Die Freiheit der Wahl ist Inbegriff von Toleranz: Andere, fremde Anschauungen müssen geachtet und dürfen nicht von vornherein als feindlich angesehen werden. Es gilt zu lernen, nebeneinander zu leben und die Verschiedenartigkeit zu akzeptieren.

Auf der *zweiten, strategisch-zielorientierten Ebene* des »neuen Denkens« werden die Kernsätze des Grundkonzepts konkretisiert und in Einzelkonzepte umgesetzt. An erster Stelle steht dabei das Prinzip, auf dessen Grundlage die internationalen Beziehungen in sowjetischer Sicht künftig ruhen sollen: *die fried-*

---

32 M. Gorbatschow, Bericht auf der 19. Unionsparteikonferenz, in: Neues Deutschland, 29. 6. 1988.

liche Koexistenz. Dieses seit Chruschtschow bekannte Konzept erhält im »neuen Denken« einen Inhalt, der zwar teilweise mit dem bisherigen Bestand übereinstimmt, in wesentlichen Eigenheiten aber über ihn hinausgeht. Friedliche Koexistenz im Verständnis des »neuen Denkens« ist ein »oberstes universales Prinzip« für das Zusammenleben der Völker, eine Bündelung einzelner grundlegender Prinzipien der Staatengemeinschaft wie etwa Achtung der Souveränität und nationalen Unabhängigkeit, Nichteinmischung in die inneren Angelegenheiten, Verbot jeglicher Gewaltanwendung, Notwendigkeit von Zusammenarbeit, Verzicht auf Voreingenommenheit und Vorurteile. Die friedliche Koexistenz regiert also nicht mehr wie bisher nur die Beziehungen zwischen Staaten, die zu unterschiedlichen Gesellschaftsordnungen gehören, sondern auch solche von sozialistischen Staaten untereinander. Und ihr liegt – damit zusammenhängend – nicht mehr der Gedanke des globalen nichtmilitärischen Kampfes zwischen Sozialismus und Kapitalismus zugrunde. Unter den Bedingungen einer permanenten Konfrontation kann, so die Einsicht der Reformer, die Menschheit nicht überleben. Die Priorität der allgemeinmenschlichen Werte verbietet es daher, die friedliche Koexistenz weiterhin als spezifische Form des internationalen Klassenkampfes zu sehen, wie es noch im letzten Parteiprogramm der KPdSU geschah.

Dem entspricht die Forderung des »neuen Denkens« nach dem Vorrang des Völkerrechts in den internationalen Beziehungen. Dabei ist mit Völkerrecht nicht das sogenannte sozialistische Völkerrecht gemeint, das nach bisheriger sowjetischer Rechtsauffassung die Beziehungen der sozialistischen Staaten regelt. Vielmehr geht es um das weltweit anerkannte allgemeine Völkerrecht, das als ein Rechtssystem interpretiert wird, welches von gemeinsamen menschlichen Werten ausgeht.

Der zweite strategische Zielsatz des »neuen Denkens« betrifft die *Lösung von Konflikten*. Generell gilt für die sowjetischen Reformer, daß alle zwischen Staaten und Staatengruppen auftretenden Widersprüche, Streitfälle und Meinungsverschiedenheiten ausschließlich friedlich zu bereinigen sind. Regionale Konflikte dürfen in Zukunft nicht mehr durch das Prisma der Rivalität zwischen Sowjetunion und USA gesehen und als Möglichkeit betrachtet werden, das eigene System zu stärken. Es kommt vielmehr künftig darauf an, sie aus sich heraus zu lösen, d.h. die besonderen Bedingungen des jeweiligen Konflikts zugrunde zu legen und einen Ausgleich der Interessen der unmittelbar beteiligten Staaten zu suchen. Darüber hinaus muß Konflikt- und Krisensituationen umfassend vorgebeugt werden.

Solange es noch nicht gelungen ist, Sicherheit vor allem mit politischen Mitteln zu gewährleisten, wird, so die Reformer, Sicherheit weiterhin auf militärische Mittel gegründet sein. Die daraus resultierende militärische Konkurrenz zwischen den Staaten und insbesondere zwischen Ost und West muß begrenzt, verringert und stabilisiert werden: durch Abschaffung der Nuklearwaffen und, solange dies nicht möglich ist, durch ihre drastische Reduzierung sowie durch Schaffung nuklearstrategischer Stabilität, durch Verringerung der konventionellen Streitkräfte auf einen Stand, der für Verteidigungszwecke ausreicht, einen umfassenden Angriff aber unmöglich macht. Zu diesem Zweck gilt es, die

Rüstung am Prinzip der »vernünftigen Hinlänglichkeit« zu orientieren. Verläßliche Sicherheit muß sich auf die Fähigkeit zur Verteidigung stützen, nicht auf die Zahl der Streitkräfte und die Anhäufung von mehr und mehr Waffen. Die Gewißheit, jeden Angriff abschlagen zu können, ist also im Konzept des »neuen Denkens« das Entscheidende – nicht aber die Gewißheit, jeden Gegner oder jede Koalition von Gegnern umfassend besiegen zu können.

Auf der *dritten, der untersten Ebene* des »neuen Denkens« werden Kriterien, Vorgehensweisen und operative Ziele für die sowjetische Außen- und Sicherheitspolitik festgelegt. An erster Stelle steht dabei die Forderung, mit allem staatlichen Handeln in diesem Bereich das »nationale Interesse« der Sowjetunion zu fördern. Dieses Kriterium wird indessen nicht als absolute Größe verstanden. Vielmehr kommt es, so die Reformer, darauf an, das »nationale Interesse« der Sowjetunion mit den legitimen Interessen anderer Staaten in Beziehung zu setzen, die eigene Sicherheit nicht von der Sicherheit aller zu trennen.[33]

Bei der Regelung von Konflikten soll Multilateralismus die entscheidende Vorgehensweise sein. Insbesondere muß die Rolle der Vereinten Nationen gestärkt werden, müssen die Mechanismen für eine friedliche Beilegung von Streitfällen wiederbelebt werden. Sowohl bei internen wie bei regionalen Konflikten gilt es, nach einem Ausgleich der Interessen zu suchen: durch nationale Versöhnung, Einbeziehung der Nachbarstaaten in jede Regelung, Einsetzung von Garantiemächten.

In Rüstungskontroll- und Abrüstungsverhandlungen soll in Zukunft bestehenden Ungleichgewichten Rechnung getragen werden. Der bisherige Inhalt der von der sowjetischen Sicherheitsdiplomatie stets verwandten Formeln »gleiche Sicherheit« und »unverminderte Sicherheit«, nämlich Festschreibung der bestehenden Kräfteverhältnisse und damit häufig sowjetischer Überlegenheit, ist obsolet. Künftig gilt der Satz der sowjetischen Reformer: Wer mehr besitzt, muß auch mehr reduzieren. *Die Schaffung eines stabilen Gleichgewichtes auf niedrigerem Niveau* – dies ist eine der zentralen Forderungen des »neuen Denkens« auf dieser Ebene.

Eine letzte Forderung des »neuen Denkens« auf dieser unteren, praktischen Ebene betrifft die Art und Weise, mit der sowjetische Außen- und Sicherheitspolitik geführt und durchgesetzt wird. Dabei geht es nicht, wie man zunächst vermuten könnte, um formale Postulate, die mit der Substanz sowjetischer Politik nichts zu tun haben. Vielmehr geht es um Verhaltensmaßregeln für politisch Verantwortliche, deren Einhaltung eine neue Politik überhaupt erst möglich macht. Substanz und Form sind in der Außen- und Sicherheitspolitik nicht sauber zu trennen: Der materielle Gehalt beeinflußt die formale Ausgestaltung und umgekehrt.

Diese Feststellung gilt auch für das »neue Denken«. Die politische Gewährleistung nationaler Sicherheit und der Ausgleich der Interessen – zwei Grund-

---

33 So ausdrücklich Außenminister Ė. Ševardnadze, Bericht auf der wissenschaftlich-praktischen Konferenz des Außenministeriums, a.a.O., S. 14.

forderungen des »neuen Denkens« – können nur verwirklicht werden, wenn man sich den außen- und sicherheitspolitischen Problemen mit einer ganz bestimmten Haltung nähert. Zu ihr gehört an erster Stelle Empathie: Man muß, so die Protagonisten des »neuen Denkens«, lernen, die Interessen des Partners zu begreifen und zu berücksichtigen, muß sich in die Situation des Gegenübers versetzen und die Welt mit seinen Augen betrachten, muß weniger auf eine Abgrenzung der Interessen als auf die Suche nach Gemeinsamkeiten abstellen.

Die Berücksichtigung der beiderseitigen Interessen ist der Ausgangspunkt, von dem aus eine weitere Forderung des »neuen Denkens« erfüllt werden kann: die Erreichung eines Kompromisses. »Der Kompromiß ist gewissermaßen die Atemluft, ohne die jede konstruktive Politik erstickt.«[34] Kompromißfähigkeit und unbedingte Vermeidung ultimativer Forderungen gehören damit zum Kernbestand des »neuen Denkens« auf dieser Ebene. Hinzu tritt die Notwendigkeit von Offenheit und Transparenz in der Außen- und Sicherheitspolitik. Gefordert wird größere Aufrichtigkeit und Klarheit, der Verzicht auf List und Doppeldeutigkeit, die Bereitschaft zu umfassender Information und Aufklärung, schließlich die Absage an die »Vermutung der Unfehlbarkeit«.

V. Die Varianten des »neuen Denkens«: Pragmatiker, Progressive, Konservative

Mit dem hier dargestellten Inhalt gibt das »neue Denken« die Haltung von Generalsekretär Gorbatschow und der Kerngruppe der Reformer wieder: Es handelt sich sozusagen um das offizielle »neue Denken«. Neben dieser Version gibt es noch zahlreiche andere Spielarten – der Pluralismus wird in der Sowjetunion von heute auch in dieser Hinsicht tatsächlich verwirklicht. So entwickelt nahezu jeder, der sich zu außen- und sicherheitspolitischen Fragen in grundsätzlicher Weise äußert, ein eigenes Modell des »neuen Denkens«. Häufig geht es inhaltlich über den Bestand der amtlichen Version hinaus, nicht selten bleibt es aber dahinter zurück. Teilweise findet man auch, daß die offiziellen Kernsätze des »neuen Denkens« zwar vertreten, aber mit einer ganz anderen Begründung versehen werden, als die Reformer sie geben – eine Erscheinung, die den Charakter des offiziellen »neuen Denkens« trotz formaler Übereinstimmung in den Hauptaussagen nicht unbeträchtlich verändert.

Worin unterscheiden sich die zahlreichen Ausgaben des »neuen Denkens«? Das wesentliche Merkmal sind hauptsächlich die Einstellung zur Ideologie und die entsprechenden Begründungen für das »neue Denken«. Wie wird das »neue Denken« in das überkommene Ideologiegebäude eingepaßt? Wie verhalten sich seine Kernaussagen zu zentralen ideologischen Postulaten, zu dem Satz vom

---

34 A. Bovin, Das nukleare Zeitalter verlangt eine neue Denkweise, in: Sowjetwissenschaft, 6/1986, S. 563–573 (572).

unauflöslichen Antagonismus der Systeme, zum Primat der Klasseninteressen, zur Überzeugung von der aggressiven Natur des Imperialismus? Dies sind die Fragen, deren Beantwortung es erlaubt, das jeweils vertretene Konzept des »neuen Denkens« zu charakterisieren und zu klassifizieren. Dabei kristallisieren sich im wesentlichen drei Gruppierungen heraus: die Pragmatiker, die Progressiven, die Konservativen.[35]

Die *Pragmatiker* – das sind die Reformer um Generalsekretär Gorbatschow selbst, also die Vertreter der offiziellen Version des »neuen Denkens«. Wesentliche Kernsätze ihres Gedankengebäudes – Interdependenz als positiver Wert, Ausgleich der Interessen als absolute Notwendigkeit, Anpassung der Staaten aneinander, Verfolgung gemeinsamer Ziele, Freiheit der Wahl, Verzicht auf den Anspruch der Unfehlbarkeit – stehen nicht in Einklang mit dem traditionellen marxistischen Dogma, wonach gesellschaftlicher Fortschritt nur auf dem Wege des Kampfes erreicht werden kann und der Sozialismus in dieser Klassenauseinandersetzung geschichtsnotwendig siegen wird. Und auch der Satz, daß unter den Bedingungen der »in sich geschlossenen Welt« die allgemeinmenschlichen Interessen, nicht aber die Klasseninteressen die entscheidende Rolle spielen, daß sie im Konfliktfall Vorrang besitzen und der »gemeinsame Nenner« (Ševardnadze) der Klasseninteressen sind, entspricht nicht der bisherigen Überzeugung vom Primat der Interessen der Arbeiterklasse. Vollends im Widerspruch zum Marxismus-Leninismus steht die – wenn auch bisher noch in Frageform gekleidete – Andeutung von der Friedensfähigkeit des »Imperialismus« (Gorbatschow), wie auch die – offensichtlich rhetorisch, als Feststellung, gemeinte – Frage, ob das Gegeneinanderwirken zweier Systeme immer noch als die bestimmende Tendenz der gegenwärtigen Epoche betrachtet werden könne (Ševardnadze).

Die offenen oder versteckten Widersprüche zwischen Kernsätzen des offiziellen »neuen Denkens« und dem marxistisch-leninistischen Credo bedeuten nicht, daß die Reformer in ihrem Konzept ohne Ideologie auskommen. Im Gegenteil finden sich ideologische Aussagen zuhauf, trifft man immer wieder auf dogmatische Schlüsselbegriffe. Natürlich glaubt man an den Sozialismus, hält ihn, trotz allem, für überlegen, sofern man, wie hinzugefügt wird, sich nur auf seine wahren Grundsätze besinne. Und natürlich betont man die fortbestehende Rivalität zwischen den beiden Systemen, erkennt nach wie vor an, daß die Politik eines Staates von Klasseninteressen beeinflußt wird.

---

35 Die Problematik einer solchen Einteilung wird nicht verkannt. Eine klare Abgrenzung der einzelnen Gruppierungen ist schwierig. Das jeweilige Spektrum oszilliert häufig; darüber hinaus entziehen sich manche Protagonisten des »neuen Denkens« einer eindeutigen Einordnung, weil sie neben den Charakteristika der einen Gruppierung auch Merkmale der anderen aufweisen. Ein Beispiel für diese Erscheinung ist etwa A. Bovin. Auf der einen Seite vertritt er Auffassungen, die ihn als Pragmatiker oder gar als Progressiven erscheinen lassen; auf der anderen Seite äußert er – insbesondere wenn es um Grundsatzfragen geht – Ansichten, die ihn eher als Konservativen, wenn auch aufgeklärter Provenienz, ausweisen. Vgl. oben, Fn. 34, und unten, Fn. 48 ff.

Aber der Eindruck ist unabweisbar, daß derlei Aussagen vielfach eher rituelle Bekenntnisse sind, eher verbale Bemäntelung der Tatsache, daß im »neuen Denken« Pragmatismus, wirtschaftliche Logik und gesunder Menschenverstand die Ideologie weithin verdrängt haben. Die ideologischen Aussagen sind offenbar häufig Signale an ein sowjetisches, mit dem Dogma aufgewachsenes Publikum, daß man sich nach wie vor im alten weltanschaulichen Bezugsrahmen zu bewegen gedenkt. Bisweilen sind sie auch Ausdruck ideologischer Rechtfertigung, nämlich dort, wo offenkundige Widersprüche von Aussagen des »neuen Denkens« zur Ideologie nach einer besonderen Begründung verlangen. Hier bedient man sich dann vornehmlich eines Ausspruchs der Klassiker des Marxismus-Leninismus, häufig von Lenin selbst und meist aus seiner späten Phase, wobei den Reformern zugute kommt, daß mit Lenin nahezu alles belegt werden kann.[36]

Oft wird auch – ebenfalls mit dem Zweck der Rechtfertigung – den ideologischen Schlüsselbegriffen ein anderer Inhalt unterschoben, als man herkömmlich mit ihnen verbindet, ein Inhalt, der den Kernsätzen des »neuen Denkens« entspricht. Die Schaffung einer gerechten ökologischen Ordnung, von wirtschaftlicher Sicherheit, die Lösung globaler Probleme – all dies wäre, wie man etwa von den Protagonisten des offiziellen »neuen Denkens« hört, die echte Klassenaufgabe des Sozialismus, ihre Erfüllung eine wahre Weltrevolution.[37] Diese Feststellung, so richtig sie ist, entspricht nicht dem, was bisher von den Ideologen als Aufbau des Sozialismus begriffen wurde.

Eine andere Gruppierung, zu der Sympathisanten und erklärte Anhänger der Perestrojka wie auch Ratgeber der Reformer gehören, wird durch eine noch stärkere Deideologisierung gekennzeichnet, als sie den Pragmatikern eigen ist. Man hat den Eindruck, daß diese *Progressiven*, um sie einmal so zu nennen, aussprechen, was in der Kerngruppe der Reformer, also von den Pragmatikern, vielleicht gedacht, aber nicht gesagt oder allenfalls angedeutet wird. So wird der Satz vom Antagonismus der Systeme von den Progressiven offen in Frage gestellt.[38] Anerkannt wird die Verschiedenheit, nicht aber die absolute Gegensätzlichkeit der Systeme.[39] Dementsprechend wird die Auffassung vom

---

36 So wird etwa der Vorrang der allgemeinmenschlichen Interessen vor den Klasseninteressen ständig mit einem Ausspruch Lenins aus dem Jahr 1899 belegt, wird die Notwendigkeit, die Gesetze der Wirtschaft zu beachten und sie nicht durch das Prisma der Ideologie zu betrachten, durch den Verweis auf Lenin unterstrichen, der – so die Reformer – zu sagen pflegte, daß die wirtschaftlichen Gesetze mächtiger als jene der ideologischen Bande seien.
37 So Außenminister Ševardnadze in seiner Abschlußansprache vor der wissenschaftlich-praktischen Konferenz des Außenministeriums, in: International Affairs (Moskau), 10/1988, S. 59–64 (61).
38 Vgl. A. V. Nikiforov, Mirnoe sosusčestvovanie i novoe myšlenie, in: SŠA, 12/1987, S. 3–10. Vgl. auch G. Šachnazarov, Vostok-zapad. K voprosu o deideologizacii mežgosudarstvennych otnošenij, in: Kommunist, 3/1989, S. 67–78.
39 G. Šachnazarov, a.a.O., S. 75.

unabdingbaren Kampf der Systeme als der Achse der gesellschaftlichen Entwicklung als falsch bezeichnet.[40] Nicht nur im staatlichen Bereich müssen beide Seiten angesichts ihrer Interdependenz, angesichts der globalen Probleme zusammenarbeiten; vielmehr müssen auch im gesellschaftlichen Bereich zwischen »Sozialismus« und »Kapitalismus« gemeinsame und übereinstimmende Interessen gesucht werden.[41]

Letztlich fordern die Progressiven die Überwindung der ideologischen Konfrontation.[42] Für sie reicht es nicht aus, die Beziehungen zwischen den Staaten, also die Außenpolitik, ihres Klassencharakters zu entkleiden und die friedliche Koexistenz nicht mehr als spezifische Form des Klassenkampfes anzusehen, wenn gleichzeitig der ideologische Kampf weitergehen soll. Die Unterscheidung zwischen »staatlichem« und »gesellschaftlichem« Bereich wird in diesem Kontext als problematisch angesehen. Was bedeutet überhaupt, so wird hier gefragt, der Begriff »Gesellschaftssystem«, also der Bereich, in dem nach herkömmlicher Auffassung der ideologische Kampf geführt wird? Im Grunde genommen, so gibt man zu erkennen, weist dieser Begriff einen zu hohen Grad von Abstraktion auf, als daß man ihn mit der politischen Auseinandersetzung assoziieren könnte. Außerdem – und dies ist vielleicht das wichtigste Argument – ist schon der Gedanke der gesellschaftlichen, ideologischen Auseinandersetzung an sich geeignet, auch die breiteste Zusammenarbeit im staatlichen Bereich zu unterminieren: Aus der Idee der Auseinandersetzung folgt die Notwendigkeit des Gewinnens, des Sieges über die andere Seite, folgt die Sicht der anderen Seite als feindlich, folgt, daß die Führung der Auseinandersetzung das entscheidende Kriterium ist, nicht aber die aus der Sache resultierenden Notwendigkeiten. Und da die Systeme häufig mit den Staaten gleichgesetzt werden, so die Schlußfolgerung der Progressiven, kommt es auf diese Weise erneut zu der unheilvollen Spaltung der Welt in zwei einander gegenüberstehende Blöcke.

Genau diese Entwicklung muß nach Auffassung der Progressiven verhindert werden, will man nicht riskieren, daß die neue Periode der Entspannung wiederum in Konfrontation mündet, wie das bereits in den siebziger Jahren der Fall gewesen ist. Die friedliche Koexistenz muß daher umfassend gelten: Sie darf sich nicht auf den staatlichen Bereich beschränken und die gesellschaftliche Sphäre ausklammern. Die friedliche Koexistenz muß zur universalen Norm der internationalen Beziehungen *insgesamt* werden; sie darf demgemäß nicht zeitlich beschränkt sein.

Während die Pragmatiker die Ideologie zur Rechtfertigung des »neuen Denkens« einsetzen, benutzen die *Konservativen*, also die Angehörigen der dritten Gruppierung, umgekehrt die Ideologie, um das »neue Denken« mit dem ihnen genehmen Inhalt zu füllen und die ihnen zu weit gehenden Kernsätze der Pragmatiker zu verwässern. Hier trifft man also einerseits auf die Aussagen des

---

40 Šachnazarov nennt diese Auffassung eine »fixe Idee«; ebenda, S. 75.
41 Vgl. A. V. Nikiforov, Mirnoe sosuščestvovanie i novoe myšlenie, S. 10.
42 So ausdrücklich G. Šachnazarov, a.a.O., S. 67.

offiziellen »neuen Denkens«, andererseits auf die sattsam bekannten ideologischen Postulate, die häufig im alten Stil gehalten sind und für einen westlichen Betrachter seltsam mit den Ideen des »neuen Denkens« kontrastieren. Aber eben darin besteht die Methode der sowjetischen Konservativen: den Widerspruch zwischen den Kernsätzen des »neuen Denkens« und der marxistisch-leninistischen Ideologie als scheinbar darzustellen. Während also die Progressiven mit ihrem »neuen Denken« die Ideologie umzugestalten suchen, verwenden die Konservativen die Ideologie, um das »neue Denken« in ihrem Sinne zu formen. Insoweit gilt für sie die Definition, die Aleksandr Jakovlev, einer der führenden Reformer, für diese Geisteshaltung gefunden hat: Konservative, so Jakovlev, sind Menschen, die ihre Meinung unter allen Umständen aufrechterhalten.[43]

Für die Konservativen – und dabei insbesondere für die reaktionäre Spielart, die sich in vielem von der aufgeklärten Variante unterscheidet – gelten damit die ewigen Wahrheiten des Marxismus-Leninismus weiter. Verändert hat sich allenfalls die Sprache: Sie ist nicht mehr so martialisch wie bisher. Der Widerstreit zwischen Sozialismus und Kapitalismus ist nach wie vor, wie es auf dieser Seite heißt, die »Haupttendenz« der gegenwärtigen Epoche. Die Auseinandersetzung zwischen beiden Systemen darf zwar angesichts der Gefahr nuklearer Vernichtung beider Seiten nur mit friedlichen Mitteln geführt werden. Gleichwohl bleibt es für die Konservativen beim Antagonismus der beiden Systeme, bleibt es dabei, daß die friedliche Koexistenz ein Mittel des Kampfes gegen den Kapitalismus ist, bleibt es dabei, daß auch die Außenpolitik Klassencharakter tragen muß. Der Kapitalismus, so die Quintessenz dieser Auffassung, wird von der geschichtlichen Arena abtreten – der Kommunismus ist die Zukunft der Menschheit. Oder, wie die aufgeklärten Konservativen zurückhaltend formulieren: »Die These vom unvermeidlichen Wechsel der gesellschaftlichen Formationen wird beibehalten.«[44]

Auch hier wird die Auffassung vertreten, daß – so ein Kernsatz des »neuen Denkens« – die allgemeinmenschlichen Interessen die Grundlage allen staatlichen Handelns sein sollten. Von einer Priorität dieser Interessen gegenüber den Klasseninteressen ist indessen nicht die Rede. Wie sich zeigt, besteht nämlich für die Konservativen zwischen beiden überhaupt kein Gegensatz: Da das Klasseninteresse des Proletariats die Interessen der ganzen Menschheit ausdrücke und die kommunistische Moral den Gipfel der allgemeinmenschlichen Moral darstelle, seien allgemeinmenschliche Interessen und Klasseninteressen letztlich identisch.[45] Der Kampf für die allgemeinmenschlichen Interessen fällt

---

43 A. Yakovlev, Interview: Redefining Socialism at Home and Abroad, in: Journal of International Affairs, Vol. 42, 2/1989, S. 333–355 (344).
44 So A. Bovin, in einer Diskussion mit V. Lukin, Perestrojka meždunarodnych otnošenij – puti i podchody, in: MĖIMO, 1/1988, S. 58–70 (65).
45 Vgl. statt aller V. Zagladin, An Arduous but Necessary Path, in: International Affairs (Moskau), 9/1988, S. 28–37 (30); A. Dobrynin, Die Außenpolitik der Sowjetunion: Prinzipielle Grundlagen und Neues Denken, in: Probleme des Friedens und des Sozialismus, Vol. 31, 3/März 1988, S. 300–310 (308 f.).

damit für die Konservativen mit dem Kampf für die Klasseninteressen zusammen.[46]

Die klassenkämpferische friedliche Koexistenz, die von den Pragmatikern eben erst aus dem Bestand des »neuen Denkens« verbannt worden war, erscheint hier also wieder, wenn auch im neuen Gewand: nicht mehr als spezifische Form des Klassenkampfes, sondern als Widerstreit der Klasseninteressen hinsichtlich der allgemeinmenschlichen Werte.[47] Anders formuliert: Das Überleben der Menschheit, so die Konservativen, liegt gewiß im allgemeinen menschlichen Interesse, doch beantwortet das noch nicht die Frage, wie denn die Zukunft der Menschheit aussehen soll. Zwei konkurrierende Modelle stehen sich nach Auffassung der Konservativen auch dann noch gegenüber, wenn die Gefahren für die Menschheit abgewendet sind.[48] Der Widerstreit zwischen diesen beiden Modellen, also zwischen Sozialismus und Kapitalismus, bleibe damit die entscheidende Frage.

Vor dem Hintergrund dieses Überblicks wird eines deutlich: Es ist problematisch, von »dem« »neuen Denken« zu sprechen. Immer sollte hinzugefügt werden, welche Variante man meint, wenn man dieses Thema berührt. Zu erkennen ist auch, daß die Mittelgruppe, also die Pragmatiker, die Vertretet der offiziellen Version des »neuen Denkens«, Anleihen bei den beiden anderen Gruppierungen machen: bei den Progressiven, in deren Richtung sie teilweise tendieren und die über die traditionelle Ideologie hinausgehen wollen, aber auch bei den Konservativen, mit denen sie jedenfalls formal den ideologischen Bezugsrahmen teilen.

Ein klarer Gegensatz besteht zwischen den Progressiven und den Konservativen.[49] Für die Progressiven bedeutet Deideologisierung der Außenpolitik – ein Ziel, das von *allen* Vertretern des »neuen Denkens« befürwortet wird – die Befreiung der internationalen Beziehungen vom Dogma des Klassenkampfes: Ideologisch begründete Vorurteile, klassenmäßige Borniertheit, messianischer

---

46 So ausdrücklich V. Zagladin, ebenda, S. 30.
47 So ein sowjetischer Kritiker dieser Haltung; vgl. A. V. Kor'ev, Mirnoe sosuščestvovanie: obščesocial'nyj podchod, in: SŠA, 11/1988, S. 46–52 (47).
48 Vgl. A. Bovin in seiner Diskussion mit V. Lukin, in: MÈMO, 1/1988, S. 62.
49 Dieser Gegensatz wird geradezu paradigmatisch in dem Streitgespräch zwischen Bovin und Lukin deutlich: vgl. ebenda. Siehe dazu die Darstellung von G. Wettig, Zwei sowjetische Publizisten diskutieren über friedliche Koexistenz, Prämisse des Ost-West-Antagonismus und Entideologisierung der Außenpolitik, in: Gelesen, kommentiert ... des BIOst, 8/13. 2. 1989. Die von Wettig vorgenommene Zuordnung der beiden Diskutanten überzeugt allerdings nicht. Bovin, der in der Diskussion dezidiert konservative Ansichten vertritt (vgl. dazu oben, Fn. 35), kann insoweit nicht dem Gorbatschowlager zugerechnet werden: Entgegen der Auffassung Wettigs hält Bovin eben nicht an »amtlichen Formeln« fest, sondern äußert davon abweichende Meinungen. Und Lukin verkörpert eben nicht, wie Wettig schreibt, »eine Richtung, die nur von sowjetischen Privatleuten vertreten wird«. Vielmehr werden seine Auffassungen von Analytikern geteilt, die offizielle Stellungen im Außenministerium wie im Parteiapparat einnehmen und sich auch in ihrer offiziellen Eigenschaft äußern.

Dünkel, verordnete Feindbilder – diese Erscheinungen dürfen, so die Progressiven, der sowjetischen Außenpolitik nicht länger zugrunde liegen. Für die Konservativen heißt Deideologisierung lediglich Trennung von praktischer Politik und ideologischer Auseinandersetzung, heißt Anerkennung der Tatsache, daß die unausweichliche Koexistenz mit einer Auseinandersetzung einhergeht: Der Kapitalismus werde zwar abgelöst, so vernimmt man von dieser Seite[50], doch trenne man diese These von der Außenpolitik.

Letztlich ist die Weltsicht beider Gruppierungen völlig unterschiedlich.[51] Die Konservativen beanspruchen, auch wenn sie dies nicht so ausdrücken, nach wie vor ein Monopol auf Wahrheit. Sie konzedieren zwar, daß man die Welt bisher so gesehen habe, wie man sie zu sehen wünschte, und fordern nun, wie die Reformer, daß man sie so sehen müsse, wie sie sei. Aber die Frage, *wie denn die Welt wirklich ist*, wird von ihnen gar nicht gestellt. Sie versteht sich für die konservativen Ideologen von selbst, bedarf also keiner Antwort: Die Welt *ist* so, wie man sie auf dieser Seite sieht. Es herrscht ungebrochen der *Erkenntnisoptimismus* des klassischen Marxismus-Leninismus: Die Wahrheit, also der objektive Stand der Dinge, ist erkennbar. Freilich erschließt sie sich nur der Avantgarde des fortschrittlichen Teils der Menschheit: der kommunistischen Partei und ihren führenden Kräften.

Bei den Progressiven finden wir einen beginnenden *Erkenntnisskeptizismus*. Hier ist Gorbatschows Satz, wonach die sowjetische Führung, ja sogar die Partei kein Monopol auf Wahrheit besitzen, auf fruchtbaren Boden gefallen. Man fängt an zu begreifen, daß die Erkenntnis dessen, »was ist«, also der Wahrheit, von dem Prisma abhängt, durch welches man die Welt betrachtet, also von der jeweiligen Weltanschauung (sic!), der jeweiligen Weltsicht.[52] Von hier aus ist es dann nicht mehr weit zur Erkenntnis, daß es nicht nur *eine* Wahrheit gibt, sondern entsprechend der jeweiligen Sichtweise *mehrere*. Oder, da es im strengen Sinne nur eine Wahrheit geben kann, mag sie uns auch nicht zugänglich sein, zur Erkenntnis, daß das, was wir besitzen, nur ein Abglanz der Wahrheit ist, etwas, was wir die Wirklichkeit nennen können. Wirklichkeit ist das Ergebnis unserer Weltsicht, unserer Weltanschauung, unsererer Kommunikation. Folglich gibt es mehrere Wirklichkeiten. Sie konkurrieren um die größtmögliche Annäherung an die Wahrheit, ohne daß jemand entscheiden könnte, welche der

---

50 A. Bovin in der Diskussion mit V. Lukin, in: MÈIMO, 1/1988, S. 65.
51 Ganz deutlich wird dies in der Diskussion zwischen Bovin und Lukin, ebenda, insbesondere S. 66.
52 Dieser Gedankenschritt kommt sehr schön in der Diskussion zwischen Bovin und Lukin zum Ausdruck, ebenda, S. 66. Bovin führt aus, daß man – um die internationalen Beziehungen zu deideologisieren – zunächst die Einstellung ihnen gegenüber demythologisieren müsse. Er meint, daß man lernen müsse, die Außenwelt so zu sehen, wie sie sei, aber nicht so, wie man sich angewöhnt habe, sie zu sehen, oder gar so, wie man sie zu sehen wünsche. Lukin stimmt dem zu. Aber – und das ist das Entscheidende – er fügt hinzu: »Das Problem besteht eben darin, daß die Vorstellung der Welt, so wie sie ist, aus der Begrifflichkeit meiner und Ihrer Weltanschauung folgt.«

unterschiedlichen Wirklichkeiten diese größte Annäherung aufweist. Es kann lediglich mit Blick auf den Vorgang politischer Willensbildung aufgrund eines demokratischen Prozesses bestimmt werden, welche Wirklichkeit als die maßgebliche angesehen werden soll.

Diese letzten Schritte – die letztlich die Grundlage der Demokratie ausmachen – deuten sich bei den Progressiven erst an. Sie schwingen etwa mit in der von ihnen erhobenen Forderung nach Bildung einer »weltanschaulichen Kultiviertheit« (mirovozzrenčeskaja civilizovannost').[53] Richtung und Endziel der Entwicklung, wie sie die Progressiven offenbar nehmen, sind jedenfalls klar: weg vom Dogma der einen und absoluten Wahrheit auch in der Außen- und Sicherheitspolitik. Und das heißt auch: weg von Konfrontation und Gewalt; denn eine Idologie, die sich im Besitz der Wahrheit wähnt, wird in letzter Konsequenz, sofern dies ohne großes Risiko möglich ist, Gewalt anwenden, um diese Wahrheit durchzusetzen. So weisen denn auch die sowjetischen Kritiker der konservativen Linie des »neuen Denkens« zu Recht darauf hin, daß die von jener Seite zu vernehmenden Aufrufe, den Klassencharakter – und damit den Wahrheitsanspruch – der sowjetischen Außenpolitik zu erhalten, bedeuten, daß gewaltsame Mittel wie generell konfrontative Handlungen in dieser Sphäre nicht ausgeschlossen sind. Die Zusammenarbeit mit dem Westen, die die Konservativen gleichwohl befürworten, ist dann, so die Kritiker aus dem Lager der Pragmatiker, nichts anderes als die Ausrichtung auf eine »friedliche Atempause« (mirnaja peredyška).[54]

Vor diesem Hintergrund ist es von entscheidender Bedeutung, welche Auffassung vom »neuen Denken« in der sowjetischen Außen- und Sicherheitspolitik sich in der Sowjetunion durchsetzt. Die Charakteristika des »neuen Denkens« von Pragmatikern, Progressiven und Konservativen sind nicht lediglich ideologische Feinheiten. Es handelt sich vielmehr um tiefgehende Gegensätze mit potentiell weitreichenden Folgewirkungen, und zwar sowohl für den Westen wie für die Sowjetunion selbst. Es macht einen Unterschied, ob jemand eine militante – und das heißt eben auch: militarisierte – Weltsicht besitzt oder eine zivilisierte – und das heißt eben auch: gewaltlose – Weltanschauung.

Das »neue Denken« der *Pragmatiker* ist in der Sowjetunion von heute maßgebend. Es ist untrennbar mit der wirtschaftlich-gesellschaftlichen Umgestaltung (perestrojka) verknüpft. Offenheit und Transparenz (glasnost') gehören zu seinem Bestand, wie überhaupt Glasnost' sowohl Mittel zur Verwirklichung des »neuen Denkens« wie dessen Ziel ist. Unverkennbar ist, daß die *Progressiven* mit ihrem Werben für ein weitergehendes »neues Denken« bei den Pragmatikern, insbesondere in Teilen des Außenministeriums, auf offene Ohren stoßen. Unverkennbar ist aber auch, daß die *Konservativen* in ihrem verbissenen Abwehrkampf immer wieder erfolgreiche Ausfälle in das Lager der Pragmatiker machen, die sich nicht selten zu taktischen Rückzügen gezwungen sehen, also zu Aussagen, die mitunter als Rückfall in »altes Denken« erscheinen.

---

53 So V. Lukin, ebenda.
54 So ausdrücklich E. Primakov, V. Martynov, G. Diligenskij, a.a.O., S. 11.

VI. Die Umsetzung des »neuen Denkens« in praktische Politik

Als das »neue Denken« 1986 von der politischen Führung der Sowjetunion verkündet und von den Reformern sowie den sie unterstützenden Kräften im politischen und wissenschaftlichen Apparat näher ausgeführt und erläutert wurde, war die Reaktion im Westen zunächst zurückhaltend bis skeptisch. Schöne Worte mit interessanten Aussagen, aber eben nur Worte – dies war der Tenor einer häufig zu hörenden Auffassung. Diese Ansicht war bereits damals falsch, insofern nämlich, als programmatische Ankündigungen, also Worte, in der Sowjetunion – ein nur scheinbares Paradoxon – stets mehr sind als »nur Worte«. Aber richtig war und ist, die Ernsthaftigkeit und den Gehalt der sowjetischen Ankündigungen an den Taten zu messen, d.h. am politischen Handeln der neuen sowjetischen Führung. Inzwischen ist genügend Zeit vergangen, um feststellen zu können, daß sich das »neue Denken« in sowjetische Außen- und Sicherheitspolitik umsetzt.

Dies gilt zunächst für die *Sicherheitspolitik*.[55] In der sowjetischen Militärdoktrin deutet sich ein Wandel von einer rein auf strategische Offensive, auf umfassende Niederwerfung des Angreifers (»vernichtende Abfuhr«) ausgerichteten zu einer mehr defensiv orientierten Verteidigungsweise an, und zwar sowohl im soziopolitischen wie im militärisch-technischen Teil. Darüber hinaus ist oberstes Ziel der sowjetischen Militärdoktrin nicht mehr der Gewinn jeden Kriegs, sondern die Verhinderung eines Kriegs überhaupt.

Besonders deutlich kommt das »neue Denken« in den Initiativen zum Ausdruck, die die UdSSR auf dem Feld von Abrüstung und Rüstungskontrolle ergreift, sowie auch in der Art, wie sie auf westliche Vorschläge antwortet. Die Sowjetunion hat sich in einer radikalen Abkehr von der bisherigen Praxis bereit erklärt, umfassende Kontrollen und Inspektionen ihres Rüstungsbereichs zuzulassen. Sie hat im Abschlußdokument der Konferenz für Vertrauensbildung und Abrüstung in Europa (KVAE) von Stockholm (1986) nicht unbeträchtlichen Beschränkungen ihrer militärischen und politischen Handlungsfreiheit zugestimmt und sich im INF-Abkommen (1987) zur Zerstörung einer ganzen Klasse von Waffensystemen (SS-20) verpflichtet, die sie gerade erst mit ungeheuren Kosten installiert hatte. Nachdem sie jahrzehntelang den Besitz von chemischen Waffen unbestätigt gelassen hatte, führt sie nun Teile ihres entsprechenden Potentials westlichen Vertretern vor und spricht sich für eine Vereinbarung über ein weltweites Verbot von Chemiewaffen unter Einschluß von umfassenden Überprüfungsmaßnahmen aus, ja ist bereit, im Zusammenwirken mit den USA ihre Bestände auch *vor* einem Abkommen massiv zu reduzieren oder ganz zu beseitigen. Den umfassenden Abbau der strategischen Nuklearwaffen knüpft sie nicht mehr an den vorherigen Verzicht der USA auf SDI; bei den Verhandlungen über die Reduzierung von Streitkräften in Europa

---

55 Vgl. dazu die Beiträge von H.-H. Schröder und G. Weiß in diesem Band, S. 86 ff. bzw. S. 297 ff.

vertritt sie Positionen, die eine Vereinbarung auf diesem für die Westeuropäer so wichtigen Gebiet wahrscheinlich machen. Darüber hinaus hat die sowjetische Führung angekündigt (1988), daß sie bis zum Jahre 1991 500000 auf ihrem Staatsgebiet stationierte Soldaten demobilisieren und sechs in der DDR, der ČSSR und Ungarn stationierte Panzerdivisionen auflösen werde. 10000 Panzer, 8500 Artilleriesysteme und 800 Kampfflugzeuge werden abgebaut. Darüber hinaus sollen die vorgeschoben stationierten Streitkräfte umstrukturiert werden, indem ihre angriffsfähigen Komponenten reduziert oder beseitigt werden.

Das »neue Denken« in der sowjetischen Sicherheitspolitik besteht damit keineswegs nur in Worten. Es hat sich in einer Vielzahl konkreter Handlungen niedergeschlagen und tut dies weiterhin. Insbesondere die materielle Grundlage der Invasionsfähigkeit sowjetischer Streitkräfte vermindert sich damit beträchtlich, ohne daß freilich die Offensivfähigkeit als solche beseitigt würde. Allerdings ist unverkennbar, daß, gerade was die Verteidigungsvorbereitungen für den Fall des großen europäischen Kriegs betrifft, unter den sowjetischen sicherheitspolitischen Eliten keine Einigkeit herrscht. Ein wesentlicher Teil der militärischen Führung ist mit der von politischer Seite vorgegebenen Linie (»vernünftige Hinlänglichkeit«, »defensive Verteidigung«) nicht einverstanden und hält, mit gewissen Modifikationen und kosmetischen Anpassungen vor allem verbaler Art (»Hinlänglichkeit für die Verteidigung«, »Fähigkeit zum Gegenangriff«, »Prinzip der Antworthandlungen«), an der offensiven Orientierung der bisherigen Militärdoktrin und ihrer militärisch-technischen Seite fest. Ursache dieses grundlegenden Gegensatzes ist letztlich, daß wesentliche Teile der militärischen und politischen Führung von unterschiedlichen Grundlagen aus argumentieren. Für viele Militärs sind die Lehren der *Kriegszeit* maßgebend: also die Notwendigkeit der militärischen Überversicherung, die Schaffung von Gewißheit, in jedem nur denkbaren Konflikt jeden nur denkbaren Aggressor vernichten zu können. Für die Reformer sind die Lehren der *Nachkriegszeit* entscheidend: Das Land erschöpft seine wirtschaftlichen und politischen Kräfte, wenn es auf Dauer und ohne unabdingbare Notwendigkeit eine Politik absoluter Sicherheit führt. Der Gegensatz kulminiert in der Frage, was denn unter den Bedingungen der heutigen Welt Sicherheit sei: *militärische* Sicherheit – so die Militärs – oder *umfassende* Sicherheit, die insbesondere wirtschaftliche und politische Aspekte einschließt – so die Reformer. Die Fortsetzung beider Positionen lautet dann etwas überspitzt: militarisierte oder zivilisierte Gesellschaft.

In der *Außenpolitik* der Sowjetunion stehen nach wie vor die Beziehungen zu den USA im Vordergrund. Der Dialog zwischen beiden Staaten ist auf allen Ebenen wieder aufgenommen worden, wobei das Schwergewicht zunächst noch auf den Verhandlungen über Rüstungskontrolle und Abrüstung liegt. Auch im Verhältnis zwischen den beiden Supermächten spielt das »neue Denken« also eine maßgebliche Rolle. Darüber hinaus macht sich die »neue Philosophie« der sowjetischen Außenpolitik vor allem in der sowjetischen Politik gegenüber der Dritten Welt, in der Haltung der UdSSR gegenüber Osteuropa sowie in den Beziehungen zur Bundesrepublik Deutschland bemerkbar.

Das »neue Denken« hat zu einer tiefgreifenden Wandlung der Einstellung der Sowjetunion gegenüber der *Dritten Welt* geführt.[56] Von der Bedeutung des Marxismus-Leninismus für die Dritte Welt ist kaum noch die Rede; das Scheitern des für die Länder jener Regionen entworfenen Modells der »nichtkapitalistischen Entwicklung« wird mehr oder minder deutlich eingestanden. Revolutionären Kräften will man nur noch helfen, sofern sie auf »objektiven Bedingungen« gründen.[57] Im Parteiprogramm von 1986 hat man die bisherige Betonung des nationalen Befreiungskampfes aufgegeben. Statt dessen spricht man von den »befreiten Ländern«, denen die Sowjetunion »tiefe Sympathie« entgegenbringe.[58] Ihnen werde man »im Rahmen der eigenen Möglichkeiten« Hilfe leisten; in erster Linie indessen müßten sie auf ihre eigenen Kräfte bauen.

Das »neue Denken« und die ihm folgende Deideologisierung der sowjetischen Drittweltpolitik wirken sich auch auf den wirtschaftlichen Sektor aus. In den Worten von Elizabeth Kridl-Valkenier: »Das angestrengte sowjetische Bemühen, Teil der internationalen Gemeinschaft zu werden, ist an die Stelle des früheren Wettbewerbs mit dem Westen getreten.«[59] Kapitalistische Staaten sollen keinesfalls aus der Dritten Welt vertrieben werden. Man drängt sie allenfalls zu einer »Zusammenarbeit auf gerechter Basis« mit der Dritten Welt.

Auch die wirtschaftlichen Beziehungen der Sowjetunion zu Ländern der Dritten Welt sollen in Zukunft vor allem Gewinn bringen und nicht mehr zu politischen Zwecken eingesetzt werden. Dem entspricht der von Generalsekretär Gorbatschow vorgeschlagene »Code of Conduct« für das Verhältnis der Supermächte in der Dritten Welt: USA wie Sowjetunion sollen von ihren machtpolitischen Aspirationen ablassen und sich in diesen Weltregionen auf Handel und Zusammenarbeit beschränken. Damit ist gleichzeitig der zweite strategische Zielsatz des »neuen Denkens« angesprochen: die Notwendigkeit, Konflikte aus sich heraus zu lösen. Der angestrebte »Code of Conduct« soll dem Einfluß externer Faktoren bei der Entstehung und Intensivierung regionaler Konflikte wehren. Den internen Ursachen will man durch eine »Philosophie der nationalen Versöhnung« begegnen.[60]

Die aus dem »neuen Denken« folgende neue sowjetische Drittweltpolitik hat sich in konkreten politischen Handlungen der Sowjetunion verwirklicht und verwirklicht sich weiter. Der Rückzug aus Afghanistan, die Beteiligung an einer Kambodscha-Lösung, die Annäherung an China, die konstruktive Rolle im Nahost-Konflikt, die Mitwirkung an der Regelung der Namibia-Frage und beim Rückzug der kubanischen Truppen aus Angola, die Ansätze zu einer konstruktiven Rolle im Problemkreis Südafrika, die Dämpfung der kubanischen

---

56 Vgl. dazu den Beitrag von W. Berner in diesem Band, S. 383 ff. Vgl. auch den Überblick von E. Kridl-Valkenier, New Soviet Thinking about the Third World, in: World Policy Journal, Vol. 4, 4/1987, S. 651–674.
57 Vgl. E. Primakov, USSR Policy on Regional Conflicts, in: International Affairs (Moskau), 6/1988, S. 3–9 (5).
58 Dritter Teil, II.
59 Vgl. E. Kridl-Valkenier, a.a.O., S. 657.
60 E. Primakov, USSR Policy on Regional Conflicts, a.a.O., S. 6 ff.

wie auch nicaraguanischen ideologisch-politischen Aspirationen sowie das Angebot zu einer Mitwirkung an einer multilateralen Lösung der mittelamerikanischen Krise – diese und andere Vorgänge wären ohne die radikale Umkehr in Moskau nicht denkbar.

Das bedeutet natürlich nicht, daß die sowjetische Drittweltpolitik nun ausschließlich vom »neuen Denken« regiert würde. Vielmehr gilt auch in diesem Bereich sowjetischer Außenpolitik, daß in vielem Kontinuität, »altes Denken« herrscht. Die Sowjetunion dürfte insbesondere auch in Zukunft Klienten in der Dritten Welt umfassend unterstützen. Aber sie gedenkt offenbar, sich dabei auf spezifische Länder zu konzentrieren und im übrigen darauf zu drängen, daß diese Staaten keine Politik führen, die von ihren Nachbarn als Gefahr empfunden wird. Primärer Zweck sowjetischer Drittweltpolitik scheint es zu sein, alte verlustbringende Verpflichtungen abzubauen und das Entstehen neuer zu verhindern, dies alles im übergreifenden Rahmen »zivilisierter internationaler Beziehungen« auch in diesen Teilen der Welt.

Eine kohärente *Osteuropapolitik*[61] beginnt sich in der Sowjetunion erst herauszubilden. Auf diesem Gebiet indessen zeichnen sich bereits wesentliche Charakteristika ab; in ihnen drückt sich häufig unmittelbar »neues Denken« aus. Dies gilt in erster Linie für das Prinzip der Freiheit der Wahl. Ursprünglich schien dieses Prinzip vor allem für die Dritte Welt zu gelten, für die Staaten, die sich noch nicht zwischen Sozialismus und Kapitalismus entschieden hatten. Unterdessen ist jedoch deutlich geworden, daß die Freiheit der Wahl nach Auffassung der Reformer ein »universelles Prinzip« (Gorbatschow) ist, das also für alle Staaten, auch für die sozialistischen, gleichermaßen gilt. Die konservativen Kräfte in der Sowjetunion akzeptieren dies inzwischen, wenn auch erkennbar widerwillig. Ihr mentaler Ausweg aus dem ideologischen Dilemma, in das sie das Prinzip der Freiheit der Wahl bringt, bestand bisher in der Auffassung, die sozialistischen Länder hätten bereits ihre Wahl getroffen; es bestehe kein Grund zu der Annahme, daß sie diese Wahl revidieren wollten.

Die außenpolitische Praxis der Sowjetunion bestätigt die umfassende Geltung der Freiheit der Wahl. Die Bildung einer von »Solidarność« geführten Regierung in Polen, die Ausrufung der Republik in Ungarn, das Heraustreten der DDR-Bevölkerung aus ihrer jahrzehntelangen Unmündigkeit, der von der Bevölkerung erzwungene rasche Bruch mit dem spätstalinistischen System in der ČSSR und in Rumänien – alle diese Entwicklungen werden akzeptiert als das Recht jeden Staates und jeden Volkes, über sein politisches Schicksal selbst zu bestimmen, eben als Ausübung der Freiheit der Wahl.

Mit der wiederholten Anerkennung dieses Prinzips geht die implizite Aufhebung der Breshnew-Doktrin einher, also der Auffassung von der eingeschränkten Souveränität der sozialistischen Staaten. Die Abkehr von dieser Auffassung war bereits 1986 erkennbar geworden, als die Sowjetunion auf der Stockholmer KVAE in einem frühen Zeichen von »neuem Denken« einem Gewaltverbot zustimmte, das ausdrücklich auch im Verhältnis von Mitglied-

---

61 Vgl. dazu den Beitrag von C. Meier in diesem Band, S. 359 ff.

staaten eines Bündnisses·untereinander gelten sollte.[62] Sie setzte sich fort in mehreren programmatischen Reden der politischen Führung und erreichte ihren vorläufigen Höhepunkt in der Rede von Generalsekretär Gorbatschow vor der Parlamentarischen Versammlung des Europarats[63], sowie in der Verurteilung des Einmarschs von Truppen des Warschauer Pakts in die ČSSR durch die sowjetische Regierung im Dezember 1989.

Generell entsprechen die Beziehungen zwischen der Sowjetunion und den osteuropäischen Staaten inzwischen weitgehend den Forderungen des »neuen Denkens«. Die Sowjetunion ist zwar immer noch die eindeutige Vormacht der Region. Aber sie versucht nicht mehr, ihre überlegene Macht in politischen Einfluß oder gar in Kontrolle der Verbündeten umzusetzen.[64] Die Sowjetunion hat die unbedingte Gleichheit aller Mitgliedstaaten des Warschauer Paktes und die Geltung des Prinzips der friedlichen Koexistenz zwischen ihnen ausdrücklich anerkannt. Dem entspricht eine gewandelte mentale Einstellung gegenüber den osteuropäischen Staaten. Die bisherigen Stereotype, so heißt es, sind verworfen worden: Der provinzielle Paternalismus, die Kritik an allen Erscheinungen, die dem sowjetischen Verständnis von Sozialismus widersprechen, die Geringschätzung des Rechts der osteuropäischen Völker, ihre Probleme selbständig zu lösen – alle diese Erscheinungen gehören der Vergangenheit an. Die Regel soll nun die Aufnahme nützlicher Erfahrungen anderer sozialistischer Länder sein, der gleichberechtigte Meinungsaustausch, das offene Gespräch über die Lehren, die aus Fehlern zu ziehen sind.[65] Diesem Ziel entspricht es, wenn Generalsekretär Gorbatschow ankündigt, der Warschauer Pakt solle von einem militärisch-politischen in ein politisch-militärisches Bündnis umgeformt werden.

Die Beziehungen zwischen der Sowjetunion und der *Bundesrepublik Deutschland* sind nach einer vorübergehenden Abkühlung in ein neues Stadium getreten; es wird durch umfassende Zusammenarbeit gekennzeichnet. Während des Staatsbesuchs von Generalsekretär Gorbatschow in der Bundesrepublik ist eine Gemeinsame Erklärung unterzeichnet worden. Sie liest sich streckenweise wie ein offizieller Kanon des »neuen Denkens«, wie sie überhaupt alle Staaten – ganz im Einklang mit dem Ansatz dieses Konzepts – zu »neuem politischen Denken« aufruft. Und in der Tat enthält die Erklärung wesentliche Kernsätze des »neuen Denkens«, Aussagen aller drei Ebenen dieses gedanklichen Gebäudes: Freiheit der Wahl, Vorrang des Völkerrechts, Grundsatz der defensiven Verteidigung, Notwendigkeit der Gestaltung des Friedens, Betonung des Dialogs und des Austauschs von Menschen und Ideen, Schaffung von gegenseitigem Vertrauen.

Die Gemeinsame Erklärung geht indessen noch darüber hinaus. Sie enthält auch Aussagen, die bisher nicht oder nicht in dieser Gestalt zum Bestand des offiziellen »neuen Denkens« gehört haben: der Mensch mit seiner Würde als

---

62 Art. 15 des Stockholmer Dokuments.
63 Vgl. Pravda, 7.7.1989; Neues Deutschland, 7.7.1989.
64 Vgl. K. Segbers, a.a.O., S. 283.
65 Vgl. die Äußerungen von F. Burlackij, zitiert in: K. Segbers, a.a.O., S. 286.

Mittelpunkt der Politik, das Selbstbestimmungsrecht der Völker, die Verwirklichung der Menschenrechte, der Vorrang des Völkerrechts auch in der inneren Politik, Schutz von Minderheiten. Damit zeigt sich, daß die Sowjetunion unter dem Zeichen des »neuen Denkens« auch bereit ist, in bilateralen Vereinbarungen Grundsätze zu indossieren, die in dieser Gestalt eher der Philosophie des Vertragspartners entspringen als der eigenen. Wenn man dann noch bedenkt, daß die Gemeinsame Erklärung inhaltlich teilweise mit der kurz zuvor von der NATO verabschiedeten Brüsseler Erklärung übereinstimmt, wird deutlich, daß das »neue Denken« den Inbegriff von Werten darstellt, die *auch* – und manche sagen: *genuin* – westliche Werte sind.

Das »neue Denken« verwirklicht sich in der Außen- und Sicherheitspolitik der Sowjetunion, wie sie die gegenwärtige politische Führung bestimmt. Letzter, alle Zweifel an dieser Tatsache ausräumender Beweis ist ein Vergleich zwischen der internationalen Lage zu Beginn und derjenigen gegen Ende der achtziger Jahre. 1982 schrieb Raymond Aron, er habe, die Zukunft betrachtend, allen Grund, Pessimist zu sein. Die Brandherde der Konflikte seien unzählig, die Aussichten auf eine praktikable Lösung die allerschlechtesten. Aron fügte zur Begründung seines Pessimismus erläuternd hinzu:

> »Damit meine ich, daß der Konflikt zwischen der sowjetischen und der abendländischen Welt der Konflikt ist, der alles beherrscht, und daß es keine Wahl mehr gibt. Denn unter den Bedingungen des Marxismus, seiner primitiven Auslegung, wie sie bisher praktiziert wurde, werden die westlichen und östlichen Gesellschaften zu einem Kampf auf Leben und Tod verurteilt sein.«[66]

Mag Aron auch übertrieben haben – im Kern hatte er recht. Und es besteht Anlaß auf seine damaligen Äußerungen hinzuweisen, auf die ihnen entsprechende Haltung gegenüber der Sowjetunion, zu der sich die westliche Allianz unter heftigen inneren Auseinandersetzungen seinerzeit durchgerungen hatte: Festigkeit, verbunden mit der Bereitschaft zum Dialog. Die Sowjetunion jener Jahre indessen war zu einem wirklichen Dialog nicht fähig. Dies bestätigen die sowjetischen Reformer von heute. Sie bestätigen damit auch die Auffassung der damals im Westen politisch Verantwortlichen, daß mit jener Sowjetunion keine grundlegenden Fortschritte zu erreichen seien, keine wirkliche Friedensordnung geschaffen werden könne. Und sie widerlegen die Auffassung derjenigen, die in jenen Jahren eine Sicherheitspartnerschaft mit der UdSSR für möglich hielten, obwohl dieser Staat und seine politische Führung dazu erkennbar nicht in der Lage waren.

Das »neue Denken« hat alles geändert. Die damals vergeblichen Rufe nach gemeinsamer Sicherheit erhalten eine Antwort. Der Dialog ist möglich geworden; er wird geführt. Raymond Arons Aussagen gelten nicht mehr oder zumindest solange nicht, als die Sowjetunion sich in die Richtung entwickelt, die ihr von den Reformern vorgegeben wird.

All dies heißt nicht, daß die Beziehungen der Sowjetunion zur Außenwelt nunmehr ausschließlich vom »neuen Denken« bestimmt wären. Die Sowjet-

---

66 Die Zeit, 7. 5. 1982.

union ist ein Staat im Umbruch. Das Neue hat seine Herrschaft noch nicht wirklich angetreten, das Alte seine Kraft noch nicht ganz verloren. Das gilt wie in der Wirtschaft, so auch im Bereich der Außen- und Sicherheitspolitik. So mischt sich auch hier »neues« mit »altem« Denken, herrscht vielerorts noch Kontinuität, wird nicht selten ganz im alten Stil vorgegangen. Spürbar wird das insbesondere, wo es um den Kernbereich sowjetischer Macht geht. Dort überlagern unveränderte politische und militärische Interessen der Sowjetunion das »neue Denken« häufig in einer Art und Weise, daß dessen Aussagen nicht mehr überall zu erkennen sind. So sprechen etwa die drei großen regionalstrategischen Initiativen, mit denen Michail Gorbatschow sich an die Außenwelt gewandt hat (Wladiwostok 1986, Murmansk 1987, Belgrad 1988), für eine Fortgeltung der alten Strategie. Mit ihr versucht die Sowjetunion seit langem, an ihrer Peripherie Sanktuarien und Friedenszonen zu etablieren und die amerikanische Präsenz zurückzudrängen, ohne anzuerkennen, daß sowohl die USA wie die Anliegerstaaten in diesen Regionen berechtigte Interessen besitzen. Kontinuität herrscht auch in der – dem »neuen Denken« widersprechenden – Inflexibilität der Sowjetunion bei ganz unterschiedlichen konkreten Streitfragen: Vertretung von Berlin (West) durch die Bundesrepublik, Abgrenzung von Festlandsockel und Wirtschaftszone in der Barentssee im Verhältnis zu Norwegen, Rückgabe der ehemals japanischen Kurileninseln – um nur einige Beispiele zu nennen, in denen die Sowjetunion in der Hauptsache unnachgiebig bleibt. Schließlich: In der im Juni 1989 mit dem Iran unterzeichneten Erklärung werden, offenbar aus Gründen des politischen Opportunismus, Forderungen nach Veränderung der Weltwirtschaftsordnung erhoben, obwohl die Sowjetunion doch alles tut, um sich in diese Ordnung einzugliedern, so, wie sie ist.

Indessen war nicht zu erwarten, daß die Sowjetunion innerhalb kurzer Zeit überall radikal von ihrer bisherigen politischen Linie abgehen würde. Auch die Reformer betonen, daß sich das »neue Denken« noch nicht gänzlich durchgesetzt habe und nur allmählich in alle Bereiche vordringen könne. In manchen Fragen herrscht offenbar in der Sicht der sowjetischen Führung eine Interessenlage, die ein rasches Umdenken verhindert. Doch vermag dies alles nichts an der Feststellung zu ändern, daß die sowjetische Außen- und Sicherheitspolitik gegenwärtig in dem grundlegendsten Wandlungsprozeß begriffen ist, seit der Sowjetstaat besteht.

VII. »Neues Denken«: Eine Politik des Niedergangs?

Was ist das »neue Denken«? Was bedeutet es für die Sowjetunion, was für den Westen? Wie sollen die westlichen Staaten, das Atlantische Bündnis darauf reagieren? Dies sind die entscheidenden Fragen, die nach einer Analyse von Grundlagen und Verwirklichung des »neuen Denkens« zu stellen sind.

Die Antwort auf diese Fragen hängt zunächst davon ab, welche Spielart des »neuen Denkens« man zugrunde legt. Wer vornehmlich die Gedanken der Progressiven betrachtet, wird zur Auffassung kommen, die Sowjetunion verabschiede sich vom Marxismus-Leninismus wie auch von der opportunistischen

Machtpolitik und wandle sich ebenso zielstrebig wie rasch zu einem ganz anderen Staat, in dem politische und soziale Ideen der westeuropäischen Sozialdemokratie genauso ihren Platz haben wie wirtschaftliche Rezepte der westlichen Marktwirtschaft. Wer dagegen vom »neuen Denken« der Konservativen ausgeht, wird in seiner Bewertung zu ganz anderen Ergebnissen kommen. Er wird die Gleichsetzung von allgemeinmenschlichen Interessen mit den Klasseninteressen, von allgemeinmenschlicher Moral und kommunistischer Moral, wie sie bei den Konservativen zu beobachten ist, als einen Versuch interpretieren, die nach wie vor aufrechterhaltenen klassenmäßig-ideologischen Zielsetzungen zu verschleiern.[67] Und in der Tat wird dies von manchen westlichen Beobachtern so gesehen: Der Kampf für die allgemeinmenschlichen Werte sei nichts anderes als Führung des Klassenkampfes unter einer anderen Bezeichnung.[68] Die Sowjetunion appelliere an das Überlebensinteresse der westlichen Völker, um sie zur Aufgabe ihrer Klassenpolitik zu bewegen, also, so diese Auffassung, ihrer Politik der Selbstbehauptung gegenüber dem andrängenden Sozialismus.

Die Äußerungen von progressiven wie konservativen Vertretern des »neuen Denkens« lassen derlei Auslegungen zu. Insbesondere die Erklärungen und das Vorgehen mancher Konservativen im Parteiapparat, aber auch in anderen Institutionen erlauben den Schluß, daß hier die ewig Gestrigen sich an die ihnen vertrauten Wahrheiten klammern. Von einer wirklichen Selbstkritik, von wirklicher Einsicht in die grundlegenden Fehler der Vergangenheit ist hier wenig zu spüren. Die negativen und für die Sowjetunion, wie man auf dieser Seite durchaus sieht, äußerst schädlichen Entwicklungen werden nicht als Folge konkreter Entscheidungen bestimmter Personen betrachtet, sondern entpersonalisiert, gleichsam dem Walten dunkler Mächte zugeschrieben: Es waren der Persönlichkeitskult, die Periode der Stagnation, Dogmatismus und Subjektivismus, die Bürokratie, Abweichungen und irrige Interpretationen des Marxismus-Leninismus, so liest man, die die gegenwärtige Misere verursacht haben.

Vor diesem Hintergrund kommt es in der Sowjetunion heute zu den vielen Diskussionsrunden, in denen namhafte Vertreter des sowjetischen politischen und wissenschaftlichen Lebens einhellig die Entwicklungen der Vergangenheit verurteilen, obwohl viele von ihnen in der einen oder anderen Weise an ihnen beteiligt waren. Die nunmehr von den Teilnehmern der Diskussion vertretenen Auffassungen lassen allerdings häufig erkennen, daß die Vergangenheit noch längst nicht überwunden ist. Und so kommt es auch zu den vielen publizistischen Stellungnahmen, in denen zunächst eine rituelle Verbeugung vor Perestrojka und »neuem Denken« gemacht wird, die begangenen Fehler beklagt und dann – wenn auch mit gewandelten Begriffen – in alter Manier und mit dem alten Inhalt die alten außen- und sicherheitspolitischen Vorstellungen und Ziele entwickelt werden.

---

67 Vgl. N. Novikov, a.a.O., S. 36.
68 Vgl. G. Wettig, Zur Quellenlage, a.a.O., S. 20f.; ähnlich auch W. Berner, H. Dahm, »Neues Denken« in der Außenpolitik der UdSSR, in: Berichte des BIOst 46/1987, S. 35 ff.

Wer diese Äußerungen zur Grundlage seiner Beurteilung macht, wird kaum zum Ergebnis gelangen, die Substanz sowjetischer Außen- und Sicherheitspolitik habe sich geändert. Wenn man dann noch die zahlreichen Erklärungen auch offizieller sowjetischer Vertreter hinzunimmt, in denen davon die Rede ist, die Sowjetunion müsse ihr Image im Westen grundlegend verbessern und dementsprechend eine andere Sprache sprechen, dann kann man es sich erklären, warum manche westlichen Beobachter zu der Auffassung kommen, beim »neuen Denken« handele es sich um nichts anderes als einen Täuschungsversuch, ein großangelegtes Manöver der Perzeptionssteuerung (perception management).

Es geht indessen nicht an, sich, wie das in der westlichen Analyse häufig geschieht, auf die eine oder andere Denkrichtung zu beschränken, sie als die herrschende Meinung anzusehen und davon abweichende Auffassungen, die man ja keineswegs ignoriert, als unbedeutende und folglich zu vernachlässigende Einzelstimmen abzutun. Man darf also nicht, so reizvoll das auch sein mag, lediglich die Progressiven oder die Konservativen in den Mittelpunkt seiner Analyse stellen. Grundlage kann vielmehr nur das offizielle »neue Denken«, also die Version der Pragmatiker in der sowjetischen politischen Führung, sein.

Wenn man sich diesem »neuen Denken« zuwendet, so ist die entscheidende Frage nicht, ob die neue Philosophie der Außen- und Sicherheitspolitik wirklich neue Inhalte aufweist und ob »Gorbatschow es ernst meint«. Beide Fragen sind längst bejaht; niemand, der sich ihnen widmet, kann sie ernsthaft verneinen. Die entscheidenden Fragen sind vielmehr, welche Motivationslage es letztlich ist, die die Reformer zu ihrem radikalen Umdenken veranlaßt, welche Rolle die allgemeinmenschlichen Werte, insbesondere die Verhütung des Nuklearkriegs, im Konzept des »neuen Denkens« spielen, ob das »neue Denken« umkehrbar ist, wie man mit den Instabilitäten umgeht, die unvermeidbar aus ihm folgen.

Die unmittelbaren Motive für das »neue Denken«, dies ist oben deutlich gemacht worden, bestehen in der Absicht der sowjetischen Führung, die Sowjetunion auf solide innere Grundlagen zu stellen, weil diese nur dann ihre Rolle als Weltmacht weiterspielen kann. Die Außen- und Sicherheitspolitik der Sowjetunion soll die innere Umgestaltung stützen, soll kosteneffektiv sein. Diese Motivation spricht dafür, daß die sowjetische Führung mit der Statuierung des »neuen Denkens« Sachzwängen folgt, im Grunde also gar nicht anders kann, als in Zukunft eine im Vergleich zur bisherigen gewandelte Politik zu führen. Die Herausstellung der allgemeinmenschlichen Werte und ihres Vorrangs als Ausgangspunkt des »neuen Denkens« läßt dagegen vermuten, daß ein Wandel des Bewußtseins im Bereich der ideologischen und moralischen Vorstellungen die Ursache für das neue Konzept bildet. Not oder Tugend – das ist also hier die Frage. Oder hat die sowjetische Führung, in ihrem »neuen Denken« das eine mit dem anderen vereinbarend, aus der Not eine Tugend gemacht?

Wenn man sich dem »neuen Denken« unter dieser Fragestellung nähert, gelangt man rasch zum Ergebnis, daß die mit hohem moralischem Anspruch verkündeten Sätze des »neuen Denkens« vielfach mit politischen und wirtschaftlichen Zwängen zusammenhängen. Sie können als deren Umsetzung in sowjetische Außen- und Sicherheitspolitik interpretiert werden. Ist es nicht die unabdingbare Notwendigkeit, die Rüstung zu reduzieren, die zur Forderung nach »vernünftiger Hinlänglichkeit« und »gemeinsamer Sicherheit« führt, die Unmöglichkeit, zu Zwecken der Verteidigung wie zur Ausübung politischen Drucks weiterhin ein überlegenes militärisches Potential zu unterhalten, die in der Forderung nach *politischer* Gewährleistung von Sicherheit resultiert? Ist es nicht die Notwendigkeit, die Überdehnung sowjetischer Macht abzubauen und sich aus verlustbringenden Positionen in der Dritten Welt zurückzuziehen, aber auch die Unvermeidbarkeit von Wandel in Osteuropa, die in das Prinzip der Freiheit der Wahl münden? Ist es nicht die Erfahrung, daß ihre bisherige Selbstisolierung die Sowjetunion vom Prozeß wirtschaftlicher, technischer und geistiger Innovation ausgeschlossen hat, die die sowjetische Führung nun so intensiv die Bedeutung von Interdependenz und Kooperation betonen läßt? Ist es schließlich nicht die sich aus alledem ergebende Stellung der Sowjetunion als Demandeur in der internationalen Arena, die zur Herausstellung von Kompromißfähigkeit, Empathie, Aufrichtigkeit im weltweiten Verhandlungsprozeß führt?

Diese Fragen lassen sich nicht ohne weiteres verneinen. Manches spricht dafür, daß die sowjetische Führung in der Tat aus der Not eine Tugend macht.[69] Aber was bedeutet diese Erkenntnis? Heißt sie, daß die Reformpolitik, daß das »neue Denken« letztlich nicht innerer Überzeugung entspringt? Und man im Westen auf das »neue Denken« nicht bauen kann, weil aus der Not geborene Grundsätze wieder aufgegeben werden können, ist die Not nur erst vorbei?

Diese Fragen sind nicht leicht zu beantworten. Sie werfen andere auf. Wie lernen Staaten, wie ihre Führung? Worauf beruht kollektives Lernen: auf schlechten Erfahrungen oder inneren Reifeprozessen? Ist kollektives Lernen überhaupt ohne massive Anstöße möglich? Mit anderen Worten: *Bedarf* es nicht der Not, um überhaupt zur Tugend kommen zu können?

Im konkreten Fall des »neuen Denkens« hängt alles davon ab, wie die sowjetische Führung mit der Not, also mit dem alle Bereiche erfassenden Niedergang des Landes, umgeht. Werden diese Erfahrungen verarbeitet, werden sie verinnerlicht und in Lehren umgesetzt? Anders ausgedrückt: Wird die Not in Tugend verwandelt? Oder werden die Not und die aus ihr folgenden Zwänge nur als Tugend ausgegeben?

Worte und Taten der sowjetischen Führung und der sie stützenden intellektuellen Kräfte führen zu dem Schluß, daß, ausgelöst durch die neue Wahr-

---

69 Damit entspräche sie einer überkommenen sowjetisch-russischen Haltung. Die sowjetischen Reformer haben zumindest in ihrer Frühzeit nicht selten ein Verhalten beobachtet, das man ebenfalls als Verwandlung von Not in Tugend ansehen kann. Man denke etwa an den Fall des Kernkraftwerks Tschernobyl. Seine Explosion nahm Gorbatschow zum Anlaß, die Notwendigkeit der Abschaffung von Nuklearwaffen zu unterstreichen; für die Auswirkungen auf die Nachbarstaaten der Sowjetunion hatte er kaum ein Wort übrig. Diese Äußerung war für alle diejenigen ein Schlag ins Gesicht, die im Ausland von der Katastrophe betroffen waren und die aus dem Munde des Generalsekretärs lieber Absichtserklärungen über die Verbesserung der Sicherheit sowjetischer Kernkraftwerke gehört hätten als Aufforderungen zum Abbau der Nuklearwaffen.

nehmung, ein wirklicher Lernprozeß begonnen hat. Die Reformer um Generalsekretär Gorbatschow nehmen Abschied vom revolutionären Glauben: Nirgendwo in der Welt erkennt man Voraussetzungen für eine sozialistische Revolution. Sie nehmen auch Abschied vom Glauben an den unausweichlichen Untergang des Kapitalismus: Seine Dynamik, seine Anpassungsfähigkeit und seine Erfolge sprechen für seine Dauerhaftigkeit. Und die Reformer nehmen schließlich Abschied vom Glauben an den unaufhaltsamen Fortschritt im eigenen Land: Die alles erfassende Krise in der Sowjetunion zeigt, daß Stillstand und Verfall den Zustand des Staates bestimmen.

Das »neue Denken« ist das Ergebnis dieser neuen Anschauung der Welt, ist ein wesentliches Stadium in der Entwicklung der Sowjetunion. Mit ihm beginnt eine neue Periode im Reifeprozeß dieses Staates: seine Verwandlung in eine zivilisierte Gesellschaft. Die Schlüsselerfahrung der sowjetischen Führung lautet: Erweiterung von Macht bringt nicht mehr Sicherheit und Einfluß, sondern Belastungen. Und das Streben nach immer mehr Sicherheit überfordert die Basis der Macht, das Sowjetsystem.[70] Die Lehre, zu der die sowjetische Führung ansetzt, die sie aber noch nicht ausspricht und damit auch noch nicht verinnerlicht, heißt: Die Doppelgleisigkeit des bisherigen Politikverständnisses, also die Trennung zwischen staatlichem und gesellschaftlichem Bereich und die daraus folgende Parallelität von Zusammenarbeit mit westlichen Staaten und Kampf gegen das westliche System, muß aufgegeben werden. Es muß zur friedlichen Koexistenz auch im gesellschaftlichen Bereich, auch in ideologischen Fragen kommen.

Es bleibt die Frage, warum die sowjetische Führung ihre neue, pragmatische Politik nicht einfach betreibt, sondern zunächst in einem, bombastisch anmutenden, Gedankengebäude konzipiert, das mit hohem moralischem Anspruch (»ganzheitliche humanistische Konzeption«, »Appell an die gesamte Menschheit«) verkündet wird. Die Antwort dürfte in der Feststellung liegen, daß die Sowjetunion kein Staat wie jeder andere ist. Im Gegensatz zu »normalen« Staaten spielt in der UdSSR die Ideologie in ihren mannigfachen Funktionen eine bedeutende Rolle. Sie ist der wesentliche Bezugsrahmen; sie rechtfertigt letztlich die Existenz des Staates, so wie er ist. In gewissem Sinne ist die Sowjetunion ein fundamentalistischer Staat. Dabei ist es ganz unerheblich, ob an die Ideologie innerlich geglaubt wird oder nicht, ob sie wirklich umgesetzt wird oder nicht. All dies bedingt es, daß derart umwälzende Konzepte wie das »neue Denken« nicht einfach beschlossen und verwirklicht werden können. Vielmehr müssen sie ideologisch begründet, verbrämt und eingeordnet werden.

Ein weiterer Grund mag mit dem in vielem ungebrochenen Selbstverständnis der sowjetischen Führung zusammenhängen. Zwar zielen die Reformer darauf ab, die Sowjetunion in einen »normalen Staat« umzuwandeln. Aber die Mehrzahl ihrer Äußerungen zeugt davon, daß sie auch eine künftige Sowjet-

---

70 C. Gasteyger, Aufstieg und Grenzen der Sowjetunion als Weltmacht, in: Europa-Archiv, 17/1986, S. 495–502 (495).

union nicht als einen solchen Staat ansehen. Die UdSSR hat offenbar auch nach Auffassung der Reformer eine geschichtliche Mission. Wenn man der Welt schon nicht mehr das kommunistische Heil bringen kann, so doch jedenfalls die Erkenntnis, wie man gemeinsam überleben kann. Auf diese Weise verbindet sich dann russisch-sowjetisches Sendungsbewußtsein mit dem tiefsitzenden Bedürfnis nach einem Dogma oder jedenfalls einem Kanon verbindlicher moralischer Aussagen sowie nach festen Glaubenssätzen in dem Gedankengebäude des »neuen Denkens«.

Dieses Bedürfnis nach einem fest gegründeten Konzept und seine Durchdringung durch die »allgemeinmenschlichen Interessen« erklärt vielleicht einen wesentlichen Widerspruch in der Logik des »neuen Denkens«. Dieser Widerspruch – auf den unterdessen auch in der Sowjetunion aufmerksam gemacht wird[71] – besteht darin, daß im »neuen Denken« auf der einen Seite das allgemeinmenschliche Interesse am Überleben als Grund für die Notwendigkeit eines »neuen Herangehens« an die Probleme der internationalen Beziehungen statuiert wird. Auf der anderen Seite bezwecken die Kernsätze des »neuen Denkens« sämtlich, den Gefahren, denen sich die Menschheit gegenübersieht, zu begegnen. Mit anderen Worten: Das »neue Denken« zielt auf die Beseitigung der Grundlagen ab, auf denen es beruht.

Deutlich wird das insbesondere am Beispiel der Nuklearwaffen.[72] Sie sind es, deren Existenz von den Reformern ständig als Grund dafür genannt wird, daß man die internationalen Probleme völlig anders angehen, daß man »neu denken« müsse. Es sind die Nuklearwaffen, die die Gewährleistung von Sicherheit durch politische Mittel als Imperativ erscheinen lassen. Es sind die Nuklearwaffen, welche nach einem »Ausgleich der Interessen« verlangen. Es sind die Nuklearwaffen, die nach einem Verhalten in der internationalen Arena rufen, das anderen nicht schadet. Gleichzeitig jedoch sind die Nuklearwaffen für die Reformer »der Gipfel der menschlichen Dummheit« (Jakovlev), also Teufelszeug, auf dessen Abschaffung die Menschheit alle ihre Anstrengungen richten muß.

Der Schutz der allgemeinmenschlichen Werte, ihre Priorität gegenüber den Klasseninteressen, Kooperation und Kompromiß, mit einem Wort: das »neue Denken« ist, wenn man in dieser Logik bleibt, nur solange relevant, als es Nueklearwaffen gibt. Ohne nukleares Risiko, ruft Andrej Kozyrev, einer der Moskauer Progressiven, zur Kennzeichnung dieser merkwürdigen Logik aus, würde die weltweite Klassenkonfrontation wieder zur Realität werden.[73] Die Sowjetunion, so sagen die Skeptiker im Westen, will die Welt mit der Abschaffung von Nuklearwaffen reif für den konventionellen Krieg machen.[74]

---

71 A. Kozyrev, a.a.O., S. 4f.
72 Vgl. dazu insbesondere A. Yakovlev, a.a.O., S. 344f.
73 A. Kozyrev, a.a.O., S. 5.
74 Die sowjetische Führung hat dieses Argument offenbar nicht leicht genommen. Jedenfalls erklärt sie unterdessen ausdrücklich auch den großen konventionellen Krieg in Europa für unzulässig. Dabei weist sie darauf hin, daß es dort eine große Zahl von Kernkraftwerken und chemischen Fabriken gebe, die in einem solchen Krieg unweigerlich zerstört würden. Die dadurch angerichteten Verwüstungen kämen denen

Die sowjetischen Reformer scheinen sich des grundlegenden Widerspruchs im Gedankengebäude ihres »neuen Denkens« nicht bewußt zu sein. Alles spricht dafür, daß es auch keine böse Absicht, keine Hinterlist ist, die sich hinter diesem Widerspruch verbirgt. Bei manchen Konservativen in der Sowjetunion mag das der Fall sein, nicht aber bei den Pragmatikern des offiziellen »neuen Denkens«. Sie zielen erkennbar auf mehr ab als nur auf ein zeitweises Zurücktreten des Klassenkampfes, solange tödliche Gefahren für beide Seiten existieren. Interdependenz – das ist hier das Schlüsselwort. Es ist vor allem wirtschaftlich und politisch gemeint; das dahinterstehende Konzept hängt nicht von der Fortdauer der umfassenden Gefährdung der Menschheit ab. Die Staaten werden auch dann voneinander abhängig sein, wenn diese Gefährdungen durch gemeinsames Bemühen aufgehört haben werden. Und die Abschaffung der Nuklearwaffen ist eher als ein Ideal zu sehen, dem man sich annähern kann, das man aber nie erreichen wird und vielleicht auch nicht mehr erreichen will, weil man – wie die jüngste Entwicklung in der UdSSR zeigt[75] – unterdessen ein Minimum nuklearer Abschreckung für zweckmäßig zu halten beginnt.

Warum dann aber, diese Frage drängt sich auf, die Statuierung allgemeinmenschlicher Interessen als Ausgangspunkt des »neuen Denkens«? Vielleicht liegt die Antwort in psychologischen Erwägungen. Aus der Notwendigkeit, das »neue Denken« ideologisch zu begründen und es in ein umfangreiches Gedankengebäude einzupassen, folgt, daß die sowjetische Führung nicht lediglich einen profanen Satz zum Fundament des »neuen Denkens« machen konnte. Die Erkenntnis, daß auch Außen- und Sicherheitspolitik eines Staates dem Kosten-Nutzen-Prinzip folgen muß, daß man, wie es Aleksandr Jakovlev ausgedrückt

---

    eines Nuklearkriegs gleich. Auch hier wird also der Umfang der Zerstörungen als Kriterium für die Unzulässigkeit des Kriegs genommen. Ein kleiner Krieg oder aber ein großer Krieg, der mit »sauberen« Waffen geführt würde, mit denen die zivile Umwelt ausgespart werden könnte, müßte in dieser Logik also theoretisch zulässig sein. Indessen zeigt dies alles nur, daß die sowjetische Führung sich in ihrer eigenen, selbstauferlegten ideologischen Logik verfängt.

75 In den sowjetischen Forschungsinstituten denkt man offenbar intensiv über eine nukleare Minimalabschreckung nach. Es wäre nicht überraschend, wenn sich auch die politische Führung zu solchen Gedanken verstünde. Vgl. die Äußerungen von Generalsekretär Gorbatschow in seiner Rede in Straßburg (Neues Deutschland, 7.7.1989): »Festigt oder untergräbt die Strategie der nuklearen Abschreckung die Stabilität? Zu diesen Fragen haben die NATO und der Warschauer Vertrag völlig entgegengesetzte Haltungen. Wir dramatisieren die Unterschiede jedoch nicht. Wir suchen selbst und laden unsere Partner ein, nach Lösungen zu suchen. Betrachten wir doch die Beseitigung der Kernwaffen als einen sich in Etappen vollziehènden Prozeß. Und einen Teil der Strecke, die uns noch von der völligen Vernichtung der Kernwaffen trennt, können die Europäer gemeinsam gehen, ohne ihre Positionen aufzugeben. Die UdSSR kann dabei ihrem Ideal der Kernwaffenfreiheit treu bleiben und der Westen der minimalen Abschreckung. Doch sollte man untersuchen, was hinter dem Begriff ›minimal‹ steht. Und wo ist da die Grenze, hinter der sich das Potential der nuklearen Vergeltung in ein Angriffspotantial verwandelt? Hier gibt es viele Unklarheiten. Aber Unausgesprochenes ist eine Quelle von Mißtrauen.«

hat, nicht mit den Gesetzen der modernen Wirtschaft herumspielen kann[76], daß alle Staaten dieser Welt aufeinander angewiesen sind, trifft zwar zu. Richtig ist auch, daß es letztlich diese Erkenntnisse sind, die zur »neuen Philosophie« der sowjetischen Außen- und Sicherheitspolitik geführt haben. Aber derartige pragmatische Einsichten können in der Sowjetunion von heute – noch – nicht zur Grundlage einer neuen Konzeption für die Außenbeziehungen des Sowjetstaates gemacht werden. Dazu bedarf es vielmehr hehrer Aussagen. Sie sind in Gestalt der allgemeinmenschlichen Interessen und ihres notwendigen Schutzes zur Basis des »neuen Denkens« geworden – mit der Folge einer gewissen Ambivalenz dieses Gedankengebäudes. Die selbstauferlegte Notwendigkeit, ein in sich geschlossenes Konzept zu schaffen, in dem alles künftige außen- und sicherheitspolitische Handeln der Sowjetunion aus obersten Wahrheiten und nicht nur aus praktischen Erkenntnissen abgeleitet wird, scheint damit der eigentliche Grund dafür zu sein, daß die Logik des »neuen Denkens« in einem wesentlichen Aspekt in sich widersprüchlich ist.

Ist das »neue Denken« eine Diplomatie des Niedergangs?[77] In der Tat gibt die Sowjetunion unhaltbare Positionen auf und zieht sich auf Stellungen zurück, die sie halten kann. Und in der Tat beginnt die Sowjetunion aus ihren ideologischen Höhen herabzusteigen, wesentliche Postulate fallen zu lassen und ein zivilisierter Staat zu werden. In diesem doppelten Sinn mag man das »neue Denken« als eine Diplomatie oder gar eine Politik des Niedergangs, des Abstiegs verstehen – ganz im wörtlichen Sinn dieser Begriffe. In diesem Verständnis wäre das »neue Denken« ideologische Verbrämung und Rechtfertigung des – gegenwärtigen wie künftigen – Abgehens von der bisherigen Außen- und Sicherheitspolitik der Sowjetunion.

Das »neue Denken« ist aber mehr: Es ist auch ein Rezept für den Wiederaufstieg der Sowjetunion. Es ist ein Beispiel dafür, wie man durch Aufgabe überholter oder von Anfang an unschlüssiger Grundsätze und durch die Wiedereinsetzung des gesunden Menschenverstands, von Eigenschaften wie Verläßlichkeit, Berechenbarkeit und Vertrauen in ihr Recht die Basis für den Gewinn neuer Kräfte schafft. Wenn die Sowjetunion den Weg des so verstandenen Niedergangs konsequent zu Ende geht, dann kann ihr Aufstieg zu einer wirklichen Weltmacht die Folge sein, zu einer Weltmacht, die mit der Sowjetunion von heute nicht mehr viel gemein hat und die zu fürchten deshalb kein Grund mehr besteht. Aufstieg durch Abstieg – das scheint das Wesen des »neuen Denkens« zu sein.

Wie sollte der Westen reagieren? Er sollte zum einen eine Politik führen, die die Wandlung der Sowjetunion zu einem zivilen Staat ermutigt und fördert. Zum anderen sollte er die Sowjetunion bei ihrem Wort nehmen, ruhig und zurückhaltend, aber eben doch bei ihrem Wort: dem »neuen Denken«. Allerdings sollte man dabei nicht vorschnell sein. Das »neue Denken« – wie auch die

---

76 A. Yakovlev, a.a.O., S. 345.
77 Vgl. St. Sestanovich, Gorbachev's Foreign Policy: A Diplomacy of Decline, in: Problems of Communism, Vol. 37, 1/Januar/Februar 1988, S. 1–15.

Gemeinsame Erklärung der Bundesrepublik Deutschland und der Sowjetunion – geben westlicher Politik zwar wesentliche Ansatzpunkte, wie sie bisher nicht existierten. Indessen sollte man im Westen darob nicht in ein rechtliches Anspruchsdenken verfallen und politische Optionen aus einem Konzept ableiten, das die UdSSR als von ihr selbst entworfenes Szenarium für allmählichen Wandel, nicht aber als Anspruchsgrundlage für westliche Politik begreift. Man sollte also auf westlicher Seite nichts forcieren, sondern die Dinge heranreifen lassen. So widersprüchlich dies klingt: Das »neue Denken« bietet dem Westen politische Chancen gerade dann, wenn er sie *nicht ergreift*.

Worin liegt die Problematik des »neuen Denkens«? Sie liegt darin, daß das »neue Denken«, politisch gesehen, zu gut ist. Es bereitet – ein nur scheinbares Paradoxon – Schwierigkeiten, gerade *weil* es so gut ist. Programme mit derartig positiven Kernaussagen, wie sie das »neue Denken« enthält, müssen tatsächlich gelebt, müssen in praktische Politik umgesetzt werden. Nur dann werden sie und ihre Urheberin, die Sowjetunion, sowie der von ihr verkündete Wandel ernst genommen. Werden dagegen derartige neue Konzeptionen nicht oder nur teilweise mit Leben erfüllt, werden die ungelösten Probleme zu einer steten Quelle des Mißtrauens und der politischen Unrast, geeignet, der Machtpolitik aller Seiten wieder neue Nahrung zu geben, geeignet auch, die aufgrund des »neuen Denkens« erzielten Lösungen zu unterminieren.

Große Mächte indessen handeln nicht nach festen Regeln. Auch die Sowjetunion der Reformer wird ihr Vorgehen in der internationalen Arena nicht immer an den hehren Grundsätzen des »neuen Denkens« ausrichten. Damit birgt dieses Gedankengebäude die Ursachen für seine mögliche Aushöhlung in sich – gerade weil seine Prinzipien so positiv sind. Vielleicht will die sowjetische Führung mit ihrem »neuen Denken« zu viel. Vielleicht ist ihr Entwurf zu grandios geraten. »Sie können mehr, aber weniger können sie nicht« – mit diesem Satz gibt Czeslaw Milosz eine auf die Russen gemünzte Weisheit seiner litauischen Heimat wieder.[78] Gilt dies nicht auch in gewisser Weise für das »neue Denken«? In diesem Fall wäre das »neue Denken« mit Sicherheit eines – ein weiterer Schritt im Lern- und Reifeprozeß der Sowjetunion: weg von der Grandiosität schöner Modelle und hin zu kleinen Schritten praktischer Politik.

Entscheidend aber ist die Praxis. In dieser Hinsicht zeigt die sowjetische Außen- und Sicherheitspolitik der jüngsten Vergangenheit, daß sich ihre Gestalter nicht in der Großartigkeit eines Gedankengebäudes verlieren. Vielmehr gehen sie konkrete Probleme an und erreichen, im Zusammenwirken mit ihren westlichen Partnern, sachgerechte Lösungen. Das »neue Denken« bewährt sich bisher. Ob dies so bleiben wird, hängt davon ab, wie sich das weitere Schicksal des wirtschaftlichen Umbaus, der Perestrojka, auf die Außenbeziehungen der Sowjetunion auswirkt, sowie davon, ob Ost und West lernen, mit den Instabilitäten umzugehen, die jeder grundlegende Wandel unvermeidbar mit sich bringt.

---

78 Cz. Milosz, West- und Östliches Gelände, München 1986, S. 140.

Gebhardt Weiß

»Neues Denken« und Handeln in der sowjetischen Abrüstungs- und Rüstungskontrollpolitik: Ziele, Motive, mögliche Konsequenzen

I. Einleitung

Bei der Konkretisierung des von Staats- und Parteichef Gorbatschow vorangebrachten »neuen Denkens« geht es in der Sicherheitspolitik[1] um drei eng zusammenhängende Problembereiche: erstens um eine zuverlässige Gewährleistung der nationalen Sicherheit durch eine ausgewogenere Berücksichtigung politischer Mittel gegenüber militärischen; zweitens um eine Neuorientierung der Militärdoktrin und Strategie sowie um eine hieran gebundene Umstrukturierung der sowjetischen Streitkräfte hin zu einer »nichtoffensiven« Verteidigung und drittens um eine Überprüfung des Militärpotentials der Sowjetunion unter dem Gesichtspunkt der Hinlänglichkeit (dostatočnost') für Verteidigungszwecke – mit der Folge eines teilweise neuartigen sowjetischen Herangehens an Fragen der Abrüstung und Rüstungskontrolle. Dieser dritte Aspekt, die zugrundeliegenden sowjetischen Motive, Interessen und möglichen Zielsetzungen stehen nachfolgend im Vordergrund.

II. Übergang zu einem neuen sowjetischen Abrüstungs- und Rüstungskontrollkonzept

In den vergangenen vier Jahren ist eine zunehmende Einbettung der sowjetischen Abrüstungs- und Rüstungskontrollpolitik in den komplexen Gesamtzusammenhang der sowjetischen Reformentwicklungen deutlich geworden. Funktion und Stellenwert von Abrüstung und Rüstungskontrolle sowie von Verifikation und vertrauensbildenden Maßnahmen haben sich gegenüber der Zeit vor Gorbatschow im konventionellen wie im nuklearen Bereich verändert. Wichtige Stationen dieser Entwicklung sind u. a. die sowjetische Bereitschaft zu Verhandlungen über die Halbierung der nuklearstrategischen Arsenale beider Großmächte, die Zustimmung Moskaus zum Abschlußdokument der

---

1 Zu weiteren Aspekten des »neuen Denkens« im Bereich der sowjetischen Außen- und Sicherheitspolitik siehe die Beiträge von F. Bomsdorf/H. Adomeit und H.-H. Schröder in diesem Band, S. 261 ff. bzw. S. 86 ff.

Stockholmer KVAE-Konferenz[2] und vor allem die Bereitschaft der Sowjetunion zur vollständigen Vernichtung ihrer landgestützten nuklearen Mittelstreckensysteme gemäß dem INF-Vertrag. Besonders hervorzuheben sind ferner der angekündigte einseitige Abbau der sowjetischen Streitkräfte um 500 000 Mann, die Ankündigung einer vollständigen Vernichtung der chemischen Waffen[3] sowie die angekündigte einseitige Rückverlegung eines kleinen Teils der taktischen Nuklearsysteme[4] der sowjetischen Streitkräfte in Mittel-Osteuropa.

Seine Ankündigung einer einseitigen Verringerung der sowjetischen Streitkräfte um 500 000 Mann, 10 000 Panzer, 8500 Artilleriesysteme und 800 Flugzeuge hatte Gorbatschow am 7. Dezember 1988 vor den Vereinten Nationen mit dem programmatischen Satz eingeleitet, daß sich eine Wende vollziehe »vom Prinzip der Überrüstung hin zum Prinzip der vernünftigen Hinlänglichkeit für die Verteidigung«.[5] Dieser Satz stellt die Kurzformel einer rüstungskontrollpolitischen Leitlinie dar, die in den Monaten zuvor von den Reformkräften ganz allmählich gegen den Widerstand der Protagonisten der bisherigen sowjetischen Rüstungskontrollpolitik, insbesondere auf seiten der Militärs, durchgesetzt werden konnte.[6]

Hierfür waren hauptsächlich drei miteinander verknüpfte Entwicklungen maßgebend. Zum einen war es Gorbatschow seit 1986/87 gelungen, die politische Kontrolle der Partei über das Militär weiter zu festigen.[7] Zum anderen war auf der 19. Unionsparteikonferenz der KPdSU (28. Juni–1. Juli 1988) eine wichtige grundsätzliche Weichenstellung mit dem Kompromißbeschluß erfolgt, militärische Beschaffungsprogramme zu reduzieren, aber gleichzeitig – vermutlich aufgrund einer Gegenforderung der Militärs – auch deren Qualität weiter zu verbessern.[8] Hinzu kam drittens im institutionellen Bereich Ende

---

2 Abdruck des Dokuments im Bulletin des Presse- und Informationsamts der Bundesregierung, 110/26. 9. 1986, S. 929–936.
3 Außenminister Ševardnadze vor der Pariser C-Waffen-Konferenz am 8. 1. 1989; in: Pravda, 9. 1. 1989.
4 Ankündigung von Außenminister Ševardnadze vor dem Wiener KSZE-Folgetreffen am 19. 1. 1989, in: Pravda, 20. 1. 1989.
5 Vgl. Pravda, 8. 12. 1988, S. 2.
6 Siehe zu dieser innersowjetischen Diskussion den Beitrag von H.-H. Schröder in diesem Band sowie G. Weiß, Suffizienz als sicherheitspolitische Leitvorstellung – Überblick über den Stand der Diskussion in der Sowjetunion, Bericht des Bundesinstituts für ostwissenschaftliche und internationale Studien (im folgenden: BIOst), Köln, 29/1988. Der hinhaltende Widerstand des sowjetischen Verteidigungsministers bestätigte sich u. a. darin, daß er die erwähnte Kurzformel erst zwei Monate später zum ersten Mal öffentlich aufnahm; siehe Pravda-Artikel Jazovs vom 9. 2. 1989.
7 Im einzelnen u. a. H.-H. Schröder, Gorbatschow und die Generäle, in: M. Mommsen, H.-H. Schröder (Hrsg.), Gorbatschows Revolution von oben, Frankfurt 1987, S. 104–123.
8 Resolution der Parteikonferenz, in: Pravda, 5. 7. 1988, S. 2.

September/Anfang Oktober 1988 eine bemerkenswerte Stärkung der Reformkräfte in den obersten Führungsgremien von Partei und Staat[9], darunter auch in dem alle Fragen der Sicherheit und Verteidigungswirtschaft vorentscheidenden Verteidigungsrat.[10]

Die kritische Haltung von Reformkräften zur bisherigen sowjetischen Überrüstung wurde insbesondere in einer Grundsatzrede des sowjetischen Außenministers auf der »wissenschaftlich-praktischen Konferenz« seines Ministeriums am 25. Juli 1988 deutlich.[11] Éduard Ševardnadze verurteilte beispielsweise die Anhäufung chemischer Waffen durch die Sowjetunion und erklärte u. a.: »Wenn jemand sagt, daß wir uns dabei von der Sorge um die Sicherheit des Landes leiten ließen, dann müssen wir antworten: Das ist die primitivste und perverseste Vorstellung davon, was das Land stärkt und was das Land schwächt.« Mit Blick auf andere Rüstungsbereiche fügte er hinzu, daß sich noch weitere derartige Beispiele aufzählen ließen.[12] Ferner betonte er eindringlich die Notwendigkeit, von veralteten strategischen Leitsätzen Abschied zu nehmen sowie die nationale Sicherheit nicht mehr auf eine einseitige Überrüstung zu bauen, sondern sie »mit den legitimen Interessen der anderen Länder in Einklang zu bringen und die eigene Sicherheit nicht von der allgemeinen Sicherheit zu trennen«.[13] Den einschlägigen Beschluß der Parteikonferenz interpretierte er wie folgt:

> »Können und nicht Anzahl, Betonung der Qualität und nicht nur der Quantität, allgemein hoher Entwicklungsstand sowie ein hohes Niveau der wissenschaftlich-technologischen Infrastruktur und nich ›massenweise‹ Rüstungen und Truppenkontingente, das ist es, was eine zuverlässige Verteidigung des Landes und seine Sicherheit garantiert.«[14]

Zwar wurden auch nach der 19. Parteikonferenz seitens sowjetischer Militärs immer wieder Vorbehalte gegen eine allzu weitreichende Umsetzung derartiger politischer Vorgaben deutlich.[15] Aber im Grundsätzlichen blieb der obersten

---

9 Wichtige Elemente dieser Entwicklung sind u. a. der Rücktritt Gromykos als Politbüromitglied am 30. 9. 1988 sowie vom Amt des Vorsitzenden des Präsidiums des Obersten Sowjet der UdSSR, das am 1. 10. 1988 von Gorbatschow übernommen wurde; ferner die Teilentmachtung von ZK-Sekretär Ligačev und KGB-Chef Čebrikov, die zwar beide ihren Sitz im Politbüro behielten, aber mit anderen Aufgaben (Landwirtschaft bzw. Rechtsreform) betraut wurden, womit sich deren bisherige Einflußmöglichkeiten in Fragen der inneren und äußeren Sicherheit verringert haben dürften.

10 Zu Status, Zuständigkeiten und möglicher Zusammensetzung des Verteidigungsrats siehe zuletzt H. Karlsson, The Defence Council of the USSR, in: Cooperation and Conflict, XXIII/1988, S. 69–83. Die in Anm. 9 angesprochene Entwicklung konnte Karlsson noch nicht berücksichtigen.

11 Wiedergegeben in der Zeitschrift Meždunarodnaja žizn', 9/1988, S. 3–35.

12 Ebenda, S. 21.

13 Ebenda, S. 15 und 18.

14 Ebenda, S. 18.

15 Siehe z. B. Grundsatzartikel von Verteidigungsminister Jazov in: Krasnaja zvezda, 9. 8. 1988.

Militärführung keine andere Wahl, als den sich neu herausbildenden Rahmen für die Aufgabenstellung und die Ausrüstung der sowjetischen Streitkräfte zu akzeptieren. So zeigte sich anläßlich einer Sitzung des Parteiaktivs des Generalstabs Anfang August 1988, daß eine offenbar zuvor bereits eingeleitete Überarbeitung der bisherigen Offensivstrategie nunmehr forciert werden sollte. Hiermit zusammenhängend stellte die Militärführung als weitere wichtige Aufgaben die Ausarbeitung militärisch vertretbarer Optionen im Bereich der Rüstungskontrolle, die Entwicklung stärker defensiv ausgerichteter militärischer Strukturen sowie die Problematik strategiekonformer Rüstungsprogramme heraus. Derartige Zielsetzungen hoben sich eindeutig von früheren Äußerungen hochrangiger sowjetischer Militärs ab.[16]

Die sowjetischen Streitkräfte sind seither in eine qualitativ neue Phase ihrer Perestrojka eingetreten. Es geht nicht mehr wie bisher[17] in erster Linie um eine Verbesserung von Disziplin und Führung oder um eine effektivere Nutzung von Waffen und sonstigem Gerät, sondern auf der Tagesordnung des Generalstabs stehen inzwischen Fragen, die in Richtung einer grundlegenden Reform des gesamten Verteidigungsbereichs weisen. Vor diesem Hintergrund ist die Einschätzung der zukünftigen sowjetischen Abrüstungs- und Rüstungskontrollpolitik zwar von großen Unsicherheiten begleitet. Aber dennoch ist trotz des Übergangscharakters dieser Entwicklung eine Trendaussage möglich, die sich sowohl auf eine Bewertung der Elemente der Kontinuität als auch der Triebkräfte des Wandels stützen kann.

III. Kontinuität und neue Trends

Noch im ersten Jahr nach Amtsantritt Gorbatschows wurden die Chancen eines neuen sowjetischen Kurses im Bereich der Rüstungskontrolle im Westen zunächst überwiegend mit großer Skepsis beurteilt.[18] Vor allem belasteten die noch frische Erfahrung der von Parteichef Andropov im Jahre 1983 abgebrochenen Genfer INF- und START-Verhandlungen sowie die schon seit länge-

---

16 Vgl. hierzu u.a. den Bericht über die Sitzung des Parteiaktivs im Generalstab in: Krasnaja zvezda, 13.8.1988, sowie einen Vortrag des für das Beschaffungswesen zuständigen stellvertretenden Verteidigungsministers Šabonov auf einer Veranstaltung des Ministeriums zu Fragen der Militärwissenschaft, Technologie und Rüstung, in: Krasnaja zvezda, 14.8.1988.
17 Siehe hierzu M. Recktenwald, Perestrojka in den sowjetischen Streitkräften, in: Berichte des BIOst, Köln, 10/1988.
18 Indikativ sind hierfür u.a. die Titel mancher Analysen der westlichen Fachliteratur: D. Simes, Are the Soviets Interested in Arms Control?, in: Washington Quarterly, Frühjar 1985, S. 147–157; F. Bomsdorf, Ist die Sowjetunion an Rüstungskontrolle interessiert?, in: Aus Politik und Zeitgeschichte, 2.11.1985, S. 3–11; Th. Schelling, What Went Wrong with Arms Control?, in: Foreign Affairs, Winter 1985/86, S. 219–233.

rem fruchtlosen Wiener MBFR-Verhandlungen die westliche Bewertung. Hinzu kam eine auch unter Gorbatschow weiter anhaltende Modernisierung und Stärkung des bereits vielfach überlegenen sowjetischen Militärpotentials mit einer auf 2–3% geschätzten jährlichen Wachstumsrate der Militärausgaben.[19] Diese Skepsis begann sich aber im Laufe des Jahres 1986 etwas abzuschwächen. Denn mit der Ostberliner Rede[20] des Generalsekretärs vom 18. April 1986, in der er u. a. erstmals die Bereitschaft Moskaus zu vertraglich vereinbarten Reduzierungen auf sowjetischem Territorium bis zum Ural signalisierte, sowie vor allem mit der sowjetischen Zustimmung zu Vor-Ort-Inspektionen und anderen weitreichenden vertrauensbildenden Maßnahmen im Rahmen der KVAE zeichneten sich neue Weichenstellungen ab. Um den seither eingetretenen Wandel zu verdeutlichen, soll nachfolgend zunächst das frühere sowjetische Rüstungskontrollkonzept in seinen wesentlichen politischen Zielsetzungen skizziert werden.

Im sowjetischen Sicherheitsdenken vor Gorbatschow galt militärische Macht als der entscheidende Faktor einer allmählichen Veränderung der »Korrelation der Kräfte«[21] zugunsten des Sozialismus. Entsprechend lag – entgegen den propagandistischen Verlautbarungen – das Schwergewicht der sowjetischen Sicherheitspolitik weniger auf realer Abrüstung und Rüstungskontrolle als auf einer massiven Überrüstung in praktisch allen Bereichen. Die konkrete sowjetische Abrüstungs- und Rüstungskontrollpolitik konzentrierte sich auf den nuklearen Bereich, wobei Moskau in erster Linie an einer Stabilisierung des nuklearen Sicherheitsverhältnisses zwischen den beiden Großmächten interessiert war.[22] Daneben galt – und gilt – die Begrenzung bzw. vorzugsweise die

---

19 Zu den westlichen Schätzungen des sowjetischen Verteidigungspotantials, auf die hier nicht im einzelnen eingegangen wird, siehe u. a.: The Military Balance 1988–1989 (IISS), London 1988, S. 30–44; Soviet Military Power: An Assessment of Threat 1988; Streitkräftevergleich 1987, in: Wehrtechnik-Spezial 1987; Konventionelle Streitkräfte in Europa – Daten und Fakten, Presse- und Informationsamt der Bundesregierung 1988. Bisher liegen von sowjetischer Seite aufgeschlüsselte Daten nur zu wichtigen Teilbereichen vor, vgl. z. B. Verteidigungsminister Jazov, Über das Gleichgewicht der Kräfte und die nukleare Raketen-Parität, in: Pravda, 8. 2. 1988. Der Warschauer Pakt veröffentlichte am 30. 1. 1989 seine Einschätzung des Kräfteverhältnisses zwischen den beiden Bündnissen, siehe Pravda, 30. 1. 1989 (wiedergegeben u. a. in: FAZ, 31. 1. 1989); darin sind auch jeweils nationale Daten – bezogen auf Europa – aufgeführt.
20 Pravda, 19. 4. 1986.
21 Siehe zu diesem sowjetischen Konzept H. Adomeit, Das militärische Element in der sowjetischen Außenpolitik, in: H. Adomeit, H.-H. Höhmann, G. Wagenlehner (Hrsg.), Die Sowjetunion als Militärmacht, Stuttgart 1987, sowie den Überblick bei W. Geierhos, Das Kräfteverhältnis – die neue Globalstrategie der Sowjetunion, Lüneburg 1980.
22 Entsprechend hatte es produktive Rüstungskontrollverhandlungen insbesondere im nuklearstrategischen Verhältnis (SALT-I- und SALT-II-Verträge) zwischen den beiden Großmächten gegeben. Siehe als Überblick hierzu u. a. M. MccGwire, New Directions in Soviet Arms-Control Policy, in: Washington Quarterly, 3/1988, S. 185–199. MccGwire teilt die sowjetische Rüstungskontrollpolitik in drei Phasen

Beseitigung der nuklearen Bedrohung durch die NATO vom westeuropäischen Territorium aus als vorrangiges Ziel, um die westliche Strategie der »Flexible Response« im Rahmen nuklearer Abschreckung allmählich zu unterhöhlen und damit das militärische Herzstück des europäisch-amerikanischen Sicherheitsverhältnisses zu schwächen.

Während Moskau im Großmächteverhältnis nicht zuletzt aus Prestigegründen politische Gleichberechtigung, Stabilität sowie nuklearstrategische Parität zu sichern suchte, setzte die sowjetische Führung gegenüber Westeuropa (die Politik gegenüber Konfliktregionen in der Dritten Welt bleibt nachfolgend ausgespart) auf ein überlegenes Militärpotential und eine offensive Militärstrategie. Militärisch sollte hierdurch eine siegreiche Kriegführung durch Vernichtung des Gegners auf dessen Territorium ermöglicht werden. Ferner sollte sich diese Überlegenheit auch politisch auf die Sicherung und Entwicklung einer europäischen Ordnung nach sowjetischen Vorstellungen auswirken.[23] Angesichts ihrer sich auf ein derartiges Konzept gründenden militärischen Überlegenheit sah die Sowjetunion im konventionellen Bereich offenbar keinen besonderen Anreiz zu konkreten Reduzierungsvereinbarungen mit dem Westen.

Sowjetische Rüstungskontrollpolitik war also – wie sich auch an den unproduktiven MBFR-Verhandlungen zeigte – vorrangig mit für den Westen zum Teil problematischen politischen Zielsetzungen in der Block-, Europa-, KSZE- und generell Westpolitik Moskaus verbunden. Militärtechnische und strategische Zielsetzungen bzw. die Berücksichtigung wirtschaftlicher und sozialer Staatsziele blieben im sowjetischen Konzept nachrangig.[24] Rüstungskontrollpolitik war der zentralen politischen Zielsetzung Moskaus unterstellt, die Ergebnisse des Zweiten Weltkriegs in Europa zu festigen, die sowjetische Hegemonie über Mittel- und Osteuropa militärisch abzustützen sowie den Zusammenhalt der NATO und Westeuropas zu schwächen. Über derartige, vorrangig politische Zielsetzungen hinaus diente eine mal offensiv, mal nur unterschwellig betriebene Denuklearisierungskampagne auch der Stärkung der eigenen Kriegsfallsicherheit. Denn eine hierdurch vorangebrachte Konventionalisierung des europäischen Kriegsschauplatzes sollte die sowjetische Überlegenheit politisch im Frieden und militärisch im Kriegsfall nur um so stärker zur Wirkung bringen.

Sowjetische Abrüstungs- und Rüstungskontrollpolitik verfolgte im Rahmen eines in erster Linie politisch angelegten Konzepts zusätzlich immer wieder den

---

ein: 1922–1966 (nur bzw. überwiegend Propaganda), 1967–1986 (Konzentration auf nuklearstrategisches Großmächteverhältnis), seit 1986 Beginn einer neuen Phase (breiteres sowjetisches Konzept unter Einschluß des konventionellen Potentials).

23 Siehe hierzu u.a. G. Wettig, Die Sowjetunion und die Rüstungskontrolle, in: Außenpolitik, 1/1985, S. 25–36.

24 Siehe den Überblick bei J. van Oudenaren, Conventional Arms Control in Europe: Soviet Policy and Objectives, in: U. Nerlich, J. Thompson (Hrsg.), Conventional Arms Control and the Security of Europe, Rand Corporation 1988, S. 40–64.

Zweck, bestimmten militärtechnologischen Entwicklungen, bei denen der Westen im Vorteil war, durch eine Mobilisierung der westlichen Öffentlichkeit entgegenzuwirken. Während die Sowjetunion versuchte, auf diese Weise den sicherheitspolitischen Entscheidungsprozeß westlicher Regierungen und der NATO zu beeinflussen, verstand sie es unter Ausnutzung der gesellschaftlichen Systemunterschiede zugleich, die eigenen Rüstungsentwicklungen sowohl quantitativ als auch qualitativ ohne Druck und Kontrolle seitens der sowjetischen Bevölkerung voranzutreiben. Vielfach standen hinter diesen Rüstungsentwicklungen auch mächtige Sonderinteressen sowjetischer Militärs und der militärisch-industriellen Basis[25], die im Ergebnis zu einer Maximierung der Rüstungsbeschaffungen, d.h. nicht einmal zu deren Optimierung im Rahmen der geltenden Offensivstrategie, beitrugen. Derartige westliche Bewertungen werden heute zum Teil durch selbstkritische sowjetische Äußerungen bestätigt.[26]

Besonders gravierend für die westlichen Sicherheitsinteressen war, daß sich die Sowjetunion vor Gorbatschow nicht dazu bereit erklärte, die zu ihren Gunsten entstandenen Asymmetrien im Aufmarschgebiet gegenüber Westeuropa in Verhandlungen zur Disposition zu stellen. Nachdem die Sowjetunion bis in die zweite Hälfte der siebziger Jahre hinein ihre konventionelle Überlegenheit sogar ungeniert als notwendig gerechtfertigt hatte, stellte sie sich anschließend ungeachtet zusätzlicher eigener Rüstungsanstrengungen auf den Standpunkt, daß nunmehr ein ungefähres Gleichgewicht in Europa existiere. Entsprechend zeigte sie sich unter dem Postulat der »unverminderten Sicherheit« nur zu gleichen oder proportionalen Reduzierungen[27], nicht aber zu für den Westen entscheidenden asymmetrischen Einschnitten in ihr konventionelles Dispositiv bereit.[28] Ihre Bereitschaft zur Rüstungskontrolle und Abrüstung blieb damit in einem durch die Aufgabenstellung einer Offensivstrategie gegenüber Westeuropa gesetzten Rahmen äußerst begrenzt. Es ging der Sowjetunion lediglich um die Wahrung der entstandenen Kräfterelationen auf niedrigerem, kostengünstigerem Niveau, um praktisch unvermindert an bisherigen militärstrategischen Optionen und an den angesprochenen westpolitischen Zentralzielen festhalten zu können. Es wundert nicht, daß ein derartiges Konzept auch einen unproduktiven sowjetischen Verhaltensstil prägte, der infolge eines zähen

---

25 Siehe u.a. J. Snyder, Limiting Offensive Conventional Forces, in: International Security, Frühjahr 1988, S. 58–99.
26 Offenbar hatte Außenminister Ševardnadze u.a. diese Entwicklung selbstkritisch vor Augen, als er die Einrichtung eines verfassungsmäßigen Kontrollmechanismus für den gesamten Sicherheitsbereich forderte, siehe É. Ševardnadze, a.a.O., S. 20 (Anm. 11).
27 So auch als Prinzip noch im Budapester Appell des WP-Gipfels vom 11.6.1986, in: Pravda, 12.6.1986.
28 J. van Oudenaren, a.a.O., S. 45 (Anm. 24).

Festhaltens an für den Westen nicht akzeptablen Maximalpositionen die beiderseitige Suche nach Kompromissen erheblich erschwerte.[29]

Welche neuen Elemente wirken demgegenüber heute auf das sowjetische Rüstungskontrollkonzept ein? Zunächst ist hervorzuheben, daß Rüstungskontrollpolitik auch unter Gorbatschow – in Abwandlung des bekannten Clausewitz-Leitsatzes[30] – die Fortsetzung der Politik mit anderen Mitteln geblieben ist. Entsprechend haben politische Zielsetzungen im sowjetischen Rüstungskontrollkonzept weiterhin Vorrang gegenüber einem rein militärtechnisch bzw. strategisch ausgerichteten Rüstungskontrollansatz. Allerdings hat letzteres inzwischen im sowjetischen Konzept einen eigenen, jedenfalls höheren Stellenwert als bisher erhalten. Entsprechend wachsen Chancen für eine Ausweitung des sicherheitspolitischen Ost-West-Dialogs auf einer neuen konzeptionellen Ebene, z. B. im Rahmen einer rüstungskontrollpolitisch orientierten bzw. vertrauensbildenden Diskussion über Militärdoktrinen und Strategien.[31]

Vor allem aber geht es den Reformkräften um Gorbatschow um ein vernünftiges Verhältnis zwischen einer sicherheitspolitisch hinreichenden Entwicklung des sowjetischen Militärpotentials (dostatočnost') und der Verfolgung zentraler westpolitischer Zielsetzungen. Dahinter dürfte u. a. die Einsicht stehen, daß sich in der Vergangenheit eine überrüstete und offensiv ausgerichtete sowjetische Militärmacht immer wieder kontraproduktiv gegen die Verfolgung des westpolitischen Zentralziels einer Schwächung des NATO-Zusammenhalts ausgewirkt hatte. Eine konstruktiver als bisher angelegte sowjetische Rüstungskontrollpolitik soll zu einer politisch wirksamen Aufhebung dieses Widerspruchs beitragen und das westliche Bündnis vor die neuartige Herausforderung stellen, auf eine in der Öffentlichkeit als immer weniger bedrohlich empfundene sowjetische Militärmacht sicherheitspolitisch angemessen zu reagieren. Dabei lassen sich unterschiedliche Stoßrichtungen gegenüber dem Westen feststellen. Während die grundsätzlichen sowjetischen Zielsetzungen im Großmächteverhältnis, wie z. B. Gleichheit, Gleichberechtigung, nuklearstrategische Parität und Stabilität, sowie eine diesen Zentralzielen zugeordnete sowjetische Rüstungskontrollpolitik noch am ehesten im Zeichen der Kontinuität stehen, scheint das rüstungskontrollpolitische Konzept gegenüber Europa durch eine noch unbestimmte Gemengelage von Stetigkeit, neuen Akzentsetzungen und neuen Weichenstellungen gekennzeichnet. Insbesondere fol-

---

29 Zu einigen Charakteristika der früheren sowjetischen Verhandlungsführung siehe z. B. U. Schumacher, Rüstungskontrolle als Instrument sowjetischer Außenpolitik, Herford 1984, S. 70–79.
30 Vgl. hierzu A. Mertes, Sowjetische Kriterien der Sicherheit und Rüstungskontrolle – konzeptionelle Gegensätze und Unterschiede zum Westen, in: E. Forndran, P. J. Friederich (Hrsg.), Rüstungskontrolle und Sicherheit in Europa, Bonn 1979, S. 262–264.
31 Bundesaußenminister Genscher hatte bereits vor der KVAE 1986 einen derartigen neuen Dialog angeregt. Der Warschauer Pakt erklärte sich seinerseits Ende Mai 1987 in seiner Ostberliner Erklärung zur Militärdoktrin hierzu bereit.

gende Trends, die hier nur skizziert werden können, wirken auf die konzeptionelle Entwicklung ein:

Trend 1: Für die Sowjetunion steht anscheinend nicht mehr das frühere, übertriebene Streben nach prinzipieller Sicherung des politischen Status quo in Europa im Vordergrund des Rüstungskontrollkonzepts. Vorrang soll nunmehr die Entfaltung eines konkreten Kooperationsverhältnisses im Rahmen eines »gemeinsamen europäischen Hauses« haben. Aus einer Vielzahl von Äußerungen läßt sich auf die zunehmende Einsicht sowjetischer Reformkräfte schließen, daß ein solches Haus nur in dem Maße zu realisieren sein dürfte, wie es der Sowjetunion gelingt, im Westen den Eindruck eines sowjetischen Vorherrschaftsstrebens gegenüber ganz Europa grundlegend zu korrigieren sowie die sowjetische Hegemonialstellung in Ost-Mitteleuropa in ein mehr partnerschaftliches Verhältnis zu überführen. Der Umfang sowjetischer Streitkräfte und Rüstungen in Europa ist für beide Aspekte von ausschlaggebender Bedeutung.[32]

Trend 2: Die Denuklearisierung Europas bleibt für die Sowjetunion zwar weiterhin ein prioritäres Ziel. Dieses wird allerdings nicht mehr – und das ist neu unter Gorbatschow – isoliert, d. h. unter deutlicher Vernachlässigung des konventionellen Bereichs, verfolgt. Konventionelle Rüstungskontrolle hat vielmehr im sowjetischen Konzept einen eigenen, bevorzugten Platz erhalten. Zugleich geht die Sowjetunion stärker als früher von einem wechselseitigen Zusammenhang nuklearer und konventioneller Rüstungen aus und stellt die möglichen Auswirkungen von Reduzierungen in dem einen Bereich auf den jeweils anderen in Rechnung.[33] Dies bedeutet beispielsweise, daß die Sowjetunion einen Anreiz darin sehen könnte, u. a. durch eine weitere unilaterale oder vereinbarte Verringerung ihres konventionellen Potentials eine wichtige, wenn auch nicht die einzige Legitimationsgrundlage westlicher Nuklearwaffen, besonders im taktischen Bereich, zu schwächen. Im Rahmen einer unter Gorbatschow modifizierten Denuklearisierungsstrategie käme damit der konventionellen Rüstungskontrolle nicht nur ein eigenes Gewicht, sondern auch eine wichtige Funktion bei dem traditionellen, aber taktisch flexibler angelegten Versuch zu, den nuklearen Abschreckungsverbund der NATO zu erodieren.

Trend 3: Die sowjetische Haltung zur Behandlung von Asymmetrien hat sich offenbar prinzipiell geändert. Wie sich bereits anhand des INF-Vertrags konkretisierte, soll gelten: Wer mehr hat, muß auch mehr abrüsten. Daher ist die nunmehr auch im Wiener Mandat für die Verhandlungen über konventionelle Streitkräfte in Europa bestätigte sowjetische Bereitschaft zur »Beseitigung von

---

32 Siehe z. B. die Diskussion während der »Wissenschaftlich-praktischen Konferenz« des sowjetischen Außenministeriums im Sommer 1988, in: Meždunarodnaja žizn', 10/1988, S. 37, 43.
33 Auf diesen Zusammenhang weist u. a. zurecht hin: K. Kaiser, Die Kontrolle konventioneller Rüstung in Europa – Problematik und Ziele, in: Europa-Archiv, 22/1987, S. 636.

Ungleichgewichten, die nachteilig für Stabilität und Sicherheit sind«[34], von grundlegender politischer und militärischer Bedeutung. Zwar bleiben der zukünftige Verhandlungsverlauf in Wien und das konkrete sowjetische Rüstungsverhalten abzuwarten, aber zumindest in konzeptioneller Hinsicht geht die Sowjetunion damit von ihrem früheren rüstungskontrollpolitischen Ansatz ab, der auf eine »unverminderte Sicherheit« abzielte, d. h. auf ein Festhalten an Asymmetrien auf reduziertem Niveau – mit der Folge einer unter Umständen auch politisch nutzbaren Instabilität zugunsten der Sowjetunion.

Trend 4: Bezüglich konkreter Abrüstungsschritte zeichnet sich derzeit die Verfolgung eines zuvor insbesondere von zivilen Experten[35] angeregten Konzepts gemischter Maßnahmen ab. Dieses scheint darauf abzuzielen, durch eine Kombination von unilateraler Abrüstung und vertraglich vereinbarter Abrüstung sowie Rüstungskontrolle den sowjetischen Handlungsspielraum zu optimieren und eine möglichst große politische Wirkung im Westen unter gleichzeitiger Beachtung eigener militärstrategischer Interessen zu erreichen.

Trend 5: Konzeptionell bedeutsam ist schließlich eine schrittweise, in erster Linie von zivilen Experten geförderte sowjetische Annäherung an westliche Überlegungen zur Stärkung der strategischen Stabilität, insbesondere im konventionellen Bereich, sowie zur Stärkung der Krisenstabilität, z. B. durch eine Umstrukturierung von Streitkräften[36] bis hin zu erkennbar defensiven Aufgabenstellungen. Hinzuweisen ist in diesem Zusammenhang auch auf eine wachsende sowjetische Aufgeschlossenheit für Vor-Ort-Inspektionen und andere vertrauensbildende Maßnahmen auf eigenem Territorium. Im Rahmen der Wiener Verhandlungen über vertrauens- und sicherheitsbildende Maßnahmen hat sich die Sowjetunion grundsätzlich zu neuen Schritten über die bisherigen KVAE-Vereinbarungen hinaus bereit erklärt.[37]

Derartige rüstungskontrollpolitische Trends ordnen sich immer erkennbarer in einen schon vor Gorbatschow eingeleiteten konzeptionellen Wandel im sowjetischen Doktrinverständnis ein. Nicht mehr »Fragen der Vorbereitung und siegreichen Führung eines Kriegs«[38] stehen im Vordergrund, sondern inzwischen wird die »Kriegsverhinderung« als zentrale Aufgabe der Militärdoktrin angegeben. Dieser Wandel kann sich zunehmend auch auf konkrete Schritte in der sowjetischen Rüstungskontrollpolitik auswirken. Denn für die

---

34 Siehe Abschlußdokument des Wiener KSZE-Folgetreffens, in: Bulletin des Presse- und Informationsamtes der Bundesregierung, 10/31. 1. 1989, S. 97.
35 Vgl. G. Weiß, a.a.O., S. 18–20 (Anm. 6).
36 Die Sowjetunion stimmt z. B. im Wiener Mandat der als vorrangig bezeichneten Aufgabe zu, die Fähigkeit zur Auslösung von Überraschungsangriffen und zur Einleitung groß angelegter offensiver Handlungen zu beseitigen und hierfür nicht nur Reduzierungen, sondern auch Umstrukturierungen vorzusehen. Siehe Abschlußdokument des Wiener KSZE-Folgetreffens, a.a.O., S. 97 (Anm. 34).
37 Ebenda, S. 83.
38 So z. B. noch in den siebziger Jahren der damalige sowjetische Verteidigungsminister A. Grečko in seinem richtungsweisenden Buch: Na straže mira i stroitel'stva kommunizma, Moskau 1971, S. 52.

Gewährleistung des defensiven Ziels der Kriegsverhinderung wäre nach Umfang, Strukturierung und Ausrichtung ein quantitativ und qualitativ anderes Militärpotential erforderlich als für eine offensive, insbesondere auf eine Invasion des gegnerischen Territoriums orientierte Siegstrategie.[39]

IV. Triebkräfte des Wandels

Innerhalb des durch Politik, Militärdoktrin und Militärstrategie gesetzten Rahmens wirken als wichtige Triebkräfte des rüstungskontrollpolitischen Wandels in der Sowjetunion vor allem eine Korrektur der Bedrohungsanalyse, das Bewußtsein einer volkswirtschaftlich nicht mehr tragbaren Verteidigungslast, die Einschätzung der sicherheitspolitischen Folgen zukünftiger Militärtechnologien sowie die demographischen Entwicklungen im sowjetischen Vielvölkerstaat.

1. Realistischere Bedrohungsanalyse

Als ausschlaggebend für den zukünftigen innersowjetischen Entscheidungsspielraum in Fragen der Abrüstung und Rüstungskontrolle könnte sich die Tatsache auswirken, daß die Reformkräfte in den zurückliegenden Monaten eine etwas realistischere Bedrohungsanalyse voranbringen konnten. Diese Entwicklung hat insbesondere seit Ende 1987 wichtige Anstöße durch argumentative Beiträge ziviler Experten erfahren. Sie sprachen sich beispielsweise gegen ein unkritisches Festhalten an alten Feindbildern sowie gegen eine isolierte Beurteilung der militärischen Fähigkeiten der NATO ohne eine angemessene Berücksichtigung politischer Aspekte und tatsächlicher Intentionen auf westlicher Seite aus. Zwar wurde dabei das ideologische Postulat von der kriegsgenerierenden Kraft des Imperialismus nicht grundsätzlich beiseite gelegt, gleichzeitig jedoch der Wahrscheinlichkeitsgrad einer westlichen Aggression als gering eingestuft. Als Gründe hierfür verwiesen die Experten u. a. auf die offene, pluralistische Funktionsweise und die damit einhergehende Friedensfähigkeit westlicher Demokratien.[40] Zusätzlich spielten in dieser Argumentation Hinweise auf die in vielen westlichen Staaten, insbesondere in den USA, real stagnierenden bzw. sogar zurückgehenden Verteidigungshaushalte und

---

39 G. Weiß, a.a.O., S. 14 (Anm. 6); A. Arbatow, Das Dilemma einer Verteidigungsdoktrin, in: Neue Zeit, 6/1989, S. 19–21 (hier S. 19).
40 Beispielhaft sei verwiesen auf V. Žurkin, S. Karaganov, A. Kortunov, Vyzovy bezopasnosti – starye i novye, in: Kommunist, 1/1988, S 44f.; Gorbatschow-Berater O. Bogomolov, in: Literaturnaja gazeta, 29. 6. 1988, S. 14, sowie IMEMO-Abteilungsleiter S. Blagovolin, in: Izvestija, 17. 11. 1988.

die daraus resultierenden Einschränkungen für westliche Rüstungsprogramme eine Rolle.[41]

Obwohl die militärische Führung massiv versuchte – und im Grund immer noch dazu neigt –, einer derartigen Neubewertung der Bedrohungsanalyse in den Kategorien des »alten Denkens« entgegenzutreten und dabei unverändert den »aggressiven« Charakter der NATO herauszustellen[42], setzte sich auf der entscheidenden politischen Ebene mit der 19. Parteikonferenz eine pragmatischere Linie durch. Eher der Meinung ziviler Experten folgend, wurde dabei die Möglichkeit eines Kriegs zwar nicht grundsätzlich bestritten, jedoch die Wahrscheinlichkeit einer westlichen Aggression in verklausulierter Form als recht gering eingestuft. Entsprechend legte Generalsekretär Gorbatschow vor der 19. Parteikonferenz den Akzent eher auf eine positive Einschätzung der sicherheitspolitischen Perspektiven für die Sowjetunion bis ins nächste Jahrhundert und äußerte sich erst nachgeordnet zu möglichen Gefahren des »militaristischen Imperialismus«, der die Annahme einer Unumkehrbarkeit dieser günstigen Entwicklungen noch nicht erlaube.[43] Bereits wenige Monate später, im Wahlaufruf des ZK der KPdSU vom 10. Januar 1989, war in einer noch positiveren Lageeinschätzung davon die Rede, daß sich derzeit »reale Voraussetzungen herausbilden für den Eintritt der Menschheit in eine friedliche Periode der Geschichte«.[44] Der stellvertretende sowjetische Außenminister Karpov bestätigte vor der UNIDIR-Konferenz über Fragen konventioneller Abrüstung in Genf am 23. Januar 1989, daß die Sowjetunion mit einer Neubewertung der Bedrohungssituation begonnen habe. Und Außenminister Ševardnadze stellte die einseitigen Reduzierungen der Staaten des Warschauer Pakts als politisches Signal für eine veränderte östliche Bedrohungswahrnehmung dar.[45] Inzwi-

---

41 S. Blagovolin, a.a.O.; ferner V. Žurkin, S. Karaganov, A. Kortunov, O razumnoj dostatočnosti, in: SŠA, 12/1987, S. 13, die u. a. darauf verweisen, daß der amerikanische Verteidigungshaushalt seit vier Jahren keine Steigerung, ja inflationsbereinigt sogar einen Rückgang aufweist.
42 Auch der neue sowjetische Generalstabschef Mojseev, ein erklärter Befürworter der Perestrojka, setzt weiterhin derartige Akzente; siehe z. B. seine Rede zur Kandidatur für den Obersten Sowjet: S pozicii oboronitel'noj doktriny, in: Krasnaja zvezda, 10. 2. 1989. Zu weiteren Äußerungen der militärischen Führung siehe z. B. D. Jazov, Na straže socializma i mira, Moskau 1987; A. Gribkov, Doktrina sochranenija mira, in: Krasnaja zvezda, 25. 9. 1987; S. F. Achromeev, in: Sovetskaja Rossija, 14. 1. 1989. Siehe auch J. Snyder, a.a.O. (Anm. 25) zu möglichen Motiven auf seiten der Militärs, in die über militärstrategische Überlegungen hinaus auch soziale und wirtschaftliche Interessen einer besonders privilegierten Gruppe einzubeziehen sind; S. Meyer, The Sources and Prospects of Gorbachevs New Political Thinking on Security, in: International Security, Herbst 1988, S. 124–163.
43 Rechenschaftsbericht des Generalsekretärs, in: Pravda, 29. 6. 1989, S. 4.
44 Pravda, 13. 1. 1989, S. 1.
45 Karpov führte in seinem Statement aus: »... we have already begun reassessing our previous perception of the military threat emanating from the West and made relevant political adjustments including in our military policy«, englischsprachiges Manuskript des Statements, S. 11. Zu Ševardnadze siehe Pravda, 7. 3. 1989.

schen hat sich aufgrund repräsentativer Meinungsumfragen gezeigt, daß diese Neueinschätzung auch in der sowjetischen Öffentlichkeit in hohem Maße geteilt wird und daß damit eine bedeutsame Verschiebung gegenüber dem traditionell überzogenen Verteidigungsbewußtsein in der sowjetischen Bevölkerung einhergeht.[46]

2. Verteidigungslast

Unter den Bedingungen einer ineffizienten sowjetischen Volkswirtschaft erschließt sich die sowjetische Verteidigungslast nicht nur im geschätzten Anteil der Verteidigungsaufwendungen am Bruttosozialprodukt[47], sondern vor allem in den damit verbundenen folgenreichen Engpässen, die eine harmonische Entwicklung des gesamten zivilen Sektors empfindlich behindern.[48] Der Verteidigungssektor entzieht dem zivilen Bereich einen überproportionalen Anteil gerade derjenigen hochqualitativen personellen, materiellen und wissenschaftlich-technologischen Ressourcen aller Art, die für eine durchgreifende Modernisierung der Produktionsbasis und der wirtschaftlichen Abläufe sowie insbesondere für eine Stärkung des Konsumsektors benötigt werden. So gehen beispielsweise über ein Drittel der hochwertigsten Produkte des Maschinenbaus und des metallverarbeitenden Sektors, ein noch höherer Anteil an hochtechnologischen Produkten, elektronischen Bauteilen, hochwertigen Materialien und selteneren Rohstoffen und Halbfertigprodukten sowie mehr als ein Fünftel bis ein Sechstel der chemischen Produkte und der Energieerzeugung in den Verteidigungsbereich.[49] Bislang fehlende Markt- und Preismechanismen sowie Unsicherheiten bei der Berechnung des tatsächlichen sowjetischen Bruttosozialprodukts erschweren jedoch eine genaue Abschätzung der hieraus resultierenden Belastungen. Hinzu kommt, daß der Verteidigungssektor umgekehrt

---

46 Laut den Ergebnissen einer ungewöhnlich breit und methodisch seriös durchgeführten Meinungsumfrage unter den Lesern der Literaturnaja gazeta zu verschiedenen innen- und außenpolitischen Fragen, an der sich über 200000 Personen vor allem aus der Intelligenzschicht beteiligt haben, halten lediglich 4,6% einen Kriegsausbruch für realistisch. Demgegenüber betrachten 41% die Wahrscheinlichkeit eines Kriegsausbruchs als gering, und 36% halten ihn sogar für völlig ausgeschlossen; vgl. Literaturnaja gazeta, 29. 3. 1989, S. 12.
47 Hiervon ist im engeren Sinne zu unterscheiden das offizielle »Verteidigungsbudget« in Höhe von 20,2 Mrd. Rubel für 1988, welches nur einen Teil der Aufwendungen, z. B. Personalkosten und Infrastrukturkosten, erfaßt.
48 Siehe u. a. J. Cooper, Technologisches Niveau der sowjetischen Verteidigungsindustrie, in: H. Adomeit, H.-H. Höhmann, G. Wagenlehner (Hrsg.), Die Sowjetunion als Militärmacht, Stuttgart 1987, S. 184–199, sowie in demselben Sammelband Ch. Davis, Militär- und zivilwirtschaftliche Aktivitäten der sowjetischen Streitkräfte, 1975–1985, S. 157–183; siehe auch R. F. Kaufman, Economic Reform and Soviet Military, in: The Washington Quarterly, Sommer 1988, S. 201–212.
49 Siehe hierzun u. a. R. F. Kaufman, a.a.O., S. 202ff. (Anm. 48); D. Fewtrell, The Soviet Economic Crisis: Prospects for the Military and the Consumer, in: Adelphi Papers, 186/1983, S. 13ff.

schon immer – und inzwischen sogar zunehmend[50] – Konsumwaren und Investitionsgüter für den zivilen Bereich produziert und diesem seit einiger Zeit auch verstärkt Managementwissen und technologisches Know-how zur Verfügung stellt.[51] Gorbatschow äußerte mit Blick hierauf gegenüber der Trilateralen Kommission, daß das »interne CoCom« innerhalb der Sowjetunion aufgehoben worden sei.[52]

Die Belastung der sowjetischen Volkswirtschaft durch die Verteidigungsaufwendungen ist jedoch in ihrer Nettowirkung ohne Zweifel enorm hoch. Einschlägige sowjetische Äußerungen[53] bestätigen nicht nur in etwa westliche Schätzungen des Anteils der gesamten sowjetischen Verteidigungsaufwendungen am Bruttosozialprodukt (BSP) in Höhe von ca. 15–17% (d.h. in Preisen von 1987 ca. 130–140 Mrd. Rubel), sondern lassen sogar einen höheren Anteil nicht ausgeschlossen erscheinen. So soll Außenminister Ševardnadze gegenüber seinem amerikanischen Kollegen von einem Anteil von 19% des BSP gesprochen haben.[54] Aus einem im »Kommunist«, dem führenden Theorieorgan der KPdSU, erschienenen Beitrag[55] ergäbe sich sogar eine extrem höhere Rüstungsbelastung von ca. 30%, die im Ergebnis der – methodisch allerdings umstrittenen – Berechnung eines schwedischen Spezialisten[56] entspricht.

Mag auch die tatsächliche Höhe der Verteidigungsbürde strittig sein, entscheidend ist, daß sie seitens der sowjetischen Reformer als schädlich für die sowjetische Wirtschaft empfunden und von einer stärker konsumorientierten sowjetischen Bevölkerung immer offener kritisiert wird.[57] Entsprechend dürften beim innersowjetischen Entscheidungsprozeß über die einseitige Reduzierung der sowjetischen Streitkräfte um 500 000 Mann wirtschaftliche Erwägungen neben sicherheitspolitischen ein großes Gewicht gehabt haben. Auch der vorgesehene Zeitraum für die Durchführung der Reduzierung bis Ende 1990 deutet hierauf hin. Denn der ab 1991 beginnende neue Fünfjahresplan kann nunmehr auf der Grundlage niedrigerer Verteidigungsaufwendungen vorbe-

---

50 Vgl. z.B. Aktuelle Analysen des BIOst, 53/30.11.1988.
51 Vgl. hierzu die systematische Darstellung von Ch. Davis, a.a.O. (Anm. 48).
52 Pravda, 19.1.1989, S. 2.
53 Z.B. Gorbatschow-Berater O. Bogomolov, a.a.O. (Anm. 40).
54 Bisher sowjetischerseits unwidersprochene Behauptung des ehemaligen amerikanischen Sicherheitsberaters Z. Brzezinski in: Moscow News, 8.5.1988.
55 G. Chanin, Ėkonomičeskij rost: al'ternativnaja ocenka, in: Kommunist, 17/1988, S. 83–90, kommentiert von R. Götz-Coenenberg, Wie hoch war das sowjetische Wirtschaftswachstum wirklich?, in: Gelesen – Kommentiert... des BIOst, 1/1989, S. 8.
56 A. Aslund u.a. in: Washington Post, 19.5.1988. Aslund kritisiert vor allem die nach seiner Meinung zu hohe Angabe des sowjetischen BSP in den CIA/DIA-Schätzungen.
57 So halten laut der in Anm. 46 erwähnten Meinungsumfrage über 71,2% der Befragten eine einschneidende Kürzung der Verteidigungsaufwendungen für entscheidend, um die wirtschaftlichen Schwierigkeiten zu überwinden.

reitet werden. Gorbatschow sprach gegenüber der Trilateralen Kommission[58] von einer Verringerung des »Verteidigungsbudgets« (zu diesem Begriff siehe Anm. 47) um ca. 14,2% und der Produktion von »Rüstungen und Militärtechnik« in Höhe von 19,5%. Überschlägig könnte dies zu einer Absenkung der Verteidigungslast auf ca. 13% des sowjetischen Bruttosozialprodukts im nächsten Planjahrfünft führen.[59] Damit wäre der Druck der Verteidigungsaufwendungen auf die sowjetische Volkswirtschaft aber noch nicht entscheidend reduziert. Selbst bei einer Halbierung der Verteidigungsaufwendungen läge, so O. Bogomolov, die Belastung mit bis ca. 8% des BSP immer noch deutlich über dem entsprechenden derzeitigen amerikanischen Anteil von 6,5%.[60] Ein zusätzlicher hoher Druck gegen die Verteidigungsaufwendungen resultiert aus einem drastisch angestiegenen Haushaltsdefizit.[61] Staats- und Parteichef Gorbatschow bezeichnete dieses Anfang Januar 1989 als das schwerste Erbe der Vergangenheit und kündigte vor diesem Hintergrund eine weitere Überprüfung der Verteidigungsausgaben an.[62]

Auf der Grundlage westlicher Schätzungen[63] zur Struktur der sowjetischen Verteidigungsausgaben ergibt sich, daß sich sowjetische Bemühungen um weitere Kostenreduzierungen in erster Linie auf die Rüstungs- und sonstigen Beschaffungsprogramme konzentrieren müßten, die ca. 40% der gesamten Verteidigungsaufwendungen betragen. Die übrigen Ausgabenbereiche können hingegen nur bedingt herangezogen werden. Denn die Kostenanteile für Forschung, Entwicklung und Testen[64] von derzeit möglicherweise insgesamt 20% der Verteidigungsausgaben werden zukünftig bei immer komplexeren Waffentechnologien in allen Teilstreitkräften eher steigen als fallen. Auch die operativen und Wartungskosten mit einem derzeitigen Anteil von vermutlich ca. 30% haben bei immer moderneren und komplexeren Waffensystemen eine

---

58 Pravda, 19.1.1989, S. 2.
59 Schätzung von NATO-Generalsekretär Wörner in einer Rede in Davos am 1.2.1989, in: NATO-Press-Service, 1.2.1989, S. 7.
60 O. Bogomolov, a.a.O. (Anm. 40).
61 Der sowjetische Finanzminister Gostev bezifferte das Defizit für 1989 auf ca. 36,3 Mrd. Rubel, d.h. auf 7,3% des Budgets, in: Pravda, 28.10.1988, S. 4. In der Izvestija, 27.11.1988, kamen O. Lacis und E. Gajdev unter Berücksichtigung der Kreditaufnahme bei der Staatsbank und der Auslandskredite sogar auf ein erheblich höheres Defizit von über 110 Mrd. Rubel.
62 Rede anläßlich eines Treffens mit Wissenschaftlern und Kulturschaffenden im ZK der KPdSU am 7.1.1989, in: Pravda, 8.1.1989.
63 Die nachfolgenden prozentualen Schätzungen sind insbesondere zusammengestellt auf der Grundlage von: D. Fewtrell, a.a.O., S. 13-33; (Anm. 49); R.F. Kaufman, a.a.O., S. 209ff. (Anm. 48); D. Simes, a.a.O., S. 152ff. (Anm. 18); Military Balance 1988-1989; J. Hamilton-Eddy, Developments in the Soviet Threat to Europe, in: U. Nerlich, J. Thompson (Hrsg.), a.a.O., S. 68-76 (Anm. 24).
64 Zur besonders problematischen Abschätzung dieses Kostenfaktors vgl. u.a. H.-H. Schröder, Sowjetische Rüstungsforschung in den 80er Jahren, in: Berichte des BIOst, 17/1988.

steigende Tendenz. Allzu große Einsparungen in diesem Bereich könnten sogar eine effiziente und sichere Nutzung von Systemen gefährden.⁶⁵ Und die Kostenanteile für Personal von ca. 8% bzw. für den Bau militärischer Anlagen von ca. 3% sind für eine größere Entlastung der Volkswirtschaft vergleichsweise zu gering. Eine Reduzierung der Beschaffungsprogramme würde sich natürlich mehr oder weniger auf alle angesprochenen Ausgabenkategorien auswirken und dort beschlossene Sparmaßnahmen verstärken.

Betrachtet man noch gesondert die mögliche Ausgabenstruktur sowjetischer Beschaffungsprogramme, so dürfte der Kostenanteil für den nuklearen Bereich mit ca. 8–10% am niedrigsten und für die Landstreitkräfte mit 25–30% am höchsten liegen, dicht gefolgt von den vergleichsweise hohen Anteilen für die Luftstreitkräfte und die Marine. Rüstungskontrollpolitisch bedeutet dies, daß im Bereich der nuklearen Abrüstung und Rüstungskontrolle das wirtschaftliche Interesse der Sowjetunion relativ gering, im konventionellen Bereich jedoch höher ausgeprägt ist. Darüber hinaus zeigt sich, daß hinter dem immer deutlicheren sowjetischen Versuch, auch Teile der Luftstreitkräfte und Marineaktivitäten in Rüstungskontrollverhandlungen einzubeziehen, nicht nur sicherheitspolitische Erwägungen, sondern durchaus auch ernsthafte wirtschaftliche Interessen stehen.

3. Technologische Herausforderungen

Die sowjetische Einschätzung zukünftiger technologischer Entwicklungen erweist sich als eine immer stärkere Triebkraft des sowjetischen Interesses an Abrüstung und Rüstungskontrolle.⁶⁶ Sowohl die mittelfristige Modernisierung traditioneller Waffensysteme unter immer aufwendigerem Einsatz teurer und komplexer Technologien als auch sich aufgrund hochtechnologischer Forschung und Entwicklung längerfristig abzeichnende neuartige land-, see- und weltraumgestützte Waffensysteme auf der Basis neuer physikalischer Prinzipien stellen die militärische Planung, Grundlagenforschung, Designbüros, Produktionsstätten und die gesamte wirtschaftliche, technologische und soziale Leistungsfähigkeit des sowjetischen Systems vor große Herausforderungen, auf die hier nur in allgemeiner Form hingewiesen werden kann.⁶⁷

---

65 Hierzu u. a. Ch. Davis, a. a. O., S. 180 ff. (Anm. 48).
66 Zu diesem Abschnitt u. a. sehr lesenswert Ph. A. Petersen, N. Trulock III, A »New« Soviet Military Doctrine: Origins and Implications, in: Strategic Review, Sommer 1988, S. 9–24; D. Herspring, Nikolay Ogarkov and the Scientific-Technical Revolution in Soviet Military Affairs, in: Comparative Strategy, 1/1987, S. 29–59; W. Odom, Soviet Military Doctrine, in: Foreign Affairs, Winter 1988/89, S. 114–134; V. M. Šabanov (Stellvertretender Verteidigungsminister für Beschaffung), Doktrina bezopasnosti i mira, in: Meždunarodnaja žizn', Oktober 1988, S. 22–26; L. Gouré, The Soviet Strategic View, in: Strategic Review, Frühjahr 1988, insbes. S. 80–82; A. Kokošin, Razvitie voennogo dela i sokraščenie vooružennych sil i obyčnych vooruženij, in: IMĖMO, 1/1988, S. 20–31.
67 Zu möglichen sowjetischen Waffenentwicklungen auf der Basis neuer Technologien siehe u. a. den Überblick in Soviet Military Power, a. a. O., S. 143–157 (Anm. 19).

Zwei Probleme stehen für die Sowjetunion im Vordergrund: Zum einen würde bei einem Festhalten an derzeitigen Stückzahlen von Waffen und Gerät traditioneller Art, z. B. bei Panzern und Artillerie, jede Modernisierung zu einer untragbaren Kostenexplosion führen. Diese Einsicht hat offenbar wesentlich zur rüstungskontrollpolitisch relevanten neuen Leitlinie der Partei beigetragen, Quantitäten abzubauen und dafür die Qualität von Beschaffungen sowie die Leistungssteigerung von vorhandenen Systemen sicherzustellen. Zum anderen droht den traditionellen Rüstungen durch die Entwicklung neuer Waffensysteme in West und Ost die Gefahr der Entwertung.[68] Dies erfordert auf sowjetischer Seite eine besonders sorgfältige, militärische Fehlinvestitionen vermeidende Steuerung mittel- und längerfristiger Beschaffungsprogramme. Ferner verlangt dies verstärkte Bemühungen um die Sicherung der eigenen Wettbewerbsfähigkeit im hochtechnologischen Rüstungswettlauf sowie eine flankierende Abrüstungs- und Rüstungskontrollpolitik, die nicht nur zu einer Reduzierung der Verteidigungslast beiträgt, sondern vor allem eine westliche Zurückhaltung bei der Nutzung hochtechnologischer Vorteile für militärische Zwecke fördern könnte. In diesem Sinne zielt die sowjetische Abrüstungs- und Rüstungskontrollpolitik auch unter Gorbatschow weiterhin darauf ab, einen hochtechnologischen Rüstungswettlauf möglichst zu vermeiden bzw. durch eine Strategie des Zeitgewinns die sowjetische Ausgangslage hierfür möglichst zu verbessern.

Führende sowjetische Militärs haben sich zu den möglichen Auswirkungen hochtechnologischer Entwicklungen auf die eigenen Beschaffungsprogramme und die Militärstrategie bereits früher, d. h. schon vor der SDI-Initiative Präsident Reagans von 1983, geäußert. Dabei sahen sie jenseits der derzeitigen militärtechnologischen Übergangsphase eine Revolutionierung und Automatisierung des Gefechtsfelds, eine zunehmende Einbeziehung des Weltraums in militärische Auseinandersetzungen, eine infolge neuer Informations- und Kommunikationssysteme erheblich verbesserte Führungsfähigkeit sowie schließlich qualitativ neue Parameter bezüglich der Reichweite, Genauigkeit, Zerstörungskraft und Beweglichkeit zukünftiger Waffensysteme voraus.[69]

Eine derartige Antizipation der Rüstungsentwicklungen legt ein weiteres Motiv sowjetischer Abrüstungs- und Rüstungskontrollpolitik offen, das aus einer allmählich vorankommenden Neubewertung des zukünftigen Verhältnisses zwischen strategischer Offensive und strategischer Defensive zu resultie-

---

68 Zur sowjetischen Sichtweise dieser Entwicklung siehe u. a. Ph. A. Peterson, N. Trulock, a.a.O., S. 13 ff. (Anm. 66); V. Žurkin, S. Karaganov, A. Kortunov, Vyzovy bezopasnosti, a.a.O., S. 48 ff. (Anm. 40). Die sowjetischen Autoren gehen von einer amerikanischen Strategie der Entwertung des sowjetischen Verteidigungspotentials in möglichst raschen Zyklen aus und stützen sich dabei auf entsprechende Äußerungen des früheren amerikanischen Verteidigungsministers Carlucci.
69 Siehe u. a. Ph. A. Peterson, N. Trulock, a.a.O., S. 12 ff.; A. Kokošin, a.a.O., S. 25–29; V. M. Sabanov, a.a.O., S. 24–25; W. Odom, a.a.O., S. 125 ff.; R. F. Kaufman, a.a.O., S. 206 ff.; J. Snyder, a.a.O., S. 61 ff.; S. Blagovolin, in: Izvestija, 17. 11. 1988.

ren scheint.⁷⁰ Bis in die strategische Tiefe des Gegners hineinwirkende, neuartige nichtnukleare Waffensysteme unterschiedlicher Abstützung könnten, je mehr sie den gegnerischen Aufmarsch, die Kräftemassierung und Staffelung bedrohen, diesen zur Ausdünnung im Aufmarschgebiet und zur Bildung kleinerer Truppenverbände zwingen.⁷¹ Dies würde nicht nur eine Überprüfung und Anpassung bisheriger strategischer Grundsätze und operativer Richtlinien erforderlich machen, sondern hieraus könnte im Rahmen einer dann notwendigen strategiekonformen Neuordnung des militärischen Dispositivs ein Anreiz zur Reduzierung von nunmehr weniger benötigten Waffensysteme entstehen. Daß sowjetische Militärs derartige Entwicklungen ernst nehmen, zeigt sich nicht nur an ihren bisherigen Reaktionen auf das FOFA-Konzept (Follow-on forces attack gegen die zweite Welle der angreifenden WP-Streitkräfte) der NATO, sondern generell an der schon vor Gorbatschow beobachteten größeren Aufmerksamkeit für Fragen strategischer Defensivoperationen.⁷²

Hinzu kommt schließlich ein in der planwirtschaftlichen Natur des sowjetischen Systems begründetes Interesse an einer möglichst großen Kalkulierbarkeit der durch neue Militärtechnologien verursachten sicherheitspolitischen Herausforderungen. Die Sowjetunion möchte bei der eigenen Forschung, Entwicklung und Beschaffung längerfristig vernünftig, d.h. ohne den Druck volkswirtschaftlich auszehrender Worst-case-Annahmen, planen können und von außen aufgezwungene, verlustreiche Kursänderungen in diesen drei Bereichen möglichst vermeiden.

4. Demographische Grenzen

Im Zuge der Abrüstung hat die Sowjetunion ihre Streitkräfte seit dem Zweiten Weltkrieg wiederholt auch demographischen Notwendigkeiten angepaßt. Geht man von westlichen Schätzungen des derzeitigen Umfangs der Streitkräfte einschließlich der Zivilverteidigung sowie der Bau- und Eisenbahntruppen in Höhe von ca. 5,1 Mio. Soldaten aus, eine Zahl, die sich bei Berücksichtigung der Truppen des KGB und des Innenministeriums (MVD) noch um insgesamt ca. 570 000 erhöhen würde, so ergibt sich bei einem ungefähren durchschnittlichen Anteil von Wehrpflichtigen gegenüber Berufs- und Zeitsoldaten in Höhe von 66–70% ein jährlicher Einzugsbedarf von ca. 1,8 Mio. Wehrpflichtigen.⁷³

Nach westlichen Schätzungen ist die Zahl der 18jährigen von 2,67 Mio. im Jahre 1979 auf ca. 2 Mio. im Jahre 1988 gefallen und wird bis zur Jahrhundert-

---

70 Siehe hierzu u.a. A. Kokošin, a.a.O., S. 26–29 (Anm. 66).
71 Ph. A. Petersen, N. Trulock, a.a.O., S. 17, weisen hierzu auch auf einen bemerkenswerten Artikel eines polnischen Oberst aus dem Jahre 1986 hin.
72 W. Odom, a.a.O., S. 125ff.; M. MccGwire, a.a.O., S. 190ff. (Anm. 22).
73 Kalkuliert aus den Angaben in: The Military Balance 1988–1989, S. 33ff., sowie auf der Basis einer 2jährigen Wehrpflichtzeit, wobei diese in einigen Teilstreitkräften bis zu drei Jahren beträgt.

wende nur allmählich wieder ansteigen.⁷⁴ Da in Friedenszeiten wahrscheinlich 25–35% der Wehrpflichtigen aus den verschiedensten Gründen nicht eingezogen werden können bzw. zurückgestellt werden müssen, bedeutet dies eine jährliche Lücke in der Größenordnung zwischen 300000 und 500000 Mann bei den 18jährigen Wehrpflichtigen. Berücksichtigt man zusätzlich den jährlichen Personalbedarf der inneren Sicherheitsorgane (KGB und MVD) sowie den Nachwuchsbedarf an Berufs- und Zeitsoldaten, so wird insgesamt deutlich, daß die sowjetischen Streitkräfte vor einem erheblichen demographischen Problem stehen. Es fällt auf, daß die von Gorbatschow im Dezember 1988 angekündigte einseitige Reduzierung der Streitkräfte um 500000 Mann ungefähr der hier errechneten Lücke entspricht. Nach deren Durchführung wäre das demographische Problem zwar zunächst abgemildert, der Anteil sowjetischer Soldaten an der Gesamtbevölkerung im Vergleich zu westlichen Industriestaaten aber immer noch hoch, nämlich 16 auf 1000 Einwohner gegenüber durchschnittlich ca. 9 auf 1000 Einwohner im Westen.⁷⁵

Dennoch ist die Frage, inwieweit die Sowjetunion aus rein demographischen Gründen ein Interesse an weiteren Personalreduzierungen haben könnte, aufgrund einer heterogenen innersowjetischen Interessenlage nicht eindeutig zu beantworten. Zwar legen einerseits die vergleichsweise rascheren demographischen Entwicklungen in den islamischen Sowjetrepubliken zunehmend Maßnahmen zur Stabilisierung des slawischen Anteils in den Streitkräften nahe, wofür sich u.a. umfassende Personalkürzungen durchaus anbieten. So könnte hierdurch insbesondere den soziokulturellen, bildungsmäßigen und nationalitätenpolitischen Problemen in den Streitkräften entgegengewirkt werden, die sich in den letzten Jahren anscheinend zunehmend auf deren Kampfkraft und Kampfbereitschaft ausgewirkt haben.⁷⁶ Ferner könnte hierdurch das allgemeine Ausbildungsprofil mit zukünftig immer anspruchsvolleren militärtechnologischen Anforderungen leichter kompatibel gehalten werden. Jedoch würde andererseits durch eine weitere Verringerung der Streitkräfte nicht nur deren traditionell als besonders wichtig erachtete innenpolitische Integrationsfunktion für die Herausbildung eines »Sowjetvolkes« beschnitten, sondern dies würde auch soziale und wirtschaftliche Schwierigkeiten verursachen. So hat sich in der Vergangenheit die Überführung einer größeren Zahl von Soldaten in das Zivilleben wegen unzureichender Umsetzungsverfahren wiederholt als problematisch erwiesen. Der damit für die betroffenen Offiziere einhergehende

---

74 Defense Intelligence Agency (DIA), USSR: Military Resource Allocations – 1984, Washington 1985, S. 22; S. Clark, Who Will Staff NATO, in: Orbis, 4/1988, S. 532–535.
75 Kalkuliert auf der Grundlage der Zahlenangaben in: Military Balance, 1988–1989. Insgesamt läge der Gesamtumfang der sowjetischen Streitkräfte dann immer noch mit ca. 4,6 Mio. weit über der Friedensstärke zu Beginn der siebziger Jahre.
76 Diese Probleme sind in den letzten Jahren seitens der militärischen Führung wiederholt angesprochen worden, siehe u.a. S. Clark, a.a.O., S. 533f. (Anm. 74).

Verlust von Status und Privilegien führte zu innenpolitischen Belastungen.[77] Wirtschaftlich wäre es zwar sinnvoll, durch weitere Personalreduzierungen vor allem den Entwicklungsregionen außerhalb der zentralasiatischen Republiken dringend benötigte Arbeitskräfte zuzuführen. Zugleich aber wäre bei einer Abwägung der gesamtwirtschaftlichen Folgen zu berücksichtigen, daß große Teile der Streitkräfte derzeit regelmäßig ohne adäquaten Lohn bei der Ernte, im Transport- und Bauwesen sowie in anderen Bereichen eingesetzt werden[78], d.h. der Volkswirtschaft bereits als besonders billige Arbeitskräfte dienen. Die sowjetische Führung steht also bei der Berücksichtigung des demographischen Faktors vor einer komplexen Problematik, die einer besonders ausgewogenen Planung bedarf.

V. Konkrete Zielsetzungen der sowjetischen Abrüstungs- und Rüstungskontrollpolitik in Europa

1. Einbettung in weitere rüstungskontrollpolitische Zentralziele

Nach dem INF-Abkommen, das aus sowjetischer Sicht eine automatische Verwicklung der USA in einem nuklearen Konflikt in Europa bis hin zur Eskalation gegen das sowjetische Territorium weniger wahrscheinlich macht[79] und daher die Aufgabe einer ganzen Gattung hochmoderner Nuklearwaffen rechtfertigt, konzentriert sich das sowjetische Interesse an Abrüstung und Rüstungskontrolle einerseits wie bisher auf die langfristige Sicherung der nuklearstrategischen Stabilität im Großmächteverhältnis sowie andererseits – mit deutlich erhöhte Prioritätensetzung – auf die Neuordnung des konventionell-strategischen Kräfteverhältnisses in Europa. Dies sind gleichsam die beiden entscheidenden Brennpunkte einer sicherheits- und rüstungskontrollpolitischen Ellipse des Ost-West-Verhältnisses, denen fast alle anderen rüstungskontrollpolitischen Zielsetzungen der Sowjetunion mehr oder weniger zugeordnet sind.

Der eine Brennpunkt, d.h. die sowjetisch-amerikanischen START-Verhandlungen in Genf über die nuklearstrategische Stabilität, befindet sich angesichts der von Präsident Bush in seiner Budgetrede am 9. Februar 1989 angeordneten Bestandsaufnahme der amerikanischen Sicherheits- und Verteidi-

---

77 Hierzu J. Tiedtke, Abrüstung in der Sowjetunion – wirtschaftliche und soziale Folgen der Truppenreduzierung von 1960, Frankfurt 1985.
78 Siehe hierzu u.a. den ehemaligen Generalstabschef Achromeev in: Sovetskaja Rossija, 14.1.1989, S. 2.
79 Zur streitigen sicherheitspolitischen Diskussion über die militärischen und politischen Vor- und Nachteile des INF-Vertrags siehe u.a. D. Rivkin, The Soviet Approach to Nuclear Arms Control: Continuity and Change, in: Survival, November/Dezember 1987, S. 483–510; M.R. Gordon, Dateline Washington: INF: A Hollow Victory?, in: Foreign Policy, Herbst 1987, S. 159–179; W.F. Hahn, The INF Treaty, the Alliance, and the Failure of Strategic Realism, in: Comparative Strategy, 4/1988, S. 345–350.

gungspolitik in einer Übergangsphase. Schon jetzt kann aber mit Blick auf die nächste (11.) START-Verhandlungsrunde von einer Kontinuität des bisherigen zentralen sowjetischen Verhandlungsansatzes ausgegangen werden, d. h. der konditionierten sowjetischen Bereitschaft, die Anzahl strategischer Trägersysteme (ICBM, SLBM, Bomber) auf 1600 und die zu zählenden nuklearen Sprengladungen auf 6000 für beide Seiten unter der Bedingung abzusenken, daß die USA bei ihren SDI-Aktivitäten den ABM-Vertrag von 1972 über die Begrenzung bzw. das Verbot einer strategischen Raketenabwehr für eine bestimmte Zeit (derzeitige sowjetische Forderung: ca. 9–10 Jahre) einhalten.[80] Der Sowjetunion geht es bei dieser Verknüpfung[81] nur zum Teil um die Verhinderung eines möglicherweise für sie gravierenden amerikanischen Vorsprungs bei der Entwicklung einer weltraumgestützten Raketenabwehr.[82] Wichtiger noch ist für sie, eine breiter angelegte, nationale hochtechnologische Kraftentfaltung[83] der USA einzudämmen, die sich militärisch auf die Entwicklung neuartiger Waffen auf der Basis neuer physikalischer Prinzipien sowie weitreichender konventioneller Präzisionswaffen auswirken könnte, die für die Sowjetunion gegebenenfalls sicherheitspolitisch besonders nachteilig wäre. Hieran wird im strategischen Denken der Sowjetunion eine in die militärtechnologische Zukunft weisende Verbindungslinie zum konventionellen Kräfteverhältnis in Europa deutlich.

Zu diesem zweiten Brennpunkt ihres Interesses hat die Sowjetunion wiederholt ihre umfassende Sicht[84] klargestellt, daß eine ausgewogene Rüstungskontrolle in Europa neben dem konventionellen Kräfteverhältnis auch das nuklear-taktische Kräfteverhältnis zwischen den beiden Bündnissen, ferner zukünftig grundsätzlich auch die Seestreitkräfte sowie – ab einer unbestimmt späteren Phase – ebenfalls die britischen und französischen Nuklearwaffen einbeziehen sollte. In diesen übergreifenden rüstungskontrollpolitischen Zusammenhang gehört auch – wegen der daraus resultierenden positiven Auswirkungen auf die Stabilität in Europa – das sowjetische Interesse an einer globalen Beseitigung

---

80 Einen präzisen Überblick über den Verhandlungsstand bietet R. Einhorn, Strategic Arms Reduction Talks: The Emerging START Agreement, in: Survival, September/Oktober 1988, S. 387–401; Th. Enders, START und europäische Sicherheitsinteressen, in: Europa-Archiv, 24/1988, S. 722–731.
81 Zur Entwicklung dieser Verknüpfung und der ursprünglichen sowjetischen Forderung nach »strikter« Einhaltung des ABM-Vertrags sowie zur bisherigen inneramerikanischen Diskussion über dessen »enge« und »weite« Auslegung siehe u. a. K. Puschel, Can Moscow Live with SDI?, in: Survival, Januar/Februar 1989, S. 34–51.
82 Siehe den Überblick bei S. von Welck, Weltraum- statt Kernwaffen: Die Beherrschung des Weltraums – ein Ersatz für Kernwaffen als primäres Instrument globaler Machtpolitik?, in: Europa-Archiv, 13/1988, S. 349–358, insbesondere S. 353f.
83 Siehe zu diesem Aspekt H. Willke, SDI: Die strategische Verteidigungsinitiative – 5 Jahre danach, in: Zeitschrift für Politik, 4/1988, S. 353–364, insbesondere S. 356f.
84 Diesen umfassenden Ansatz erläuterte u. a. Marschall S. F. Achromeev, Sootnošenie voennych sil v Evrope i peregovory, in: Pravda, 2. 3. 1989, S. 4.

chemischer Waffen.[85] In sämtlichen angesprochenen Bereichen hat sich die sowjetische Haltung seit dem Machtantritt Gorbatschows bilateral, multilateral sowie in den für Abrüstungsfragen zuständigen Gremien der Vereinten Nationen Zug um Zug pragmatisch und überwiegend ergebnisorientiert fortentwickelt. Vor diesem Hintergrund sollen nachfolgend die wichtigsten sowjetischen Zielsetzungen und Vorschläge bei den am 6. März 1989 eröffneten Wiener Verhandlungen skizziert werden.

2. Sowjetische Zielsetzungen bei den Wiener Verhandlungen über konventionelle Stabilität (VKSE) und über vertrauens- und sicherheitsbildende Maßnahmen (VVSBM) in Europa

In die sowjetische Ausgangsposition bei den Wiener Verhandlungen zwischen den 23 Teilnehmerstaaten der NATO und des Warschauer Pakts über konventionelle Stabilität in Europa vom Atlantik bis zum Ural (VKSE) sind erstens Elemente einer kontroversen innersowjetischen Diskussion um den Stellenwert und die Ausrichtung des militärischen Faktors in der sowjetischen Außen- und Sicherheitspolitik, zweitens die Ergebnisse eines in den letzten zwei bis drei Jahren vorangekommenen Abstimmungsprozesses innerhalb des Warschauer Pakts und drittens eine Berücksichtigung sich abzeichnender westlicher Verhandlungspositionen eingeflossen.[86] Bei der sowjetischen Position, deren allgemeiner Rahmen zunächst von Außenminister Ševardnadze anläßlich der Eröffnung der VKSE präsentiert und drei Tage später bei einer Pressekonferenz des sowjetischen Delegationsleiters O. Grinevskij im Namen des Warschauer Pakts zusätzlich präzisiert wurde, sind die konzeptionelle und die operative Ebene zu unterscheiden.[87]

---

85 Einen Überblick zu diesem Bereich gibt J. Badelt, Die Genfer Verhandlungen über ein umfassendes Verbot chemischer Waffen, in: I. Peters (Hrsg.), Entspannung durch Rüstungskontrollpolitik? Stand und Perspektiven für die 90er Jahre, Berlin 1988, S. 206–234. Zur sowjetischen Haltung siehe u.a. die Rede Außenminister Ševardnadzes auf der Pariser C-Waffenkonferenz, in: Pravda, 9.1.1989, sowie ein Interview des stellvertretenden sowjetischen Außenministers Karpov, in: Izvestija, 28.12.1988, S. 4.
86 Zur Entwicklung der Haltung der Sowjetunion und des Warschauer Pakts seit dem Budapester Appell vom 11.6.1986, die hier nicht im einzelnen nachgezeichnet wird, siehe I. Peters, Nach dem Wiener KSZE-Treffen: Vertrauensbildung und Rüstungskontrolle in Europa, in: I. Peters (Hrsg.), a.a.O., S. 51–84.
87 Die nachfolgende Darstellung der sowjetischen Haltung basiert im wesentlichen, ohne daß dies für jede Aussage im einzelnen belegt wird, auf der Rede Ševardnadzes vom 6.3.1989, in: Pravda, 7.3.1989, sowie auf der englischen Fassung des von O. Grinevskij bei der Pressekonferenz in Wien am 9.3.1989 präsentierten Verhandlungskonzepts des Warschauer Pakts: »Conceptual Approach to the Reduction of Conventional Armed Forces in Europe«.

a) Konzeptionelle Zielsetzungen

Die sowjetische Konzeption deckt sich in einigen zentralen Zielsetzungen mit westlichen Zielvorstellungen. Sie ist – in Übereinstimmung mit dem Mandat der Wiener Verhandlungen – erklärtermaßen auf die Stärkung von Stabilität und Sicherheit in Europa ausgerichtet und lehnt sich dabei teilweise an den im Westen in den letzten Jahren entwickelten sicherheitspolitischen Sprachgebrauch an. Als entscheidende Mittel und Wege werden u. a. prinzipiell befürwortet:

- einschneidende, also nach Lage der Dinge zum Teil stark asymmetrische Reduzierungen der Streitkräfte (d. h. im sowjetischen Verständnis: Personal und Rüstungen) beider Militärbündnisse bis zur Herstellung gleicher Obergrenzen auf niedrigerem Niveau;
- nach Herstellung gleicher Obergrenzen bei den zu verhandelnden Waffenkategorien weitere symmetrische Reduzierungen;
- Ausrichtung der Streitkräfte auf eine reine Verteidigungsfähigkeit, d. h. Beseitigung der Fähigkeit zur Führung von Überraschungsangriffen oder strategischen Offensivoperationen. Dabei sollen Reduzierungen, Begrenzungen, Umstrukturierungen, Umdislozierungen und kollektive Obergrenzen sowohl in ganz Europa als auch in einzelnen Regionen in einem phasenweisen Ansatz unter Wahrung der Sicherheit eines jeden Teilnehmerstaats verwirklicht werden;
- Vermeidung einer unfruchtbaren Datendiskussion; Erarbeitung von Definitionen und Zählkriterien für einzelne Waffenkategorien, die Reduzierungen unterworfen werden;
- Informationsaustausch über konventionelle Waffen, Personalstärken und Dislozierung der Streitkräfte; strenge internationale Verifikation einschließlich Vor-Ort-Inspektionen zu Lande und aus der Luft ohne Verweigerungsrecht.

Derartige prinzipielle Übereinstimmungen können aber nicht darüber hinwegtäuschen, daß der Teufel im Detail konkreter Verhandlungen steckt. Einige konzeptionelle Diskrepanzen kommen hinzu, die rasche Verhandlungsfortschritte in Wien durchaus behindern könnten. Zu erwähnen sind insbesondere:

- der sowjetische Versuch, über den westlichen Ansatz einer Konzentration auf kampfentscheidendes Gerät wie Kampfpanzer, Artillerie und Schützenpanzer hinaus bereits in einer ersten Phase auch *Kampfflugzeuge und Kampfhubschrauber einzubeziehen*, die nach dem westlichen Konzept erst ab einer späteren Phase berücksichtigt werden sollten, nicht zuletzt, um die Verhandlungen nicht zu überlasten;[88]

---

88 Der Westen sieht im übrigen Flugzeuge nicht als ausschlaggebend für die Fähigkeit zur Besetzung fremden Territoriums an; hinzu kommen praktische Probleme bei der Begrenzung hochmobiler Systeme wie Flugzeuge in einem regionalen Rahmen.

- die sowjetische Forderung, ausdrücklich auch *für Personalstärken Obergrenzen festzulegen*, während sich im westlichen Ansatz eine Reduzierung von Personalstärken indirekt als Folge der Reduzierung von Rüstungen ergibt. Dahinter steht anscheinend die angesichts hoher westlicher Personalkosten unverständliche sowjetische Sorge vor einer westlichen Umgehung unter Ausnutzung des größeren westlichen Bevölkerungspotentials;
- der sowjetische Vorschlag zur *Schaffung von speziellen Zonen* beiderseits der Berührungslinie zwischen den beiden Bündnissen, aus denen insbesondere offensivgeeignete Waffensysteme abgezogen werden sollen. Dies könnte angesichts der geostrategischen Gegebenheiten die im Sicherheitsinteresse der Bundesrepublik Deutschland liegende Vorneverteidigung grundlegend schwächen;
- das von Außenminister Ševardnadze in Wien am 6. März 1989 erneut angedeutete Wechselverhältnis zwischen einem westlichen *Verzicht auf Modernisierung taktisch-nuklearer Systeme* und dem Ausmaß an Reduzierungen im konventionellen Bereich, zu denen die Sowjetunion in Wien letztlich bereit sein werde;
- die Unklarheit der sowjetischen Haltung zur *Begrenzung stationierter gegenüber nationalen Streitkräften* im Vergleich zu diesbezüglich vorgeschlagenen Obergrenzen im westlichen Konzept, durch die die sowjetische Militärpräsenz in Mittel-Osteuropa substantiell abgebaut würde.

Derzeit schwer einzuschätzende Belastungsmomente könnten infolge des vom Verhandlungsmandat nicht gedeckten sowjetischen Versuchs aufkommen, mit Blick auf spätere Verhandlungsphasen allmählich die Türen für eine Einbeziehung von Seestreitkräften in Abrüstungsmaßnahmen zu öffnen, um die amerikanische Seemacht global einzuschränken und die europäisch-amerikanischen Seeverbindungen sowie den amerikanischen Schutz für Europa zu schwächen.[89]

Bei einer Reihe weiterer sowjetischer Zielsetzungen erscheint der Brückenschlag zwischen dem östlichen und westlichen Konzept leichter möglich. Dies könnte insbesondere – wobei über Details noch zu reden wäre – für den Vorschlag über die Einrichtung einer internationalen Verifikationskommission sowie für den Gedanken gelten, die Ergebnisse der Wiener VKSE-Verhandlungen zu ratifizieren und ihnen damit eine größere völkerrechtliche Bindewirkung zu geben.

---

89 Während Ševardnadze dies in Wien eher als Zukunftsaufgabe präsentierte und dabei die aus sowjetischer Sicht bedrohliche Entwicklung bei den seegestützten Marschflugkörpern hervorhob, skizzierte Marschall Achromeev in der Pravda vom 2. 3. 1989 eine Stufenfolge: Zunächst Respektierung des Wiener Mandats, d. h. noch keine Einbeziehung der Seestreitkräfte in die VKSE, aber unabhängig hiervon Aufnahme sowjetisch-amerikanischer Abrüstungsverhandlungen über Seestreitkräfte. Erst in einer späteren Phase Einbeziehung der Seestreitkräfte in die Abrüstungsverhandlungen bei der VKSE, und zwar parallel zu den sowjetisch-amerikanischen Verhandlungen.

b) Operative Zielsetzungen

In Fortentwicklung des im Juni 1988 von Außenminister Ševardnadze vor der 3. Sondergeneralversammlung der Vereinten Nationen zur Abrüstung präsentierten und anschließend vom Warschauer Pakt übernommenen Stufenplans sind folgende drei Reduzierungsphasen vorgesehen:

1. Phase: Von 1991 bis 1994 Reduzierung von Personal und besonders destabilisierenden und offensivgeeigneten Waffensystemen, d.h. aus sowjetischer Sicht vor allem von taktischen Angriffsflugzeugen, Panzern, Kampfhubschraubern, Schützenpanzern und Kampfwagen der Infanterie, Artillerie einschließlich Raketenwerfern und Mörsern, auf gleiche Höchststärken, und zwar auf das um ca. 10–15% reduzierte Niveau der jeweils schwächeren Seite. Die von der Reduzierung betroffenen Streitkräfte werden nach Einheiten aufgelöst, deren Waffen und sonstige Ausrüstungen zerstört, zeitweilig unter internationaler Kontrolle eingelagert oder für zivile Zwecke umgewandelt. Bereits für die erste Reduzierungsphase sind von Offensivwaffen ausgedünnte bzw. völlig befreite Zonen an der Berührungslinie der beiden Bündnisse vorgesehen, und zwar unter Berücksichtigung geographischer Faktoren sowie der Wirkungsmöglichkeiten und Reichweiten dieser Waffensysteme. Besondere vertrauens- und sicherheitsbildende Maßnahmen, vor allem Begrenzungen für Manöver und Truppenbewegungen, sollen wechselseitig den Sicherheitswert dieser Zonen stärken.

2. Phase: Nach Erreichung gleicher Obergrenzen am Ende der ersten Phase sollen die Streitkräfte auf beiden Seiten von 1994 bis 1997 um ca. 25%, d.h. um etwa 500 000 Mann mit zugehöriger Bewaffnung, reduziert werden. In diesem Abschnitt sollen auch andere, in der ersten Reduzierungsphase nicht berücksichtigte Waffenkategorien verringert werden. Ferner werden weitere Maßnahmen zur Umstrukturierung der Streitkräfte auf der Grundlage einer Hinlänglichkeit für Verteidigungszwecke durchgeführt.

3. Phase: In einer letzten Phase (1997–2000) – nach weiteren Reduzierungen und vereinbarten Obergrenzen für alle übrigen Waffenkategorien – sollen die Streitkräfte einen strikt defensiven Charakter erhalten.

In jeder Reduzierungsphase soll ein umfassendes und effektives Verifikationsregime eingerichtet werden, u.a. mit speziellen Beobachtungspunkten an Bahnstationen, Flugplätzen usw. sowie strengen obligatorischen Vor-Ort-Inspektionen.

c) Mögliche Konsequenzen

Die sowjetische Aufmerksamkeit richtet sich zunächst auf die erste Phase, die daher gegenüber den beiden übrigen Reduzierungsstufen konkreter ausgestaltet ist. Bei Zugrundelegung westlicher Daten und Zählkriterien würden Reduzierungen bei den aus der Sicht des Westens kampfentscheidenden drei Waffensystemen, also bei Panzern, Artillerie und Schützenpanzern, um 10–15% des Niveaus der jeweils schwächeren Seite den von der NATO vorgeschlagenen Obergrenzen für eine erste Reduzierungsphase recht nahe kommen. So entspricht der westliche Vorschlag einer Höchststärke für beide Bündnisse bei

Panzern von jeweils 20000 einer Reduzierung um ca. 11% des derzeitigen NATO-Bestands.

Auf der Basis des östlichen Kräftevergleichs vom 30. Januar 1989 hingegen[90], dem vielfach andere Zählkriterien, z. B. die Berücksichtigung kleinerer Kaliber bei der Artillerie und auch leicht gepanzerter Fahrzeuge, sowie eine westlicherseits militärtechnisch so nicht nachvollziehbare Differenzierung nach »offensiven« und »defensiven« taktischen Fliegerkräften zugrunde liegen, käme infolge dieser fragwürdigen Ausgangsdaten bei einer Reduzierung um jeweils 10–15% teilweise ein absurdes Ergebnis zustande, z. B.:

- Beim in den östlichen Daten einfach nicht nachvollziehbar aufgeführten Personal der Landstreitkräfte, deren Zahl für den Osten merkwürdigerweise nur mit ca. 1,823 Mio., für den Westen hingegen mit ca. 2,12 Mio. angegeben wird, käme es auf östlicher Seite lediglich zu einem Abbau zwischen 180000 und 275000, auf seiten der NATO jedoch zwischen 465000 und 565000 Mann.
- Bei den Panzern, deren gegenwärtige Zahl für den Osten 59470 und für den Westen 30690 betragen soll, müßten beide Bündnisse nur auf ca. 26000–28000 reduzieren. Der Osten müßte zwar seinen Panzerbestand immerhin um ca. 32000–33000, d. h. um mehr als die Hälfte, reduzieren. Dies wäre aber nicht nur deutlich weniger, als sich insgesamt aus dem westlichen Konzept ergäbe, sondern der Westen hätte gegenüber seinen eigenen Zahlen sogar ein Recht zur Vergrößerung seines Panzerpotentials.
- Bei den taktischen Angriffsflugzeugen, einer für den Osten erklärtermaßen wichtigen Kategorie, müßten nach den östlichen Vorstellungen beide Seiten auf ca. 2300–2500, d. h. der Osten nur um 278–417, der Westen jedoch um 2700–2900 Flugzeuge reduzieren. Diese Verzerrung entsteht u. a. dadurch, daß im östlichen Datenvergleich praktisch alle westlichen Mehrzweckflugzeuge den taktischen Angriffsflugzeugen zugerechnet werden.

Außenminister Ševardnadze hat in Wien anerkannt, daß dem westlichen und östlichen Datenvergleich unterschiedliche Waffenkategorien und Zählkriterien zugrunde liegen, über die sich die Experten mit der Zielsetzung eines einheitlichen Datenaustauschs zu den in die Verhandlungen einzubeziehenden Waffenkategorien noch einigen müßten. Er hat deshalb auch bewußt noch keine absoluten Zahlen für zu erreichende Obergrenzen genannt.[91] Die Daten des Warschauer Pakts dienen damit einem anderen Zweck. Sie sollen in erster Linie die

---

90 Erklärung des Komitees der Verteidigungsminister der Staaten des Warschauer Pakts »Über das Verhältnis der zahlenmäßigen Stärke der Streitkräfte und Rüstungen der Organisation des Warschauer Vertrags und des Nordatlantischen Bündnisses in Europa und den anliegenden Seegebieten«, in: Pravda, 30. 1. 1989, S. 5. Die Daten sind mit Stand vom 1. 7. 1988 angegeben, d. h. die seitens des Warschauer Pakts angekündigten einseitigen Reduzierungen sind nicht berücksichtigt.
91 Rede Ševardnadzes, in: Pravda, 7. 3. 1989, S. 4.

östliche Sicht des umfassenden Kräfteverhältnisses zwischen den beiden Bündnissen verdeutlichen, d.h. eines angeblich insgesamt bestehenden ungefähren Gleichgewichts – bei Teilüberlegenheiten des Ostens z.B. bei den Landstreitkräften bzw. Teilüberlegenheiten des Westens bei bestimmten Kategorien der Fliegerkräfte und der Seestreitkräfte.

Hierauf aufbauend zielt die Sowjetunion gegenwärtig für die erste Verhandlungsphase auf einen Abtausch landgestützter Offensivoptionen gegen – wie sie behauptet – überlegene luftgestützte westliche Offensivoptionen sowie nur mittel- bis längerfristig auf eine Einbeziehung auch seegestützter konventioneller Offensivoptionen ab. Sie sichert zwar mandatskonformes Verhalten bei den Wiener Verhandlungen zu, versucht aber gleichzeitig immer deutlicher, über die Wiener Verhandlungen hinaus in der westlichen Öffentlichkeit den Boden für eine allmähliche Durchsetzung eines umfassender angelegten sowjetischen Verhandlungskonzepts vorzubereiten. Aber immerhin schafft die in den östlichen Daten implizit enthaltene Anerkennung einer großen östlichen Überlegenheit bei den Landstreitkräften eine wichtige, dem berechtigten westlichen Interesse entgegenkommende Ausgangsbasis für eine ergebnisorientierte erste Verhandlungsphase, in der beide Seiten allerdings noch einen mühsamen Test bei der Festlegung zu behandelnder Waffenkategorien und zugeordneter Zählkriterien bestehen müssen. Dabei bleibt abzuwarten, ob sich eine von Außenminister Ševardnadze grundsätzlich signalisierte Flexibilität[92] am Ende auch auf die sowjetische Haltung zu den Fliegerkräften auswirken wird, wenn der Westen seine generelle Bereitschaft zu einer späteren Einbeziehung dieser Kategorie in die Verhandlungen verdeutlicht.

d) Vertrauens- und sicherheitsbildende Maßnahmen im Rahmen der 35 KSZE-Teilnehmerstaaten

Die sowjetische Haltung zu den parallelen Verhandlungen der 35 KSZE-Teilnehmerstaaten über vertrauens- und sicherheitsbildende Maßnahmen (VVSBM) geht konzeptionell von einem organischen Zusammenhang mit der VKSE aus und basiert in den konkreten Vorschlägen auf der Erklärung[93] der Außenminister des Warschauer Pakts vom 28.–29. Oktober 1988. Drei Schwerpunkte stehen im Vordergrund:

Restriktive Maßnahmen (constraints), um durch Begrenzungen von Ausmaß, Anzahl, Dauer und Gleichzeitigkeit großer militärischer Übungen das westliche Übungsverhalten bei den Landstreitkräften einzuschränken. Mit Blick auf die komplexe militärische Bündnisstruktur der NATO und wegen der Notwendigkeit eines gewissen Ausgleichs für offenkundige geostrategische Nach-

---

92 Der sowjetische Außenminister führte zu möglichen Verhandlungsschritten u.a. aus: »Selbstverstädlich kann man mal irgendwo voranschreiten, mal irgendwo eine Entscheidung auf später verschieben. Aber es wäre naiv anzunehmen, daß ein Element außerhalb einer Verbindung zu den übrigen Elementen besteht«, ebenda.
93 Text in: Pravda, 30.10.1988.

teile sind Großübungen unter Teilnahme amerikanischer Verstärkungskräfte für die westliche Sicherheit jedoch bis auf weiteres unverzichtbar. Die Möglichkeit neuer Beschränkungen wird für den Westen daher von Fortschritten bei der VKSE abhängen.

Unabhängige Luftaktivitäten, d. h. Übungen ohne Verbindung zu Manövern der Landstreitkräfte, deren Erfassung durch das Mandat zwar nicht ausgeschlossen, aber in militärtechnischer Hinsicht sehr schwierig ist. Hier denkt die Sowjetunion beispielsweise an die Ankündigung von Übungen und Verlegungen, an restriktive Maßnahmen und an Beobachtereinladungen. Die Verifikation derart hochmobiler Systeme wie Flugzeuge wäre insgesamt äußerst schwierig. Ihr Übungseinsatz muß u. a. wegen der relativ instabilen Wetterlage in Europa oftmals sehr kurzfristig erfolgen, so daß eine Beobachtereinladung nicht immer rechtzeitig durchgeführt werden kann. Im Kern zielt der sowjetische Vorstoß darauf ab, wenigstens im Rahmen der VVSBM eine gewisse Einschränkung westlicher luftgestützter Optionen zu erreichen, wenn dies rüstungskontrollpolitisch im sowjetischerseits hierfür präferierten Rahmen der VKSE zunächst nicht möglich sein sollte.

Unabhängige Seeaktivitäten, mit dereren Erfassung und Beschränkungen die Sowjetunion ähnlich wie bei der VKSE in einen neuen, durch das Wiener Mandat nicht gedeckten Bereich der Vertrauensbildung vorzustoßen sucht, um wenigstens über diese Ebene die amerikanische Seemacht und die NATO als maritimes Bündnis einzuhegen. Der Sowjetunion geht es auch bei diesen Verhandlungen darum, allmählich den Boden für den Einstieg in Abrüstungsverhandlungen über Seestreitkräfte vorzubereiten.

Weitere Maßnahmen: Zusätzlich gibt es eine Reihe von sowjetischen Vorschlagselementen, die an westliche Vorschläge verschiedenster Provenienz erinnern. Dies gilt z. B. für die Weiterentwicklung von Bestimmungen der Stockholmer KVAE-Vereinbarung. Bedenkenswert erscheint darüber hinaus die Idee eines Europäischen Zentrums, das anfänglich rein technische Kommunikationsfunktionen erfüllen, später möglicherweise auch Verifikationsaufgaben übernehmen könnte. Noch zögerlich verhält sich die Sowjetunion hingegen gegenüber den westlichen Forderungen nach Überwachung der Einberufung von Reservisten, größerer Bewegungsfreiheit für Militärattachés und einer Gleichbehandlung von Medienvertretern bei der Manöverbeobachtung.

Als von nicht zu unterschätzender Bedeutung ist schließlich die sowjetischerseits akzeptierte Erörterung von Militärdoktrinen und Strategien zu erwähnen, die nicht zuletzt auch der Erarbeitung gemeinsam zu beachtender Kriterien für rüstungskontrollpolitische Maßnahmen und für eine Steuerung zukünftiger Rüstungsentwicklungen dienen soll. Die Sowjetunion hat dabei einen alternativen sicherheitspolitischen Denkansatz auf westlicher Seite aufgenommen und sucht nun die NATO in einen konzeptionellen Rahmen einzubinden, der auf einen möglichst umfassenden Abbau quantitativer und qualitativer Offensivfähigkeiten auch dort abzielt, wo die NATO derzeit von einer anderen strategischen und operativen Lagebeurteilung ausgeht. Dies bezieht sich – über Panzer, Artillerie, evtl. auch Schützenpanzer hinausgehend – insbesondere auf die sowjetische Forderung nach Einbeziehung bestimmter westlicher Flugzeugtypen, taktisch-konventioneller Raketen, konventioneller Cruise Missiles sowie neuartiger offensivgeeigneter Waffensysteme. Für den Westen eröffnet die sowjetische Bereitschaft zu einer Strategiediskussion die Möglichkeit, den komplizierten innersowjetischen Übergang von der traditionellen Offensivstrategie hin zu einer glaubwürdigen Defensivstrategie konzeptionell zu begleiten. Umgekehrt wird sich der Westen aber u. a. auch mit der sowjetischen Kritik an der FOFA-Planung der NATO auseinandersetzen müssen, die von der Sowjetunion erklärtermaßen als offensiv wahrgenommen wird.

3. Glaubwürdigkeit durch Unilateralismus

Der bis Ende 1990 vorgesehene einseitige Abbau der sowjetischen Streitkräfte[94] um 500000 Mann, darunter 240000 Mann, 10000 Panzer, 8500 Artilleriesysteme und 800 Kampfflugzeuge in Europa, sowie die ergänzenden einseitigen Reduzierungsmaßnahmen weiterer Staaten des Warschauer Pakts haben vor Beginn der Wiener Verhandlungen ein ernst zu nehmendes politisches Interesse an einer Selbstbeschneidung der bisherigen östlichen Überraschungsangriffsfähigkeit signalisiert. Militärisch wäre hierdurch die Angriffsfähigkeit der Fronten der 1. Staffel nach kurzer Vorbereitung deutlich verringert, jedoch die Fähigkeit des Warschauer Pakts zur strategischen Offensive gegenüber Westeuropa noch nicht grundsätzlich aufgegeben. Denn der Warschauer Pakt würde zwar in Europa insgesamt ca. 300000 Mann, 12000 Panzer, 9800 Artilleriesysteme und 930 Kampfflugzeuge abbauen[95], jedoch würden die nach diesen Reduzierungen verbleibenden Überlegenheiten gegenüber der NATO von 2:1 bei Kampfpanzern, 2,4:1 bei Artilleriesystemen und 1,9:1 bei Kampfflugzeugen unter Berücksichtigung bestehender logistischer Strukturen und Führungssysteme sowie der östlichen Mobilisierungs- und Zuführungsmöglichkeiten immer noch ein bedenkliches Potential für strategische Offensivoperationen gegenüber Westeuropa bieten.

Mit Blick auf die östliche Bereitschaft zum Abbau von Asymmetrien in einer ersten VKSE-Phase sollte diese Lage allerdings nicht nur statisch, sondern auch dynamisch bewertet werden: Die bis 1990 zunächst durchzuführenden unilateralen Maßnahmen untermauern nicht nur die im sowjetischen VKSE-Vorschlag grundsätzlich erklärte Bereitschaft zu drastischen Reduzierungen, son-

---

94 Zu deutschsprachigen Analysen dieses Abbaus siehe H. Pohlmann, Die Ankündigung einseitiger sowjetischer Streitkräftereduzierungen: Ein zureichender Grund für westliche Gegenleistungen?, SWP-LN 2589, Dezember 1988; H.-J. Schmidt, Der Westen muß zeigen, daß er Gorbatschows Signal verstanden hat, in: Frankfurter Rundschau, 4. 1. 1989; U. Nerlich, Gorbatschows Ankündigung einer einseitigen Truppenverminderung, in: Europa-Archiv, 1/1989, S. 1–4; Th. Enders, Gorbatschows New Yorker Versprechen – Wesen und Wirkung einer Reduktion russischer Rüstung, in: Europäische Wehrkunde, 2/1989, S. 94–99.
95 Kalkuliert auf der Grundlage nationaler Ankündigungen der Sowjetunion, DDR, ČSSR, Ungarns, Polens und Bulgariens zwischen dem 7. 12. 1988 und Ende Februar 1989.

dern würden in einem stufenweisen Voranschreiten die darüber hinaus zwischen 1991 und 1994 notwendigen, noch umfangreicheren Reduzierungen zur Herstellung gleicher Obergrenzen erleichtern.

Hinzu kommt, daß nicht nur für offensive Operationen speziell verstärkte sowjetische Einheiten wie z.B. sechs Panzerdivisionen – darunter vier in der DDR und je eine in der ČSSR und Ungarn – vollständig aufgelöst werden sollen. Darüber hinaus soll auch der offensive Charakter der in Mittel-Osteuropa verbleibenden sowjetischen Divisionen – wie übrigens auch derjenigen der übrigen Staaten des Warschauer Pakts – strukturell abgeschwächt werden. Außenminister Ševardnadze gab in Wien bekannt, daß die Zahl der Panzer in den sowjetischen Mot-Schützendivisionen um 40% und in den Panzerdivisionen um 20% reduziert werde.[96] Der sowjetische Generalstabschef Mojseev sprach mit Blick auf die weitere Perspektive von einem Abbau der Panzer und der Artilleriesysteme in den Panzerdivisionen und Mot-Schützendivisionen um jeweils ca. 30–35% bei einer gleichzeitig ca. 1,5- bis 2fachen Stärkung der Panzerabwehr- und Luftabwehrsysteme.[97]

Außerdem weist die mit den unilateralen Maßnahmen notwendigerweise einhergehende Zurückverlegung von bisher vorne präsenten sowjetischen Kräften und Waffensystemen, z.B. von 5300 Panzern aus der DDR, ČSSR und Ungarn nach hinten in die zweite Staffel[98], darauf hin, daß es die Sowjetunion grundsätzlich auch mit dem in ihrem Wiener VKSE-Vorschlag enthaltenen Gedanken der Umdislozierung zur Herstellung mehr defensiver Verteidigungsstrukturen ernst meinen dürfte.

Insgesamt muß eine dynamisch angelegte Bewertung dieser Entwicklung auch die neuen, stärker defensiven Akzentsetzungen im strategischen, operativen und taktischen Denken sowjetischer Sicherheitsexperten im Auge behalten, deren Stellenwert jedoch angesichts einer weiterhin strittigen innersowjetischen Diskussion noch nicht eindeutig ist. Von großer Bedeutung wäre es daher, wenn die Sowjetunion mit Blick auf die strategische und operative Handlungsebene autoritativ und glaubwürdig einen Verzicht auf bisherige Offensivkonzepte erklären und in ihren Führungsvorschriften den Angriff nur noch als Mittel für begrenzte taktische Gegenstöße vorsehen würde. Die bei den Wiener Verhandlungen über vertrauens- und sicherheitsbildende Maßnahmen (VVSBM) vorgesehenen Gespräche über Militärdoktrinen und Strategien könnten der Sowjetunion einen angemessenen Rahmen für entsprechende

---

96 Rede Ševardnadzes, in: Pravda, 7. 3. 1989. Nach Angaben des amerikanischen Experten Ph. Karber, der in Moskau ein spezielles Briefing erhielt, werden die Panzer in den Panzerdivisionen von 328 auf 270, in den Mot-Schützendivisionen von 270 auf 160 reduziert. Dies entspricht den Prozentangaben des sowjetischen Außenministers; The Wall Street Journal, 14. 3. 1989, S. 2.
97 Grundsatzartikel Mojseevs, in: Krasnaja zvezda, 23. 2. 1989.
98 Nach sowjetischen Angaben werden insgesamt 5000 Panzer vernichtet, weitere 5000 verschrottet bzw. ziviler Nutzung zugeführt und 5300 vermutlich neuere Panzer nach hinten verlegt, wobei bisher unklar ist, in welche Wehrbezirke. Siehe u.a. Th. Enders, a.a.O., S. 97 (Anm. 94).

Erläuterungen bieten, um die Glaubwürdigkeit ihrer Vorschläge zu Abrüstung und Rüstungskontrolle bei der VKSE zu untermauern.

VI. Ausblick

Eine integrale Bewertung der aktuellen sowjetischen Abrüstungs- und Rüstungskontrollpolitik, ihrer Konzeption, der dahinter stehenden komplexen Motive sowie der bisher angekündigten und ersten praktischen Schritte führt zu dem Schluß, daß es sich hierbei um eine in die Reformentwicklung eingebettete längerfristige Linie handelt, die der berechtigten westlichen Interessenlage durchaus entgegen kommt. Der Westen hat – seit dem Harmel-Konzept von 1967 – den Abbau von militärischer Konfrontation in Europa sowie eine zunehmende Zusammenarbeit über die Systemgrenzen hinweg als zwei sich wechselseitig befruchtende Prozesse auf dem Weg einer schrittweisen Überwindung der Teilung Europas gesehen. Die Ergebnisse des Wiener KSZE-Folgetreffens haben einen sich auch in vielen anderen Bereichen abzeichnenden Wandlungsprozeß in Europa bestätigt. Die überkommene Stabilität, die paradoxerweise lange Jahre auf der Konfrontation zwischen den beiden Bündnissen beruhte, befindet sich in einem tiefgreifenden Wandlungsprozeß hin zu einer neuen, höherwertigen Beständigkeit der Kooperation. Die Sowjetunion fördert diese Entwicklung. Außenminister Ševardnadze sprach infolgedessen bei der Eröffnung der Wiener Verhandlungen am 6. März 1989 davon, daß »wir nicht einfach Verhandlungen über die Reduzierung von Truppen und konventionellen Rüstungen sowie über vertrauensbildende Maßnahmen beginnen, sondern wir beginnen mit der Überwindung der Teilung Europas«.[99]

Dieser Prozeß beinhaltet angesichts der heterogenen inneren Entwicklungen im Osten nicht nur Chancen für eine systemübergreifende und zunehmend systemöffnende Kooperation, sondern auch die Gefahr schwer kalkulierbarer Instabilitäten. Dies erfordert ebenfalls auf westlicher Seite ein integrales politisches Konzept, um diesen komplizierten Wandlungsprozeß konstruktiv zu begleiten und konservativen Kräften im Osten eine Rückkehr zur früheren Politik des Antagonismus zwischen den Systemen zu erschweren. Die westliche Bereitschaft zur Abrüstung und Rüstungskontrolle hat in diesem Konzept neben einem breit angelegten Kooperationswillen einen zentralen Platz. Sicherheitspolitisch geht es für den Westen dabei um die perspektivische Frage, ob sich Mittel- und Osteuropa von einem strategischen Aufmarschgebiet der Sowjetunion gegenüber Westeuropa zu einem Gürtel der Kooperation nach Osten und Westen hin entwickeln kann, der den berechtigten sicherheitspolitischen Interessen der östlichen Führungsmacht hinreichend Rechnung trägt.

---

99 Rede des sowjetischen Außenministers, in: Pravda, 7. 3. 1989.

Dieser Wandlungsprozeß wird äußerst fragil verlaufen, und er darf, wenn er vorankommen soll, von keiner Seite durch unrealistische Forderungen oder Konzeptionen belastet werden. Für den Westen bedeutet dies insbesondere eine Respektierung der geostrategischen Interessenlage der Sowjetunion, jedoch wie bisher kein Schweigen zur Art und Weise der sowjetischen Herrschaftsausübung in Mittel-Osteuropa. Die KSZE-Schlußakte und die Ergebnisse der Folgetreffen bieten nicht nur einen Rahmen für Kooperation, sondern auch für eine legitime Einflußnahme undKritik des Westens. Die Sowjetunion muß hingegen die europäisch-amerikanische Sicherheitsgemeinschaft in allen ihren Komponenten, d. h. einschließlich der nuklearen Sicherheitsgarantie der USA, sowie den westeuropäischen Integrationsprozeß zweifelsfrei akzeptieren. Nur unter Berücksichtigung dieser beiden zentralen politischen Prämissen werden Ost und West in Europa zu qualitativ neuen Formen gegenseitiger Sicherheit, zu stabilem wechselseitigem Vertrauen und zu einer dauerhaften Entfaltung kooperativer Sicherheitsstrukturen gelangen. Zum ersten Mal in der Nachkriegsgeschichte sind Chancen hierfür herangereift. Sie zu nutzen, erfordert konzeptionellen Mut und politische Gestaltungskraft auf beiden Seiten.

Heinz Timmermann

Sowjetunion und Westeuropa: Perzeptionswandel und politische Neuausrichtung

I. Neue Rahmenbedingungen für die Außenbeziehungen der UdSSR

Auf dem Friedensforum in Moskau vom Februar 1987 macht KPdSU-Chef Gorbatschow eine richtungsweisende Bemerkung. Die neue Führung sei bei der Gestaltung ihrer Außenpolitik zu Schlußfolgerungen gelangt, »die uns zwangen, bestimmte Dinge zu überprüfen, die früher als Axiome galten«.[1] Dies verwies auf zukünftige weitreichende Änderungen in Stil und Substanz der sowjetischen Außenbeziehungen.

In den »Thesen« zur 19. Unionsparteikonferenz vom Juni 1988 wurde die sowjetische Außenpolitik erstmals einer scharfen Gesamtkritik unterzogen. Die internationale Strategie der UdSSR sei in der Vergangenheit von »Dogmatismus und subjektivem Herangehen« gekennzeichnet gewesen, heißt es dort. Dies habe dazu geführt, daß sie »hinter grundlegenden Veränderungen in der Welt zurückgeblieben« sei und daß »neue Möglichkeiten für eine Verringerung der Spannung sowie für eine bessere Verständigung der Völker nicht in vollem Maße genutzt wurden«. Insbesondere seien im Kampf um das militärstrategische Gleichgewicht Chancen verpaßt worden, »die Sicherheit des Staates durch politische Mittel zu gewährleisten«. Statt dessen habe sich die UdSSR zum Schaden ihrer sozialökonomischen Entwicklung und ihrer internationalen Position auf ein Wettrüsten eingelassen.[2]

In gleichem Sinne äußerte sich kurz darauf auch Außenminister Ševardnadze auf einer wissenschaftlich-praktischen Konferenz vor 900 Mitarbeitern des Partei- und Staatsapparats sowie einer Reihe politikberatender Institute. Unter den für die Gestaltung der Außenpolitik Verantwortlichen gebe es in der Sowjetunion noch immer schädliche Vorstellungen aus der vergangenen Periode, betonte Ševardnadze – Vorstellungen, die bedingt seien »durch konfrontative Ansätze sowie durch administrative, dirigistische und dogmatisch ideologische Verhaltensmuster«.[3]

---

1 Pravda, 17. 2. 1987.
2 Pravda, 27. 5. 1988. Ähnlich Gorbatschow in seinem Eröffnungsreferat auf der Unionsparteikonferenz, in: Pravda, 29. 6. 1988.
3 Seine Rede ist abgedruckt in: Meždunarodnaja žizn' (Moskau), 9/1988, S. 3–39, hier S. 11.

Vor dem Hintergrund selbstkritischer Überprüfung bisheriger Konzeptionen legen die Reformer in Moskau den Akzent heute eindeutig auf die Notwendigkeit einer Neuausrichtung in den internationalen Beziehungen, treten sie als Konsequenz eines »neuen Denkens« für die Entwicklung einer »neuen außenpolitischen Philosophie« ein.[4] Die Motive dieser Neuausrichtung sind komplexer Natur.[5] Zum einen hat die rapide Entwicklung der dritten industriellen Revolution in Amerika, Westeuropa und Asien den Rückstand der UdSSR im ökonomisch-technologischen Entwicklungsniveau weiter vergrößert, was in der sowjetischen Elite einen »gewaltigen psychologischen Schock« auslöste.[6] Aus der Sicht der Reformer in Moskau muß daher der Sanierung, Modernisierung und Leistungssteigerung der sowjetischen Wirtschaft absoluter Vorrang eingeräumt werden, wenn sichergestellt werden soll, daß die UdSSR insbesondere im Verhältnis zur konkurrierenden Supermach USA »ehrenvoll als eine große und gedeihende Macht in das neue Jahrtausend eintritt«.[7] Die Sowjetunion habe, heißt es bei Außenminister Ševardnadze, bislang »große materielle Investitionen in hoffnungslose außenpolitische Projekte« gesteckt und darüber die wissenschaftlich-technische Revolution sowie die strukturellen Wandlungsprozesse versäumt. Jetzt müsse die internationale Zusammenarbeit in Wirtschaft, Wissenschaft, Handel und Ökologie so gestaltet werden, daß sie »für unsere Wirtschaftsreformen maximalen Erfolg bringt«.[8] Hier liegt der eigentliche Kern für die Aussage Gorbatschows, wonach die internationalen Beziehungen der Sowjetunion »mehr denn je von der Innenpolitik und dem Interesse bestimmt sind, uns auf die schöpferische Arbeit und Vervollkommnung unseres Landes zu konzentrieren«.[9]

Wirkliche Relevanz gewinnen die Hinweise auf den Vorrang für die innere Perestrojka aber erst dann, wenn man sie in Beziehung setzt zu der wachsenden Einschätzung in Moskau, daß sich die Rahmenbedingungen der Systemkontroversen gegenüber früheren Perioden radikal gewandelt haben, und daß im Zeichen drängender globaler Probleme den gemeinsamen Menschheitsaufgaben – Stichwörter: Friede, Ökologie, Dritte Welt – Priorität vor Klassen-

---

4 So z. B. E. Primakov, Novaja filosofija vnešnej politiki, in: Pravda, 10. 7. 1987. ZK-Mitglied Primakov ist Direktor des Instituts für Weltwirtschaft und internationale Beziehungen (russ. Abk.: IMĖMO) der Akademie der Wissenschaften (AdW) der UdSSR.
5 Vgl. hierzu ausführlicher meinen Beitrag: Das Umdenken in der sowjetischen Außenpolitik, in: Politische Bildung (Stuttgart), 1/1989, S. 29–41. Siehe auch B. Meissner, »Neues Denken« und sowjetische Außenpolitik, in: Außenpolitik (Stuttgart), 2/1989, S. 107–125.
6 S. Bialer, »New Thinking« and Soviet foreign policy, in: Survival (London), 4/1988, S. 291–309, hier S. 293.
7 M. S. Gorbatschow, in: Pravda, 11. 12. 1984.
8 Rede vor Mitarbeitern des Außenministeriums, in: Vestnik Ministerstva Inostrannych Del SSSR (Moskau), 2/1987, S. 30–34, hier S. 31.
9 Rede auf dem Moskauer Friedensforum, Pravda, 17. 2. 1987. Ähnlich die Entschließung der 19. Unionsparteikonferenz, in: Pravda, 5. 7. 1988.

auseinandersetzungen einzuräumen ist. So gewinnt die Einsicht an Boden, daß gerade in Europa angesichts seines dichten Netzes von Atommeilern und chemischen Anlagen auch ein Konflikt mit konventionellen Waffen zu weitreichenden Zerstörungen, wenn nicht sogar zum Untergang des Alten Kontinents führen müßte.[10] Angesichts des Charakters moderner Massenvernichtungswaffen könne sich heute niemand mehr der Hoffnung hingeben, heißt es bei Gorbatschow, sich »allein durch militärtechnische Mittel zu schützen oder Überlegenheit über den potentiellen Gegner zu errüsten«. Hier sei entschiedenes Umdenken erforderlich, denn »die Gewährleistung der Sicherheit nimmt immer mehr den Charakter einer politischen Aufgabe an, deshalb kann sie nur mit politischen Mitteln gelöst werden«.[11]

Diese Prioritätenneuordnung bezog sich selbstverständlich auch auf die sowjetische Westeuropapolitik, deren mögliche Gestaltung hier untersucht werden soll. Im folgenden geht es zunächst um die Frage, welchen Stellenwert Westeuropa bei den Akzentveränderungen in der sowjetischen Außenpolitik einnimmt. Anschließend befaßt sich die Untersuchung mit der Neueinschätzung der Europäischen Gemeinschaft durch Moskau sowie mit zentralen Feldern konkreter Zusammenarbeit, darunter auch mit Aspekten und Problemen des von der Sowjetführung anvisierten »gemeinsamen europäischen Hauses«. Den Abschluß bilden einige Überlegungen zu den Risiken und Chancen verstärkter Zusammenarbeit aus westeuropäischer Sicht.

II. Westeuropa im Prioritätensystem der sowjetischen Außenpolitik

Das sowjetische Umdenken hat sich mittlerweile auf den Stil, die Substanz und sogar die ideologische Fundierung der Moskauer Außenpolitik erheblich ausgewirkt – nicht zuletzt im Verhältnis zu Westeuropa. Als Gebot der Zeit gilt den Reformern die »Entideologisierung« der zwischenstaatlichen Beziehungen: Angesichts der neuen globalen Herausforderungen, aber auch im Hinblick auf die wechselseitige Berücksichtigung der jeweiligen Interessen könne die Koexistenz »nicht mit Klassenkampf gleichgesetzt« werden, sei »der Kampf zweier entgegengesetzter Systeme nicht mehr die bestimmende Tendenz der gegenwärtigen Epoche«.[12]

---

10 In der EG gibt es insgesamt 121, in der UdSSR 50 Kernreaktoren.
11 Rechenschaftsbericht des ZK an den XXVII. KPdSU-Parteitag, in: Pravda, 26. 2. 1986.
12 So E. A. Ševardnadze 1988 auf der wissenschaftlich-politischen Konferenz, a.a.O., S. 15 (Anm. 3). Ausführliche Überlegungen zur Entideologisierung der zwischenstaatlichen und darüber hinaus der Außenbeziehungen überhaupt finden sich bei ZK-Mitglied Šachnazarov, Vostok-Zapad: K voprosu o deideologizacii mežgosudarstvennych otnošenij, in: Kommunist (Moskau), 3/1989, S. 67–78. Eine gegenteilige Position vertrat Politbüromitglied und ZK-Sekretär Ligačev, in: Izvestija (Moskau), 7. 8. 1988.

Am Prioritätensystem der sowjetischen Außenpolitik gegenüber dem Westen, wie es sich nach dem zweiten Weltkrieg herausgebildet hatte, hat dies allerdings wenig geändert und wird es voraussichtlich auch in Zukunft nicht tun.[13] Nach anfänglichem Zögern – die erste Reise ins westliche Ausland führte den neuen Generalsekretär im Oktober 1985 nach Paris – legte Moskau den Akzent wieder deutlich auf den Vorrang seines Verhältnisses zu Washington, den »Hauptopponenten und Hauptpartner« der UdSSR.[14] Die Vereinigten Staaten stellen die einzige Macht dar, die die Sowjetunion ernsthaft bedrohen kann, beide Staaten haben – so Gorbatschow während des Genfer Gipfeltreffens mit Reagan – aufgrund ihrer »gewaltigen Rolle« in den internationalen Beziehungen eine »riesige Verantwortung« für die Sicherung des Weltfriedens.[15] Die USA sind der entscheidende Faktor in den Verhandlungen über Rüstungskontrolle und Abrüstung. Relativ rasche Erfolge, aber auch wirkliche materielle Entlastung für die innere Modernisierung lassen sich nur im vorrangigen Dialog mit Washington erreichen. Auch das sowjetische Bemühen um verstärkte Einschaltung in die Weltwirtschaft und um umfassenden Ost-West-Technologietransfer sind abhängig von positiven Entwicklungen der politischen Großwetterlage, die wiederum ganz entscheidend vom Verhältnis der beiden Supermächte bestimmt wird.[16]

Schließlich lag die Priorität für die USA auch im Interesse einer langfristig angelegten, stabilen Politik gegenüber Westeuropa: Im Zeichen eines eher konfrontativen Verhältnisses zu den Vereinigten Staaten hätten diese die sowjetische Westeuropapolitik leicht paralysieren können. Die Normalisierung und Verdichtung der Beziehungen Moskaus zu Washinton dagegen bot aus sowjetischer Sicht bessere Grundlagen für eine gleichzeitige Intensivierung der europäischen Richtung. Mittlerweile, so wird in Moskau erläutert, seien diese

---

13 Vgl. hierzu den – auf der erwähnten Konferenz im sowjetischen Außenministerium erstatteten – zusammenfassenden Schlußbericht des Ersten Stellvertretenden Außenministers Kovalev über die Diskussionen zum Thema »Die Prioritäten der Außenpolitik der UdSSR« (die Konferenz war in Arbeitsgruppen unterteilt worden), in: Meždunarodnaja žizn', 7/1988, S. 36–39.

14 So der Stellvertretende Außenminister Bessmertnych, Die Kunst des Möglichen, in: Neue Zeit (Moskau), 46/1987, S. 6. Vgl. hierzu auch: Perspektivy razvitija Sovetsko-amerikanskich otnošenij pri administracii Buša, Studie der Nordamerika-Abteilung des IMÈMO, in: Mirovaja èkonomika i meždunarodnye otnošenija (Moskau), (hinfort MÈMO), 4/1989, S. 31–38. Zu den amerikanisch-sowjetischen Beziehungen vgl. H. Adomeit, Gorbatschows Westpolitik: Vorrang für die Beziehungen zu den Vereinigten Staaten, in: Osteuropa (Aachen), 12/1988, S.1091–1105.

15 Pravda, 22. 11. 1985; ähnlich auf dem Gipfeltreffen in Washington, Pravda, 10. 12. 1987.

16 »Die Verbesserung der Beziehungen zwischen der UdSSR und den USA führte eine Wende im gesamten Weltprozeß herbei«, betonte Gorbatschow in seiner Kiewer Rede, in: Pravda, 24. 2. 1989.

Grundlagen so stabil, daß sie auch bei Rückschlägen im Verhältnis zu den USA nicht ohne weiteres zerstört werden könnten.[17]

Tatsächlich verband die Sowjetführung das Anknüpfen an das traditionelle Prioritätsverhältnis zu den USA zunehmend mit einer deutlichen Hinwendung zum »Machtzentrum« Westeuropa als zweitem Schwerpunkt vor der asiatisch-pazifischen Region. So bezeichnete Gorbatschow in seinem Bericht an den XXVII. Parteitag der KPdSU vom Februar/März 1986 die europäische Richtung nicht zufällig als »eine der wichtigsten in ihrer internationalen Tätigkeit«.[18] Diese Charakterisierung fand ihre konkrete Bestätigung darin, daß der Generalsekretär nach der Verdichtung der Beziehungen zu den USA auf den Gipfeltreffen von Genf (1985), Reykjavik (1986), Washington (1987) und Moskau (1988) für 1989 mit Irland, Großbritannien, Frankreich, der Bundesrepublik Deutschland und Italien gleich fünf Länder der Europäischen Gemeinschaft in sein Besuchsprogramm aufnahm. Ganz bewußt bezeichnete dabei Politbüromitglied Jakovlev im Blick auf das projektierte »gemeinsame europäische Haus« die Bundesrepublik als einen der »Ecksteine zum Fundament dieses Hauses«.[19] In vielerlei Hinsicht betrachtet man in Moskau in seinen Beziehungen zur westlichen Welt die Bundesrepublik Deutschland als wichtigsten Partner nach den USA.

Die Motive für die Intensivierung der Beziehungen zu den Westeuropäern liegen zum einen in dem Bewußtsein der Sowjetführung darüber, daß diese sich an den Verhandlungen über konventionelle Abrüstung – und die damit verbundene Problematik der in Westeuropa stationierten nuklearen Kurzstreckensysteme – aktiver beteiligen werden als an den von den Supermächten bestimmten Absprachen über INF und START. Ganz offensichtlich geht es den

---

17 Hier wie in anderen Teilen dieser Analyse sind die Ergebnisse von Gesprächen eingeflossen, die der Autor im Juni und November 1988 in Moskau führte. Zu den Gesprächspartnern gehörten u. a. die Politiker Falin, Zagladin und Zuev (Stellvertretender Leiter der Internationalen Abteilung) sowie führende Mitglieder aus wichtigen politikberatenden Instituten: dem ZK-Institut für Marxismus-Leninismus, dem ZK-Institut für Gesellschaftswissenschaften sowie – aus dem AdW-Bereich – dem Institut für Weltwirtschaft und Internationale Beziehungen, dem Institut für USA- und Kanadastudien, dem Institut für die Wirtschaft des sozialistischen Weltsystems, dem Europa-Institut sowie dem Institut für die internationale Arbeiterbewegung.

18 Pravda, 26. 2. 1986. Ähnlich Ševardnadze vor Mitarbeitern des sowjetischen Außenministeriums, in: Vestnik Ministerstva Inostrannych Del SSSR, 3/1987, S. 3–6, hier S. 6. Vgl. dazu umfassend H. Adomeit, Gorbatschows Westpolitik: Die Beziehungen im »gemeinsamen Haus«, in: Osteuropa, 9/1988, S. 816–834 (dort auch Analysen über die Beziehungen der Sowjetunion zu den einzelnen Ländern); sowie meinen Beitrag: Die sowjetische Politik gegenüber Westeuropa, in: Sowjetunion 1986/87, hrsg. vom Bundesinstitut für ostwissenschaftliche und internationale Studien (im folgenden: BIOst), München/Wien 1987, S. 243–253.

19 Vortrag vor Mitgliedern der Deutschen Gesellschaft für Auswärtige Politik vom 9. 1. 1989 in Bonn (in hektographierter Form veröffentlicht von der DGAP, hier S. 28).

Sowjets darum, die Westeuropäer für das Konzept einer »gemeinsamen Sicherheit« mit dem Ziel einer Rückführung und schließlichen Beseitigung der nuklearen Komponente sowie einer Ausrichtung der konventionellen Streitkräfte auf reine Defensivstrukturen zu gewinnen.

Darüber hinaus ist die Intensivierung der Beziehungen zu den Westeuropäern von dem Streben Moskaus bestimmt, deren Ökonomie und Technologie noch stärker zur Modernisierung der sowjetischen Wirtschaft heranzuziehen – auch unter ökologischen Aspekten. Angesichts der für 1992 anvisierten Errichtung eines einheitlichen EG-Binnenmarkts und seiner Sogwirkung auf die umliegenden Länder wachsen in Moskau die Befürchtungen, daß die Zukunft Europas nicht von Bemühungen zum Aufbau eines »gemeinsamen europäischen Hauses« bestimmt wird, sondern im Gegenteil von der Zweiteilung in ein prosperierendes EG-Westeuropa einerseits sowie in ein krisengeschütteltes und zerfallendes RGW-Osteuropa andererseits. Botschafter Kwizinski bezeichnete eine solche Perspektive als »ernste Gefahr«: Wenn sich parallel zur EG-Integration nicht auch im RGW eine »echte Integration« durchsetzen lasse, so könne es geschehen, »daß die EG und durch sie wiederum die NATO alle europäischen Staaten aufsaugt«. Eine »Entwicklung zu gleichberechtigter und konstruktiver Zusammenarbeit zweier Systeme auf gesamteuropäischer Basis« werde es dann nicht geben.[20]

Im Westen werden die verstärkte Orientierung der Sowjetunion auf Westeuropa und ihre Initiativen zur Errichtung eines gesamteuropäischen »gemeinsamen Hauses« oft als Versuche gedeutet, Keile in die Atlantische Allianz zu treiben und die Westeuropäer letztlich von den USA abzukoppeln. Vor dem Hintergrund entsprechender Ansätze in der Breshnew-Periode sind solche Ansichten verständlich und legitim. Dennoch erhebt sich die Frage, ob sich diese Einschätzung im Zeichen des neuen Denkens und Handelns in Moskau heute so noch aufrechterhalten läßt. Viele Anzeichen deuten darauf hin, daß sich die sowjetische Führung eher darauf konzentriert, die an umfassender Ost-West-Kooperation traditionell stärker interessierten Westeuropäer dazu zu veranlassen, ihren gewachsenen Einfluß und ihr genuines Eigeninteresse *innerhalb* eines funktionsfähigen Bündnisses entschiedener zur Geltung zu bringen. Dies würde auch ihren Interessen entsprechen, daß die Prozesse innerer Reformen in Osteuropa in geordneten Bahnen und nicht explosionsartig mit all den damit verbundenen Gefahren ernsthafter Rückschläge für Ost-West-Entspannung und -Kooperation verlaufen.

So betrachten die Sowjets heute ganz offensichtlich stabile und konsensgeprägte Bündnisstrukturen nicht nur auf der eigenen, sondern auch auf westlicher Seite als notwendige Voraussetzung für einen Erfolg der laufenden Abrüstungsverhandlungen. Hatten sie früher den Pluralismus der Stimmen und Konzeptionen in der westlichen Allianz als Hebel differenzierender Politik willkommen geheißen und entsprechend genutzt, so scheinen sie jetzt eher eine

---

20 Rede auf der 19. Unionsparteikonferenz, in: Pravda, 3. 7. 1988. Ähnlich KGB-Chef Krjučkov, Meždunarodnaja zizn', 10/1988, S. 34–37, hier S. 35.

von Dialogbereitschaft und Interessenausgleich geprägte *einheitliche* Linie der westlichen Allianz vorzuziehen – nicht zuletzt deshalb, um die Konsensfähigkeit der eigenen Vorschläge im Westen zu gewährleisten und damit die Aussichten auf weitere Durchbrüche bei der Abrüstung zu verbessern. Aus dieser Sicht wandte sich Gorbatschow gegen eine »Auflockerung der Bündnisse«, weil dies »lediglich den Argwohn verstärken und die Abrüstung hemmen« würde.[21] Daher sei die Sowjetunion beispielsweise daran interessiert – präzisierte Botschafter Kwizinski –, daß die Bundesrepublik weiterhin fest in der NATO verankert bleibe, da dies eine Garantie für die Stabilität der territorial-politischen Strukturen in Europa bilde.[22] Aus dem Bereich ziviler Militärexperten schließlich wurde die US-Präsenz in Westeuropa sogar als »notwendig für das gegenwärtige und zukünftige System der europäischen Sicherheit« bezeichnet: Wenn sich die Vereinigten Staaten zurückzögen, so »könnte dies die Lage in Westeuropa destabilisieren und Ängste bei einigen Staaten hervorrufen«.[23]

Ganz ähnlich argumentieren die Reformer in Moskau, wenn es darum geht, die Westeuropäer für die Vision eines »gemeinsamen europäischen Hauses« zu gewinnen. Hatten sie in der Anfangsphase mitunter noch den Eindruck erweckt, als gehörten die Vereinigten Staaten aus ihrer Sicht historisch und kulturell eigentlich gar nicht zu Europa, so betonen sie heute, daß sie sich »den europäischen Friedensprozeß ohne Teilnahme der Vereinigten Staaten und Kanadas nicht vorstellen« könnten.[24] Dabei wird in Moskau auf die kriegsbedingte Präsenz der USA in Europa sowie darauf verwiesen, daß diese dort »politisch, wirtschaftlich und kulturell sehr stark integriert sind«.[25] Darüber

---

21 Anläßlich eines Treffens mit US-Senatoren und Wissenschaftlern in Moskau, Pravda, 12. 3. 1988.
22 Interview mit der Augsburger Allgemeinen vom 7. 3. 1989 sowie in seiner Rede vor einem außenpolitischen Kongreß der CDU, in: Sowjetunion heute (Köln/Bonn), 5/1988, S. XIII–XVI, hier S. XIV. Ähnlich Gorbatschow in seinem Buch »Perestrojka«: Die Sowjetunion sei an der Sicherheit der Bundesrepublik interessiert, denn »wenn die BRD nicht gefestigt wäre, könnte es keine Hoffnung auf Stabilität für Europa, und somit für die ganze Welt, geben«, in: Perestrojka: Die zweite russische Revolution. Eine neue Politik für Europa und die Welt, München 1987, S. 262.
23 S. Karaganov in Brüssel, zitiert nach rtr, 24. 11. 1988. Karaganov ist Stellvertretender Direktor des Moskauer Europa-Instituts der AdW. Ähnlich sowjetische Experten auf einer Tagung des Bergedorfer Gesprächskreises in Bonn, vgl. Die Welt (Hamburg), 5. 12. 1988.
24 Gorbatschow gegenüber dem SPD-Vorsitzenden H. J. Vogel, Radio Moskau, 11. 4. 1989. Man müsse in dieser Hinsicht realistisch sein, sonst gebe es »keinen fruchtbaren Prozeß, sondern einen Haufen Abfall«, betonte Gorbatschow zum gleichen Thema gegenüber dem irischen Premierminister Haughey in Shannon, Radio Moskau, 2. 4. 1989.
25 M. Amirdžanov, M. Čerkasov, Ėtaži obščeevropejskogo doma, in: Meždunarodnaja žizn', 11/1988, S. 28–38, hier S. 31. In diesem Sinne sprach Politbüromitglied Jakovlev von »unverbrüchlichen Bindungen, die zwischen Westeuropa und den USA entstanden seien, a.a.O., S. 26 (Anm. 19).

hinaus wird auch – mit positiver Akzentuierung – hervorgehoben, die USA und Kanada seien »bereits in den gesamteuropäischen Prozeß ›hineingewachsen‹, so daß sie selbstverständlich an der Ausarbeitung des europäischen Projekts teilnehmen sollten«.[26]

Die Bereitschaft der sowjetischen Führung, die Teilnahme der Nordamerikaner bei der Errichtung des »gemeinsamen europäischen Hauses« als historisch legitim und politisch nützlich zu bewerten, hat mehrere Gründe. Zum einen soll sie dazu dienen, die *eigene* Beteiligung an diesem Proezß zu legitimieren. Nicht zufällig unterstrich Gorbatschow auf einem Treffen mit hochrangigen Vertretern der Trilateralen Kommission, daß *beide* Supermächte »vollwertig am gesamteuropäischen Prozeß teilnehmen«.[27] Darüber hinaus wurzelt sie in der Befürchtung, daß Versuche zu einem Herausdrängen der USA aus Westeuropa nicht nur unerwünschte Instabilitäten in *ganz* Europa nach sich ziehen, sondern auch Tendenzen verstärken könnten, die UdSSR ihrerseits aus Osteuropa herauszudrücken. Schließlich betrachtet die sowjetische Führung die Teilnahme der USA am gesamteuropäischen Prozeß deshalb als notwendig, weil sie sich überzeugt hat, daß *die Westeuropäer selbst* ein hohes Interesse an einer Festigung der Verbindungen zu Washington haben. Würde man die USA aus den Reihen der Erbauer des »gemeinsamen Hauses« ausschließen, heißt es, so »liefe die ganze Idee Gefahr, zur Totgeburt zu werden«.[28]

Der zuletzt genannte, von erfolgsorientiertem Realismus inspirierte Gedanke unterstreicht das Bestreben Moskaus, im Zeichen des neuen Denkens in der Außenpolitik die besonderen Interessen der Westeuropäer stärker als früher in Rechnung zu stellen. Er ist zugleich symptomatisch für die von der sowjetischen Führung propagierte Entideologisierung der Außenpolitik. Bis vor wenigen Jahren war es aus Moskauer Sicht ausschließlich die Bourgeoisie, die aufgrund ihrer spezifischen Klasseninteressen gegen den Willen der großen Mehrheit der Bevölkerung für enge Verbindungen Westeuropas zu den USA eintrat und die EG-Politik entsprechend ausrichtete. Heute dagegen geht man in Moskau davon aus, daß diese Linie auf breite Zustimmung in Westeuropa stößt und daher realistisch in das eigene politische Kalkül einbezogen werden muß.

---

26 Neues Denken bricht sich Bahn, Interview mit V. Žurkin, Direktor des Europa-Instutus der AdW, in: Sowjetunion heute, 2/1989, S. 45. In diesem Sinne begrüßte Außenamtssprecher Gerasimov den Besuch von US-Präsident Bush: Solche Kontakte »tragen zum Bau des ›gemeinsamen europäischen Hauses‹ bei«, TASS, 10. 5. 1989.
27 Vstreča M. S. Gorbačeva c predstaviteljami »Trechstoronnej komissii«, in: Pravda, 19. 1. 1989. Es handelte sich dabei u. a. um Kissinger, Giscard d'Estaing und den früheren japanischen Ministerpräsidenten Nakasone.
28 M. Amirdžanov, M. Čerkasov, a.a.O., S. 31 (Anm. 25).

III. Neueinschätzung der Europäischen Gemeinschaft

Wenn es stimmt, daß wechselseitige Wahrnehmungen von Motivationen, Aktionen und Prozessen für das politische Handeln oft eine wichtigere Rolle spielen als die tatsächlichen Prozesse selbst, so konnte der sowjetische Wandel in der Einschätzung von Interessen, Positionen und Entwicklungen in Westeuropa nicht ohne Einfluß auf die konkrete Linie gegenüber Westeuropa sowie gegenüber der Europäischen Gemeinschaft und deren wichtigsten Komponenten bleiben. Dies deutete sich bereits 1985 in der Bereitschaft Moskaus an, die EG nicht nur als Wirtschaftsgemeinschaft, sondern gleichermaßen als »politische Einheit« anzuerkennen und mit ihr »nach einer gemeinsamen Sprache auch in bezug auf konkrete internationale Probleme« zu suchen.[29] (Inzwischen (im August 1988) hat die Sowjetunion – nach Abschluß der »Gemeinsamen Erklärung« zwischen EG und RGW vom Juni 1988 – diplomatische Beziehungen zur Gemeinschaft aufgenommen, und sie bemüht sich intensiv um den Abschluß eines Handels- und Kooperationsabkommens mit Brüssel. Im Februar 1989 traf Außenminister Ševardnadze, einer Anregung der EG-Präsidentschaften folgend, in Moskau erstmals mit den dort akkreditierten Botschaftern der EG-Mitgliedsländer zusammen. Dabei charakterisierte er die Begegnung als »neue Ebene des Dialogs mit den Europäischen Gemeinschaften«. Zugleich übermittelte er ihnen eine Botschaft des Generalsekretärs, in der dieser den Wunsch nach »Entwicklung der Zusammenarbeit in allen Richtungen: in Politik, Handel und Wirtschaft, Wissenschaft, Ökologie sowie im humanitären Bereich« zum Ausdruck brachte.[30]

Die Neuausrichtung der Moskauer EG-Politik wurzelt primär gewiß in dem eingangs erwähnten Bestreben, die Westeuropäer als Modernisierungspartner intensiver als bisher zur Dynamisierung der sowjetischen Wirtschaft heranzuziehen und sich – wenn möglich mit Hilfe der Gemeinschaft – stärker in die internationale wirtschaftliche Arbeitsteilung einzuschalten. Schon heute wickelt die UdSSR 80% ihres Westhandels mit Westeuropa ab, ist der Ost-West-Handel vor allem *europäischer* Handel. So gesehen ist Westeuropa für die Sowjetunion unter ökonomischen Aspekten zweifellos »der Wunschpartner, da es kalkulierbarer ist als die USA, Kredite eher aus Westeuropa zu erhalten sind und die finanziellen Beziehungen zu Westeuropa ebenso wie die Wirtschafts-

---

29 Gorbatschow gegenüber dem damaligen italienischen Ministerpräsidenten Craxi, in: Pravda, 30. 5. 1985. In einer Rede vor Mitarbeitern des sowjetischen Außenministeriums kritisierte er wenig später die »dogmatische« Position der UdSSR gegenüber der EG und forderte, mit ihr hinfort »pragmatisch« und im Geist der neuen außenpolitischen Prinzipien zu verkehren, in: Vestnik Ministerstva Inostrannych Del SSSR, 1/1987, S. 4–6, hier S. 6.
30 Pravda, 8. 2. 1989.

beziehungen weniger starken politischen Schwankungen und/oder politischer Einflußnahme ausgesetzt sind als die Beziehungen zu den USA«.[31]

Zugleich muß jedoch berücksichtigt werden, daß die sowjetische Neubewertung der Gemeinschaft auch ein Ergebnis der außenpolitischen Entideologisierung ist: In ihrer Radikalität und langfristigen Anlage wäre sie kaum denkbar ohne eine grundsätzliche Neueinschätzung der EG-Integrationsprozesse, der Rolle der Gemeinschaft nach außen sowie schließlich ihrer Akzeptanz durch die große Bevölkerungsmehrheit in den Mitgliedsländern. Dieses Umdenken, diese von Ševardnadze eingeforderte realistische Analyse und Prognose der EG-Integrationsprozesse[32] fanden ihren Niederschlag in einer Reihe bemerkenswerter Beiträge sowjetischer Experten. Sie sind geprägt von einem konstruktiven Herangehen an das Phänomen Europäische Gemeinschaft und sogar von einer gewissen Faszination über die Tatsache, daß sich diese Integration trotz aller Rückschläge als irreversibel erwiesen hat und 1992 in der Errichtung eines einheitlichen Binnenmarkts münden soll. Denn dies widerlegt nicht nur langgehegte Thesen von der Unvermeidlichkeit innerimperialistischer Widersprüche, sondern hebt sich auch vorteilhaft von den Problemen der RGW-Integration in ihrer bisherigen Form ab. Das Interesse an der EG ist somit – ähnlich wie auf anderen Feldern – nicht zuletzt auch von dem Bestreben der sowjetischen Reformer geprägt, von der anderen Seite womöglich für die Probleme im eigenen Lager[33] und sogar im eigenen Lande (im Hinblick auf die Nationalitätenproblematik)[34] zu lernen.

Mittlerweile werden die EG-Integrationsprozesse in ihrer inneren und nach außen gerichteten Dynamik sowie in ihren Auswirkungen auf das anvisierte »gemeinsame europäische Haus« in einer Reihe politikberatender Institute der Akademie der Wissenschaften der UdSSR intensiv analysiert, darunter in dem 1987 eigens zu diesem Zweck gegründeten Europa-Insitut.[35] Federführend dabei ist freilich weiterhin das Moskauer Institut für Weltwirtschaft und internationale Beziehungen (IMÈMO), das mit rund 800 Wissenschaftlern größte

---

31 K. Voigt, Thesen zum Gemeinsamen Europäischen Haus, in: Perspektiven des Demokratischen Sozialismus (Marburg), 1/1989, S. 46–51, hier S. 49; vgl. H. Adomeit, Gorbatschows Westpolitik: Die Beziehungen im »gemeinsamen Haus«, in: Osteuropa, 9/1988, S. 821.
32 Konferenz im Außenministerium, a. a. O., S. 10 (Anm. 3).
33 So explizit Ju. Krasin auf einem Symposium führender sowjetischer Gesellschaftswissenschaftler: Problemy mirovogo obščestvennogo razvitija v svete novogo myšlenija, in: Rabočij klass i sovremennyj mir (Moskau, hinfort RKSM), 6/1988, S. 162–173, hier S. 167.
34 Vgl. dazu ZK-Mitglied E. Primakov, Regional'nyj chozrasčet: Opyt i problemy, in: Pravda, 7. 12. 1988.
35 Es ist auf insgesamt 150 Wissenschaftler angelegt und wird über eine eigene Zeitschrift verfügen. Die erste radikale Neueinschätzung allerdings lieferte Ju. Borko vom AdW-Institut für die Information auf dem Gebiet der Gesellschaftswissenschaften: O nekotorych aspektach izučenija processov zapadnoevropejskoj integracii, in: MÈMO, 2/1988, S. 35–50.

Institut aus dem Bereich der Politikberatung. Bereits 1957 und 1962 war es mit ausführlichen »Thesen« zur EG-Entwicklung hervorgetreten, die das Denken und Handeln der damaligen sowjetischen Politik sowohl ausgedrückt als auch in ihrer Richtung bestimmt hatten.[36] Inspiriert von der Aufforderung Ševardnadzes zu realistischer Analyse und Prognose wandte sich das IMEMO im Dezember 1988 erneut mit umfassenden 14 Thesen zum Thema »Die Europäische Gemeinschaft heute« an die Öffentlichkeit.[37] Da sie auch diesmal die sowjetische Linie explizieren – und in einigen Punkten möglicherweise antizipieren –, sollen sie hier etwas ausführlicher nachgezeichnet werden. In ihrer Substanz lassen sich die – mit präzisen Zahlen untermauerten – »Thesen« wie folgt umreißen:

1. Aus einem Konglomerat unterschiedlicher Länder »hat sich die Europäische Gemeinschaft zu einer engen wirtschaftlichen und politischen Staatenvereinigung, zu einem der führenden Zentren der gegenwärtigen Welt entwickelt«. Sie unterhält Beziehungen zu mehr als 130 Staaten und ist in den wichtigsten internationalen Organisationen vertreten. Ihre Integrationsprozesse vollziehen sich in die Breite und in die Tiefe, mit der Unterzeichnung der Einheitlichen Europäischen Akte (1986) tritt die Gemeinschaft in eine »neue Etappe ihrer Entwicklung« ein.

2. Als Triebkräfte der Integration wirken sowohl »objektive wirtschaftliche Prozesse als auch politische Faktoren unterschiedlicher Art«. Ungeachtet aller Rivalitäten und Widersprüche entwickeln die EG-Länder auch in der Außenpolitik gemeinsame Positionen, bildet sich unter ihnen eine »neue Kultur des Umgangs zwischen den Nationen und den Menschen« heraus.

3. und 4. Im Zuge der von Konkurrenz geprägten Integration des Marktes wird das System zwischenstaatlicher Regulierung, des kollektiven Einwirkens auf die wirtschaftlichen und sozialen Prozesse, der Integration in den Bereichen Wissenschaft, Bildung, Umweltschutz und menschliche Verbindungen immer mehr vervollkommnet. Bei allen Problemen erlangte die Gemeinschaft somit in der Koordinierung ihrer Wirtschaftspolitik und der Ausarbeitung gemeinsamer Aktionen »ein höheres Niveau als irgendeine andere Region in der Welt«.

5. und 6. Der Ausbau der EG-Institutionen verschafft der Gemeinschaft – auch im Himblick auf die Außenpolitik – einen »effektiven Einfluß auf Wirtschaft und Politik ihrer Mitgliedsländer«. Die damit verbundene Integration hat zur »Entwicklung der Produktivkräfte sowie dazu beigetragen, die Arbeitsbedingungen zu verbessern und den Lebensstandard der Arbeitnehmer zu erhöhen«. Allerdings verzeichnet die Gemeinschaft zugleich die höchste

---

36 Vgl. dazu das Standardwerk von E. Schulz, Moskau und die europäische Integration, München/Wien 1975, hier S. 75 ff.

37 Evropejskoe soobščestvo segodnja: Tezisy Instituta mirovoj ėkonomiki i meždunarodnych otnosenij AN SSSR, in: MĖMO, 12/1988, S. 5–18. Die Bedeutung des Instituts geht auch daraus hervor, daß es 1983–1985 von Politbüromitglied und ZK-Sekretär Jakovlev geleitet wurde, dem Vorsitzenden der ZK-Kommission für Internationale Politik.

Arbeitslosenrate (16 Mio. Menschen) unter den entwickelten kapitalistischen Ländern.

7. Die EG-Integration hat den »Eurokonsens« unter den in den Ländern der Gemeinschaft verankerten politischen Parteien verbreitet – auch unter den Kommunistischen Parteien, von denen nur einige wenige den Austritt aus der EG betreiben. EG-weit formierte sich eine Reihe von Verbänden – der Unternehmer, Landwirte, Gewerkschaften und anderer sozialer Gruppen –, die ihre Vorstellungen über den Wirtschafts- und Sozialrat der Gemeinschaft zur Geltung bringen. In dem Maße, wie sich die Integrationsprozesse weiterentwickeln, entstehen in der Gemeinschaft »materielle und andere Voraussetzungen zur Vertiefung der internationalen Solidarität der westeuropäischen Arbeitnehmer«.

8. und 9. Widersprüche innerhalb der EG nehmen nicht den Charakter offener Konfrontation an, sondern werden auf dem Kompromißweg gelöst. Auf dieser Grundlage entwickelte die Gemeinschaft eine gemeinsame Außenhandelspolitik, die die Interessen anderer westeuropäischer Staaten berührt und diese veranlaßt, über eine Assoziation oder sogar einen Beitritt zur EG nachzudenken. Für die neutralen Staaten ist dies allerdings »mit einem ernsten politischen Risiko verbunden«.

10. Die Schaffung der Gemeinschaft beschleunigte die Entstehung eines »westeuropäischen Zentrums des Wettbewerbs« und ermöglicht damit »den Übergang der kapitalistischen Welt vom Monozentrismus zum Polyzentrismus«. Anders als zuvor traten die EG-Mitglieder gegenüber den USA und Japan in »gemeinsamer Front« auf und gewannen dabei »mehr als einen ›Handelskrieg‹«. Auf den Wirtschaftsgipfeln der sieben führenden westlichen Industriemächte ist die Gemeinschaft mit einem eigenen Repräsentanten vertreten. Sie »nimmt teil an der breitesten Wirtschaftszusammenarbeit im Weltsystem des Kapitalismus«.

11. Die EG unterhält eine Reihe kollektiver wirtschaftlicher und politischer Beziehungen zu den Staaten der Dritten Welt, insbesondere zu den 66 afrikanischen, karibischen und pazifischen Entwicklungsländern (AKP-Verbund). Die »vielseitigen Verbindungen einer großen Gruppe von Ländern, die für ihre Freiheit gekämpft haben«, mit der Gemeinschaft bilden »in gewissem Maße einen stabilisierenden Faktor in den internationalen Beziehungen«.

12. Wenn die EG global vor allem als Wirtschaftsmacht auftritt, so erweitert sie doch zugleich auch – in einem Prozeß wechselseitiger Beeinflussung – die Beziehungen mit der sie umgebenden Welt. Dabei bildet das System der Europäischen Politischen Zusammenarbeit (EPZ) eine »prinzipiell neue Erscheinung in der internationalen Entwicklung«. Insgesamt stellt die »Aktivierung der international-politischen Tätigkeit« der Gemeinschaft »einen der wichtigsten Aspekte bei der Entstehung des westeuropäischen Zentrums des Kapitalismus« dar.

13. In bestimmten Kreisen der EG-Länder wird über die »Schaffung eines Mechanismus zur ›einheitlichen Verteidigung‹« diskutiert. In der öffentlichen Meinung gewinnt die Vorstellung an Boden, »daß es möglich (und sogar notwendig) ist, die Gemeinschaft in einer Weise zu transformieren, die deren

Umwandlung in ein Militärbündnis nicht ausschließt«. Die Frage über »Maßstab, Zeitperspektive und Formen der Entwicklung der westeuropäischen Integration in diese Richtung ist offen«. Das Streben Westeuropas nach Stärkung seiner militärischen Rolle wird »zu einem jener Faktoren, die die amerikanische Herrschaft im System der atlantischen Verbindungen unterhöhlen«. Zum anderen wird sie sich, wenn sie mit einer Erhöhung des Militärpotentials der EG einherginge, negativ auf die Beziehungen in Europa auswirken und die positiven Tendenzen zur Abrüstung untergraben.

14. Die Gemeinschaft kann zu einem aktiven Teilnehmer werden, wenn es darum geht, »das gesamte System wechselseitiger Verbindungen auf dem europäischen Kontinent umzugestalten«. In den EG-Integrationsprozessen »drückt sich eine grundsätzlich positive Tendenz aus zur Stärkung der gegenseitigen Beziehungen zwischen den Staaten, zur immer engeren Annäherung der dort lebenden Nationen und Völkerschaften, zur friedlichen Beilegung von Widersprüchen zwischen den Staaten und damit zur Beseitigung jener tiefliegenden Ursachen, aus denen militärische Konflikte und Konfrontation erwuchsen«. Daher könnte die Integration in Westeuropa zu einem »wichtigen, konstruktiven Faktor der international-politischen Entwicklung werden und einen wichtigen Beitrag zur Festigung des Friedens und zur Gewährleistung der allgemeinen Sicherheit leisten«.

Soweit die »Thesen« des einflußreichen Moskauer IMÉMO-Instituts vom Dezember 1988. Man kann darüber diskutieren, ob Westeuropa hier nicht zu einheitlich gesehen und damit als eigenständiger Faktor der Weltpolitik überschätzt wird. Unbestreitbar ist jedoch, daß die »Thesen« eine bemerkenswerte Abkehr von wichtigen, zum Teil sogar »klassischen« theoretischen und politischen Positionen Moskaus signalisieren. So rücken sie z. B. Lenins Imperialismusanalyse in den Hintergrund, die die Möglichkeit einer dauerhaften Interessenparallelität untereinander rivalisierender kapitalistischer Staaten und deren Friedensfähigkeit überhaupt ausschloß.

Dieser Einschätzungswandel ist ein wichtiger Faktor für den Abbau von Bedrohungsvorstellung und Feindbildern, für wechselseitige Berechenbarkeit und Vertrauensbildung als Grundlage des anvisierten »gemeinsamen europäischen Hauses«.[38] Dies gilt um so mehr, als die Neubewertung der EG-Integrationsprozesse von den Reformern in Moskau mit einer realistischeren Einschätzung der westlichen Systeme, ihrer Reformfähigkeit und ihrer Dynamik verbunden wird.[39] Gelegentlich geht das Umdenken sogar so weit, daß die

---

38 Vgl. hierzu R. Breitenstein, »Feindbilder« als Problem der internationalen Beziehungen, in: Europa-Archiv (Bonn), 7/1989, S. 191–198; sowie H. Ehmke, Feindbilder und politische Stabilität in Europa, in: Die Neue Gesellschaft/Frankfurter Hefte (Bonn), 12/1987, S. 1073–1078.
39 Auf diesen für die sowjetische Westeuropapolitik wichtigen Perzeptionswandel kann hier nicht näher eingegangen werden. Vgl. dazu beispielsweise Politbüromitglied Medvedev, K poznaniju socialisma, in: Kommunist, 17/1988, S. 3–18; Ju. Krasin, Rabočee dviženie v poiskach demokratičeskoj al'ternativy, ebenda, 14/1988, S. 65–

Institutionen der bürgerlichen Demokratie als »eine gewisse Barriere gegen die Entfesselung eines (lokalen oder globalen) Kriegs« charakterisiert werden.⁴⁰ Hierin kommt eine deutliche Absage an die traditionelle These zum Ausdruck, wonach die bürgerliche Demokratie und ihre Institutionen eher formale Instrumente darstellen und u. a. dazu dienen, aggressive und expansive Absichten der Bourgeoisie zugleich zu verschleiern und zu legitimieren.⁴¹

Die Neubewertung der Integrationsprozesse in Westeuropa, wie sie in den »Thesen« vorgenommen wird, gibt darüber hinaus aber auch Hinweise auf die *zukünftige Richtung* der sowjetischen Westeuropapolitik. Schon heute wird deutlich: Die realistische, konstruktive Analyse sowjetischer Experten beeinflußt in wachsendem Maße auch die Konzipierung und die konkrete Politik Moskaus gegenüber Westeuropa. Dies gilt für die Sicherheitspolitik und die Wirtschaftsbeziehungen ebenso wie für die Dritte-Welt-Problematik. So dürfte etwa die Erkenntnis, daß die Westeuropäer im Rahmen der Atlantischen Allianz eine größere Verantwortung für die eigene Sicherheit anstreben und dabei in ihrer Mehrheit zugleich für eine Beschleunigung der »Bewegungsdynamik« (Gorbatschow) in den Ost-West-Beziehungen eintreten, zu einer noch stärkeren Berücksichtigung von deren spezifischen Interessen beitragen. Im Hinblick auf die Dritte Welt wiederum könnte die Feststellung der »Thesen«, wonach die EG mit ihren engen politischen Beziehungen zu einer Vielzahl dieser Länder und mit ihrer ihnen gewährten Wirtschaftshilfe einen global »stabilisierenden Faktor« bildet, zu einer engeren Zusammenarbeit auf diesem Felde führen.

Schließlich verweist der Paradigmenwechsel der KPdSU im Verhältnis zu den politischen und sozialen Kräften in Westeuropa allgemein und hier speziell zu den Kommunisten darauf⁴², daß die sowjetische Führung aus der realistischeren Analyse der EG-Integrationsprozesse politisch-programmatische Konsequenzen zieht. In der Breschnew-Periode fanden jene Parteien Lob und Anerkennung, die wie die Französische KP (FKP) und die KP Portugals die Integration ablehnten; jene Parteien dagegen, die sich wie die Italienische KP

76; Ju. Borko, O mechanizmach samorazvitija sovremennogo kapitalizma, ebenda, 15/1988, S. 105–115; sowie die Aufsätze von A. Galkin und G. Ardeev, in: RKSM, 4/1988, S. 22–32 bzw. S. 33–42. Auf entsprechende Aspekte des Perzeptionswandels verweist auch O. Alexandrova, Die neuen sozialen Bewegungen im Westen aus der Sicht der sowjetischen Ideologie und Gesellschaftswissenschaft, in: Berichte des BIOst, 57/1988.

40 V. Žurkin, S. Karagonov, A. Kortunov, Vysovy bezopasnosti – starye i novye, in: Kommunist, 1/1988, S. 42–49, hier S. 45.

41 Bei seinem Moskau-Besuch hat Bundeswehr-Generalinspekteur Wellershoff ein solches Umdenken ausdrücklich angemahnt. Nach Wellershoffs Worten bietet das »Wesen offener, parlamentarischer Demokratie« die Gewähr dafür, daß ein Angriffskrieg des Westens »nicht nur theoretisch, sondern auch praktisch ausgeschlossen ist«. In diesem System liege für Moskau die größte Versicherung: »Angriffskrieg ist in Demokratien westlicher Prägung nicht mehrheitsfähig und darum nicht möglich«, zitiert nach: Kölner Stadtanzeiger, 5. 5. 1989.

42 Siehe dazu weiter unten, S. 354 ff.

(IKP) und die KP Spaniens für eine Vertiefung der Integration sowie für eine aktivere, eigenständigere Rolle der Gemeinschaft engagierten, trafen in Moskau auf scharfe Kritik und wurden bezichtigt, dem Imperialismus in die Hände zu spielen.[43]

Seit kurzem hat sich diese Position geradezu in ihr Gegenteil verkehrt. Die IKP findet bei der sowjetischen Führung auch deshalb erhöhte Aufmerksamkeit, weil sie sich seit langem für einen entspannungs- und reformorientierten Ausbau der Gemeinschaft einsetzt und als relevante politische Kraft einen entsprechenden Einfluß in Rom und Straßburg ausübt. Die Ablehnungsfront dagegen stößt in Moskau auf zunehmendes Unverständnis. Der Beitritt Portugals zur Gemeinschaft demonstriert, so heißt es beispielsweise, daß das Land damit »seine politische Unabhängigkeit nicht eingebüßt hat und die Selbständigkeit seiner Positionen in der EG und der NATO aufrechterhält«. Überhaupt könnte sich Portugal ohne Integration unter den kapitalistischen Industriestaaten nicht behaupten und wäre zu »noch größerer wirtschaftlicher und wissenschaftlich-technischer Rückständigkeit verurteilt«. Diese Position steht in direktem Gegensatz zur Analyse der KP des Landes.[44]

So sprechen auch hier viele Anzeichen dafür, daß die Reformer in Moskau Westeuropa nicht destabilisieren und spalten wollen, sondern die Integrationsprozesse im Zeichen neuen politischen Denkens und Handelns für eine Politik des Wettbewerbs, der wechselseitigen Beeinflussung und der erfolgsorientierten Zusammenarbeit zu nutzen wünschen. Gewiß ist diese Linie – wie der Charakter und die Zielrichtung der Außenpolitik insgesamt – in der sowjetischen Führung weiterhin umkämpft. Das ist nicht verwunderlich, sind doch auch die Wirtschaftsmechanismen, die politischen Strukturen, die kulturelle Szene, die Deutung der Geschichte, ja überhaupt sämtliche Lebensbereiche in der UdSSR von einer Mehrgleisigkeit, von einem merkwürdigen Schwebezustand zwischen Altem und Neuem gekennzeichnet. Gerade die Offenheit der Entwicklungen in Moskau bietet den Westeuropäern jedoch günstige Chancen, diese positiv zu beeinflussen und damit zur Förderung konstruktiver Ost-West-Beziehungen beizutragen.

IV. Felder der Zusammenarbeit

Wenn die Reformer in Moskau im Zuge des Umdenkens seit 1988 endlich auch die Außenpolitik zunehmend aus der Tabuzone herausheben und teilweise

---

43 Vgl. hierzu meinen Beitrag: Moskau und die Eurokommunisten, in: Politische Bildung, 1/1979, S. 21–36.
44 T. Schawrowa, Integration und Dogmen, in: Neue Zeit, 9/1989, S. 19. Zur Einschätzung der KP Portugals vgl. C. Brito, Neue Antworten auf die Herausforderung unserer Zeit, in: Probleme des Friedens und des Sozialismus (Prag), 4/1989, S. 505–511. Zur sowjetischen Neubewertung von Programm und Politik der Parteien in Westeuropa vgl. S. 354 ff.

scharfe Kritik an wichtigen Aspekten der Generallinie früherer Parteiführungen üben, so bezieht sich dies ganz wesentlich auf die Beziehungen zu Westeuropa. Außenamtssprecher Gerasimov bezeichnete die »Spaltung, die Aufteilung Europas« im Mai 1989 als »möglicherweise einen der größten Fehler unserer Vorgänger«.[45] Tatsächlich hatte Stalin Ende der vierziger Jahre die Fenster nach Europa fest zugenagelt und eine autarke Entwicklung des sozialistischen Lagers angestrebt. Ein besonders markantes Beispiel dafür ist die Ablehnung einer Teilnahme am Marshallplan und der entsprechende Druck auf die unter sowjetischen Einfluß geratenen Osteuropäer.[46]

Die nachfolgenden Führungen hatten dieses Abschottungskonzept zwar in wichtigen Bereichen modifiziert und seit Mitte der sechziger Jahre Anstöße für systemübergreifende Verständigung gegeben, die 1975 in der Verabschiedung der Schlußakte der Helsinki-Konferenz über Sicherheit und Zusammenarbeit in Europa kulminierten. Dabei hatten sie jedoch die Linie verfolgt, Angebote zu umfassender politischer und wirtschaftlicher Kooperation mit oft geradezu provozierender Mißachtung westeuropäischer Sicherheitsinteressen (Beispiel: Stationierung von 270 auf Westeuropa gerichteten SS-20-Mittelstreckenraketen seit 1977) und mit spektakulären Menschenrechtsverletzungen (Beispiel: Verbannung von Sacharov nach Gorki 1980) zu verbinden.

Seit der Amtsübernahme Gorbatschows hat die sowjetische Führung hier einen qualitativen Wandel eingeleitet – einen Wandel, der gerade auch gegenüber den Westeuropäern von »Stabilität«, »Interdependenz« und »friedlichem Wettbewerb« geprägt sein soll. Mit diesen Schlüsselworten der Perestrojka-Zeit wird zum einen das Streben Moskaus nach Interessenausgleich, wechselseitiger Beeinflussung sowie umfassender block- und systemüberwölbender Zusammenarbeit umschrieben, wird die Abschottung gegenüber Westeuropa als schädlich für die eigene Entwicklung verworfen. Viele Anzeichen – nicht zuletzt die Ergebnisse der Wiener KSZE-Folgekonferenz vom Januar 1989[47] – sprechen dafür, daß die sowjetische Führung ihr Verständnis von Interdependenz noch in eine andere Richtung entwickelt. Diese Richtung deutet auf einen Abschied von der *selektiven* Entspannung zugunsten der Einsicht hin, daß die politische und wirtschaftliche Zusammenarbeit nur dann Früchte tragen wird, wenn sie mit konkreten Schritten zur militärischen Berechenbarkeit und Vertrauensbildung sowie zur Gewährleistung elementarer Menschenrechte verknüpft wird.

Im Rahmen dieses mehrdimensionalen Herangehens bilden die Westeuropäer aus sowjetischer Sicht einen vorrangigen Bezugspunkt für Interdependenz und positiven Wettbewerb, zumal die Amerikaner – aufgrund der Weltmachtrivalität, aber auch infolge ihres tiefen Mißtrauens gegenüber dem Sowjet-

---

45 TASS, 10. 5. 1989.
46 Der ungarische KP-Chef Grósz bezeichnete es im Mai 1989 ausdrücklich als »Fehlentscheidung«, daß die damalige politische Führung die seinerzeit angebotene Marshallplan-Hilfe nicht angenommen habe, nach: Ungarischer Pressedienst (Wien), 44/1989.
47 Abgedruckt in Europa-Archiv, 5/1989, S. D133–D161.

system – über die Bereitschaft zu sicherheitspolitischem Ausgleich hinaus bislang wenig Neigung erkennen ließen, den inneren Wandel in der UdSSR mit einem umfassenden Durchbruch in den wechselseitigen Beziehungen zu honorieren (z. B. in der Wirtschaft).[48] Es gebe allen Grund zu der Annahme, betonte Gorbatschow gegenüber dem italienischen Ministerpräsidenten De Mita, daß die Europäer mit ihren entsprechenden Erfahrungen auf dem Wege zu umfassender Kooperation »als erste den Rubikon überschreiten« würden.[49]

Diese Einschätzung wird von der Analyse einflußreicher politikberatender Institute gestützt. Die EG werde gerade durch ihr wachsendes internationales Gewicht und ihr spezifisches Interesse an einer Weiterentwicklung der gesamteuropäischen Prozesse zu einem »neuen mächtigen Partner« für die Außenpolitik der UdSSR, heißt es an einer Stelle. Daraus wird die Empfehlung abgeleitet, die westeuropäische Richtung der sowjetischen Außenpolitik noch stärker als bisher zu betonen.[50] Wie äußert sich die Umorientierung auf zentralen Feldern der Moskauer Westeuropapolitik? Da hierauf ausführlich in anderen Beiträgen dieses Bandes eingegangen wird[51], beschränkt sich diese Analyse stichwortartig auf einige grundsätzliche Bemerkungen.

1. Sicherheitspolitik

Das eingangs erwähnte konzeptionelle Umdenken der Moskauer Reformer in der Sicherheitspolitik hat sich in Verbindung mit anderen Überlegungen sichtbar in dem Verhältnis zu den Westeuropäern niedergeschlagen. So hat das zunehmende globale Gewicht des »Machtzentrums Westeuropa« die sowjetische Führung dazu veranlaßt, in ihrer Sicherheitspolitik Westeuropa nicht länger als bloßes Anhängsel der USA zu betrachten, sondern dessen spezifische Eigeninteressen stärker zu berücksichtigen. Hinzu kommt ein weiterer, prinzipieller Konzeptionswandel: Während Moskau in der Breshnew-Ära einen Kurs verfolgte, bei dem ein Maximum an Sicherheit für die Sowjetunion mit einem Minimum an Sicherheit für Westeuropa korrespondierte, haben seit dem Amtsantritt Gorbatschows Vorstellungen an Boden gewonnen, wonach die Sowjetunion ein kooperatives Verhältnis zu den Westeuropäern nur bei einem Verzicht auf Versuche erreichen kann, Sicherheit auf deren Kosten zu erlangen. Möglicherweise würden die Westeuropäer noch einige Jahre brauchen, um auf den Moskauer Konzeptionswandel angemessen zu reagieren – heißt es –, doch »wir werden Euch helfen, daß die sowjetische Bedrohung verschwindet«.[52]

---

48 Vgl. dazu O. Alexandrova, Nach dem Moskauer Gipfeltreffen: Sowjetische Erwartungen und Enttäuschungen, in: Aktuelle Analysen des BIOst, 46/1988.
49 Pravda, 15. 10. 1989.
50 Posledstvija formirovanija edinogo rynka Evropejskogo coobščestva, Studie der Westeuropa-Abteilung des IMĖMO, in: MĖMO, 4/1989, S. 38–44, hier S. 43 f.
51 Vgl. die Beiträge von F. Bomsdorf/H. Adomeit, S. 261 ff., und G. Weiß, S. 297 ff., in diesem Band.
52 So der Stellvertretende Direktor eines wichtigen politikberatenden AdW-Instituts im November 1988 gegenüber dem Autor.

Anhaltspunkte für die Neuausrichtung ergeben sich nicht zuletzt aus deklarierten Änderungen der sowjetischen Militärdoktrin. In einer Reihe von Punkten läßt sich die Moskauer Führung dabei von Konzeptionen leiten, die zuerst im Westen und hier überwiegend von den Westeuropäern entwickelt wurden, z. B. im Hinblick auf das Konzept der »gemeinsamen Sicherheit«, der »vernünftigen Hinlänglichkeit«, der »defensiven Verteidigung«, der »asymmetrischen Abrüstung«, der »Kontrolle vor Ort«.[53] Zwar kann erst die Zukunft zeigen, ob und in welchem Ausmaß die sowjetische Führung tatsächlich bereit ist, diese Konzepte in einer für den Westen akzeptablen Weise zu implementieren. Ganz offensichtlich ist dies in Moskau auch weiterhin umkämpft. Immerhin akzeptierte die UdSSR auf der Stockholmer KVAE-Konferenz in den Bereichen »Vertrauensbildende Maßnahmen« und »Kontrolle vor Ort« Ergebnisse, die unverzichtbare westliche Bedingungen berücksichtigten und einen Einstieg für weitergehende Schritte zur militärischen Entspannung und zu größerer gegenseitiger Berechenbarkeit in Europa schufen.[54]

Den eigentlichen Test für die sicherheitspolitische Umorientierung der Sowjetunion gerade gegenüber den Westeuropäern bilden freilich die im März 1989 zwischen NATO und Warschauer Pakt eingeleiteten Wiener »Verhandlungen über konventionelle Streitkräfte in Europa« (VKSE). Im Kern geht es bei der konventionellen Abrüstung – dem aus sowjetischer Sicht »wichtigsten Problem« in den Beziehungen zu Westeuropa[55] – darum, die sowjetische Fähigkeit zu Überraschungsangriffen und raumgreifender Offensive abzubauen, alle konventionellen Waffensysteme auf ein vergleichbares und gleichgewichtiges Minimum herunterzurüsten und schließlich einen Zustand wechselseitiger »struktureller Angriffsunfähigkeit« herzustellen.[56]

Die sowjetische Führung scheint an einem Erfolg dieser komplizierten Verhandlungen ernsthaft interessiert, und zwar nicht nur deshalb, weil sich damit Perspektiven für eine von ihr anvisierte, im Westen jedoch umstrittene Dritte Nullösung (für die landgestützten Nuklearsysteme kurzer Reichweite) abzeichnen. Ihr Interesse wurzelt vor allem in der Erkenntnis, daß wirkliche materielle Entlastung zugunsten der inneren Modernisierung nur bei radikalen Reduzierungen im konventionellen Bereich möglich ist. In diesem Zusammenhang bildet die Ankündigung Gorbatschows zu einseitigen sowjetischen Abrüstungsschritten (in Europa: 240 000 Mann, 10 000 Panzer, 8500 Artille-

---

53 Siehe hierzu wie zum folgenden H.-H. Schröder, Gorbatschow und die Generäle, sowie: Die Verteidigungspolitik des UdSSR 1987–1989, in: Berichte des BIOst, 45/1987 bzw. 14/1989.
54 Vgl. dazu K. E. Birnbaum, Die KSZE nach der Stockholmer Konferenz als Rahmen für die Zusammenarbeit zwischen Ost und West in Europa, in: Europa-Archiv, 6/1987, S. 171–178.
55 So Kovalev in seinem Schlußbericht über »Die Prioritäten der Außenpolitik der UdSSR«, a.a.O., S. 38 (Anm. 13).
56 Zur sowjetischen Ausgangsposition eines entsprechenden Drei-Stufen-Plans vgl. die Rede Ševardnadzes zur Eröffnung der VKSE, in: Pravda, 8. 3. 1989.

riesysteme, 800 Kampfflugzeuge)[57] ein wichtiges *politisches* Signal. Bemerkenswerterweise wird es zunehmend durch entsprechende Hinweise auf die Entwicklungen in der (auch sonst als beispielhaft dargestellten) Periode der Neuen Ökonomischen Politik (NEP) der zwanziger Jahre bekräftigt. Damals seien die Streitkräfte – im Sinne der Leninschen Normen und aufgrund geschickter Diplomatie gegenüber der Außenwelt – von 5 Mio. auf 560 000 Mann reduziert und auf die Defensive ausgerichtet worden, heißt es in Moskau.[58] Was seinerzeit möglich war und Leninschen Normen entsprach, so die Botschaft an konservativ denkende Politiker und Militärs in den eigenen Reihen, sollte als Alternative zur Stalinschen Machtpolitik, die damals im Westen zu Recht als Bedrohung empfunden worden sei, heute erneut diskutiert werden.

Unterdessen scheint sich das Umdenken in Moskau auch auf die Perspektiven einer engeren sicherheitspolitischen Kooperation der Westeuropäer zu beziehen, wenngleich die Aussagen hierzu vage bleiben und Unsicherheit verraten. Auf der einen Seite werden die militärischen Implikationen der EG-Integration – und hier insbesondere die Ansätze zu einer institutionalisierten deutsch-französischen Kooperation im konventionellen Bereich[59] – weiterhin überwiegend negativ beurteilt. Das gleiche gilt für die Versuche zur Belebung der Westeuropäischen Union (WEU): Sie bilden ein Hindernis für die Überwindung der Spaltung Europas, heißt es dazu in einem Expertenbeitrag zum Charakter der Organisation.[60]

Andererseits betonen hochrangige sowjetische Politiker auf entsprechende Fragen, daß sie sich durch »die Vorstellung eines Westeuropa mit eigenen militärischen Strukturen nicht gestört fühlen und diesen Prozessen keine Hindernisse in den Weg legen wollen«. Voraussetzung sei allerdings, daß sich all dies in einer nicht-konfrontativen Weise vollziehe sowie mit Fortschritten bei der Abrüstung und der Ausrichtung auf die Defensive verbunden werde.[61] Da der Gedanke an eine engere Sicherheitskooperation der Westeuropäer sowjetischen Einschätzungen zufolge in den betroffenen Ländern ohnehin an

---

57 Rede vor der UNO, Pravda, 8. 12. 1988. Vgl. hierzu A. Krakau, O. Diehl, Die einseitigen konventionellen Rüstungsreduzierungen der UdSSR, in: Außenpolitik, 2/1989, S. 126–136.

58 Vgl. dazu z. B. V. Dašičev, Vostok-Zapad, Poisk novych otnošenij, in: Literaturnaja gazeta (Moskau), 20/1988, S. 14; sowie A. Savinkin, in: Moskovskie novosti (Moskau), 45/1988, S. 6.

59 Vgl. V. Vladimirov, A la recherche d'une »stratégie européenne«, in: Le Monde diplomatique (Paris), 406/1988. Vladimirov wird als Experte des sowjetischen Verteidigungsministeriums vorgestellt.

60 G. Burduli, Vosroždenie Zapadnoevropejskogo sojuza, in: MÉMO, 1/1989, S. 45–49, hier S. 49. Eine positivere Einschätzung findet sich bei A. Lebedew, Das Gespenst des Neutralismus? Oder warum Westeuropa nervös ist, in: Neue Zeit, 51/1987, S.8–11.

61 So ZK-Mitglied Zagladin auf einer Pressekonferenz zum Abschluß des De Mita-Besuchs in Moskau, nach: l'Espresso (Rom), 43/1988, S. 6–9, hier S. 8, und l'Unità (Rom), 16. 10. 1988.

Boden gewinnt[62], scheint es den Reformern in Moskau ganz offensichtlich sinnvoller – auch im Blick auf die im Wandel angestrebte Stabilität –, diese Prozesse eher mit dem Ziel einer Sicherheitspartnerschaft zu beeinflussen als sie zu bekämpfen.

2. *Wirtschaftsbeziehungen*

Bereits eingangs wurde darauf verwiesen, daß die sowjetische Führung die Westeuropäer – und hier insbesondere die Bundesrepublik, aber auch die Italiener – als vorrangige Partner für die Modernisierung ihrer Wirtschaft betrachtet. Dabei läßt sie sich vor allem von der Überlegung leiten, daß man in Westeuropa – dem größten westlichen Handelspartner der UdSSR – die Ausweitung der Wirtschaftsbeziehungen anders als in den USA[63] als stabilisierenden Faktor im Ost-West-Verhältnis sieht und ein genuines Eigeninteresse an einem Erfolg der Perestrojka entwickelt. Polemische Einschätzungen aus der späten Breshnew-Ära, wonach die hohen westlichen Kredite der siebziger Jahre an den Osten bewußt auf Verschuldung und Destabilisierung in dieser Region zielten, sind aus den Dokumenten sowjetischer Politiker und Experten völlig verschwunden. Im Gegenteil: Binnen weniger Wochen unterzeichnete die UdSSR im Herbst 1988 mit einer Reihe von EG-Mitgliedsländern (BR Deutschland, Frankreich, Italien, Großbritannien, Niederlande) Kreditabkommen über eine Summe von fast 10 Mrd. DM. Zugleich bemüht sie sich intensiv um den Abschluß eines Handels- und Kooperationsvertrags mit der Europäischen Gemeinschaft – nicht zuletzt mit Blick auf die Vollendung des EG-Binnenmarkts und dessen Dynamik.

Über Umfang und Charakter des westeuropäischen Beitrags zum Aufschwung der sowjetischen Ökonomie denkt man in Moskau nach anfänglichen Illusionen mittlerweile realistischer: Die Wirtschaftsbeziehungen zum Westen können nur in dem Maße intensiviert werden – so die heutige Einschätzung –, wie die sowjetische Führung selbst durch innere Reform und Öffnung nach außen die entsprechenden Voraussetzungen schafft.[64] Insofern bestehe »eine enge Wechselbeziehung zwischen den Möglichkeiten der UdSSR, den Gang der Ereignisse auf dem europäischen Kontinent zu beeinflussen, und der schrittweisen Entwicklung der Umwandlungsprozesse in allen Aspekten der gesellschaftlichen Entwicklung in unserem Land«.[65] Zwar haben die Reformer

---

62 Siehe dazu oben S. 340f. (Analyse des IMÈMO).
63 Vgl. dazu die differenzierende Analyse von P. Rudolf, Die Vereinigten Staaten vor der wirtschaftlichen Entspannung mit der Sowjetunion? Innenpolitische Aspekte der amerikanischen Osthandelspolitik, in: Europa-Archiv, 8/1989, S. 221–230.
64 Im einzelnen hierzu O. Bogomolow, Perestrojka und die Aussichten für die Wirtschaftsbeziehungen zwischen Ost und West, in: Europa-Archiv, 16/1988, S. 449–458; sowie die Rede Gorbatschows auf dem Wirtschafts-ZK, Pravda, 26. 6. 1987. Vgl. zu diesem Komplex auch H. Vogel, Das Risiko ökonomischer Zusammenarbeit mit der Sowjetunion, Europa-Archiv, 7/1989, S. 199–206.
65 M. Amirdžanov, M. Čerkasov, a.a.O., S. 36f. (Anm. 25).

inzwischen wichtige Impulse zur inneren Umstrukturierung und zur Reform des Außenhandelssystems gegeben[66], wobei sie in vielen Fällen Anregungen der Westeuropäer berücksichtigten (am deutlichsten ablesbar an der Joint-Venture-Gesetzgebung). Gleichwohl werden auch aus Moskauer Sicht »zwei bis drei und vielleicht auch mehr Fünfjahrplanperioden« vergehen, ehe die neuen Mechanismen voll greifen.[67]

Diese realistischere Einsicht der sowjetischen Führung ist zwar noch nicht mit klaren Vorstellungen darüber verbunden, wie die gesamteuropäischen Wirtschaftsbeziehungen angesichts des ökonomischen West-Ost-Gefälles in Zukunft gestaltet werden sollen. Auch weiterhin gibt es Tendenzen, von der Wirklichkeit abgehobene Zukunftsvisionen zu entwerfen. Immerhin ist soviel deutlich: Das Interesse Moskaus an Großkrediten für Mammutprojekte mit schwer absorbierbarer Hochtechnologie, wie es für die Breshnew-Periode kennzeichnend war, rückt deutlich in den Hintergrund. Angestrebt wird statt dessen die vorrangige Unterstützung von Seiten der Westeuropäer beim Aufbau einer leistungsfähigen Konsum- und Leichtindustrie als gewichtigen Beitrag zur Lösung des Nahrungsmittelproblems, der »kardinalen Frage der Innenpolitik«.[68] Die Westeuropäer sind dabei nicht zuletzt deshalb bevorzugte Ansprechpartner, weil sie in Moskau als kompetent und zugleich als disponibel und an *langfristigen* Erfolgen interessiert gelten. Es gehe nicht darum, »sich schnell einen großen Batzen unter den Nagel zu reißen«, betonte Gorbatschow gegenüber dem damaligen Bonner Wirtschaftsminister Bangemann. Vielmehr komme es darauf an, die Wirtschaftsbeziehungen »langfristig und perspektivisch aufzubauen«.[69]

Über die traditionellen Handels- und Kooperationsbeziehungen hinaus konzentriert sich das sowjetische Interesse daher auf folgende Bereiche (wobei konstruktive Vorschläge der Westeuropäer erwünscht sind und von Moskau zunehmend berücksichtigt werden):

– Ausbau des Netzes *gemeinsamer Unternehmen* (Joint Ventures). Darin sieht die sowjetische Führung eine Art Universalschlüssel für eine ganze Anzahl von Aufgaben, so unter anderem: bessere Marktversorgung; Heranziehung von Investitionskapital; Zustrom moderner Technologie; Multiplikatoreneffekt durch Ölfleckwirkung der gemeinsamen Betriebe auf die sowjetischen Partnerunternehmen und damit auf die sowjetische Wirtschaft überhaupt. Die

---

66 Zum letzteren z. B. C. Meier, Sowjetische Außenwirtschaft im Zeichen der Perestrojka: Zwischen Blockbindung und Öffnung zur Weltwirtschaft, Berichte des BIOst, 50/1987.
67 So Zagladin auf einer Veranstaltung der CDU Nordrhein-Westfalens vom 9. 10. 1988, Manuskript, S. 2. Vgl. auch TASS, 6. 10. 1988.
68 Gorbatschow anläßlich einer Konferenz im ZK zur Entwicklung des agroindustriellen Komplexes, Pravda, 4. 11. 1988.
69 TASS, 17. 5. 1988.

Joint Ventures sollen – kurz gesagt – wichtige Impulse zur ökonomischen Innovation geben;[70]
- Unterstützung bei der Ausbildung eines kompetenten *Wirtschaftsmanagements*, das sich mit Marktbeziehungen, Wettbewerb und Risiko vertraut macht. Dies gilt für die Bereiche Produktions- und Personalplanung, die Vermarktung sowie die Entwicklung diversifizierter und leistungsfähiger Exportindustrien;
- Aufbau eines *integrierten Systems für die Lebensmittelversorgung*. Beispielsweise hat die sowjetische Führung den Italienern ein Projekt vorgeschlagen, bei dem diese von der Produktion bis hin zur Distribution die Versorgung ganzer Städte übernehmen sollen;[71]
- *ökologische Modernisierung* mit Hilfe entwickelter Umwelttechnologie der Westeuropäer. Der energieaufwendige Industrialismus mit seiner »›Eroberungshaltung‹ gegenüber der Natur«[72] ist – so die wachsende Einsicht in der Sowjetunion – nicht nur mit hohen Kosten für Mensch und Natur verbunden, sondern darüber hinaus in einem ganz neuen Sinne sicherheitsrelevant für das *gesamte* europäische Haus geworden.[73]

Im übrigen sieht die sowjetische Führung in der Europäischen Gemeinschaft eine wichtige potentielle Fürsprecherin in zwei Punkten: bei der Reduzierung der CoCom-Listen auf einen Kern hochsensibler Technologien sowie bei der Realisierung ihrer Absicht, sich so bald wie möglich aktiv in das von den westlichen Industriemetropolen dominierte System multilateraler Wirtschafts-, Finanz- und Handelsorganisationen einzuschalten und den entsprechenden Institutionen beizutreten (GATT, später auch Internationaler Währungsfonds und Weltbank).

Der sowjetischen Führung ist bei alldem bewußt: Eine intensive und fruchtbare wirtschaftlich-technologische Zusammenarbeit mit den Westeuropäern – nicht zuletzt als wichtiger Stützpfeiler gesamteuropäischer Kooperationsprozesse – ist am ehesten zwischen leistungsfähigen, auf vergleichbarem Niveau stehenden Partnern möglich. Die Einsicht der Reformer in Moskau, daß eine solche Perspektive nur langfristig vorstellbar ist und entscheidend von den *eigenen* Anstrengungen beim Umbau der Wirtschaft abhängt, bildet eine günstige Voraussetzung für pragmatisch-erfolgsorientiertes Handeln auf diesem Feld.

---

70 Vgl. dazu C. Meier, Sowjetische Joint Ventures mit westlichen Partnern. Ausländisches Kapital soll der sowjetischen Wirtschaft helfen, in: Beiträge zur Konfliktforschung (Köln), 1/1989, S. 55–71.
71 la Repubblica (Rom), 5. 4. 1989. Der Artikel bezieht sich auf Gespräche von Ministerpräsident Ryžkov mit dem italienischen Außenhandelsminister Ruggiero.
72 Social'nyj progress v sovremennom mire, Thesen der Moskauer ZK-Akademie für Gesellschaftswissenschaften, in: Kommunist, 7/1988, S. 79–90, hier S. 81.
73 Dieses Thema fand erstmals ausführlich Eingang auch in ein Kommuniqué des Warschauer Pakts, vgl. dessen »Erklärung« vom Juli 1988, in: Pravda, 17. 7. 1988.

3. Menschen- und Bürgerrechte

Besonders deutlich kommt die sowjetische Neuausrichtung gegenüber den Westeuropäern (aber auch den Amerikanern) in dem wachsenden Bewußtsein der Moskauer Reformer darüber zum Ausdruck, daß die Achtung elementarer Menschen- und Bürgerrechte in ihrer wechselseitigen Bedingtheit individuell-bürgerlicher und kollektiv-sozialer Rechte einen unverzichtbaren Faktor für systemübergreifende Kooperation in Europa bildet. Die zunehmende antisowjetische Grundströmung insbesondere in Frankreich seit Mitte der siebziger Jahre als Folge des Gulag-Effekts hatte der sowjetischen Führung drastisch demonstriert: Die Mißachtung von Menschen- und Bürgerrechten, wie sie in der Schlußakte von Helsinki fixiert worden waren, untergräbt jede Vertrauensbildung und erstickt Ansätze zu einer politischen Kultur des Wettbewerbs und der Zusammenarbeit in Europa.

Mittlerweile geben die Reformer in Moskau ihre Entschlossenheit zur juristischen Verankerung universeller Menschen- und Bürgerrechte zu erkennen, und zwar mit dem erklärten Ziel, die sowjetische Gesetzgebung mit den bestehenden internationalen Normen in Einklang zu bringen (z. B. der UNO-Menschenrechtsdeklaration von 1948).[74] Aus ihrer Sicht ist die Stärkung der Rechtssicherheit, die Schaffung gesetzlich geschützter individueller Freiräume zunächst gewiß eine unerläßliche Voraussetzung für die Perestrojka-orientierte Mobilisierung der Menschen. Zugleich zielen diese Maßnahmen ganz offensichtlich aber auch auf eine Annäherung an zentrale Elemente der kontinentaleuropäischen Rechtskultur – als Bekräftigung der Versicherung nämlich, daß man sich in der UdSSR »in erster Linie als Europäer« fühlt.[75]

Offenbar wächst in der sowjetischen Führung das Bewußtsein darüber, daß der Anspruch auf Zugehörigkeit zum europäischen Kulturkreis gerade auch im Hinblick auf die Gewährung elementarer Menschen- und Bürgerrechte einschneidende Verbesserungen erfordert. Dies jedenfalls läßt sich aus der Tatsache folgern, daß Moskau das Dringen des Westens auf Ausbau und Festigung dieser Rechte nicht länger als illegitime Einmischung in die inneren Angelegenheiten der UdSSR betrachtet, sondern als legitimes Thema zwischenstaatlicher Verhandlungen. Im Zuge dieser Neuorientierung akzeptierte die Sowjetunion auf der Wiener KSZE-Folgekonferenz die Einrichtung eines Überprüfungs-

---

74 So z. B. Gorbatschow in seiner Rede vor der UNO, in: Pravda, 8. 12. 1988. Bereits in seinem Pravda-Artikel vom 17. 9. 1987 hatte Gorbatschow einer »umfassenden Rechtsordnung« das Wort geredet und an die Möglichkeiten des Internationalen Gerichtshofs erinnert. Dessen »verbindliche Rechtsprechung« müsse »zu vereinbarten Bedingungen von allen akzeptiert werden«.

75 Gorbatschow gegenüber dem damaligen IKP-Chef Natta, in: Pravda, 30. 3. 1988; ähnlich in einer Rede vor französischen Parlamentariern, in: Pravda, 30. 9. 1987. Vgl. auch die Passage in Gorbatschows Buch »Perestrojka«. Danach bildet Europa vom Atlantik bis zum Ural »ein kulturhistorisches Ganzes« – »vereint durch das gemeinsame Erbe der Renaissance und der Aufklärung sowie der großen philosophischen und sozialen Lehren des 19. und 20. Jahrhunderts«, a. a. O., S. 257 (Anm. 22).

mechanismus für die Erfüllung der Bedingungen des »dritten Korbes« von Helsinki.

Auf den dafür vorgesehenen Sonderkonferenzen von Paris (1989), Kopenhagen (1990) und Moskau (1991) wird sich zeigen, wieweit die UdSSR im Innern wie auch im Verhältnis zu ihren osteuropäischen Bündnispartnern zentrale Elemente der im Westen historisch gewachsenen politischen Kultur toleriert und rezipiert. Weitere Fortschritte in diesem Bereich wären zum einen ein wichtiger Indikator für die Fähigkeit des Sowjetsystems zu innerer Reform sowie zu Frieden und Ausgleich nach außen: »Nicht selten wurden Staaten, in denen grundlegende Menschenrechte verweigert wurden, zum Herd innerer Spannungen und Konflikte mit häufig negativen internationalen Auswirkungen, oder war staatliche Verweigerung von Menschenrechten nach innen eine Voraussetzung, ein Pendant für Aggressionsvorbereitungen nach außen.«[76]

Darüber hinaus würde die Adaptation elementarer Menschen- und Bürgerrechte, die die Entwicklung eines politischen und sozialen Pluralismus einschließt, aber auch günstige Perspektiven für eine grenz- und systemübergreifende Vernetzung der staatsunabhängigen *Zivilgesellschaften* Ost- und Westeuropas aufzeigen. Aus der Sicht der Westeuropäer bildet eine solche Vernetzung – zusätzlich zu politischen, wirtschaftlichen und militärischen Vereinbarungen zwischen den Staaten – ein wichtiges Element für Stabilität und Vertrauensbildung bei der Projizierung des »gemeinsamen europäischen Hauses«.[77]

V. Das »gemeinsame europäische Haus«

Das von den Sowjets in die Diskussion eingeführte – und speziell an die Westeuropäer gerichtete – Schlagwort »Gemeinsames Haus Europa« hat im Westen eher Skepsis als Zustimmung hervorgerufen: Es erweckt den Anschein, als knüpften die Reformer in Moskau damit an die Westeuropapolitik Breschnews an, der diese Parole erstmals 1981 in Bonn ausgegeben hatte. Zusätzliche Nahrung erhält die Skepsis dadurch, daß die Vorstellungen zur Architektur des gemeinsamen Hauses nicht genau definiert werden. Viele Beobachter deuten dies als eine besonders raffinierte Variante sowjetischer Politik – als ein taktisches Manöver, das die Westeuropäer bewußt im unklaren über das eigentliche Ziel der Moskauer Strategie läßt: die Hegemonie über das gesamte Europa.

---

76 M. Schmidt, W. Schwarz, Das gemeinsame Haus Europa – Realitäten, Herausforderungen, Perspektiven, in: IPW-Berichte (Ost-Berlin), 9/1988, S. 1–10, hier S. 8. Die Autoren beziehen diese für DDR-Verhältnisse erstaunlich weitgehende Einsicht vordergründig auf das faschistische Deutschland, doch läßt der Kontext erkennen, daß sie auch Ereignisse der jüngeren Geschichte im Blick haben.
77 Ähnliche Überlegungen äußert Z. Mlynář, La sinistra europea e la nascita del pluralismo all' Est: I mattoni di una casa comune, in: Rinascita (Rom), 12/1989, S. 4.

Natürlich können solche Absichten angesichts der historischen Erfahrungen nicht völlig ausgeschlossen werden. Das oben geschilderte Interesse der Moskauer Reformer an Stabilität im Wandel – darunter nicht zuletzt ihr Hinweis, daß die Teilnahme der Nordamerikaner an den gesamteuropäischen Prozessen legitim und notwendig ist – weist jedoch in eine andere Richtung. So wird das Fehlen eines festumrissenen Plans für das »gemeinsame Haus« in Moskau heute geradezu als positiv gewertet: Die Entwicklung kompletter Modelle würde eher kontraproduktiv wirken und Gefahren einer Dogmatisierung in sich bergen, heißt es dazu bei sowjetischen Politikern und Experten. Ein konkreter Plan könne nur gemeinsam, »unter Mitschöpferschaft all seiner Mitglieder« entwickelt werden.[78] Zugleich handelt es sich bei dieser Zukunftsvision um langfristige Entwicklungen bi- und multilateraler Zusammenarbeit, um den »Aufbau einer Infrastruktur der Kooperation«, die man in einem konstruktiven Ost-West-Dialog unter Berücksichtigung der beiderseitigen Interessen schrittweise in die Realität umsetzen müsse.[79]

So gesehen vollzieht sich der Aufbau des anvisierten »gemeinsamen Hauses Europa« aus sowjetischer Perspektive als graduelle Fortschreibung des KSZE-Prozesses, und zwar vornehmlich in jenen Bereichen, die im vorangegangenen Kapitel als Felder konkreter Zusammenarbeit mit den Westeuropäern gekennzeichnet wurden.[80] Dabei scheinen der sowjetischen Führung die Schwierigkeiten insbesondere der Wirtschaftskooperation bewußt: Im Vergleich zur EG sei das heutige Niveau der wirtschaftspolitischen Koordinierung innerhalb der sozialistischen Gemeinschaft »den Aufgaben zur Errichtung des europäischen Hauses nicht adäquat«, heißt es dazu in Moskau.[81] Tatsächlich vergrößert die Dynamik der westeuropäischen Integrationsprozesse den Abstand zur Sowjetunion, erschwert den Wunsch nach ökonomischer Interdependenz und verstärkt den Drang der Osteuropäer nach Westeuropa. Auch aus dieser Sicht ist wenig wahrscheinlich, daß die sowjetische Führung das gemeinsame Haus vorrangig mit einem Streben nach Dominanz über ganz Europa verbindet. Vielmehr scheint ihr Interesse darauf gerichtet, die Westeuropäer in einer Zeit einschneidender Veränderungen des nach 1945 entstandenen europäischen

---

78 A.N. Jakovlev, Vortrag vor der DGAP, a.a.O., S. 18 (Anm. 19).
79 Das Zitat ebenda, S. 23 (Anm. 19). Vgl. hierzu auch V. Žurkin, a.a.O. (Anm. 26) und M. Amirdžanov, M. Čerkasov, a.a.O., S. 31 (Anm. 25). Zu ähnlichen Ergebnissen kommt B. Guetta nach Gesprächen mit sowjetischen Politikern und Experten: La »maison commune«, leitmotiv de M. Gorbatchev, in: Le Monde (Paris), 25.10.1988.
80 Vgl. Gorbatschow gegenüber dem SPD-Vorsitzenden H.J. Vogel, a.a.O. (Anm. 24). M. Amirdžanov, M. Čerkasov bezeichnen die Schlußakte von Helsinki und den Helsinki-Prozeß als »optimale Grundlage« für die Errichtung des gemeinsamen Hauses, a.a.O., S. 31 (Anm. 25). Siehe auch: Sechs Thesen zu Europa, erarbeitet von Europa-Institut der AdW, in: Sowjetunion heute, 5/1989, S. 6f.
81 M. Amirdžanov, M. Čerkasov, a.a.O. (Anm. 25), S. 36.

Staatensystems für die Mitarbeit bei Lösungen zu gewinnen, die den Wandel kontrollierbar machen und die UdSSR nicht in die Isolierung zurückwerfen.[82]

Die gleiche Zielrichtung verfolgt das Drängen der Sowjetunion auf Ausschöpfung der im RGW-EG-Abkommen angelegten Möglichkeiten sowie ihr Bemühen, die Beziehungen zu den westeuropäischen Institutionen auszubauen und das Gespräch mit den in ihnen wirkenden politischen Kräften zu intensivieren. Beispiele hierfür sind die Einladungen des Obersten Sowjet an die Fraktionen des Europa-Parlaments (seit 1985) sowie die Sondierungen über die Möglichkeit, in engere Beziehungen zum Straßburger Europarat zu treten (der ja ursprünglich als *gesamt*europäische Institution angelegt war und dieses Konzept heute erneut aufgreift[83]). Die Ankündigung Gorbatschows, im Juli 1989 vor der Parlamentarischen Versammlung des Europarats eine Rede zu halten[84], zeugt von der Entschlossenheit der sowjetischen Führung, möglichst viele Kommunikationskanäle zu den Westeuropäern zu öffnen und damit die Basis für das angestrebte »gemeinsame europäische Haus« zu festigen.

VI. Paradigmenwechsel in den Parteibeziehungen

Das pragmatische, auf Erfolg angelegte Herangehen der Moskauer Reformer wird dadurch bekräftigt, daß sich die Sowjets in ihren Parteibeziehungen nicht länger von ideologischen Präferenzen (zu den KPen) leiten lassen, sondern das Gespräch auch mit andersdenkenden geistig-politischen Strömungen suchen: mit Sozialdemokraten und Sozialisten, aber auch mit grün-alternativen, liberalen und sogar konservativen Parteien und Bewegungen.[85] So nahm die KPdSU mittlerweile offizielle Parteibeziehungen zur Christlich-Demokratischen Partei Italiens auf, traf ZK-Mitglied Falin, der Leiter der Internationalen Abteilung des ZK-Sekretariats, mit einer Delegation der Europäischen Demokratischen Union unter Leitung ihres Vizepräsidenten (und CDU-Politikers) B. Vogel zusammen.[86] Charakteristisch für den Klimawechsel ist auch die Tatsache, daß ZK-Mitglied Zagladin im Oktober 1988 auf einer von der CDU Nordrhein-Westfalens organisierten Veranstaltung auftrat, die sich mit dem Thema »Eu-

---

82 Hierzu W. Nekrassow, Gleichberechtigung im gemeinsamen Haus Europa, in: Sowjetunion heute, 9/1988, S. 6f.
83 Vgl. dazu die Anregungen des französischen Staatspräsidenten Mitterrand in seiner Straßburger Rede zum 40. Jahrestag der Gründung des Europarats, in: Le Monde, 7./8. 5. 1989.
84 Gorbatschow nach Straßburg, in: Europäische Zeitung (Bonn), 5/1989.
85 Am deutlichsten in der Rede Gorbatschows vor Vertretern von 178 Parteien und Bewegungen im Rahmen der Feierlichkeiten zum 70. Oktoberjubiläum, in: Pravda, 5. 11. 1987; vgl. dazu meinen Beitrag: Moskau und die Westkommunisten: Von Breshnew zu Gorbatschow, Berichte des BIOst, 3/1989.
86 l'Unità, 17. 10. 1988, bzw. AFP, 10. 5. 1989.

ropa als Forum eines friedlichen Wettbewerbs« befaßte.[87] Die Partei »Die Grünen« ihrerseits organisierte im Januar 1989 in Göhrde/Niedersachsen ein gemeinsames Seminar mit hochrangigen sowjetischen Philosophen und Experten unter Leitung von ZK-Mitglied I. Frolov, dem Berater Gorbatschows für Wissenschaft und Programmatik. Dabei äußerten sich die Grünen enttäuscht darüber, »wie wenig in der UdSSR die Möglichkeiten einer sozialistischen Gesellschaft für die Entwicklung einer alternativen technologischen und industriellen Logik genutzt werden«.[88]

Dieser gesamteuropäische Dialog »unter Beteiligung aller politischen Kräfte Europas von den Linken bis zu den Konservativen«[89] beschränkt sich nicht wie unter den früheren sowjetischen Führungen auf Probleme von Rüstungskontrolle und Abrüstung. Vielmehr beziehen die Moskauer Reformer in den auf Wettbewerb, Erfahrungsaustausch und Zusammenarbeit zielenden Dialog auch so sensitive Themen wie politische Konsensmechanismen, Wirtschaftskonzepte, ökologische Herausforderungen, Hilfe für die Dritte Welt, Aufarbeitung der Geschichte ein.[90]

Ihre theoretische Untermauerung fand diese Neuausrichtung beispielsweise in einschlägigen Thesen der einflußreichen Moskauer ZK-Akademie für Gesellschaftswissenschaften. Angesichts des Verzichts jeder Seite auf ein Wahrheitsmonopol sowie im Blick auf gemeinsame drängende Aufgaben, heißt es dort, bilde sich das Gesamtsubjekt des gesellschaftlichen Fortschritts heute »weniger auf der Grundlage des Widerstands gegenüber einem gemeinsamen Gegner heraus als vielmehr auf der Grundlage gemeinsamer positiver Ideen«. Daher verlören viele frühere Abgrenzungen ihren Sinn, falle »die Trennlinie zwischen den Kräften des Fortschritts und den Kräften der Reaktion nicht mehr mit den historisch entstandenen Grenzen zwischen Ländern und Blöcken und sogar zwischen Klassen und Parteien« zusammen.[91]

Diese Neuorientierung gegenüber Westeuropa, seinen Grundstrukturen und seinen politischen Kräften bietet die Möglichkeit, jenseits der fortbestehenden ideologischen Gegensätze bis heute aus der Vergangenheit nachwirkende Feindbilder abzubauen, die Basis wechselseitigen Vertrauens zu erweitern und einen inhaltlichen Dialog über gemeinsame Zukunftsaufgaben einzuleiten. Sie bildet den Hintergrund für den Vorschlag des sowjetischen Staats- und Parteichefs, »Vertreter politischer Parteien *aller* ideologischen Richtungen« zu

---

87 Im April 1989 sprach derselbe Politiker auch vor der CSU-Landesgruppe, vgl. Die Welt, 26. 4. 1989.
88 Vgl. die Berichte in: Neue Zeit, 12/1989, S. 34–36.
89 So Zagladin vor der CDU von Nordrhein-Westfalen, a.a.O. (Anm. 67).
90 Vgl. dazu im einzelnen meinen Beitrag: Die KPdSU und die Internationale Sozialdemokratie. Akzentänderungen im Zeichen des »neuen Denkens«, in: Die Neue Gesellschaft/Frankfurter Hefte, 12/1988, S. 1157–1162.
91 Social'nyj progress, S. 90 (Anm. 72). Die Relevanz der Akademie für das ideologisch-politische Umdenken wird darin deutlich, daß sie von 1978–1983 von Politbüromitglied und ZK-Sekretär V. A. Medvedev geleitet wurde, dem Vorsitzenden der ZK-Kommission für Ideologie.

einem Round-table-Gespräch zusammenzuführen und dabei »alle Aspekte des europäischen Aufbaus in freier Diskussion zu erörtern«.[92]

Zwar wird hier nicht deutlich, ob Gorbatschow zu den einzuladenden Formationen auch Vertreter der in Ungarn und Polen entstehenden Parteien sozialdemokratischer, liberaler und konservativer Prägung zählt. Sollte dies der Fall sein – was heute nicht mehr völlig auszuschließen ist –, so könnte die europäische Richtung der sowjetischen Außenbeziehungen weiter an Überzeugungskraft und der gesamteuropäische Prozeß eine neue Qualität gewinnen.

VII. Westeuropa und die Sowjetunion: Risiken und Chancen der Kooperation

Der Wandel in der Westeuropa-Perzeption der sowjetischen Führung und in ihrem konkreten politischen Handeln gegenüber den Westeuropäern geht weit über taktische Varianten hinaus, wie sie bisher zu beobachten waren. Dies unterstreicht die deklarierte Absicht, den traditionellen Antagonismus der Systeme zugunsten kooperativer Elemente zurückzudrängen, ein respektiertes Mitglied der internationalen Gemeinschaft zu werden und sich am Entwurf einer Architektur für das künftige Europa konstruktiv zu beteiligen. Voraussichtlich werden die Reformer in Moskau das Tempo in Richtung auf eine Korrektur alter Wahrnehmungen und Verhaltensmuster in diesen Bereichen künftig noch weiter beschleunigen – nicht zuletzt deshalb, weil hier die Widerstände der Traditionalisten geringer und Erfolge leichter zu erzielen sind als in der Innen- und Wirtschaftspolitik.[93]

Wie können und sollten die Westeuropäer auf die Neuausrichtung der sowjetischen Europapolitik reagieren? Sollten sie vorerst beiseitestehen und die weiteren Entwicklungen abwarten? Oder sollten sie versuchen, die einschneidenden Wandlungsprozesse in der Struktur des europäischen Staatensystems konstruktiv zu beeinflussen und durch ein langfristig angelegtes Vertragsnetz zuverlässig abzusichern?

Hier ist gewiß zu bedenken, daß die Sowjetunion eine Supermacht mit Einfluß- und Sicherheitsinteressen in Europa auch dann bleiben wird, wenn diese nicht mehr ideologisch begründet werden. Noch immer stellt sie von ihrem Potential her »eine ernstzunehmende militärische Bedrohung für den Westen dar, insbesondere für das nichtkommunistische Europa«.[94] Dies erfor-

---

[92] Das ist die Strafe für unsere Fehler, Interview mit dem Spiegel (Hamburg), 43/1988, S. 24–31, hier S. 30. Hervorhebung durch den Autor dieser Analyse. Der Vorschlag zu einem solchen Treffen geht ursprünglich auf eine ungarische Anregung zurück.

[93] H. Vogel, Einführung zum Jahrbuch des BIOst: Sowjetunion 1988/89, München/Wien 1989, S. 16.

[94] H. Vogel, Das Risiko ökonomischer Zusammenarbeit, a.a.O., S. 199 (Anm. 64).

dert auch in Zukunft eine sorgfältige Prüfung vor allem der sicherheitspolitischen Risiken, die selbst bei wachsender Zusammenarbeit nicht einfach verschwinden. So gesehen gilt, daß die Westeuropäer »Sicherheit von heute nicht stützen können auf Visionen und Erwartungen für morgen«.[95]

Dennoch überwiegen, so scheint es, die Chancen einer aktiven Mitgestaltung der durch die Moskauer Neuorientierung beschleunigten Umbruchprozesse in Europa bei weitem deren Risiken. In den Bereichen, in denen die Entscheidungen im friedlichen Systemwettbewerb fallen, hat der Westen ein so hohes Maß an Überlegenheit, daß sich eher die Sowjetunion herausgefordert und bedroht fühlen müßte. Darüber hinaus entspricht es westlichen Werten und Interessen, wenn sich die Sowjetunion anschickt, in ihren politischen, ökonomischen sowie auch ideologischen Denkstrukturen und Handlungsmustern die umfassendsten Veränderungen seit der Oktoberrevolution vorzunehmen. Je tiefer die Reformprozesse greifen, desto berechenbarer und kooperationsfähiger wird die UdSSR für die andere Seite. Schließlich sollte berücksichtigt werden, daß die Stärkung Gesamteuropas für die Deutschen auch eine nationale Komponente hat und daß die von Gorbatschow verkündete Vision eines »europäischen Hauses« Vorstellungen aufgreift, wie sie im Westen seit dem Harmel-Bericht von 1967 mit dem Ziel einer »Europäischen Friedensordnung« verbunden werden.

Vor diesem Hintergrund geht es für die Westeuropäer gewiß nicht darum, Gorbatschow von außen zu helfen (was sie im übrigen aus eigenem Interesse längst tun, z. B. durch den 10-Mrd.-DM-Kredit vom Herbst 1988 sowie durch Ausbildung eines kompetenten Managements, projektbezogene Unternehmensmodernisierung etc.). Die Umdenk- und Wandlungsprozesse in der UdSSR müssen sich, sollen sie tiefgreifend sein und langfristig wirken, vorrangig aus einer *inneren Dynamik in der Sowjetunion selbst* entwickeln. Die Westeuropäer, die Europäische Gemeinschaft und ihre Mitgliedsländer können diese Prozesse allerdings positiv beeinflussen, indem sie sich leiten lassen von dem Ziel einer »vertrauensbildenden Interdependenz« in der Sicherheitspolitik (R. von Weizsäcker), von dem Konzept einer Hilfe zur *Selbsthilfe* in der Wirtschaft und von konstruktiver Mitwirkung bei der Suche nach Übergangslösungen für die Staaten und Gesellschaften Osteuropas.[96]

Gerade auf dem zuletzt genannten Feld sind die Chancen besonders groß, scheint doch die sowjetische Führung zur Rücknahme von Stalins (und

---

95 Neue Perspektiven der West-Ost-Sicherheitsproblematik, Rede von Außenminister Genscher anläßlich der Tagung des Institute for East-West-Security-Studies in Potsdam vom Juni 1988, in: Bulletin des Presse- und Informationsamts der Bundesregierung (Bonn), 83/1988, S. 785–791, hier S. 789.

96 Vgl. dazu u. a.: Horst Teltschiks Vision der Gorbatschow-Reformen, in: Salzburger Nachrichten, 17. 4. 1989 (Vortrag in Wien); K. Hänsch, Bericht des Politischen Ausschusses über die politischen Beziehungen der Europäischen Gemeinschaft zur Sowjetunion, in: EG (Hrsg.), Sitzungsdokumente (Straßburg), Dok. A 2-155/88, S. 15–44; sowie H. J. Seeler, Die ersten Brücken sind geschlagen: West und Ost kommen einander näher, in: Das Parlament (Bonn), 3/1989, S. 8.

Breshnews) repressivem Konzept bereit, das die Sicherheitsfrage mit der Frage des Gesellschaftssystems verbunden hatte. Jedenfalls wächst unter den Reformern in Moskau offenbar das Bewußtsein darüber, daß die Errichtung des »gemeinsamen Hauses«, wenn sie erfolgreich sein soll, die Duldung und sogar die Ermutigung einer Pluralität der Kulturen, Wertorientierungen, Eigentumsformen, politischen Institutionen und Formationen in *ganz* Europa erfordert und daß sich dies über die Pluralität der Gesellschafssysteme hinaus auch auf eine Pluralität, auf einen demokratisch fundierten Wettbewerb *innerhalb* der Gesellschaftssysteme in Ost und West bezieht. Diese Einsicht dürfte in dem Maße zunehmen und in das politische Handeln Eingang finden, wie die Westeuropäer ihrerseits die zusammenwachsende EG nach Osten öffnen und dabei im Rahmen des Helsinki-Prozesses die Sowjetunion in gesamteuropäischen Vereinbarungen voll einbeziehen.

Der Übergang von der Konfrontation zur Zusammenarbeit in Westeuropa nach dem Zweiten Weltkrieg, die Überwindung der »Erbfeindschaft« zwischen Deutschland und Frankreich zeigen, daß die Lehren aus der Geschichte in Verbindung mit modernen Entwicklungsprozessen wechselseitiges Vertrauen und dauerhaften Frieden hervorbringen können. Ob dies auch im Verhältnis zu Osteuropa – die Sowjetunion eingeschlossen – möglich ist, kann freilich erst die Zukunft zeigen.

Christian Meier

Sowjetische Osteuropa-Politik im Zeichen der Perestrojka

Vorbemerkung

Der nachfolgende Beitrag befaßt sich mit der sowjetischen Osteuropa-Politik im Zeitraum 1985 bis zum Frühsommer 1989. Alle seither eingetretenen evolutionären und revolutionären Veränderungen in den osteuropäischen WPO/ RGW-Staaten mit ihren unvermeidlichen Auswirkungen auf die sowjetische Stellung innerhalb des östlichen Bündnisses sowie auf die Theorie und Praxis der bi- und multilateralen Kooperationspolitik der UdSSR konnten daher an dieser Stelle noch nicht berücksichtigt werden. Insofern markiert dieser Beitrag die Schnittstelle zwischen dem bisherigen, wenig effizienten hegemonialen Modell und einem im Entstehen begriffenen, möglicherweise funktionsfähigeren Konzept posthegemonialer sowjetischer Politik gegenüber ihren Partnern im WPO/RGW-Bereich.

I. Einleitung

Für die Kremlführung unter KPdSU-Generalsekretär M. S. Gorbatschow ist die sozialistische Gemeinschaft der Mitgliedstaaten der Warschauer-Pakt-Organisation (WPO) und des Rates für Gegenseitige Wirtschaftshilfe (RGW) als Kern des sozialistischen Weltsystems wie ehedem der wichtigste Regionalbereich der sowjetischen Außenpolitik.

Bei der umfassenden Bestandsaufnahme aller Felder der Beziehungen der UdSSR mit dieser Staatengruppe auf der Apriltagung des ZK der KPdSU 1985 nach dem Amtsantritt von Gorbatschow herrschte offensichtlich volles Einvernehmen darüber, daß sich das Bündnis insgesamt in einem kritischen Entwicklungszustand befinde. Unter den dafür maßgeblichen negativen Merkmalen hat Politbüromitglied V. Medvedev drei besonders herausgestellt:

- Interessengegensätze und Koordinationsmängel im Bereich der Außen- und Sicherheitspolitik der WPO-Staaten seit dem Ende der Breshnew-Ära;
- wirtschaftliche, soziale, politische und ideologische Krisenerscheinungen mit abgestufter Intensität in fast allen WPO/RGW-Staaten seit der zweiten Hälfte der siebziger Jahre;

- eklatante Effizienzschwächen des RGW-Integrationsmechanismus und seine zunehmende Inkompatibilität mit der Reform der Binnen- und Außenwirtschaft in einzelnen RGW-Staaten.[1]

Seither versucht die sowjetische Führung, das engmaschige Netz der vielfältigen Kooperationsbeziehungen mit den WPO/RGW-Staaten grundlegend umzugestalten. Im einzelnen sind die Bemühungen vorrangig darauf gerichtet,

- den institutionellen WPO-Mechanismus zur Koordinierung der vom »neuen Denken« geprägten gemeinsamen Außen- und Sicherheitspolitik der WPO-Staaten wirksamer auszugestalten;
- die wirtschaftliche Integration der RGW-Staaten durch ein neues zukunftsfähiges Kooperationsmodell zu vertiefen;
- das bi- und multilaterale Zusammenwirken der KPdSU mit den regierenden kommunistischen Parteien des WPO/RGW-Bereichs in Schlüsselfragen des politischen und wirtschaftlichen Reformprozesses zu verstärken.[2]

Daraus folgt zum einen, daß die Reichweite der Umgestaltung der beiden Integrationsgebilde nach den sowjetischen Intentionen recht unterschiedlich ist. Während für den Warschauer Pakt offenbar das Prinzip der »Vervollkommnung« seiner Organisation als Richtschnur gilt, so ist für den RGW dagegen der radikale Umbau des bestehenden Integrationsmechanismus vorgesehen. Zum andern ergibt sich daraus, daß eine Neuordnung der bi- und multilateralen wirtschaftlichen Zusammenarbeit zwischen der UdSSR und den WPO/RGW-Staaten nur gelingen kann, wenn sich die Bündnispartner allesamt nach kompatiblen Konzepten reformieren und wenn dabei nationale Reformen und die Reform des RGW fugenlos ineinandergreifen.

Mit diesen Folgerungen verbindet sich die Frage, ob im Verlauf des wenig mehr als vier Jahre währenden Umgestaltungsprozesses über das vorliegende Maßnahmenbündel hinaus Ansätze zu einem geschlossenen Konzept (Gorbatschow-Doktrin) für eine neue Beziehungsstruktur innerhalb der sozialistischen Staatengemeinschaft erkennbar geworden sind.

II. Vom Auseinanderdriften zu einem elastischeren Zusammenhalt in der Außen- und Sicherheitspolitik

1. Zur Ausgangslage: Koordinationsschwächen und zentrifugale Tendenzen im Warschauer Pakt

In der Endphase der Breshnew-Ära hatte die sowjetische Führung weitgehend darauf verzichtet, die Instrumente multilateraler Konsultation und Koordina-

---

1 W. Medwedew, Eine neue Etappe der sozialistischen Zusammenarbeit, in: Probleme des Friedens und des Sozialismus, 5/1988, S. 601–608.
2 C. Meier, Wandlungen und Spannungen im sowjetischen Hegemonialbereich, in: Politische Bildung, 1/1989, S. 58.

tion der gemeinsamen Außen- und Sicherheitspolitik gemäß den geltenden Verfahrensregeln anzuwenden. Statt dessen waren im Umgang mit den Bündnispartnern immer häufiger sowjetischer Unilateralismus und allenfalls selektiver Bilateralismus praktiziert worden. Weil sich dieses Verhalten unter den nachfolgenden Generalsekretären Ju. Andropov (12. November 1982–9. Februar 1984) und K. Černenko (13. Februar–10. März 1985) noch verstärkte und obendrein mit ausgesprochener Führungsschwäche sowie politischer Unversöhnlichkeit verband, erhielten zentrifugale Tendenzen im Warschauer Pakt seit dem Abbruch der Genfer INF-Verhandlungen durch die UdSSR Ende November 1983 erheblichen Auftrieb.

In der DDR plädierte Honecker für eine Politik der »Schadensbegrenzung« im Ost-West-Verhältnis und für eine deutsch-deutsche »Koalition der Vernunft«. In Ungarn sprachen sich Spitzenfunktionäre der Partei für ein aktives Engagement der kleineren Länder und Mittelmächte Europas zur Aufrechterhaltung der Ost-West-Kooperation aus. Rumänien entwickelte unermüdlich neue Initiativen zugunsten der Schaffung eines kollektiven Sicherheitssystems in Europa. Bulgarien setzte sich mit Nachdruck für eine atomwaffenfreie Zone auf dem Balkan ein und sträubte sich gegen eine mögliche Einbeziehung in sowjetische Raketenstationierungspläne.[3]

Unter diesen Umständen verwunderte es nicht, daß orthodoxe Kräfte nicht nur den Wechsel in der KPdSU-Führung, sondern auch die Verlängerung des Warschauer Pakts um weitere zwanzig Jahre auszunutzen versuchten, um mit einer gezielten Kampagne gegen die These von der besonderen Rolle kleinerer Staaten in den Ost-West-Beziehungen einzelne osteuropäische Bündnispartner erneut auf eine enge politische Gefolgstreue gegenüber der UdSSR zu verpflichten.[4]

2. Verbesserte Koordination der Außen- und Sicherheitspolitik im Warschauer Pakt ohne Reform der Bündnisorganisation

Entgegen den Ratschlägen orthodoxer Kräfte hat Gorbatschow den von der Führungsschwäche seiner Vorgänger erzwungenen Spielraum der Bündnispartner bei der Vertretung ihrer sicherheitspolitischen Interessen respektiert, gleichzeitig jedoch deutlich zu erkennen gegeben, daß Einheit und Geschlossenheit der WPO-Staaten auch künftig Richtwerte sowjetischer Bündnispolitik bleiben sollen.[5] Mit dem auf der Grundlage des »neuen Denkens« formulierten

---

3 W. Berner, C. Meier, Sowjetische Vormachtpolitik und Autoritätskrise in Osteuropa, in: Sowjetunion 1984/85 – Ereignisse, Probleme, Perspektiven, hrsg. vom Bundesinstitut für ostwissenschaftliche und internationale Studien (im folgenden: BIOst), München 1985, S. 281–287.

4 C. Meier, Zum Kurs der sowjetischen Osteuropa-Politik: Ein Grundsatzartikel von »O. Wladimirow« in der Pravda vom 21. Juni 1985, in: Gelesen, kommentiert... des BIOst, 8/1985.

5 J. Kuppe, Auswirkungen des Gorbatschow-Kurses auf die politischen Beziehungen DDR-UdSSR, in: Edition Deutschland-Archiv 1988, S. 38–47.

außen- und sicherheitspolitischen Konzept der UdSSR[6] ist es ihm gelungen, die diesbezüglichen Differenzen mit den Bündnispartnern weitgehend einzuebnen und den Warschauer Pakt aus der stationären Defensive gegenüber der NATO in die Offensive herauszuführen.

Um ein neuerliches Auseinanderdriften in der Außen- und Sicherheitspolitik zu verhindern, ist der bestehende institutionelle Koordinationsmechanismus aktiviert und verbessert worden. Die entsprechenden Maßnahmen lassen sich schlagwortartig wie folgt zusammenfassen:

- statuarische Regelmäßigkeit der Tagungen der WPO-Gremien zur Koordinierung der gemeinsamen Außen- und Sicherheitspolitik in Verbindung mit außerplanmäßigen Treffen nach Bedarf;
- Zusammenkünfte der Partei- und Staatschefs der WPO-Staaten oder der Außenminister nach wichtigen internationalen Vereinbarungen oder Absprachen;
- vermehrte Kontakte der Botschafter der osteuropäischen WPO-Staaten mit den außen- und sicherheitspolitischen Spitzen des sowjetischen Partei- und Regierungsapparats in Moskau;
- Intensivierung der bilateralen Abstimmung in außen- und sicherheitspolitischen Fragen zwischen der UdSSR und ihren Bündnispartnern auf Partei- und Regierungsebene nach Maßgabe der Festlegungen in den Bündnisverträgen über Freundschaft, Zusammenarbeit und wechselseitigen Beistand;
- Einrichtung einer multilateralen Arbeitsgruppe für wechselseitige operative Information der WPO-Staaten mit regelmäßigen monat- bzw. zweimonatlichen Zusammenkünften;
- Einsetzung einer speziellen Kommission für Abrüstungsfragen zur Vorbereitung von Bündnispositionen im Zusammenhang mit der Formulierung des Mandats für Verhandlungen über konventionelle Streitkräfte in Europa (VKSE) sowie über vertrauens- und sicherheitsbildende Maßnahmen.[7]

In diesem Kontext sind die Voraussetzungen für eine größere Mitsprache der Bündnispartner in außen- und sicherheitspolitischen Fragen verbessert worden. Ihr Handlungsspielraum für Eigenprofilierungen in diesem Bereich hat deutlich zugenommen. Bei den regelmäßigen Tagungen des Politischen Beratenden Ausschusses des Warschauer Vertrags vollziehe sich, wie aus tschechoslowakischen Quellen verlautet, eine gewisse Akkumulation von Ideen und Initiativen seiner Mitglieder.[8]

Die neue sowjetische Bündnisphilosophie sieht vor, Sicherheit und Stabilität im Verhältnis zu den osteuropäischen Partnern mit politischen Mitteln glaub-

---

6 H. Timmermann, Das Umdenken in der sowjetischen Außenpolitik, in: Politische Bildung, 1/1989, S. 31–43; H.-H. Schröder, Militär- und Sicherheitspolitik unter Gorbačev, in: Ebenda, S. 44–57.
7 Vgl. dazu: Der Warschauer Pakt 1987–1989, in: Sowjetunion 1988/89, hrsg. vom BIOst, München 1989, S. 325 ff.
8 Süddeutsche Zeitung (fortan: SZ), 23./24. 7. 1988.

würdig zu gewährleisten. Wenn die Prinzipien der bedingungslosen Eigenständigkeit, der vollständigen Gleichberechtigung, der Nichteinmischung in die inneren Angelegenheiten, der gründlicheren und wissenschaftlich fundierten Berücksichtigung der gegenseitigen Interessen, der Solidarität und gegenseitigen Hilfe sowie der Verantwortung jeder Parteiführung gegenüber dem eigenen Volk[9] in den zwischenstaatlichen Beziehungen strikt eingehalten und voll angewendet würden, wäre dies gleichbedeutend mit der Preisgabe der interventionistischen Breshnew-Doktrin. Ein erstes Indiz hierfür könnte die Entscheidung Gorbatschows sein, die sowjetische Truppenpräsenz in Osteuropa substantiell zu reduzieren, die aber bislang für eine Interventionsfähigkeit auf niedrigerem Niveau noch ausreicht.

Trotz verbesserter Mitwirkungsmöglichkeiten der kleineren WPO-Staaten bleibt festzustellen, daß ein klarer Reformansatz in Richtung auf eine echte Integration im Warschauer Pakt ebensowenig zu erkennen ist wie eine durchgreifende Veränderung der Institutionen und Instanzen der Bündnisorganisation. Der Warschauer Pakt ist reformpolitisch ein Brachland (P. Lange).[10] Von der neuen militärischen WPO-Führungsspitze sind bisher auch keine Reformimpulse ausgegangen. Dies bedeutet, daß die UdSSR weder ein Recht auf Austritt aus dem Warschauer Pakt noch die Existenz divergierender nationaler Sicherheits- oder Bedrohungslagen anerkennt. In diesem Zusammenhang ist auch keine Reform der bilateralen Bündnisverträge der »zweiten und dritten Generation« vorgesehen. Verlauf und Ergebnisse der Bukarester Tagung des Politischen Beratenden Ausschusses (7.–8. Juli 1989) lassen sogar auf ein Interesse der UdSSR schließen, dem Warschauer Pakt eine erstrangige Integrationsfunktion zuzuerkennen und ihn in diese Richtung aufzuwerten und auszubauen.[11] Wie diese integrative Tendenz allerdings mit der politischen Forderung nach Auflösung der Militärblöcke in Einklang gebracht werden kann, ist zur Zeit noch unklar.

3. Elastischer Zusammenhalt auf dem Prüfstand

Die elastischere Zusammenarbeit in Grundfagen der gemeinsamen Außen- und Sicherheitspolitik einschließlich der Verhandlungen über neue Ost-West-Sicherheitsvereinbarungen hat allerdings ihre Bewährungsprobe noch zu bestehen. Ein Grund für diese Annahme ist, daß einzelne WPO-Staaten doch recht weitreichende sicherheitspolitische Zielsetzungen haben. So bemüht sich

---

9 M. S. Gorbačev, Perestrojka – Anliegen aller Völker des Landes, Rede beim Treffen mit Werktätigen in Kiew am 23. 2. 1989, in: APN-Verlag, Moskau 1989, S. 30f.
10 Für wichtige Informationen über die Auswirkungen der sowjetischen Reformpolitik auf den Warschauer Pakt dankt der Verfasser besonders dem Kollegen Dr. Peer Lange (SWP).
11 C. Meier, Vor einer Funktionserweiterung des Warschauer Pakts? Zur turnusmäßigen Tagung des Politischen Beratenden Ausschusses in Bukarest am 7. und 8. Juli 1989, in: Aktuelle Analysen des BIOst, 36/1989.

Ungarn, das im Warschauer Pakt die Bildung einer Kommission für Menschenrechtsfragen anstrebt, um eine Vorreiterrolle bei der Rüstungsverminderung und beim Abzug sowjetischer Stationierungstruppen auf seinem Territorium. Zu deren Begründung weist es auf seine strategische Exklusivlage hin, d. h. auf die geringere strategische Bedeutung für das Bündnis infolge der Randlage des Landes. Publizistische Vorstöße für einen Austritt Ungarns aus dem Warschauer Pakt sind im Zusammenhang mit der Suche nach strategischen Begründungen für einen Neutralitätsstatus des Landes nicht überraschend.

Eine beachtliche sicherheitspolitische Diskussion ist auch in der DDR zu beobachten. Hier hat sich die SED-Führung intensiv in den Rüstungskontrollprozeß eingeschaltet und früher als andere die neue Bewegungsmöglichkeit im militärtheoretischen Denken genutzt.

Auf den Prüfstand geraten die neuen Ansätze für eine flexiblere Zusammenarbeit auch deshalb, weil nach der Entscheidung für eine kontrollierte Öffnung der WPO-Staaten gegenüber der EG die Entwicklung der bilateralen politischen und wirtschaftlichen Kooperationsbeziehungen nicht auf der Grundlage einer gemeinschaftlich festgelegten Marschroute erfolgt, sondern jeder Bündnispartner diese entsprechend seiner Interessenlage mit der EG eigenverantwortlich ausgestaltet. Wie der bisherige Verlauf und die Ergebnisse der Verhandlungen bzw. Sondierungen zwischen den einzelnen WPO-Staaten und der EG seit der Gemeinsamen Erklärung von RGW und EG vom 25. Juni 1988 zeigen[12], wird es aufgrund der zu erwartenden differenzierten bilateralen Kooperationsvereinbarungen auch sehr unterschiedliche Grade und Formen der wirtschaftlichen und politischen Verflechtung der WPO-Staaten mit der EG geben. Dies wird die Formulierung gemeinschaftlicher Positionen in außen- und möglicherweise auch in sicherheitspolitischen Fragen gegenüber der EG vermutlich erschweren.

Ein beträchtliches Risiko für einen neuen, elastischeren Zusammenhalt im Warschauer Pakt stellt das nicht unerhebliche Konfliktpotential dar, das im bilateralen Verhältnis zwischen einzelnen Bündnispartnern festzustellen ist. Das politische Augenmerk richtet sich hier beispielsweise auf die Streitigkeiten zwischen Polen und der DDR über die Abgrenzung der Seegebiete in der Oderbucht, die durch die Unterzeichnung einer komplexen Vertragsregelung auf höchster Ebene am 22. Mai 1989 vorläufig beigelegt zu sein scheinen.[13] Ferner ist auf die Zunahme der Spannungen zwischen Ungarn und Rumänien seit Beginn der Zwangsumsiedlung der ungarischen Minderheit in Siebenbürgen hinzuweisen.[14] Auch die in ihren Folgen noch nicht abzusehende Auseinandersetzung zwischen Ungarn und der ČSSR nach der Entscheidung der ungarischen Regierung, die Arbeiten am Bau des Donaukraftwerks Nagymaros, das mit dem Projektteil Gabčikovo auf slowakischer Seite technisch und

---

12 Ph. Hanson, V. Sobell, The Changing Relations between the EC and the CMEA, in: RAD Background Reports/73, 3. 5. 1989.
13 Neues Deutschland (fortan: ND), 23. 5. 1989.
14 MTI (Ungarische Telegraphenagentur), 27. 2. 1989.

ökonomisch eine Einheit bildet, zunächst einzustellen, gehört zu diesen Problemen.[15] Falls das bilaterale Krisenmanagement zu keinen greifbaren Resultaten führen sollte, dürfte eine Einschaltung der Gremien des Warschauer Pakts zur Konfliktregelung geradezu unvermeidlich sein.

III. Neue Konzepte für die Wirtschaftsintegration im RGW

1. Krise der Intra-RGW-Zusammenarbeit

Seitdem Gorbatschow in seinem Bericht an den XXVII. KPdSU-Parteitag die Ineffizienz des RGW und seine bürokratische Schwerfälligkeit beklagt hatte, ist die sowjetische Kritik am Erscheinungsbild der östlichen Wirtschaftsgemeinschaft von Mal zu Mal schärfer ausgefallen. Vorläufiger Höhepunkt war das vernichtende Urteil über die Intra-RGW-Zusammenarbeit, das Regierungschef Ryžkov auf der 44. RGW-Ratstagung (5.–7. Juli 1988) in der bündigen Feststellung zusammenfaßte:

> »Das historisch entstandene, extensive Modell der Arbeitsteilung zwischen unseren Ländern hat seine Möglichkeiten erschöpft.«[16]

Als Hauptbeleg dafür nannte er die ständig sinkende Dynamik des Warenverkehrs zwischen den RGW-Staaten. Hatten die Wachstumsraten im Intra-RGW-Handel in vergleichbaren Preisen in der ersten Hälfte der siebziger Jahre durchschnittlich 6,2% pro Jahr betragen, so gingen sie seither und insbesondere im Planjahrfünft 1981–1985 schon bis auf 2,6% zurück. Der Abwärtstrend setzte sich auch zu Beginn der 12. Fünfjahrplanperiode ab 1986 fort, so daß sich die durchschnittliche Handelszuwachsquote jetzt nur noch auf 1,5% pro Jahr beziffert. Am gesamten Welthandelsvolumen ist der RGW nur mit 2–3% beteiligt. Hauptgrund für die rückläufige Handelsentwicklung ist die völlig veraltete Struktur des Intra-RGW-Warenverkehrs. Von wenigen Ausnahmen abgesehen werden fast ausschließlich Brenn- und Rohstoffe sowie Halbfabrikate aus der Sowjetunion gegen Maschinen, Ausrüstungen und Konsumgüter aus RGW-Osteuropa getauscht, die vielfach weder von der Qualität noch vom technologischen Niveau her auf dem Weltmarkt absetzbar sind. Deutlich verstärkt hat sich der Trend unter den kleineren RGW-Staaten, die wenigen konkurrenzfähigen Produkte soweit wie eben möglich auf den Märkten der OECD-Länder zu verkaufen, um von den Deviserlösen die Schulden bei westlichen Banken pünktlich zu bedienen und im RGW nicht verfügbare Technologie zu erwerben. Nicht zu übersehen sind schließlich vermehrte Zeichen einer *handelspolitischen Abschottung* innerhalb des RGW. Die UdSSR ist dem Beispiel der ČSSR, der DDR, Bulgariens und Polens gefolgt und hat mit Wirkung vom 1. Februar 1989 ebenfalls ein Ausfuhrverbot für Lebensmittel

---

15 SZ, 17. 5. 1989.
16 Pravda, 6. 7. 1988.

und Konsumgüter im zivilen Reiseverkehr verhängt, um die chronische Unterversorgung des sowjetischen Binnenmarkts nicht noch weiter zu verschärfen.[17]

Die Krise der Intra-RGW-Zusammenarbeit ausschließlich an den Qualitätsparametern der Kooperation festzumachen, ist für den sowjetischen Politökonomen Ju. Širjaev zu kurz gegriffen. Nach seiner Auffassung liegt ihre eigentliche Ursache im nationalen bzw. internationalen Wirtschaftsmechanismus der RGW-Länder und der jeweils dahinterstehenden Politik.[18] So habe sich die Außenwirtschaftstätigkeit der RGW-Länder im wesentlichen auf die Durchführung einer Antiimportpolitik in der verarbeitenden Industrie und nicht auf die Steigerung des Exports ihrer Qualitätserzeugnisse konzentriert. Da jedes RGW-Land bestrebt war, seine Ressourcen für die Entwicklung einer möglichst kompletten Industriestruktur ohne Rücksicht auf die jeweiligen Kosten bzw. natürlichen Voraussetzungen einzusetzen, entstanden nicht nur Parallelstrukturen im Industriebereich. Es wurden – zumindest bis Ende der siebziger Jahre – auch die Anreize für eine effiziente internationale Produktionskooperation und Produktionsspezialisierung sowie für eine kontinuierliche Erneuerung und Erhöhung der technisch-ökonomischen Parameter der Erzeugnisse in den nationalen Wirtschaftsmechanismen nachhaltig geschwächt.

Diese Nachteile, so Ju. Širjaev, traten bei der Koordinierung der Volkswirtschaftspläne der RGW-Länder ebenfalls deutlich zutage:

> »Nach der Unterzeichnung der Protokolle über die gegenseitigen Lieferungen für fünf Jahre im voraus nahmen die Stimuli zu wesentlichen Strukturveränderungen und zur Erneuerung der Erzeugnisse im Verlaufe dieses Zeitraums ab. So gab die traditionelle Koordinierung der Volkswirtschaftspläne nur einmal in fünf Jahren die Möglichkeit, auf die wesentlichen Fragen der Struktur und Qualität der gegenseitig zu liefernden Erzeugnisse zurückzukommen. Die Versuche, den auf internationaler Ebene koordinierten Komplex der gegenseitigen Verpflichtungen während der Fahrt zu korrigieren, erwiesen sich in der Mehrzahl der Fälle als wenig effektiv.«[19]

Die Ineffizienz des RGW-Kooperationsmechanismus wird nach Auffassung Širjaevs seit geraumer Zeit weiter verstärkt, und zwar durch

– das Fehlen eines einheitlichen Prognosesystems zur Aufdeckung von Problemen, Reserven und Möglichkeiten der Intra-RGW-Zusammenarbeit unter Berücksichtigung weltwirtschaftlicher Prozesse;
– das Fehlen eines flexiblen Ware-Geld-Mechanismus mit multilateraler Verrechnung, der Konvertibilität des Transferrubels und der nationalen Währungen sowie eines marktorientierten Preisbildungssystems;
– das Fehlen eines adäquaten Mechanismus zur Koordinierung der Außenwirtschaftstätigkeit der RGW-Länder auf den Märkten der OECD/EG-Staaten.[20]

---

17 Financial Times, 6. 1. 1989.
18 Ju. Širjaev, Tiefgreifende Veränderungen in der gegenseitigen Zusammenarbeit, in: RGW-Wirtschaftliche Zusammenarbeit, 1/1988, S. 15.
19 Ebenda, S. 16.
20 Ebenda, S. 17f.

Anders als die UdSSR führt die DDR die Schwierigkeiten bei der Intra-RGW-Zusammenarbeit in erster Linie auf den Mangel an Stabilität, Planmäßigkeit und Vertragstreue in den Wirtschaftsbeziehungen zwischen den RGW-Staaten zurück.[21]

Im Zuge der sich verschärfenden Kritik an der Intra-RGW-Zusammenarbeit sind allerdings auch die Elemente eines neuen Konzepts der Wirtschaftsintegration erkennbar geworden.

2. Gemeinsamer RGW-Markt als neues strategisches Ziel

Nicht allein die Ineffizienz des bisherigen Modells der Intra-RGW-Kooperation, sondern auch seine Inkompatibilität mit dem wirtschaftlichen Reformprozeß in einer Reihe von RGW-Ländern und vor allem die neue Konstellation eines EG-Binnenmarkts ab Ende 1992 haben die Reformkräfte in der UdSSR und in Osteuropa in ihrem Willen bestärkt, die künftige Zusammenarbeit der RGW-Staaten auf die Bildung eines gemeinsamen Markts ohne Schranken für einen freien Verkehr von Waren, Kapital und Arbeitskräften zu orientieren.

Der auf der 44. RGW-Ratstagung (5.–7. Juli 1988)[22] von der Mehrheit der RGW-Mitgliedstaaten gefaßte Beschluß über das neue integrationspolitische Leitziel markiert zunächst einen wesentlichen Wandel in der sowjetischen Einstellung zur Reform des RGW. Hatte Gorbatschow in den beiden ersten Jahren seiner Amtszeit versucht, die Umgestaltung der östlichen Wirtschaftsgemeinschaft von oben durch die Bildung neuer politischer und administrativer Leitorgane voranzutreiben, so möchte er sie jetzt von unten durch ein breites Spektrum neuer Formen von Produktionskooperation nach den Prinzipien ökonomischer Rationalität ins Werk setzen.

Die Perspektive »gemeinsamer RGW-Markt« hat auch zu einer Klärung der Positionen aller RGW-Länder im Hinblick auf die künftige Intra-RGW-Zusammenarbeit geführt. Die UdSSR, Polen und Ungarn, also die am stärksten reformorientierten RGW-Partner, aber auch die ČSSR und Bulgarien sehen in der Regelung der Finanz- und Währungsfragen – Reform des Preisbildungsmechanismus, vernünftige Wechselkurse, Währungskonvertibilität – die wichtigste Voraussetzung für die Verwirklichung dieses Projekts. Die drei erstgenannten planen sogar, ab 1991 ihren Warenaustausch auf der Basis der Weltmarktpreise in konvertibler Währung zu verrechnen. Die DDR, die ihre Skepsis gegenüber diesem Projekt nicht verbirgt, verlangt, daß zunächst einmal in jedem RGW-Staat die unerläßlichen wirtschaftlichen und sozialen Grundbedingungen geschaffen werden. Dazu rechnet sie vor allem:

– ein hohes Niveau der Bedarfsdeckung (d. h. der kaufkräftigen Nachfrage) an Produktionsmitteln und Konsumgütern, um schrittweise von einem Nachfrage- zu einem Angebotsmarkt übergehen zu können. Überlegungen zur

---

21 ND, 6. 7. 1988.
22 ND, 8. 7. 1988.

schrittweisen Öffnung des Binnenmarkts (Produktionsmittel und Konsumgüter) für andere Mitgliedsländer sind hier eingeschlossen;
- die Verwendung des Geldes als eines allgemeinen Äquivalents auf der Grundlage des Gleichgewichts zwischen kaufkräftiger Nachfrage und den in den Länder verfügbaren Warenfonds;
- annähernd gleiche Konzeptionen der RGW-Staaten für ihre Teilnahme an der weltweiten Arbeitsteilung;
- eine weitgehend angeglichene Sozialpolitik der RGW-Länder.[23]

Rumänien lehnt das Ziel eines gemeinsamen RGW-Markts kategorisch ab und beharrt auf der Fortsetzung der Intra-RGW-Zusammenarbeit in den bewährten Formen. Die drei außereuropäischen RGW-Entwicklungsländer Kuba, Mongolei und Vietnam sind im Hinblick auf das neue integrationspolitische Leitziel als eine Quantité negligeable zu betrachten.

3. Komplizierter Umbau des RGW-Integrationsmechanismus

Im Kontext der aktuellen sowjetischen RGW-Politik erscheint der Leitbegriff »gemeinsamer Markt« daher eher als ein zentraler Bezugspunkt für eine Reihe von Maßnahmen, die die Umgestaltung der Formen und Methoden der Intra-RGW-Zusammenarbeit sowie der Organisation des RGW betreffen. Seit der 43. RGW-Ratstagung (13.–14. Oktober 1987) in Moskau ist das sowjetische Interesse vorrangig darauf gerichtet,

- die kollektive Konzeption der internationalen sozialistischen Arbeitsteilung für den Zeitraum 1991–2005 zu erarbeiten;
- die Organisationsstruktur des RGW effizienter zu gestalten;
- die Implementierung des RGW-Komplexprogramms zur Förderung des wissenschaftlich-technischen Fortschritts der RGW-Staaten bis zum Jahr 2000 durch die Konzentration auf Schlüsselvorhaben zu beschleunigen;
- die wirtschaftliche Verflechtung mit den RGW-Staaten Osteuropas durch neue Formen der Unternehmenskooperation zu erhöhen.[24]

a) Zur »kollektiven Konzeption« 1991–2005

Was die auf der 44. RGW-Ratstagung (5.–7. Juli 1988) in Prag gebilligte »kollektive Konzeption« anbelangt, so ist ihr offenbar eine Doppelfunktion zugedacht. Sie soll Grundlage für die Abstimmung der Wirtschaftspolitik der UdSSR mit der der RGW-Länder auf kooperationsrelevanten Gebieten, aber auch Bestandteil der künftigen Plankoordinierung sein. Für die Praxis der Intra-

---

23 H. Koziolek, O. Reinhold, Plan und Markt im System unserer sozialistischen Planwirtschaft, in: Einheit, 1/1989, S. 25f.
24 C. Meier, Neue Konzepte für die Wirtschaftsintegration im RGW? Politische und ökonomische Aspekte der 44. RGW-Ratstagung in Prag 1988, in: Berichte des BIOst, 37/1988.

RGW-Kooperation könnte dies bedeuten, daß die wechselseitige Abstimmung der Wirtschafts- und Strukturpolitik der internationalen Plankoordinierung vorgelagert wäre, der dann die Aufstellung nationaler Pläne zu folgen hätte. Mit diesen wichtigen Schritten könnte die Richtung einer gemeinsamen Wirtschaftspolitik der RGW-Staaten eingeschlagen werden.

Nach den vorliegenden Informationen wurde die kollektive Konzeption zunächst für sechs Hauptbereiche der Zusammenarbeit der RGW-Länder ausgearbeitet. Sie betreffen

- *Maschinenbau und elektronische Industrie:* Ziel des arbeitsteiligen Zusammenwirkens ist die Umrüstung der Produktionsapparate auf arbeits-, energie- und materialsparende Technologien.
- *Konstruktionsmaterialien und Basis- bzw. Rohprodukte:* Die diesbezügliche Zusammenarbeit ist auf die Gewährleistung der Versorgungssicherheit für wichtige Industriezweige gerichtet.
- *Energie und Brennstoffe:* Im Mittelpunkt der Kooperation in diesem Bereich steht die Bereitstellung von Energie und Brennstoffen, die Ressourceneinsparung und die Nutzung neuer Energiequellen.
- *Nahrungsmittel und Konsumgüter:* Hauptziele der Zusammenarbeit sind hier die Selbstversorgung des RGW mit den wichtigsten Nahrungsmitteln und eine Steigerung der Produktionseffizienz in allen Zweigen des agrarindustriellen Komplexes.
- *Transport- und Nachrichtenwesen:* Bei der Zusammenarbeit in diesem Bereich geht es um den Aufbau eines koordinierten Transportsystems sowie um die Entwicklung und Einführung von einheitlichen Kommunikationssystemen für die digitale Kommunikationsübermittlung.
- *Nichtproduktive Bereiche der sozialen Dienstleistungen:* Das arbeitsteilige Zusammenwirken soll den laufenden und entstehenden Bedarf der Bevölkerung in den RGW-Staaten an Dienstleistungen in den Bereichen Gesundheitswesen, Kultur, Tourismus und Umweltschutz decken.[25]

Da die »kollektive Konzeption« bislang nicht mehr als ein allgemeines Grundsatzdokument ist, wurden die zuständigen RGW-Organe noch auf der 44. RGW-Ratstagung beauftragt, umgehend mit der Ausarbeitung der erforderlichen Abkommen für die mehrseitige Zusammenarbeit in den genannten Bereichen zu beginnen, die als ihre wesentlichen Bestandteile ab 1991 realisiert werden sollen. Als offenes Dokument soll die »kollektive Konzeption« alle fünf Jahre gleichzeitig mit der Erarbeitung des Programms für die Koordinierung der Volkswirtschaftspläne der RGW-Länder sowie des Verzeichnisses der multilateral koordinierten Probleme der wirtschaftlichen Zusammenarbeit für den gegebenen Fünfjahreszeitraum aktualisiert werden. Bemerkenswert ist, daß

---

25 V. Vaščenko, Programma do 2000 goda: Uroki i perspektivy, in: SĖV, 6/1988, S. 12–16.

die »kollektive Konzeption« außerdem Richtschnur sein soll für die Umgestaltung des Mechanismus der multilateralen Zusammenarbeit.[26]

b) Zur Reform der Organisationsstruktur des RGW

Im Zusammenhang mit der »kollektiven Konzeption« steht auch die von Gorbatschow während der 43. RGW-Ratstagung angemahnte einschneidende Veränderung der Organisationsstruktur des RGW. Seine Grundvorstellung ist, die Tätigkeit des Rats auf die effiziente Lösung zwischenstaatlicher Probleme der ökonomischen Integration zu konzentrieren, vor allem im Zusammenhang mit der Koordinierung der wissenschaftlich-technischen und der Wirtschaftspolitik, der Ausarbeitung großangelegter multilateraler Programme und Abkommen sowie der Ausgestaltung des Mechanismus der Zusammenarbeit. Dagegen sollen Fragen der Kooperation der Wirtschaftszweige auf der Ebene der nationalen Leitungsorgane, im Rahmen von Direktbeziehungen oder spezialisierten internationalen Wirtschaftsorganisationen gelöst werden.

Von den seither getroffenen Umstrukturierungsmaßnahmen wurde das gesamte Organisationssystem des RGW erfaßt. Nach einer Reduzierung des Personalbestands des RGW-Sekretariats um 25% von 850 auf 580 Mitarbeiter soll sich dieses Organ jetzt stärker auf die ökonomische Prognosetätigkeit konzentrieren. Dafür ist auch eine Erhöhung der Qualifikation der Kader in Aussicht genommen. Ferner wurde beschlossen 19 RGW-Organe aufzulösen und zu reorganisieren sowie sechs neue zu schaffen, u.a. durch Zusammenlegung. Insgesamt wurde die Zahl der Vertretungsorgane des RGW von 35 auf 24 gesenkt. Aufgelöst wurden das Komitee für die Zusammenarbeit auf dem Gebiet der materiell-technischen Versorgung, die Ständigen Kommissionen des RGW für die friedliche Nutzung der Atomenergie, für Elektroenergie, für radiotechnische und elektronische Industrie, für Landwirtschaft, für Lebensmittelindustrie, für Zivilluftfahrt, für Außenhandel, für Bauwesen, für Gesundheitswesen, für neue Werkstoffe, für Biotechnologie, für Zusammenarbeit mit den Entwicklungsländern. Von der Auflösung betroffen waren schließlich auch die Beratungsgremien für Rechtsfragen, Preise, Binnenhandel, Erfindungswesen und Wasserwirtschaft.

Neugeschaffen wurden Komitees des RGW für die Zusammenarbeit auf dem Gebiet der Außenwirtschaftsbeziehungen, der Elektronisierung, des agrarindustriellen Komplexes sowie die Ständigen Kommissionen des RGW für die Kooperation auf dem Gebiet der Elektroenergie und der Kernenergetik, des Umweltschutzes und für Rechtsfragen.[27]

---

26 V. Kotouc, Die kollektive Konzeption der internationalen sozialistischen Arbeitsteilung für die Jahre 1991–2005, in: ČSSR-Wirtschaftsrundschau, 2/1989, S. 47–72; L. Csaba, Emanzipation, Modernisierung, Kontinuität – Osteuropa unter Gorbatschow, in: Europäische Rundschau, 3/1989, S. 112f.
27 Leitartikel, Vervollkommnung der Struktur des RGW, in: RGW-Wirtschaftliche Zusammenarbeit, 2/1988, S. 22f.

Für die Leitung aller RGW-Organe gilt jetzt das Rotationsprinzip. Nicht möglich war es indes, alle RGW-Organe aufzulösen, die sich mit der Zusammenarbeit auf bestimmten Sektoren befassen. Von den 15 jetzt existierenden und Ständigen Kommissionen sind allein neun für einzelne Branchen zuständig. Daraus wird ersichtlich, daß das institutionelle »Streamlining« des RGW-Apparats bislang noch nicht gelungen ist.[28]

Betrachtet man schließlich noch die Kautelen im Abschlußkommuniqué der 44. RGW-Ratstagung, die beim Umbau der RGW-Organisation beachtet werden sollten – »schrittweise«, »je nach Entwicklung der inneren und äußeren Bedingungen«, »unter Berücksichtigung der Interessiertheit der RGW-Länder und der Vervollkommnung der nationalen Wirtschaftsmechanismen« –, so kann die sowjetische Führung mit Fortschritten, wenn überhaupt, wohl nur auf mittlere oder längere Sicht rechnen, weil politischer Widerstand von souveränitätsbewußten RGW-Staaten wie der DDR und Rumänien zu erwarten ist.

c) RGW-Komplexprogramm zur Förderung des wissenschaftlich-technischen Fortschritts der RGW-Länder bis zum Jahre 2000

Das »Kernstück« umfassender Spezialisierung und Kooperation in der Produktion zwischen der UdSSR und den RGW-Staaten stellt das »RGW-Komplexprogramm 2000« dar. Es sieht eine bi- bzw. multilaterale Zusammenarbeit in fünf Bereichen der Schlüsseltechnologien vor: Elektronik, Automatisierungstechnik, Kernenergie, neue Werkstoffe sowie Biotechnologie. Um eine zügige und umfassende Implementierung des RGW-Komplexprogramms zu garantieren, ist der Sowjetunion die Aufgabe zugewiesen worden, den dafür erforderlichen Organisationsrahmen zu schaffen. Unter Anleitung sowjetischer Forschungs- und Produktionsvereinigungen, die als Leitorganisationen fungieren, sind in den genannten fünf Schwerpunktbereichen für 93 Themenkomplexe die strategischen Ziele und Etappen zur Schaffung neuer Erzeugnisse, Verfahren und Technologien festgelegt worden, die den gesamten Zyklus von der Grundlagen- und angewandten Forschung über die Verfahrens- und Erzeugnisentwicklung bis zur Produktion und zum Vertrieb umfassen. Eine erste Zwischenbilanz zeigt, daß die Implementierung des Komplexprogramms nicht nur in Zeitverzug geraten, sondern auch auf beträchtliche Schwierigkeiten gestoßen ist. Scharf kritisiert wurden Mängel in der Tätigkeit der Leitorganisationen, Ineffizienz der Direktbeziehungen zwischen den Leitorganisationen und ihren Partnern in den RGW-Ländern sowie Unklarheiten über die Kompetenzen der Leitorganisationen und der zentralen RGW-Organe bei der Durchführung technologischer Schlüsselprojekte. Von seiten des RGW-Exekutivkomitees wurde außerdem die unzureichende finanzielle und materielle Unterstützung von Großprojekten durch die RGW-Staaten beklagt und zu diesem Zweck die Einrichtung gemeinsamer Fonds verlangt.[29]

---

28 H. Machowski, Der Comecon in der Krise, in: Neue Zürcher Zeitung, 6. 7. 1988.
29 A. Lukanow, Vor einer neuen Etappe der Zusammenarbeit im RGW, in: Probleme des Friedens und des Sozialismus, 1/1989, S. 6.

Um der Implementierung des »Eureka des Ostens« nach einem matten Auftakt neuen Schwung zu verleihen, wurde beschlossen, die weitere Zusammenarbeit vorrangig auf den Bereich »Elektronisierung der Volkswirtschaft« zu konzentrieren. Damit zeichnet sich offenbar eine neue Implementierungsstrategie ab, das ambitiöse Programm auf die Vorhaben mit dem größtmöglichen ökonomischen Nutzeffekt in den prioritären Bereichen zu reduzieren und diese mit den Schwerpunktaufgaben der »kollektiven Konzeption« zu koordinieren.

d) Neue Formen der Unternehmenskooperation im RGW

Bekanntlich hat die UdSSR mit Polen vor der 42. RGW-Ratstagung in Bukarest (3.–5. November 1986) und in ihrem Verlauf mit Bulgarien, der ČSSR und Ungarn Regierungsabkommen über die Herstellung von betrieblichen Direktbeziehungen sowie über die Gründung von Gemeinschaftsunternehmen, internationalen Vereinigungen und Organisationen unterzeichnet. Zwischen der UdSSR und der DDR wurde am 4. November 1986 jeweils ein Abkommen über die direkten wissenschaftlich-technischen und Produktionsbeziehungen zwischen Kombinaten, Betrieben und Organisationen der DDR und Vereinigungen, Betrieben und Organisationen der UdSSR sowie über die Bildung gemeinsamer Kollektive von Spezialisten beider Länder abgeschlossen.

Im Rückblick auf die seitherige Entwicklung hat die sowjetische Führung wiederholt ihre Unzufriedenheit mit der Anwendung neuer Formen der Intra-RGW-Zusammenarbeit zum Ausdruck gebracht. Von den bis zum 1. Januar 1989 registrierten 191 Gemeinschaftsunternehmen mit ausländischen Partnern auf sowjetischem Territorium stammten nur 27 aus sozialistischen bzw. RGW-Staaten, dagegen 164 aus westlichen Ländern.[30]

Was die Herstellung von geregelten Direktbeziehungen zwischen sowjetischen Unternehmen und Partnerbetrieben in RGW-Osteuropa betrifft, so konzentrieren sie sich auf fünf Arbeitsbereiche: Produktionskooperation und -spezialisierung; Herstellung neuer Produkte bzw. Organisation neuer, kollektiver Produktionen; Entwicklung neuer Technologien; wissenschaftlich-technische Zusammenarbeit; Dienstleistungen und Austauch von Produktionserfahrungen.

Obwohl die Anzahl vertraglich vereinbarter Direktbeziehungen auf Betriebsebene zwischen der UdSSR und den RGW-Staaten nach offiziellen Angaben laufend zunimmt, sind sie in der Praxis doch mit erheblichen Schwierigkeiten verbunden und deshalb nicht unumstritten. Die Probleme liegen in der unterschiedlichen Preisgestaltung für Waren und Dienstleistungen, was ihre Verrechnung außerordentlich kompliziert. Wirtschaftlichkeitsberechnungen sind aufgrund fehlender Konvertierbarkeit der jeweiligen Währungen praktisch unmöglich. Daran ändern gegenwärtig die auf die neuen Kooperationsformen bezogenen Abkommen über eine Teilkonvertierbarkeit

---

30 Pravda, 22. 1. 1989.

der nationalen Währungen zwischen der UdSSR und der ČSSR, Bulgarien und Polen auch noch nichts. Neben den systembedingten Hindernissen erschweren außerdem technische und infrastrukturelle Barrieren diese unmittelbare Zusammenarbeit. Widerstände auf seiten einzelner Partner der UdSSR ergeben sich nicht zuletzt daraus, daß das Prinzip der Ausgewogenheit der Vorteile bei den Direktbeziehungen nicht gewahrt ist. Da z. B. die Produktion der DDR besser organisiert, das wissenschaftlich-technische Niveau höher und die Arbeitsdisziplin straffer ist als in der Sowjetunion, haben oftmals ganz überwiegend die sowjetischen Betriebe den Nutzen von dieser engen Kooperation. Für die DDR-Betriebe ist die direkte Zusammenarbeit vielfach eine Belastung, weil sie die Planmäßigkeit und den eingespielten Ablauf des Produktionsprozesses stört und weil nur in wenigen Bereichen verwertbare technologische und wissenschaftliche Kenntnisse gewonnen werden.[31] Direktbeziehungen mit Partnern aus RGW-Ländern waren 1988 wertmäßig mit 2% am gesamten sowjetischen Außenhandel beteiligt.[32]

4. Komplexprogramme der Intra-RGW-Entwicklungshilfe

Seit der RGW-Gipfelkonferenz Mitte Juni 1984 ist die Beschleunigung der schrittweisen Angleichung des ökonomischen Entwicklungsniveaus der RGW-Staaten Kuba, Mongolei und Vietnam an das Niveau der europäischen RGW-Länder eine programmatische Forderung[33] und soll zu einem verstärkten Ressourcentransfer in diese Staaten führen. Die bisherigen Bemühungen haben aber weder Fortschritte auf dem Weg zu diesem Ziel gebracht noch vermocht, die drei außereuropäischen RGW-Entwicklungsländer aus ihrer ökonomischen und finanziellen Krisensituation herauszuführen, die sich im Falle Kubas und Vietnams in den letzten Jahren sogar noch verschärfte. Grund dafür war weniger der angebliche Mangel an wirksamer Koordination der Hilfeleistungen als höchstwahrscheinlich der Tatbestand, daß die osteuropäischen RGW-Staaten bei dieser Aufgabe in erster Linie die UdSSR gefordert sehen und obendrein wenig Neigung verspüren, ihre ohnehin schon stark eingeschränkten Ressourcen noch weiter zu verknappen.

Wegen der offenbar als ungerecht empfundenen Lastenverteilung drängte die UdSSR immer wieder darauf, den gesamten Komplex der Wirtschaftsbeziehungen mit diesen drei Staaten zum Thema einer besonderen Konferenz zu machen. Da ihre Bemühungen erfolglos blieben, wurde am 22. Juni 1987 eine ZK-Konferenz der KPdSU mit Vertretern Vietnams, Kubas und der Mongolei einberufen. Ihr Ergebnis war die Empfehlung, einen umfassenden

---

31 S. Kupper, Wachsender Druck – Unterschiedliche Interessen – zu den Wirtschaftsbeziehungen DDR-UdSSR und den Konferenzen des RGW, in: Deutschland Archiv, 1/1987, S. 56–58.
32 TASS, 14. 1. 1989.
33 H.-H. Höhmann, C. Meier, Wirtschaftslage, Außenwirtschaft und Außenpolitik in Osteuropa: Zur Politischen Ökonomie der RGW-Gipfelkonferenz, in: Berichte des BIOst, 55/1984.

Lösungsansatz für alle Aspekte der Wirtschaftskooperation zwischen der UdSSR und diesen drei Ländern zu entwickeln.[34] Sie fand im nachhinein offenbar auch die Zustimmung der osteuropäischen RGW-Partner. Nach Vorbereitungen auf dem Treffen der ZK-Sekretäre für Wirtschaft der RGW-Staaten Anfang September 1987 in Sofia wurde auf der 43. außerordentlichen RGW-Ratstagung beschlossen, in Verbindung mit der neuen kollektiven Konzeption der internationalen Arbeitsteilung für die Jahre 1991–2005 spezielle Komplexprogramme der mehrseitigen Zusammenarbeit der europäischen RGW-Länder mit Vietnam, Kuba und der Mongolei auszuarbeiten, die konkrete Maßnahmen zur Vertiefung der Zusammenarbeit in Wissenschaft, Technik und Produktion sowie der Handels- und Wirtschaftsbeziehungen beinhalten sollten.

Auf der 44. RGW-Ratstagung wurden die vorbereiteten Programmvorlagen gebilligt und die Verwirklichung der Vorhaben unter präferentiellen Bedingungen – langfristige Kredite und gute Handelsspannen – für diese Länder angeordnet. Sie sollen dazu beitragen, die Effizienz der wirtschaftlichen Hilfe durch verstärkte Koordinierung zu erhöhen, die Lösung der dringlichsten Wirtschaftsprobleme dieser Länder durch eine bessere Ausnutzung ihrer Ressourcen voranzutreiben und sie dadurch wirksamer in die Intra-RGW-Arbeitsteilung einzubeziehen.[35] Mit raschen Erfolgen dürfte indes kaum zu rechnen sein. Diese Programme sind zunächst nur wohlgemeinte Absichtserklärungen, die erst noch in konkrete Arbeitsvorhaben umgesetzt werden müssen und kaum dazu angetan sind, solche natürlichen Erschwernisse der Kooperation wie z. B. riesige Entfernungen und infolgedessen kostspielige Transporte sowie Zivilisationsunterschiede zu erleichtern.

5. Perestrojka des RGW in kritischer Phase

Die Bestandsaufnahme der sowjetischen Bemühungen um eine tiefgreifende Reform des Mechanismus der Intra-RGW-Zusammenarbeit seit der diesbezüglichen Grundsatzentscheidung der Parteichefs der RGW-Staaten bei ihrem Arbeitstreffen am 10. und 11. November 1986 in Moskau ergibt, daß sich die bisherigen Ergebnisse in sehr engen Grenzen halten.

Maßgeblich dafür sind vier eng miteinander verbundene Gründe. Als erster ist der bisher offene *politische Widerstand* Rumäniens, aber vor allem derjenige der im Vergleich zu den anderen RGW-Staaten ökonomisch starken DDR zu nennen. Er richtet sich gegen das sowjetische Bemühen, die Intra-RGW-Zusammenarbeit durch den Übergang von politisch-administrativen auf nahezu ausschließlich wirtschaftlich-finanzielle Methoden wirksamer zu gestalten.[36] Statt dessen verlangt die DDR, die zwischenstaatliche Kooperation durch ein

---

34 Izvestija, 23. 6. 1987.
35 Siehe Anm. 22.
36 A. Schüller, Die Sowjetunion und die DDR im handelspolitischen Konflikt – Deregulierungs- contra Harmonisierungskonzept, in: Neue Zürcher Zeitung, 5./6. 2. 1989.

höheres Maß an Planmäßigkeit, Flexibilität, Ausgeglichenheit und Zuverlässigkeit in den wirtschaftlichen und wissenschaftlich-technischen Beziehungen zu vervollkommnen.[37] Daß ihre Argumente zum Teil berechtigt sind, belegte das Kommuniqué der 129. Tagung des RGW-Exekutivkomitees (10.–11. Oktober 1988). Darin heißt es, daß Maßnahmen der beiden RGW-Banken zur Stimulierung der Verrechnungs- und Zahlungsdisziplin der Staaten getroffen worden seien und daß die Neufassung der allgemeinen Bedingungen für die Warenlieferungen zwischen den Organisationen der RGW-Länder zur Erhöhung der Verantwortlichkeit für die Einhaltung der vertraglichen Verpflichtungen beitragen solle.[38] Ein zweiter wichtiger Grund ist die *fehlende Synchronisierung* zwischen der Reform der Intra-RGW-Zusammenarbeit und der Reform der Wirtschaftssysteme in den einzelnen RGW-Staaten. Da sich beide Reformbereiche zueinander wie kommunizierende Röhren verhielten, habe die Inkonsequenz bei der Umgestaltung der Volkswirtschaften der RGW-Länder beispielsweise die Verwirklichung des RGW-Komplexprogramms behindert und den Fortgang der inneren Reformen spürbar verlangsamt.[39]

Wenn sich auch schrumpfendes Wirtschaftswachstum, abnehmende internationale Wettbewerbsfähigkeit, unrentabler Kapitaleinsatz sowie hoher Energie- und Rohstoffverbrauch als die entscheidenden Reformtriebkräfte in allen RGW-Ländern erweisen, so ist in der Reformpraxis kein Einheitsmodell, sondern aufgrund von besonderen nationalen Entwicklungsfaktoren eine ausgesprochene *Vielfalt an Reformmodellen* zu registrieren, die allesamt noch auf dem Prüfstand stehen. Dies ist der dritte Grund dafür, daß neue Integrationsformen bzw. -methoden nur äußerst langsam zu greifen beginnen.

Im direkten Zusammenhang damit steht ein vierter Grund. Der *Verlauf der Perestrojka* der sowjetischen Wirtschaft, die in hohem Maße auf Modernisierungshilfe von außen angewiesen ist, hat der Umgestaltung der Intra-RGW-Zusammenarbeit bisher keine nennenswerten ökonomischen Impulse vermitteln können.

Unter diesen Umständen dürfte der RGW zu Beginn der neunziger Jahre in eine entwicklungspolitische Übergangsphase eintreten.[40] Zu rechnen ist mit

– der Beibehaltung des integrativen Bilateralismus in traditioneller oder modifizierter Form zwischen reformunwilligen RGW-Staaten bzw. zwischen diesen und den reformorientierten RGW-Ländern;
– der Einführung neuer Formen eines integrativen Bi- oder Trilateralismus zwischen den stark reformorientierten RGW-Staaten UdSSR, Polen und Ungarn;

---

37 40 Jahre Zusammenarbeit im Rat für Gegenseitige Wirtschaftshilfe, in: ND, 7./8. 1. 1989.
38 ADN, 12. 10. 1988.
39 Dies ist von maßgeblicher sowjetischer Seite offen eingestanden worden; vgl. RGW-Reformen verlangen Reformen. Interview mit L. Jagodovski, in: Neue Zeit, 3/1989, S. 34.
40 Vgl. dazu u. a. das Kommuniqué der 130. Tagung des RGW-Exekutivkomiteés, in: ND, 26. 1. 1989.

– Schritten in Richtung auf eine substantielle Erneuerung des RGW im Falle des Erfolgs der zweiten Variante ab Mitte des nächsten Jahrzehnts.

IV. Differenzierte Wirkungen des sowjetischen Reformprozesses im WPO/RGW-Bereich

1. Alter und neuer Ansatz ideologisch-politischer Zusammenarbeit

Die seit 1973 in den Bereichen Ideologie, Organisation und internationale Beziehungen organisierte multilaterale Zusammenarbeit zwischen den regierenden kommunistischen Parteien des WPO/RGW-Bereichs sollte für die sowjetische Hegemonialmacht zwei wichtige Funktionen erfüllen: die Klammer- und die Immunisierungsfunktion.

1. *Die Klammerfunktion:* Durch die von der KPdSU-Führung definierten Gesetzmäßigkeiten der sozialistischen Entwicklung sollten programmatische Unterschiede eingeebnet und Abweichungstendenzen unterbunden werden, um die Einheit und Geschlossenheit der sozialistischen Staaten in Systemfragen zu gewährleisten.
2. *Die Immunisierungsfunktion:* Ausbau und Intensität der ideologischen Zusammenarbeit sollten die sozialistischen Staaten vor den negativen Folgen der intersystemaren Kooperation im Zeichen der Ost-West-Entspannung für die Stabilität der Systeme wirksam schützen.[41]

Von alldem konnte keine Rede mehr sein als Ende der siebziger, Anfang der achtziger Jahre in fast allen WPO/RGW-Staaten wirtschaftliche, soziale, politische und ideologische Krisenerscheinungen mit abgestufter Intensität auftraten. Weil sich die damalige sowjetische Führung außerstande sah, durch Reformen ihres eigenen Wirtschaftssystems den RGW-Partnern einen erfolgversprechenden Ausweg aus der Krise aufzuzeigen, mußte sie ihnen gestatten, Reformen durchzuführen, um den aufgetretenen Wachstums- und Strukturproblemen entgegenzuwirken.

In dem Maße, wie die Bündnispartner in Teilbereichen Erfolge vorweisen konnten, ging die sowjetische Führung dazu über, die sektoralen Systemveränderungen unter dem Gesichtspunkt ihrer Verwertbarkeit für eine sowjetische Systemreform zu prüfen. Die von einer Kommission bei Gosplan seit 1981 ermittelten Ergebnisse dürften eine wichtige Arbeitsgrundlage für die Tätigkeit einer Arbeitsgruppe des Politbüros zur »Vervollkommnung der Lenkung und Effizienzsteigerung der Volkswirtschaft der UdSSR« gewesen sein.

Seit dem Amtsantritt Gorbatschows hat die sowjetische Führung im Zusammenhang mit den Wirtschaftsreformen in den RGW-Ländern ein deutliches Kooperationsinteresse signalisiert. Sie ist, wie oben dargelegt, bestrebt, die

---

41 C. Meier, Die Osteuropa-Politik der UdSSR, Sowjetunion 1980/81, hrsg. vom BIOst, München 1981, S. 220.

wirtschaftliche Reformentwicklung in fast allen RGW-Staaten eng mit dem Aufbau eines leistungsfähigen RGW-Integrationsmechanismus zu verknüpfen. Wichtige Impulse erhofft sie sich von der auf dem Moskauer RGW-Gipfel 1984 eingesetzten Konferenz der ZK-Sekretäre für Wirtschaft der RGW-Staaten.[42]

Mit seinem konzeptionellen Ansatz, daß sich Reformen in der Wirtschaft und Reformen des politischen Systems wechselseitig bedingen, hat Gorbatschow nicht nur den Rahmen traditioneller Reformvorstellungen gesprengt, sondern auch den Bündnispartnern zugleich reformpolitischen Handlungsbedarf signalisiert. Diese haben auf die sowjetischen Reformvorhaben zunächst sehr unterschiedlich reagiert. Im einzelnen sind dabei, wie H.-H. Höhmann darlegte[43], drei in sich differenzierte Verhaltensmuster unter den WPO/RGW-Staaten sichtbar geworden. Sie lassen sich mit den Begriffen »risikobewußte Vorreiter« (Polen und Ungarn), »gezügelte bzw. distanzierte Anpasser« (Bulgarien und ČSSR) und »konservative bzw. rigide Verweigerer« (DDR und Rumänien) kennzeichnen.

2. Risikobewußte Vorreiter: Polen und Ungarn

Polen. Wenn der polnische Partei- und Staatschef W. Jaruzelski 1987 in einer überschwenglichen Lobeshymne auf den sowjetischen Reformprozeß noch behaupten konnte, daß es nie zuvor so viele Gemeinsamkeiten zwischen beiden Staaten gegeben habe wie jetzt[44], so gehören diese seit dem Ausgang der Wahlen zum Sejm und zum Senat, den beiden Kammern des neuen polnischen Parlaments, vom 4. bzw. 18. Juni 1989 endgültig der Vergangenheit an. Die polnische Bevölkerung hat sich mit einem eindrucksvollem Votum für »Solidarność« unmißverständlich für die Beendigung der Vorherrschaft der PVAP entschieden, weil sie in ihren Augen die Hauptverantwortung für den sozialen, wirtschaflichen und zivilisatorischen Niedergang Polens trägt. Mit einem Stimmenanteil von unter 10% ist selbst der Herrschaftsanspruch der PVAP in einer Koalition von politischen Gruppierungen, die jahrzehntelang nur die Staffage für ein angebliches Mehrparteiensystem abgaben und jetzt echte Chancen für eine politische Eigenprofilierung haben, deutlich erschüttert.[45]

---

42 C. Meier, Der Rat für Gegenseitige Wirtschaftshilfe – Wirtschaftsgemeinschaft oder Instrument sowjetischer Hegemonialpolitik, in: G. Simon (Hrsg.), Weltmacht Sowjetunion, Umbrüche, Kontinuitäten, Perspektiven, Köln 1987, S. 205–206.
43 H.-H. Höhmann, Soviet Perestroika, Economic Reform and Integration Problems in Eastern Europe, in: Berichte des BIOst, 26/1989.
44 Trybuna Ludu, 23. 2. 1987.
45 D. Bingen, Polen – Parlamentswahlen: Experiment mit überraschendem Ausgang, in: Das Parlament, 29/1989, S. 9; ders., Systemwandel durch Evolution: Polens schwieriger Weg in die parlamentarische Demokratie, in: Beilage zur Wochenzeitung Das Parlament, B 23/1989.

Die polnische KP-Führung steht nach diesem Debakel vor der schwierigen Aufgabe, die Partei selbst um den Preis einer Spaltung in eine sozialdemokratische und in eine orthodox-sozialistische Gruppierung neu zu konstituieren.[46]

Die aktuelle Konstellation deutete sich bereits im Herbst 1988 an, als es dem vormaligen Regierungschef Z. Messner nur durch die Vermittlung von »Solidarność« gelang, die zweite große Streikwelle im Bergbau und in der Industrie Polens zu beenden. Dieser Vorgang zeigte, daß mit einem konservativen Reformprogramm für die Wirtschaft, bescheidenen Korrekturen am politischen System und einer gemeinsamen Aufarbeitung der »weißen Flecken« (Katyn) im polnisch-sowjetischen Verhältnis eine stabile Machtgrundlage für die PVAP allein nicht mehr zu erreichen war. Die nach internen Auseinandersetzungen in den Führungszirkeln getroffene Entscheidung für einen entwicklungspolitischen Neubeginn in Polen ebnete den Weg für Verhandlungen zwischen Vertretern der Regierungskoalition und der Opposition am »runden Tisch«, in deren Verlauf (6. Februar–5. April 1989) sich die beiden Seiten auf ein Paket politischer Reformen, wirtschafts- und sozialpolitischer Absichtserklärungen und Gewerkschaftspluralismus einigten.

Wenn es nach dem ersten großen Schritt in Richtung auf ein funktionierendes Modell der sozialistischen parlamentarischen Demokratie jetzt möglicherweise zu einer Großen Koalition mit einem Regierungschef aus den Reihen der Opposition kommt, dann dürfte die Auflösung stalinistischer Strukturen im Staatsapparat, die Abschaffung des Systems der Nomenklatura und die Streichung des Passus von der führenden Rolle der Partei in der polnischen Verfassung beschlossene Sache sein. Doch diese Entwicklung hängt weitgehend davon ab, ob es gelingt, die polnische Wirtschaft mit einem konsensfähigen Konzept grundlegend zu reformieren und mit westlicher Hilfe langfristig zu sanieren.[47]

Ungarn. Das volle Einvernehmen zwischen den Führungsspitzen der USAP und der KPdSU in allen Schlüsselfragen der Reformpolitik rührt daher, daß die ungarischen Kommunisten bei der Durchführung ihrer Wirtschaftsreform frühzeitig erkannten, wie wichtig es ist, die Motivierung ökonomischer Eigenverantwortung und -initiative durch ein entsprechendes politisches Umfeld zu ergänzen.

Seit der Absetzung des inzwischen verstorbenen Parteichefs J. Kadar Ende Mai 1988 strebt die Budapester Führung nicht mehr den Umbau des bestehenden Systems, sondern einen radikalen Modellwechsel an. Kernstück der Reformen ist die geplante neue Verfassung, in der die Menschenrechte und Grundfreiheiten, die Rechtsstaatlichkeit und Marktwirtschaft, die Gleichberechtigung von Privateigentum und Gemeineigentum an Produktionsmitteln, das Mehrparteiensystem und der gesellschaftliche Pluralismus als wesentliche Bestim-

---

46 T. Urban, Krise des Sozialismus (3): Polen – Mazurka in neuem Rhythmus, in: SZ, 22. 6. 1989.
47 Geld liegt nicht auf der Straße. Interview mit D. Jastrzebski, Minister für außenwirtschaftliche Zusammenarbeit der VR Polen, in: Neue Zeit, 17/1989, S. 26–28.

mungselemente verankert sein sollen. In Aussicht genommen ist ferner, den Anspruch der führenden Rolle der kommunistischen Partei und die Verpflichtung auf eine sozialistische Ordnung fallen zu lassen. Prüfstein für den neuen Parteienpluralismus, der sich bereits in der Formationsphase befindet, dürften die Parlamentswahlen 1990 sein, die der Bevölkerung den ersten freien Urnengang seit 1948 bieten werden.[48]

Weil die ungarischen Kommunisten gegenwärtig in der Wählergunst hinter den fünf führenden Oppositionsgruppen deutlich zurückliegen, versucht der Reformflügel innerhalb der USAP um die Spitzenfunktionäre Pozsgay, Nyers und Nemeth alle orthodoxen Kräfte, die den zügigen Fortgang der Reformen bremsen, aus der Partei herauszudrängen und im Zuge dieses Umbaus die Defizite an politischer Glaubwürdigkeit in der ungarischen Bevölkerung zu verringern. Dies wird allerdings wohl nur zu vermeiden sein, wenn es gelingt, die ernste Wirtschaftskrise, die wie in Polen zu einer erheblichen sozialen Destabilisierung geführt hat, mit westlicher Hilfe erfolgreich einzudämmen. Die lebhafte Diskussion über die Zugehörigkeit Ungarns zu »Mitteleuropa« wurzelt in der Erkenntnis, daß die engen Bindungen des Landes an die sozialistische Staatengemeinschaft seine Entwicklungsmöglichkeiten in vielen Bereichen erheblich behindert haben.[49]

3. Gezügelte bzw. distanzierte Anpasser: Bulgarien und die ČSSR

Bulgarien. Nach anfänglichem Zögern hat Parteichef T. Schiwkoff die sowjetische Perestrojka überschwenglich begrüßt und im Juli 1987 unter großem Propagandagetöse seine eigene Version der »Preustrojstwo« inszeniert. Doch der im »Julikonzept« beschworene Reformeifer, der die alte Staatsbürokratie nach einem Verwirrspiel von Auflösung, Verschmelzung und Umbenennung der Ministerien letztlich in ungeschmälerter Machtfülle neu präsentierte, war im Grunde nicht mehr als ein »Dynamismus im Stillstand«.[50] Im Mai 1989 bilanzierte das Politbüro der BKP ohne Umschweife, daß die »Preustrojstwo« auf keinem Gebiet zu einem substantiellen Durchbruch geführt habe.[51] Doch selbst bei einer kritischen Bestandsaufnahme kommt man nicht umhin, Veränderungen im Bereich der Wirtschaft – Bankenreform, Abbau der staatlichen Planvorschriften, Gleichstellung der Eigentumsformen, Außenhandelsreform, Betriebsautonomie – festzustellen. Trotz vieler Halbherzigkeiten und fortgeltender Beschränkungen machen die beschlossenen Maßnahmen deutlich, daß

---

48 B. von Ow, Krise des Kommunismus (4): Ungarn – Das Königswappen ersetzt den Stern, in: SZ, 24./25. 6. 1989; K. Sitzler, Ungarns politische Reformen im Spiegel der neuen Verfassungskonzeption, in: Beilage zur Wochenzeitung Das Parlament, B 23/1989.
49 C. Royen, Osteuropa, Reformen und Wandel, Baden-Baden 1988, S. 108f.
50 V. Meier, In Bulgarien scheint guter Rat teuer, in: Frankfurter Allgemeine Zeitung, 28. 11. 1988.
51 B. von Ow, Krise des Sozialismus (6): Bulgarien – Nur »Preustrojstwo« bei Moskaus treuesten Brüdern, in: SZ, 29. 6. 1989.

das Land einen Kurs zwischen administrativer Modernisierung und sektoraler Marktorientierung zu steuern versucht. Die offizielle Versicherung, daß die wirtschaftliche Erneuerung von einer politischen Reform ergänzt werden müsse, vermag allerdings den Blick nicht dafür zu versperren, daß die Grenzen für Glasnost' und einen sozialistischen Pluralismus weiterhin sehr eng definiert sind, weil Schiwkoff und seine politische Gefolgschaft ihre Führungsstellung nicht angetastet sehen mochten.

ČSSR. Schon vor dem Führungswechsel von Husak zu Jakes hatten die Prager Kommunisten mit mageren Lippenbekenntnissen ihre Zustimmung zur sowjetischen Perestrojka bekundet und vage angedeutet, den zögerlich eingeleiteten Reformprozeß in der Wirtschaft – mäßige Dezentralisierung und Lockerung der Planauflagen – durch Maßnahmen in der Innenpolitik zu ergänzen. Um von vornherein keine falschen Hoffnungen aufkommen zu lassen, machten orthodoxe Kräfte unmißverständlich klar, daß eine Wiederkehr des Prager Frühlings von 1968 ein für allemal ausgeschlossen sei. Mit der allerorten lautstark propagierten These, daß die Ablösung Novotnys durch Dubček im Januar 1968 richtig gewesen sei, dieser aber wegen Rechtsabweichung seine Ablösung selbst herausgefordert habe, glaubte die KPČ-Führung immer noch eine wirksame Schranke gegen die ehemaligen Reformpolitiker errichtet zu haben, die auf allen möglichen Wegen versuchten, die KPdSU-Spitze zu einer selbstkritischen Reflexion der gewaltsamen Beendigung des Prager Experiments im August 1968 zu bewegen. Diese schien allerdings lange nicht bereit zu sein, auf ein derartiges Ansinnen einzugehen und damit die Prager Parteiführung öffentlich zu desavouieren.[52] Auf begleitende Protestaktionen regimekritischer Gruppen im Gefolge der dezimierten Charta 77 reagierte die KPČ im Bedarfsfall zurückhaltend oder mit selektiven Repressionsmaßnahmen. Weil die ökonomische und gesellschaftliche Situation im Vergleich zu der in Polen, Ungarn und der Sowjetunion bislang als weitgehend stabil angesehen wird, sah sich die Parteispitze trotz einer erheblichen technologischen Lücke zwischen der tschechoslowakischen Industrie und dem Westen sowie der katastrophalen Umweltzerstörung in Böhmen und Mähren nicht unter akuten Handlungsdruck gesetzt.[53] Erst die Gewißheit einer Unumkehrbarkeit des sowjetischen Reformprozesses aufgrund klarer Erfolgsbelege sollte sie zur Lockerung ihrer distanzierten Haltung bewegen.

4. Konservative bzw. rigide Verweigerer: Die DDR und Rumänien

DDR. Für die Haltung der SED zur Perestrojka war eine Reihe systemspezifischer Faktoren bestimmend:[54]

---

52 TASS-Bericht über das Treffen Gorbatschow-Jakes, 18. 4. 1989.
53 M. Frank, Krise des Sozialismus (9): Schwejk will kein Genosse mehr sein, in: SZ, 6. 7. 1989.
54 G. Meyer, J. Schröder, DDR heute: Wandlungstendenzen und Widersprüche einer Industriegesellschaft, Tübingen 1988, S. 15–19.

- die relativen Erfolge der DDR im Bereich der Wirtschaftsreform und einer paternalistischen Fürsorge- und Wohlfahrtspolitik;
- die ständige Konfrontation mit der Bundesrepublik Deutschland, die die DDR-Bürger stärker auf den Westen orientiert und dadurch ein kritisches Potential für die Problembereiche Ökologie, Menschenrechte, Freizügigkeit und Friedenssicherung schafft;
- die spezifische sicherheitspolitische Funktion im Zentrum Mitteleuropas und an der Westflanke des Warschauer Pakts.

Die SED hat infolgedessen zunächst auf jedes Ansinnen, den Reformvorstellungen Gorbatschows zu folgen, mit einer Mischung aus routinemäßiger Freundlichkeit, Zurückhaltung, Anmaßung und Abwehr reagiert. Dazu paßte, daß sie alle sowjetischen Stellungnahmen sorgfältig registrierte, die die Leistungsfähigkeit der Wirtschaft der DDR positiv bewertete.[55] Ihre Haltung wurde vermutlich auch von einer Grundstimmung in der DDR-Bevölkerung mitbeeinflußt, die die Vorgänge in der UdSSR mit einer zwar sympathisierenden, doch zugleich gehörig skeptischen Faszination verfolgte.[56]

Äußerungen, wie die des SED-Chefideologen K. Hager vom April 1987, daß »man nicht ebenfalls gleich renovieren« müsse, »wenn der Nachbar seine Wohnung tapeziert«, entsprachen der defensiven offiziellen Grundhaltung. Sie wurden von SED-Chef E. Honecker teilweise dahingehend gemildert, daß man die Erfahrungen anderer sozialistischer Länder – voran jene der Sowjetunion – nicht gering schätze, aus ihnen sogar lerne, diese aber nicht kopieren wolle.

Die offizielle Argumentationslinie schien dennoch viele nicht zu dem vorschnellen Urteil zu verleiten, daß sich auf Dauer in der DDR überhaupt nichts verändern würde. Es mehrten sich im Gegenteil die Anzeichen dafür, daß die SED-Strategie eines strukturkonservativen Reformismus an ihre Grenzen stieß und sich sowohl in der Wirtschaftspolitik als auch in der Gesellschaftspolitik wachsender Handlungsbedarf einstellte. Deshalb erschien die Empfehlung des DDR-Schriftstellers St. Hermlin bedenkenswert, man sollte mit der SED noch »ein oder zwei Jahre« Geduld haben[57], obwohl die amtierende, aber überalterte Führung der Einheitspartei energisch versuchte, durch die Vorverlegung des XII. SED-Kongresses auf Mai 1990 ihr Konzept für die Entwicklung von Staat und Gesellschaft als verbindliche Richtschnur auch für die erste Hälfte des nächsten Jahrzehnts sanktionieren zu lassen.

Rumänien: In bewußtem Gegensatz zu allen anderen Parteiführungen des WPO/RGW-Bereichs hatte der rumänische Parteichef N. Ceauşescu, der letzte unerschrockene Gralshüter der kommunistischen Orthodoxie, das wirtschaftliche und politische Reformprogramm Gorbatschows aufs schärfste als eine rechte Abweichung von den allgemeinen Gesetzmäßigkeiten für den Aufbau

---

55 F. Oldenburg, The Impact of Gorbachev's Reform on the GDR, in: Berichte des BIOst, 25/1988.
56 A. Hinze, Krise des Sozialismus (8): DDR – Kein Tapetenwechsel den Nachbarn zuliebe, in: SZ, 4. 7. 1989.
57 SZ, 22. 6. 1988.

des Sozialismus verurteilt und allen Forderungen nach Pluralismus, Demokratisierung und marktwirtschaftlichen Prinzipien eine schroffe Absage erteilt.[58] Wenngleich sich bis zu diesem Zeitpunkt eine organisierte Opposition gegen den Conducator damals noch nicht formieren konnte, so bedeutete das Memorandum einer Gruppe von sechs Parteiveteranen unter Führung des ehemaligen Außenminister C. Manescu vom März 1989 ein Alarmzeichen für den verblendeten Ceaușescu-Clan, der sich trotz einer katastrophalen Wirtschaftslage des Landes zu militärischen Drohungen gegen den reformistischen Nachbarn Ungarn verstieg und sogar die politischen Institutionen des Warschauer Pakts zu Tribunalen gegen den Reformismus im Bündnisbereich umfunktionieren wollte.[59]

V. Ausblick

Der Reformprozeß in der UdSSR hat in der kurzen Zeitspanne seit der Berufung von M. S. Gorbatschow zum KPdSU-Generalsekretär das Erscheinungsbild der sozialistischen Staatengemeinschaft in Osteuropa erheblich verändert.

Mit dem Zugeständnis an jede regierende kommunistische Partei im WPO/RGW-Bereich, entsprechend ihren besonderen nationalen Wirkungsbedingungen völlig selbständig eigene bzw. in Zusammenarbeit mit der UdSSR gemeinsame Reformen durchzuführen oder sich aber gegen Reformdruck von außen und innen abzuschirmen, erkennt die sowjetische Führung an, daß die alte Breshnew-Doktrin zur Einflußsicherung ebensowenig taugt wie zur Durchsetzung einheitlicher Reformen im Bündnis. Der neue Ansatz im Verhältnis der Sowjetunion zu den osteuropäischen Staaten könnte sich mittelfristig zu einer Gorbatschow-Doktrin verdichten. Davon könnte man allerdings erst sprechen, wenn der Reformprozeß in einem WPO/RGW-Staat nicht nur den sozialistischen Rahmen sprengen, sondern auch die Aufkündigung von Bündnisverpflichtungen einschließen würde. Dies wäre gleichbedeutend mit einem Übergang zu posthegemonialer Kooperation in den Beziehungen zwischen der UdSSR und den osteuropäischen Bündnispartnern.

---

58 B. von Ow, Krise des Sozialismus (10): Rumänien – Bulldozer erzwingen eine »neue Zeit«, in: SZ, 8./9. 7. 1989.
59 Frankfurter Rundschau, 12. 7. 1989.

Wolfgang Berner

Die sowjetische Dritte-Welt- und China-Politik

I. Einleitung

Von den ersten Vorstößen zugunsten einer durchgreifenden Neuausrichtung der sowjetischen Dritte-Welt-Politik unmittelbar nach der Amtsübernahme Gorbatschows als KPdSU-Generalsekretär im März 1985 bis zur Durchsetzung eines konkreten Konzeptionswechsels benötigten die von dem frischgekürten Parteichef selbst angeführten Vorkämpfer für ein »neues Denken« in der Außenpolitik der UdSSR fast drei Jahre. Daß die Umprogrammierung des kostspieligen sowjetischen Dritte-Welt-Engagements, auch in Anbetracht seiner im ganzen enttäuschenden Ergebnisse, zu ihren vordringlichen Rationalisierungsaufgaben gehören würde, war den für den außenpolitischen Bereich mitzuständigen Mitgliedern der neuformierten Gorbatschow-Administration wohl ausnahmslos klar. Wenn sich deren Inangriffnahme trotzdem so beträchtlich verzögerte, dann vor allem infolge der Unentschlossenheit des größten Teils der Sowjetführung in der entscheidenden Frage der Beendigung des Afghanistan-Kriegs. Dieses Zaudern und der hartnäckige Widerstand der Generalität haben den Durchbruch vom »neuen Denken« zu »neuem Handeln« in der sowjetischen Dritte-Welt-Politik ein über das andere Mal blockiert.

II. Konzeptionswechsel durch Bremsklotz Afghanistan verzögert

Gorbatschow selbst machte später bekannt, daß sich das Politbüro im Frühjahr 1985 schon bald nach dem sogenannten Aprilplenum des Zentralkomitees intensiv mit dem Afghanistan-Problem zu befassen hatte. Auf der ZK-Tagung war auch über die unerläßliche Anpassung des außenpolitischen Orientierungsrahmens an die Erfordernisse des ökonomischen und gesamtgesellschaftlichen Reformprogramms beraten worden. Offenbar gelangte man dabei zu der Einsicht, daß die für die auswärtige Perestrojka-Abstützung unentbehrliche dauerhafte Ost-West-Entspannung ohne vorherigen Ausstieg aus dem Afghanistan-Abenteuer nicht zu haben sein würde. Nach Gorbatschows Darstellung[1] unter-

---

1 Wortlaut der Rede in: Pravda, 19.2.1988; zur Afghanistan-Politik der UdSSR vgl. W. Berner, Afghanistan 1978–1988. Zehn Jahre Revolution, Konterrevolution und Krieg, in: Jahrbuch Dritte Welt, München 1989, S. 117–137.

zog das Politbüro anschließend im ZK-Auftrag die Situation in Afghanistan einer »strengen und objektiven Analyse« mit dem Ziel, einen »Ausweg« aus der verfahrenen Lage zu finden. Dann schreckte man jedoch vor radikalen Maßnahmen zur Auflösung der »wichtigsten Knoten dieses schweren regionalen Konflikts« zurück. So kam es, daß sich nicht nur der verlustreiche Krieg gegen die konterrevolutionäre afghanische Widerstandsbewegung erheblich in die Länge zog, sondern auch die längst überfällige Generalrevision der sowjetischen Dritte-Welt-Strategie auf einen späteren Zeitpunkt vertagt werden mußte.

Diesen Punkt erreichte man erst gegen Ende des Jahres 1987, nachdem mehrere weitere Versuche gescheitert waren, die verhängnisvolle Afghanistan-Invasion wenigstens mit einem militärischen Teilerfolg abzuschließen. Unterdessen hatte die Beunruhigung über das Anschwellen des Blutzolls immer breitere Schichten der sowjetischen Bevölkerung ergriffen. Der doppelte Druck beider Erfahrungen half Gorbatschow und seinen Gefolgsleuten, im Februar 1988 endlich einen ZK-Beschluß zustandezubringen, der den einseitigen, praktisch bedingungslosen Abzug aller sowjetischen Kampftruppen aus Afghanistan vorsah.

Kurz darauf wurde am 14. April in Genf von bevollmächtigten Vertretern der Regierungen Pakistans und Afghanistans im Beisein des UN-Vermittlers Diego Córdovez ein aus mehreren Vereinbarungen bestehendes Vertragswerk unterzeichnet, dessen Hauptfunktion darin bestand, den Verzicht der Sowjetführung auf die ursprünglich von ihr aufgestellten Bedingungen einer friedensvertragsähnlichen, von den USA und der UdSSR als Garantiemächten mitzutragenden Beilegung des Konflikts zu verschleiern. Auch die substanzlose gemeinsame Garantieerklärung der Außenminister Shultz und Ševardnadze besaß in Wirklichkeit nur Feigenblattcharakter. Dennoch bezeichneten die Genfer Afghanistan-Vereinbarungen einen wichtigen Wendepunkt. Denn mit der anschließenden Räumungsoperation, die innerhalb der selbstbestimmten Frist, d.h. bis zum 15. Februar 1989, vollständig abgeschlossen wurde, vollzog die Sowjetunion zugleich den Übergang zu einer neu konzipierten Dritte-Welt-Politik mit deutlich veränderten Leitlinien und Zielvorgaben.

Ein ähnlich tiefgreifender Konzeptionswechsel entwickelte sich mit einer gewissen Parallelität in bezug auf die sowjetische China-Politik. Dabei handelte es sich keineswegs nur um einen zufälligen zeitlichen, sondern auch um einen inhaltlichen Zusammenhang. Er entsprach erstens insofern einem altvertrauten Grundmuster, als China- und Dritte-Welt-Angelegenheiten in der Moskauer Sicht von jeher (genauer: seit frühester Komintern-Zeit) aufs engste miteinander verzahnt sind. Eine zweite aktuelle Verklammerung ergab sich daraus, daß die Räumung Afghanistans zu den drei Hauptbedingungen zählte, von deren Erfüllung Peking die Wiederherstellung normaler sowjetisch-chinesischer Regierungs- und Parteibeziehungen schon in der Endphase der Breshnew-Ära abhängig gemacht hatte. Die beiden anderen betrafen den Abbau der an der gemeinsamen Grenze und in der Mongolischen Volksrepublik stationierten sowjetischen Streitkräfte sowie die Beendigung der vietnamesischen Besetzung Kambodschas, die im Winter 1978/79 begonnen hatte.

Es gibt zahlreiche Anhaltspunkte dafür, daß die sowjetische Führung etwa gleichzeitig mit dem Anlaufen des Truppenabzugs aus Afghanistan auch die Beseitigung dieser restlichen Normalisierungshindernisse, wie sie von Peking bezeichnet wurden, in die Wege leitete. Offenbar das Ergebnis langwieriger Beratungen mit Ulan Bator resümierend, kündigte Ševardnadze am 4. Februar 1989 an, die sowjetischen Truppenverbände in der Mongolischen VR (nach westlichen Schätzungen rund 60000 Mann) sollten bis spätestens Ende 1990 um 75% vermindert werden; darüber hinaus sei eine Reduzierung der im »östlichen und südlichen Teil« der UdSSR (d. h. in den an China und die Mongolei angrenzenden Strategischen Bereitstellungsräumen »Fernost« und »Süd«) stationierten Streitkräfte um 200000 bzw. 60000 Mann vorgesehen.[2] Ein TASS-Bericht vom 5. Oktober 1989 meldete, was die Mongolei betrifft, Vollzug: die erste Reduzierungsetappe sei mit der Rückführung von zwei Panzerdivisionen und einer Luftwaffendivision zum Abschluß gebracht worden. Nach dem Abzug einer weiteren Luftwaffen- und einer Infanteriedivision (mot.) soll letztlich nur eine einzige sowjetische Infanteriedivision (mot.) mit insgesamt rund 10000 Mann in der Mongolei verbleiben.[3]

Wie ein sowjetischer Spitzendiplomat im August 1988 andeutete, waren die Verhandlungen zwischen Moskau und Hanoi über das Kambodscha-Problem damals bereits weit gediehen. Als Auswirkung der Moskauer Pressionen stellten Hanoi und Pnom Penh Anfang des folgenden Jahres den vollständigen Abzug der vietnamesischen Besatzungs- und Kampftruppen – vorbehaltlich einer Einigung mit maßgeblichen Repräsentanten der kambodschanischen Widerstandsbewegung über eine umfassende politische Lösung für »Kampuchea« – bis Ende September 1989 in Aussicht.[4] Zwar mußte die Pariser internationale Kambodscha-Konferenz, die eine solche Kompromißformel erarbeiten sollte, am 30. August ergebnislos abgebrochen und bis auf weiteres vertagt werden, doch trat das letzte, nach amtlichen Angaben 26000 Mann starke vietnamesische Kontingent – Rest einer Streitmacht, die sich zeitweise auf rund 200000 Mann bezifferte – gleichwohl innerhalb der festgelegten Frist den Heimtransport an.[5]

Schon nach kurzer Zeit stellte sich heraus, daß Gorbatschow mit der Ingangsetzung der Räumung Afghanistans von sowjetischen Truppen am 15. Mai 1988 und mit der konsequenten Einhaltung des Räumungsplans einen bemerkenswerten psychologisch-politischen Effekt erzielte, der sofort eine deutliche Klimaverbesserung in den sowjetisch-chinesischen Beziehungen, aber auch im Hinblick auf das sowjetisch-amerikanische Konkurrenzverhältnis in der Dritten Welt bewirkte. In Peking signalisierte man z. B. vorzeitig, d. h. bevor die chinesischen Hauptforderungen auch nur annähernd als erfüllt gelten konnten, Auf-

---

2 Vgl. D. Heinzig, Sowjetische Chinapolitik unter Gorbatschow: Der Abbau der »drei großen Hindernisse«, in: Aus Politik und Zeitgeschichte, Beilage zur Wochenzeitung Das Parlament, 17. 3. 1989, B 12/1989, S. 29–38, hier S. 35.
3 The Military Balance 1989–1990 (hrsg. vom IISS London), Herbst 1989, S. 169.
4 D. Heinzig, a. a. O., S. 36f.
5 Vgl. Weary of War (Reportagen zum vietnamesischen Abzug aus Kambodscha), in: Time, 9. 10. 1989, S. 17–23, hier bes. S. 23.

geschlossenheit für Gespräche über ein Rapprochement. Offenbar genügte es der chinesischen Führung, daß sich der sowjetische Wille, einen solchen Erfüllungskurs zu steuern, auf allen drei Problemfeldern schon glaubwürdig manifestiert hatte, um im September einem Außenministertreffen in Moskau zum Jahresende zuzustimmen und für den Fall eines günstigen Verlaufs der für das nächste Frühjahr angesetzten Gegenvisite Ševardnadzes ein Gipfeltreffen der maßgeblichen Spitzenpolitiker in Aussicht zu nehmen. Gorbatschow hatte seit Mitte 1986 mehrfach Interesse an einer Begegnung mit Deng Xiaoping, Chinas »starkem Mann«, verlauten lassen. Dieser schien nun, möglicherweise wegen seines hohen Alters, selbst Eile zu haben. Die offizielle Einladung ging im Februar bei Gorbatschow ein; das Gipfeltreffen fand bereits Mitte Mai 1989 statt.[6]

Was das Umdenken in Washington betrifft, ist zunächst anzumerken, daß zwischen dem Beginn des sowjetischen Truppenabzugs aus Afghanistan und dem Gipfeltreffen der Supermächte, zu dem sich Präsident Reagan am 29. Mai 1988 in Moskau einfand, nur zwei Wochen lagen. Trotz des geringen Zeitabstands waren die amerikanischen Gäste nunmehr geneigt, mit neuer, weniger von Argwohn beeinträchtigter Empfänglichkeit auf die von ihren sowjetischen Gesprächspartnern schon bei früheren Anlässen bekundete Bereitschaft zu konstruktiver Mitwirkung an der Beilegung einer Reihe akuter »Regionalkonflikte« in der südlichen Hemisphäre einzugehen, seit die Sowjetunion in der Afghanistan-Frage Lernfähigkeit, politischen Pragmatismus und Mut zu schmerzhaft-radikaler Schadensbegrenzung demonstriert hatte. Auf den vorangegangenen Gipfelkonferenzen von Genf, Reykjavik und Washington war dieselbe Thematik von amerikanischer Seite allenfalls zum Ansatzpunkt für polemische Vorhaltungen instrumentalisiert worden, obwohl es zweifellos zahlreiche Dritte-Welt-Konflikte gab, die beiden Mächten Kopfschmerzen bereiteten – außer in Afghanistan und Kambodscha auch am Persisch-Arabischen Golf (in Gestalt des iranisch-irakischen Kriegs), am Ostufer des Mittelmeers (Libanon, Palästina), in Afrika (Äthiopien, Mosambik, Angola, Namibia, Südafrikanische Republik) und sogar in Lateinamerika (Nicaragua mit seinem ganzen Umfeld). Nach der Rückkehr von dem Moskauer Gipfel indessen fühlten sich etliche der amerikanischen Teilnehmer ermutigt, die von den Sowjets wiederholt beteuerte Kooperationswilligkeit in bezug auf Befriedungsinitiativen in der Dritten Welt, eventuell auch bei gemeinsamem Krisenmanagement, ernsthaft auf die Probe zu stellen.

Im Rückblick ist festzustellen, daß sich die Hinwendung der Sowjetdiplomatie zu dieser neuen Linie kooperativen Verhaltens schon im Sommer 1987 abgezeichnet hatte, als der sowjetische Delegierte im UN-Sicherheitsrat die von Washington inspirierte Resolution 598 unterstützte, welche einen sofortigen Waffenstillstand zwischen den Golfkriegsparteien und (um Teheran entgegen-

---

6 D. Heinzig, a.a.O., S. 37f.; zu Gorbatschows China-Reise (15.–18. 5. 1989) vgl. R.G. Adam, Das sowjetisch-chinesische Gipfeltreffen in Peking, in: Europa Archiv, 25. 9. 1989, S. 561–568.

zukommen) die Einsetzung einer unparteiischen Kommission zur Untersuchung der Kriegsschuldfrage vorsah. Allerdings war das damalige Zusammenspiel, das dem Interessenstandpunkt des UdSSR-Klienten Irak eindeutig zuwiderlief, anschließend durch scheinbar pro-irakische Moskauer Winkelzüge, die hauptsächlich auf Besänftigung des Bagdader Regimes abzielten, wieder ins Zwielicht gerückt worden, so daß am Ende bei oberflächlicher Analyse zumeist der Eindruck eines rein taktischen Kreml-Manövers haften blieb. Auch bei der Aushandlung der sowjetisch-amerikanischen Garantieerklärung, die den Genfer Afghanistan-Abkommen zwischen Kabul und Islamabad größeres Gewicht verleihen und der Sowjetmacht zudem helfen sollte, das Gesicht zu wahren, ließ Moskau sich, wie bereits erwähnt, vornehmlich von taktischen Erwägungen leiten. Solche Erfahrungen waren es, die der im Westen nach wie vor weitverbreiteten skeptischen Grundeinstellung gegenüber sowjetischen Entspannungsgesten und Kooperationsangeboten immer wieder neue Nahrung gaben. Um so mehr überraschten die positiven Ergebnisse des nächsten Testfalls – eines Falls, bei dem die sowjetische Einflußnahme, aufgrund der konkreten Umstände, über Erfolg oder Mißerfolg einer aussichtsreichen amerikanischen Friedensinitiative entscheiden konnte.

Dabei handelte es sich vor allem um die kritische Endphase der im Frühjahr 1988 eröffneten Verhandlungen über einen Plan zur Beilegung des angolanisch-südafrikanischen Konflikts und die Umwandlung Namibias in einen unabhängigen Staat. Verhandlungsparteien waren die Republik Südafrika, Angola und Kuba, während ein bevollmächtigter Vertreter der USA als Vermittler fungierte. Die UdSSR war von Anbeginn mit Beobachtern beteiligt. Hochrangige sowjetische Diplomaten schalteten sich mehrfach ein, sobald die Diskussionen in Sackgassen festzufahren drohten, und halfen mit großem Geschick, Kubaner und Angolaner in entscheidenden Fragen zum Einlenken zu bewegen. Auch gaben sie ihren Bundesgenossen in Luanda und Havanna allem Anschein nach Zusagen verbindlichen Charakters, um den Verhandlungserfolg sicherzustellen. Ihr Verhalten überraschte um so mehr, als die Südafrikaner seit Ende 1987 militärisch zunehmend in Bedrängnis geraten waren, so daß die Gegenseite, die zudem ihre Bewaffnung und Kampfkraft stetig verstärken konnte, über eine relativ günstige Verhandlungsposition verfügte.

Am Ende standen zwei Abkommen – ein dreiseitiger Vertrag zwischen der SAR, Angola und Kuba über die Herbeiführung der Unabhängigkeit Namibias auf der Basis der UN-Sicherheitsratsresolution Nr. 435 sowie ein zwischen Angola und Kuba vereinbarter Etappenplan für den Abzug der kubanischen Truppen, die am 22. Dezember 1988 in New York unterzeichnet wurden. Als Garanten sollen die ständigen Mitglieder des UN-Sicherheitsrats, in erster Linie die USA und die UdSSR, die Durchführung beider Pläne gemeinsam überwachen.[7]

---

7 Vgl. S.N. MacFarlane, The Soviet Union and Southern African Security, in: Problems of Communism, 2–3/1989, S. 71–89, hier bes. S. 71f., S. 87ff.; dazu die Berichterstattung in: Front File – South Africa Brief, London, 7–16/1988, 1–13/1989.

III. Grundelemente und Leitgedanken der neuen Strategie

Das Drängen auf kooperative Beilegung von »Regionalkonflikten« im Verhandlungswege unter Beteiligung der beiden »Großen« – USA und UdSSR – bei Gewährleistung des Interessenausgleichs ist allerdings nur eines von mehreren Hauptelementen der neuen sowjetischen Dritte-Welt-Strategie. Weitere wichtige Bausteine sind: die Einschränkung der militärischen und gewaltsamen zugunsten der politischen Mittel und Methoden; die aufwertende Aktivierung der UNO und ihres Instrumentariums zur Gewährleistung gewaltfreier Schlichtung internationaler Interessenkonflikte oder Rechtsprobleme sowie zur Verhinderung auswärtiger Interventionen in die innenpolitischen Auseinandersetzungen der Einzelstaaten; die Durchsetzung des Prinzips, daß es jedem Volk (oder Land, oder Staat) freistehe, sich ohne Einmischung von außen für eine beliebige Gesellschafts- und Wirtschaftsordnung frei zu entscheiden, als einer allgemeingültigen, von der UNO mit allen verfügbaren Mitteln zu schützenden Völkerrechtsnorm; ebenso die Durchsetzung des Prinzips, daß es jedem Volk (oder Land, oder Staat) freistehe, seinen evolutionären oder revolutionären Entwicklungsweg ohne Einmischung von außen frei zu wählen; die Anerkennung der Blockfreien-Bewegung als stabilisierende und ausgleichende Kraft zwischen den Weltmächten und den ihnen zugeordneten Bündnissystemen; die vermehrte Zusammenarbeit mit der Blockfreien-Bewegung mit dem Ziel der auch zur UNO-Aufgabe erklärten Schaffung eines »allumfassenden Systems der internationalen Sicherheit«; sowie schließlich die Etablierung des Prinzips der »friedlichen Koexistenz« – allerdings ausdrücklich ohne irgendwelche ideologisch bedingten Einschränkungen oder Spezifikationen – als »oberstes universal gültiges Prinzip der zwischenstaatlichen Beziehungen« (das Verhältnis UdSSR–Indien gilt als eine Art Ideal- und Modellfall in dieser Hinsicht).

Eine Reihe von zusätzlichen Leitgedanken und Orientierungsregeln vervollständigen die Gesamtkonzeption, darunter das Leitprinzip der »Ökonomisierung« der Dritte-Welt-Politik unter Anwendung von Effektivitäts- und Sparsamkeitsmaßstäben; die Faustregel der Gleichbehandlung aller Entwicklungsländer unbeschadet der Beibehaltung einer politisch-ideologischen Präferenz für Entwicklungsländer »sozialistischer Orientierung«; Abkehr von konfrontativem Verhalten und Hinwendung zur systematischen Einführung vertrauensbildender Maßnahmen; grundsätzliche Ablehnung des Terrorismus als Mittel der Außenpolitik und seine Bekämpfung im nationalen und internationalen Rahmen – um nur die wichtigsten dieser Konzeptionselemente zu erwähnen.[8]

---

8 Autoritative Aussagen hierzu enthalten folgende Texte: M.S. Gorbačev, Real'nost' i garantii bezopasnogo mira, in: Pravda, 17.9.1987; M. Gorbatschow, Perestrojka, München 1987, bes. die Kapitel 3 (Wie wir die Welt von heute sehen), S. 171–205, und 5 (Die Dritte Welt in der internationalen Gemeinschaft), S. 221–246; Gorbatschows Referat auf der 19. Unionsparteikonferenz der KPdSU, gehalten am 28.6.1988, in: Pravda, 29.6.1988; Gorbatschows Rede vor der UN-Vollversammlung, gehalten am 7.12.1988, in: Pravda, 8.12.1988; Ševardnadzes Referat auf der Wissenschaftlichen Konferenz des Außenministeriums der UdSSR, vorgetragen am 25.7.1988, in: International Affairs, Moskau, 10/1988, S. 3–34.

Allerdings darf bei der Beurteilung der neuen Gesamtkonzeption und der dazugehörigen Strategie nicht übersehen werden, daß die Umstellung auf einen primär politisch-diplomatischen, auf Interessenausgleich bedachten Vorgehensmodus in hohem Maße durch das Bemühen um eine vorzugsweise nichtmilitärische Bestandssicherung für das während der Breshnew-Ära in der Dritten Welt errichtete, weit ausladende System sowjetischer Stützpunkte und Einflußpositionen motiviert ist. Die Gorbatschow-Administration will einerseits das als Unterbaukomponente der sowjetischen Weltmachtambitionen unverzichtbare Kartell bündnisähnlicher Kooperations- und Solidaritätsbeziehungen zu »revolutionär-demokratischen« und anderen »radikalen«, zugleich aber auch prosowjetischen Regimen der Dritten Welt mit neuen Methoden dauerhaft konsolidieren. Andererseits möchte sie das bisherige Konstellationsmuster ändern, das die Sowjetunion nötigte, unablässig die eigene Schutzmachtfunktion durch konfrontatives Auftrumpfen hervorkehren zu müssen.

Um davon abzukommen, ist der Kreml an einer möglichst raschen Beilegung der »Regionalkonflikte« interessiert, allerdings im Regelfall zu Bedingungen, die es den mit dem Sowjetimperium assoziierten Klientenregimen erlauben, in den einzelnen Ländern die Macht, eventuell reduziert auf eine nicht mehr totalitär-diktatorisch ausgeübte »Führungsrolle«, zu behalten. Von der UN-Vollversammlung erhofft man sich Unterstützung für die neue, auf Status-quo-Sicherung mit friedlichen Mitteln bedachte sowjetische Dritte-Welt-Politik insofern, als man nicht nur daran interessiert ist, die UNO-Autorität zu stärken und in wachsendem Ausmaß UN-Vermittlungsdienste in Anspruch zu nehmen, sondern zudem eine Reihe noch vitalerer Mehrheitsinteressen anspricht. So glaubt man in Moskau z. B. für die Forderung, Gewaltverzicht und »Freiheit der Wahl« – ohne freie Wählerentscheidung – sollten zu allgemeinverbindlichen UN-Prinzipien erhoben werden, sowohl bei der Mehrheit der UN-Mitglieder als auch bei der Mehrzahl der »Blockfreien« lebhaftes, geradezu im Existentiellen wurzelndes Verständnis voraussetzen zu dürfen.

Dabei erscheint die Kooperation der quasikommunistischen Revolutionsregime »sozialistischer Orientierung« mit marxistisch-leninistischer »Vorhutpartei« in sowjetischer Sicht aus einer Vielzahl von Gründen gesichert. Sie alle haben anfänglich aus freien Stücken die UdSSR zur Schutzmacht erwählt, später dann ausnahmslos eine fester fundamentierte Eingliederung in das Sowjetimperium (z. B. durch Erwerb der RGW-Vollmitgliedschaft nach dem mongolisch-kubanisch-vietnamesischen Modell) angestrebt. Zwar sind diese Gesuche nach einigem Hin und Her in den Jahren 1978–1983 ausnahmslos abschlägig beschieden worden[9], doch unternahm die Sowjetführung in der Zeit nach 1985 vermehrte Anstrengungen, um diese De-facto-Protektorate auf eine autonomere Existenz vorzubereiten und ihre Fähigkeit zur militärisch-politischen

---

9 Vgl. W. Berner, Some Aspects of Comecon's Closed Door Policy: Dead-End for LDCs Committed to a ›Socialist Orientation‹, in: M. Carnovale, W. C. Potter (Hrsg.), Continuity and Change in Soviet-East European Relations, Boulder/London 1989, S. 191–215.

Selbstbehauptung hauptsächlich gegen innenpolitische Gegner, aber auch gegen Angriffe von außen erheblich zu verbessern. Dies geschah gemäß der Devise »Hilfe zur Selbsthilfe« u. a. durch die Belieferung mit modernstem Kriegsgerät sowie durch Entsendung von Ausbildern und Militärberatern, aber auch durch ebenso großzügige wie vielseitige Unterstützung bei der Heranbildung regimetreuer, gutgeschulter Kaderfunktionäre und wissenschaftlich technischen Zivilpersonals.[10]

IV. Chinas Platz auf der Prioritätenliste

Was China betrifft, so hat Gorbatschow seit dem Beginn seiner Regierungszeit immer wieder sein besonderes Interesse erst an einer intensiveren Zusammenarbeit, dann an einer umfassenden Aussöhnung mit Peking betont. Er ließ niemals Zweifel daran aufkommen, daß auf seiner außenpolitischen Prioritätenliste die Wiederherstellung eines freundschaftlichen Verhältnisses zu China auf der Grundlage sozialistischer Solidarität weit höher rangierte als die Behauptung halbkolonialer Vorfeldpositionen des sowjetischen Hegemonialsystems oder die überkommene Praxis, marode Regime »sozialistischer Orientierung« notfalls um (beinahe) jeden Preis durch Militär- und Wirtschaftshilfe, unter Umständen sogar durch eine Militärintervention vor dem Zusammenbruch zu bewahren. Für die meisten Kremlherrscher war China mehr als nur ein benachbartes, besonders großes und wichtiges Land der Dritten Welt. Gorbatschow ist anscheinend gewillt, sich diese Tradition zu eigen zu machen und sie dynamisch weiterzuentwickeln.

Das ist nicht unproblematisch, weil zwischen der euro-asiatischen Weltmacht Sowjetunion und der Großmacht China in Asien seit langem ein regionales Rivalitätsverhältnis besteht. Außerdem nimmt China, dessen Zugehörigkeit zum »sozialistischen Weltsystem« von Gorbatschow immer als Selbstverständlichkeit anerkannt wurde, als rivalisierende Gegenkraft innerhalb des sogenannten »Weltkommunismus« ebenfalls eine Sonderstellung ein. Wer sich diese Sachverhalte vergegenwärtigt und darüber hinaus den Gorbatschow-Reden von Wladiwostok und Krasnojarsk[11] entnommen hat, welche große Bedeutung die gegenwärtige Sowjetführung der politischen und ökonomischen, nicht zuletzt außenwirtschaftlichen Absicherung des Perestrojka-Programms auch im Fernen Osten beimißt, wird die Dimensionen und Schwierigkeiten dieser Auf-

---

10 Vgl. D. E. Albright, The USSR and the Third World in the 1980's, in: Problems of Communism, 2–3/1989, S. 50–70, hier bes. S. 60f., S. 63f.; Warsaw Pact Economic Aid Programs in Non-Communist LDCs: Holding Their Own in 1986 (hrsg. von U. S. Department of State, Bureau of Intelligence and Research), Washington D.C., August 1988, bes. die Übersichten S. 12–17.
11 Wortlaut der Reden vom 28. 7. 1986 und 16. 9. 1988 in: Pravda, 29. 7. 1986, 18. 9. 1988.

gabe nicht unterschätzen. Er wird auch sofort begreifen, weshalb der Realpolitiker Gorbatschow angesichts der blutigen Zerschlagung der studentischen Protestbewegung Anfang Juni 1989 in Peking bei Stellungnahmen äußerste Zurückhaltung übte, statt entweder durch harsche Kritik den Fortgang des sowjetisch-chinesischen Normalisierungsprozesses zu gefährden oder aber durch eindeutige Zustimmung die zunehmend positive Bewertung seiner auf Interessenharmonisierung abgestellten außenpolitischen Generallinie des »neuen Denkens« im Westen aufs Spiel zu setzen.

V. Abschied der Breshnew-Erben von alten Wahnvorstellungen

In der Breshnew-Ära war das Weltbild der maßgeblichen sowjetischen Dritte-Welt-Strategen teils von wahnhaft-globalem Expansionismus, verbunden mit illusionärer Siegeszuversicht, teils von einem ebenso unrealistischen Glauben an eine weltweite antisowjetische Verschwörung gekennzeichnet. Bei dieser Konspiration machte angeblich die große Mehrzahl aller Nuklearmächte – die USA, Großbritannien, Frankreich und China (dazu mutmaßlich auch Israel und Südafrika) – zusammen mit den großen Wirtschaftsmächten Japan und EG gemeinsame Sache gegen die UdSSR, die neun kleinen RGW- und Warschauer-Pakt-Staaten (Polen, DDR, ČSSR, Ungarn, Rumänien, Bulgarien, Mongolei, Kuba, Vietnam) sowie die zwei übrigen mehr oder minder moskauorientierten sozialistischen Staaten Laos und Nordkorea. Die Weltmachtambitionen waren so global wie die Ängste.

Angesichts solcher Vorgaben mußte sich die Sowjetunion, so glaubte man in Moskau, auf weltweite Auseinandersetzungen, auf einen weltweiten Entscheidungskampf zwischen dem Weltkapitalismus/Imperialismus und dem Weltsozialismus/Kommunismus gefaßt machen. Dazu benötigte sie ein weltumspannendes Netzwerk von Bündnissen und bündnisähnlichen Kooperationsbeziehungen, ein aus einer Vielzahl von Militär- und Versorgungsstützpunkten, ja ganzen Stützpunktländern bestehendes Infrastruktursystem für die Projektion militärischer Machtmittel über große Distanzen, schließlich ein ebenfalls weltumspannendes System zuverlässiger Spionage- und Sabotageagenten. Von daher war die sowjetische Dritte-Welt-Politik der Breshnew-Zeit konsequenterweise eine vorrangig expansionistische, an militärischen Erfordernissen orientierte, allzeit für den Kriegsfall vorsorgende Politik.

Seinen Kulminationspunkt erreichte der sowjetische Expansionsrausch nach dem Rückzug der USA aus Vietnam im Frühjahr 1975, dem ungefähr gleichzeitigen Einsetzen einer sozialistisch orientierten Revolution in Äthiopien und dem Zusammenbruch der letzten Bastionen des portugiesischen Kolonialreichs Ende 1975. Triumphierend konstatierte Breshnew auf dem XXV. KPdSU-Parteitag im Februar 1976 ein »stetiges Fortschreiten des weltrevolutionären Prozesses«. Zur Gesamtsituation in der Dritten Welt erklärte er: »Die Positionen des Sozialismus festigen sich und expandieren unablässig. Die von der nationalen Befreiungsbewegung errungenen Siege öffnen neue Perspektiven für die Völker, die ihre Unabhängigkeit errungen haben.« Die Ereignisse der letzten Zeit hätten erneut bestätigt, fügte er hinzu, daß der Kapitalismus »eine Gesellschaftsform ohne Zukunft« sei.[12]

Ein Jahr darauf verkündete R. A. Ul'janovskij, der damals in der Internationalen Abteilung des sowjetischen ZK-Sekretariats für Befreiungsbewegungen und Revolutionsregime der Dritten Welt zuständige Vizeabteilungsleiter, in einem Grundsatzartikel, für die nächsten Jahre sei »mit einem in aller Schärfe geführten« sozialrevolutionären Kampf aller »früheren Kolonialvölker« gegen den »Imperialismus« zu rechnen – mit einem Kampf, der »heftige internationale Zusammenstöße zum Inhalt haben und von dramatischen Situationen begleitet sein« werde. Weiter stellte er fest, diese Völker könnten ihre sozialrevolutionären Ziele »im Kampf gegen die ökonomische Übermacht auf dem Weltmarkt [nur] mit der Unterstützung der sozialistischen Welt erreichen«. Im übrigen, betonte Ul'janovskij, werde es im Kern um die Lösung des Problems gehen, den Entwicklungsstand dieser Völker, »die jetzt mehr als die Hälfte der Menschheit ausmachen«, bis »zum Niveau der durchschnittlich- oder hochentwickelten Länder« anzuheben. Dieses Problem, prophezeite er abschließend, sei nur auf dem Wege »des Übergangs zum Sozialismus« zu lösen; seine Bewältigung werde letztlich »mit dem Sieg des Sozialismus als der neuen gesellschaftlichen Ordnung im Weltmaßstab zusammenfallen«.[13]

Derartig unrealistische Lagebeurteilungen und Zukunftsvisionen standen damals schon in scharfem Kontrast zu den beschränkten sowjetischen Möglichkeiten, die für ein zusätzliches Dritte-Welt-Engagement erforderlichen ökonomischen Ressourcen und Finanzierungsmittel bereitzustellen. Denn die Wirtschaftslage der Sowjetunion war Mitte der siebziger Jahre bereits sehr angespannt: Die Stagnations- und Krisensymptome erreichten allmählich alarmierende Ausmaße, und eine weitere Verschlechterung der ökonomischen Gesamtsituation sowohl für die Sowjetunion selbst als auch für ganz Osteuropa zeichnete sich bereits deutlich ab.

Trotzdem optierte die Breshnew-Administration dafür, den amerikanischen Vietnam-Schock auszunutzen, um das eigene Hegemonialsystem um eine Reihe vorgeschobener Vorfeldpositionen zu erweitern. In den Jahren 1976– 1981 schloß Moskau mit sieben Revolutionsregimen »sozialistischer Orientierung«, die überdies zu den ärmsten Staaten der Dritten Welt gehörten, bündnisähnliche Freundschafts- und Kooperationsverträge, die zumindest von den Vertragspartnern der UdSSR durchweg als militärische Beistandspakte und Wirtschaftshilfeabkommen interpretiert wurden. Bei den Partnerstaaten handelt es sich im einzelnen um Angola (1976), Mosambik (1977), Äthiopien (1978), Afghanistan (1978), Südjemen (1979), Syrien (1980) und die VR Kongo (1981).

---

12 Bericht des Generalsekretärs an den XXV. Parteitag der KPdSU, vorgetragen von Leonid I. Breshnew am 24. 2. 1976, in: Pravda, 25. 2. 1976.

13 R. A. Ul'janovskij, Idei Velikogo Oktjabrja i sovremennye problemy nacional'noosvoboditel'nogo dviženija, in: Novaja i novejšaja istorija, Moskau, 3/1977, S. 3–25, hier S. 25.

Die militärische Zusammenarbeit mit diesen Ländern erreichte in allen Fällen einen Umfang, der über die ursprünglich vorgesehene Dimension weit hinausging, und zwar auch dann, wenn der Kooperationsvertrag, wie z.B. derjenige mit der VR Kongo, überhaupt keine diesbezüglichen Vereinbarungen enthielt. Umfangreiche Waffenlieferungen, die in der Regel voll bezahlt wurden, erhielten außerdem drei andere Vertragspartner der UdSSR in der Dritten Welt, nämlich Indien (Freundschafts- und Kooperationsvertrag von 1971), der Irak (Freundschafts- und Kooperationsvertrag von 1972) und Libyen, das zwischen 1972 und 1986 eine Vielzahl von Abkommen mit der UdSSR einging, die, zusammengenommen, in der Substanz einem der vorerwähnten Freundschafts- und Kooperationsverträge zumindest gleichwertig sein dürften. Außerdem gehören Algerien (seit 1963) und Nicaragua (seit 1980) zu den besonders großzügig mit sowjetischer Militär- und Wirtschaftshilfe bedachten Empfängerländern. Auch Algerien und Syrien pflegen Rüstungsgüter aus der Sowjetunion normalerweise mit harten Devisen zu bezahlen.[14]

VI. Altlasten aus der Breshnew-Ära

Die in der Breshnew-Ära und unter den Breshnew-Nachfolgern Andropov und Černenko übernommenen Verpflichtungen gegenüber den vorstehend aufgeführten zwölf Entwicklungsländern mit privilegiertem Status wurden von der Gorbatschow-Administration in ihren drei ersten Amtsjahren praktisch unverändert eingehalten. Außenminister Ševardnadze kündigte jedoch eine strenge Überprüfung der laufenden Kooperations- und Entwicklungshilfeprogramme vornehmlich nach Effizienzkriterien an. Wie verlautet, wurden alle sowjetischen Lieferungen von Waffen und anderem Kriegsgerät für Nicaragua ab Jahresbeginn 1989 eingestellt, doch gelangt angeblich umfangreiches sowjetisches Material weiterhin von Kuba aus dorthin.[15] Auch soll die Militärhilfe für Äthiopien von Moskau stark gedrosselt worden sein, um die Regierung in Addis Abeba zu einer kompromißbereiteren Haltung gegenüber den Eritrea- und Tigre-Rebellen zu drängen, die ihr nach jahrelangen verlustreichen Kämpfen unlängst Verhandlungen angeboten haben oder schon in Verhandlungen eingetreten sind.[16]

Die sowjetischen Kriegsmateriallieferungen an den Irak wurden bereits vor dem irakischen Einmarsch nach Iran im September 1980 zunächst stark einge-

---

14 Vgl. R.F. Laird, Soviet Arms Trade with the Noncommunist Third World, in: R.F. Laird, E.P. Hoffmann (Hrsg.), Soviet Foreign Policy in a Changing World, New York 1986, S. 713–730.
15 S. Crow, Arms Shipments to Nicaragua: Increased, Slowed, or Stopped?, in: Report on the USSR, RFE/RL, München, 3.11.1989, S. 20f.
16 Vgl. die Äthiopien-Berichterstattung in: Frankfurter Allgemeine Zeitung, 29.6., 4.10., 19.10., 2.11.1989.

schränkt, später gänzlich gestoppt. Der Nachschub begann erst im Spätherbst 1982 wieder zu fließen, nachdem iranische Truppen im Zuge ihrer Gegenoffensiven das eigene Territorium zurückerobert und sogar irakisches Gebiet besetzt hatten. Zwischen 1983 und 1987 bezog der Irak von der UdSSR u. a. über 400 Scud-B-Fernraketen, die weitaus meisten 1986/87. Die Iraker verwendeten sie (nach Modifikation zur Vergrößerung ihrer Reichweite) vor allem zur Bombardierung Teherans.[17] Auch die Waffenlieferungen nach Afghanistan und Angola wurden während der Regierungszeit Gorbatschows sowohl mengenmäßig als auch qualitativ erheblich aufgestockt.

Hauptempfänger sowjetischer Wirtschafts- und Militärhilfe waren jedoch immer Kuba und Vietnam, die beide als vollgültige sozialistische Staaten eingestuft sind. In den Jahren 1979–1983 beliefen sich die sowjetischen Wirtschaftshilfeleistungen an Entwicklungsländer aller Kategorien (einschließlich Kuba, Vietnam, Mongolische VR und Nordkorea) auf einen Gesamtbetrag von umgerechnet rund 36,2 Mrd. US-$. Davon entfielen auf Kuba und Vietnam zusammen 68,8% (Kuba: 54,5%, Vietnam: 14,3%). Bei der Militärhilfe, die insgesamt auf 48,1 Mrd. $ für den Zeitraum 1979–1983 veranschlagt wird, waren Kuba und Vietnam zusammen mit 17,3% (Kuba: 6,5%, Vietnam: 10,8%) beteiligt. Faßt man Militär- und Wirtschaftshilfe der UdSSR für Entwicklungsländer aller Kategorien im Zeitraum 1979–1983 zusammen, so bezifferte sich der Anteil von Kuba und Vietnam auf knapp 37% (Kuba: 25,4%, Vietnam: 11,5%) im Durchschnitt mit einem Spitzenresultat von über 45% für das Jahr 1981.[18]

Vor 1985 wurden die sozialistischen Entwicklungsländer (namentlich Kuba, Vietnam und die Mongolische VR) von Moskau mit Wirtschaftshilfe bedeutend großzügiger als die Entwicklungsländer »sozialistischer Orientierung« bedacht. Die letzteren erhielten in der Regel erheblich mehr Militär- als Wirtschaftshilfe. Dies Geizen bei der ökonomischen Unterstützung war zumindest teilweise durch Ressourcenverknappung bedingt. Allerdings wurden in den Jahren 1975–1981 vielfach sogar Länder, die den »kapitalistischen Weg« eingeschlagen hatten, Staaten »sozialistischer Orientierung« bei der Gewährung von Wirtschaftshilfe vorgezogen, was durch früher erfolgte Festlegungen gerechtfertigt sein mochte, aber möglicherweise auch auf ökonomische und politische Opportunitätsgründe zurückzuführen war.

---

17 Vgl. Missile Proliferation in the Third World, in: Strategic Survey 1988–1989 (hrsg. vom IISS London), Frühjahr 1989, S. 14–25, bes. S. 19. Auch der Iran erhielt ab 1985 bis 1988 rund 50 sowjetische Scud-B-Raketen aus libyschen, über 100 weitere aus nordkoreanischen Beständen (ebenda). Ihre Weitergabe an Teheran erfolgte vermutlich mit Zustimmung Moskaus. Ein Raketentransport von Nordkorea zum Iran auf dem Luft- oder Landweg war ohne sowjetische Beihilfe kaum durchführbar.
18 Vgl. A. S. Becker, The Soviet Union and the Third World: The Economic Dimension, CSSIB Occasional Paper Nr. 5, Los Angeles, März 1986 (auf dieser Basis zum Teil eigene Berechnungen); C. Blasier, The Giant's Rival. The USSR and Latin America, Pittsburgh 1983, bes. Übersicht zur Wirtschaftshilfe für Kuba, S. 124.

VII. Allmähliche Umprogrammierung der Wirtschaftshilfe

Geht man hinsichtlich der in dieser Siebenjahresperiode 1975–1981 von Moskau bewilligten Wirtschaftshilfe für Kuba von einem Gesamtvolumen von 18,5– 19 Mrd. US-$ und analog für Vietnam von 5,5 Mrd. $ aus, so folgten in der Gruppe der nichtkommunistischen Empfängerländer auf den beiden Spitzenplätzen zunächst die Türkei (knapp 2,9 Mrd. US-$) und Marokko (2 Mrd. US-$), dann erst an 3. Stelle das marxistisch-sozialistisch orientierte Afghanistan (knapp 1,3 Mrd. US-$), vor Indien (über 1,1 Mrd. US-$), dem arabisch-sozialistisch orientierten Algerien (580 Mio. US-$), dem Iran (415 Mio. US-$, die noch in der Schah-Ära freigegeben worden waren) und dem arabisch-sozialistischen Syrien (353 Mio. US-$). Das zweite marxistisch-sozialistisch orientierte Empfängerland Äthiopien (297 Mio. US-$) nahm den 8. Platz ein, vor Pakistan (268 Mio. US-$) und – auf dem 10. Rang – dem arabisch-sozialistischen, entschieden antikommunistischen Irak (156 Mio. US-$).[19]

Dieses Bild wandelte sich in der anschließenden Übergangsperiode, d. h. in den fünf Jahren 1982–1986, deutlich zugunsten der Staaten »sozialistischer Orientierung«. Die Plätze 1–10 der Tabelle für diesen Zeitraum besetzen: Indien (knapp 3,5 Mrd. US-$), der Irak (2 Mrd. US-$), Nicaragua (knapp 1,2 Mrd. US-$), Syrien (knapp 1,1 Mrd. US-$), Afghanistan (knapp über 1 Mrd. US-$), Angola (880 Mio. US-$), Äthiopien (770 Mio. US-$), Algerien (590 Mio. US-$), Südjemen (430 Mio. US-$) und die Türkei (knapp 430 Mio. US-$).

Hinter Indien, in der Sicht des Kreml leuchtendes Vorbild für die Anwendung des Partnerschaftsmodells der »friedlichen Koexistenz«, und vor der Türkei auf Platz 10 gab es nunmehr also ein geschlossenes Feld von acht Entwicklungsländern »sozialistischer Orientierung« unterschiedlichen ideologischen Bekenntnisses. Nur Mosambik (140 Mio. US-$) folgte erst auf Rang 17. Dazwischengeschoben hatten sich: Brasilien (315 Mio. US-$), Pakistan (275 Mio. US-$), Madagaskar (195 Mio. US-$), Guinea (170 Mio. US-$), Argentinien (165 Mio. US-$) und Bangladesch (155 Mio. US-$).[20]

Auffällig ist allerdings, daß im letzten Jahr dieser Periode, dem ersten vollen Regierungsjahr der Gorbatschow-Administration, nur sehr wenige größere Entwicklungshilfekredite oder freie Zuwendungen vergeben wurden. Als Empfänger sind aufgeführt: Indien (über 2,1 Mrd. US-$), Nicaragua (310 Mio. US-$), Brasilien (300 Mio. US-$), Afghanistan (100 Mio. US-$), Madagaskar (70 Mio. US-$), Mosambik (25 Mio. US-$) und Südjemen (15 Mio. US-$). In diesem veränderten Verteilungs- und Dosierungsmuster, das übrigens schon in der Übersicht der Bewilligungen von 1985 erkennbar ist, kündigt sich möglicherweise eine Umschichtungstendenz zugunsten leistungsfähiger

---

19 Vgl. die Übersichten bei W. Berner, Die Nah- und Mittelostpolitik der Sowjetunion, in: U. Steinbach, R. Robert (Hrsg.), Der Nahe und Mittlere Osten, Opladen 1988, Bd. 1, S. 771–788, bes. S. 786 f.
20 Vgl. Warsaw Pact Economic Aid Programs in Non-Communist LDCs, a. a. O., S. 8 f.

kapitalistisch orientierter Partnerländer wie Indien und Brasilien an, vielleicht auch der Beginn von Einsparungen bei bestimmten Staaten »sozialistischer Orientierung«, wie z.B. dem Irak, Syrien oder Äthiopien, deren Regierungen wegen ihres innen- und außenpolitischen Verhaltens in Moskau zunehmend in Mißkredit geraten sind. Einige Äußerungen Ševardnadzes und andere Indizien lassen vermuten, daß in seinem Ministerium derartige Absichten bestehen, zumindest aber Gegenstand der Erörterung sind.

VIII. Kontroverse Doktrin der »sozialistischen Orientierung«

Ševardnadze bemerkte mit ungewöhnlicher Akzentuierung in dem Schlußwort, mit dem er eine große wissenschaftliche Konferenz des Außenministeriums am 27. Juli 1988 beendete, das Problem der »sozialistischen Orientierung« habe Anlaß zu besonders hitzigen Debatten gegeben.[21] Auch der Berichterstatter der 6. Sektion, die sich im Rahmen der Konferenz mit Fragen der Politik gegenüber Entwicklungsländern und mit dem Thema »Regionalkonflikte« zu befassen hatte, teilte mit, in dieser Sektion habe man »anscheinend begründetermaßen« dem »Konzept der sozialistischen Orientierung und dem Problem seiner Implementierung besondere Aufmerksamkeit« gewidmet; dabei seien »viele gegensätzliche Auffassungen zur Sprache gekommen«. Leider geht das Resümee seines Berichts auf die hauptsächlichen Kontroverspunkte nicht ein[22], doch ist dem Schlußwort Ševardnadzes zu entnehmen, daß man u.a. darüber debattierte, ob die Entwicklungsländer »sozialistischer Orientierung« nach wie vor gegenüber anderen favorisiert werden sollten und ob der Sowjetdiplomatie weiter die Aufgabe gestellt sei, auf Politiker anders ausgerichteter Entwicklungsländer einzuwirken, um sie zum »Vorantreiben« revolutionärer Strömungen mit dem Ziel der Umgestaltung ihrer Länder in »Staaten sozialistischer Orientierung« zu veranlassen.

Diese während der Breshnew-Ära entwickelte Lehre vom postkolonialen Revolutionsprozeß und die auf ihr fußende Strategie postulieren die Notwendigkeit einer zweiten, ökonomisch-sozialen »Befreiung« der formal-politisch unabhängig gewordenen Völker der Dritten Welt durch den antiimperialistischen Kampf (im Bündnis mit der Sowjetunion) für einen nichtkapitalistischen Entwicklungsweg, der über die Option für »revolutionäre Demokratie«, für den »Staat der sozialistischen Orientierung« sowie über die Formierung einer marxistisch-leninistischen Vorhutpartei etappenweise zum »Aufbau des Sozialismus« und schließlich zur Aufnahme in die kommunistische Endzeitgesellschaft führt.[23]

---

21 International Affairs, Moskau, 10/1988, S. 58–64, hier S. 62.
22 Ebenda (Bericht des Stellvertretenden Außenministers Leonid Il'ičev), S. 49f.
23 Vgl. W. Berner, »Staaten sozialistischer Orientierung«: ein sowjetisches Partnerschaftsmodell, in: Sowjetunion 1984/85. Ereignisse, Probleme, Perspektiven (hrsg. vom Bundesinstitut für ostwissenschaftliche und internationale Studien, BIOst), München 1985, S. 330–339.

Begründet wurde diese Lehre vor rund zwanzig Jahren durch zwei hohe KPdSU-Funktionäre, die zugleich bis 1986 ununterbrochen im Parteiauftrag für die Umsetzung der daraus abgeleiteten Strategie in die außenpolitische Praxis verantwortlich blieben: Boris N. Ponomarev (ZK-Sekretär seit 1961, Leiter der Internationalen Abteilung des zentralen Parteiapparats seit 1955, Politbürokandidat seit 1972) und Rostislav A. Ul'janovskij (Stellvertretender Leiter der Internationalen Abteilung des ZK-Sekretariats seit 1966). Ponomarev (Jg. 1905) mußte alle seine Funktionen, ausgenommen die ZK-Mitgliedschaft, Anfang März 1986 auf dem XXVII. KPdSU-Parteitag abgeben. Ul'janovskij (Jg. 1904) wurde im Sommer 1986 in den Ruhestand versetzt. Die Pensionierung dieser beiden einflußreichen, literarisch ungemein aktiven Komintern-Veteranen hat den Architekten einer alternativen sowjetischen Dritte-Welt-Politik unter den Auspizien des »neuen Denkens« ihre Aufgabe jedenfalls erheblich erleichtert.

Ševardnadze klammerte auf der wissenschaftlichen Konferenz des Außenministeriums schon in seiner Eröffnungsrede das Konzept der »sozialistischen Orientierung« in so auffälliger Weise aus, daß seine grundsätzliche Ablehnung dieser Doktrin, die offenbar immer noch zahlreiche Anhänger hat, für niemanden zweifelhaft sein konnte. Im Laufe seines Vortrags kam er darauf zu sprechen, daß man in seinem Ministerium für die Verbesserung der zwischenstaatlichen Beziehungen ein neues, verfeinertes Prioritätssystem entworfen habe. Dieses abgestufte Schema, erklärte er, weise der »umfassenden Entwicklung der Beziehungen (...) zu den sozialistischen Ländern« – offenbar einschließlich China – die oberste Dringlichkeitsstufe zu; an zweiter Stelle folge die kaum weniger wichtige Aufgabe, »die Kontakte zu den Entwicklungsländern und zur Blockfreienbewegung« auszuweiten; an dritter Stelle rangiere sodann die Verpflichtung der sowjetischen Diplomatie, einen »energischen Dialog und Gespräche mit ausnahmslos allen Ländern über die Hauptbereiche der Weltpolitik« zu führen.[24]

Es fällt auf, daß die »Staaten sozialistischer Orientierung« in diesem Prioritätenkatalog überhaupt nicht vorkommen. Zwar könnte man vermuten, Ševardnadze habe sie unter die »sozialistischen Länder« eingereiht, doch trifft dies offenbar nicht zu. Denn der Außenminister ging noch einmal indirekt – im Zusammenhang mit der Thematik der »Regionalkonflikte« – auf die Doktrin der »sozialistischen Orientierung« ein, wobei er sich in verschleierter Form, aber unmißverständlich, von ihr als einem Vehikel des »Revolutionsexports« distanzierte. Mit seinen Bemerkungen signalisierte er die faktische Außerkraftsetzung der Lehre von der »sozialistischen Orientierung« für seinen Geschäftsbereich.[25]

Gleichzeitig stellte Ševardnadze ein strenges, hauptsächlich die »sozialistisch orientierten« Entwicklungsländer und deren Regime (als Vertragspartner) betreffendes Revisions- und Bestätigungsverfahren für alle Abkommen in Aus-

---

24 Vgl. International Affairs, Moskau, 10/1988, S. 21.
25 Ebenda, S. 23.

sicht, die von früheren Regierungen bzw. Parteiführungen der UdSSR mit solchen Staaten und ihren Regierungsparteien geschlossen wurden. In seiner Schlußansprache fügte er hinzu:

> »Wir müssen normale Beziehungen zu allen Ländern schaffen und dabei bedenken, daß jede Nation selbst die Natur ihres eigenen politischen, ökonomischen und sonstigen Systems bestimmt (...) Ich glaube, es kommt hauptsächlich darauf an, sowohl normale Beziehungen zu Ländern zu schaffen, die, wie wir sagen, auf eine sozialistische Orientierung verpflichtet sind, als auch zu Ländern, die für andere Ausrichtungen optiert haben. In allen Fällen sollten wir jedoch auf Effektivität der Kooperation dringen.«[26]

Mit anderen Worten: Ševardnadze befürwortet eine weitgehende Entideologisierung der sowjetischen Dritte-Welt-Politik, die nicht nur mehr Pragmatismus ermöglichen, sondern auch größere Spielräume eröffnen soll.

IX. Das neue Rentabilitätsdenken

Anscheinend ist es Ševardnadzes Absicht, der ideologischen und politischen Privilegierung der Dritte-Welt-Länder »sozialistischer Orientierung« ein Ende zu machen. Den Hebel will er offenbar bei der Effektivitätskontrolle ansetzen. Wenn man die »Kooperationsbereiche« analysiere, sagte er voraus, werde man »zahlreiche Mängel entdecken«, und dann müsse man sich fragen, »wie wir unsere Beziehungen zu diesen Ländern weiter ausbauen können, ohne unsere politische Linie zu ändern«. Eine ganze Reihe von Botschaftern habe im Laufe der Diskussion Beschwerde darüber geführt, »daß wir Tausende von Millionen in die Hilfe für solche Entwicklungsländer investieren, ohne uns viel um die Effektivität dieser Hilfe zu kümmern«. Dies dürfe nicht so bleiben, konstatierte Ševardnadze im gleichen Zusammenhang; vielmehr müsse man dafür arbeiten, die »Kooperation« so effektiv wie möglich zu machen.[27]

Schon in seiner Eröffnungsrede hatte Ševardnadze die Frage der »ökonomischen Kosten politischer Entscheidungen« bzw. die Vorausberechnung der »ökonomischen Rentabilität der Außenpolitik« als wichtigen Aspekt der nationalen Sicherheit bezeichnet. Auch bemerkte er, nicht weniger aufklärungsbedürftig als die Frage, ob seinerzeit wirklich alles getan worden sei, um eine Konfrontation mit China abzuwenden, sei das Ausmaß der ökonomischen Kosten, die den »beiden großen sozialistischen Mächten« aus dieser Konfrontation erwachsen seien. Es sei höchste Zeit, mahnte der Minister, solche Lehren zu beherzigen; künftig müßten jedenfalls immer mehrere »ökonomische Varianten« politischer Optionsmodelle in Erwägung gezogen werden.[28]

---

26 Ebenda, S. 62.
27 Ebenda.
28 Ebenda, S. 20.

Im Rahmen dieser Betrachtungen ging Ševardnadze, unter Bezugnahme auf Ausführungen Gorbatschows aus dem Jahre 1986, auch auf die These von der weltweiten antisowjetischen Verschwörung ein. Er betonte mit Nachdruck:

»Der Glaubenssatz, der von den Herzen und Hirnen einiger unserer Strategen Besitz ergriffen hat und demzufolge es für die Sowjetunion möglich sein soll, allein so stark wie jede vorstellbare gegnerische Staatenkoalition zu sein, ist absolut unhaltbar. Diesem Glaubenssatz Gefolgschaft zu leisten, bedeutet in aller Klarheit, dem Interesse der Nation zuwiderzuhandeln. Gerade weil es sich so verhält, sind wir konsequenterweise verpflichtet, mit Hilfe veränderter Ansätze zu Mitteln und Wegen für die Gewährleistung unserer nationalen Sicherheit zu gelangen.«[29]

Zugespitzt enthält diese Stellungnahme Ševardnadzes die Gegenthese, stures Festhalten am Kurs der angesprochenen Politik- und Militärstrategen, einschließlich ihrer Vorliebe für »sozialistisch orientierte« Kooperationspartner, hätte zwangsläufig zum ökonomischen und politischen Niedergang der Sowjetunion führen müssen.

Indessen ist die Doktrin der »sozialistischen Orientierung« noch keineswegs endgültig vom Tisch. In der wissenschaftlichen Konferenz des Außenministeriums meldete sich auch Karen N. Brutenc zu Wort, Erster Vizedirektor der Internationalen Abteilung des ZK-Apparats und dort seit langem (früher neben Ul'janovskij) für Entwicklungsländer-Angelegenheiten mitzuständig. Einen gewissen Widerspruch anmeldend gegen die Tendenz Ševardnadzes, von seinen Mitarbeitern nur noch die Umsetzung der von ihm selbst vorgetragenen, vom »neuen Denken« inspirierten Leitvorstellungen in die Praxis einzufordern, betonte Brutenc, es müsse »redlicherweise gesagt werden, daß eine Problemstudie für die Entwicklungsländer in Übereinstimmung mit dem Konzept des »neuen Denkens« erst noch zu erarbeiten« sei. Auch gelte die »Parteilinie der Einbeziehung in die Kooperation«, die speziell zu den Obliegenheiten der Internationalen Abteilung des ZK-Sekretariats gehörte, »in vollem Maße auch für die revolutionär-demokratischen Parteien.«[30]

Diese orakelhaften Sätze bedürfen der Dechiffrierung. Klartext: Laut Brutenc hielt der Auslandsapparat der Partei im Sommer 1988 noch uneingeschränkt an den Sonderbeziehungen zwischen der KPdSU und den »revolutionär-demokratischen Parteien« fest, d.h. zu jenen Parteien, die in allen Staaten »sozialistischer Orientierung« das Machtmonopol in Händen halten und in zahlreichen Entwicklungsländern anderer Kategorie deren Umwandlung in »Staaten sozialistischer Orientierung« betreiben. Oder anders ausgedrückt: Für die zuständigen KPdSU-Instanzen hatte sich an den Sonderbeziehungen zu den Revolutionsregimen »sozialistischer Orientierung« und somit auch am privilegierten Status der »sozialistisch orientierten« Entwicklungsländer – gegenüber den »nichtsozialistisch« bzw. »kapitalistisch« orientierten Ländern der Dritten Welt – bis zum damaligen Zeitpunkt noch nichts Entscheidendes geändert.

---

29 Ebenda, S. 18; vgl. dazu auch W. Baranowsky, Außenpolitische Neubewertungen in der Sowjetunion, in: Europa Archiv, 10.11.1989, S. 635–644, bes. S. 643.
30 International Affairs, Moskau, 11/1988, S. 36–40, hier S. 38f.

X. Perestrojka für das Management der Dritte-Welt-Politik

Gegenwärtig liegt die Hauptverantwortung für die konzeptionelle Kursbestimmung und operative Steuerung der sowjetischen Dritte-Welt-Politik wieder eindeutig beim Außenminister und seinem über zahlreiche hochqualifizierte Fachleute verfügenden Ministerium. Das war nicht immer der Fall. Vielmehr wurde die Zuständigkeit für die Länder der »südlichen Hemisphäre« z. B. während der Breshnew-Ära und auch noch in der Übergangsphase unter Andropov und Černenko nur formal, d. h. im Sinne der Beschränkung auf administrative, kommunikationstechnische und Explorationsaufgaben, vom Außenministerium wahrgenommen. Es mangelt nicht an Anhaltspunkten dafür, daß Gromyko, der von 1957 bis Mitte 1985 als Außenminister amtierte, sehr darunter litt, daß sich so viele andere Instanzen und Institutionen mit großem Eifer, aber auch voller Eifersucht auf diesem Felde betätigten, obwohl er sich anscheinend dadurch aus der Affäre zog, daß er allen Dritte-Welt-Belangen gegenüber konsequent ein beflissenes Desinteresse vortäuschte.

Seit Lenins Zeiten übte der jeweilige Parteichef kraft seiner außenpolitischen Prärogative schon immer maßgeblichen Einfluß auf die allgemeine Ausrichtung, auf das propagandistisch effektvolle Management sowie auf alle wichtigen Einzelentscheidungen der Dritte-Welt-Politik aus. Gorbatschow folgt in dieser Beziehung dem Beispiel Breshnews, so wie dieser sich vom Vorbild Chruschtschows, Stalins und Lenins leiten ließ. Neben Breshnew entwickelten auch der damalige Ministerratsvorsitzende A. N. Kosygin (bis 1980) und der Vorsitzende des Präsidiums des Obersten Sowjet, N. V. Podgornyj (bis 1977), aktives Interesse für die Entwicklungsländer und ihre Probleme. Sodann spielte in diesem Bereich die Internationale Abteilung des ZK-Sekretariats immer eine Hauptrolle. Auch hatte sich das Dritte-Welt-Engagement der Streitkräfte, vertreten durch das Verteidigungsministerium und den Generalstabschef, seit dem Beginn der sowjetischen Waffenlieferungen an Ägypten, Syrien und das Königreich Jemen (1955/56) von Jahr zu Jahr verstärkt. Wichtige Nebenrollen spielten außerdem der KGB und der militärische Geheimdienst (GRU). Der Vollständigkeit halber sind als Beteiligte auch das Ministerium für Außenhandel und das für Entwicklungshilfeprogramme zuständige Staatskomitee für Außenwirtschaftsbeziehungen zu erwähnen, welch letzteres übrigens bei Militärhilfeprogrammen häufig Hilfestellung leistet.

Gorbatschow, der selbst die Richtlinienkompetenz wahrnimmt, setzte im Verein mit Ševardnadze eine Reorganisation des gesamten Außenministeriums durch, die eine veritable Perestrojka der vielfältig aufgesplitterten dritte-welt-politischen Kompetenzen einschloß. Vor allem wurden die Mitsprachebefugnisse des Auslandsapparats der Partei und der militärischen Führung bei der Festlegung von Leitlinien und Prioritäten deutlich beschnitten. Dieser Prozeß der Neuordnung gelangte im Oktober/November 1988 mit einer durchgreifenden Umstrukturierung des Auslandsapparats der Partei zum Abschluß.

Die allmähliche Militarisierung des sowjetischen Dritte-Welt-Engagements hatte damit begonnen, daß die Sowjetführung in Länder, zu denen sie strategische Kooperationsbeziehungen anknüpfte, nicht nur Kriegsgerät exportierte, sondern auch Ausbilder und Militärberater entsandte. Als Gegenleistung erhielten die sowjetischen Streitkräfte vielfach, wie z. B. in Ägypten und auf Kuba, Luft-, Marine- und Versorgungsstützpunkte. In besonderen Sperrzonen durften sie Militärflugplätze, U-Boothäfen oder Basen für die elektronische Aufklärung anlegen. Den Beraterstäben folgten später manchmal Kampfverbände oder Interventionstruppen. Denn die umfangreichen Investitionen militärischer Zweckbestimmung verleiteten selbstbewußte und erfolgshungrige Parteichefs wie Chruschtschow oder Breshnew wiederholt dazu, den Moskauer Weltmachtambitionen durch konkrete Vorführung der gesteigerten sowjetischen Fähigkeiten zur Projektion militärischer Macht in weit entfernte Gebiete Nachdruck zu verleihen.

XI. Korrektur der Präponderanz des militärischen Einflusses

Beim Aufstieg Gorbatschows zum Parteichef im März 1985 befanden sich in Afghanistan 115 000 Mann Kampftruppen im Einsatz. In der Äußeren Mongolei war ein rund 60–70 000 Mann starkes sowjetisches Korps stationiert. In Vietnam und auf Kuba unterhielten die Streitkräfte der UdSSR Luft-, Marine- und Aufklärungsbasen mit Garnisonsstärken von jeweils rund 7000 bzw. 6000 Mann. Militärische Berater- und Ausbildungsstäbe waren tätig in Vietnam (2500 Mann), Kambodscha (200), Laos (500), Indien (200); auf Kuba (2800), in Nicaragua (50), in Peru (160); in Äthiopien (1500), Angola (500), Kongo-Brazzaville (100), Mosambik (300) und Mali (200); in Algerien (1000), Libyen (1400), Syrien (2500), in Südjemen (1000) und Nordjemen (500 Mann).[31]

Rund vier Jahre später, um die Jahresmitte 1989, hatten die sowjetischen Kampftruppen Afghanistan geräumt; nur kleine Berater- und Ausbildungsstäbe, aus wenigen Personen bestehend, scheinen zurückgeblieben zu sein. Das in der Mongolei stationierte Armeekorps war auf rund 50 000 Mann reduziert worden, und offizielle sowjetische Zusagen, die einen erheblichen weiteren Abbau dieses Kontingents versprachen, lagen vor. In Vietnam war der Personalstand der sowjetischen Militärbasen von 7000 auf 2800 Mann vermindert worden; alle Berater- und Ausbildungsstäbe hatte man von dort zurückberufen. In einigen Ländern waren relativ geringfügige Verstärkungen dieser Stäbe zu verzeichnen: in Angola von 500 auf 1000, in Äthiopien von 1500 auf 1600, in Mosambik von 300 auf 700, in Libyen von 1400 auf 1500, im Irak von 600 auf 1000, in Indien von 200 auf 500, in Kambodscha von 200 auf 500, in Nicaragua von 50 auf 100 Mann. Ähnlich unbedeutende Reduzierungen gab es auf Kuba (von 8700 auf 7700), in Peru (von 160 auf 50), in Algerien (von 1000 auf 700), in Kongo-Brazzaville (von 100 auf 75) und in Mali (von 200 auf 75

---

31 Vgl. The Military Balance 1985–1986, S. 30; Angabe für die Mongolische VR nach: The Military Balance 1986–1987, S. 46. Zur Militarisierung der sowjetischen Dritte-Welt-Politik vgl. H. Adomeit, H.-H. Höhmann, G. Wagenlehner (Hrsg.), Die Sowjetunion als Militärmacht, Stuttgart 1987, bes. S. 200–235 und S. 252–265.

Mann). Unverändert blieb die Stärke der Ausbildungs- und Beraterstäbe in Südjemen (1000), Nordjemen (500) und Laos (500).[32]

In diesen Zahlen spiegelt sich, vor dem Hintergrund einer Vielzahl anderer relevanter Daten betrachtet, ein allgemeiner, für die sowjetische Dritte-Welt-Politik der letzten Jahre kennzeichnender Trend: Einerseits ist eine zunehmende Tendenz zu erkennen, auf die Besetzung oder Verteidigung von imperialen Positionen in diesem Raum mit Hilfe der Streitkräfte zu verzichten. Dieser Kurs ermöglicht es den Protagonisten des »neuen Denkens«, die militärische Führung aus der Mitverantwortung zu entlassen, womit sich funktionsbedingte Ansprüche der Militärs auf kontinuierliche Mitsprache von selbst erledigen. Andererseits bedeutet das keineswegs, daß Kooperationspartnerschaften oder Einflußsphären abgeschrieben werden, auch nicht, daß militärische Stützpunkte, die man besitzt, ohne Gegenwehr oder Gegenleistung einfach preisgegeben werden. Vielmehr unternimmt die Gorbatschow-Administration beträchtliche Anstrengungen, um ihre politischen Einwirkungsmöglichkeiten auf Partnerländer in der Dritten Welt maximal zu steigern.

Deshalb legt sie auch größten Wert auf die Konsolidierung ihres Einflusses in den Streitkräften der betreffenden Staaten. Die obige Übersicht über Bewegungen bei den Berater- und Ausbildungsstäben vermittelt insofern auch einen Überblick über Erfolgsschwerpunkte der sowjetischen Dritte-Welt-Politik in diesem Bereich. Generell ist jedenfalls auf längere Sicht nicht mit einem allmählichen Abbau oder gänzlichen Abzug, sondern eher mit dauerhafter Etablierung der sowjetischen Ausbildungs- und Beraterstäbe bei mehr oder minder gleichbleibendem Personalbestand zu rechnen.

XII. Der Auslandsapparat der KPdSU und die Internationale Abteilung

Für ideologische Probleme und Fragen der strategischen Konzeption der Dritte-Welt-Politik war bis 1985/86 eindeutig der Auslandsapparat der KPdSU zuständig und auch routinemäßig verantwortlich. Ausschlaggebend dafür war vermutlich vor allem die Tatsache, daß in der Parteiführung bis Anfang der achtziger Jahre immer noch an eine revolutionäre Perspektive für große Teile Asiens, Afrikas und Lateinamerikas geglaubt wurde und deshalb im Hinblick auf diese Erdteile weltrevolutionär-expansionistische Zielvorstellungen weiter vorherrschten. De facto reklamierte der ZK-Apparat für sich auch die Überwachung der operativen Umsetzung der vorgegebenen ideologischen Leitlinien durch den Auswärtigen Dienst als wichtige Parteiaufgabe.

---

32 Vgl. The Military Balance 1989–1990, S. 42, S. 169 (Angabe für die Mongolische VR: 55000); dazu die Übersichten in: Warsaw Pact Economic Aid Programs in Non-Communist LDCs, a.a.O., S. 16f.

Um diese Arbeitsfelder kümmerte sich insbesondere die von dem ZK-Sekretär und Politbürokandidaten B. N. Ponomarev geleitete Internationale Abteilung des ZK-Sekretariats. Eine separate Abteilung des ZK-Auslandsapparats war für die »Verbindung« zu den Kommunistischen und Arbeiterparteien der sogenannten sozialistischen Länder zuständig, d.h. sie war u.a. sowohl für die Zusammenarbeit mit den »regierenden Parteien« Kubas, Vietnams und der Mongolischen Volksrepublik als auch für die ideologisch-konzeptionelle Dimension der sowjetischen China- und Nordkorea-Politik verantwortlich. Die Kompetenzen dieser »Verbindungsabteilung« – die zuletzt ebenfalls der koordinierenden Oberleitung Ponomarevs unterstand – beschränkten sich jedoch strikt auf die Staaten des »Realsozialismus« im engeren Sinne, während die Staaten, Regime und Parteien »sozialistischer Orientierung« und alle diesbezüglichen Probleme der Revolutionsdoktrin und Bündnisstrategie ebenso wie die Problematik der Entwicklungsländer »kapitalistischer Orientierung« in den Kompetenzbereich der Internationalen Abteilung fielen.

In der Internationalen Abteilung teilten sich, wie schon erwähnt, zwei der fünf oder mehr Vizedirektoren, nämlich R. A. Ul'janovskij und K. N. Brutenc, in die Dritte-Welt-Aufgaben. Ul'janovskij betätigte sich bis 1986 (abgesehen von seinen regionalen Zuständigkeiten für die arabisch-islamische Welt und Afrika) in der Rolle des Vordenkers für Theorie und Praxis eines revolutionären, »nichtkapitalistischen« Entwicklungswegs, der den Sozialismus marxistisch-leninistischen Modells als Fernziel ansteuert. Brutenc befaßte sich dementsprechend (zusätzlich zu seinen regionalen Zuständigkeiten, die anfangs Südasien und Lateinamerika, später auch den Nahen und Mittleren Osten umfaßten) mit Theorie und Praxis der »nichtsozialistischen« bzw. »kapitalistischen Orientierung«, angewandt auf Entwicklungsländer wie z.B. Indien, Mexiko, Brasilien, Argentinien oder Nigeria. Als Vizedirektor mit besonderer Verantwortung für die nichtsozialistischen Staaten Ost- und Südostasiens trat ab 1980 der Japan-Spezialist I.I. Kovalenko hervor. Die Zuständigkeit für Afrika ging 1977/78 von Ul'janovskij an einen neuen Vizedirektor namens P.I. Manččha, später an A. J. Urnov über.

Allerdings bestand die Hauptaufgabe der Internationalen Abteilung von alters her, praktisch seit Auflösung der Komintern, eigentlich in der Pflege der Beziehungen zu den etwa 25 kommunistischen Parteien der Industriestaaten Westeuropas und Nordamerikas, aber auch zu zahlreichen Parteien der nichtkommunistischen Linken in den »Ländern des Kapitalismus« einschließlich der Sozialistischen Internationale (SI). In ihre Zuständigkeit fiel ferner die Kooperation mit dem Weltgewerkschaftsbund, der Weltfriedensbewegung, der Internationalen Demokratischen Frauenföderation, dem Weltbund der Demokratischen Jugend und anderen moskaufreundlichen, teils kryptokommunistischen Frontorganisationen mit Treibriemenfunktion.

Die Reorganisation und Aufgabeneingrenzung des KPdSU-Auslandsapparats begann im Frühjahr 1986 im Zusammenhang mit dem XXVII. Parteitag, zu dessen Ergebnissen u.a. die Ablösung Ponomarevs gehörte. Kurz darauf erfolgte – im Zuge umfangreicher Personalveränderungen – auch die Pensionierung Ul'janovskijs. Bis Mitte 1987 zog dann das Außenministerium die gesamte Dritte-Welt- und China-Politik inklusive der Konzeptions- und Strategieplanung an sich.

Auf dem ZK-Plenum vom 30. September 1988 kulminierte die Neuordnung des ZK-Auslandsapparats in der Einsetzung einer ZK-Kommission für Internationale Politik (Vorsitz: Politbüromitglied und ZK-Sekretär A. N. Jakovlev), deren Aufsicht die gesamte Auslandsarbeit der Parteizentrale unterstellt wurde. Anschließend faßte man die Internationale Abteilung, die »Verbindungsabteilung« (einschließlich des China-Ressorts) und die Abteilung Auslandskader zu einer neuformierten Internationalen Abteilung des ZK-Apparats zusammen. Deren Leitung übernahm Valentin M. Falin (damals noch ZK-Kandidat, am 25. April 1989 zum Vollmitglied des ZK aufgerückt), ein hochqualifizierter Berufsdiplomat mit großer praktischer Erfahrung im KPdSU-Auslandsapparat sowie im Presse- und Publikationswesen. Ihm wurden zwei Erste Stellvertreter – K. N. Brutenc und R. P. Fedorov – attachiert, die jeweils für die Hauptarbeitsgebiete Dritte Welt und Länder des Sozialismus verantwortlich sind.

Das Ergebnis der Neudefinition der Arbeitsfelder der Abteilung bestand primär in der weitgehenden Konzentration ihrer Aufgaben auf die KPdSU-Beziehungen zu den regierenden und nichtregierenden kommunistischen »Bruderparteien« sowie auf die Pflege von Kontakten zu nichtkommunistischen Parteien, Bewegungen und sonstigen Organisationen mit sozialistischer Programmatik (wie u. a. den »revolutionär-demokratischen« Parteien »sozialistischer Orientierung«) oder sozialdemokratischen und ganz allgemein »fortschrittlichen« Gepräges. Hinzu kommt die Aufgabe der beratenden kaderpolitischen Mitwirkung bei der Auswahl von Kandidaten für diplomatische und andere Auslandsposten sowie die Betreuung und Beaufsichtigung der KPdSU-Grundorganisationen in Botschaften, Handelsmissionen und anderen Dienststellen im Ausland.

XIII. Konzentration der Befugnisse im Außenministerium

Praktisch mußte die Internationale Abteilung ihre sämtlichen früheren Dritte-Welt-Aktivitäten, soweit sie sich nicht auf die Parteibeziehungen und auf Kontakte zu »gesellschaftlichen Organisationen« anderer Art beziehen, an das Außenministerium abgeben. Mit Fragen der zwischenstaatlichen Beziehungen und der außenpolitischen Strategie hat sie gegenwärtig so gut wie nichts mehr zu tun. Das Außenministerium übernahm außerdem umfängliche Zuständigkeiten der aufgelösten »Verbindungsabteilung« des ZK-Apparats (speziell im Hinblick auf China, die Mongolei, Korea, Vietnam, Laos, Kambodscha und Kuba).

Als wichtigste Resultate sind hervorzuheben: erstens ermöglichte der Wegfall von institutionalisierten Rivalitäten und Kompetenzüberschneidungen eine beträchtliche Vereinheitlichung der Dritte-Welt-Politik sowohl hinsichtlich der konzeptionellen Programmierung als auch im gesamten operativen Verhalten; zweitens ging der Außenminister selbst aus dem Neuordnungsprozeß, der auch die verschiedensten anderen Bereiche betraf, mit deutlich vermehrten Befugnissen und erhöhter Autorität hervor. Ševardnadzes Position wurde somit indirekt auch im Politbüro erheblich gestärkt.

Weil dem Außenministerium im Zuge dieser Umstrukturierung der Apparate viele zusätzliche Aufgaben und Verantwortungsbereiche, besonders in bezug auf die Dritte-Welt-Politik und das Verhältnis zu den Ländern des »Realsozialismus« zufielen, mußten auch in seinem Gefüge organisatorische Veränderungen beträchtlichen Ausmaßes vorgenommen werden. Hier sei nur erwähnt, daß ein besonderes Referat für Angelegenheiten der Blockfreien im Rahmen des Außenministeriums schon seit 1986 besteht. Im September 1989, zum Beginn der 8. Gipfelkonferenz der Blockfreien in Belgrad, zählte diese organisierte Staatengruppe 102 Mitglieder. Die UdSSR hat mit 99 von ihnen diplomatische Beziehungen angeknüpft.

Insgesamt unterhält die Sowjetunion diplomatische Beziehungen zu 130 Staaten, von denen 98 zur Kategorie der Entwicklungsländer gehören – darunter auch China, die Mongolische VR, Nordkorea, Vietnam, Kambodscha, Laos und Kuba. In diesen 98 Ländern sind 87 sowjetische Beamte als Botschafter akkreditiert, einige simultan in mehreren Hauptstädten. Im Rahmen eines rigorosen, von Ševardnadze bald nach seinem Einzug ins Außenministerium eingeleiteten Personalrevirements wurden im Zeitraum von August 1985 bis Ende 1988 insgesamt 71 dieser 87 Botschafter (d.h. über 81%) abgelöst. Mit anderen Worten: Nicht einmal jeder fünfte blieb auf seinem Posten.

Zehn der 87 sowjetischen Dritte-Welt-Botschafter, die im Frühjahr 1989 erfaßt wurden, gehörten zum Kreis der ZK-Mitglieder und ZK-Kandidaten der KPdSU. Fünf von ihnen waren zu diesem Zeitpunkt in der Hauptstädten »sozialistischer« Länder akkreditiert (China, Mongolische VR, Vietnam, Nordkorea, Kuba), drei in Ländern »sozialistischer Orientierung« mit quasikommunistischem Regime (Äthiopien, Mosambik, Südjemen), die zwei übrigen in anderen Entwicklungsländern »sozialistischer«, aber nicht marxistisch-leninistischer Orientierung (Algerien, Sambia).[33]

XIV. Lücken im Gitterwerk der diplomatischen Beziehungen

Keine diplomatischen Beziehungen unterhält die UdSSR bislang zu den folgenden Dritte-Welt-Ländern: Saudi-Arabien, Bahrein, Katar; Malawi, Swasiland, Liberia, Zentralafrikanische Republik; Haiti, Dominikanische Republik, Panama, Honduras, El Salvador, Guatemala und Belize. Hinzu kommen einige kleine Inselstaaten, zumeist in der Karibik.

---

33 Vgl. Directory of Soviet Officials: National Organizations; CIA-Publikation LDA 89-10149, Washington D.C., Februar 1989, bes. S. 39–62 (Auswärtiger Dienst der UdSSR).

Im Verhältnis zu drei wichtigen Staaten, die der Liste ebenfalls hinzugefügt werden könnten, weil sie nicht nur moderne Industrie-, sondern zugleich auch Entwicklungsländer sind – Israel, Südafrika (SAR) und Südkorea –, setzte die Sowjetunion in letzter Zeit einen Auflockerungs- und Annäherungsprozeß in Gang. Es ist bekannt, daß schon seit geraumer Zeit gutfunktionierende inoffizielle Wirtschaftskontakte zwischen der UdSSR und der SAR auf verschiedenen Gebieten bestehen. Neuerdings haben sowjetische Beauftragte aber auch offizielle Explorationsgespräche mit Vertretern der südafrikanischen Regierung geführt, und von sowjetischer Seite wurden Maßnahmen angeregt, um zunächst den Informationsfluß zwischen beiden Ländern zu verbessern.[34]

Besondere Beachtung verdienen die sowjetisch-israelischen Bestrebungen, eine tragfähige Grundlage für die Wiederherstellung der 1967 abgebrochenen diplomatischen Beziehungen zu finden. Allgemein wird angenommen, daß die Initiative zu den diesbezüglichen Sondierungen, die im Juli 1985 von dem damaligen Sowjetbotschafter in Frankreich, Julij M. Voroncov, eingeleitet wurden, von Gorbatschow selbst oder seiner unmittelbaren Umgebung ausging. Voroncov ist heute als einer der drei Ersten Stellvertretenden Außenminister der UdSSR in besonderem Maße mit Nah- und Mittelost-Angelegenheiten befaßt. Die Informations- und Explorationskontakte nahmen nach und nach immer offizielleren Charakter an, bis am 22. Februar 1989 die Außenminister beider Länder, anläßlich eines Ševardnadze-Besuchs in Ägypten, zu einer ausführlichen Unterredung in Kairo zusammentrafen. Kurz vorher, im November 1988, hatte der Generaldirektor des israelischen Außenministeriums in Moskau mit Spitzenbeamten des sowjetischen Außenministeriums konferiert.

Israel durfte 1988 in Moskau eine Konsulardelegation einrichten, und die Emigration wurde für Sowjetjuden wesentlich erleichtert, nachdem sie im Jahre 1986 mit 194 Personen auf einen Tiefpunkt gesunken war. Die israelische Seite tritt nach wie vor für die Wiederaufnahme diplomatischer Beziehungen ohne Vorbedingungen ein, während Moskau eine derartige Normalisierung bislang immer noch von israelischen Konzessionen gegenüber der PLO in Verbindung mit dem Projekt einer internationalen Palästinakonferenz unter UNO-Schirmherrschaft oder von der teilweisen Räumung der Golan-Höhen, einer alten syrischen Forderung, abhängig macht. Gorbatschow selbst setzte sich wiederholt, auch in Gesprächen mit Präsident Assad (1987) und PLO-Chef Arafat (1988), für ein konzilianteres Eingehen auf das Sicherheitsbedürfnis Israels ein. Allem Anschein nach besteht das Haupthindernis für die Rückkehr der UdSSR und Israels zu normalen diplomatischen Beziehungen auch weiterhin in der entschiedenen Opposition einiger arabischer Regierungen, vor allem

---

34 Vgl. Ph. Nel, Die Sowjetunion und Schwarzafrika 1985–1988, in: Sowjetunion 1988/89. Perestrojka in der Krise? (hrsg. vom BIOst), München 1989, S. 292–299; A. Rahr, J. Richmond, Wind of Change in South Africa from Unexpected Quarter, in: Report on the USSR, RFE/RL, München, 12.5.1989, S. 25–33, bes. S. 29f.

Syriens und Libyens, die für die sowjetische Nah- und Mittelostpolitik als Klienten und Kooperationspartner besondere Bedeutung besitzen.[35]

XV. Interessenschwerpunkte, Trends und Perspektiven

In der sowjetischen Dritte-Welt-Politik überlagern sich häufig traditionelle regionale und andere, aus der weltpolitischen Problemlage abgeleitete Interessenschwerpunkte. So bilden die drei Nachbarstaaten Türkei, Iran und Afghanistan seit den Anfangsjahren der Sowjetunion in Moskauer Sicht eine zusammenhängende Zone, die immer mit größter Aufmerksamkeit bedacht wird. Die Bedeutung der Türkei für die sowjetische Regionalpolitik im engeren Sinne wird noch dadurch gesteigert, daß sie den Ausgang des Schwarzen Meeres kontrolliert. Hinzu kommt – dem Ganzen eine weltpolitisch relevante Ost-West-Dimension verleihend – die türkische NATO-Mitgliedschaft. Ganz ähnlich verhält es sich mit der Einstufung Chinas im Prioritätensystem der sowjetischen Außenpolitik, sowohl unter dem Blickwinkel des Nachbarschaftsverhältnisses als auch aus historischen Gründen. Wichtige zusätzliche Faktoren, die ihre Konditionierungskraft aus der asiatischen Mächtekonstellation sowie aus der besonderen Rolle Chinas im »sozialistischen Weltsystem« und im internationalen kommunistischen Parteiensystem beziehen, wurden an anderer Stelle bereits angesprochen.

Daneben gibt es eine ganz andere Kategorie von Partnern und Zielfeldern der sowjetischen Dritte-Welt-Politik, die ebenfalls Interessenschwerpunkte sind – wie z. B. die sozialistischen »Bruderstaaten« Kuba, Vietnam und die Mongolische VR, dann das sowjetisch-amerikanische Streitobjekt Nicaragua und die umkämpften afrikanischen »Staaten sozialistischer Orientierung« Angola, Mosambik und Äthiopien. Hier haben weltpolitische und – zumindest bis in die jüngste Gegenwart hinein – ideologische Belange bei allen wichtigen Entscheidungen eine ausschlaggebende Rolle gespielt. Da die Entideologisierung künftiger Weichenstellungen einer der markanten neuen Trends ist, die von der Umprogrammierung der sowjetischen Dritte-Welt-Politik nach den Regeln des »neuen Denkens« in Gang gesetzt wurden, kommt voraussichtlich schon relativ kurzfristig ein besonders die sogenannten »Staaten sozialistischer Orientierung« betreffendes konzeptionelles Umdenken zum Tragen, das in Moskau schon 1986/87 begonnen hat.

---

35 Vgl. S. Crow, Cooperation between the USSR and Israel with Some Reservations, ebenda, 29. 9. 1989, S. 13f.; J. Stavis, J. Wishnevsky, The Impact of Glasnost' on Soviet Emigration Policy, ebenda, 6. 10. 1989, S. 3–6; C. R. Saivetz, »New Thinking« and Soviet Third World Policy, in: Current History, Philadelphia, 540/1989, S. 325–328 und S. 354–357, bes. S. 327f.; W. Berner, Die Positionen der UdSSR im arabisch-israelischen Konflikt, in: Vierteljahresberichte (des Forschungsinstituts der Friedrich-Ebert-Stiftung), Bonn, 99/1985, S. 69–77.

Ein zweiter wichtiger neuer Trend ist auf zunehmende »Ökonomisierung« der sowjetischen Dritte-Welt-Politik gerichtet, ein dritter auf die Zurückstufung militärstrategischer Überlegungen bei der Bemessung von Wirtschafts- und sonstiger Stabilisierungshilfe für ökonomisch schwache und politisch labile Klientenregime in Entwicklungsländern. Unter allen drei Gesichtspunkten müssen sich die Kooperationspartner der UdSSR in der »südlichen Hemisphäre« auf eine strenge Überprüfung ihres bisherigen Status im globalen Infrastrukturgefüge des Sowjetimperiums und in der Kosten-Nutzen-Rechnung des sowjetischen Außenministeriums gefaßt machen. Mehr Rentabilität ist künftig gefragt.

Kuba und Vietnam werden dabei ebenfalls unter wachsenden Druck geraten, weil ihr Anteil an den gesamten Wirtschaftshilfeaufwendungen der Sowjetunion mit über 66% bisher so exzessiv groß war. Zwar wird die militärstrategische Bedeutung Kubas im Kreml nicht mehr übermäßig hoch veranschlagt, doch gilt für beide Seiten nach wie vor der Grundsatz, daß in der »westlichen Hemisphäre« die politisch-militärische Potenz der sowjetischen Weltmacht bei Freund und Feind danach beurteilt wird, inwieweit sie imstande ist, den kubanischen Tropensozialismus vor dem ökonomischen Zusammenbruch zu bewahren, aber auch auswärtige Gegner des Castro-Regimes in Schach zu halten. Schon deshalb muß Kuba von der UdSSR für unbestimmte Zeit weiter alimentiert und in bezug auf seine Bereitschaft zur Selbstverteidigung permanent unterstützt werden.

Der Kooperations- und Freundschaftsvertrag, der anläßlich des Gorbatschow-Besuchs auf Kuba am 4. April 1989 unterzeichnet wurde, ist inhaltlich und in der Diktion deutlich vom »neuen Denken« geprägt. Er enthält keine ausdrücklichen Vereinbarungen über militärische Zusammenarbeit, geschweige denn eine Beistandsklausel, verpflichtet allerdings beide Partner sowohl zur Konsultation über »besonders wichtige Fragen von beiderseitigem Interesse« (Art. 11) als auch zur »konsequenten Förderung« der »Vervollkommnung und Ausdehnung ihrer Zusammenarbeit in allen Bereichen« (Art. 4). Bekanntlich hat diese Zusammenarbeit auf militärischem Gebiet schon immer vorzüglich funktioniert und auch ohne förmlichen Vertrag einen hohen Vollkommenheitsgrad erreicht.[36]

Dennoch muß der Abschluß des Vertrags eher als Indiz dafür gewertet werden, daß man die militärische Bedrohung Kubas und umgekehrt auch die Gefahr kubanischer Kriegsabenteuer oder das Risiko eines von Havanna provozierten »heißen« Konflikts zwischen Kuba und den USA heute in Moskau für relativ gering hält. Früher, als die Sowjetführung die Situation in der Karibik für wesentlich brisanter hielt, drängte Castro darauf, einen militärischen Beistandspakt zu bekommen. Damals waren Breschnew und Gromyko angesichts der Ergebnisse der ihnen vorliegenden Risikoanalysen jedoch nicht

---

36 Wortlaut in: Pravda, 6. 4. 1989; deutsch in: Besuch Michail Gorbatschows in Kuba, 2.–5. April 1989. Dokumente und Materialien (hrsg. von AP Novosti), Moskau 1989, S. 37–42.

einmal bereit, ihm einen Freundschafts- und Kooperationsvertrag zuzugestehen, den er als Beistandszusicherung hätte interpretieren können.

Für Vietnam gilt ähnliches wie für Kuba, zumal beide Staaten sich als sozialistische »Bruderstaaten« der Sowjetunion auf wechselseitige »unverbrüchliche Freundschaft und Solidarität« auf der Grundlage des sozialistischen Internationalismus, auf die »Gemeinsamkeit der Ideologie der marxistisch-leninistischen Lehre« sowie auf die »gemeinsamen Ziele des sozialistischen und kommunistischen Aufbaus« berufen können – politisch für Systemmitglieder keineswegs bedeutungslose Formeln, die auch in der Präambel des sowjetisch-kubanischen Vertrags wiederkehren. Vietnam besorgte sich 1978, vor dem Einmarsch nach Kambodscha, einen gleichgearteten Freundschafts- und Kooperationsvertrag (ebenfalls ohne militärische Beistandsklausel) als Instrument der Abschreckung gegenüber Peking. Ein enger Zusammenhang zwischen dem sowjetischen Vietnam-Engagement und der Entwicklung des sowjetisch-chinesischen Verhältnisses wird weiterhin bestehen bleiben. Auch die Kambodscha- und die Mongolei-Politik der Sowjetunion sind durch derartige Junktimeffekte mit der China-Politik verknüpft.

Eine bedeutsame Sonderrolle in der neuformulierten Moskauer Dritte-Welt-Strategie spielt Indien, obwohl die Grundlagen dafür aus der alten Konzeption stammen, aber mühelos adaptiert werden können. Indien nahm als einflußreiche asiatische Regionalmacht, die zu China immer in einem Rivalitätsverhältnis stand, auch früher schon einen wichtigen Platz im sowjetischen Kalkül ein. Auf seine Funktion als Demonstrationsmodell der »friedlichen Koexistenz« zwischen der kommunistischen Weltmacht UdSSR und einem typischen Entwicklungsland »kapitalistischer Orientierung« wurde bereits hingewiesen. Hinzu kommt die Führungsrolle Indiens in der Blockfreien-Bewegung: Sie macht diesen Dritte-Welt-Partner für die Sowjetunion besonders attraktiv. Da Gorbatschows neue Strategie von der Erwartung ausgeht, sowohl das UNO-Instrumentarium als auch den politischen Einfluß des »Blocks der Blockfreien« wirksam für die Abschirmung der sowjetischen Weltmachtstellung und des globalen Status quo (auch zugunsten der nichtmilitärischen Absicherung von Alliierten und Quasiverbündeten der UdSSR gegen innere und äußere Feinde) in Anspruch nehmen zu können, besitzt der enge Schulterschluß mit Indien eine über die regionale Dimension weit hinausreichende Bedeutung. Schließlich verfügt die Gruppierung der Blockfreien in der UN-Vollversammlung (1989: 159 Mitglieder) über die große Mehrheit sämtlicher Mandate.

Von derselben Warte aus betrachtet, erhält auch das sowjetische Interesse an der Überwindung der im arabischen Lager und in der islamischen Welt bestehenden Zersplitterung eine unerwartete realpolitische Signifikanz. Denn die 22 Mitglieder der Arabischen Liga bilden den Kern der mehr als 40 Mitglieder zählenden Organisation der Islamischen Konferenz (OIK), und die Gruppe der islamischen Staaten gehört zu den wichtigsten Komponenten der 102 Mitglieder umfassenden Blockfreien-Bewegung. Fazit: Je einiger die Araber bzw. die islamischen Staaten, desto geschlossener ist auch die Blockfreien-Gruppierung.

Hier wird ein zusätzlicher Aspekt der unlängst zustandegekommenen Modus-vivendi-Vereinbarungen zwischen dem Iran und der UdSSR sichtbar. Im Rahmen der am 22. Juni 1989 in Moskau unterzeichneten Prinzipienerklärung sicherte die sowjetische Seite der Islamischen Republik Iran nicht nur großzügige Wirtschaftshilfe, sondern auch enge Zusammenarbeit bei der »Stärkung ihrer Verteidigungsbereitschaft« zu.[37] Da sich gezeigt hat, daß das Teheraner Regime über die Möglichkeit verfügt, mit seinem offenen oder versteckten Veto die Beilegung der meisten nah- und mittelöstlichen »Regionalkonflikte« (einschließlich des Afghanistan-Konflikts) erheblich zu stören, wenn nicht gar zu verhindern, dürfte es die Sowjetdiplomatie vermutlich als wichtigen Erfolg ansehen, daß sie nunmehr über einige starke Hebel zur Beeinflussung der Außenpolitik des Mullahstaates verfügt. Im Hinblick auf die besondere regionalpolitische Bedeutung des klassischen sowjetischen Interessenschwerpunkts Iran wurde ein für beide Seiten vorteilhaftes Modus-vivendi-Arrangement von den Moskauer Realpolitikern, insbesondere von den Pragmatikern in der Chefetage des sowjetischen Außenministeriums, wahrscheinlich ohnehin für überfällig gehalten.

Allmählich bildet sich somit in Schüben und stückweise eine neue drittewelt-politische Großkonzeption heraus, mit der in erster Linie die notwendige Anpassung der Moskauer Interessenpolitik in diesem Bereich an die innenpolitischen Herausforderungen des Perestrojka-Reformwerks und die damit korrespondierende Aktualisierung des außenpolitischen Prioritätensystems vollzogen wird. Allerdings ist die Gorbatschow-Administration darüber hinaus offenbar bestrebt, diesen von schlichtem Realismus bestimmten Prozeß der Umprogrammierung gleichzeitig für ein weit ehrgeizigeres Vorhaben zu nutzen, nämlich zur nachhaltigen Aufhellung des Meinungsbildes, das in der Weltöffentlichkeit im Hinblick auf die Sowjetunion vorherrscht. Hier ist an die missionarisch-moralisierende Dimension zu erinnern, die sich im sowjetischen »neuen außenpolitischen Denken« mit der pragmatischen Dimension verbindet. Gerade auch mit Hilfe einer neukonzipierten Dritte-Welt-Politik, die auf vielfältige Inanspruchnahme des UNO-Instrumentariums, speziell auch auf enges Zusammenwirken der ständigen Mitglieder des UN-Sicherheitsrats ausgerichtet ist, soll die Sowjetdiplomatie befähigt werden, sich in der Hoffnungsträgerrolle der Vorkämpferin für eine dynamische, wirklich innovative, insofern auch »revolutionäre« Friedenspolitik zu profilieren, die nunmehr ideologischen Pluralismus im Rahmen der internationalen Beziehungen nicht bloß toleriert, sondern künftig sogar als Koexistenzgrundlage voraussetzt.

---

37 Wortlaut in: Pravda, 23. 6. 1989; deutsch in: Monitor-Dienst der Deutschen Welle, Köln, 23. 6. 1989, Nahost 118/1989, S. 1–3.

Mitarbeiter

Hannes Adomeit, geb. 1942, Dipl.-Politologe, Ph. D., Professor für Internationale Politik und Direktor des Programms für sowjetische und zentraleuropäische Studien an der Fletcher School of Law and Diplomacy, Tufts University, Medford, Mass., Fellow am Harvard Russian Research Center, korrespondierendes Mitglied der Stiftung Wissenschaft und Politik, Ebenhausen.

Ronald Amann, geb. 1943, Prof. Ph. D., Professor für Politik der UdSSR, Direktor des Center for Russian and East European Studies, University of Birmingham.

Wolfgang Berner, geb. 1923, Dr. phil., ehemaliger Leiter des Forschungsbereichs »Ost-West-Beziehungen und internationale Politik« und ehemaliger stellvertretender Direktor des Bundesinstituts für ostwissenschaftliche und internationale Studien, Köln, freier Publizist.

Falk Bomsdorf, geb. 1942, Dr. jur., Wissenschaftlicher Mitarbeiter der Stiftung Wissenschaft und Politik, Ebenhausen.

Brigitta Godel, geb. 1947, Dipl.-Übers., Wissenschaftliche Mitarbeiterin des Bundesinstituts für ostwissenschaftliche und internationale Studien, Köln.

Uwe Halbach, geb. 1949, Dr. phil., Wissenschaftlicher Mitarbeiter des Bundesinstituts für ostwissenschaftliche und internationale Studien, Köln.

Hans-Hermann Höhmann, geb. 1933, Prof. Dr. rer. pol., Leiter des Forschungsbereichs Wirtschaft am Bundesinstitut für ostwissenschaftliche und internationale Studien, Köln, Honorarprofessor der Universität zu Köln.

Heinrich Machowski, geb. 1936, Dr. rer. pol., Wissenschaftlicher Mitarbeiter des Deutschen Instituts für Wirtschaftsforschung (DIW), Berlin.

Christian Meier, geb. 1939, Dipl.-Politologe, Wissenschaftlicher Mitarbeiter des Bundesinstituts für ostwissenschaftliche und internationale Studien, Köln.

Boris Meissner, geb. 1915, Prof. Dr. iur., emeritierter Professor der Universität zu Köln, ehemaliger Direktor des Instituts für Ostrecht, Köln.

Margareta Mommsen, geb. 1938, Professorin für Politikwissenschaften an der Universität München.

Thomas Sauer, geb. 1958, Dipl.-Ökonom, Wissenschaftlicher Mitarbeiter des DFG-Projekts »Gesellschaftliche und ökonomische Bedingungen sicherheitspolitischer Konzeptionen in der Sowjetunion 1976–1987« am Bundesinstitut für ostwissenschaftliche und internationale Studien, Köln.

Hans-Henning Schröder, geb. 1949, Dr. phil., Wissenschaftlicher Mitarbeiter des Forschungsprojekts »Gesellschaftliche und ökonomische Bedingungen sicherheitspolitischer Konzeptionen in der Sowjetunion 1976–1987« am Bundesinstitut für ostwissenschaftliche und internationale Studien, Köln, Lehrbeauftragter der Ruhr-Universität Bochum.

Heinz Timmermann, geb. 1938, Dr. phil., Wissenschaftlicher Mitarbeiter und stellvertretender Leiter des Forschungsbereichs »Ost-West-Beziehungen und internationale Politik« am Bundesinstitut für ostwissenschaftliche und internationale Studien, Köln.

Karl-Eugen Wädekin, geb. 1921, Prof. Dr. phil., emeritierter Professor für internationale und osteuropäische Agrarpolitik, Co-Redakteur der Monatsschrift »Osteuropa«.

Günther Wagenlehner, geb. 1923, Dr. phil., Vorstand der Studiengesellschaft für Zeitprobleme e.V., Bonn, Visiting Professor bei AGSIM Glendale, Arizona, USA.

Gebhardt Weiß, geb. 1946, Dr. phil., Vortragender Legationsrat im Auswärtigen Amt, Bonn.